역주 척약재학음집
譯註 惕若齋學吟集

김구용 저
하정승 역
안동김씨역사연구회 감수

충렬공김방경기념사업회

금수단(김구용 김승택 김묘)

금수단 일원

척약재 김구용 시비(범급 帆急)

안동김씨 고가(경기도 문화재자료 제138호)

역자 서문

 척약재(惕若齋) 김구용(金九容) 선생이 활동한 14세기는 고려왕조의 끝 무렵으로 정치·사회·문화·사상적으로 대변혁(大變革)의 시대였다. 우선 정치적으로는 공민왕 사후 우왕대(禑王代)에 이르러 친원파(親元派)와 친명파(親明派) 사이의 갈등이 심화되었고, 이는 결국 국내 정치와 대(對) 중국 외교관계에 있어서 다사다난(多事多難)한 상황을 야기시켰다. 사회적으로는 이른바 '권문세족(權門世族)'과 '신진사인(新進士人)' 세력이 한편으로는 대립과 견제를, 또 다른 한편으로는 교유와 타협을 통해 사회를 이끌어갔다. 문화적으로는 오랜 기간 계속된 원나라의 간섭으로 인하여 몽골풍의 관습과 문화가 유입되었고, 불교는 국교(國敎)로서의 영향력을 계속해서 발휘했으며, 여기에 새로 도입된 성리학(性理學)의 영향으로 유교식 문화가 어우러지는 양상을 보이고 있었다. 사상적으로는 지식인 계층, 특히 과거(科擧)를 통해 등장한 신진사인들은 성리학을 적극적으로 수용한 반면, 다수의 일반 대중들은 여전히 불교사상 및 전통 신앙의 영향 아래 살아가고 있었다. 이처럼 14세기는 여러 측면에서 변화와 새로운 질서를 모색하는 시기였다. 척약재 선생은 이러한 시대적 배경 하에서 활동하면서 나름의 뚜렷한 족적을 남긴 분이다. 그의 활약은 크게 정치적인 측면과 문학적인 측면으로 나눌 수 있는데, 이에 대한 자세한 사항은 본서(本書)의 해제에서 상술했기에 이를 참조하기 바란다. 척약재는 정치적으로는 훌륭한 관료였고, 문학적으로는 뛰어난 시인이었다.

 필자는 박사학위 논문을 작성할 때부터 척약재에 관심을 가지고 공부해왔다. 벌써 20여 년 전이다. 처음 척약재에 관심을 갖게 된 계기는 목은(牧隱), 포은(圃隱)과 더불어 성균관 학관(學官)으로 활동한 그의 이력 때문이었다. 고려후기를 공부하던 필자의 입장에서 목은, 포은, 도은(陶隱), 둔촌(遁村) 등과 친근한 교유를 가졌던 척약재를 박사논문으로 다루고 싶어졌다. 척약재에 대한 공부를 진행할수록 그의 시세계 전반에 매료되기 시작했다. 특히 47세의 나이로 중국 사행(使行) 도중 세상을 떠난 그의 삶은 필자로 하여금 더욱더 척약재에 대한 관심과 애정을 갖게 만들어 주었다. 그리고 그 관심과 애정은 시간이 지나면서 척약재에 대한 일종의 부채의식(負債意識)으로 변모해 갔다. 이 번역서는 그 같은 부채의식의 결과이다.

　이번 번역서를 작업하면서 가장 중점에 둔 사항은 각주작업이었다. 단순한 사전적 해설이 아닌 작시의 배경이나 상황 등도 설명하고자 나름대로 노력하였다. 또한 김구용의 문집인 『척약재학음집(惕若齋學吟集)』의 여러 판본을 비교하는 것은 물론이고, 동시대 교유했던 여러 문인들의 기록과 『동문선(東文選)』, 『신증동국여지승람(新增東國輿地勝覽)』 등에 실린 척약재 시문과의 판본 비교도 함께 진행하였다. 본서의 말미에는 『척약재학음집』에는 실려 있지 않은 문집의 발문, 척약재 상소문, 한시 등을 비롯한 척약재 관련 기록들을 부록으로 모아 놓았다.

　이 책이 출간되기까지 여러분들의 도움이 매우 컸다. 우선 안동김씨 문온공파 대종회는 번역작업을 진행함에 있어 물심양면으로 큰 도움을 주셨다. 이 자리를 빌어 문온공파 대종회 김윤만 회장님을 비롯한 문중 여러분께 감사를 드린다. 특히 안동김씨 역사연구회 김영환 회장님께는 깊은 사의(謝意)를 표한다. 김영환 회장님은 문중에서 수장 중인 『척약재학음집』의 여러 판본들을 비교하고 감수하는 작업을 맡아서 진행해주셨을 뿐만 아니라, 필자가 미처 모르고 있던 척약재 관련 기록들과 여러 사실들을 알려주셨다. 또한 필자와 문중 사이의 가교 역할을 담당해 주셨다. 김영환 회장님을 비롯한 안동김씨 역사연구회 여러 회원님들께 깊은 감사를 드린다. 마지막으로 본서가 나오는 데에는 울산대학교 성범중 선생이 간행한 『척약재 김구용의 문학세계』가 많은 도움이 되었음을 밝힌다. 성범중 선생은 이 책에서 문집의 국역뿐만 아니라 김구용에 대한 문학 연구를 진행하여 후대 척약재 연구자들에게 좋은 지침을 제공해 주었다. 『논어』·「태백편(泰伯篇)」에 "책임은 무겁고, 갈 길은 멀다[任重而道遠]"라는 말이 나온다. 증자(曾子)가 한 말인데, 이 말로써 『척약재학음집』의 국역을 마무리하는 필자의 심정을 대신하고 싶다.

2024년 1월, 안동대 연구실에서 하 정 승

척약재학음집 감수를 마치고

『척약재집』은 나에게는 풀지 못할 숙제였었다. 그래서 전해오는 문집이외에 이본(異本)들을 수집하고 관련 자료를 모으기를 이십여 년이 지났으나 어찌할 바를 모르고 있었다. 포천 금수단에 척약재공과 선대 아버지, 할아버지의 단소를 설단하고 금수정과 종택이 복원되었어도 가슴에 허전함은 여전히 많이 남아 있었는데, 몇 년 전 포은학회 주관으로 척약재 학술대회가 경기도박물관에서 열렸을 때 여기에서 고대하던 한 분을 만났으니 바로 당시 한림대학교 한문학과 하정승 교수였다. 하 교수는 척약재께서 어려서부터 성장하고 배운 외할아버지 급암 민사평 선생을 비롯하여 당시 '철동삼암'이라 일컫는 익재 이제현, 우곡 정자후 등은 물론 고려 말 척약재와 함께 성리학을 부흥시킨 목은 선생, 포은 선생, 삼봉 선생에 대해서도 해박한 지식을 갖고 있는 분이어서 이분께 번역을 의뢰하게 되었다. 하 교수는 기꺼이 하고 싶었던 일이었다고 맡아 주었지만 우리 집안에서만 내려오는 자료를 정리하여 제공하여 달라고 하여 기쁜 마음으로 드렸다.

『척약재집』 초간본은 보물로 지정된 조성목 소장본이 앞뒤가 많이 산실되어 이 부분을 대조하기 어려웠다. 그러나 내가 소장하고 있는 중간본과 한국학중앙연구원에 소장된 낙장본과 일부 낱장으로 내가 수집한 자료가 있어 이를 활용하였다. 초간본, 중간본, 익산본, 영천본, 중앙도서관에 있는 수필본 등을 모두 한 글자 한 글자씩 대조하여 다른 부분을 찾아내기도 하였고, 그동안 수집하여 보관하던 교우(交友)들의 원운 시나 차운 시의 자료도 제공할 수 있었다. 그러나 부뚜막의 소금도 집어넣어야 짜다는 속담대로 이를 잘 쓸 줄 몰라서 있는 그대로 하 교수께 전달했는데 깔끔하게 한눈에 알 수 있게 정리하여 각주에 반영해 주었기에 그 고마움은 이루 말할 수가 없다.

이제 한 권의 책으로 발간됨을 보니 풀지 못한 숙제가 해결되어 홀가분하기 그지없으나 그동안 [척약재 김구용 학음집] 카페에서 3년간 함께 고생했던 안사연 회원들께 이 훌륭한 책이 발간된 것으로 모두 큰 짐을 벗었으리라 믿는다. 감수를 했다고는 하나 우리가 알고 있는 것이 각주에 조금 도움이 되었으면 다행이고, 끝으로 훌륭한 번역본을 만들어 주신 하정승 교수께 진심으로 감사드리며 아울러 문온공파종회의 적극적인 후원에도 감사드린다.

2024년 봄, 척야재 17대손 솔내 영환(榮煥)

일러두기

1. 본 번역서의 번역 대본은 성균관대학교 대동문화연구원에서 간행한 『고려명현집』 4집 소재 『척약재선생집(惕若齋先生集)』으로 하되, 한국고전번역원에서 간행한 『한국문집총간』 6집 소재 『척약재학음집(惕若齋學吟集)』과 대조해 가며 서로 상이한 글자의 경우에는 각주를 달아 좀 더 타당한 글자로 교감을 하였다. 특히 『한국문집총간』에서 저본으로 삼은 초간본(조성목 소장본)은 상권 117번 시(「賜宴[口號]」)부터 하권 181번 시(「贈李仲正」)까지만 있기 때문에 그 앞뒤의 시들은 중간본(1884년 간행본)으로 보사(補寫)한 것들이다. 초간본으로는 또 한국학중앙연구원 소장 초간본이 있는데, 여기에는 상권 22번 시(「己亥年紅賊」)부터 상권 201번 시(「題圓通蘭若」)까지 있어 『한국문집총간』에 없는 상권 22번 시(「己亥年紅賊」)부터 상권 116번 시(「上禮部陶尙書」)의 초간본 대조가 가능했다. 『수필본』(국립중앙도서관 소장본)은 1710년경 필사한 것으로 초간본을 옮겨 적었기에, 『한국문집총간』(조성목 소장본)이나 한국학중앙연구원 소장본에 없는 초간본을 유추해 볼 수 있는 좋은 자료이다. 대조에는 『한국문집총간』 초간본은 『한국문집총간본』으로, 한국학중앙연구원 소장 초간본은 『한국학중앙연구원 소장본』으로, 국립중앙도서관 소장 필사본은 『수필본』으로 표시하였다. 아울러 1954년 전라도에서 지역에서 간행한 석인본(石印本)과 1964년 경북 영천(永川)의 약은정(藥隱亭)에서 간행한 석인본(石印本)도 참고하였다. 전라도본은 『익산본』으로, 영천 약은정본은 『영천본』으로 표시하였다.

2. 주석 작업에 있어서 사전적 지식은 물론이고, 작품의 경우에는 작시(作詩)의 배경과 문학적 특징, 인물의 경우에는 작가와의 관계, 한시 용어의 경우 비평적 의미 등 가능한 학술적 주석을 달기 위해 노력하였다.

3. 『척약재학음집·외집』에서 「강릉도(江陵道) 안렴사(按廉使)인 김 선생을 전송하는 시」의 경우 수록된 6수의 작품이 『고려명현집』이나 『한국문집총간』본 모두 결락(缺落)이 매우 심하여 그 정확한 의미를 파악하기 어려우나, 가능한 범위 안에서 결락된 한자

를 유추하여 번역을 시도하였음을 밝혀 둔다.

4. 독자들의 이해를 돕기 위하여 책의 서두에 해제를 붙여서 척약재 김구용의 생애와 문학세계 전반에 대한 설명을 하였다.

5. 한자는 필요한 경우 괄호 안에 병기했으나, 다만 문집 교감의 경우에는 한자를 노출하였다. 이체자는 정자(正字)로 바꾸어 적었으나 고유명사인 경우는 원문대로 적었다.

6. 맞춤법과 띄어쓰기는 한글 맞춤법과 표준어 규정을 따랐다.

7. 이 책에서 사용한 부호는 다음과 같다.
　( ) : 번역문과 음이 같은 한자를 묶는다.
　[ ] : 번역문과 뜻은 같으나 음이 다른 한자를 묶거나, 세주(細註)를 묶는다.
　" " : 대화 등의 인용문을 묶는다.
　' ' : 강조할 부분을 묶는다.
　「 」 : 책의 편명(篇名), 운문이나 산문의 작품 제목을 묶는다.
　『 』 : 책명을 묶는다.
　■ : 원문이 결락된 자리를 나타낸다.

목 차

* 화보 · 3
* 역자 서문 · 5
* 척약재학음집 감수를 마치고 · 7
* 일러두기 · 9

■ 해제(解題) : 평담정심(平淡情深)하고 청신아려(淸新雅麗)한 시세계 / 하정승 ·· 33
  1. 김구용의 생애 및 교유 관계 ·· 35
  2. 척약재 시의 문학적 특질 및 연구 현황 ·· 40
  3. 『척약재학음집』의 간행과 구성 ·· 45
  4. 『척약재학음집』의 내용과 특징 ·· 48

■ 역주 척약재학음집 권수(卷首) ··· 51
  척약재학음집 서문 [하륜] ·· 53
  척약재학음집 서문 [정도전] ··· 58
  선군(先君) 척약재(惕若齋) 세계행사(世係行事) 요략(要略) [김명리] ············· 64
  제척약재시음후 [이색] ·· 71
  척약재집 발문 [허전] ·· 74
  척약재집 서문 [정환요] ·· 76
  척약재시집 서문 [김상원] ·· 79

■ 역주 척약재학음집 권상(卷上) ··· 81
  1. 판서(判書) 박국간(朴菊磵)　朴判書菊磵 ·· 83
  2. 병중에 타관살이하며　僑居病中 ·· 84

3. 단오(端午)에 유근인이 시를 부쳐 왔기에 남곡 선생과 더불어 차운하여 답하다
   重午日, 劉近仁見寄, 同南谷先生次韻答之 ··· 85

4. 금강원사가 출가하여 조정 선비들이 시를 짓기에 나도 십운(十韻)의 시를 짓는다
   金剛院使出家, 朝士詩之, 予作十韻 ·· 86

5. 소윤 죽계 전간을 보내며 送竹溪全少尹[簡] ··· 87

6. 최복하와 함승경 두 동년에게 주다 [잡언] 寄崔卜河咸承慶兩同年 [雜言] ············ 89

7. 정사년(丁巳年) 팔월 경오일(庚午日)에 노탄(蘆灘)으로부터 배를 띄워 물결을 따라 내려와서 신륵사에서 정박하였다. 무급(無及)이라는 승려가 차를 끓이고 나서 가타(伽佗) 두 축을 꺼내 보여 주었는데 바로 중국 강남(江南)의 승려들과 서로 주고받은 작품이었다. 무급은 나옹 화상(懶翁和尙)의 수제자인데, 제자로 일찍이 인정을 받고 드디어 멀리 오(吳)·초(楚)와 민(閩)·월(越) 지역까지 다니면서 두루 여러 유명한 고승들과 예교(禮交)를 나누고 심오한 이치를 탐구하여 깨닫고 귀국하였다. 작년 여름에 나옹 화상이 이곳에서 입적(入寂)을 하자 무급과 그 문도가 시신을 화장하였는데, 사리(舍利)와 머리뼈를 북쪽 산등성이에 안장하고 석종을 만들어 덮어 두고 지금까지 머물러 있었으니, 무급은 그 도를 배반치 않고 자기 스승을 저버리지 않은 자라고 말할 만하다. 내가 그를 매우 가상히 여겨 그의 책 끝에 시를 적어 줌으로써 그의 청에 갈음했다고 할 수 있겠다. 丁巳八月庚午, 自蘆灘放舟, 順流而下, 泊于神勒寺. 有無及頭陀者, 煮茗之餘出示伽佗二軸, 乃江南禪子相贈之作也. 無及, 懶翁尙和高弟, 弟子早蒙印可, 遂遠遊吳楚閩越之間, 遍禮諸名師, 尋探蘊奧, 斂而束歸. 去年夏, 懶翁示寂于此, 無及與其徒燒之, 拾舍利頭骨安于北岡, 造石鍾壓之, 因以居焉. 無及可謂不背其道而無負其師者矣. 予甚嘉之, 題詩卷末, 以塞其請云爾. ······························· 90

8. 강릉 안렴사(按廉使)로 떠나는 숙부를 전송하며 送江陵廉使叔 ························· 92

9. 곡주(谷州)로 부임하는 윤 도관(尹都官)을 보내며 送尹都官之任谷州 ················· 95

10. 관물재(觀物齋)의 매화. '리(裏)'자 운으로 쓰다 觀物齋梅花, 得裏字 ················· 97

11. 포은 상공이 벼루를 구하므로 노래를 지어 드리다 圃隱相公求硯, 歌以贈之 ········· 98

12. 강릉으로 돌아가는 생원 김한보(金漢寶)를 전송하며 送金漢寶生員歸江陵 ··········· 100

13. 스님에게 주다 贈僧 ·· 102

14. 검교(檢校) 곽구주(郭九疇)를 전송하며 送郭九疇檢校 ·· 103

15. 금교역에서 다시 보내며 金郊驛重送 ·· 105

16. 늦가을 밤에 달가와 약속했는데 오지 않다 暮秋夜期達可不至 ································· 105

17. 이존오에게 주다 寄李存吾 ·· 106

18. 충주로 부임하는 규정(糾正) 한관(韓琯)을 보내며 送韓糾正赴任忠州 [韓琯] ········· 107

19. 충주를 지나가는데 한 판관이 없기에 장난삼아 절구 한 수를 남긴다
    過忠州韓判官不在. 留一絶爲戱 ·· 108

20. 서액(西掖)에서 밤에 숙직하며 西掖夜直 ·· 108
21. 한 정당(韓政堂)의 군막으로 종군하는 달가 한림에게 주다
    寄達可翰林從軍韓政堂幕 ··· 109
22. 기해년(己亥年) 홍건적(紅巾賊) [2수] 己亥年紅賊 [二首] ··············· 110
23. 신축년(辛丑年) 홍건적 [2수] 辛丑年紅賊 [二首] ································ 111
24. 이별하여 보내다 送別 ··· 112
25. 송도(松都)에서 새벽에 바라보다 松京曉望 ··· 112
26. 영명사(永明寺)의 혜전(惠全) 장로(長老)를 보내며 送永明長老 [惠全] ······· 113
27. 밤에 앉아서 夜坐 ··· 114
28. 정 염사(鄭廉使)를 보내며 送鄭廉使 ··· 115
29. 한 낭관(郎官)이 원나라에 사행을 갔다가 궁녀에게 미혹되었기에 장난삼아
    율시를 지어 주다 有一郎官奉使元朝, 爲宮人所惑, 戲贈唐律 ················ 116
30. 여름날 달가와 함께 영통사(靈通寺)에서 자다 夏日同達可宿靈通寺 ······· 117
31. 산에 살다 山居 ··· 118
32. 산으로 들어가는 집안의 친척 스님을 보내며 送族僧入山 ····················· 118
33. 해(海) 스님을 보내며 送海上人 ··· 119
34. 서도(西都)로 부임해 가는 이 판관(李判官)을 보내며 送李判官之任西都 ······· 119
35. 이 판관에게 주다 寄李判官 ··· 120
36. 보주(甫州)의 최 총랑(崔摠郎)에게 주다 寄甫州崔摠郎 ······················· 120
37. 조 염사(趙廉使)를 보내며 送趙廉使 ··· 121
38. 길 위에서 느낀 바가 있어 街上有感 ··· 121
39. 민 자복(閔子復)에게 주는 시 酬閔子復 ··· 122
40. 유 시중(柳侍中) 댁의 매화를 읊은 시에 차운하다 柳侍中宅梅花次韻 ······· 123
41. 달가에게 주다 贈達可 ··· 124
42. 권 우윤(權右尹)께 바치다 呈權右尹 ··· 125
43. 권 우윤 댁에서 주문공(朱文公)의 시에 차운하여 금강산의 스님에게 주다
    權右尹宅, 次朱文公詩韻贈金剛山僧 ··· 126
44. 유 합포(柳合浦)께 올리다 上柳合浦 ··· 127
45. 강안전(康安殿)의 대장경 법회(法會)에서 음악을 듣고 느끼는 바가 있어
    康安殿藏經法席聞樂有感 ··· 128
46. 무신년(戊申年)에 처음 급제한 이에게 戊申年新及第 ··························· 128

목차 13

47. 임소(任所)에 부임하기 위해 행궁(行宮)으로 올라가며 짓다 赴官上行宮有作 ········ 129
48. 취하여 쓰다 醉題 ··· 129
49. 안동의 옛 친구를 남겨 두고 이별하다 留別安東故舊 ······························· 130
50. 법흥사(法興寺)의 장로에게 주다 寄法興寺長老 ······································· 130
51. 여강의 누대 위에서 고달사(高達寺)의 진(眞) 스님에게 주다
    驪江樓上, 寄高達眞上人 ·· 131
52. 박잠지(朴潛之)에게 주다 寄朴潛之 ·· 131
53. 느낌이 있어 有感 ·· 132
54. 옹경(蓊卿)을 보내며 送蓊卿 ··· 132
55. 사암(思菴) 유숙(柳淑)께 드리다 寄呈思菴[柳淑] ····································· 133
56. 천녕(川寧)의 별장으로 가는 총랑(摠郞) 숙(淑)을 전송하며 送摠郞淑之川寧別業 ······· 133
57. 가을날의 흥취 秋興 ·· 134
58. 이천(利川) 안흥사(安興寺)에서 짓다題利川安興寺 ···································· 134
59. 좌정언(左正言)에 제수된 이존오(李存吾) 어사를 축하하다
    賀李存吾御史除左正言 ·· 135
60. 우연히 짓다 偶題 ·· 136
61. 김염사(金廉使)를 보내며 送金廉使 ·· 136
62. 궁전의 춘첩자(春帖子) [2수] 殿春帖子 [二首] ··· 137
63. 기유년(己酉年) 팔관대회(八關大會) 己酉年八關大會 ································ 138
64. 정종지(鄭宗之)에게 차운하여 답하다 酬鄭宗之次韻 ································ 139
65. 생원 이백지(李百支)를 보내며 送李百支生員 ·· 140
66. 난(蘭) 스님을 보내며 送蘭上人 ·· 140
67. 속리사(俗離寺)의 선당 俗離寺禪堂 ··· 141
68. 과거 급제하고 남쪽으로 돌아가는 강자야(康子野)를 보내며 送康子野登第南歸 ······· 142
69. 잠지(潛之)에게 주다 贈潛之 ··· 143
70. 문해어사(文海御史)에게 주다 酬文海御史 ·· 144
71. 박재중(朴在中)을 보내며 送朴在中 ·· 145
72. 초저녁 初夜 ··· 146
73. 서해염사(西海廉使)에게 주다 寄西海廉使 ·· 146
74. 송 염사(宋廉使)에게 주다 寄宋廉使 ·· 147

75. 일본 사신을 위한 연회에서 짓다　宴日本使有作 ················· 148
76. 일본 사신을 보내다　送日本使 ································· 148
77. 호연(浩然) 정 선생을 보내며　送浩然鄭先生 ···················· 149
78. 호원(浩院)의 연회에서 달가 어른께 바치다　浩院宴呈達可丈 ········ 150
79. 들판의 절　野寺 ·· 151
80. 임인년(壬寅年) 2월에 안동부사를 모시고 영호루에 오르다
　　壬寅二月, 陪安東府使登映湖樓 ······························ 152
81. 구월에 이 동년(李同年)을 기쁘게 보다　九月喜見李同年 ·········· 153
82. 동년인 좨주(祭酒) 이보림(李寶林)이 경산으로 부임하는 것을 전송한 시에
　　차운하다　送同年李祭酒之任京山次韻 [寶林] ···················· 154
83. 고부(古阜)로 부임하는 양 동년(楊同年)을 전송하는 시에 차운하다
　　送楊同年之任古阜次韻 ······································ 155
84. 개천산(開天山)에서 신축년(辛丑年)에 짓다　開天山中, 辛丑年作 ····· 156
85. 납일(臘日)에 느낌이 있어　臘日有感 ·························· 157
86. 개천사(開天寺)의 경(景) 장로에게 주다　贈開天景長老 ············ 157
87. 밤비에 취하여 짓다　夜雨醉題 ································ 158
88. 중현(仲賢)에게 주다　寄仲賢 ································· 158
89. 즉흥적으로 시를 짓다　漫成 ·································· 159
90. 여강루(驪江樓)에서 이 장흥(李長興)을 보내며　驪江樓送李長興 ······ 160
91. 향림사(香林寺)　香林蘭若 ···································· 160
92. 가야산 법수사(法水寺)에서 짓다　題伽耶山法水寺 ················ 161
93. 진관사(眞觀寺) 승통(僧統)의 「낙진대(樂眞臺)」 시에 차운하다
　　眞觀僧統樂眞臺次韻 ·· 162
94. 난리 후에 임금을 호종(扈從)하여 서울로 돌아와 다른 이들의 시에 차운하다
　　亂後扈駕還京次韻 ·· 162
95. 사군(使君) 최백청(崔伯淸)에게 주다　寄崔使君[伯淸] ············· 163
96. 즉흥적으로 시를 짓다　漫成 ·································· 163
97. 지정 이십육년 삼월 십칠일에 직장(直長) 김군필(金君弼)과 항(恒) 스님이 우연히 함께 나를 찾아왔다. 세 명이 앉아서 시를 논하는데, 그 잘 된 부분을 만나면 그때마다 서로 읊조렸다. 기쁨과 즐거움이 지극하여 마침내 앉아 있던 평상에서 함께 땅으로 떨어졌다. 두 사람이 구해주려 했으나 구하지 못하고 서로 더불어 박장대소(拍掌大笑)하였다. 이에 붓을

가져다 시를 써서 다른 날의 웃음거리를 삼고자 한다. 至正二十六年三月十七日, 金直長君弼恒上人偶同來訪. 鼎坐論詩, 得其佳處, 輒相諷詠. 喜樂之至, 遂與所坐床俱墜于地. 二君救之不及, 相與拍手. 於是援筆題詩, 以爲他日之笑. ·················· 164

98. 병진년(丙辰年) 구월 구일에 박소윤(朴少尹)과 더불어 술 마시며
   丙辰年九月九日與朴少尹飮酒 ·················· 165
99. 진재 선생(眞齋先生)의 시에 차운하다 次眞齋先生詩韻 ·················· 166
100. 독서를 위해 기름을 빌리다 借讀書油 ·················· 166
101. 정언 이존오를 보내며 送李存吾正言 ·················· 167
102. 궁사(宮詞) 宮詞 ·················· 168
103. 강릉으로 가는 도중에 江陵途中 ·················· 169
104. 구월 십육일에 통주(通州)의 이 사또와 삼일포(三日浦)에서 배를 띄우고 노닐었다. 때마침 막 비가 개어 산 빛은 푸르러 울창하고 호수 빛은 잔잔하게 반짝여서 진실로 인간 세상이 아니었다. 술자리가 무르익어 사선정(四仙亭) 기둥 위에 시를 쓴다. [이첨] 九月旣望, 與通州李使君, 泛舟遊於三日浦. 時方雨晴, 山色蔥籠, 湖光瀲灩, 顧非人世也. 酒酣題四仙亭柱上. [李詹] ·················· 170
105. 대강정(大康亭)에서 차운하다 大康亭次韻 ·················· 171
106. 명파정(明波亭)에서 차운하다 明波亭次韻 ·················· 172
107. 의주(宜州)의 동쪽 정자(亭子)에서 이 원수(李元帥)의 운자로 쓰다
   宜州東亭李元帥韻 ·················· 173
108. 평해(平海)에 사는 전자수(田子秀)에게 주다 寄田子秀居平海 ·················· 174
109. 사선정(四仙亭)에서 차운하다 四仙亭次韻 ·················· 175
110. 화령부(和寧府) 희우루(喜雨樓) 시에 차운하다 和寧府喜雨樓次韻 ·················· 176
111. 취하여 삼척 객사 동쪽 상방(上房) 벽에 쓰다 醉題三陟客舍東上房壁 ·················· 177
112. 구월 십일 양주(襄州)에서 임기를 마치고 돌아가는 함주(咸州) 장 사또를 만났다. 그가 남쪽 인동(仁同)으로 돌아가기에 시를 지어 전송하다 九月十日, 襄州逢咸州張使君政成而還. 南歸仁同, 詩以送之 ·················· 177
113. 임자년(壬子年) 구월에 소주성(蘇州城) 아래에서 느낀 바가 있어
   壬子九月蘇州城下有感 ·················· 178
114. 밤이 되어 양자강에 정박하다 夜泊楊子江 ·················· 178
115. 왕 승상(汪丞相)께 올리다 [2수] 上汪丞相 [二首] ·················· 179
116. 예부(禮部) 도 상서(陶尙書)께 올리다 上禮部陶尙書 ·················· 180

117. 황제가 베풀어 준 연회에서 [구호(口號)] 賜宴 [口號] ………………………… 181
118. 대창(大倉)에서 병이 들어 달가 사성(司成)에게 주다 大倉病中寄達可司成 ……… 182
119. 담우덕(譚友德) 수재(秀才)에게 주다 贈譚友德秀才 ………………………………… 183
120. 달가와 더불어 금릉(金陵)으로 돌아가는 향승(鄕僧) 오(悟) 스님을 보내다
    同達可送鄕僧悟上人歸金陵 ……………………………………………………………… 183
121. 금릉의 거리에서 金陵街上 …………………………………………………………… 184
122. 계축년 사월에 대창(大倉)으로부터 서울[명나라 서울 남경]로 오라고 부름을 받았다. 광록
    시(光祿寺)에서 잔치가 베풀어졌고, 봉천문(奉天門) 아래에서 황제를 배알하고 선유(宣諭)
    를 들었다. 다시 앞의 운을 사용하여 짓다 癸丑四月, 自大倉召至京師, 賜宴光祿寺, 奉
    天門下面聽宣喩. 復用前韻 ……………………………………………………………… 185
123. 윤주(潤州) 감로사(甘露寺) 다경루(多景樓) 시에 차운하다 潤州甘露寺多景樓次韻 ‥ 187
124. 금산사 金山寺 ……………………………………………………………………………… 189
125. 용강관(龍江關)에서 회포가 일어나 달가의 운으로 짓다 龍江關有懷用達可韻 …… 190
126. 고우주(高郵州)에서 달가의 시에 차운하다 高郵州次達可韻 ……………………… 190
127. 기주(沂州)를 지나며 시백기(施伯起) 판관(判官)에게 주다 過沂州贈施伯起判官 … 191
128. 용담현(龍潭縣)에서 소지선(蘇至善)에게 보여 주다 龍潭縣示蘇至善 …………… 192
129. 길 가는 도중에 途中 ………………………………………………………………… 192
130. 정료위(定遼衛)에 함께 갔다가 의례에 따라 금릉으로 돌아가게 된
    왕주강(王奏羗)을 보내며 定遼衛送伴行王奏羗儀還金陵 …………………………… 193
131. 개모성(蓋牟城)에서 일찍이 옥등(玉燈)을 나에게 선사했던 대창의 주모(朱某)
    선비에게 시를 써 주다 蓋牟城寄大倉朱秀才, 曾以玉燈爲贈 ……………………… 194
132. 원주의 하 공(河公)이 임무를 마치고 상경하였는데, 도경(道境) 감(鑑) 스님이 사모한 나
    머지 시를 써서 주니 하 공이 그 시의 운자(韻字)를 나누어서 여러 벼슬아치들에게 주고
    모두 시를 짓게 하였다. 나는 달가와 함께 막 강남으로부터 돌아왔는데, 하 공이 시 지을
    것을 청하여 '남(南)' 자 운을 가지고 소시(小詩) 두 수를 짓는다 [박상충(朴尙衷) 공이 서
    문을 썼다] 原州河公政成上京, 道境鑑上人, 思慕之餘, 以詩見寄, 河公分韻其詩, 爲贈搢
    紳諸公皆賦. 予與達可方回自江南, 河公請賦得南字, 作小詩二首 [朴公尙衷序之] …… 195
133. 권근 대제(待制) 집의 붉은 복숭아를 수붕(壽朋)의 운을 써서 짓다
    權近待制家紅桃用壽朋韻 ………………………………………………………………… 197
134. 일본으로 사행을 떠나는 나 판관(羅判官)을 보내며 送羅判官使日本 …………… 198
135. 계림(鷄林) 부윤(府尹)으로 나가는 권 판서(權判書)를 전송(餞送)하다
    奉送權判書出尹鷄林 ……………………………………………………………………… 199

136. 병이 들어　病中 ··· 200
137. 시를 지어 부치다　有寄 ·· 200
138. 경상도 안렴사(按廉使)로 가는 송 도관(宋都官)을 보내며　送宋都官按廉慶尙道 ···· 201
139. 산으로 들어가는 스님을 보내며　送僧入山 ·· 202
140. 강릉도(江陵道) 안렴사로 가는 홍 직문하(洪直門下)를 보내며
　　　送洪直門下按廉江陵 ·· 202
141. 강릉도 안렴사 한 중서(韓中書)를 보내며　送江陵廉使韓中書 ····················· 203
142. 충주의 한 판관(韓判官)에게 주다　寄忠州韓判官 ····································· 203
143. 연창(延昌)의 가을 밤　延昌秋夜 ··· 204
144. 임 동년(林同年)의 시에 차운하여 답하다　酬林同年次韻 ·························· 204
145. 허야당(許野堂)에게 주다　寄許野堂 ·· 205
146. 추재(楸齋) 이 선생에게 주다 [2수]　寄楸齋李先生 [二首] ·························· 206
147. 통암(通菴) 봉익대부(奉翊大夫) 이모(李某)에게 주다　寄通菴李奉翊 ············ 207
148. 자안(子安)이 보낸 시에 차운하여 답하다　酬子安見寄次韻 ······················· 208
149. 연탄(燕灘) 가에서 달가(達可)에게 주다　燕灘上寄達可 ····························· 209
150. 추상(樞相) 권호(權鎬)에게 바치다　上權樞相[鎬] ····································· 210
151. 규헌 선생(葵軒先生) 권주(權鑄)에게 주다　寄葵軒先生[權鑄] ····················· 210
152. 김선치(金先致) 원수께 바치다　呈金元帥[先致] ······································· 211
153. 박 중서(朴中書)에게 주다　寄朴中書 ··· 212
154. 누대에서 차운하여 국헌 상국(菊軒相國)께 받들어 드리다
　　　樓上次韻奉呈菊軒相國 ·· 213
155. 유 문하(柳門下)께 올리다　上柳門下 ··· 213
156. 정당문학(政堂文學) 홍중선(洪仲宣)이 지공거(知貢擧)가 된 것을 축하하다
　　　賀洪政堂知貢擧 [仲宣] ·· 214
157. 삼척의 심 중서(沈中書)가 시를 보내왔기에 차운하여 받들어 드리다
　　　三陟沈中書以詩見寄, 次韻奉呈 ·· 215
158. 우연히 짓다　偶題 ··· 216
159. 강릉의 노 염사(盧廉使)에게 주다　寄江陵盧廉使 ···································· 216
160. 강릉의 이 부사(李府使)에게 주다　寄江陵李府使 ···································· 217
161. 소윤(少尹) 전간(全簡)의 여강루 시에 답하다　答全少尹驪江樓詩韻 [簡] ······· 217

162. 장급(張及) 선배에게 보여 주다 示張及先輩 ··· 218
163. 대부(大夫) 안종원(安宗源)을 축하하다 賀安大夫[宗源] ······················· 219
164. 자안 이숭인과 약속했는데 오지 않다 約子安不至 [李崇仁] ················· 220
165. 자안의 관물재(觀物齋)에서 짓다 題子安觀物齋 ································· 221
166. 단암(丹嵒) 선생께 드리다 呈丹嵒 ·· 222
167. 태자산(太子山) 일녕(一寧)에게 드리다 寄呈太子山[一寧] ····················· 223
168. 이민도(李敏道)에게 주다 贈李敏道 ·· 223
169. 송계(松溪)에서 원을 내려오며 松溪下院 ·· 224
170. 충주에서 중현대부(中顯大夫) 최원유(崔元儒)에게 주다 忠州贈崔中顯[元儒] ········ 224
171. 병진년(丙辰年) 칠월에 관례에 따라 서울로 가서 한강정(漢江亭)에서 짓다
     丙辰七月, 隨例赴京, 題漢江亭 ·· 225
172. 구일 사예(司藝) 박의중(朴宜中)과 술을 마시다 九日與朴宜中司藝飲酒 ······· 226
173. 장차 영남으로 향하려 하면서 백정(柏亭) 상국(相國)의 증별시에 받들어 답하다
     將向嶺南, 奉答柏亭相國贈別之什 ··· 227
174. 원흥사(元興寺) 주지에게 장난삼아 주다 戲寄元興住持 ······················· 228
175. 달가에게 주다 寄達可 ··· 229
176. 장차 박포(朴苞)를 사위로 삼으려 하는 이부(吏部) 서균형(徐鈞衡)에게 주다
     寄徐吏部將以朴苞爲壻 [鈞衡] ··· 231
177. 청주 판관이 전주로 근성(覲省)을 가서 쓴 시권(詩卷)에 차운하다
     次韻淸州判官覲省全州詩卷 ··· 232
178. 충주에서 여러분들이 수창한 시에 차운하다 次忠州諸君酬唱詩韻 ········ 234
179. 해(海) 스님을 전송하며 送海上人 ·· 235
180. 판삼사사(判三司事) 최영(崔瑩)께 올리다 上崔判三司事 ······················· 236
181. 설감 승(偰監丞) 부인 만사 偰監丞夫人挽詞 ·· 238
182. 합포(合浦)로 원수(元帥) 김진(金鎭)을 보내며 送合浦金元帥[鎭] ·············· 240
183. 백정 상국(栢亭相國)께 받들어 답하다 奉答栢亭相國 ··························· 241
184. 안 밀직(安密直)을 축하하며 賀安密直 ·· 242
185. 이 추상(李樞相)의 시에 차운하여 받들어 드리다 奉呈李樞相次韻 ········ 243
186. 계도(季陶)의 시에 차운하다 次韻季陶 ·· 244
187. 서울로 가는 중현대부(中顯大夫) 최원유(崔元儒)를 전송하며 送崔中顯如京 ········ 244

188. 이 원수께 올리다　上李元帥 ··· 245
189. 박 간의(朴諫議)에게 주다　寄朴諫議 ·· 245
190. 서원(西原)의 최 주판(崔州判)에게 장난삼아 부치다　寄西原崔州判爲戲 ········· 246
191. 희안(希顔)께 절구 두 수를 바치다　呈希顔二絶 ·· 247
192. 이 단양(李丹陽)에게 주다　寄李丹陽 ··· 248
193. 원수 목사에게 주다　寄原州牧使 ··· 249
194. 충주의 김생사(金生寺)에서 강릉 등명사(燈明寺)의 스님을 만나
　　 강릉염사(江陵廉使) 탁 정랑(卓正郎)에게 시를 주다
　　　忠州金生寺, 遇江陵燈明寺僧, 因寄其廉使卓正郎 ································ 250
195. 강릉의 이 사군(李使君)에게 장난삼아 주다　戲寄江陵李使君 ···················· 252
196. 어은 선생(漁隱先生) 동정(東亭) 염흥방(廉興邦) 상공(相公)께 바치다
　　　呈漁隱先生東亭相公[廉興邦] ·· 253
197. 전 소윤(全少尹)에게 주다　酬全少尹 ··· 254
198. 동정 상공의「침류정 절구 네 수」에 받들어 화답하여 여덟 수를 차운하여 짓다
　　　奉和東亭相公枕流亭四絶, 足成八首次韻 ··· 255
　　 【부록】침류정 절구 네 수 [동정 염흥방(廉興邦)]　枕流亭四絶 [東亭] ········ 257
199. 무급(無及)의 두루마리에 짓다　題無及卷子 ··· 259
200. 강릉의 이 사군(李使君)이 임무를 다 마치고 집으로 돌아왔으므로
　　 우선 시를 지어 보내다　江陵李使君政成還家, 先以詩爲寄 ····················· 260
201. 원통사(圓通寺)에서 짓다　題圓通蘭若 ··· 260

■ 역주 척약재학음집 권하(卷下) ··· 261

1. 흥법사(興法寺)에서 자면서 염사(廉使) 하륜(河崙)에게 주다　宿興法寺寄河廉使[崙] ·· 263
2. 김군필(金君弼) 선생에게 주다　酬金君弼先生 ·· 263
3. 판사 채련(蔡漣)에게 주다　寄蔡判事[漣] ·· 264
4. 김도(金濤)·안중온(安仲溫) 두 대언(代言)에게 주다　寄金安兩代言 [海·仲溫] ········ 265
5. 상공(相公) 겸곡(謙谷) 이인(李靭)께 바치다　上謙谷李相公[靭] ······················ 266
6. 양헌부원군(陽軒府院君)께 바치다　上陽軒府院君 ·· 266
7. 장봉(長峯)이 거위를 보내주어 시를 써서 사례하다　長峯惠鵝, 詩以謝 ············ 267

8. 큰 눈이 왔는데 정정(靜亭) 권호(權鎬)와 함께 동정(東亭) 염흥방(廉興邦)
   상공을 찾아뵙다 　大雪. 同靜亭謁東亭相公 [權鎬·廉興邦] ·················· 268
9. 정정(靜亭) 권 공께 바치다 　上靜亭權公 ································ 269
10. 아침 일찍이 안렴사가 술과 고기를 보내줘서 추위를 이길 수 있었는데, 겸하여
    시까지 써서 주어 이에 차운하여 사례하다
    喆朝廉使送酒肉禦寒, 兼有小詩, 次韻爲謝 ································· 270
11. 말 위에서 두 수의 시를 읊어 하 염사(河廉使)에게 바치다
    馬上吟得二首, 奉呈河廉使 ··· 271
12. 박 간의가 감사하게도 감귤을 전해 주면서 또 어머니께 드리는 말씀이 있었다.
    고마운 나머지 이 시를 지어 보내고 웃는다
    朴諫議以傳柑見惠, 且有獻高堂之語. 感謝之餘, 寄此發笑 ··················· 272
13. 김 부령(金副令)이 중원(中原)에 살면서 각종 문서를 편찬하거나 저작하고 있다.
    서로 생각하면서도 미처 보지 못하고 있었는데, 먼저 시를 보내오니 차운하여
    받들어 답한다　金副令寓居中原, 修撰文書. 相憶未見, 先寄以詩, 次韻奉答 ··· 273
14. 동정(東亭) 상공의 시에 받들어 답하여 차운하다　奉答東亭相公次韻 ········ 274
15. 남쪽으로 가는 족암 상인(足菴上人)을 통해 전라도 정 염사(鄭廉使),
    전주 이 목사(李牧使)에게 주다　足菴上人南行, 寄全羅鄭廉使, 全州李牧使 ········· 275
16. 충주 천림사(千林寺)에서 이 찰방(李察訪)과 술을 마시다 크게 취해 잤다.
    깨어난 후에 이 시를 짓는다　忠州千林寺, 與李察訪飮酒大醉因睡. 覺而此作 ········ 276
17. 미륵원(彌勒院)으로 가는 길 위에서 서로 이별하고 숭선사(崇善寺)에서 자면서
    목백(牧伯) 상공께 받들어 드리다　彌勒院路上相別, 宿崇善寺, 奉寄牧伯相公 ········ 277
18. 양양(襄陽)에 머물면서 안동부사 안중온(安仲溫)에게 부치다
    留襄陽寄安東府使 [安仲溫] ··· 278
19. 변 염사와 이 찰방이 충주에서 서로 만나 며칠간의 즐거움을 함께 하며 나에게도 참여하라
    고 불렀으나 일로 인하여 가지 못했다. 두 분 군자께 받들어 드리고 겸하여 좌상의 제공들
    께도 글을 써서 바친다　卞廉使李察訪相會忠州, 作數日之歡, 邀予參赴, 因事未果. 奉呈兩
    君子, 兼簡座上諸公 ·· 279
20. 미인의 족자에 쓰다 　題美人簇子 ··· 280
21. 동정상공(東亭相公)을 뵈었다. 마침 법천사(法泉寺)의 스님이 작은 배에 술을 싣고 와서
    밤 깊도록 질펀하게 마셨는데 동정이 한 수 시를 썼다　謁東亭相公, 會法泉僧以扁舟載酒
    而來, 夜深痛飮, 東亭有詩云 ··· 280

22. 나도 동정의 시에 차운하다 予亦次韻 ··· 281
23. 다음 날 법천사 스님과 함께 돌아오다가 말고삐를 놓은 채 취해 잠들었는데 말이 저 홀로
    강가에 갔다. 술에서 깨어난 후 길을 잃어버려 서로 더불어 한바탕 웃고 인하여 절구 한
    수를 지어 받들어 동정 상공께 드린다 明日, 與法泉僧回, 委轡醉睡, 馬自近江. 覺而迷路.
    相與大噱, 因有一絶, 奉獻東亭 ·· 281
24. 착산(窄山)의 두루마리에 쓰다 題窄山卷子 ··· 282
25. 규헌(葵軒)께 바치다 寄呈葵軒 ·· 282
26. 국학박사 자구(子具)를 보내다 送子具國博 ·· 283
27. 어떤 이에게 주다 寄人 ··· 284
28. 운곡(雲谷) 선생 박승제(朴承制)에게 장난삼아 주다 寄雲谷先生[朴承制爲戲] ········· 285
29. 여강의 청심루 위에서 벼슬길에 올라 서울로 떠나는 이자안(李子安)을 전송하다
    驪江淸心樓上, 送李子安赴官上京 ·· 286
30. 병중에 배 염사(裵廉使)와 교주(交州) 송 염사(宋廉使)가 함께 누대에 올랐다는
    소식을 듣고 시를 써서 주다 病中聞裵廉使與交州宋廉使登樓, 以詩爲寄 ············· 287
31. 배를 타고 광주(廣州)로 내려가는 배 염사(裵廉使)를 전송하다
    送裵廉使乘舟下廣州 ··· 287
32. 여강(驪江)을 읊은 절구 다섯 수. 둔촌(遁村) 호연(浩然) 이집(李集)에게 주다
    驪江五絶. 寄遁村李浩然[集] ·· 288
33. 둔촌(遁村)이 여러 편의 시를 보내왔기에 차운해서 적어 드리다
    遁村寄詩累篇, 次韻錄呈 ·· 290
34. 동년(同年) 친구 지신사(知申事) 양이시(楊以時)를 곡하다 哭楊知申事 [同年以時] ··· 294
35. 정토사(淨土寺)에서 밤에 읊다 淨土蘭若夜吟 ··· 295
36. 정토사로부터 둔촌이 우거하는 집을 찾다 自淨土尋遁村寓居 ························· 295
37. 일암(日庵)의 두루마리에 쓰다 題日庵卷子 ··· 296
38. 군대에 종군하는 사람을 전송하며 送人從軍 ·· 296
39. 둔촌에게 寄遁村 ··· 297
40. 우 재상(禹宰相)께 올리다 上禹宰相 ·· 297
41. 서울로 돌아가는 염사(廉使) 배 좌랑(裵佐郞)을 전송하며 送廉使裵佐郞歸京 ······· 298
42. 거듭 전송하다 重送 ·· 299
43. 백옥 한림(伯玉翰林)이 서울에서 고향으로 돌아간다기에 여강루에서 해후 하였다. 전별할
    때 얻은 시권(詩卷)을 보여 주기에 내가 이 시를 짓는다 伯玉翰林自京還鄕, 邂逅驪江樓上,
    出示餞行詩卷, 予題此 ··· 300

44. 앞의 운을 사용하여 김 정언(金正言)에게 주다　用前韻寄金正言 ·················· 301
45. 백옥(伯玉)에게 주다　寄伯玉 ·· 302
46. 운곡 선생(雲谷先生)이 눈이 내린 후에 보내온 시에 받들어 수창(酬唱)하다
　　奉酬雲谷先生雪後見寄之什 ·· 303
47. 홍무 십일 년 겨울 시월에 오재 상공(五宰相公) 임견미(林堅味)가 부모를 뵙기 위해 왔다. 하루는 나아가 알현하니 좌우에 손님들로 문에 가득 찼다. 어르신께서는 나이가 85세에 이르렀어도 아직도 병이 없이 강건하였다. 출입하고 움직일 때면 공은 친히 공경스럽게 부축하였고 무릇 먹고 마심에 있어서도 또한 반드시 먼저 맛을 보았다. 거의 귀하거나 현달함으로 스스로 행동하지 않았으니 대개 세상에 보기 드문 일이어서 마음속으로 공경하고 감탄하였다. 이미 물러난 뒤에도 즐겁게 사람들과 더불어 이야기하기를 능히 그만 두지 않았다. 서울로 돌아갈 즈음에 미쳐 나의 집 앞에서 수레를 멈추더니 우리 부모님께 문안을 하고 다시 꿩을 선사했다. 황송함을 감당하지 못하는 데다 감격은 지극해 삼가 보잘것없는 절구 2수를 짓고 머리를 깨끗이 씻은 후 적어서 바침으로 나의 기쁨을 표시한다　洪武十一年冬十月, 五宰相公覲省而來. 一日進謁, 左右賓客滿門. 大人年至八十有五, 尙無恙而强康. 出入起居, 公親敬扶持, 凡飮食亦必先嘗, 略不以貴顯自居, 蓋世所未有, 心竊敬嘆. 旣退, 樂與人言, 不能自已. 及其回京, 枉駕弊止, 存問吾親, 再辱以雉, 不勝惶悚感激之至, 謹課小詩二首, 薰沐錄呈, 奉發一粲 [林堅味] ································ 305
48. 흥이 돋아 시를 써서 달가(達可)와 자안(子安)에게 주다　遣興寄達可子安 ········· 307
49. 안동부사 안중온(安仲溫) 판서에게 주다　投安東府使安判書[仲溫] ················· 308
50. 자리에서 늙은 기생을 보고 느낌이 있어 쓰다　席上見老妓有感 ··················· 309
51. 신촌(愼村) 상공께 받들어 수창하다　奉酬愼村相公 ································· 310
52. 보주(甫州)에서 안렴사(按廉使)에게 주다　甫州寄廉使 ····························· 312
53. 안동에서 삼봉에게 답하다. 보주에서 만나기로 약속했었는데 만나지 못해
　　이 시를 짓는다　安東答三峯. 約會甫州未果, 有此作 ······························· 313
54. 보주의 사또에게 주다　寄甫州使君 ·· 314
55. 안동 객사의 북쪽 누대에서 고조부 상락공(上洛公)의 시에 차운하다
　　安東客舍北樓. 次高祖上洛公詩韻 ··· 315
56. 장 추밀(張樞密)에게 주다　寄張樞密 ··· 316
57. 「박명아(薄命兒)」에 감동하여 박 대언(朴代言)에게 주다　感薄命兒, 寄朴代言 ········ 317
58. 옹천역(甕泉驛)에서 자며 백옥(伯玉)의 시에 차운하여 주다　宿甕泉驛次韻寄贈 ······ 318
59. 삼월 십이일에 죽령을 넘었는데 과연 청명절(淸明節)답게 화창하였다. 인하여
　　누대의 벽에 쓰다　三月十二日踰竹嶺, 果淸明也, 因題樓壁 ······················· 320

60. 무신년(戊申年) 청명절에 내린 눈 [중현(仲賢)의 시]　戊申年淸明雪 [仲賢] ………… 321
61. 봄날에 비를 보며 느낌이 있어　春日對雨有感 ……………………………… 322
62. 비감(祕監) 박대양(朴大陽)의 집에 우거하며 시를 써서 부쳐 드리다
　　寓朴祕監本宅, 以詩寄呈 [大陽] ………………………………………………… 323
63. 취한 중에　醉中 …………………………………………………………………… 324
64. 총랑(摠郎) 송강(宋岡)에 대한 만장(挽章)　宋岡摠郎挽章 …………………… 324
65. 판서(判書) 유지습(柳之濕)에 대한 만장　柳之濕判書挽章 ………………… 325
66. 추흥정(秋興亭)　秋興亭詩 ……………………………………………………… 326
67. 김생사(金生寺)로 돌아가는 침(砧) 스님을 전송하다　送砧上人歸金生寺 …… 328
68. 동년(同年) 이 전의(李典儀)의 시에 차운하여 동년 둔촌(遁村) 이집(李集)의 아들 지직(之
　　直)이 급제한 것을 축하하는 절구(絶句) 두 수를 짓다　次同年李典儀韻, 賀同年李遁村之子
　　之直登第, 小詩二首 ……………………………………………………………… 329
69. 동년 둔촌 이집의 큰아들 지직(之直)은 진사(進士) 제이등으로 급제하였고, 둘째 지강(之
　　剛)은 감시(監試)에 응시하여 제 육등으로 입격하였으니 진실로 세상에 드문 경사이다. 오
　　늘 둔촌이 그들을 이끌고 집으로 돌아가므로 다시 앞의 시의 운을 써서 전별(餞別)로 삼는
　　다　同年李遁村長子之直擧進士第二名, 仲子之剛應監試第六名, 眞希世之盛事也. 今日率之
　　歸家, 復用前韻以爲贐行 …………………………………………………………… 331
70. 규헌(葵軒) 어르신께 바치다　呈葵軒丈 ……………………………………… 332
71. 천마산(天磨山)　天磨山 ………………………………………………………… 333
72. 유월 십오일에는 나라의 풍속에 곳곳에서 술을 마시니 이를 일컬어 '유두회(流頭會)'라고 한
　　다. 그 말의 의미는 동쪽으로 흐르는 물에 머리를 감는다는 뜻이다. 박 개성(朴開城)이 술자
　　리를 베풀고 노래하는 기생을 불렀으나 오지 않았다. 밀양 박중미(朴中美) 선생이 시를 지
　　었으므로 나도 이에 차운하여 놀려 본다　六月十五日, 國俗處處飮酒, 謂之流頭會. 其意沐
　　於東流水也. 朴開城設酒, 喚歌妓未及. 密陽朴中美先生有詩, 次韻以戱之 …………… 334
73. 취한 중에 박 공(朴公)이 대나무 가지를 꺾고 여러 잡된 꽃을 캐 와서 권화곡(勸花曲)을 지
　　었는데 그 기묘함을 다했다. 다시 짓는다
　　醉中朴公折竹枝采雜花, 作勸花曲, 盡其妙. 又賦 ………………………………… 335
74. 둔촌 이집에게 답하다　答李遁村 ……………………………………………… 336
75. 수정포도(水晶蒲萄)를 주신 것에 사례하다　謝水晶蒲萄 …………………… 337
76. 규헌(葵軒)이 흑포도(黑葡萄)를 보내왔기에 시를 써서 감사의 마음을 전한다
　　葵軒送黑蒲萄, 以詩爲謝 ………………………………………………………… 338

77. 민망(民望) 염정수(廉廷秀) 대경(大卿)에게 드리다　寄民望大卿 [廉廷秀] ················ 339
78. 경상도 안렴사(按廉使) 전오륜(全五倫) 장령(掌令)을 전송하며
　　送慶尙廉使全掌令 [五倫] ················ 340
79. 왜구를 치러 떠나는 도원수(都元帥) 이 상공(李相公)을 받들어 보내다
　　奉送都元帥李相公出征倭寇 ················ 341
80. 도원수의 막사로 종군하는 정 판서(鄭判書)와 유 판서(柳判書)에게 시를 지어 주다
　　鄭判書柳判書從都元帥幕, 詩以爲贈 ················ 342
81. 추상(樞相) 윤호(尹虎)가 한산군(韓山君)과 청성군(淸城君) 두 선생이 잔치 자리에서 쓴
　　시를 나에게 보여 주고, 본인도 그 시에 화운(和韻)하려고 하여 나 또한 화운하여 짓는다
　　尹樞相以韓山君淸城君兩先生宴集詩示予, 欲和其韻, 予亦賦焉 ················ 343
82. 창산군(昌山君) 만사(挽詞)　昌山君挽詞 ················ 344
83. 손 추밀(孫樞密) 만사　孫樞密挽詞 ················ 345
84. 승(勝) 스님의 영암(嬴庵)에서 짓다　題勝上人嬴庵 ················ 346
85. 행각(行脚)을 떠나는 승(勝) 스님을 전송하며　送勝上人游方 ················ 346
86. 박 판서께 말을 빌려 달라고 청하다　呈朴判書乞馬 ················ 347
87. 정중히 한산군(韓山君)의 높은 운을 밟아 개선하는 도원수(都元帥)의 행차에
　　절하고 드리다　敬步韓山高韻, 拜呈都元帥凱旋之次 ················ 348
88. 수보(壽父) 선생 정원의 네 사물을 읊다　壽父先生園中四咏 ················ 349
89. 이 정당(李政堂)께 올려서 애오라지 축하하는 마음을 전하고 겸하여 스스로도 자부하다
　　上李政堂, 聊申賀臆, 兼以自負 ················ 350
90. 무열 장로(無說長老)와 자야 선생(子埜先生)에게 주다　寄無說長老子埜先生 ········ 352
91. 충주로 부임해 가는 시승(寺丞) 정당(鄭當)을 전송하다　送鄭當寺丞之任忠州 ········ 353
92. 박 장령(朴掌令)의 집에서 취하여 주필(走筆)로 쓰다　朴掌令家醉中走筆 ················ 354
93. 청주의 이 좌윤(李左尹)이 관직에 부임하기 위해 서울로 왔기에, 정 부추(鄭副樞)를 모시고
　　그의 형인 판각(判閣)의 집에서 맞이하여 두 공부(杜工部)의 시운으로 차운하다　淸州李左
　　尹赴官上京, 陪鄭副樞迎于其兄判閣家, 次杜工部詩韻 ················ 355
94. 꽃을 탄식하다　歎花 ················ 356
95. 규헌(葵軒)께 바치다　呈葵軒 ················ 357
96. 강릉 염사(廉使)이신 숙부께서 돌벼루와 문어를 보내주신 것에 대해 감사하다
　　寄佳陵廉使叔謝石硯文魚 ················ 358

목차　25

97. 사월 십일에 관청에서 숙직을 하며 四月十日入直省廬 ··· 359
98. 같은 관사의 여러분께 드리다 寄呈同舍諸公 ·· 360
99. 여주 승산(勝山)에서 느낌이 있어 驪江勝山有感 ·· 361
100. 신효사(神孝寺)에서 모여 정삼봉(鄭三峯)에게 잔치를 베풀다 會神孝寺宴鄭三峯 ··· 361
101. 술에 취한 후에 자안(子安)이 나에게 일어나서 벽에 구점(口占) 스물 여덟 자를 쓰라고
    하였다. 다 쓰고 난 뒤 그 운자를 사용하여 그 뒤에 시를 쓴다 醉後子安令我起書壁間,
    口占二十八字. 旣畢用其韻因書其後 ·· 362
102. 현성사(賢聖寺)에서 모여 더위를 피하다 會賢聖寺避暑 ······································· 362
103. 목은(牧隱) 선생이 자하동(紫霞洞)에서 노니실 때 참여하지 못했다. 이에 우러러 그 운에
    차운하여 수창(酬唱)한다 牧隱先生遊紫霞洞未赴, 仰賡高韻 ····································· 363
104. 강 자야(康子埜)의 서로 축하하는 시편에 받들어 차운하여 답하다
    奉酬康子埜相賀之什次韻 ··· 364
105. 강릉 장 염사(張廉使)를 전송하며 送江陵張廉使 ·· 365
106. 양광도(楊廣道) 염사 안 간의(安諫議)를 전송하다 送楊廣廉使安諫議 ···················· 366
107. 절간에서 자다 釋房寓宿 ··· 368
108. 시월 갑자일(甲子日)에 관청에서 숙직하다 入直省廬 [十月甲子] ···························· 369
109. 임금의 수레가 감로사(甘露寺)에 납시어 사냥을 구경하시고 총 이틀을 유숙하였다. 사관
    이 호종하느라 숙직할 사람이 없자 나를 불러들여 숙직케 하였다. 시월 이십칠일에 입직
    하여 대궐 내의 여러 사람들의 시에 차운하다 駕幸甘露寺觀獵, 凡兩宿. 史官扈從, 而無
    直者, 邀予直宿. 十月二十七日入直, 次禁內諸君詩韻 ·· 370
110. 이십팔일에 입직하면서 김 헌납(金獻納)의 시에 차운하다
    二十八日入直次金獻納韻 ··· 371
111. 느끼는 바가 있어 다시 율시(律詩)로 짓다 又題唐律有感 ····································· 372
112. 당나라 시구를 모아서 최 간의(崔諫議)께 드리다 集唐人詩句呈崔諫議 ··················· 373
113. 자리에서 취하여 짓다 席上醉題 ··· 374
114. 낭사(郎舍)들의 봉사(封事)를 윤허한다는 명을 받고 기쁘고 축하하는 마음을
    이기지 못해 입직(入直)하여 쓰다 [2수]
    郎舍等封事, 得兪允之命, 不勝喜賀, 入直有題 [二首] ·· 375
115. 재상 성원규(成元揆) 만장(挽章) 成宰相挽章 [元揆] ··· 376
116. 영주(永州)의 이 사군(李使君)을 전송하다 送永州李使君 ····································· 377

117. 금성(金城)의 현령(縣令)을 전송하다　送金城縣令 ························· 377
118. 백정(栢庭) 스님을 전송하다　送栢庭上人 ································· 378
119. ■스님이 부모님께 근친(覲親)가는 것을 전송하다　送■上人歸覲 ····· 379
120. 합포(合浦)의 번진(藩鎭)으로 나아가는 이 추상(李樞相)을 전송하다
　　　送李樞相出鎭合浦 ·· 380
121. 한유문(韓有文)을 전송하다　送韓有文 ······································· 381
122. 고도(古道) 스님의 두루마리　古道卷子 ····································· 382
123. 찬성사(贊成事) 황상(黃裳) 만장　黃二相挽章 [裳] ······················ 383
124. 박중용(朴仲容)이 대언(代言)이 된 것을 축하하다　賀朴代言仲容 ····· 384
125. 충주의 이 사군(李使君)에게 주다　寄忠州李使君 ························ 385
126. 조준(趙浚) 판서(判書)에게 주다　寄趙判書[浚] ························· 386
127. 경상도 안렴사(按廉使)로 떠나는 여 총랑(呂摠郞)을 전송하다
　　　送呂摠郞出按慶尙道 ·· 387
128. 문화군(文化君) 부인 만장　文化君夫人挽章 ································ 388
129. 행안사(幸安寺)에서 노닐다　遊幸安寺 ······································· 390
130. 월계(月溪)의 둑을 지나다　過月溪坂 ··· 390
131. 생원 이질(李晊)을 전송하다　送李晊生員 ·································· 391
132. 유 염사(柳廉使)를 전송하다　送柳廉使 ······································ 393
133. 야운헌(野雲軒)　野雲軒 ·· 393
134. 영(英) 스님을 전송하다　送英上人 ·· 394
135. 설악산(雪嶽山) 운(雲) 스님을 전송하다　送雪嶽雲上人 ················ 395
136. 승제(承制) 구구(具鷗)의 모친 대부인(大夫人) 만장　具承制母大夫人挽章 [鷗] ······ 396
137. 한양에서 지어 재상 우현보(禹玄寶)에게 바치다　漢陽有作, 呈禹宰相 [玄寶] ········ 397
138. 소재(䟽齋) 최표(崔彪) 선생이 성균관에 머무르며 시를 보내왔기에 차운하여 답하다
　　　䟽齋先生留成均寄詩, 次韻答之 [崔彪] ···································· 398
139. 삼봉(三峯) 정도전(鄭道傳)에게 주다　寄鄭三峯[道傳] ·················· 399
140. 개성윤(開城尹) 김모(金某) 댁에서 내상(內相) 하모(河某)의 시에 차운하다
　　　金開城宅次河內相詩韻 ·· 400
141. 눈 속의 매화　雪梅 ·· 400
142. '영암(嬴庵)' 두 큰 글자를 두루마리에 써서 받들어 지어 올리다
　　　奉題上書嬴庵二大字卷子 ·· 401

143. 강자야(康子野) 선생에게 주다　寄康子野先生 ··· 401
144. 판서(判書) 정우(鄭宇)에게 주다　寄鄭判書 [宇] ·· 402
145. 첨서(簽書) 유원(柳源)께 바치다　呈柳簽書 [源] ·· 403
146. 강릉염사 서구사(徐九思)를 전송하다　送江陵徐廉使 [九思] ···························· 404
147. 우사(右使) 임성미(林成味) 만장　林右使挽章 [成味] ······································ 405
148. 좌주 문충공(文忠公) 남촌 선생(南村先生) 이공수(李公邃) 부인 김씨 만장
　　　座主李文忠夫人金氏挽章 [南村先生李公邃] ··· 406
149. 가을날 저녁 비가 개다　秋日晩晴 ··· 407
150. 숭선사(崇善寺)에서 김생사(金生寺)로 돌아가는 총(聰) 스님을 전송하다
　　　崇善寺送聰上人歸金生寺 ··· 407
151. 절재 선생(節齋先生)에게 주다　寄節齋先生 ··· 408
152. 인하여 강릉의 해은 선생(海隱先生)에게 주다　因寄江陵海隱先生 ··················· 409
153. 동년(同年) 함모(咸某)에게 주고 겸하여 동년(同年) 최모(崔某)에게 써서 보내다
　　　寄咸同年兼簡崔同年 ··· 410
154. 방(方) 비서감(祕書監)께 장난삼아 바치다　戲呈方祕書 ································· 411
155. 부모님을 위해 생선과 고기를 구하는 시를 지어 한 수는 해주목사(海州牧使)께
　　　드리고 한 수는 당후(堂後) 이회(李薈)께 드리다
　　　爲親乞魚肉詩, 一呈海州牧, 一呈李堂後 [薈] ·· 412
156. 임효선(林孝先) 선생에게 주다　寄林先生 [孝先] ··· 413
157. 취하여 자리에 있는 여러분께 드리다　醉呈座上諸公 ···································· 414
158. 규정(糾正) 전오륜(全五倫)이 진양(晉陽)으로 부임하는 것을 전송하다
　　　送全糾正赴任晉陽 ··· 414
159. 강릉으로 돌아가는 서구사(徐九思)를 전송하다　送徐九思還江陵 ···················· 415
160. 안동의 원님으로 가는 동년(同年) 만리(萬里)를 전송하다　送萬里同年倅安東 ······· 416
161. 삼봉(三峯)으로 돌아가는 정종지(鄭宗之)와 함께 보현원(普賢院)에 이르러 시를
　　　차운하고 떠나보내다　鄭宗之歸三峯, 同至普賢院次韻送別 ···························· 418
162. 여흥(驪興)의 수령(守令) 유모(柳某)가 파임(罷任)되어 영남으로 돌아가는 것을
　　　전송하다　送驪興柳明府罷任歸嶺南 ··· 419
163. 박 비감(朴祕監) 댁에서 꽃을 감상하고 장난삼아 관물재(觀物齋)에 드리다
　　　朴祕監宅賞花, 戲呈觀物齋 ··· 420

164. 해은 선생(海隱先生)으로부터 꿈에 종이를 전해 받았는데 잠깐 사이에 종이가 변하여 하얀 여덟 벌의 비단 치마가 되는 일이 생겼다. 마음속으로 생각하기를 '내가 두 벌을 갖고 여섯 벌은 세 명의 아들들에게 나눠 주면 좋겠다.'고 하였다. 꿈에서 깨어난 후에 돌이켜 생각해 보니 한편으로는 기쁘고 한편으로는 괴이하였다. 여섯 수의 절구(絶句)를 지어 해은 선생께 바친다 海隱先生夢遺華牋, 須臾而紙變爲白絹裙八事. 心以爲予畜二裙, 六裙分與三男足矣. 覺而翻思, 且喜且怔. 足成絶句六首, 寄呈海隱先生 ·············· 421
165. 매화 그림 畫梅 ·············· 423
166. 자야(子埜) 강호문(康好文) 선생에게 주다 寄子埜先生 康好文 ·············· 423
167. 장차 운남(雲南)으로 가려고 양자강(揚子江)을 거슬러 오르면서 느낀 회포를 급사중(給事中)과 두 명의 진무(鎭撫) 등 세 사람의 관인(官人)들께 적어서 드리다 將赴雲南, 泝江而上, 寓懷錄呈給事中兩鎭撫三位官人 ·············· 424
168. 채석(采石) 采石 ·············· 427
169. 관음굴(觀音崛) 觀音崛 ·············· 427
170. 황주(黃州) 黃州 ·············· 428
171. 무창(武昌) 武昌 ·············· 429
172. 악양루(岳陽樓) 岳陽樓 ·············· 430
173. 느낌이 있어 感懷 ·············· 431
174. 죽은 이를 애도하다 悼亡 ·············· 432
175. 초생달 新月 ·············· 432
176. 석수(石首)의 현윤(縣尹)에게 주다 贈石首縣尹 ·············· 433
177. 단오 端午 ·············· 433
178. 형주(荊州) 荊州 ·············· 434
179. 배를 끌다 曳船 ·············· 436
180. 강물 江水 ·············· 437
181. 이중정(李仲正)에게 주다 贈李仲正 ·············· 438
182. 반가계역(潘家磎驛) 두 수 潘家磎驛 [二首] ·············· 439
183. 매미 蟬 ·············· 440
184. 빠르게 가는 돛단배 帆急 ·············· 441
185. 밤 夜 ·············· 442
186. 십이벽(十二壁) 十二壁 ·············· 442

187. 협주(峽州) 峽州 ……………………………………………………………………………… 443
188. 들풀 野草 ………………………………………………………………………………… 443
189. 기분을 풀다 遣興 ………………………………………………………………………… 444
190. 하백(河伯) 河伯 ………………………………………………………………………… 445
191. 협곡(峽谷)에 들어가다 入峽 …………………………………………………………… 446
192. 황릉묘(黃陵廟) 黃陵廟 ………………………………………………………………… 447
193. 큰 협곡(峽谷)의 여울大 峽灘 ………………………………………………………… 448
194. 기분을 풀다 遣興 ………………………………………………………………………… 449
195. 마협(馬峽) 馬峽 ………………………………………………………………………… 450
196. 골짜기를 지나다 峽行 …………………………………………………………………… 451
197. 귀주성(歸州城)을 바라보다 望歸州城 ………………………………………………… 452
198. 화당춘(畫堂春) 畫堂春 ………………………………………………………………… 453
199. 복산자(卜算子) 卜算子 ………………………………………………………………… 454
200. 장상사(長相思) 長相思 ………………………………………………………………… 455
201. 무산일단운(巫山一段雲) 서해로 안렴(按廉)하러 떠나는 이직문하(李直門下)를
     전송하다 巫山一段雲 送李直門下出按西海 ……………………………………… 456
202. 자고천(鷓鴣天) [설 염사(薛廉使)를 보내다] 鷓鴣天 [送薛廉使] ………………… 457
203. 소년행(少年行) [여강(驪江)] 少年行 [驪江] ………………………………………… 458
204. 조중조(朝中措) [앞과 같다] 朝中措 [同前] ………………………………………… 459
205. 손 영감(孫令監) [지팡이에 대한 명(銘)] 孫令公 [杖銘] …………………………… 460

▌역주 척약재학음집 외집 …………………………………………………… 461

1. 척약재설(惕若齋說) 담암(淡庵) 백문보(白文寶) 惕若齋說 ………………………… 463
2. 척약재찬(惕若齋贊) 연산(燕山) 한복(韓復) 惕若齋贊 ……………………………… 467
3. 척약재잠(惕若齋箴) 제정(霽亭) 이달충(李達衷) 惕若齋箴 ………………………… 468
4. 척약재명(惕若齋銘) 한산(韓山) 이색(李穡) 惕若齋銘 ……………………………… 469
5. 척약재명(惕若齋銘) 삼봉(三峯) 정도전(鄭道傳) 惕若齋銘 ………………………… 471
6. 척약재명(惕若齋銘) 오천(烏川) 정몽주(鄭夢周) 惕若齋銘 ………………………… 472

7. 강릉도(江陵道) 안렴사(按廉使) 김 선생을 전송하는 시
　　목은(牧隱) 이색(李穡)　送江陵道按廉使金先生詩 ·················· 473

8. 강릉도(江陵道) 안렴사(按廉使) 김 선생을 전송하는 시
　　담암(淡庵) 백문보(白文寶)　送江陵道按廉使金先生詩 ·········· 477

9. 강릉도(江陵道) 안렴사(按廉使) 김 선생을 전송하는 시
　　경산(京山) 京山　送江陵道按廉使金先生詩 ·························· 479

10. 강릉도(江陵道) 안렴사(按廉使) 김 선생을 전송하는 시
　　야은(野隱) 전녹생(田祿生)　送江陵道按廉使金先生詩 ·········· 480

11. 강릉도(江陵道) 안렴사(按廉使) 김 선생을 전송하는 시
　　난재(嬾齋)　送江陵道按廉使金先生詩 ·································· 481

12. 강릉도(江陵道) 안렴사(按廉使) 김 선생을 전송하는 시
　　■齋　送江陵道按廉使金先生詩 ··· 483

◪ **역주 척약재학음집 부록** ···················· 485

1. 『척약재학음집』에 수록되어 있지 않은 척약재 한시 ··············· 487
2. 척약재 김구용 상소(惕若齋金九容上疏) 김구용(金九容)
　　[『정재선생일고(貞齋先生逸稿)』 소재] ································· 491
3. 척약재집 발문(惕若齋集跋文) 이달충(李達衷)
　　[『제정집(霽亭集)』 소재] ·· 500
4. 척약재집 발문(惕若齋集跋文) 이유장(李惟樟)
　　[『고산선생문집(孤山先生文集)』 소재] ································· 502
5. 김구용 열전(列傳)
　　[『고려사(高麗史)』 소재] ·· 505
6. 육우당기(六友堂記) 이색(李穡)
　　[『목은집(牧隱集)』 소재] ·· 509
7. 육우당부(六友堂賦) 정추(鄭樞)
　　[『원재집(圓齋集)』 소재] ·· 512
8. 여흥군부인민씨묘지명(驪興郡夫人閔氏墓誌銘) 이색(李穡)
　　[『목은집(牧隱集)』 소재] ·· 516

색인

* 용어 색인 · 519
* 한시제목 색인 · 543

해제(解題)
평담정심(平淡情深)하고 청신아려(淸新雅麗)한 시세계

하정승 (국립안동대학교 한자문화콘텐츠학과 교수)

1. 김구용의 생애 및 교유 관계

죽고 삶은 운명에 말미암으니 천명을 어찌하리오   死生由命奈何天
머리 돌려 부상을 바라보니 한결같이 아득하기만 하네.   回首扶桑一惘然
좋은 말 오천 필은 어느 날에야 오려나   良馬五千何日到
도화관 밖에는 풀만 우거져 있네.   桃花關外草芊芊1)

    척약재(惕若齋) 김구용(金九容)의 「감회(感懷)」라는 제목의 시다. 명(明) 태조에 의해 유배(流配)의 명을 받고 운남(雲南)으로 가는 도중 강소성(江蘇省) 소주(蘇州) 창문(閶門)의 도화오(桃花塢) 근처에서 지은 시다. 제1구의 표현을 보면 시인은 '운명'과 '천명'이라는 시어를 구사하면서 자기의 남은 인생을 하늘에 맡기고 있는 듯한 태도를 보여 준다. 하지만 제2구 이하에서는 속히 해배(解配)의 날이 오기만을 기다리는, 좀 더 솔직한 시인의 태도가 드러난다. 말로는 죽고 사는 것이 운명에 말미암는다고 하였지만, 자꾸만 머리 돌려 동쪽 하늘을 바라보게 된다. 하지만 바라볼수록 고향 하늘은 아득하기만 하고, 좋은 말 오천 필이 도착하지 않는다고 애를 태운다. 마지막 제4구는 사경(寫景)을 통해 시의(詩意)를 표출하고 있는데, '도화관 밖에는 풀만 우거져 있다'고 함으로써 앞날에 대한 불안감과 버림받은 것 같은 자신에 대한 쓸쓸한 감회를 그려 내고 있다. 위의 시는 척약재가 얼마나 탁월한 시인이었는지를 여실히 보여 주고 있다.

    김구용[1338(충숙왕 복위7)-1384(우왕 10)]은 14세기를 대표하는 문인이다. 김구용은 자(字)가 경지(敬之), 호(號)가 척약재(惕若齋)로 본관은 안동이며, 초명은 제민(齊閔)으로 충렬왕 때의 명장 김방경(金方慶)이 그의 고조부가 된다.2) 부친은 중대광상락

---

1) 『척약재학음집(惕若齋學吟集)』 권하(卷下), 「감회(感懷)」.
2) 김구용은……된다: 김방경(金方慶)으로부터 김구용(金九容)까지 이어지는 세계도를 직계로만 살펴보면 다음과 같다. 김방경(金方慶)→김선(金愃)→김승택(金承澤)→김묘(金昴)→김구용(金九容). 즉 김구용

군(重大匡上洛君)인 김묘(金昴)이고 모친은 당대의 유명한 문인이었던 급암(及菴) 민사평(閔思平)의 딸이었으니, 부계와 모계가 모두 당대의 저명한 집안이었던 셈이다. 부인은 예의정랑(禮儀正郎) 남양(南陽) 홍의원(洪義元)의 여식(女息)으로 명선(明善), 명리(明理), 명윤(明允) 등 세 아들을 두었다.3) 이러한 훌륭한 가문적 배경을 바탕으로 척약재는 외조부인 급암 민사평의 집에서 성장하였고 급암에게 직접 시와 학문을 배웠으며, 급암과 절친하였던 익재(益齋) 이제현(李齊賢)과 우곡(愚谷) 정자후(鄭子厚) 같은 당대 최고의 문인에게도 지도를 받았다.4) 또 급암의 집을 방문하던 포은(圃隱) 정몽주(鄭夢周), 도은(陶隱) 이숭인(李崇仁), 삼봉(三峯) 정도전(鄭道傳), 호정(浩亭) 하륜(河崙) 등 젊은 문사들과 자연스럽게 교유하면서 그들과 더불어 강론하며 우의를 돈독히 하였다.5)

척약재는 1355년(공민왕 4) 2월에 찬성사(贊成事) 이공수(李公遂)6)가 지공거(知貢擧)가 되고 밀직제학(密直提學) 안보(安輔)7)가 동지공거(同知貢擧)가 되어 시행한 과거8)에 급제하여 덕녕부(德寧府) 주부(主簿)에 제수(除授)되었고, 1367년(공민왕 16) 성

은 김방경의 4대손임을 알 수 있다.
3) 부인은……두었다: 이상은 척약재의 아들 김명리가 쓴 「선군척약재세계행사요략(先君惕若齋世系行事要略)」(『척약재학음집(惕若齋學吟集)』 권수(卷首)). "先君姓金氏, 諱九容, 字敬之, 古諱齊閔, 號惕若齋, 所居堂曰六友, 安東人也. 父諱昴重大匡上洛君--(中略)--母--(中略)--及菴閔思平之女也. 娶通直郎, 禮儀正郎, 南陽洪義元之女, 生三男, 曰明善, 曰明理, 曰明允焉." 참조.
4) 이러한……받았다: 이색(李穡), 「제척약재학음후(題惕若齋學吟後)」(『척약재학음집(惕若齋學吟集)』 권수(卷首)). "外孫金敬之氏, 生長于及菴先生之家, 及志學, 又學于及菴, 得以親炙益齋愚谷." 참조.
5) 또……하였다: 김명리(金明理), 앞의 글. "交遊如圃隱鄭達可, 陶隱李子安, 三峯鄭宗之, 浩亭河大臨, 相與講論切磋而友善尤篤焉." 참조.
6) 이공수(李公遂): 1308(충렬왕 34)-1366(공민왕 15). 고려 후기의 문신. 본관은 익산(益山). 1340년 문과(文科)에 급제하여 정당문학(政堂文學)을 거쳐 찬성사(贊成事)에 올랐다. 공민왕(恭愍王) 때 신돈이 정권을 잡자 관직에서 물러나 고향으로 내려가 '남촌선생(南村先生)'이라 자칭하고 한거(閑居)하였다. 시호(諡號)는 '문충(文忠)'이다. 『고려사(高麗史)』 권112, 「열전(列傳)」 권25, 「이공수전(李公遂傳)」 참조.
7) 안보(安輔): 1302(충렬왕 28)-1357(공민왕 6). 고려 후기의 문신. 본관은 순흥(順興)이며 자는 원지(員之)이다. 아버지는 안석(安碩)이고, 형은 당대의 저명한 문인 근재(謹齋) 안축(安軸)이다. 1320년(충숙왕 7) 문과에 급제한 뒤 1344년(충목왕 즉위년)에 원나라의 제과(制科)에 합격하였고, 1355년 밀직제학으로 동지공거(同知貢擧)가 되어 지공거(知貢擧) 이공수(李公遂)와 함께 과거를 주시(主試)했으며 정당문학(政堂文學)을 역임하였다. 소수서원(紹修書院)에 배향(配享)되었고, 시호는 문경(文敬)이다.

균관(成均館)이 중건되고 목은(牧隱) 이색(李穡)이 대사성(大司成)으로 국학(國學)을 진흥시키고자 하였을 때, 정몽주(鄭夢周)·박상충(朴尙衷)·박의중(朴宜中)·이숭인(李崇仁) 등과 함께 뽑혀 학관(學官)이 되었다. 이 시절에 만나 같이 활동했던 정몽주, 이숭인 등과는 평생의 지기(知己)가 되었다. 1371년에는 강릉도(江陵道) 안렴사(按廉使)가 되었고, 그 이듬해인 1372년 8월 성절일(聖節日)에 서장관(書狀官)으로 중국에 사행(使行)가서 다음 해 7월에 환국하였다. 1375년(우왕 1) 7월에는 삼사좌윤(三司左尹)으로 있으면서 북원(北元)의 사신을 물리칠 것을 주장하다가 당시 권력자였던 이인임(李仁任)에 의해 배척을 당하고 정몽주·정도전·이숭인 등과 함께 유배를 당하였는데, 어쩌면 이것이 그의 인생에서의 첫 시련이었는지도 모르겠다. 처음에는 죽주(竹州)9)에 유배되었다가 얼마 후 모향(母鄕)인 여흥(驪興)으로 옮겨 7년을 한거(閒居)하면서 강(江), 산(山), 설(雪), 월(月), 풍(風), 화(花)의 흥(興)을 즐기며 여강(驪江) 근처에 '육우당(六友堂)'을 짓고 기거하였다.10)

특히 여흥 유배 중 시인은 정치적 포부를 펼칠 수 없는 자기의 불우한 처지로 인해 계속 갈등하고 고뇌하였다. 이 시기에 쓰여진 시 중 상당수의 작품이 유배지의 자연공간을 다룬 산수시(山水詩)이다. 척약재는 여흥의 자연을 통해서 위로를 받으며 삶에 대한 의지와 꿈을 유지할 수 있었다. 그러나 자연의 위로가 모든 것을 덮어 줄 수는 없다. 척약재는 자기의 불우한 처지로 인해 계속 갈등하고 고뇌하였다. 요컨대 그의 몸은 아름다운 여흥의 산수 속에 있었지만, 그의 마음은 서울의 조정에 가 있었다. 척약재가 여흥의 자연을 바라보는 태도를 통해 척약재 유배시(流配詩)에 나타난 자연의 의미와 여러 양상이 중요하다고 보이며, 또한 유배라는 현실적 제약과 그로 인한 갈등과 고뇌

---

8) 시행한 과거: 이 해(1355년, 공민왕 4)의 과거는 안을기(安乙起)가 장원을 하였고 둔촌(遁村) 이집(李集), 양호당(養浩堂) 우현보(禹玄寶) 등이 급제하였다. 척약재는 특히 둔촌과 평생의 지기(知己)로 교유하였다. 『고려사(高麗史)』 권73, 「지(志)」 권27, 〈선거(選擧) 1〉 참조.
9) 죽주(竹州): 지금의 경기도(京畿道) 안성군(安城郡) 이죽면(二竹面) 죽산리(竹山里) 일대.
10) 얼마……기거하였다: '육우당(六友堂)'이란 척약재가 여흥(驪興)에 유배가서 살던 여강(驪江) 근처에 있던 집을 말하는데, 송(宋)나라의 학자 소강절(邵康節)이 설(雪), 월(月), 풍(風), 화(花)를 짝한다는 의미에서 '사우(四友)'라고 한 것에서 유래하여 여기에 강(江)과 산(山)을 더하여 '육우(六友)'라고 하였다. 이색(李穡), 『목은집·문고(牧隱集·文藁)』 권3, 「육우당기(六友堂記)」 참조.

가 어떤 모습으로 시에 나타나 있는지에 주목해야 한다. 당시 유배의 경위를 알 수 있게 해 주는 다음 글을 좀 더 살펴보자.

> 신우(辛禑) 원년(1375년)에 삼사좌윤(三司左尹)이 되었는데 이때에 북원(北元)이 사자를 보내 말하기를, "백안첩목아왕(伯顔帖木兒王―恭愍王)이 우리를 배반하고 명나라에 돌아갔으므로 너희 나라가 왕을 시해한 죄를 사면한다." 하니 이인임(李仁任)·지윤(池奫)이 그를 맞이하고자 하거늘 김구용은 이숭인·정도전·권근 등과 더불어 도당(都堂)에 상서(上書)하기를, "만약 이 사신을 맞이하면 한 나라의 신민이 모두 난적의 죄에 빠질 것이니 훗날 무슨 면목으로 현릉(恭愍王)을 지하에서 뵙겠는가?" 하니 경복흥·이인임이 그 글을 물리치고 받지 않았다. 간관(諫官) 이첨(李詹)·전백영(全伯英) 등이 상소하여 이인임의 죄를 논하고 그를 죽이기를 청하니 이인임이 간관을 장류(杖流)하고 또 김구용·이숭인 등이 자기를 모해한다 하여 함께 유배보냈다. 김구용은 죽주(竹州)에 유배되었다가 얼마 후 여흥으로 옮기니, 강호에 방랑하여 매일 시주(詩酒)로써 자락(自樂)하고 그 거소에 '육우당(六友堂)'이라는 편액(扁額)을 달았다.11)

위의 기록을 보면 공민왕이 원나라를 멀리하고 명나라를 가까이하다 시해당하자, 당시 권력을 쥐고 있던 이인임 일파는 원의 사신을 맞이하려 하였고, 김구용은 이숭인, 정도전, 권근 등과 함께 그 불가함을 상소하다 유배가게 되었다. 즉, 그의 유배는 공민왕 사후에도 친명정책을 일관적으로 유지하려 했던 김구용 등 신흥 사대부들의 정치적 패배에 기인한 것이었다.

척약재는 1381년 해배(解配)되어 그 이듬해 성균대사성(成均大司成)이 되었다. 1384년(우왕 10)은 그의 인생 여정의 마지막 해였다. 당시 고려는 원나라와 명나라 사이에서 양단외교를 펼치고 있었기에, 명나라와의 외교관계가 원만하지 못하던 때였다. 그는 1월 15일 행례사(行禮使)로서 명나라로 가던 중 사교(私交)를 했다는 죄목으로 요

---

11) 『고려사(高麗史)』 권104, 「열전(列傳)」 권17. "辛禑元年, 拜三司左尹. 時北元遣使來曰, '伯顔帖木兒王, 背我歸明, 故赦爾國弑王之罪.' 李仁任池奫欲迎之, 九容與李崇仁鄭道傳權近等. 上書都堂曰, '若迎此使, 一國臣民, 皆陷亂賊之罪, 他日何面目, 見玄陵於地下乎?' 慶復興仁任 却其書不受. 諫官李詹全伯英等, 疏論仁任罪, 請誅之, 仁任杖流諫官, 又以九容崇仁等, 謀害己, 並流之. 九容竄竹州, 尋移驪興, 放跡江湖, 日以詩酒自娛, 扁其所居曰六友堂."

동(遼東)에서 붙잡혀 당시 명의 수도인 남경으로 압송되었고, 명 태조 주원장(朱元璋)에 의해 운남(雲南) 대리위(大理衛)에 유배되었는데, 동년 7월 11일 유배지로 가는 도중 사천(四川) 노주(瀘州)의 영녕현(永寧縣) 강문참(江門站) 객사(客舍)에서 47세의 나이로 병사(病死)하였다.12)

---

12) 그는……병사(病死)하였다: 척약재의 사행과 유배 경위는 『고려사』 권104 「김구용 열전」과 허균의 『성수시화(惺叟詩話)』에 비교적 자세히 나타나 있다. 참고로 『성수시화』의 관련 기사를 살펴보면 다음과 같다. "일찍이 회례사(回禮使)가 되어 폐백을 가지고 요동(遼東)에 도착하자, 도사(都司) 반규(潘奎)가 체포하여 경사(京師)로 보냈다. 그 자문(咨文)에 말 '50필'이라 할 것을 '5천 필'이라 잘못 적었기 때문이다. 명(明)의 고황제(高皇帝)는 우리 나라와 요동백(遼東伯)이 사교(私交)한 것에 대해 성을 내고 또 말하기를, '말 5천 필이 오면 풀어서 돌아가게 해 주겠다.'고 했다. 그때 이 광평(李廣平-李仁任)이 국정(國政)을 맡고 있었는데 평소에 공의 무리들과 사이가 나빠 끝내 말을 바치지 않았으므로 황제가 공을 대리(大理)로 유배시켰다."

2. 척약재 시의 문학적 특질 및 연구 현황

지금까지 고려시대의 한시 연구는 이규보를 비롯하여 익재 이제현, 목은 이색 등 소수의 몇몇 시인들에 치우친 감이 없지 않았다. 그러나 근래에 이르러서는 좀 더 다양한 여러 작가들에게로 연구의 폭이 점차 확장되어 가고 있다. 지금까지 척약재 문학에 대한 연구는 생애와 교유 관계, 유배시(流配詩), 품격 등 미학적인 측면, 사상을 다룬 것, 여흥과 운남 유배를 다룬 시(詩) 등으로 구분할 수 있다.13) 사실 척약재에 대한 연구는 1990년대 중반에서야 본격적인 연구가 이루어지고 있다.

현재 『척약재학음집』에 전해지는 척약재의 시(詩)는 대략 406제 540여 수이다.14)

---

13) 지금까지 진행된 김구용 문학에 대한 주요 연구성과를 정리해 보면 다음과 같다. 유성준, 「척약재 김구용의 생애와 시」, 『한국한문학연구』 5집, 한국한문학회, 1980; 성범중, 「척약재 김구용의 운남 유배시 연구」, 『울산어문논집』 10호, 울산대학교, 1995; 성범중, 「척약재 김구용의 한시 연구」, 『한국한시작가연구』 2권, 한국한시학회, 1996; 성범중, 『척약재 김구용의 문학세계』, 울산대학교 출판부, 1997; 김진경, 「김구용 시의 현실인식과 풍격」, 『한국한시연구』 5호, 한국한시학회, 1997; 하정승, 「척약재 김구용 시의 일고찰—여흥 유배기의 시를 중심으로」, 『한문학보』 1집, 우리한문학회, 1999; 하정승, 「척약재 김구용 시의 품격 연구」, 『한문교육연구』 15호, 한국한문교육학회, 2000; 유호진, 「김구용 시 청정 의상에 내포된 정신적 의미」, 『한국한문학연구』 30집, 한국한문학회, 2002; 유성준, 「고려 김구용과 그 시의 낭만은일적 의식 고」, 『중국연구』 29권, 한국외국어대학교 중국연구소, 2002; 하정승, 「여말선초 사대부의 운남 유배와 유배시의 미적 특질」, 『연행록연구총서』 3집, 학고방, 2006, 김진경, 「척약재 김구용 사행시에 형상화된 정회와 그 특징」, 『한민족어문학』 59집, 한민족어문학회, 2011; 남인국, 「척약재 김구용의 생애와 교유양상」, 『역사교육논집』 53집, 역사교육학회, 2014.

14) 『척약재학음집』 권상에 201제, 권하에 205제(사 7제, 명 1제 포함)로 도합 406제이다. 김구용의 문집인 『척약재학음집』은 1973년에 성균관대학교 대동문화연구원에서 간행한 『고려명현집』 4권에 실려 있다. 그 후 한국고전번역원에서 발간한 『한국문집총간』 6권에도 들어가 있다. 척약재의 시는 그의 문집인 『척약재학음집』 외에도 『동문선(東文選)』과 『신증동국여지승람(新增東國輿地勝覽)』 및 동시대 다른 이들의 문집, 예를 들면 척약재와 가장 교유가 활발했던 이집(李集)의 『둔촌잡영(遁村雜詠)』 등에도 실려 있다. 또 후대에 나온 각종 시선집이나 시화집에도 척약재의 시가 실려 있으나 대부분 『척약재학음집』의 내용과 일치된다.

척약재는 당대(當代)에 시인으로서 문명을 떨쳤고, 후대에도 여러 문인들에 의하여 높은 평가를 받았다. 척약재의 문학에 대해 평가해 놓은 다음 글들을 살펴보자.

① 목은 선생은 중국에서 배워서 탁월하게도 고명한 견해가 있었다. 그는 우리 나라 사람의 시 가운데 허여한 것이 적었으나 오직 선생(惕若齋: 필자주)의 작품에 대해서는 감탄하며 칭찬하여 말하기를, "평담정심(平淡精深)하여 급암(及菴)과 매우 비슷하다." 하였으니 시가 평담정심함에 이르는 것이 어찌 쉬운 일이겠는가. 또 여러 사람의 작품 중에서 일찍이 선생의 한 구절을 들어 말하기를, "정문일침(頂門一鍼)이라 할 만하다." 하였으니 선생의 시법(詩法)이 한 시대에 높고 빼어나 다른 사람들이 미칠 수 있는 바가 아님을 믿을 만하다.15)

② 내가 일찍이 경지(敬之)가 시를 짓는 것을 보니 그 생각함이 막연(漠然)하여 마치 영위함이 없는 듯하였고, 그 얻은 것이 충실하여 마치 스스로 즐기는 듯하였으며, 그 붓을 쓰는 것이 날아갈 듯하여 마치 구름이 흘러가고 새가 나는 듯하였다. 그 시는 청신아려(淸新雅麗)하여 꼭 그 사람됨과 같았으니 경지는 시도(詩道)에 있어 완성되었다고 할 수 있겠다.16)

③ 급암 민 선생의 시는 조어가 평담(平淡)하고 용의(用意)가 정심(精深)하다.--(중략)--외손 김경지 씨는 급암 선생의 집에서 생장하였다.--(중략)--지금 『학음(學吟)』을 보니 그 시법이 급암과 매우 비슷함을 알 수 있겠다.17)

④ 뜻의 평담정심, 격조의 청신아려와 같은 것들은 이미 옛날 여러 석학들의 바뀌지

---

15) 하륜(河崙), 『척약재학음집(惕若齋學吟集)』 권수(卷首), 「척약재학음집서(惕若齋學吟集序)」. "牧隱先生學於中國, 卓爾有高明之見. 其於東人之詩, 少有許可者, 獨於先生之作, 有所嘆賞曰, 平澹精深, 絶類及菴, 詩而至於平澹精深, 亦豈易哉. 又於衆作之中, 嘗擧先生一句曰, 可謂頂門上一針, 信乎先生之詩格高出於一時, 非他作者所能髣髴也."
16) 정도전(鄭道傳), 『척약재학음집(惕若齋學吟集)』 권수(卷首), 「척약재학음집서(惕若齋學吟集序)」. "道傳嘗見敬之作詩, 其思之也漠然若無所營, 其得之也充然若自樂, 其下筆也翩翩然如雲行鳥逝. 其爲詩也清新雅麗, 殊類其爲人, 敬之於詩道, 可謂成矣."
17) 이색(李穡), 『척약재학음집(惕若齋學吟集)』 권수(卷首), 「제척약재학음후(題惕若齋學吟後)」. "及菴閔先生詩, 造語平淡而用意精深.--(中略)--外孫金敬之氏, 生長于及菴先生之家.--(中略)--今觀學吟, 益知詩法絶類及菴."

않을 논의가 있었으니 내가 어찌 감히 뒤에서 자세히 말하겠는가.18)

⑤ 척약재 김구용의 시는 대단히 청섬(淸贍)하니 목은 이색이 말한 바, "경지는 붓만 놀리면 뭉게뭉게 구름과 연기가 이는 것처럼 시가 지어진다."라고 한 것이 이것이다.19)

⑥ 고려조의 작가들은 각각 일가(一家)를 이루어서 일일이 다 들어 열거할 수 없다. 석간(石澗) 조운흘(趙云仡)이 고려조의 시인 12명을 평하기를, "시중(侍中) 김부식(金富軾)은 전아(典雅)하고, 학사(學士) 정지상(鄭知常)은 완려(婉麗)하고, 노봉(老峯) 김극기(金克己)는 교묘(巧妙)하고, 쌍명재(雙明齋) 이인로(李仁老)는 청려(淸麗)하고, 매호(梅湖) 진화(陳澕)는 농염(濃艶)하고, 홍애(洪崖) 홍간(洪侃)은 청소(淸邵)하고, 익재(益齋) 이제현(李齊賢)은 정힐(精纈)하고, 척약재(惕若齋) 김구용(金九容)은 청섬(淸贍)하고, 포은(圃隱) 정몽주(鄭夢周)는 호방(豪放)하고, 도은(陶隱) 이숭인(李崇仁)은 온자(醞藉)하여 각각 그 이름을 날렸다. 그러나 백운(白雲) 이규보(李奎報)는 웅섬(雄贍)하고, 목은(牧隱) 이색(李穡)은 아건(雅健)하여 그 중에서도 걸출하였다."라고 하였다.20)

⑦ 내가 억측으로 망령되이 고려와 조선의 시를 논해 보면--(중략)--척약재 김구용은 고형(苦敻)하다.21)

이상의 논의를 종합해 보면, 척약재 시에 대한 평가는 평담정심(平淡精深), 청신아려(淸新雅麗), 청섬(淸贍), 고형(苦敻) 등이다. 그런데 위 품격들은 특정한 기준에 의하여 분류된 것들이다. 다시 말해서 시의(詩意: 旨義)와 시격(詩格: 格調)이라는 두 가지 측면으로 시를 품평하여 얻어 낸 결과인 것이다. 즉 평담정심과 고형은 주로 시의를 두고 한 말이고, 청신아려와 청섬은 시격을 두고 한 말이다. 또 평담정심만 놓고 세분해 보

---

18) 정환요(鄭煥堯), 『척약재학음집(惕若齋學吟集)』 권수(卷首), 「척약재집서(惕若齋集序)」. "至若旨義之平澹精深, 調格之淸新雅麗, 已有諸往碩不易之論, 余何敢覼縷於後哉."
19) 허균(許筠), 『성수시화(惺叟詩話)』[『시화총림(詩話叢林)』 수록(收錄)]. "金惕若九容, 詩甚淸贍, 牧老所稱, 敬之下筆如雲煙者是已."
20) 홍만종(洪萬宗), 『소화시평(小華詩評)』 권상(卷上). "麗朝作者, 各自成家, 不可枚擧. 趙石澗云仡, 稱麗朝詩十二家, 盖金侍中之典雅, 鄭學士之婉麗, 金老峯之巧妙, 李雙明之淸麗, 梅湖之濃艶, 洪崖之淸邵, 益齋之精緻, 惕若之淸贍, 圃隱之豪放, 陶隱之醞藉, 各擅其名, 而白雲之雄贍, 牧隱之雅健, 尤傑然者也."
21) 남용익(南龍翼), 『호곡시화(壺谷詩話)』[『시화총림(詩話叢林)』 수록(收錄)]. "余以臆見, 妄論勝國與本朝之詩曰--(中略)--金惕若九容之苦敻."

면 앞의 인용문 ③을 통해 알 수 있듯이, 평담은 조어적인 측면을 말한 것이고 정심은 '용의(用意)' 즉 내용적인 측면을 말한 것이다.

특히 위의 인용문 ①은 김구용의 문집인 『척약재학음집(惕若齋學吟集)』에 실린 하륜(河崙)이 쓴 서문의 일부이다. 하륜은 목은의 말을 인용해서 척약재 시의 우수성을 이야기하고 있는데, 요약하면 목은이 평소 다른 사람들의 시를 칭찬하는 일이 적은데, 유독 척약재 시에 대해서는 극찬을 아끼지 않았다는 것이다. 인용문 ②는 정도전의 글로, 그는 "척약재 시는 청신아려(淸新雅麗)하여 꼭 그 사람됨과 같았으니 경지(敬之)는 시도(詩道)에 있어 완성되었다고 할 수 있겠다."고 했으니 김구용 시의 문학적 완성도와 뛰어남을 요약적으로 보여 주는 것이라 하겠다. 이러한 평은 조선조의 비평가들도 마찬가지인데, 인용문 ⑤에서 허균은 "척약재 김구용의 시는 매우 청섬(淸贍)하다."고 했고, 홍만종 역시 인용문 ⑥에서 "청섬하다"고 했으며, 남용익은 ⑦에서 "고형(苦敻)"하다고 평하고 있다. 필자는 여기에서 청신·아려·청섬 등의 비평어에 주목하고자 한다. 사실 이 비평어들은 모두 당시풍(唐詩風) 시에서 두드러지게 나타나는 시품(詩品)들이다. 청신·청섬 등 청자계 시품은 당시(唐詩)와 밀접한 관련이 있고,[22] 아려는 전아(典雅)·기려(綺麗)의 줄임말로 뜻과 표현력이 아름다운 시문의 품격을 의미하는데 이는 당시(唐詩)의 주요한 특징이기도 하다.[23] 특히 허균이나 홍만종 등의 시비평은 당시풍 한시의 우수성을 드러내는 데에 주력하였는데, 그 이면에는 문학은 문학다워야 하고, 시는 시다워야 한다는 문예의식[24]에 바탕한 것이다. 허균이나 홍만종이 김구용을 높게 평가한 것도 기실 이와 관련이 있다.

척약재 시의 전체적인 모습을 살펴보면, 첫째 청운의 꿈을 품고 처음 환로에 올랐

---

22) 이종묵, 「조선중기 시풍의 변화 양상」, 『한국 한시의 전통과 문예미』, 태학사, 2002, 475-476면 참조.
23) 하정승, 『고려조 한시의 품격 연구』, 다운샘, 2002, 61-65면 및 115-122면 참조.
24) 한국한문학사에서 문학의 독립성 내지 문예주의적 문학사상을 가지고 있었던 문인은 여러 명 들 수 있겠지만, 그 중 대표적인 한 사람을 꼽으라면 영조시대 활약한 동계(東谿) 조구명(趙龜命)을 들 수 있다. 조구명은 "문예는 스스로 문예이고[文自文] 도학은 스스로 도학이니[道自道] 서로 섞여서는 안 된다."라고 하며 문예의 독립성 또는 독자성을 추구하였다. 한국한시사에서 당시풍 한시를 추구하고 그 중요성을 강조했던 것도 이 같은 문학사상과 관련이 깊다고 본다. 조구명의 문학사상 및 한국한문학사에서 문예를 강조한 문인에 대한 사항은 이종호, 『조선의 문인이 걸어온 길』, 한길사, 2004, 47-48면을 참조할 것.

을 때의 시, 둘째 중국에 사행 간 기간에 쓴 시, 셋째 여흥 유배기의 시, 넷째 재등용되어 관직에 있으며 쓴 시, 다섯째 운남 유배 도중 숙소에서 객사하기까지 쓴 시 등 다섯 가지로 나눠볼 수 있다. 문학사의 측면에서 보면 그는 14세기에 활동했던 주요한 시인 중 한 명이다. 척약재 시의 가장 큰 특징은 당시풍 면모에 있다고 생각된다. 특히 1375년 여흥 유배기 및 1384년의 운남 유배기에 지어진 시는 그가 남긴 시의 백미로 보인다.[25] 그는 출사한 이후 줄곧 이색을 비롯하여 정몽주, 이집, 이숭인, 박상충, 박의중, 백문보, 이달충, 전녹생, 정도전, 하륜 등과 깊은 교유를 나눴다.[26] 그 계기가 된 것은 1367년(공민왕 16) 공민왕이 학문을 진흥하고자 성균관을 재건하고 이색을 대사성으로 임명했을 때, 정몽주, 박상충, 이숭인 등과 함께 학관(學官)으로 참여하여 학문을 토론하고 학생들을 가르쳤던 일이었다. 이를 계기로 그들은 평생의 교유를 나누었고, 정치적·학문적 동지로 활동하였다.

14세기 고려 후기의 한시사(漢詩史)에서 김구용은 홍간(洪侃), 정포(鄭誧), 정몽주, 이숭인과 더불어 당시풍의 한시 창작을 주도했던 인물이다. 14세기 고려 문단의 당시풍 시작(詩作)은 멀리는 신라 하대 최치원(崔致遠)으로 거슬러 올라가고,[27] 가까이는 12세기의 정지상(鄭知常)과 13세기의 이규보(李奎報), 진화(陳澕)를 계승하였다는 문학사적 의미가 있다.[28] 김구용의 시는 동시대 시인들 중에서도 정포나 이숭인의 매우 감각적인 당풍적 시풍과는 구별되는, '평담정심(平淡精深)'·'청신아려(淸新雅麗)'라는 척약재만의 독특한 시풍을 보여 준다고 할 수 있다.

---

25) 척약재 시의 당시풍 및 여흥, 운남 유배기의 시에 대한 것은 하정승, 「척약재 김구용 시에 나타난 당시풍 경향과 미적 특질」, 『우리문학연구』 46집, 우리문학회, 2015 및 하정승, 「여말선초 사대부의 운남 유배와 유배시의 미적 특질」, 『한국문학연구』 6호, 고려대 한국문학연구소, 2005를 참조할 것.
26) 이는 그의 문집인 『척약재학음집』 서문이나 혹은 본집과 외집에 실려 있는 교유시 등을 통해 확인할 수 있다.
27) 사실 신라 말의 최치원뿐만 아니라 그보다 한 세대 정도 앞서는 발해의 왕효렴(王孝廉) 같은 시인에게서도 당풍적(唐風的) 면모가 보이므로 한국한시사에서 당시풍 한시의 연원은 최치원은 물론 왕효렴 등의 발해 시인들까지 포함해야 할 것이다. 왕효렴 시의 당풍에 대한 사항은 이구의, 「왕효렴 시에 나타난 자아와 외물」, 『한국사상과 문화』 36호, 한국사상문화학회, 2007을 참조할 것.
28) 하정승, 「이숭인 시에 나타난 당시풍 경향과 미적 특질」, 『한문학논집』 39집, 근역한문학회, 2014, 324-332면 참조.

3. 『척약재학음집』의 간행과 구성

(1) 『척약재학음집』의 간행

김구용의 문집인 『척약재학음집』은 현재 초간본(初刊本)과 중간본(重刊本), 삼간본(三刊本), 사간본(四刊本), 필사본(筆寫本) 등 대략 총 5개의 판본(板本)과 2개의 영인본(影印本)이 있다. 이 중 초간본은 척약재의 둘째 아들 김명리(金明理)가 편차한 것인데, 1400년 진양판관(晉陽判官)로 나갔을 때 관찰사 조박(趙璞)의 협조를 얻어 간행한 것이다. 초간본은 2권 2책의 목판본(木板本)으로서 저자의 유고를 모은 본집(本集)과 저자와 교유한 문인들의 시문을 모은 외집(外集)으로 편차되어 있으며, 서(序)·발(跋) 및 세계(世係) 등은 본집의 권수에 수록되어 있다. 이 본은 현재 상주(尙州)의 조성목 씨(趙誠穆氏) 소장본(보물 제1004호)으로 전해지는데, 이는 후쇄본으로서 본집의 권수미(卷首尾)와 외집이 낙장(落張)되어 있고, 자획이 많이 결락(缺落)되어 있다.

중간본은 척약재의 17세손 김상원(金相元)이 1884년경 그의 종숙(從叔) 김병식(金秉湜) 등과 함께 문집을 간행한 것이다. 이 중간본은 초간본을 저본으로 한 2권 2책의 목활자본(木活字本)으로서 정환요(鄭煥堯) 및 17세손 김상원(金相元)이 쓴 서(序)와 허전(許傳)이 쓴 발(跋)이 권수에 추가되었고, 『동국여지승람』 등의 문헌과 대교(對校)한 소주(小註)가 붙어 있다. 이 본은 현재 규장각, 국립중앙도서관, 연세대 중앙도서관, 일본 동양문고 등에 소장되어 있다.

삼간본은 척약재의 18세손 김양묵(金良黙)이 1954년 전북 익산(益山)의 명승재(明承齋)에서 석인본(石印本)으로 간행한 것으로 그는 참의공(參議公) 김중서(金仲舒)의 후손이다. 1964년에는 경북 영천(永川)의 약은정(藥隱亭)에서 중간본을 저본으로 한 사간본(四刊本) 문집이 개간(改刊)되었다. 이 본은 3권 1책의 석인본(石印本)으로서, 현재 성균관대 중앙도서관에 소장되어 있다. 마지막으로 필사본은 1710년에 남숙도(南叔燾)가 김익해(金翼海)에게 낙질(落帙) 1권을 얻어 영조대(英祖代)에 영월부사(寧越府使)

를 지낸 후손 김시경[金始慶: 1659년(효종 10)-1735년(영조 11)]이 소유하고 있던 가장본(家藏本)과 비교한 뒤 낙장(落張)과 탈락된 글자를 보충한 것이다.

『척약재학음집』을 영인한 영인본(影印本)으로는 1973년 성균관대학교 대동문화연구원에서 간행한 『고려명현집(高麗名賢集)』 4에 실린 것과 1989년 한국고전번역원에서 간행한 『한국문집총간(韓國文集叢刊)』 6에 실린 것 두 종류가 있다. 『고려명현집』에 실린 것은 중간본을 저본으로 한 것이고, 『한국문집총간』에 실린 것은 초간본을 저본으로 하되 낙장(落張)된 권수(卷首)의 서(序), 세계행사요략(世系行事要略), 외집(外集) 등은 중간본인 국립중앙도서관장본으로 대치하여 만든 것이다. 이외 국역본(國譯本)으로 1997년 울산대학교 출판부에서 성범중(成範重) 교수의 역주(譯註)로 간행된 역서(譯書)가 있다.

(2) 『척약재학음집』의 구성

『척약재학음집』은 본집(本集) 상(上)·하(下) 2권과 외집(外集)의 도합 2책으로 되어 있으며, 본집은 모두 저자의 시이고 외집은 부록(附錄)이다. 권수에는 1399년 하륜(河崙)이 지은 서(序), 1386년 정도전(鄭道傳)이 지은 서(序), 정환요(鄭煥堯) 및 17세손 김상원(金相元)이 1884년에 쓴 서(序)와 이색(李穡)이 지은 발(跋), 허전(許傳)이 쓴 발(跋)과 아들 김명리(金明理)가 1400년에 쓴 세계행사요략(世系行事要略)이 실려 있다. 이 중 정환요의 서, 김상원의 서, 허전의 발은 초간본에는 없는 것들이다.

본집은 모두 시로 구성되어 있는데, 고시(古詩)와 근체시(近體詩)가 두루 섞여 있으며 주로 창작 시기를 중심으로 편차되어 있다. 상권에는 총 201제(題)가 실려 있는데, 1371년 강릉도안렴사(江陵道按廉使) 재임 시 지은 시와 그 이듬해 서장관(書狀官)으로 중국에 갔을 때 지은 시들이 실려 있다. 하권에는 모두 197제의 시와 7제의 사(詞), 그리고 1제의 명(銘)이 실려 있는데, 주로 후반기 작품들로 보이며, 특히 1384년 중국에 갔다가 유배 도중 졸(卒)하기까지 지은 운남 유배시(流配詩) 31제가 포함되어 있다.

외집(外集)에는 저자와 교유한 여러 문인들의 작품이 실려 있다. 백문보(白文寶)의

「척약재설(惕若齋說)」과 한복(韓復)이 지은 「척약재찬(惕若齋贊)」, 이달충(李達衷)이 지은 「척약재잠(惕若齋箴)」, 이색(李穡)·정몽주(鄭夢周)·정도전(鄭道傳)이 쓴 「척약재명(惕若齋銘)」 등은 모두 '척약재(惕若齋)'라는 당호(堂號)에 대해 설명한 것들이다. 또한 척약재가 강릉도안렴사로 나갈 때 지어 준 송시(送詩)로는 백문보, 이숭인(李崇仁), 전녹생(田祿生) 등의 작품이 있으며 이색이 지은 송서(送序)가 실려 있다. 송시 중 마지막에 실린 2제는 마모와 글자의 결락으로 인해 누구의 작품인지 정확히 알 수 없다.

4. 『척약재학음집』의 내용과 특징

『척약재학음집』은 약간의 사(詞)와 명(銘)을 포함하여 전체가 한시 위주로 구성되어 있다. 이와 같이 문집의 구성에 있어 산문이 빠진 채 한시 위주로 짜여지는 것은 고려시대 문집들에서 흔하게 보이는 현상이다. 예컨대 진화(陳澕)의 『매호유고(梅湖遺稿)』, 백비화(白賁華: '백분화'로 읽기도 한다.)의 『남양시집(南陽詩集)』, 민사평(閔思平)의 『급암시집(及菴詩集)』, 이집(李集)의 『둔촌잡영(遁村雜詠)』, 한수(韓脩)의 『유항시집(柳巷詩集)』, 이종학(李種學)의 『인재유고(麟齋遺稿)』, 이직(李稷)의 『형재시집(亨齋詩集)』 등 많은 문집들이 시집으로 구성되어 있다. 총 400여 제(題)의 척약재 시(惕若齋詩)는 그 내용 상 몇 가지로 분류할 수 있다. 관료로서 바라본 나라와 백성에 대한 근심, 염원 등을 다룬 사회시(社會詩)·애민시(愛民詩)·우국시(憂國詩), 산수(山水)의 풍광을 다룬 자연시(自然詩), 다양한 문인 및 승려들과의 교유시(交遊詩), 중국 사행시(使行詩), 여흥 유배시(流配詩), 운남 유배시(流配詩), 만시(挽詩) 등이 그것이다. 이 중 사회시·애민시·우국시 계열은 경국제민(經國濟民)의 포부를 품은 사대부(士大夫) 관료 문인의 애국(愛國)·애족(愛族)의 정신이 나타난 작품이라 할 수 있다. 자연시 계열은 관조(觀照)와 사색(思索), 시인으로서의 섬세한 감성이 잘 드러난 당시풍(唐詩風)의 시들이 많다. 척약재 시 중 가장 많은 분량을 차지하는 것은 지우(知友)들과의 교유시이다. 여기에는 서로 화답한 창화시(唱和詩), 차운시(次韻詩), 증시(贈詩) 등이 포함되어 있다. 이처럼 교유시가 많은 양을 차지하는 것은 척약재의 다양한 교유 관계에 기인한다. 그가 교유한 인물들을 몇 가지 범주로 분류해 보면 첫째는 성균관 학관(學官)으로 재직하면서 인연을 맺은 그룹이다. 목은 이색과 포은 정몽주, 도은 이숭인, 정재 박의중, 박상충 등이 그들이다. 둘째는 학계나 문단의 선·후배 그룹이다. 이들은 대개 당대의 명망받는 인사들로 권주, 이존오, 권근, 하륜, 염흥방, 강호문, 허금, 염정수, 전오륜, 안종원 등이 그들이다. 셋째는 척약재와 과거에 함께 급제했던 동방(同榜)들이다. 이들 중 몇 명과는 평생지기로 매우 가깝게 지냈으며 계속해서 시를 주고받기도 하였다. 최복하,

함승경, 양이시, 이집, 이보림 등이 여기에 속한다. 마지막으로 승려들인데 척약재는 고려 후기의 다른 사대부들과 마찬가지로 당대의 고승(高僧)들과 친분을 유지하고 있었다. 침 스님, 영 스님, 운 스님, 난 스님, 혜전 스님 등이 그들이다.

중국 사행시(使行詩)는 1372년(공민왕 21) 성절사(聖節使)로 명(明)에 갔을 때 쓴 것으로 척약재는 1372년 8월에 떠나 그 이듬해 7월에 귀국하였다. 중국 사행시의 내용은 대체로 중국의 유구한 역사와 화려한 선진 문물에 대한 감탄, 오고가는 여정(旅程)에서의 감회, 중국 문인들과의 교유 등인데, 특히 남경(南京)에서 포은 정몽주와 조우(遭遇)한 뒤의 기쁨과 반가움을 쓴 시는 특별한 경험에 속한다고 할 수 있겠다. 여흥 유배시(流配詩)는 1375년 북원(北元)의 사신을 반대하다가 당시 조정의 권력을 쥐고 있던 이들에게 미움을 받아 죽주(竹州)로 유배를 당하고 얼마 후 모향(母鄕)인 여흥(驪興)으로 이배(移配)된 뒤 1381년 해배(解配)될 때까지 쓴 시들을 말한다. 여흥 유배 중 시인은 정치적 포부를 펼칠 수 없는 자기의 불우한 처지로 인해 계속 갈등하고 고뇌하였다. 이 시기에 쓰여진 시 중 상당수의 작품이 유배지의 자연공간을 다룬 산수시(山水詩)이다. 척약재는 여흥의 자연을 통해서 위로를 받으며 삶에 대한 의지와 꿈을 유지할 수 있었다.

운남 유배시(流配詩)는 1384년 임금의 명을 받고 명(明)나라에 행례사(行禮使)로 사행을 갔다가 사교(私交)를 했다는 죄목으로 요동(遼東)에서 붙잡혀 당시 명의 수도인 남경으로 압송되고, 명 태조 주원장에 의해 운남 대리위로 유배의 명을 받은 뒤 유배지로 가는 도중 사천(四川) 노주(瀘州)의 객사에서 병사(病死)하기까지 작시(作詩)된 시들을 말한다. 척약재가 사행을 떠난 것이 1384년 1월이고 객사에서 병사한 것이 동년 7월이었으니 6개월 남짓 되는 기간에 쓴 것들인데 45수 정도가 해당된다.29) 우리 문학사에서 일반적으로 유배문학(流配文學)은 주로 유배지에서 임금을 그리워하는 '충신연주지사(忠臣戀主之詞)'이거나, 또는 유배의 부당함이나 자기의 결백을 주장하는 내용이 주를 이루는 것에 비해 척약재의 운남 유배시는 이국의 유배지에서 느끼는 향수와 고독감 또는 그 비극성이 여타의 다른 시들에 비해 훨씬 더 심화되어 있다는 특징이

---

29) 『척약재학음집』 권하(卷下)의 「將赴雲南泝江而上寓懷錄呈給事中兩鎭撫三位官人」부터 권하(卷下)의 「望歸卅城」까지가 운남 유배기의 작품인데 총 45수이다.

있다. 즉, 부당한 또는 피할 수 없는 운명에 맞서 한 개인이 겪게 되는 고통과 내적 갈등, 염원 등 다양하고 복잡한 정서들이 이들의 유배시에 잘 드러나 있기 때문에, 공룡과도 같은 거대한 세계의 폭력 앞에서 아무런 저항도 하지 못하는 왜소한 인간의 고독을 이들의 시편을 통해 읽을 수 있는 것이다. 일찍이 17세기의 비평가 남용익(南龍翼)은 그의 시화집 『호곡시화(壺谷詩話)』에서 김구용의 시를 '고형(苦夐)'하다고 평하였는데,30) '고형'은 외롭고 절박한 상황에서 어떤 생각이나 소망이 간절하게 끝없이 계속되는 것을 의미한다는 점에서 운남 유배기의 시들에 해당된다고 하겠다.

　마지막으로 만시(挽詩)는 척약재가 본인과 가까웠던 인물들의 죽음을 접하고 쓴 것들인데, 총 13제 18수의 만시가 보인다. 이는 동시대 목은 이색이나 포은 정몽주, 도은 이숭인에 비하면 분량은 적지만, 척약재 특유의 문학성이 잘 드러나 있어 주목할 만한 시작(詩作)이라고 할 수 있다. 척약재 만시는 대개가 동료나 그들의 부인과 모친의 죽음을 애도한 '도붕시(悼朋詩)' 계열의 것이어서 목은, 포은 등이 시도했던 당대 만시 창작의 흐름과도 동일한 현상을 보여 준다. 특히 과거의 동방이었던 양이시(楊以時)의 죽음을 다룬 것은 시인의 안타까움과 애도의 마음이 잘 드러나 있어 만시로서의 문학성이 뛰어나다. 또한 운남 유배에 동행했던 인사들의 죽음을 다룬 시도 있어 상당히 특이하며, 이는 유배 중 척약재의 심경을 알 수 있는 중요한 자료라 하겠다.

---

30) 남용익(南龍翼), 『호곡시화(壺谷詩話)』[『시화총림(詩話叢林)』 수록(收錄)]. "余以臆見, 妄論勝國與本朝之詩曰…中略…金惕若九容之苦夐."

역주 척약재학음집 권수(卷首)

척약재학음집 서문 [하륜1)]

나는 젊었을 때 목은 선생2)의 문하에서 노닐었는데, 그곳을 출입하는 손님들 중에는 포은 정 선생3), 척약재 김 선생, 도은 이 선생4) 같은 분들이 있었다. 그들의 몸가짐을

---

1) 하륜(河崙): 1347(충목왕 3)-1416(조선 태종 16). 여말선초에 활동했던 문신. 본관은 진주(晉州), 자는 대림(大臨), 호는 호정(浩亭)으로 목은 이색의 문인이다. 1365년 문과에 급제한 후 여러 벼슬을 역임하였고, 조선조 개국 후에는 이방원(李芳遠)의 측근으로 활동하였다. 태종 즉위 후 좌정승(左政丞) 등을 역임하며 조선왕조의 기틀을 마련하는 데 일조하였다. 문집으로 『호정집(浩亭集)』이 전해진다.
2) 목은 선생: 고려 후기의 문인 목은(牧隱) 이색(李穡: 1328-1396)을 지칭한다. 본관은 한산(韓山)이고, 자(字)는 영숙(穎叔), 호는 목은(牧隱)이며, 포은(圃隱) 정몽주(鄭夢周), 야은(冶隱) 길재(吉再)[또는 도은(陶隱) 이숭인(李崇仁)]와 함께 '여말삼은(麗末三隱)'의 한 사람이다. 아버지는 당대(當代)의 저명한 문인 가정(稼亭) 이곡(李穀)이며, 익재(益齋) 이제현(李齊賢)의 문인이다. 고려에서 과거 급제 후 원(元)나라 제과(制科)에 합격하여 원에서 벼슬을 제수받기도 하였다. 1367년 성균관 대사성(成均館大司成)이 되어 국학(國學)의 중영(重營)과 더불어 성균관의 학칙을 새로 제정하고, 김구용(金九容)·정몽주(鄭夢周)·이숭인(李崇仁) 등을 학관으로 채용해 신유학(新儒學)의 보급과 발전에 공헌하였다. 또한 수차례 과거의 지공거(知貢擧)를 맡아 많은 제자를 배출하기도 하였다. 위화도 회군 이후 우왕(禑王)이 쫓겨나자 창왕(昌王)의 옹립을 주도하였지만, 이후 이성계(李成桂) 세력에 의해 창왕이 폐위되고 공양왕(恭讓王)이 즉위하면서 정치적 세력을 잃고 수난을 겪게 되었다. 학문적으로는 익재 이제현의 학통을 계승하고 이를 정몽주·이숭인·정도전·권근·길재 등에게 전수한 공로가 인정되며, 문학적으로도 수많은 시문 등 주목할 만한 작품을 많이 남겨 문학사 발전에 이바지한 공로가 크다. 문집으로 『목은문고(牧隱文藁)』 20권과 『목은시고(牧隱詩藁)』 35권이 전해진다.
3) 포은 정 선생: 고려 후기의 문인 포은(圃隱) 정몽주(鄭夢周: 1337-1392)를 지칭한다. 본관은 영일(迎日)이며 12세기 중반에 활동했던 문신 정습명(鄭襲明)의 후손이다. 1360년 과거에 장원으로 급제한 후 성균관 대사성(成均館大司成)·문하찬성사(門下贊成事)·예문관 대제학(藝文館大提學) 등을 역임하였고, 특히 마지막 공양왕대(恭讓王代)에는 수문하시중(守門下侍中)으로 권력의 핵심에 있으면서 이성계 세력을 견제하였다. 여러 차례 명나라를 사행(使行)했으며 일본에도 한 차례 다녀오는 등 외교관으로서 역할을 수행하였고, 또한 여진족과 왜구의 침입에 맞서 수차례 종군(從軍)하는 등 여러 방면에서 큰 활약을 남겼다. 학문적으로는 성리학의 도입과 정착에 큰 역할을 하여 '동방 이학(理學)의 시조'라 일컬어지며, 특히 고려왕조와 운명을 함께 했다는 점에서 조선조에서 전개된 춘추의리론(春秋義理論)의 핵심 인물로 추앙되었다. 문학적으로도 뛰어난 한시 작품을 남겨 후대 사람들에게 큰 영향을 끼쳤다. 문집으로 『포은집(圃隱集)』이 전해진다.
4) 도은 이 선생: 고려 후기의 문인 도은(陶隱) 이숭인(李崇仁: 1347-1392)을 지칭한다. 본관은 성주(星州)이고 자(字)는 자안(子安), 호는 도은(陶隱)이다. 공민왕 때 과거에 급제한 후 1367년 이색이 성균관 대사성을 지낼 때 학관(學官)으로 발탁되어 활약하였다. 벼슬은 밀직제학(密直提學), 예문관 제학(藝文館提學) 등을 역임하였다. 1392년 조선이 개국할 즈음에 정도전이 보낸 사람에 의해 유배지에서

살펴보고 또 그들의 담론을 듣고서 그들이 한 시대의 뛰어난 인물들임을 알게 되었고, 이때부터 마음속으로 남몰래 우러르고 사모하게 되었다. 그들과 더불어 교유한 지가 20여 년이 되었으니 서로 허여한 교분(交分)이 진실로 얕지 않다. 김 선생이 장차 요동으로 사행을 떠나게 되어 내가 한 마디 말로써 권면을 드렸는데, 선생께서는 조정의 명을 거스르기 어려워했기 때문에 감히 청하지 못하고 떠났다. 마침내 대리(大理)5)로 가서 복명(復命)6)하지 못하였으니, 아아 애석하도다! 그 후 10여 년 사이에 포은과 도은 선생이 서로 연달아 죽고, 목은 선생 또한 이미 세상을 떴으니 평생의 좋은 시절을 매번 생각할 때마다 눈물을 턱까지 흘리지 않은 적이 없었다.

지금 내가 임금께 고하고 고향으로 내려와 선영(先塋)에 성묘한 뒤 10여 일을 머물게 되었다. 고을의 판군(判君)은 바로 척약재의 둘째 아들이었는데, 나를 자기 아버지의 친구로 여기고 후하게 대접하였다. 하루는 척약재의 유고를 받들어 가지고 와서 보여 주며 말하기를, "저의 선친께서 지은 시와 문이 적다고 할 수 없지만, 그러나 그 뜻에 차지 않는 것은 짓는 대로 버렸습니다. 다행히 약간의 작품이 겨우 남아 있어 슬그머니 침재(鋟梓)7)하여 후세에 전하고자 합니다. 저의 선친을 아는 사람으로는 선생님만한 분이 없으니 청컨대 책머리에 한 말씀 써 주신다면 다행이겠습니다."라고 하였다. 나는 그 말에 감격하여 원고를 받아 읽어 보니 마치 음성을 듣고 사기(辭氣)8)를 직접 접한 것처럼 황홀하였다.

아아! 시(詩)의 도(道)는 또한 어려운 것이다. 위(魏)·진(晉) 이전의 작자는 옛날과의 거리가 멀지 않으나『시경(詩經)』300편의 뜻과 어긋나지 않은 것이 드물었다. 시는 당(唐)에서 최고 수준에 도달했지만 당나라 사람들의 음률 또한 처음부터 정(正)과 변

장살(杖殺)되었다. 특히 시문에 매우 뛰어나 '여말삼은(麗末三隱)'으로 야은 길재 대신에 거명되기도 한다. 문집으로『도은집(陶隱集)』이 전해진다.
5) 대리(大理): 현재 중국의 운남성(雲南省) 중서부의 대리시(大理市) 일대로 옛 대리국(大理國)이 있던 곳이다. 척약재가 남경(南京)에서 유배를 당한 곳이기도 하다.
6) 복명(復命): 명령받은 일을 집행하고 나서 그 결과를 보고하는 것을 말한다. 여기서는 사행(使行)을 다녀온 후에 보고하는 일을 뜻한다.
7) 침재(鋟梓): 책을 인쇄할 목적으로 목판(木版)에 새기는 것.
8) 사기(辭氣): 상대방의 말투와 얼굴빛.

(變)의 차이가 있었으며, 그 정음(正音)에 들어간 것 역시 많지 않았다. 하물며 우리 나라는 땅이 중국과 서로 멀고 풍토와 기후가 같지 않으며 언어 또한 다르다. 진실로 하늘이 부여하여 여러 사람들 중에서 높이 빼어나게 한 자가 아니라면 어찌 능히 그 굳어 버린 것을 변화시켜 정음에 가깝게 할 수 있겠는가. 목은 선생은 중국에서 배워 탁월하게 높고 현명한 견식(見識)이 있었는데, 그가 우리 나라 시인의 시 가운데 허여한 것은 매우 적었지만 유독 선생의 작품에 대해서는 유독 극구 칭찬하여 말하기를, "평담정심(平澹精深)9)하여 급암(及菴)10)과 매우 비슷하다."라고 하였다. 시가 평담정심한 품격에 이르는 것이 또한 어찌 쉬운 일이겠는가? 또 여러 작품들 가운데 일찍이 선생의 한 구를 들어서 말하기를, "정문(頂門)에 일침(一針)을 가했다11)고 할 만하다."라고 했으니 선생의 시격(詩格)이 한 시대에 높이 빼어났음은 믿을 만한 것이요, 다른 작가들이 능히 흉내 낼 수 없는 것이었다. 이 약간 편은 마땅히 빨리 간행하여 배우는 자들로 하여금 본보기로 삼아야 할 것이다. 그러므로 문장이 졸렬하지만 사양하지 않고 서문을 쓴다.

건문(建文) 원년12) 9월 기망(旣望)13)에 분충장의정사공신(奮忠仗義定社功臣), 자헌대부(資憲大夫), 정당문학겸판도평의사사사(政堂文學兼判都評議使司事) 수문전대학사(修

---

9) 평담정심(平澹精深): '평담(平澹)'은 '평담(平淡)'이라고도 하는데, 한시비평의 한 방법인 품격[풍격]비평에서 자주 사용되는 비평어로 평이한 시어를 구사하고 시의(詩意)를 담박(淡泊)·담백(淡白)하게 운용하는 시의 미의식을 지칭하는 용어이다. '정심(精深)'은 시의(詩意)를 구상하고 전개해 나가는 솜씨가 정밀·정치(精緻)하면서도 깊다는 뜻이다.

10) 급암(及菴): 고려 후기의 문신 민사평(閔思平: 1295-1359)의 호. 민사평은 본관은 여흥(驪興), 자는 탄부(坦夫), 호는 급암(及菴)으로 찬성사 민적(閔頔)의 아들이며, 어머니는 상락공 김방경의 둘째아들 김흔(金忻)의 딸이다. 정승 김륜(金倫)의 사위이기도 하다. 과거 급제 후 도첨의참리(都僉議參理), 도첨의찬성사(都僉議贊成事) 등을 역임하였다. 문장에 매우 뛰어나 여러 수의 주목할 만한 작품을 남겼다. 척약재 김구용의 외조부(外祖父)이기도 한데, 척약재를 직접 가르쳤기에 학문적·문학적으로 척약재에게 큰 영향을 주었다. 문집으로 『급암시집(及菴詩集)』이 전해진다.

11) 정문(頂門)에……가했다: 원래 '정문일침(頂門一針)'은 정수리에 침을 놓는다는 뜻으로, 남의 잘못을 똑바로 찌른 따끔한 비판이나 지적을 이르는 말인데, 여기에서는 목은이 척약재의 시구(詩句)를 비평하면서 칭찬을 한 것을 의미한다.

12) 건문(建文) 원년: 1399년을 의미함. 건문은 명(明) 혜제(惠帝)의 연호이다.

13) 기망(旣望): 음력 매달 16일을 지칭한다.

文殿大學士) 제점서운관사(提點書雲觀事) 진산군(晉山君) 호정(浩亭) 하륜(河崙)이 서문을 쓰다.

惕若齋學吟集序　[河崙]

予少也, 遊於牧隱先生之門, 坐客有若圃隱鄭先生, 惕若齋金先生, 陶隱李先生者. 視其容儀, 聽其談論, 知[14])其爲一代之人物也, 自是心竊景慕焉. 與之遊從者二十餘年, 相許之分, 誠不淺矣. 金先生將奉使遼東, 予勸[15])以一言, 先生重違朝命, 不敢請而去. 卒有大理之行, 不克復命, 嗚呼惜哉! 厥後十餘年間, 圃隱陶隱相繼淪沒, 而牧隱先生亦已乘化矣, 每念平生之好, 不能不涕泗交頤也. 今予謁告來鄕, 拜掃先塋, 留止旬日, 府判君乃惕若齋之仲子, 以予爲父執, 待以厚. 一日, 奉其遺稿來示之曰: "吾先子所著詩與文不爲不多, 然以不滿其意, 隨作而棄[16]). 幸此若干篇僅存, 竊欲鋟梓而傳後. 知吾先子者莫如子, 請子幸題一言于卷端[17])." 予感其言, 受而讀之, 恍然若聆音聲而接辭氣矣. 嗚呼! 詩之道亦難矣哉. 魏晉而[18])上作者去古未遠, 然其不違於三百篇之[19])意者鮮矣, 詩止於唐, 而唐人之音亦有始正變之異, 其入於正音者亦不爲多矣. 況吾東方, 地與中國相遠, 風氣不同, 言語亦異. 苟非天之賦與高出於衆人者, 安能變其固滯而近於正音哉. 牧隱先生學於中國, 卓爾有高明之見, 其於東人之詩, 少有許可者, 獨於先生之作, 有所嘆賞曰[20]), '平澹精深, 絶類及菴.', 詩而至於平澹精深, 亦豈易哉[21])? 又

---

14) 知:『고려명현집』의 영인본에는 장서인(藏書印)으로 인해 판독이 어려우나, 중간본 중 다른 판본(김영환 소장본 등)이나『영천본』, 성범중의『국역본』,『호정집』(하륜)에 모두 '知'로 되어 있다.
15) 勸:『호정집』,『동문선』에는 '勉'으로 되어 있다.
16) 棄:『호정집』,『동문선』에는 '棄之'로 되어 있다.
17) 端:『호정집』,『동문선』에는 '端也'로 되어 있다.
18) 而:『호정집』에는 '而'가 없다.
19) 之:『호정집』,『동문선』에는 '之遺'로 되어 있다.
20) 有所嘆賞曰:『호정집』에는 '每有所歎賞曰,'『동문선』에는 '每有所嘆賞曰'으로 되어 있다.

於衆作之中, 嘗擧先生一句曰, '可謂頂門上一針', 信乎先生之詩格高出於一時, 非他作者所能髣髴也, 則此若干篇宜亟刊行, 使夫學者有所矜式也. 故不以文拙辭22).

建文元年九月旣望, 奮忠仗義定社功臣, 資憲大夫, 政堂文學兼判都評議使司事, 修文殿大學士, 提點書雲觀事, 晉山君浩亭河崙序23).

---

21) 哉: '哉' 다음에 『호정집』, 『동문선』에는 '平淡精深則歸於正音矣則此若干篇 宜亟刊行 使夫學者 有所矜式也 故書此以爲序焉'로 끝났다.
22) 可謂頂門上一針, 信乎先生之詩格高出於一時, 非他作者所能髣髴也. 則且若干篇宜亟刊行, 使夫學者有所矜式也. 故不以文拙辭: 『호정집』, 『동문선』에는 이 문장이 없다.
23) 建文元年九月旣望, 奮忠仗義定社功臣, 資憲大夫, 政堂文學兼判都評議使司事, 修文殿大學士, 提點書雲觀事, 晉山君浩亭河崙序: 『호정집』, 『동문선』에는 이 문장이 없다.

척약재학음집 서문 [정도전24)]

내가 하루는 죽은 벗 척약재의 유고 몇 권을 얻어 울며 읽었다. 인하여 붓을 적셔 그 끝에 써서 말하기를, "이것은 우리 나라 시인 김경지(金敬之)가 지은 것이다."라고 하였다.

쓰기를 마치기도 전에 손님이 말하기를, "김 선생의 학술과 의(義)를 실천함이 어찌 다만 시인에 그치겠는가? 선생은 대대(代代)로 벼슬을 한 명문의 집안에서 태어나 어려서부터 총명하였으며 취학(就學)한 이후에는 포은공, 도은공 및 정언(正言)을 지낸 고(故) 이순경(李順卿)25)과 우의(友誼)가 더욱 돈독하여 아침저녁으로 강론(講論)하면서 절차탁마(切磋琢磨)26)하는 데 조금도 게으름을 피우지 않았다. 우리 동방의 이학(理學)은 모두 이 몇 분들의 창도로 말미암아 나온 것이다. 국가에서 유학(儒學)을 숭상하고 중히 여겨 옛 제도를 고쳐서 성균관(成均館)의 생원(生員) 수를 늘리자, 재상인 한산 이 공[이색(李穡)]이 이 자리를 주맹(主盟)하여 이름 있는 선비들을 추천 선발하고 학관으로 삼았다.27) 이때 선생은 다른 관직에 있으면서 직강(直講)28)을 겸하였다. 여러 유

---

24) 정도전(鄭道傳): 1342-1398. 여말선초의 문신. 조선 개국의 핵심 주역으로서 고려 말기의 사회 모순을 해결하기 위하여 노력했다. 조선왕조의 기틀을 다져 놓은 정치가이자 사상가였다. 본관은 봉화(奉化)이고 자(字)는 종지(宗之), 호는 삼봉(三峰)이다. 목은(牧隱) 이색(李穡)의 제자로 목은과 가까웠던 후배나 제자들인 정몽주(鄭夢周), 김구용(金九容), 이숭인(李崇仁), 박의중(朴宜中) 등과 교유하였으나 1388년 이성계(李成桂)의 위화도 회군 이후 이성계 편에 서서 목은, 포은 등과 대립적인 관계가 되었다. 1398년 소위 '제1차 왕자의 난'에서 이방원(李芳遠)의 반대편에 섰다가 죽음을 당했다. 그가 남긴 많은 저서와 글들은 조선왕조의 기틀을 닦는 바탕이 되었는데, 특히 『조선경국전(朝鮮經國典)』은 조선왕조의 제도와 예악(禮樂)의 기본 구조를 세운 중요한 저서이다. 문집으로 『삼봉집(三峯集)』이 전해진다.

25) 이순경(李順卿): 고려 후기의 문인 이존오(李存吾: 1341-1371). 본관은 경주(慶州)이고 자(字)는 순경(順卿), 호는 석탄(石灘)이다. 1360년(공민왕 9) 문과에 급제하였고 1366년 신돈(辛旽)의 횡포를 탄핵하다가 왕의 노여움을 입어 장사감무(長沙監務)로 좌천된 뒤 공주 석탄(石灘)에서 은둔생활을 하며 울분 속에 지내다가 죽었다. 문집으로 『석탄집(石灘集)』이 진해진다.

26) 절차탁마(切磋琢磨) : 옥석(玉石)을 다듬기 위해 자르고, 갈고, 쪼고, 간다는 뜻으로, 사람이 덕을 쌓고 학문을 이루는 것도 그와 같이 부단하게 다듬어야 함을 비유하는 말로 쓰인다. 『시경(詩經)』 「기욱(淇奧)」에서, "절단해 놓은 듯하고 다시 간 듯하며, 쪼아 놓은 듯하고 다시 간 듯하다.[如切如磋, 如琢如磨]"라고 하였다.

27) 재상인 한산 이 공이……학관으로 삼았다 : 1367년(공민왕 16)에 목은 이색이 성균관 대사성이 되

생들은 경전을 가지고 와서 수업을 하였고, 자리 앞은 줄을 이룰 정도였다. 심지어 휴가를 고하고 집에 있을 때에도 쫓아와서 질문하는 자들이 계속 이어져 학문의 발전에 유익한 바가 많았으니 선생의 학술의 바름이 어떠했는지를 짐작할 수 있다. 임금이 새로 즉위하였는데 아직 나이가 어리고 성품이 겸손하여 당시의 재상들이 매우 제멋대로 일을 처리하자 선생께서 글을 올려 이해득실(利害得失)을 힘써 말씀하셨지만, 왕은 비답(批答)29)을 내리지 않고 죽주(竹州)30)로 유배를 보내었다. 관례에 따라 모향(母鄕)인 여흥(驪興)31)으로 이배(移配) 되었는데, '여강어우(驪江漁友)'라 자호하고, 그 거처하는 집에 편액(扁額)을 달아 말하기를 '육우(六友)'라 하면서 사계절의 풍경을 즐긴 지가 무릇 7년이었다.32) 국가에서 그 풍모와 의리를 가상히 여겨서 불러 간관(諫官)을 제수하고 얼마 후엔 성균관(成均館)의 대사성(大司成)으로 삼으니 말할 책임과 관리로서의 임무를 수행함에 있어 부끄러운 바가 조금도 없었다. 또한 선생은 전대(專對)33)하는 재주가 있어서 요동도지휘사사(遼東都指揮使司)에게 행례(行禮)를 하기 위해 갔는데, 마침 당시 명나라 조정에서 명령하기를 외교 사신 간의 사적인 교류를 허락하지 않았기 때문에 선생을 운남(雲南)34)으로 유배 보내게 되었고, 행차가 사천성(四川省) 노주(瀘州)35)에 이르러 병을 얻어 여행 중의 숙박지에서 운명하고 말았다. 선생이 사행을 처

어 성균관을 중건(重建)하고 정몽주, 김구용, 이숭인, 박상충, 박의중 등을 학관(學官)으로 임명한 것을 지칭한다.
28) 직강(直講): 고려시대 성균관의 종5품 관직.
29) 비답(批答): 신하가 올린 상소(上疏)·차자(箚子) 등에 대해 국왕이 내리는 답서.
30) 죽주(竹州): 지금의 경기도 안성시(安城市) 죽산면(竹山面)의 옛 지명.
31) 여흥(驪興): 지금의 경기도 여주시(驪州市).
32) 관례에 따라……7년이었다: 김구용이 1375년(우왕 1)에 북원(北元)의 사신을 반대하다가 처음 유배를 당한 곳은 죽주(竹州)였으나 얼마 후 외가(外家)가 있는 여흥으로 이배(移配)되어 1381년까지 그곳에서 보냈다. 그 시절 척약재는 자신이 거처하는 집에 '육우당(六友堂)'이라는 편액(扁額)을 달았는데, '육우'란 강(江)·산(山)·설(雪)·월(月)·풍(風)·화(花)를 말하니, 곧 자연 속에 살면서 자연과 친화(親和)한다는 철학을 담고 있다.
33) 전대(專對): 사신이 되어 외국에 나가 그곳의 인사들과 자유롭게 응대하는 것을 지칭한다.
34) 운남(雲南): 중국 서남쪽에 위치한 성(省)으로 북쪽은 사천성(四川省), 서쪽은 미얀마, 남쪽·남동쪽은 라오스·베트남과 인접해 있다. 성도(省都)는 곤명(昆明)이다.
35) 노주(瀘州): 중국 사천성(四川省) 남부의 도시로 양자강(揚子江)과 타강(沱江)이 합류하는 곳에 위치한 교통의 요지이기도 하다.

음 출발할 때부터 병으로 죽을 때까지의 험난한 여정이 만 리나 되어 일찍이 온갖 어려움을 모두 경험하였는데도 생각을 돌이키거나 스스로 애석해하는 뜻이 조금도 없었다. 죽음에 임해서 말하기를, '내가 집에 있었더라면 아녀자의 손에서 죽었을 테니 누가 기꺼이 알아주겠는가. 지금 만 리 밖에 있으면서 임금의 일로 죽게 되어 중국인들로 하여금 내 이름을 알게 하는 데에 이르렀으니 죽을 곳을 얻었다라고 할 만하다.' 하였다. 집안일은 한 마디도 언급하지 않았으니, 선생이 의를 행하신 수준이 어떠한가?"라고 하였다.

내가 눈물을 훔치며 말하기를, "당신의 말이 진실로 옳도다. 경지의 학술과 의로운 행위는 역사의 기록에 갖춰져서 인구(人口)에 전파되고 있으니 어찌 나의 말을 기다릴 필요가 있겠는가? 시도(詩道)를 말하기 어렵게 된 지가 오래 되었도다. 아(雅)와 송(頌)36)이 폐해진 이후로 시인·문사들의 원망과 비통이 일어나고, 소명태자(昭明太子)의 『문선(文選)』37)이 유행하자 그 폐단이 섬약(纖弱)한 데에 빠지게 되었다.38) 당(唐)의 성률(聲律)39)이 지어짐에 이르러서는 시체(詩體)가 드디어 크게 변하였고, 이백이나 두보 같은 이들은 이른바 그 중에서도 더욱 걸출한 자들이었다. 송(宋)나라가 일어나자 참된 선비들이 배출되어 그 경학과 도덕이 삼대(三代)40)를 좇아 회복될 수 있었고, 시에 있어서는 당시(唐詩)를 답습(踏襲)하였으니 '근체'라고 하여 소홀히 할 수 없었다. 그러나 세상에서 시를 말하는 자들은 혹 그 소리를 얻었지만 맛은 잃어버리고, 그 뜻만

---

36) 아(雅)와 송(頌): 원래 아(雅)와 송(頌)은 『시경(詩經)』의 '육의(六義)'의 하나로 '육의'는 풍(風), 아(雅), 송(頌), 부(賦), 비(比), 흥(興)을 말한다. '아'는 궁중에서 사용된 일종의 의식곡(儀式曲)이며, '송'은 종묘 제사 때 사용된 음악이다. 여기에서는 『시경』의 전통을 이어받은 전아(典雅)한 형식의 시를 말한다.
37) 소명태자(昭明太子)의 『문선(文選)』: 소명태자는 중국 위진남북조(魏晉南北朝) 양(梁)나라 무제(武帝)의 아들인 소통(蕭統, 501-531)이다. 유교와 불교에 조예가 깊었고 시문에 뛰어났다. 그가 양나라 이전 역대 문인들의 명문을 모아 편찬한 『문선』은 130여 명이나 되는 작가들의 글을 모은 방대한 선집(選集)으로 이후 문학사의 전개에 있어 많은 작가들에게 큰 영향을 주었다.
38) 그 폐단이……빠지게 되었다: 당시 유행하던 사륙변려문(四六騈儷文)의 형식적이고 기교적이며 지나치게 아름다움만을 추구하는 문풍의 폐단을 지칭한다.
39) 성률(聲律): 문학에서 성률은 원래 한시를 짓는 율격(律格)을 지칭하는 말이지만, 여기에서는 당나라 때 일어난 한시, 즉 근체시(近體詩)의 작법을 가리키는 의미로 사용되고 있다.
40) 삼대(三代) : 하(夏)·은(殷)·주(周) 삼대(三代)의 선진유학(先秦儒學)을 지칭한다.

있고 말은 없게 되니 능히 성정(性情)에서 발하여 흥물비류(興物比類)41)하며 시인의 뜻을 어그러뜨리지 않는 자는 거의 드물게 되었다. 중국에서도 또한 그렇거늘 하물며 변방의 먼 우리 나라에 있어서랴! 경지(敬之)의 외조부 급암(及菴) 민 공(閔公)은 사학(詞學)42)에 뛰어나고 당시(唐詩)에는 더욱더 장기가 있었다. 익재(益齋)43), 우곡(愚谷)44) 등 여러 인사들과 더불어 서로 창화(唱和)45)하였는데, 그때 경지가 아침저녁으로 옆에서 모시면서 보고 들으며 시를 보는 감식안(鑑識眼)과 감각을 개발하여 자득한 것이 매우 많았다. 내가 일찍이 경지의 시 짓는 것을 본 적이 있는데, 그 생각하는 것이 커서 마치 인위적으로 경영함이 없는 듯하였고, 그 얻는 바는 가득 차서 마치 스스로 즐기는 듯하였으며, 그 붓을 쓰는 것은 경쾌하여 마치 구름이 흘러가고 새가 날아가는 듯하였다. 그가 쓴 시는 청신아려(淸新雅麗)46)하여 그의 사람됨과 매우 비슷하였으니 경지는 시도(詩道)에 있어서 완성되었다고 일컬을 만하다."라고 했더니 손님이 말하기를 맞다고 하였다. 이에 마침내 글을 써서 서문으로 삼는다.

---

41) 흥물비류(興物比類): 작시(作詩)에 있어서 사물을 가지고 흥(興)하고 비슷한 종류로 비(比)하는 것을 지칭한다. '흥'과 '비'는 『시경』 '육의(六義)'의 하나로 흥은 "先言他物, 以引起所詠之詞."이니 일종의 연상법을 의미하며, 비는 "以彼物比此物也"이니 일종의 비유법을 말한다.
42) 사학(詞學): 작시(作詩)와 시론(詩論), 시평(詩評)등 시학(詩學) 전반을 지칭하는 말이다.
43) 익재(益齋): 고려 후기의 문인 이제현(李齊賢)의 호이다. 이제현(1287-1367)은 본관은 경주(慶州)이고 자(字)는 중사(仲思), 호는 익재(益齋)·역옹(櫟翁)이다. 당대의 저명한 학자였던 동암(東菴) 이진(李瑱)이 부친이고 고려 후기 성리학 전수에 큰 공을 세운 국재(菊齋) 권보(權溥)가 그의 장인이다. 학문에 매우 뛰어나 충선왕(忠宣王)이 연경(燕京)에 지은 만권당(萬卷堂)에서 조맹부(趙孟頫), 원명선(元明善), 장양호(張養浩), 우집(虞集) 등 당대 최고의 원나라 학자들과 교유하며 문명을 떨쳤다. 학문뿐만 아니라 정계에서도 크게 활약하여 정당문학(政堂文學), 문하시중(門下侍中)을 역임하였고 과거의 지공거(知貢擧)를 맡아 많은 제자를 배출하기도 하였다. 문학의 측면에서도 고문운동(古文運動)을 펼치고 소악부(小樂府)를 창작하며 수많은 작품을 짓는 등 한문학사에 있어서 큰 공을 세웠다. 문집으로 『익재집(益齋集)』이 전해진다.
44) 우곡(愚谷): 고려 후기의 문인 정자후(鄭子厚)의 호이다.
45) 창화(唱和): 여럿이 서로 시를 주고받는 것을 말한다.
46) 청신아려(淸新雅麗): '청신'과 '아려'는 모두 한시 비평에 사용되는 시품(詩品) 용어인데, '청신(淸新)'은 청빈하고 깨끗하며 무욕(無慾)의 삶을 살아가는 시인에게서 나오는 품격이다. 일반적으로 시어(詩語)와 시의(詩意)가 새롭고 진부하지 않은 시의 품격을 지칭한다. '아려(雅麗)'는 '전아(典雅)·기려(綺麗)'를 의미하는데 척약재 시의 상당 부분을 차지한다. '전아'는 고운(高韻)·고색(古色)한 선비들의 풍류에서 나오는 품격이며, '기려'는 시어와 시의가 아름다운 시의 품격을 지칭한다.

홍무 병인년47) 가을 8월 16일에 삼봉 정도전이 서문을 쓰다.

惕若齋學吟集序　[鄭道傳]

道傳, 一日得亡友尤篤, 朝夕講論, 切磋不少怠, 吾東方理義之學, 盡48)出數公倡之也. 國家崇重正學, 更張舊制, 增廣生員, 宰相韓山李公主盟斯席, 薦拔名儒爲學官, 而先生以他官兼直講, 諸生執經受業, 列于席前, 雖告休沐, 從而質問者相繼于家, 多所進益, 先生學術之正爲如何49). 殿下新卽位, 幼沖謙抑, 時相頗用事, 先生上書力言得失, 不報竄竹州. 例從居母鄕驪興郡, 自號驪江漁友, 扁其所居堂曰六友50), 以樂51)四時之景凡七年. 國家尙其風義, 召拜諫官, 尋長于成均, 言責官守, 兩無所愧. 又以先生有專對才, 行禮遼東都指揮使司52), 適有朝命, 不許私交, 置先生雲南, 行至四川之瀘州, 得病卒于旅次53). 先生自始行至病卒, 間關萬里, 備嘗艱難, 略無顧慮自惜之意. 臨絶曰: '吾在家死兒女手, 誰肯知者, 今在萬里外, 死於王事, 至使中國人知吾姓名. 可謂得死所矣.' 無一言及家事, 先生行義之高又爲如何?" 道傳攬涕而言曰: "子之言誠是也. 敬之學術行義, 備載史牒, 播於人口, 奚待予言哉? 詩道之難言久矣. 自雅頌廢, 騷人之怨悲興, 昭明之選行, 而其弊失於纖弱. 至唐律聲54)作, 詩體遂大變, 李太白杜子美尤所謂卓

---

47) 홍무 병인년: 1386년(우왕 12).
48) 盡:『삼봉집』에는 '蓋'로 되어 있다.
49) 先生學術之正爲如何:『삼봉집』에는 위 문장 다음에 '殿下新卽位 幼沖謙抑 時上頗用事'가 없고 '當甲寅乙卯之歲 國家多故 時相用事'로 되어 있다.
50) 六友:『삼봉집』에는 '六友' 다음에 소자(小字)로 '按六友 謂江山風花雪月'라 씌여 있다.
51) 以樂:『삼봉집』에는 '以樂' 다음에 '江山'이 추가되어 있다.
52) 遼東都指揮使司:『삼봉집』에는 '遼東都司'로 되어 있다
53) 旅次:『삼봉집』에는 '旅次' 다음에 소자(小字)로 '按辛禑甲子. 義州千戶曹桂龍至遼東. 都指揮梅義等給曰. 我於爾國事. 每盡心行之. 爾國何不致謝耶. 禑以九容爲行禮使. 奉書幣往遼東. 義與摠兵潘敬等曰. 人臣無私交. 何得乃爾. 遂執歸京師. 帝命流大理衛. 行至瀘州永寧縣病卒.'라고 적혀 있다.
54) 律聲:『삼봉집』에는 '聲律'로 되어 있고 소자(小字)로 '聲律舊本作律聲'라 쓰여 있다.

然者也. 宋興眞儒輩出, 其經學道德, 追復三代, 至於聲詩, 唐得是襲, 則不可以近體而忽之也. 然世之言詩者, 或得其聲而遺其味, 有[55]其意而無其辭, 果能發於性情, 興物比類, 不戾詩人之志者幾希, 在中國且然, 況在邊遠乎! 敬之外祖及菴閔公[56]善詞學, 尤長於唐律. 與益齋愚谷諸公相唱和, 敬之朝夕侍側, 目濡耳染, 觀感開發, 而自得爲[57]尤多. 道傳嘗見敬之[58]作詩, 其思之也漠然若[59]無所營, 其得之也充然若自樂, 其下筆也翩翩然如雲行鳥逝. 其爲詩也淸新雅麗, 殊類其爲人, 敬之於詩道, 可謂成矣." 客曰然. 卒書以爲序. 若齋遺稿若干卷泣且讀, 因濡翰書其端曰: "此東國詩人金敬之所作也.", 書未訖, 客詰[60]之曰: "金先生學術行義, 豈但詩人而止歟. 先生生世族, 幼而聰敏, 就[61]學與圃隱鄭公, 陶隱李公, 及故正言李順卿義愛

洪武丙寅秋八月旣望, 三峯鄭道傳序.

---

55) 有:『삼봉집』에는 '或有'로 되어 있다.
56) 閔公:『삼봉집』에는 '閔公' 다음에 소자(小字)로 '思平'이라고 씌여 있다.
57) 爲:『삼봉집』에는 '爲'가 없다.
58) 敬之:『삼봉집』에는 '敬之' 다음에 '之'가 더 있다.
59) 若:『삼봉집』에는 '若'이 없다.
60) 誥:『삼봉집』에는 '詰'로 되어 있다.
61) 就:『삼봉집』에는 '旣就'로 되어 있다.

선군(先君) 척약재(惕若齋) 세계행사(世係行事) 요략(要略)62) [김명리]

　선군의 성은 김(金)이요, 휘는 구용(九容)이며, 자는 경지(敬之)이고, 옛 이름은 제민(齊閔), 호는 척약재(惕若齋)이다. 거처했던 집은 '육우(六友)'라 일컬었고 본관은 안동이다. 부친의 휘는 묘(昴)로 중대광상락군(重大匡上洛君)63)이다. 조부의 휘는 승택(承澤)으로 직량동덕좌리공신(直亮同德佐理功臣) 삼중대광도첨의정승(三重大匡都僉議政丞) 판전리사사(判典理司事) 상호군(上護軍)으로 치사하였으며 양간공(良簡公)이라는 시호가 내려졌다. 증조의 휘는 선(愃)으로 원충단력안사보정공신(元忠端力安社保定功臣) 봉익대부(奉翊大夫)64) 부지밀직사사(副知密直司事)65) 전법판서(典法判書)66) 상장군(上將軍)이다. 고조의 휘는 방경(方慶)67)으로 선수중봉대부(宣授中奉大夫) 관고려군정동도원수(管高麗軍征東都元帥) 추충정난정원공신(推忠靖亂定遠功臣) 벽상삼한삼중대광도첨의중찬(壁上三韓三重大匡都僉議中贊) 상락군개국공(上洛郡開國公)이다. 식읍(食邑)이 1,000호이고 식실(食實)이 300호가 봉해졌다. 시호는 충렬공(忠烈公)이다. 모친은 수성병의협찬공신(輸誠秉義協贊功臣) 중대광도첨의찬성사(重大匡都僉議贊成事) 상의회의도감사(商議會議都監事) 상호군(上護軍)으로 시호가 문온공(文溫公)인 급암(及菴) 민사평(閔思平)의 따님이다. 통직랑(通直郎) 예의정랑(禮儀正郎) 남양(南陽) 홍의원(洪義元)의 따님에게 장가들어 세 아들을 낳았는데, 명선(明善), 명리(明理), 명윤(明允)이다.

---

62) 선군 척약재 세계행사 요략: 집안 조상의 대대(代代) 혈통과 척약재의 약력을 요약해 놓은 글.
63) 중대광상락군(重大匡上洛君): '중대광'은 고려시대 종1품 문관의 품계이고, '상락'은 경상북도 상주의 옛 이름으로 고려시대 이곳이 안동대도호부(安東大都護府)였기에, 안동김씨 중에 대대로 상락군(上洛君)에 봉해진 명인(名人)들이 많았다.
64) 봉익대부(奉翊大夫): 고려시대 종2품 문관의 품계.
65) 부지밀직사사(副知密直司事): 고려시대 왕명(王命)의 출납(出納), 궁궐의 경호 및 군사 기밀(軍事機密) 따위에 관한 일을 맡아보던 벼슬이다. 추밀원사(樞密院使)라고도 한다.
66) 전법판서(典法判書): 고려시대 법률·사송(詞訟) 등에 관한 일을 관장하던 중앙 관서의 관원. 상서형부(尙書刑部), 또는 형부(刑部)로도 불렸다.
67) 방경(方慶): 김방경(金方慶: 1212-1300). 자는 본연(本然). 신라 경순왕(敬順王)의 후손으로, 할아버지는 김민성(金敏成)이며 아버지는 병부상서(兵部尙書)·한림학사(翰林學士)를 지낸 김효인(金孝印)이다. 삼별초(三別抄)의 난을 진압하고 원나라가 두 차례에 걸쳐 일본 원정을 했을 때 고려군의 주장(主將)으로 활약하였다.

선군(先君)께서는 지원(至元) 무인년(戊寅年)68) 12월 신묘(辛卯)에 태어나서 지정(至正) 13년인 계사년(癸巳年)69) 나이 16세에 송천봉(宋天奉)70)이 주시(主試)한 감시(監試)71)에서 거자과(擧子科)에 합격하여 새롭게 진사(進士)가 된 자들이 대궐에 가서 왕에게 숙배(肅拜)72)하였는데, 왕이 친히 '모란시(牧丹詩)'를 짓게 하여 시험하였다. 선군께서 으뜸을 차지하자 왕이 기이하게 여기고 산원(散員)73)의 직(職)을 내리셨다. 지정 15년 을미년(乙未年: 1355년) 안을기(安乙起)74)가 장원을 차지했던 과거시험에 합격하여 덕녕부(德寧府) 주부(注簿)75)에 임명되었다. 1363년 계묘년(癸卯年)에 정언(正言)76)에 제수(除授)되었다가 곧 헌납(獻納)77)으로 옮겼다. 홍무(洪武)78) 원년인 무신년(戊申年)79)에 전교부령(典校副令)80)에 제수되었다. 신해년(辛亥年: 1371년)81)에 민부

---

68) 지원(至元) 무인년(戊寅年): 지원(至元)은 원나라 마지막 황제인 순제(順帝) 때의 연호로 1335년에서 1340년까지이며, 지원 무인년은 1338년이 된다.
69) 지정(至正)…계사년(癸巳年): 지정(至正)은 원나라 순제가 '지원(至元)' 이후에 사용한 연호로 1341년에서 1368년까지이다. '계사년'은 1353년(공민왕 2)이다.
70) 송천봉(宋天奉): 본관은 김해(金海). 고려 후기에 활약한 문신으로 1330년(충숙왕 17) 과거에 급제한 이후 여러 관직을 거쳐 대사헌(大司憲), 첨서밀직사사(簽書密直司事)에 오르고 김해군(金海君)에 봉해졌다. 시호는 문정(文貞)이다.
71) 감시(監試): 국자감시(國子監試)의 줄인 말로 사마시(司馬試)라고도 한다. 고려시대 국자감(國子監)에서 진사를 뽑던 시험으로 최종 고시인 예부시(禮部試)의 예비시험으로 볼 수 있다.
72) 숙배(肅拜): 왕에게 절을 하고 인사드리는 예식.
73) 산원(散員): 고려시대 무관직의 하나로 품계는 정8품에 해당한다.
74) 안을기(安乙起): 고려 후기에 활동한 문신으로 1355년(공민왕 4) 척약재가 급제했던 과거에서 장원을 차지했던 인물이다. 그 외 자세한 행적은 미상이다.
75) 주부(注簿): 고려시대 각 관청에 소속된 벼슬로 품계는 설치되어 있는 관부에 따라 정6품으로부터 종8품까지 다양하였다.
76) 정언(正言): 고려시대 때 벼슬로 원래 중서문하성(中書門下省)의 좌·우 습유(拾遺)를 1116년(예종 11) 좌·우 정언으로 고쳤는데, 품계는 처음에는 종6품이었다가 충선왕 때 정6품으로 바뀌었다.
77) 헌납(獻納): 고려시대 중서문하성(中書門下省)의 관직으로 처음에는 보궐(補闕)로 불렸으며 품계는 정6품이었다가 충선왕 때에 헌납(獻納)이라 고치고 품계를 올려 정5품으로 하였다. 임무는 주로 간쟁(諫爭)과 봉박(封駁)을 담당하는 간관(諫官)이었다.
78) 홍무(洪武): '홍무'는 명나라 태조 홍무제(洪武帝)의 연호로 1368년부터 1398년까지 31년간 사용되었다.
79) 무신년(戊申年): 1368년(공민왕 17).
80) 전교부령(典校副令): 고려시대 전교시(典校寺)의 종4품 관직인 전교시(典校寺)의 부령(副令). 전교시

의랑 겸 성균직강(民部議郎兼成均直講)82)에 제수되고 가을에는 강릉도안렴사(江陵道按廉使)83)에 임명되었다. 홍무 5년 임자년(壬子年: 1372년)에는 총부의랑(摠部議郎)84)으로 옮기고, 가을 8월 성절일(聖節日)85)에 서장관(書狀官)86)으로 사행(使行)을 떠나 명나라 조정에 입조(入朝)하였다. 겨울에는 또 전교령(典校令)87)에 제수되었다. 다음 해인 계축년(癸丑年: 1373년) 가을 7월에 고려로 귀국하였다. 홍무 8년 을묘년(乙卯年: 1375년)에는 삼사좌윤(三司左尹)88)에 제수되었으나 7월에 언사(言事)로89) 죽주(竹州)90)에 유배되었다. 모향(母鄕)인 여흥군(驪興郡)91)으로 이배(移配)되어 7년을 한거(閑居)하면서 강(江)·산(山)·눈[雪]·달[月]·바람[風]·꽃[花]의 흥치(興致)를 즐겼으니 '육우당(六友堂)'이라는 당호(堂號)도 이로부터 시작되었다. 신유년(辛酉年: 1381

는 유교 경전을 비롯한 여러 문적(文籍)을 관장하고, 종묘(宗廟) 및 초제(醮祭)의 축문(祝文)을 작성하던 관서이다.
81) 신해년(辛亥年): 1371년(공민왕 20).
82) 민부의랑 겸 성균직강(民部議郎兼成均直講): 민부의랑은 고려 후기 민부(民部)에 속한 정4품 관직이며, 주요 업무는 호구(戶口)·공부(貢賦)·전량(錢粮)에 관한 일을 관장하였다. 성균직강은 성균관에 속한 종5품의 관원이다.
83) 강릉도안렴사(江陵道按廉使): 강릉도는 지금의 강원도로 고려시대에는 강릉교주도(江陵交州道)라고도 하였다. 안렴사는 고려시대의 지방장관으로 절도사(節度使)·안찰사(按察使)로도 불렸다.
84) 총부의랑(摠部議郎): '총부(摠部)'는 고려 후기 무관(武官)의 선임(選任)·군무(軍務)·의위(儀衛)·우역(郵驛)에 관한 일을 관장하였던 중앙행정관청이고, '의랑(議郎)'은 거기에 속해 있던 정4품 벼슬로 '시랑(侍郎)'이 개칭된 것이다.
85) 성절일(聖節日): 중국 황제의 생일.
86) 서장관(書狀官): 우리 나라에서 중국에 보냈던 사신(使臣). 서장관은 정사(正使), 부사(副使)와 아울러 사행단의 세 명의 사신[三使臣] 가운데 일인으로 주로 외교문서의 기록을 담당하였다.
87) 전교령(典校令): 고려시대 전교시(典校寺)의 종3품 관직으로 전교시는 주로 경적(經籍)을 비롯한 여러 서적 및 문서를 보전하고, 종묘 및 초제(醮祭)의 축문을 짓는 일을 관장하는 관청이다.
88) 삼사좌윤(三司左尹): 고려시대 '삼사(三司)'에 속했던 벼슬로 '삼사'는 전곡(錢穀)의 출납과 회계의 사무를 맡아 보던 관아였다.
89) 7월에 언사(言事)로: 1375년(우왕 1) 7월에 북원(北元)의 사신을 맞아들이지 말 것을 도당(都堂)에 상소한 사건을 말한다. 이때 상소에 참여한 이는 정몽주(鄭夢周), 김구용(金九容), 박상충(朴尙衷), 정도전(鄭道傳), 이숭인(李崇仁) 등이었다.
90) 죽주(竹州): 지금의 경기도 안성시 죽산면 일대.
91) 여흥군(驪興郡): 경기도 여주(驪州)의 옛 이름.

년)92)에 나라에서 그 풍모와 의리를 높이 여겨 불러서 좌사의대부(左司議大夫)93)를 제수하였다. 임술년(壬戌年: 1382년) 봄에 성균관 대사성(成均館大司成)94)에 임명되었다가 판전교시사(判典校寺事)95)로 옮겼다. 홍무 17년, 갑자년(甲子年: 1384년) 1월 15일에 사신이 되어 행례사(行禮使)96)로 요동(遼東)의 도지휘사사(都指揮司事)97)에게 갔다가 본국에서 명나라에 말을 바치던 일이 지연되어 대리위(大理衛)98)에 유배되었다. 행차가 서천(西川)99)의 남쪽 경계인 노주(瀘州)100) 영녕현(永寧縣) 강문참(江門站)에 이르렀던 7월 11일에 여행 중의 숙소에서 병을 얻어 세상을 떠났으니 향년(享年) 47세였다.

　선군께서는 외조부인 급암 문온공(文溫公) 댁에서 성장하였는데, 어렸을 때부터 배움을 좋아하였다. 이미 장성해서는 학계(學界)에서 활동했는데 그 명성이 나라의 안팎에까지 자자하였다. 포은 정몽주, 도은 이숭인, 삼봉 정도전, 호정 하륜 등과 교유하면서 서로 더불어 강론하고 절차탁마(切磋琢磨)하니 사이가 더욱 다정하고 돈독해졌다. 선군께서 지으신 시와 문은 많지 않다고 할 수 없지만, 선형(先兄)101)이 일찍이 가까이서 모시지 못하였고, 나 또한 어렸기 때문에 능히 모두 다 기록할 수 없었다. 지금 여

---

92) 신유년(辛酉年): 1381년(우왕 7).
93) 좌사의대부(左司議大夫): 고려시대 중서문하성(中書門下省)의 낭사(郎舍)에 속하는 간관(諫官)으로, 간쟁(諫諍)과 봉박(封駁)을 담당하였다. 일명 '좌간의대부(左諫議大夫)'라고도 하였다.
94) 성균관 대사성(成均館大司成): 고려 후기부터 조선조에 이르기까지 중앙에 설치된 최고의 교육기관이었던 성균관(成均館)의 장(長). 품계는 정3품이었다.
95) 판전교시사(判典校寺事): 전교시(典校寺)의 으뜸 벼슬로 품계는 정3품이다.
96) 행례사(行禮使): 고려시대에 중국에 어떤 예(禮)를 표현할 일이 있을 때 파견된 외교 사신.
97) 도지휘사사(都指揮司事): 명나라 때 지방의 군무(軍務)를 담당하던 벼슬로, 민정을 맡은 포정사사(布政使司), 형(刑)을 맡은 안찰사사(按察使司)와 더불어 도포안삼사(都布按三司) 중 하나였다.
98) 대리위(大理衛): 중국 운남(雲南)에 있었던 대리국(大理國)의 수도였는데 원(元)나라 때 멸망하였고, 명대(明代)에는 위(衛)가 설치되었다. '위'란 '위소(衛所)'로 국방을 위해 전국 각지에 주둔시켰던 군대 혹은 그 군대가 주둔하는 지역을 일컫는 말이다.
99) 서천(西川): 지금의 중국 사천성(四川省) 일대를 가리키는 말.
100) 노주(瀘州): 중국 사천성 남부에 위치한 도시. 양자강(揚子江)과 타강(沱江)이 합류하는 지점에 있는 교통의 요지이다.
101) 선형(先兄): 세상을 떠난 형. 여기서는 척약재의 큰 아들 김명선(金明善)을 지칭함.

기 간행하는 약간의 시는 바로 손으로 써 두었던 유고(遺稿)와 다른 사람들이 전송(傳誦)하는 것들 중에서 얻은 것이다. 대저 자식은 부모에 대하여 부모가 병이 들면 약을 받들어 정성을 다하고, 임종(臨終) 때에는 그 슬픔을 다하여 염(殮)을 하더라도 오히려 일찍이 잠시도 생각에서 잊을 수 없는 것이다. 하물며 나는 그 당시 어렸기 때문에 사행을 좇아가지 못하였고, 선군께서 이역만리 밖에서 생을 마쳤기에 끝내는 계족지언(啓足之言)102)을 듣지도 못하였다. 다만 날마다 유고를 붙들고 읽기를 세 번 반복하니 선군의 음성과 기색이 뚜렷해지는 것 같고, 손때가 오히려 새롭게 느껴졌다. 오호통재(嗚呼痛哉)라. 추모의 마음은 갈수록 더욱 깊어지고, 책을 간행할 것을 생각할 때마다 눈물과 콧물로 뺨을 적신 지가 벌써 수년(數年)이 되었다. 홍무 무인년(戊寅年: 1398년) 가을에 내가 진양(晉陽)103)의 수령으로 왔는데, 마침 관찰사 조박(趙璞)104)이 우리 집에 소장된 『시전통석(詩傳通釋)』105)을 이용하여 나로 하여금 공인(工人)에게 판각(板刻)하도록 지시하게 하였다. 그 여력(餘力)에 힘입어 이 유고를 간행하게 된 것이다. 또한 선군의 세계(世係)와 행사(行事)의 자취는 자손 된 자가 몰라서는 안 되니 그러므로 책머리에 붙여 둔다.

건문(建文) 2년 경진년(庚辰年: 1400년) 12월 16일, 아들 통선랑(通善郎)106) 진양대도호부판관(晉陽大都護府判官) 겸(兼) 권농병마단련판관(勸農兵馬團練判官) 명리(明理)가 삼가 쓰다.

---

102) 계족지언(啓足之言): '계족(啓足)'은 '계수계족(啓手啓足)'의 줄인 말로 삶을 마치는 것을 의미하니 '계족지언'은 임종 시의 유언이다. 『논어(論語)』 「태백(泰伯)」에, 증자가 병이 들자 제자들을 불러 말하기를 "이불을 걷고서 내 발과 손을 살펴보라.[啓予足, 啓予手.]"는 말이 있다.
103) 진양(晉陽): 경상남도 진주(晉州)의 옛 지명.
104) 조박(趙璞): 1356-1408. 여말선초의 문신. 본관은 평양(平壤). 자는 안석(安石), 호는 우정(雨亭). 문하시중 조인규(趙仁規)의 4세손이며, 아버지는 전의령(典儀令) 조사겸(趙思謙)이다. 이성계 편에서 조선의 개국을 도운 공로로 개국공신 1등에 봉해졌다. 판한성부사(判漢城府事), 호조판서(戶曹判書) 등을 역임하였다.
105) 시전통석(詩傳通釋): 『시전통석』은 건문 3년 3월에 간행된 책으로 현재 국립중앙도서관에 소장돼 있다. 소호인(蘇好仁)이 쓴 발문 중 다음과 같은 기록이 있어 이에 따라 번역하였다.[……己卯冬晉陽倅金君明理出家藏詩釋請刊……]
106) 통선랑(通善郎): 조선시대 문신 정5품 하계(下階)의 품계명.

先君惕若齋世係行事要略 [金明理]

先君姓金氏, 諱九容, 字敬之, 古諱齊閔, 號惕若齋. 所居堂曰六友, 安東人也. 父諱昴, 重大匡上洛君. 祖諱承澤, 直亮同德佐理功臣, 三重大匡都僉議政丞, 判典理司事, 上護軍致仕, 贈諡良簡公. 曾祖諱愃, 元忠端力安社保定功臣, 奉翊大夫, 副知密直司事, 典法判書, 上將軍. 高祖諱方慶, 宣授中奉大夫, 管高麗軍征東都元帥, 推忠靖亂定遠功臣, 壁上三韓三重大匡都僉議中贊, 上洛郡開國公. 食邑一千戶, 食實封三百戶, 諡忠烈公. 母輸誠秉義協贊功臣, 重大匡都僉議贊成事, 商議會議都監事, 上護軍, 諡文溫公及菴閔思平之女也. 娶通直郎禮儀正郎南陽洪義元之女, 生三男, 曰明善, 曰明理, 曰明允焉. 至元戊寅十二月辛卯, 先君生, 至正十三年癸巳, 年十六, 宋天奉監試, 中擧子科, 新進士等, 詣闕肅拜, 上親試賦牧丹詩, 先君居其首, 上奇之, 賜職散員. 十五年乙未安乙起榜, 登科拜德寧府注簿. 歲癸卯, 拜正言, 移獻納. 洪武元年戊申, 拜典校副令. 歲辛亥, 拜民部議郎兼成均直講, 秋承命爲江陵道按廉使. 五年壬子, 遷摠部議郎, 秋八月聖節日, 使書狀官入朝, 冬又拜典校令. 癸丑秋七月還國. 八年乙卯, 拜三司左尹, 七月以言事竄于竹州. 移母鄕驪興郡, 閑居七年, 以樂江山雪月風花之興, 乃六友堂者自此始也. 歲辛酉, 國家尙其風義, 召拜左司議大夫. 壬戌春, 拜成均大司成, 移判典校寺事. 十七年甲子正月十五日, 奉使行禮遼東都指揮司事, 以本國遲緩獻馬事, 流于大理衛, 行至西川南境瀘州永寧縣江門站, 七月十一日, 以病卒于旅次, 年四十七歲. 先君生長于外祖及菴文溫公家, 早知好學. 旣長, 遊於士林, 聲價聞于中外. 交遊如圃隱鄭達可, 陶隱李子安, 三峯鄭宗之, 浩亭河大臨, 相與講論切磋, 而友善尤篤焉. 先君所著詩與文不爲不多矣, 先兄未嘗侍側, 予亦幼弱, 故未能盡記之. 今此刊行若干詩, 乃手書遺稿及得於他人所傳誦者也. 夫子之於親, 疾病則奉藥以盡其誠, 屬纊則斂殯以盡其哀, 尙未嘗頃刻而忘于懷. 矧余時方幼稚, 未能從于行, 而先君捐生於異域萬里之外, 卒不聞啓足之言, 但日把遺稿, 讀之三復, 聲氣宛若, 手澤尙新. 嗚呼痛哉! 追慕愈深, 每念刊行, 涕泗交頤已有年矣. 於洪武戊寅秋, 來倅晉陽, 適觀察趙公璞用吾家所藏詩通釋, 俾余命工鋟梓, 賴其餘力, 刊此遺稿. 且先君世係與夫行事之迹, 爲子孫者不可不知也, 故倂記于卷端.

建文二年庚辰十二月旣望, 男通善郎晉陽大都護府判官兼勸農兵馬團練判官明理, 謹誌.

제척약재시음후107) [이색]

　급암 민 선생의 시는 조어(造語)108)가 평담(平淡)109)하고 용의(用意)110)는 정심(精深)111)하다. 그 당시 익재 선생이 우곡(愚谷) 선생112), 죽헌(竹軒) 정승113)과 더불어 한 마을에 살았기 때문에 '철동삼암(鐵洞三菴)'114)이라고 불리게 되었다. 급암은 죽헌의 사위인데 죽헌이 세상을 떠나자 급암이 와서 그 집에 살게 되어 '삼암'의 명성이 끊어지지 않았으니, 한 시대의 사람들이 그들을 으뜸으로 여겼다. 나는 늦게 태어났으나 다행히도 평소에 그분들의 도덕의 빛을 모두 접할 수 있게 되어 종신토록 태산북두(泰山北斗)처럼 우러러볼 대상으로 삼았으니 다행 중의 다행한 일이었다.

　익재 선생이 매번 탄식하시기를, "급암의 시법(詩法)은 절로 천취(天趣)를 얻었다."라고 하였다. 또 말씀하시기를, "졸옹(拙翁) 언명보(彦明父)115)는 성품이 방달(放達)하여

---

107) 제척약재시음후: '제후(題後)'는 문집 뒤에 붙이는 일종의 발문(跋文)으로 '서후(書後)'라고도 한다. 따라서 '제척약재시음후'란 척약재시집의 발문이라는 의미이다.
108) 조어(造語): 작시(作詩)에 있어서 시어(詩語)를 구사하는 것.
109) 평담(平淡): 한시비평의 한 방법인 품격[풍격]비평에서 자주 사용되는 비평어로 평이한 시어를 구사하고 시의(詩意)를 담박(淡泊)·담백(淡白)하게 운용하는 시의 미의식을 지칭하는 용어.
110) 용의(用意): 작시(作詩)에 있어서 시의(詩意)를 구상하고 전개해 나가는 것.
111) 정심(精深): 시의(詩意)를 구상하고 전개해 나가는 솜씨가 정밀·정치(精緻)하면서도 깊다는 뜻.
112) 우곡(愚谷) 선생: 정자후(鄭子厚: ?-1360)는 고려 후기의 문신으로 자는 재물(載物)이고, 호는 우곡(愚谷)이다. 익재 이제현, 급암 민사평과 함께 개경의 철동에 살았고, 수많은 고려 후기의 문신들과 교유하며 많은 시를 남긴 것으로 보이지만, 그는 후손도 없고 문집도 남아 있는 것이 없다. 다만 『동문선』에 3편의 시가 전해지고 있을 뿐이다.[「우곡(愚谷) 정자후(鄭子厚)에 대한 소고」, 김경남, 『한국문학연구』 64권, 2020년 12월. 참고.]
113) 죽헌(竹軒) 정승: 김륜[金倫: 1277(충렬왕 3)-1348(충목왕 4)]. 본관은 언양, 자(字)는 무기(無己), 호는 죽헌(竹軒). 시호는 정렬(貞烈)이다. 아버지는 도첨의참리(都僉議參理) 김변(金賆)이다. 고려 후기 경상, 전라도 도순문사, 벽상공신, 좌정승 등을 역임한 문신. 척약재의 외할아버지 민사평은 김륜의 사위이다.
114) 철동삼암(鐵洞三菴): '철동'은 개성 남쪽에 위치한 동네로 수철동(水鐵洞)으로도 불린다. 쇠를 재료로 하여 여러 제품을 만드는 철 가공업이 성행했던 곳으로 추정된다. '삼암'은 익재(益齋) 이제현(李齊賢), 우곡(愚谷) 정자후(鄭子厚), 죽헌(竹軒) 김륜(金倫)의 집을 의미하니, 결국 위 삼인을 가리키는 말이다.
115) 졸옹(拙翁) 언명보(彦明父): 고려 후기의 문인 최해(崔瀣: 1287-1340). 본관은 경주(慶州)이고 자(字)는 언명보(彦明父)·수옹(壽翁)이며, 호는 졸옹(拙翁)·예산농은(猊山農隱)이다. 신라 말엽의 대

다른 이를 허여함이 적었는데, 유독 급암만을 매우 아껴서 유람을 떠날 때에는 말을 나란히 하였고, 잠을 잘 때에는 침상을 마주 대하였다. 집안사람들에게 물질의 있고 없고를 묻지 않고 함께 술을 즐겼으며 또 함께 즐거워하였다."라고 하였다. 내가 급암의 문하를 출입할 때에는 급암은 이미 노쇠하였으나 성품이 온화하고 고상하였고, 고개 숙여 후배들을 이끌면서 오로지 앞날을 걱정하였다. 언젠가 친히 누추한 나의 집에 왕림(枉臨)하셔서 나무 그늘에 해가 저물도록 앉아 계시다가 가셨는데, 나는 지금까지도 감히 잊을 수 없다. 외손 김경지(金敬之)씨는 급암 선생의 집에서 자랐는데, 지학(志學)의 나이116)가 되자 급암에게 학문을 배우기 시작했고, 익재와 우곡 선생에게도 직접 가르침을 받을 수 있게 되었다. 그러므로 삼밭에서 쑥이 자라면 붙들어 주지 않아도 곧게 크는 것117)처럼 형세가 반드시 크게 이룰 바였는데, 게다가 타고난 자질이 순수하고 아름다우니 동년배(同年輩)들이 감히 나란히 할 수가 없었다. 지금 『척약재학음집』을 보니 작시법이 급암과 매우 비슷함을 확인할 수 있다. 사람에게 어진 부형(父兄)이 있음을 즐거워한다는 말118)을 어찌 믿을 수 없겠는가. 아! 시를 어찌 쉽게 말할 수 있겠는가. 어찌 문장을 운운하고 학문을 운운할 수 있겠는가. 아! 시를 어찌 쉽게 말할 수 있겠는가.

    한산 목은 이색이 발문을 쓰다. ['學文'의 '文'이 본집(本集: 『목은집』)에는 '問'으로 적혀 있다.]

    문인(大文人) 최치원의 후손으로 과거 급제 후 벼슬을 하다가 원나라의 제과(制科)에 응시하여 급제하였다. 귀국 후 성균관(成均館) 대사성(大司成) 등 역임하였으나 곧 사직하고 자연에서 은거하였다. 평생 시주(詩酒)를 즐겼으며 성품이 강직하여 세속에 아부하지 않고 거리낌 없이 남의 선악을 밝혔다. 문집으로 『졸고천백(拙藁千百)』이 전한다.

116) 지학(志學)의 나이: 15세를 지칭. 『논어』 「위정(爲政)」에 다음과 같은 구절이 있다. "子曰, 吾十有五而志于學."
117) 삼밭에서……것: 『순자(荀子)』 「권학(勸學)」에 "蓬生麻中, 不扶直."이라는 말이 전하는데, 주변 환경의 중요성을 강조한 것이다.
118) 사람에게……말: 『맹자(孟子)』 「이루(離婁) 하(下)」에 다음과 같은 구절이 있다. "孟子曰, 中也養不中, 才也養不才, 故人樂有賢父兄也."

題惕若齋詩吟後 [李穡]

及菴閔先生詩, 造語平淡而用意精深. 其時益齋先生, 愚谷先生與竹軒政丞居同里, 號鐵洞三菴. 及菴竹軒壻也, 竹軒仙去而及菴又來居其第, 三菴之稱未絶, 一世宗之. 予晩生, 幸及平時, 皆得接其道德之輝, 以爲終身山斗之仰, 蓋幸之幸也. 益齋先生每嘆曰: "及菴詩法, 自得天趣." 又言: "拙翁彦明父性放達少許可, 獨愛及菴甚, 遊聯騎宿對床. 不問家人有無生產, 又同嗜酒, 又同樂也." 予之往來及菴之門也, 及菴年已衰矣, 而溫溫閑雅, 俯引後進惟恐後. 一日枉高軒陋巷, 坐樹陰移日而去, 予至今未敢忘. 外孫金敬之氏生長于及菴先生之家, 及志學, 又學于及菴, 得以親炙益齋愚谷. 故其蓬生麻中, 不扶而直, 勢所必至, 又況生質粹美, 儕輩莫敢齒乎. 今觀學吟, 益知詩法絶類及菴, 人樂有賢父兄, 詎不信然. 嗚呼! 詩豈易言哉. 文章云乎哉, 學文[119]云乎哉. 嗚呼! 詩豈易言哉.

韓山牧隱李穡跋. [學文之文, 本集作問.]

---

119) 文: 『목은집』, 『동문선』에는 '問'으로 적혀 있다.

척약재집 발문 [허전120)]

　세상이 500여 년이 지난 후에 500여 년 전의 일을 밝히려 하는 것은 어려운 일이다. 하물며 88살의 늙은 나이로 어찌 능히 글 쓰는 일에 부림을 당하겠는가. 그러나 내가 이 문집을 500년이 지난 후에라도 볼 수 있게 된 것은 다행한 일이다.

　그 후손인 상원(相元)의 간절한 정성에 힘입어 책을 받아 펼쳐 읽어 보니 그 시는 진실로 『시경(詩經)』 300편이 담고 있는 '사무사(思無邪)'121)의 경지를 계승한 것이었다. 그러므로 목은 이색은 척약재 시를 평가하면서 말하기를, "시의 격조가 높아 동시대에서 출중하고, 시의 품격이 '평담정심(平淡精深)'한 것은 급암과 매우 흡사하다."라고 하였다. 급암은 척약재공의 외조부인 민 문온공(閔文溫公: 민사평)인데, 척약재가 직접 급암에게 배웠기 때문에 그렇게 말한 것이다. 호정 하륜도 서문에서 말하기를, "하늘과 땅이 여러 사람들 가운데 높이 빼어나게 해 주지 않았다면 어찌 능히 그 굳게 굳어 있는 것을 변화시켜 정음(正音)에 가깝게 하였겠는가?"라 하였다. 삼봉 정도전도 책의 머리에서 말하기를, "선생은 포은 정몽주, 도은 이숭인과 더불어 강론(講論)하고 절차탁마(切磋琢磨)하였으니 우리 나라 성리(性理)의 학문은 대개 이 몇 분들로부터 창도된 것이었다. 그가 지은 시는 청신아려(淸新雅麗)하여 시도(詩道)에 있어 완성되었다."라고 하였다. 이것은 모두 당시의 여러 군자들이 눈으로 보고 귀로 듣고 마음으로 기뻐하며 말로 써서 후대에 전해 준 것이니 내가 어찌 감히 불필요한 군더더기를 붙이겠는가. 문집 중에 「야당 허금에게 주다[寄許埜堂錦]」라는 시 한 편이 있는데, 야당은 나의 선조인 전리판서(典理判書)의 호이다. 책의 말미에 이름을 언급하는 것이 진실로 나의 바라는 바이다.

　공암(孔巖) 허전(許傳)이 발문을 짓다.

---

120) 허전(許傳): 1797-1886. 본관은 양천(陽川). 자(字)는 이로(以老), 호는 성재(性齋), 벼슬은 김해부사(金海府使), 병조참의(兵曹參議)를 역임하였다. 이익(李瀷)·안정복(安鼎福)을 잇는 기호(畿湖) 남인 학자로서 당대 유림의 종장(宗匠)으로 활약하였다. 문집으로 『성재집(性齋集)』이 전해진다.

121) 사무사(思無邪): 공자가 『시경』에 실린 시들을 총론적으로 평가한 말로 그 생각에 사특함이 없다는 뜻이다. 『논어』, 「위정」에 다음과 같은 말이 있다. "子曰, 詩三百, 一言以蔽之, 曰思無邪."

惕若齋集跋 [許傳]

世相後五百有餘歲, 而欲明五百有餘歲之前已難矣. 矧乎八十八耄耋之年, 何能爲役於筆硏間事哉. 然不佞得見是集於五百年之下者幸矣. 謹受其嗣孫相元之至懇, 開卷讀之, 其詩眞三百篇思無邪之遺響也. 故李牧隱題之曰,'詩格高出一時, 平澹精深, 絶類及菴.'及菴公之外祖閔文溫公也, 公親炙而學焉故云爾. 河浩亭之序曰:'非天地賦予高出衆人, 安能變其固滯而近於正音', 鄭三峯又弁其卷曰, '先生與鄭圃隱, 李陶隱講論切磋, 吾東義理之學, 盖自數公倡之也. 其爲詩也淸新雅麗, 於詩道成矣.'此皆當時諸君子目覩耳聞心悅而立言垂後者也, 不佞何敢贅焉. 卷中有寄許埜堂詩一篇, 埜堂是我先祖典理判書號也, 托名於編末, 固所願也.

孔巖許傳跋

척약재집 서문 [정환요]

  옛 사람이 말하기를, "도덕이 있는 사람은 반드시 문장도 뛰어나지만, 문장에 뛰어나다 해서 반드시 도덕이 있는 것은 아니다."122)라는 것이 있다. 문장에 뛰어나도 도덕을 갖추지 못했으면 문인(文人)이 되는 것에 지나지 않고, 그가 지은 문장도 또한 반드시 세상에 도움이 된다고 할 수 없다.

  척약재 김 선생은 바로 우리 포은 선조가 도의(道義)로 사귄123) 분이다. 같은 마을에 살면서 마음을 같이 하였고, 조정에서 같이 벼슬을 하며 덕을 같이 하였다. 양가에서 전승되는 '가승(家乘)124)'에 실린 것을 살펴보면 당시 두 사람이 '이택(麗澤)'125)의 학습과 '단금지교(斷金之交)'의 예리함126)을 나눈 사이임을 알 수 있다. 유학자인 김병식(金秉湜) 씨는 곧 척약재 선생의 16세손이고, 나는 포은 선조의 15세손이 되니 대대로 오랫동안 사귄 정은 500여 년이 되었다. 게다가 근래에는 양가의 혼인까지 있었으니127) 우호의 정과 친밀감은 비할 바가 없게 되었다.

  하루는 김병식 씨가 나를 찾아와 척약재 선생의 유고인 『척약재학음집』 두 권을 중

---

122) 도덕이……아니다: 『논어(論語)』「헌문(憲問)」에서 "덕이 있는 사람은 반드시 훌륭한 말을 하게 마련이지만, 훌륭한 말을 하는 사람이라고 해서 반드시 덕이 있는 것은 아니다.[有德者, 必有言, 有言者, 不必有德.]"라는 공자의 말이 나온다.
123) 도의(道義)로 사귄: 연암 박지원의 「예덕선생전(穢德先生傳)」에 나오는 다음과 같은 구절을 따온 것이다. "무릇 큰 사귐은 겉모습으로 하지 않고, 훌륭한 사귐은 친소(親疏)로써 하지 않는 것이다. 다만 그와 마음으로써 사귀고, 그와 덕으로써 벗하는 것이니 이것이 도의의 사귐이 된다.[夫大交不面, 盛友不親, 但交之以心, 而友之以德. 是爲道義之交.]"
124) 가승(家乘): 족보의 한 형태로 개별 가문의 혈통적 근원 내지 내력을 직계 조상을 중심으로 밝힌 책이다. 가첩(家牒)·세계(世系)·가계(家系)·내외보(內外譜) 등의 명칭으로도 불린다.
125) 이택(麗澤): 『주역』「태괘(兌卦)」〈상사(象辭)〉에서 "麗澤, 兌, 君子以朋友講習."이라고 하였으니, 곧 벗끼리 서로 도와 학문과 덕을 닦음을 비유하는 말이다.
126) 단금지교(斷金之交)의 예리함: '단금지교'란 매우 친한 친구의 사귐을 일컫는 말로, 『주역(周易)』「계사전(繫辭傳)」에 "두 사람이 마음을 같이 하면 그 예리함이 쇠를 자를 수 있고, 마음을 같이 하는 말은 그 향기가 난초와 같다.[二人同心, 其利斷金, 同心之言, 其臭如蘭.]"라는 구절이 보인다.
127) 혼인까지 있었으니 : 원문의 '주진지계(朱陳之契)'는 중국의 서주(徐州) 고풍현(古豐縣)에서 주씨(朱氏)와 진씨(陳氏) 두 성(姓)이 서로 혼인하면서 화목하게 살았던 고사를 말한다. 이 고사에서 '주진촌(朱陳村)'이라는 말이 생겨났다. 『백락천시집(白樂天詩集)』 권10 「감상(感傷)」 참조.

간(重刊)하려는 계획을 말하고, 나에게 책머리에 한 마디 글을 써 주기를 요구하였다. 내가 평소에 글 쓰는 일에 우매한 것을 어찌 알지 못하리오마는 그럼에도 와서 청하는 것은 반드시 선조 때부터 맺은 우의를 서로 지켜서 오래도록 잊지 않으려는 의도에서였을 것이다. 이에 나는 감히 저버리지 못하고 드디어 그를 위해 말하기를, "척약재 선생의 아름다운 절의와 행실은 중국에서도 환하게 빛나니 비록 백 세가 지나더라도 반드시 없어지지 않을 것이다. 그 도덕은 이미 전술한 바와 같고, 그 문장은 미루어 알 수 있으니 짧은 말과 글이라 하더라도 계수나무의 가지가 아님이 없고, 곤륜산(崑崙山)의 옥이 아님이 없다.[128] 절로 응당 문단의 보고(寶庫)라 할 수 있으니 나의 말을 기다리지 않아도 그러한 것이다. 시의(詩意)의 평담정심(平淡精深)과 격조의 청신아려(淸新雅麗) 등과 같은 것에 대해서는 이미 옛날 석학들의 바꿀 수 없는 논의가 있으니 내가 어찌 감히 후대에 자세히 논의하겠는가?"라 하였다.

영일 정환요(鄭煥堯)는 삼가 서문을 쓰다.

惕若齋集序 [鄭煥堯]

古之人有言曰: '有道德者必有文章, 而有文章者未必有道德', 有文章而無道德, 則不過爲文人, 而其所製之文, 亦未必有補於世矣. 惕若齋金先生, 卽余圃隱先祖之道義交也. 同里而同心, 同朝而同德, 觀於兩家家乘之所載, 可以知當時麗澤之習, 斷金之利也. 金斯文秉湜甫卽先生十六世孫, 而余於先祖爲十五世孫, 世誼之傳來爲五百餘年, 而近又結朱陳之契, 情好親密, 無與爲比. 一日訪余言, 先生遺稿學吟集二卷重刊之計, 而要余一言於卷端之題, 余之素昧操觚, 豈不知

---

128) 계수나무의……없다 : 본문의 '계림지지, 곤산지옥(桂林之枝, 崑山之玉)'은 계수나무에 붙은 한 개의 가지요, 곤륜산에 있는 한 조각 옥돌이라는 말로 과거에 급제하거나 또는 과거에 급제한 인물, 혹은 학문과 문학에 출중한 사람, 혹은 그들의 작품을 일컫는 말이다. 여기에서는 척약재의 말과 글이 뛰어나다는 의미로 사용된 것이다.

之, 而猶爲來請者, 必是先誼之欲相守, 而久要不忘之意也. 余於是不敢孤, 遂爲之說曰: '惕若先生, 娇節懿行, 炳朗華夏, 雖百世而必不泯. 其道德旣如彼, 其文章可推知, 片言半辭, 無非桂林之枝, 崑山之玉, 自應寶藏於文苑, 不待余言而然矣. 至若旨義之平澹精深, 調格之淸新雅麗, 已有諸往碩不易之論, 余何敢覼縷於後哉?'
迎日鄭煥堯謹序.

척약재시집 서문 [김상원]

　시집을 판각(板刻)하는 것은 대개 천세(千世)·백세(百世)토록 오랫동안 그것을 전하고자 해서이다. 아들이 아버지에 대해, 손자가 할아버지에 대해 혹여 능히 그 남겨진 아름다움을 천양(闡揚)할 수 없다면, 비록 할아버지와 8대 손자 사이처럼 먼 시간의 간격이 있다 하더라도 오히려 잘리고 훼손된 글자들조차 모아서 책으로 간행하여 오랫동안 남기고자 해야 한다.

　선조 척약재공은 포은 정몽주, 목은 이색 두 선생과 더불어 한 시대에 나란히 태어났으니 우리 나라에서 참으로 초창기에 해당하였다. 나는 선조의 17세손이 되니 상·하 500년 사이에 남겨진 척약재의 시와 공업(功業)이 아득해져 찾아낼 수 없는 아쉬움이 있다. 하지만 그 굳고 막혀 있던 것을 변화시켜 평담정심(平淡精深)하게 했다는 등의 여러 선생들의 칭찬과 아름다움을 찬양한 말이 있어 크게 볼 만하다. 선조의 『척약재학음집』 두 권은 성천공(成川公)[129]이 편집을 하고 관찰사 조박(趙璞)이 간행 배포하였다. 강(江)·산(山)·눈[雪]·달[月]·바람[風]·꽃[花]을 노래한 시편(詩篇)은 아마도 사람들의 눈과 귀를 빛나게 해 주었을 것이지만, 세상의 수준이 침체되고 하향화(下向化)되면서 한번 일실(逸失)되자 한 마디의 말과 글조차도 징험(徵驗)할 바가 없게 된 것이 또한 이미 수년(數年)이 되었다. 길이 척약재 공을 생각해 보면 선령(先靈)께서 후손이 있다고 기꺼이 말씀하실 수 있겠는가. 나의 애통함이 감히 미칠 수가 없다.

　종숙(從叔) 병식(秉湜) 씨와 종인(宗人) 규원(圭源) 씨 및 미욱한 나의 아들이 흩어져 있는 것들을 기꺼이 모아 일을 시작하여 몇 개월 만에 간행을 마치니 얼마나 다행한 일인가. 이것은 다만 큰 솥의 한 덩이 저민 고기요, 상서로운 새의 한 조각 깃털일 뿐이다.[130] 선조의 문집을 찬란하게 세상에 다시 간행하여 내어 놓게 되었으니, 이는 우리 유학(儒學)이 알려지거나 혹은 알려지지 못함에 있어 운수가 있는 것인가? 아니면 선조의 아름다운 행실이 민멸(泯滅)되거나 드러남에 때가 있는 것인가? 나의 감정은

---

129) 성천공(成川公): 척약재의 둘째 아들 김명리(金明理)를 가리킨다. 김명리가 평안도 성천부(成川府)의 부사(副使)를 지냈기에 그를 '성천공'이라 칭한다.

130) 큰……뿐이다: 원문의 '大鼎一臠'·'瑞禽片羽'는 극히 작은 일부분을 의미하는 '구우일모(九牛一毛)'와 같은 의미이다.

갈수록 더욱 간절해진다. 비록 그러하나 다시 책을 간행하는 일을 그간 경황이 없어 몇 백년을 지내다가 지금에야 간행을 마치고 장차 몇백·천세(百·千世)까지 전할 수도 있게 되었으니 우리 한 가문의 경사가 어찌 이보다 더한 일이 있겠는가. 『시경』에서 말하기를, "너의 조상을 잊지 말라."131)라 하였고, 또 말하기를, "선인(先人)의 뜻을 좇아 효를 이루네."132)라고 하였으니 바로 우리 가문이 이에 가깝지 않겠는가.

　　갑신년(甲申年) 모춘(暮春)133)에, 불초(不肖) 17세손 상원(相元)134)이 삼가 서문을 쓰다.

惕若齋詩集序 [金相元]

詩集而付剞劂者, 盖欲壽千百世久其傳也. 子於父, 孫於祖, 或不能闡其遺美, 則雖鼻耳之遠, 尙欲掇拾斷爛字墨, 鋟梓以壽之. 先祖惕若齋公與鄭圃隱李牧隱兩先生, 生並一世, 在我朝寔太初也. 不肖之系, 先祖爲十七世, 則上下五百載之間, 遺韻餘烈, 邈乎有不可攀之嘆, 而有云, 變其固滯平澹精深等, 諸先生嘆賞稱美之語, 大可觀矣. 先祖學吟集二卷, 成川公編次之, 趙觀察公璞刊布之, 江山雪月風花之什, 庶乎其耀人耳目, 而世級沉遠, 一任散逸, 片言隻辭, 無所徵焉者亦已有年. 永惟惕若公, 先靈其肯曰有後哉, 不肖之痛莫洎焉. 何幸從叔秉淔甫宗人圭源甫曁迷子, 熹鳩屛興工, 竣刊役於若個月頃, 此特大鼎一臠瑞禽片羽, 先祖遺集燦然復行於世, 抑斯文之顯晦有數歟? 先美之幽闡有時歟? 不肖之感, 繼又切焉. 雖然重刊之未遑迄幾百年, 今也旣刊而壽傳將不知爲幾千百世, 則吾家一門之慶, 寧有過乎此者哉. 詩曰: '無念爾祖', 又曰: '遹追來孝', 吾家庶幾乎! 歲甲申暮春, 不肖十七世孫相元謹序.

---

131) 너의……말라:『시경』「대아(大雅)」〈문왕지십(文王之什)〉에 "너의 조상을 생각지 않겠는가, 이에 그 덕을 닦을지어다.[無念爾祖, 聿修厥德.]"라는 구절이 있다.
132) 선인(先人)의……이루네:『시경』「대아(大雅)」〈문왕유성(文王有聲)〉에 "선인의 뜻을 좇아 효를 이루니, 문왕께서 훌륭하지 않으신가![遹追來孝, 王后烝哉.]"라는 구절이 있다.
133) 갑신년(甲申年) 모춘(暮春): 여기 갑신년은 1884년(고종 21)이고, 모춘은 음력 3월을 말한다.
134) 상원(相元): 척약재의 17대 종손이다. 족보에는 항렬자를 따라 '榮國'으로 되어 있다.

역주 척약재학음집 권상(卷上)

1. 판서(判書) 박국간(朴菊磵)[1]   朴判書菊磵

곱고 예쁜 국화는 피어나고	鮮鮮佳菊發
넘실넘실 그윽한 골짜기 물은 깊네.	瀰瀰幽磵深
좋은 향기로써 덕을 삼고	馨香以爲德
맑고 깨끗함으로 마음을 깨우쳐 주네.	淸淨喩其心
선생은 홀로 대하면서	先生獨相對
편히 앉아 하루 종일 읊조린다네.	宴坐終日吟
흥이 나면 좋은 술을 가져오게 하여	興來呼美酒
기쁘게 손수 술을 따르네.	怡然手自斟
이 몸은 거취를 잊었으니	此身忘去就
세상일이 나를 어쩔 수 없네.	世故不能侵
그 누가 알겠는가, 밝은 달밤에	誰知明月夜
도리어 줄 없는 거문고[2]가 있음을.	還有無絃琴

---

1) 박국간(朴菊磵): 고려 후기의 문신 박진록(朴晉祿). '국간(菊磵)'은 그의 호이고, 자(字)는 '재중(在中)'이다. 『목은집』에는 '菊磵'이 '菊澗'으로 되어 있다. 성품이 매우 강직하였으며 헌납(獻納), 대언(代言)의 관직을 역임하였다. 목은 이색과는 과거 급제 동년이다. 『목은집・시고』 권31, 「奉賀同年朴密直晉祿」 및 『목은집・문고』 권3, 「菊澗記」 참조.

2) 줄……거문고: 진(晉)나라의 문인 도연명(陶淵明)은 본래 음률(音律)을 잘 알지 못하는데, 줄 없는 거문고 하나를 가지고 있으면서 술에 취할 때마다 어루만지며 자기의 뜻을 부쳤다고 한다. 이를 '소금(素琴)' 또는 '무현금(無絃琴)'이라고 한다. 즉 마음으로 음악을 느낄 뿐 손으로 악기를 연주하지 않았다는 뜻인데, 위 시에서는 도연명처럼 밝은 달밤에 흥취를 즐기고 싶다는 의미를 표현한 것이다.

2. 병중에 타관살이하며   僑居病中

하늘 가득한 바람과 이슬에 갑자기 처량해지니   滿天風露斗凄涼
병들어 누운 타향에서 세상 물정 야박함을 느끼네.   臥病僑居感物情
나무 사이 밝은 달은 어둠을 탄 빛과 같고   樹間明月乘昏影
섬돌 아래 귀뚜라미는 밤 새워 우네.   砌下寒蛩徹夜聲
평생의 영고성쇠(榮枯盛衰)가 어찌 운명이리오마는   百歲升沈渠有命
십 년의 공업(功業)도 마침내 이룬 게 없네.   十年功業竟無成
어찌 떠돌며 뜻을 이루지 못할 줄 짐작이나 했으랴   豈料飄飄逢轗軻
매번 시와 술로 평생을 소통하네.   每將詩酒豁平生

나그네 병이 많아 초가집에 누워   客中多病臥茅廬
하루 종일 문 열고 책읽기에 게으름 피우네.   終日開門懶讀書
문과에 급제하여 여러 번 천거되어도 마음은 쓰이니   文擧有心雖屢薦
정말로 천명(天命)이 없다면 어찌 할 수 있으랴.   正平無命欲何如
적막한 강산에 세 갈래 거친 길이 있고   江山寂寞三荒徑
처량한 바람과 달은 한 마리 절름발이 나귀와 같다네.   風月凄涼一蹇驢
가을날에 다시 떠나려 하니   擬向秋天還發軔
문 앞의 시냇물에서 고기 낚을 수 있기를.   門前溪水可叉魚

3. 단오(端午)에 유근인이 시를 부쳐 왔기에 남곡 선생[3]과 더불어 차운하여 답하다
重午日, 劉近仁見寄, 同南谷先生次韻答之

가난과 부귀는 천명으로 말미암는 것	貧富自由命
궁하고 통하는 데에 어찌 때가 없으리오.	窮通豈無時
하늘과 땅은 단지 굽어보거나 우러러볼 뿐이지만	乾坤只俯仰
나를 낳아 주었으니 마땅히 기약이 있으리.	生我應有期
모름지기 몸은 편안해야 하니	要須身安穩
일이 잘못되었다 해서 어찌 걱정하리오.	何恨事差池
아름다운 절기가 지금 다시 찾아와	佳節今又至
곳곳에서 즐거워하네.	處處成娛嬉
앞 다투어 이웃들과 함께 하는데	爭如竝隣里
왕래엔 시와 술이 반드시 따른다네.	往來詩酒隨
하지만 장단점을 따지지 않고	而無校長短
또한 좋고 나쁨을 논하지도 않네.	亦不論瘦肥
잔뜩 취하여 세 사람이 앉은 곳에서	陶然鼎坐處
하루 종일 편안하여 돌아갈 것 잊었네.	終日澹忘歸

---

[3] 남곡(南谷) 선생: 고려 후기의 문신 이무방(李茂芳: 1319-1398). '남곡(南谷)'은 그의 호이다. 본관은 광양(光陽)이고, 자(字)는 '석지(釋之)'이다. 목은 이색이 쓴 「남곡기(南谷記)」(『목은집·문고』 권1)를 보면 "선생의 이름은 석지(釋之)이다. 선군(先君)인 가정공(稼亭公)의 문생(門生)으로 급제하였는데, 일찍이 나와 더불어 신사년(辛巳年)의 진사과(進士科)에 함께 입격하였다."라는 표현이 보이는바, 1341년(충혜왕 복위 2)에 목은이 진사시(進士試)에 합격했을 때 그와 동방(同榜)이었음을 알 수 있다. 벼슬은 정당문학(政堂文學), 문하평리(門下評理), 검교문하시중(檢校門下侍中) 등을 역임하였고, 이색이 「남곡기(南谷記)」와 「동년이판서석지, 장귀용구별서래고별, 차징증언, 주필색책(同年李判書釋之, 將歸龍駒別墅來告別, 且徵贈言, 走筆塞責)」(『목은집·시고』 권30) 등의 작품을 쓴 것을 볼 때, 이색과 교유가 깊었음을 짐작할 수 있다. 시호는 문간(文簡)이다. 『동문선』에 「정안군전시득지자(靖安君餞詩得知字)」, 「차한송정운(次寒松亭韻)」 등이 실려 있다.

4. 금강원사가 출가하여 조정 선비들이 시를 짓기에 나도 십운(十韻)의 시를 짓는다
   金剛院使出家, 朝士詩之, 予作十韻

부귀를 끝내 보존하기 어려워	富貴終難保
돌아와 고향에 누웠다네.	歸來臥故山
세속의 일에 끌려 다님을 싫어하여	猶嫌牽俗務
항상 속세의 경계 벗어나려 하였지.	常欲出人寰
머리 깎고 불가에 귀의하여	薙髮依僧舍
마음을 찾고자 사원을 우러르네.	求心仰佛關
친한 벗들은 지조를 칭찬하지만	親朋多志操
임금은 얼굴빛을 바꾸네.	君主改容顔
쇠로 만든 바리를 새롭게 하사받았지만	鐵鉢雖新賜
금 인장은 아직도 돌려주지 못하였네.	金章尙未還
속세에서의 자취를 거두고	跡收塵土裏
몸을 물과 구름 사이에 의탁하네.	身托水雲間
대나무 걸상 위의 향은 실처럼 이어지고	竹榻香如縷
소나무 비치는 창으로 달은 활처럼 굽어 있네.	松窓月似彎
지팡이에 의지해 험준한 산을 오르고	扶筇凌崒屼
돌베개 베고 흐르는 물소리를 듣네.	枕石聽潺湲
넉넉한 그대의 여유를 알고 나니	綽綽知公裕
구차한 나의 완고함이 부끄럽네.	區區愧我頑
어느 때에야 세속의 속박을 벗어나	何時謝羈束
자연의 맑고 한가로움 짝할 것인가.	物外伴淸閑

5. 소윤⁴⁾ 죽계 전간⁵⁾을 보내며 　　　送竹溪全少尹 [簡]

유월 괴로운 더위인데	六月苦炎熱
그 누가 서울로 가게 하는가.	誰敎赴京城
안장 얹은 말은 먼 길 가리니	鞍馬道塗遠
그대 먼 여행을 감당해야 함을 탄식하네.	嗟君勤遠征
나는 무슨 이유로	而我何爲者
맑은 산수를 넉넉히 얻었는가.	飽得山水淸
공명은 초개와 같아 하찮은 것이고	功名草芥細
부귀는 뜬구름 같아 가벼운 것이라네.	富貴浮雲輕
진실로 천명이 있음을 이미 알았으니	已知固有命
이리저리 노닐며 나의 삶을 마치리라.	徜徉終吾生
그대가 떠나간 후에는	自從吾子去
누구와 더불어 시구를 평하리오.	詩句誰與評
그대가 떠나간 후에는	自從吾子去
누구와 더불어 술통의 술을 기울이리오.	樽酒誰與傾
그대가 떠나간 후에는	自從吾子去
누구와 더불어 거문고와 비파를 연주하리오.	琴瑟誰與鏗
그대가 떠나간 후에는	自從吾子去
누구와 더불어 바둑을 두리오.	棋弈誰與爭
띳집에선 낮이 길기만 하고	茅茨白日永

---

4) 소윤: 고려시대 각 시(寺-부서)의 부책임자를 지칭하는 관직명이다. 원래는 '소경(少卿)'이라 불렀는데, 충선왕 때에 개칭하였다.
5) 죽계 전간: 보통 '죽계'는 경북 영주(榮州) 순흥(順興)에 있는 시내를 지칭하지만, 본문의 '죽계'는 전 소윤이 살고 있었던 예천(醴泉)의 청원정(淸遠亭) 근처의 시내로 보이며, 이 시에서는 전간(全簡)의 호로 쓰인 것 같다. 청원정은 경북 예천군(醴泉郡) 용궁면(龍宮面) 무이리(武夷里)에 위치한 고려시대 정자로 근처에 척약재 필적인 '淸遠亭' 암각문이 있다. 이에 대한 사항은 뒤에 나오는 197번 시 「전 소윤에게 주다」를 참조할 것.

숲에선 호젓한 산새 울어 대네.	林木幽禽鳴
낮에도 홀로 앉아 졸면서	獨坐但眠晝
서로 생각하는 꿈을 꾸며 여러 번 놀라 깨네.	相思夢屢驚
모이고 흩어짐은 원래 정해진 바가 없으니	聚散元無定
술잔을 들고 그대 떠남을 전송하네.	携酒送君行
어느 날에야 돌아오려나	歸來是何日
나의 마음 상심치 않게 해 주오.	莫令傷我情
긴 강의 물은 넘실거리고	長江水平滿
가을 달은 누각을 향해 밝게 비추네.	秋月當樓明

6. 최복하[6]와 함승경[7] 두 동년[8]에게 주다 [잡언[9]]

寄崔卜河咸承慶兩同年 [雜言]

경포대와 한송정에	鏡浦臺寒松亭
바람은 더욱더 맑고 달은 더욱더 밝구나.	風更淸月更明
손잡고 노닐며 서로 마주한 채 술 마시는데	携手游相對飮
해당화 피어 있고 자고새는 울어 대네.	海棠花鷓鴣聲
어느 때에야 한 마리 절뚝거리는 나귀 타고	何時一蹇驢
시를 읊조리며 큰 바다를 바라볼까.	吟嘯瞰滄溟
오래 전부터 알았다네, 부귀공명은	久知功名富貴
흡사 뜬구름처럼 가볍다는 것을.	恰似浮雲輕

---

6) 최복하: 고려 후기 경상북도 울진 출신의 문신으로 본관은 강릉이다. 보문각 직제학(寶文閣直提學), 대사간(大司諫) 등을 역임하였다. 척약재와는 1355년(공민왕 4) 과거 동방(同榜)으로, 최복하는 이 시험에서 병과(丙科) 5위로 급제하였다. 이에 대한 사항은 한국학중앙연구원의 『한국역대인물종합정보시스템』(http://people.aks.ac.kr), 「고려문과」 항목을 참조할 것.

7) 함승경: 고려 후기의 문신으로 본관은 강릉이며 자는 선여(善餘)이다. 김구용, 최복하 등과 과거 동방(同榜)이며 보문각제학(寶文閣提學) 등을 역임하였고, 조선조에 들어와서도 집현전 대제학(大提學)을 지냈다. 함승경의 손녀(함승경-함부림-따님)가 척약재의 6촌인 김칠양의 손자(김계로)와 혼인하여 사돈 간이다.

8) 동년: 같은 해 함께 과거에 급제한 사람을 지칭하는 말이다. '동방(同榜)'이라고도 부른다.

9) 잡언: 각 구의 글자 수가 일정하지 않은 '잡언체(雜言體)'의 한시를 말한다.

7. 정사년(丁巳年)10) 팔월 경오일(庚午日)에 노탄(蘆灘)으로부터 배를 띄워 물결을 따라 내려와서 신륵사11)에서 정박하였다. 무급(無及)이라는 승려가 차를 끓이고 나서 가타(伽佗)12) 두 축을 꺼내 보여 주었는데 바로 중국 강남(江南)의 승려들과 서로 주고받은 작품이었다. 무급은 나옹 화상(懶翁和尙)13)의 수제자인데, 제자로 일찍이 인정을 받고 드디어 멀리 오(吳)·초(楚)14)와 민(閩)·월(越)15) 지역까지 다니면서 두루 여러 유명한 고승들과 예교(禮交)를 나누고 심오한 이치를 탐구하여 깨닫고 귀국하였다. 작년 여름에 나옹 화상이 이곳에서 입적(入寂)을 하자 무급과 그 문도가 시신을 화장하였는데, 사리(舍利)와 머리뼈를 북쪽 산등성이에 안장하고 석종을 만들어 덮어 두고 지금까지 머물러 있었으니, 무급은 그 도를 배반치 않고 자기 스승을 저버리지 않은 자라고 말할 만하다. 내가 그를 매우 가상히 여겨 그의 책 끝에 시를 적어 줌으로써 그의 청에 갈음했다고 할 수 있겠다.

丁巳八月庚午, 自蘆灘放舟, 順流而下, 泊于神勒寺. 有無及頭陀者, 煮茗之餘出示伽佗二軸, 乃江南禪子相贈之作也. 無及, 懶翁尙和16)高弟, 弟子早蒙印可, 遂遠遊吳楚閩越之間, 遍禮諸名師, 尋探蘊奧, 斂而東歸. 去年夏, 懶翁示寂于此, 無及與其徒燒之, 拾舍利頭骨安于北岡, 造石鍾壓之, 因以居焉. 無及可謂不背其道而無負其師者矣. 予甚嘉之, 題詩卷末, 以塞其請云爾.

| 노 저어 갈대 여울을 돌아 | 拕棹回蘆瀨 |
| 소나무로 만든 배 돌다리에 매어 둔다. | 松舟繫石矼 |

---

10) 정사년(丁巳年): 1377년(우왕 3).
11) 신륵사: 경기도 여주에 있는 사찰로 삼국시대 신라의 승려 원효(元曉)가 창건한 것으로 알려져 있다. 고려 후기의 고승 나옹(懶翁)이 이곳에서 수행하고 입적(入寂)한 것으로 유명하다.
12) 가타(伽佗): 풍송(諷誦), 게송(偈頌)과 같은 의미로 불교에서 부처의 공덕이나 가르침을 찬탄하는 한시 형식의 노래이다.
13) 나옹 화상(懶翁和尙): 고려 후기의 승려 혜근(惠勤: 1320-1376). '나옹'은 그의 호이다. '보우(普愚)'와 더불어 고려 말을 대표하는 고승(高僧)이다. 목은 이색과 교유가 깊었으며, 저서로 『나옹화상어록(懶翁和尙語錄)』이 전해진다.
14) 오(吳)·초(楚): 중국 양자강(揚子江)의 동쪽, 즉 지금의 강소성(江蘇省)과 양자강 하류인 호남성(湖南省)·호북성(湖北省) 일대를 가리킨다.
15) 민(閩)·월(越): 지금의 중국 복건성(福建省)과 광동성(廣東省) 등 중국 남동부 지역을 일컫는 말이다.
16) 尙和: '和尙'이 잘못되어 원문에 도치되어 있다. '和尙'으로 바로잡아 번역하였다.

저녁 안개와 노을빛은 아득하고	煙霞光杳杳
종과 북소리는 크게 울려 퍼지네.	鍾鼓響摐摐
오래 된 절의 정자는 더없이 좋고	古寺亭臺好
기거하는 스님의 구레나룻 짙구나.	居僧鬚髮厖
옷소매 떨치고 중국을 유람했고	拂衣遊上國
지팡이 짚고서 남쪽 지방 방문했지.	飄錫訪南邦
저 부처님 마음은 깨닫기 어렵고	彼佛心難見
그 스님의 도는 짝할 이 없다네.	渠僧道少雙
맑은 바람 고목에 불어오고	淸風吹老樹
밝은 달빛 강에 가득하네.	明月滿長江
설법은 용도 응당 들을 정도이고	說法龍應聽
참선은 귀신도 절로 항복할 정도라네.	參禪鬼自降
왕래하는 사이에 그윽한 흥이 일어나는데	往來幽興熟
이끼 가득한 길은 초가에 닿아 있네.	苔徑接蓬窓

8. 강릉 안렴사(按廉使)17)로 떠나는 숙부18)를 전송하며
送江陵廉使叔

또 다시 동계(東界)19)로 유람하려 한 지가	更欲遊東界
지금 이미 십 년이 되었네.	于今已十秋
슬픔과 기쁨으로 몸은 절로 늙어 가고	悲歡身自老
영광과 치욕으로 세상에서 부질없이 떠 있었네.	榮辱世空浮
맑은 꿈은 수고롭게 날아가 버리고	淸夢勞飛繞
아름다운 기약은 매번 멀리 어긋나네.	佳期每謬悠
사람들은 모두들 정중하고	有人皆鄭重
풍류스럽지 않은 곳은 없네.	無處不風流
소나무 대나무는 장도(壯途)에 그늘을 드리우고	松竹陰修道
구름과 연기는 그림 같은 누대를 에워쌓네.	雲煙鎖畫樓
하늘과 맞닿은 푸른 강물은 드넓고	滄波天共闊
눈 쌓인 높은 산은 빽빽하네.	崇嶽雪兼稠
소식을 전하려니 파랑새20)가 생각나고	傳信思靑鳥
기심(機心)을 잊으려니 흰 갈매기에게 부끄럽도다.	忘機愧白鷗
아름다운 비단 장막에	嬌嬈羅帳幕
허리 흔들며 물가를 밟네.	腰裏踏汀洲

---

17) 안렴사(按廉使): 고려시대의 지방관직으로 초기에 '안찰사(按察使)'로 부르던 것을 개칭한 것이다.
18) 숙부: 척약재의 숙부는 김면(金冕) 한 사람뿐이다. 김면은 안동김씨 도평의공파의 파조 김구정의 아버지이다.(『안동김씨대동보』 卷首(2015), 1,322쪽 참조)
19) 동계(東界): 고려 초기부터 조선 초기까지 있었던 특수 지방행정 구역으로, 서북방의 국경지대에는 북계(北界)를, 동북방의 국경지대에는 동계(東界)를 두고 둘을 합하여 '양계(兩界)'라고 불렀다. 동계(東界)는 '동북면(東北面)'이라고도 부른다.
20) 파랑새: '삼족조(三足鳥)'라고도 한다. 한무제(漢武帝) 때 홀연히 청조(靑鳥)가 날아와 궁전(宮殿) 앞에 모여들자 동방삭(東方朔)이 말하기를 "이는 서왕모(西王母)가 찾아오려는 징조입니다."라고 하더니, 조금 후에 정말 서왕모가 찾아왔다. 그 후로 사람들이 '사자(使者)'를 가리켜 청조라고 부르기 시작하였다. 보통 임금의 사신을 뜻하는 말로 많이 쓰인다.

재갈 물리자 거품을 뿜어 대고	嚼勒仍噴沫
거문고 연주하니 어두운 수심 생기네.	彈琴暗結愁
서로 이끌어 주는 것 학을 탄 듯하고	相携疑駕鶴
즐거움은 유수(留守)에 봉해지는 것보다 낫다네.	行樂勝封留
말고삐 나란히 한 채 부르는 작은 노랫소리	竝馬歌聲細
잇달은 배에서 마시는 술맛은 부드럽네.	連船酒味柔
총석정(叢石亭)21)에서 말고삐를 멈추고	石亭停玉轡
삼일포(三日浦)에선 목란배 띄우네.	日浦泛蘭舟
여섯 글자로 된 붉은 글씨22) 오묘하고	六字丹書妙
천 길 낭떠러지 보배로운 굴은 그윽하네.	千尋寶窟幽
속세의 인연은 담담하게 쓸어 낼 수 있을 것 같지만	塵緣淡如掃
시흥(詩興)은 너무 커서 거두기 어렵구나.	詩興浩難收
비단 옷감 짜게 해 주니 끼친 사랑이 많고	製錦多遺愛
수레에 올라 말고삐 붙잡으니23) 조정의 정사와 부합하네.	登車合廟謀
변방의 강토는 오로지 흡곡(歙谷)24)뿐이요	邊疆惟歙谷
도회지는 명주(溟洲)25)뿐이네.	都會是溟洲
남북으로 산맥이 이어져 있고	南北沿山麓
말을 달리면 옆으로 바닷가라네.	驅馳傍海頭

---

21) 총석정(叢石亭): 강원도 통천군 고저(庫低)에 있는 정자로 관동팔경(關東八景) 중 하나이다. 그 아래 바닷속에 현무암의 육각 돌기둥이 무리 지어 서 있어 절경을 이룬다.

22) 여섯……글씨: '관동팔경(關東八景)'에 속한 강원도 고성의 삼일포(三日浦)에 가면 남쪽 봉우리의 벼랑에 '영랑도남석행(永郞徒南石行)'이라는 붉은 글자가 새겨져 있다고 한다.

23) 수레에……붙잡으니: 원문의 '登車'는 '등거남비(登車攬轡)', 또는 '남비징청(攬轡澄淸)'의 고사성어와 상통하는 말로, 직역하면 수레에 올라 말의 고삐를 붙잡고 천하를 맑게 한다는 뜻으로, 관리가 되어 어지러운 정치를 바로잡아 보겠다는 뜻을 비유적으로 이르는 말이다. 『후한서(後漢書)』 권67, 「당고열전(黨錮列傳)·범방(范滂)」 참조.

24) 흡곡(歙谷): 강원도 간성(杆城)·고성(高城)·통천(通川) 지역의 옛 지명.

25) 명주(溟洲): 강원도 강릉(江陵)의 옛 지명.

관아의 일이 한가하면 모름지기 술에 취하면 되지	官閒須酩酊
애끊는다 주저하지 말지어다.	腸斷莫夷猶
어찌하면 당신을 좇아가서	安得從公去
모든 것 떨치고 나의 근심 없애 볼까.	飄然寫我憂
높은 곳에 올라서 군영(軍營)의 깃발 바라보려니	升高望旌旆
너무도 아득하여 두 눈을 힘껏 뜨네.	杳杳極雙眸

9. 곡주(谷州)26)로 부임하는 윤 도관(尹都官)27)을 보내며
送尹都官之任谷州

외조부 급암공은	外祖及菴公
저헌공(樗軒公)28) 문하의 선비였지.	樗軒門下士
이로 인하여 세상에서 서로 교제를 나눴으니	因此世相交
어찌 뇌의(雷義)와 진중(陳重)29)에 비할 뿐이겠는가.	奚啻雷陳似
대저 그대는 저헌공의 증손이 되니	夫君是曾孫
나와는 허물이 없는 사이라네.	與我無表裏
옛날 십이공도(十二公徒)30)를 생각하면서	憶昔十二徒
술 취하면 함께 자고 가을엔 한 이불 덮네.	醉眠秋共被
도관은 송사(訟事) 듣는 일을 마치고	都官聽訟罷
지방관이 되어31) 백 리를 다스리게 되었다네.	一麾宰百里

---

26) 곡주(谷州): 황해도 곡산(谷山)의 옛 지명.
27) 윤 도관(尹都官): '도관'은 고려시대 노비의 부적(簿籍)과 결송(決訟)을 담당하던 형부(刑部)에 속한 관청이다.
28) 저헌공(樗軒公): 고려 후기의 문신 윤혁(尹奕). 그는 급암(及菴) 민사평(閔思平)의 좌주(座主)였으며, '저헌(樗軒)'은 그의 호이다. 『급암시집』 권3에서 민사평은 윤혁을 '座主'라고 지칭하고 있는 만큼 '門下士'라는 지적과도 일치한다. 『고려사』 권73, '志' 권27 選擧1에도 1315년(충숙 2) 정월에 이진이 고시관이 되고 윤혁이 동고시관이 되어 진사를 취하고 박인간 등 33인에게 급제를 사하였다는 기록이 있어 이를 입증하고 있다.
29) 뇌의(雷義)와 진중(陳重): 중국 역사에서 두터운 우정으로 교유한 친구의 대명사이다. 후한(後漢) 때 뇌의(雷義)와 진중(陳重)은 젊은 시절부터 우정(友情)이 매우 두터워 일찍이 태수가 진중을 효렴(孝廉)으로 천거하자 진중이 이를 뇌의에게 양보하였으나 태수에 의해 진중이 낭(郞)에 임명되었고 뇌의 또한 그 다음 해에 효렴으로 천거되었다. 이후 진중은 뇌의와 함께 상서랑(尙書郞)이 되었는데, 어느 날 뇌의가 다른 사람의 죄를 대신 받게 되어 관직에서 쫓겨나자, 진중 또한 병을 핑계로 벼슬을 그만 두었다. 그 후 뇌의가 무재(茂才)에 천거되어서는 이를 진중에게 양보했으나 자사가 들어주지 않자, 뇌의는 마침내 거짓으로 미치광이가 되어 무재의 천거에 끝내 응하지 않았으므로, 당시 사람들이 말하기를 "교칠이 스스로 견고하다고 하지만, 뇌의와 진중의 사이만은 못하다.[膠漆自謂堅, 不如陳與雷.]"라고 하였다 한다. 이상에 대한 사항은 『후한서(後漢書)』 권81, 「진중뇌의열전(陳重雷義列傳)」 참조.
30) 십이공도(十二公徒): 고려시대에 개경에 있었던 12개의 사립 교육기관.

산이 깊으니 풍속은 절로 순박하고	山深俗自醇
농사에 방해되는 일 전혀 없네.	無事妨耘耔
묻노니 이치가 어떠한가	借問理如何
중요한 것은 그 생업을 편안케 하는 것.	要安其業耳
그대는 보았는가, 해변의 백성들이	君看海邊民
쟁기를 버리고 활과 화살 잡는 것을.	捨耒操弓矢
집에 누워서도 급암(汲黯)32)의 행적을 전수받고	臥閣傳汲黯
거문고 켜며 복자(宓子)33)의 일을 듣네.	彈琴聞宓子
은근하게 옛 사람 사모하면서	慇懃慕古人
그것을 좋은 명성으로만 취급하지 마시게.	罔俾渠專美

---

31) 지방관이 되어 : 원문의 '일휘(一麾)'는 '일휘출수(一麾出守)'의 줄인 말로 외직으로 나가 지방관이 되는 것을 지칭한다. 진(晉)나라 때 죽림칠현(竹林七賢) 중의 한 사람인 완함(阮咸)은 일찍이 여러 번의 시도에도 불구하고 중앙의 관직에 오르는 대신 시평태수(始平太守)를 지냈다. 남조(南朝) 송(宋)의 안연지(顔延之)는 완함을 노래하며 "누차의 천거에도 조정엔 못 들어가고, 순욱이 손 한번 내저으매 고을수령으로 나갔다네.[屢薦不入官 一麾乃出守]"라고 읊은 데서 온 말이다. 『문선(文選)』권21, 「오군영(五君詠) 완시평(阮始平)」 참조.

32) 급암(汲黯): 중국 전한(前漢)의 명신. 복양(濮陽) 사람으로 자는 장유(長孺)이다. 그는 성품이 강직하여 임금에게 직간(直諫)을 잘하였다. 경제(景帝) 때에 태자세마(太子洗馬)가 되었고, 무제(武帝) 때에 동해태수(東海太守)가 되어 동해를 다스렸는데, 병으로 인해 방 안에 누운 채 밖으로 나가지 않았는데도 동해 고을이 잘 다스려지고 백성들은 평안하였다고 한다.

33) 복자(宓子): 중국 춘추시대 노(魯)나라 사람인 복불제(宓不齊). 그는 공자의 제자로 자가 '자천(子賤)'이라 '복자천(宓子賤)'으로 잘 알려져 있다. 성품이 매우 인애(仁愛)하였으며 일찍이 선보(單父)를 다스릴 적에 항상 거문고만 타고 당(堂) 아래를 내려가지 않았음에도 선보가 잘 다스려졌다는 이야기가 전해진다.

10. 관물재(觀物齋)34)의 매화. '리(裏)'자 운으로 쓰다
觀物齋梅花, 得裏字

바람처럼 가볍도다, 화정노인(和靖老人)35)이여	飄然和靖老
위대하도다, 황산곡(黃山谷)36)이여!	偉矣山谷子
그것을 사랑하여 이름으로 삼았지만	愛之得爲名
그 마음 어찌 족히 기쁘기만 하겠는가.	渠心安足喜
어떻게 하면 다시 아름다워져서	何如更嬋姸
서재 안에서 서로 대할까.	相對書窓裏
한 잔 술에 다시 한 잔 술이	一杯復一杯
때마침 맑은 향을 보내주는 것 같네.	淸香時送似
시 지어 빙혼(氷魂)37)에게 보내 보지만	題詩寄氷魂
스스로 응당 아는지 모르는지.	自應知是否

---

34) 관물재(觀物齋): 도은(陶隱) 이숭인(李崇仁)의 서재 이름. 이 집에 대해 이숭인 본인이 쓴 「제소거관물재(題所居觀物齋)」(『도은집』 권3)라는 시가 보이며, 이외에도 정추(鄭樞)가 쓴 「관물재잠위이도은작(觀物齋箴爲李陶隱作)」(『원재고』 권하)과 이색이 쓴 「관물재찬(觀物齋讚)」(『목은집·문고』 권12) 등 관련 작품이 다양하다.

35) 화정노인(和靖老人): 화정(和靖)은 '서호처사(西湖處士)'로 불린 북송(北宋)의 시인 임포(林逋: 967-1028)를 가리킨다. 임포는 자가 군복(君復)이고, 시호(諡號)는 '화정선생(和靖先生)'이다. 서호의 고산(孤山)에 은거하면서 20년 동안 성시(城市)에 발을 들여놓지 않았으며 행서와 시에 능하였는데, 특히 매화시가 유명하다. 장가를 들지 않아 처자 없이 매화를 심고 학을 기르며 즐기니, 당시 사람들이 그를 가리켜 '매처학자(梅妻鶴子)'라고 하였다.

36) 황산곡(黃山谷): 북송(北宋)의 시인 황정견(黃庭堅: 1045-1105). '산곡'은 그의 호이다. 자는 노직(魯直)이며 홍주(洪州) 분녕(分寧) 출생이다. 소식에게 배웠으며 '강서시파(江西詩派)'의 맹주로 유명하다.

37) 빙혼(氷魂): 원래는 매화의 고결함을 형용한 말인데, 매화를 지칭하기도 한다. 송(宋)나라 소식(蘇軾)의 「송풍정하매화성개(松風亭下梅花盛開)」에 "나부산 아래 매화 마을에서는, 옥설이 뼈가 되고 얼음이 넋이 된다네.[羅浮山下梅花村, 玉雪爲骨冰爲魂.]"라는 구절이 보이는데, 여기에서 유래한 것이다.

11. 포은 상공이 벼루를 구하므로 노래를 지어 드리다
圃隱相公求硯, 歌以贈之

옛날 황려강38) 가의 집에 살면서	昔在黃驪江上宅
다행히 영월39)의 산 속 돌을 얻었네.	幸得寧越山中石
깎아서 벼루 만들려고 손으로 갈고 쪼았더니	斲成書硯手磨琢
부드럽고 윤이 나며 견고하게 굳어 광택이 깨끗해졌네.	溫潤堅確光潔澤
마음속으로 보물처럼 아끼고 규벽(奎璧)40)처럼 중히 여겨서	中心寶愛重奎璧
비록 백금을 준다 해도 바꾸기를 원하지 않네.	雖以百金不願易
작년 봄바람이 도성의 거리로 불어온 후로	去歲春風來紫陌
내 신세 유유자적 한 명의 광객(狂客)이었네.	身世悠悠一狂客
무엇에도 구애받지 않은 친구는 역마 준비한 정당시(鄭當時)41)이니	忘形故人是鄭驛
형제 같은 벗이라 마음이 기쁘다네.	友于兄弟心悅懌
선과 악을 서로 모범으로 삼기를 임무로 여겼으며	善惡相規以爲役
있든지 없든지 서로 주기를 아끼지 않았네.	有亡相資無所惜
어명을 받고 동서로 바다에 배를 띄워 가면서	東西御命揚海舶
안개구름 낀 파도는 만 리 까지 푸르네.	煙浪雲濤萬里碧

---

38) 황려강: 경기도 여주를 흐르는 남한강을 지칭한다. 줄여서 '여강(驪江)'이라고 부른다.
39) 영월: 강원도 남부에 위치한 지명.
40) 규벽(奎璧): 옛날 중국에서 제후가 천자를 알현할 때 소지하고 있던 옥. 즉 본문에서는 귀한 물건이라는 의미로 사용되었다.
41) 정당시(鄭當時): 한(漢)나라 때의 관료. 진(陳) 지역 사람으로 자(字)는 장(莊)이다. 원문의 '정역(鄭驛)'은 '정당시(鄭當時)의 역마(驛馬)'라는 의미이다. 한(漢)나라 때 정당시(鄭當時)가 사람 사귀기를 좋아하여 태자사인(太子舍人)으로 있을 적에 휴일을 맞을 때마다 장안(長安)의 사방 교외에다 역마(驛馬)를 비치하고는 귀천을 막론하고 손님들을 맞아들여 극진하게 대접을 하였는데, 그와 교제하는 사람이 모두 천하의 명사(名士)였다는 고사가 전한다. 이후로 손님을 맞이하기 위해 역마가 대기하는 곳을 정당시의 자(字)를 따서 '정장역(鄭莊驛)'이라 하였다.

공명을 이루니 관직은 가까이에 있고	功成名遂官咫尺
높고 높은 작품을 통해 문단의 영수가 되었네.	巍巍鉅作文章伯
은근히 책을 봉해 보내왔는데	緘縫慇懃寄書籍
작은 물건에 애오라지 한 마디 붉은 마음이 드러나 있네.	物微聊表寸心赤
먹을 갈고 붓을 적셔 가슴 속의 생각을 쏟아 내니	磨沿滋筆瀉胸臆
요순 시절의 임금과 백성이 되어 옛날과 같다네.	高舜君民如古昔
나도 훌훌 스스로 유유자적하여	我亦飄然自放適
취하고 읊조리니 천하에 있을 자리가 넓도다.	醉吟天地寬幕席

12. 강릉으로 돌아가는 생원 김한보(金漢寶)42)를 전송하며
送金漢寶生員歸江陵

강릉의 산수는 천하의 제일이니	江陵山水甲天下43)
천태산(天台山)44), 나부산(羅浮山)45)과 진실로 버금가네.	天台羅浮誠可亞
큰 파도 땅을 마는 듯 봉래(蓬萊)와 영주(瀛洲)46)가 가깝고	洪濤卷地近蓬瀛47)
높은 산 하늘에 닿을 듯 태산(泰山),48) 화산(華山)49)으로 의심했네.	峻嶺磨天疑泰華
한송정50) 위로 맑은 바람이 살포시 불고	寒松亭上淸風微

---

42) 김한보(金漢寶): 고려 후기에 활동했던 선비로 척약재나 양촌 권근과 교유가 깊었던 것으로 추정된다. 위 인용시 외에 양촌 권근도 「관동(關東)으로 돌아가는 생원(生員) 김한보(金漢寶)를 전송하다[送生員金漢寶歸關東]」(『양촌집』 권3)이라는 칠언율시를 남기고 있다.
43) 江陵山水甲天下: 이 글귀는 『신증동국여지승람』 권44, 강원도(江原道) 강릉대도호부(江陵大都護府) 【형승】에도 실려 있다.
44) 천태산(天台山): 중국 절강성(浙江省) 천태현(天台縣)에 있는 산으로 도교에서는 '남악(南嶽)'으로 삼고, 불교에서는 천태종(天台宗)의 발원지로 알려져 있다.
45) 나부산(羅浮山): 중국 광동성(廣東省)에 있는 산으로 경치가 수려하여 명산으로 불린다. 진(晉)나라 갈홍(葛洪)이 그곳에서 선술(仙術)을 얻었다 하여 흔히 '선산(仙山)'으로 알려져 있으며, 수(隋)나라 때 조사웅(趙師雄)은 나부산 매화나무 아래에서 잠을 자다가 꿈 속에서 매화선녀(梅花仙女)를 만났다고 한다. 그만큼 매화로 유명한 곳이기도 하다.
46) 봉래(蓬萊)와 영주(瀛洲): 원래 '봉래'와 '영주'는 중국 삼신산(三神山)을 말하는 것으로 '봉래산(蓬萊山)', '방장산(方丈山)', '영주산(瀛洲山)'이 이에 해당된다. 우리 나라에서도 이를 모방하여 예부터 금강산·지리산·한라산을 '삼신산'으로 불렀다. 위 인용시에서는 강릉을 언급하며 봉래와 영주를 지칭했기에 금강산을 가리키는 것으로 볼 수 있겠다.
47) 洪濤卷地近蓬瀛: 이 부분이 『신증동국여지승람』 권44, 강원도(江原道) 강릉대도호부(江陵大都護府) 【제영】에도 실려 있다.
48) 태산(泰山): 중국 산동성(山東省)에 있는 산으로 중국 오악(五嶽) 중에서도 으뜸으로 친다. 일명 '동악(東嶽)'이라고 부른다.
49) 화산(華山): 중국 오악(五嶽)의 하나로 섬서성(陝西省)에 있는 명산. 일명 '서악(西嶽)'이라고도 부른다.
50) 한송정: 강원도 강릉시 강동면 하시동리에 있었던 정자. 눈앞에 동해가 펼쳐져 있고 주위에 소나무 숲이 울창하여 절경(絶景)을 이루었다.

경포대51) 앞에는 밝은 달 가뒀네.	鏡浦臺前明月鎖
나도 전에 풍속을 살피러 말고삐 잡고 나가	我昔觀風攬轡行
물가 천릿길 준마를 달렸지.	汀洲千里馳駿馬
큰 소나무, 괴이한 바위 금 안장을 비추고	長松怪石照金鞍
호적(胡笛) 가락에 맞춰 부르는 노랫소리에 술잔을 기울였네.	羌笛纖歌傾玉斝
지금도 지난 십 년이 꿈만 같은데	只今十年如夢中
서울의 속세에서 불우한 세월 보내고 있네.	京華塵土逢轗軻
수문 동쪽 둔덕의 늙은 선생은	水門東畔老先生
풍류가 단아52)하여 진실로 장자라네.	風流儒稚眞長者
그 자손 한보는 성균관에 유학하더니	其孫漢寶遊成均
학업에 정진하여 상사생(上舍生)53)이 되었네.	學業精明居上舍
어느 날 가벼운 마음으로 어버이 뵈러 가는데	飄然一朝覲親歸
돌아보니 가을 구름은 더없이 맑고 시원하네.	回首秋雲更蕭灑
아름다운 기약을 오랫동안 어긴 것 부질없이 한하노라니	佳期空恨久蹉跎
신선을 보게 되거든 나를 위해 사죄해 주게.	若見神仙爲我謝

---

51) 경포대: 강원도 강릉시 경포호수(鏡浦湖水) 가에 자리한 누대. 고려 후기에 건립되었고 '관동팔경(關東八景)'의 하나로 오랜 세월 동안 명승지로 사랑을 받아 온 명소이다.

52) 단아: 원문에는 '儒稚'라고 되어 있으나 문맥상 '儒雅'의 오기인 듯하다.

53) 상사생(上舍生): 상사(上舍)는 고려시대의 국학(國學)인 성균관(成均館)의 교육과정으로, 외사(外舍)·내사(內舍)·상사로 이루어진 교육과정 중 최고위 과정을 일컫는다. 상사생은 상사에 재학 중인 학생을 말한다.

13. 스님에게 주다 　　　　　　　　　贈僧

이 마음을 능히 정할 수 없다면	此心未能定
비록 산림에 있어도 도리어 시끄러운 것.	雖處山林反喧囂
이 마음을 이미 정할 수 있다면	此心旣能定
비록 도시에 살아도 도리어 고요하다네.	雖居城市還寂寥
진실로 삼라만상 모두가 외적인 인연임을 알겠노라	固知萬象皆外緣
단지 이 마음속에 있는 것만이 원래부터 어지럽지 않은 법.	只在此心元不撩
그대는 알지 못하나, 이조대사(二祖大師)54)가	
달마(達磨)55)를 만나	君不見二祖大師逢達磨
눈이 허리까지 쌓이도록 마당에서 오래 서 있던 것을.56)	庭中久立雪齊腰
또 보지 못했나, 혜림사 안에서 단하사(丹霞師)가	又不見彗林寺裏丹霞師
날씨가 춥자 목불(木佛)을 손수 태운 것을.57)	天寒木佛手自燒

---

54) 이조대사(二祖大師): 중국 불교의 선종(禪宗) 제2대 조사(祖師)인 혜가(慧可). 속명은 '신광(神光)'이다.

55) 달마(達磨): 중국 남북조시대의 선승(禪僧)이며 중국 선종(禪宗)의 창시자이다. 달마(達磨)는 인도에서 중국으로 건너왔는데, 부처로부터는 28번째의 조사(祖師)로 여겨지고, 중국 선종에서는 초조(初祖)로 간주된다.

56) 이조대사(二祖大師)가……것을: 달마가 숭산(崇山) 소림사(少林寺)에서 면벽(面壁) 수행을 하고 있었는데, 어느 날 신광(神光)이 찾아와 달마에게 불법을 물었으나 달마는 아무런 대답도 하지 않았다. 그러나 신광은 그 자리를 떠나지 않고 눈을 맞으며 밤새 계속 기다리다가 마침내 달마의 면전에서 팔을 끊어 자신의 구도 열정을 나타내었다. 이에 달마는 비로소 신광을 제자로 맞아들여 이름을 '혜가(慧可)'라고 지어주었다고 한다. 여기에서 '단비구법(斷臂求法)'이라는 고사성어가 나왔다.

57) 혜림사……것을: 중국 당나라 때의 승려인 단하천연(丹霞天然) 선사(禪師)가 나무로 만든 불상을 불태워 버렸다는 이야기. 단하 선사가 어느 추운 겨울날 낙양의 혜림사(慧林寺)를 찾았다. 추위를 견디다 못한 단하 선사는 생각다 못해 불당에 있던 목불(木佛)을 가져다가 도끼로 쪼개어 불을 놓았다. 이에 깜짝 놀란 그 절의 원주(院主) 승려가 그 이유를 묻자 사리도 나오지 않는 목불상은 나무토막에 불과할 뿐이라고 말했다 한다. 여기에서 '단하소불(丹霞燒佛)', 또는 '단하소목불(丹霞燒木佛)', '단하분불(丹霞焚佛)'이라는 고사성어가 나왔다.

14. 검교(檢校)58) 곽구주(郭九疇)를 전송하며59) [하남왕의 사신으로 낭중 벼슬을 지낸 중현과 함께 왔다. 이름은 영석이다.]

送郭九疇檢校 [河南王使同仲賢60)郎中來. 名永錫.]

사행단이 성대하게 해동에 이르렀는데 　　　　　　　使節皇皇到海東

---

58) 검교(檢校): 중국에서 당(唐)·송(宋) 이후로 정착된 제도로 실제의 맡겨진 임무는 없으면서 이름만 주어진 일종의 명예직과도 같은 것이었다.

59) 검교(檢校)……전송하며: 1366년(공민왕 15) 11월에 하남왕(河南王)이 공민왕의 빙문(聘問)에 보답하는 뜻으로 중서검교(中書檢校) 곽영석(郭永錫)을 김제안(金齊顏)과 함께 고려에 파견했다는 기록이 『고려사』권41, 「공민왕 세가 4」에 보인다. 곽영석은 고려에 머물면서 많은 문인들과 교유를 가졌던 것으로 보인다. 그가 돌아갈 때 척약재의 위 인용시 외에도 이숭인(李崇仁), 이인복(李仁復) 등이 송시(送詩)를 써서 주었다. 참고로 이숭인의 작품은 「송하남곽구주사환명영석(送河南郭九疇使還名永錫)」(『도은집』권1)이며, 이인복의 작품은 「송하남곽검교영석구주(送河南郭檢校永錫九疇)」(『동문선』권10)이다.

60) 중현(仲賢): 중현은 척약재의 동생 김제안(金齊顏)의 자(字)이다. 김제안은 본관은 안동(安東). 자는 중현(仲賢). 김방경(金方慶)의 현손으로, 아버지는 평장사(平章事)를 지낸 상락군(上洛君) 김묘(金昴)이다. 1357년(공민왕 6) 과거에 급제하였다. 동년은 성석린, 민제, 허금, 조운흘 등이다. 좌정언, 첨의평리를 지냈으며 공민왕 15년(1366년), 군부좌랑(軍簿佐郎)으로서 전녹생(田祿生)을 따라 원의 하남왕(河南王) 코케테무르(擴廓帖木兒)를 빙문하기 위해 연경(燕京)으로 갔으나, 황태자 아유시리다르는 고려가 코케테무르와 내통할 것을 꺼려서 고려 사신단에게 본국으로 귀국할 것을 명하였다. 이때 김제안은 병을 핑계로 사신단을 따라가지 않고 연경에 머물렀고 형 김구용에게는 편지로 '연경이 비록 예전만 못하나 장부가 지낼 만한 곳입니다.'라고 안심시켰다. 그리고 머문 지 얼마 안 되어 김제안은 단기(單騎)로 연경을 떠나서 곧장 하남까지 달려가 코케테무르에게 고려 사신이 귀국하여야 했던 사정과 함께 공민왕의 국서(國書)를 전달해 코케테무르를 지지하겠다는 뜻을 밝혔다. 이에 코케테무르는 크게 기뻐하며 원의 황제에게 아뢰어 김제안에게 중의대부 중서병부낭중 첨서하남강북등처 행추밀원사(中議大夫 中書兵部郎中 簽書河南江北等處行樞密院事)를 제수하게 하였으며, 휘하의 막객(幕客) 곽영석(郭永錫)을 김제안과 함께 고려로 보내어 보빙하게 하였다. 『고려사』열전에 따르면 처음에 전녹생 등이 하남에 도착하지 못하고 귀국하였을 때 서장관 김제안만이 귀국하지 않고 남은 것을 알고 공민왕은 그가 다른 뜻이 있는 것은 아닌가 의심하여 전례에 따라 주었던 전곡(錢穀)을 거두게 하였다고 한다. 김제안이 귀국한 뒤 공민왕은 그를 대언(代言)에 제배하려 하였으나, 신돈(辛旽)의 반대로 내서사인(內書舍人)을 제수하였다가 얼마 뒤 전교부령(典校副令)으로 좌천시켰다. 앞서 신돈은 김제안이 자신을 먼저 찾아뵙지 않은 것에 대해 앙심을 품고 있었는데, 김제안 역시도 자신의 관직 제수를 납득하지 못하고 있다가 공민왕 17년(1368년) 10월 전임 밀직부사 김정(金精) 등과 더불어 신돈 암살을 모의하였던 것이 누설되어 순군(巡軍)에 결박되고 장형에 처해져서 외지로 유배되었는데, 신돈이 사람을 보내 김제안의 뒤를 쫓게 해서 그의 목을 졸라 죽였다.

황금대61)의 나그네 기운이 무지개 같네.	黃金臺客氣如虹
왕실의 존엄을 위해 훌륭한 도모에 힘쓰고	務尊王室嘉謨盛
이웃 나라와 우호를 맺기 위해 소식을 통하네.	厚結隣蕃好信通
해와 달은 수복된 후에 다시 밝아졌고	日月更明收復後
산과 강은 모두 지휘하는 속에 있네.	山河都在指揮中
그대는 돌아가서 남쪽을 평정할 계책 곧바로 올려	君歸直獻平南策
옛날 요순 시절의 기풍을 도와서 진작시키게.	贊樹唐虞萬古風

만 리나 떨어진 천왕의 땅은	萬里天王地
어느 해에나 전쟁이 그치려나.	何年息戰塵
장군에게는 바야흐로 절월(節鉞)62)을 주고	元戎方授鉞
믿음직한 사신은 멀리까지 와서 이웃 나라 사귀네.	信使遠交隣
망망대해 건너와서	跋涉來滄海
말을 달려 임금께로 향해 오네.	驅馳向紫宸
지금부터 다투어 괄목상대(刮目相對)63)하리니	自今爭刮目
지원(至元)의 봄64)을 거듭 보겠네.	重見至元春

---

61) 황금대: 중국 전국시대 연(燕)나라 소왕(昭王)이 천하의 현사(賢士)들을 맞이하기 위하여 역수(易水) 동남쪽에 건립했던 곳으로 줄여서 '금대(金臺)'라고도 하며, '연경(燕京)'의 대명사로도 쓰인다.

62) 절월(節鉞): 지방에 관찰사, 유수, 병사, 수사, 대장, 통제사 등이 부임할 때 임금이 내주던 절(節)과 부월(斧鉞). 절은 수기(手旗)처럼, 부월은 도끼처럼 만든 것으로 군령(軍令)을 어긴 자에 대한 생살권(生殺權)을 상징하였다.

63) 괄목상대(刮目相對): 눈을 비비고 상대방을 본다는 뜻으로, 다른 이의 학식이나 재주가 놀랄 만큼 향상된 것을 이르는 말이다.

64) 지원(至元)의 봄: '지원(至元)'은 원(元)나라 세조(世祖)의 연호(年號)이다. 세조의 이름은 '쿠빌라이(忽必烈)'이며 일명 '쿠빌라이 칸'으로 잘 알려져 있다. 그는 '칭기즈칸(鐵木眞)'의 손자로 원나라를 세우고 초대 황제가 되었다. '지원' 연간은 1264년부터 1294년까지이다. 위 인용시에서 '지원의 봄'이라고 말한 것은 원나라의 부흥과 도약을 의미하는 것으로, 이는 하남왕(河南王)의 사신으로 고려를 방문한 곽구주(郭九疇)에 대한 예우 차원에서 언급한 것이다.

15. 금교역65)에서 다시 보내며   金郊驛重送

섣달을 깨뜨리는 봄빛 또 돌아오려 하는데	臘破春光又欲回
도리어 우리 나라에서 황금대를 향해 떠나네.	却從東國向金臺
앞에 있는 그대를 위해 줄 물건은 없고	眼前無物爲君贈
단지 맑은 샘물을 따라 한 잔 바치네.	只酌淸泉獻一杯
[작은 물건 하나도 받지 않기에 이처럼 말한 것이다]	[不受一物故云]

16. 늦가을 밤에 달가와 약속했는데 오지 않다 [달가는 정몽주이다]
暮秋夜期達可不至 [鄭夢周]

한 점의 등불에서 작은 불빛이 나니	一點燈生暈
남은 경전을 이에 홀로 펼치네.	遺經乃獨開
만나기로 약속한 것 진실로 우습게 되었구나	有期眞可笑
무슨 까닭으로 오지 않는 것인가.	何故不云來
달빛 비치는 섬돌에는 벌레 소리 처음 그치고	月砌蟲初澀
서리 내린 하늘에는 기러기 울음 애달프다.	霜天雁已哀
깊은 밤은 물과 같이 쾌청한데	夜深淸若水
높이 휘파람 부니 생각이 아득해진다.	高嘯意悠哉

---

65) 금교역: 황해도 금천군(金川郡)에 있던 역. 황해도의 개성·금천·평산·서흥·봉산·황주로 이어지는 역도(驛道)인 금교도(金郊道)의 중심역이었다.

17. 이존오[66)]에게 주다 　　　　寄李存吾

깊은 밤까지 남쪽 집에 앉아 있노라니	夜久坐南軒
마당은 어둡고 이슬은 방울져 떨어지네.	庭陰露泫然
반딧불이는 발 밖으로 날아가고	螢飛度簾外
벌레는 가까운 침상 앞에서 울어 대네.	虫泣近床前
기운은 고요하여 꿈꾸는 일도 없고	氣靜仍無夢
마음은 맑아서 마침내 잠을 이루지 못하네.	心淸竟不眠
누가 알리오, 이 같은 경지에 이르면	誰知到如此
절로 오만한 신선이라는 것을.	自是傲神仙

---

66) 이존오: 1341-1371. 고려 후기의 문인. 본관은 경주(慶州)이고 자는 순경(順卿), 호는 석탄(石灘)이다. 1360년(공민왕 9) 문과에 급제하였고 1366년 신돈(辛旽)의 횡포를 탄핵하다가 왕의 노여움을 입어 장사감무(長沙監務)로 좌천된 뒤 공주 석탄(石灘)에서 은둔생활을 하며 울분 속에 지내다가 죽었다. 문집으로 『석탄집(石灘集)』이 전해진다.

18. 충주로 부임하는 규정(糾正)[67] 한관(韓琯)을 보내며
送韓糾正赴任忠州[68] [韓琯]

대나무 쪼갠 부절(符節)을 어진 이 사람에게 주니	割竹分付授此賢
오부(烏府)[69]에서 나오는 사또의 옷이 아름답구나.	出從烏府繡衣鮮
위풍당당한 모습은 이미 선현을 따라 떨쳤고	威風已逐先聲振
덕정(德政)은 응당 후대에까지 드리워 전해지리라.	德政應垂後代傳
월악산[70]은 높아 하늘까지 아득하고	月岳山高天縹緲
김생사(金生寺)[71]는 졸졸 흐르는 시냇물 위에 있다네.	金生寺壓水潺湲
작은 배를 타고 여강을 거슬러 오르려 하면서	扁舟欲泝驪江去
눈을 스치는 가을 구름 보고 방긋 한 번 웃네.	刮目秋雲一莞然
[『여지승람』에는 '壓'자가 '古'자로 되어 있다.]	[輿地勝覽, 壓作古.]

---

67) 규정(糾正): 고려시대 어사대(御史臺)에 속해 있던 관직.
68) 이 시는 『신증동국여지승람』 권14, 충청도(忠淸道) 충주목(忠州牧) 【제영】에도 실려 있다.
69) 오부(烏府): 고려시대 관리 감찰을 담당했던 기구인 '어사대(御史臺)'의 별칭. 중국 한(漢)나라 때 어사대(御史臺)에는 측백나무가 매우 무성하여 항상 까마귀 수천 마리가 그 위에 서식하여 그 별칭을 '오대(烏臺)' 또는 '오부(烏府)'라 하였다. 조선시대의 사헌부(司憲府)에 해당한다.
70) 월악산: 충청북도 제천시·단양군·충주시와 경상북도 문경시에 걸쳐 있는 산으로 충주호반(忠州湖畔)과 청풍호반(淸風湖畔)에 인접해 있다.
71) 김생사(金生寺): 충청북도 충주시 금가면(金加面) 유송리(遊松里)에 있었던 사찰. 신라의 명필 김생(金生)을 추모하기 위하여 창건된 절이다.

19. 충주를 지나가는데 한 판관72)이 없기에 장난삼아 절구 한 수를 남긴다
過忠州韓判官不在. 留一絶爲戱

봄바람 불어 대는 서울에서 형주(荊州)73)를 생각하다가	春風輦下憶荊州
이곳을 지나게 되니 어찌 근심을 견딜 수 있으리.	過此那堪不見愁
비록 아름다운 여인들에게 다투어 소매를 잡게 하여도	縱使蛾眉爭挽袖
주인 없는 강산에 누구를 위하여 머물겠는가.	江山無主爲誰留

20. 서액(西掖)74)에서 밤에 숙직하며 西掖夜直

비단 창에서 꿈을 깨니 물시계 소리도 잦아들고	紗窓夢罷漏聲殘
금압(金鴨) 향로75)에 향을 피우니 새벽빛이 차갑다.	金鴨香燒曙色寒
정말로 밝은 시절이라 폐단이 되는 일 없고	政是明時無弊事
다만 거둬들인 바람과 달만이 붓 끝으로 들어오네.	只收風月入毫端

---

72) 한 판관: 앞의 18번 시에 나오는 한관(韓琯)을 가리킨다.
73) 형주(荊州): 원래 '형주(荊州)'는 현재 중국의 호북성(湖北省) 일대를 가리키는 말로 사용되지만 간혹 우리 나라의 영남지역을 지칭하는 말로 사용하기도 한다. 이때는 주로 '형남(荊南)'이라는 말로 쓴다. 예컨대 『승정원일기(承政院日記)』 인조 15년 정축년(1637) 4월 15일(갑신) 기사를 보면 "형남(荊南)은 나라의 문호(門戶)이니 어찌 중요하지 않겠는가."라는 대목이 보이는바, 여기 '형남'은 즉 영남지역을 말한다.
74) 서액(西掖): '중서성(中書省)'을 지칭한다. 당나라 때 궁궐인 대명궁(大明宮) 내의 선정전(宣政殿) 좌우편으로 문하성(門下省)·중서성(中書省) 두 관서가 있었다. 중서성은 주로 황제의 조칙의 입안·기초를 맡아보는 관청으로 선정전 오른쪽에 있어 '우조(右曹)' 또는 '우성(右省)'이라 하였고, 또 오른편은 서쪽에 해당하므로 '서액(西掖)'이라고도 하였다. 반대로 선정전 왼쪽에 있는 좌성(左省)은 문하성(門下省)으로 황제가 내리는 명령의 출납을 맡아보았다.
75) 금압(金鴨) 향로: 오리처럼 주조하여 만든 금속으로 된 향로(香爐).

21. 한 정당(韓政堂)76)의 군막으로 종군하는 달가 한림77)에게 주다
寄達可翰林從軍韓政堂幕78)

온 세상이 아직도 어지러워서	四海尙紛紛
누대에 올라 홀로 그대 생각하네.	登樓獨念君
갑자기 대궐의 직무를 사임하고	忽辭淸禁直
멀리 북쪽 변방의 군막으로 부임했네.	遠赴朔方軍
옛 요새에는 밝은 달이 걸려 있고	古塞懸明月
긴 성에는 상서로운 구름 일어나리.	長城起霱雲
아득하구나, 쇠 갑옷 입은 그대	悠然倚金甲
누구와 더불어 자세히 글을 논할까.	誰與細論文

---

76) 한 정당(韓政堂): 고려 후기의 문신 한방신(韓方信: ?-1376)을 가리킨다. 그는 홍건적의 난 때 서울을 수복한 공로로 정당문학(政堂文學)에 제수되었으며, 1360년(공민왕 9)에는 동지공거(同知貢擧)로서 과거를 주관하여 정몽주(鄭夢周) 등 33인을 선발하였으니 정몽주와의 인연은 이때 시작되었다. 1364년 여진족인 삼선(三善)·삼개(三介)의 무리가 쳐들어오자 동북면도지휘사(東北面都指揮使)가 되어 출전하였는데 이때 정몽주도 그의 종사관(從事官)으로 참전하였다. 위 인용시는 이때를 배경으로 작시된 것이다.

77) 달가 한림: 정몽주(鄭夢周)를 가리킨다. '달가(達可)'는 그의 자(字)이다.

78) 이 시에 대한 포은의 차운시는 다음과 같다. 「至咸州, 次惕若齋」 "落葉正繽紛, 思君不見君. 元戎深入塞, 驍將遠分軍. 山寨行逢雨, 城樓起望雲. 干戈盈四海, 何日是脩文."

22. 기해년(己亥年)⁷⁹⁾ 홍건적(紅巾賊)⁸⁰⁾ [2수]

己亥年紅賊 [二首⁸¹⁾]

기개롭고 호탕하게 담소를 나누다 보니	慷慨豪談笑
조용한 서재에 맑은 밤 깊어 가네.	幽齋淸夜深
가을바람은 썩은 나무에서 울고	悲風嘶朽木
괴로운 달은 성근 나무 위로 떠오르네.	苦月上疏林
칼을 어루만지며 세 번 길게 탄식하고	撫劍三長嘆
술잔을 멈추며 한 번 크게 읊조린다.	停杯一浩吟
압록강에 승냥이와 호랑이가 가득 차 있으니	鴨江豺虎滿
장부의 마음이 어떻겠는가.	何似健兒心

백성들 태평세월 오래도록 누렸는데	黔首昇平久
붉은 두건을 두른 도적들 깊이 쳐들어왔네.	紅頭入寇深
군대의 깃발은 불처럼 번뜩이고	旗旌翻似火
각종 무기는 숲처럼 모여드네.	兵甲會如林
장사들은 창을 메고 달려가는데	壯士荷戈走
한미한 서생은 수수방관하며 시를 읊조리네.	寒生袖手吟
난리가 오늘 시작됐는데	亂離今日始
마음으론 고개 돌려 백 년을 회상하네.	回首百年心

---

79) 기해년(己亥年): 1359년(공민왕 8).
80) 홍건적(紅巾賊): 중국 원대(元代) 말기에 일어난 한족(漢族) 농민 반란군으로 머리에 붉은 두건(頭巾)을 둘렀다고 해서 '홍건적'이란 이름이 붙었으며, '홍두적(紅頭賊)'·'홍적(紅賊)'이라고도 한다. 1359년과 1361년 두 차례에 걸쳐 고려를 침공하였다. 특히 1361년의 제2차 침입 때에는 개경이 함락되고 왕이 안동으로 피신하는 등 큰 피해가 있었으며, 그 다음 해가 되어서야 개경을 수복할 수 있었다.
81) 二首: 이 시의 첫 수는 『동문선』 권 10, 오언율시(五言律詩)에 수록되어 있다.

23. 신축년(辛丑年)[82] 홍건적 [2수]　　辛丑年紅賊 [二首]

승냥이와 호랑이가 서울을 함락했는데	豺虎陷京國
여러 신하들 모두 알지 못하네.	群臣摠不知
경황이 없는 중에 아내를 잃고	蒼黃失妻子
넘어지고 엎어지며 어린아이 버리네.	顚倒棄嬰兒
연기와 화염이 구름을 찌를 듯 일어나고	煙焰衝雲起
온 땅에는 눈에 가득 슬픔이네.	山河滿目悲
튼튼한 성읍조차 이미 지키지 못했으니	金湯已未守
달려서 어디로 가려고 하는가.	奔走欲何之

어찌 내 삶의 고생을 말하리오	豈謂吾生苦
선공후사(先公後私)하지 못함을 깊이 탄식한다.	深嗟不後先
천 년간 이뤄 놓은 문명의 땅이	千年文物地
어느 날 갑자기 개와 양의 땅[83]이 되어 버렸네.	一日犬羊天
백성들은 산 위로 올라가고	民庶登山上
임금은 바닷가로 달아나네.	君王走海邊
이러니 그 누가 죽음을 아끼지 않겠는가	誰能莫愛死
머리 돌리니 눈물만 줄줄 흐르네.	回首淚潛然

---

82) 신축년(辛丑年): 1361년(공민왕 10).

83) 개와……땅: '犬羊天'은 오랑캐의 땅을 가리킨다. 두보(杜甫)의 「남경정백중승(覽鏡呈柏中丞)」에 '간담은 승냥이와 범의 굴에서 녹고, 눈물은 개와 양의 천지로 들어가네.[膽銷豺虎窟 淚入犬羊天]'라고 하였는데, 그 주석에 '토번(吐蕃)이 개와 양[犬羊]의 자질로 걸핏하면 중원(中原)을 범하여 그곳에 도적(盜賊)의 굴혈(窟穴)을 만들었다. 그래서 승냥이와 범의 땅이 된 것에 간담이 녹고 개와 양의 천지가 된 본국을 안정시키지 못하는 것을 한스러워한 것이다.' 하였다.(『구가집주두시(九家集注杜詩)』 권3 참조.)

24. 이별하여 보내다　　　　　送別

한 마리 기러기 이슬 내리는 가을에 구름 속에서 우는데	一雁嘶雲玉露秋
친구는 나를 버리고 동쪽으로 노닐러 가네.	故人捨我作東遊
지팡이 짚고 산꼭대기 올라 절집을 찾고	携筇絶頂訪僧舍
비파를 안고 긴 강가의 술집에 가겠지.	抱瑟長江登酒樓
나뭇잎들 붉게 물들어 나무 끝에서 울고	衆葉渥丹鳴樹抄
어지러운 산에 드리운 푸른 기운 하늘까지 꽂혀지리.	亂山橫翠插天頭
대장부가 스스로 사해를 평정할 뜻이 있으니	丈夫自有四海志
떠나고자 하여 이별하는 옷소매를 만류하기 어렵네.	別袖欲分難挽留

25. 송도(松都)84)에서 새벽에 바라보다　松京曉望85)

안개 자욱한 산 속으로 누대는 숨고	煙橫嵐嫩隱樓臺
깨끗한 산과 시내 살아 있는 그림처럼 펼쳐 있네.	瀟灑山川活畫開
아침 해 구름 위로 떠오르니 햇살이 환하고	初日上雲光照耀
맑게 갠 구름 땅에 깔린 듯하여 그림자가 배회하네.	晴雲低地影徘徊
이리저리 분주한 사람들 많고	東馳西走衣冠盛
많은 집에는 자줏빛 비취색 쌓여 있네.	萬戶千門紫翠堆
나라에는 호걸스런 선비들이 얼마나 많이 있겠는가마는	王國幾多豪傑士
가련하구나, 그 누가 시대를 구제할 재주 펼칠까.	可憐誰展濟時材
[위의 '雲'자는 '空'자로 의심된다.86)]	[上雲字, 疑空字]

---

84) 송도(松都); 원문의 '송경(松京)'은 고려의 수도인 송도(松都)를 지칭한다.
85) 이 시는 『신증동국여지승람』 권5 「개성부」에도 실려 있다.
86) 한국문집총간 초간본, 한국한중앙연구원 소장 초간본 모두 '雲'으로 되어 있다.

26. 영명사(永明寺)[87]의 혜전(惠全) 장로(長老)[88]를 보내며
送永明長老 [惠全]

오래 전부터 평양이 가장 풍류의 고장임을 들어 와서	久聞平壤最風流
항상 천금을 가지고 명승지를 유람하려 하였지.	常欲千金作勝遊
부벽루[89]는 높고 봄물은 넓은데	浮碧樓高春水濶
조천석[90]엔 이슬 맺혀 있고 저녁 연기는 수심에 차 있네.	朝天石露暮煙愁
사람들로 하여금 배 유수[91]를 떠올리게 한다면	令人苦[92]憶裴留守
나는 심 은후[93]가 되기 어려우니 부끄럽도다.	愧我難爲沈隱侯
오늘 당신이 돌아간다니 문득 느낌이 생기니	此日君歸偏有感
모름지기 거처는 흰 마름꽃 핀 물가로 정하시게.	卜隣須借白蘋洲

---

87) 영명사(永明寺): 평안남도 평양시 금수산(錦繡山)에 있는 절. 부벽루(浮碧樓)의 서쪽, 기린굴(麒麟窟)의 위쪽에 있으며, 옛 고구려 동명왕(東明王)의 궁궐인 구제궁(九梯宮) 터에 지어진 것으로 알려져 있다.

88) 장로(長老): 불교에서 덕행이 높고 나이가 많은 비구(比丘)를 높여서 부르는 호칭.

89) 부벽루(浮碧樓): 부벽루는 평양 모란대 밑의 절벽 위에 있는 누각이다. 대동강에 닿아 있어서 마치 물 위에 떠 있는 듯한 느낌을 주고, 천 년 전에 세워진 것으로 평양에 남아 있는 굴지의 고건물 중에 하나이다. 고려 예종이 이곳에 이르러 군신(群臣)과 더불어 성연(盛宴)을 베풀었을 때 이안(李顔)에게 명하여 지은 이름이라 한다. 그 후에 역대 관원들의 음연(飮宴) 장소로 이용되어 왔다고 한다.

90) 조천석(朝天石): '朝天石'은 평양에 있는 동명왕의 전설에 얽힌 바위이다. 고구려의 시조 동명왕의 구제궁(九梯宮) 안에는 기린굴(麒麟窟)이 있는데 동명왕은 기린을 타고 그 굴 속으로 나가 조천석에 올라 지상의 일을 하늘에 상고(上告)했다고 한다.

91) 배 유수: 배도(裴度). 당나라 명재상 배도(裴度)가 만년에 치사(致仕)하여 동도(東都)에 녹야당(綠野堂)을 짓고 유우석(劉禹錫), 백거이(白居易) 등의 명사(名士)들을 초청하여 시를 짓고 주연(酒宴)을 가졌다는 고사가 전한다. 『구당서(舊唐書)』 권170, 「배도열전(裴度列傳)」.

92) 苦: 원 문집에는 '苦'로 되어 있으나 문맥 상 '若'의 오기인 듯하다. 번역은 이에 따른다.

93) 심 은후: 심약(沈約). 은후는 남조(南朝) 양(梁)나라 심약(沈約)의 시호이다. 심약은 자(字)가 휴문(休文)으로 시문을 잘 지었던 것으로 유명하다.

27. 밤에 앉아서 夜坐

밝은 달이 아름다운 나무를 꿰뚫고	明月透嘉樹
작은 서늘함이 집 마당에서 생겨나네.	微涼生戶庭
이슬이 내려앉은 갓의 무게에 놀라고	露深驚帽重
그늘이 짙어 가벼운 옷이 두렵네.	陰密怕衣輕
두려워하는 까치는 숲 사이에서 시끄럽게 울어 대고	怖鵲林間叫
가을 벌레는 풀 속에서 우네.	寒蟲草底鳴
도심(道心)은 원래 아득하고 아득한 것	道心元杳杳
적막함 속에 맑음이 남아 있네.	沈寂有餘淸

28. 정 염사(鄭廉使)94)를 보내며　　　送鄭廉使

이 세상의 연혁은 얼마나 되나	天下幾沿革
이 백성은 삼대(三代)95)로부터 비롯된 백성이라네.	斯民三代民
세상은 어지러워져 점점 야박(野薄)해지고	紛紛漸澆薄
어리석게도 참됨과 순박함을 잃어버렸네.	蠢蠢喪眞淳
신라는 천 년의 자취를 남겼고	羅代千年蹟
기자(箕子)96)가 봉해진 것 만고의 어진 일이지.	箕封萬古仁
민요는 응당 없어지지 않았으리니	風謠應未泯
자세히 수집하여 임금님께 바치시게.	細採貢楓宸

---

94) 정 염사(鄭廉使): 정리(鄭履)로 추정된다.(『목은시고』 권15, 「送全羅鄭廉使 名履」 참조.) 정리(鄭履)는 공민왕(恭愍王) 11년(1362년) 임인방(壬寅榜) 병과(丙科) 1위(4위/33명)로 급제하였다. 정리(鄭履)는 금성정씨 시조 정성(鄭盛)의 아들이다. 『정재선생일고(貞齋先生逸稿)』 권2(朴宜中, 국립중앙도서관, 한고朝46-가735) 및 문과방목(文科榜目)에는 본관이 '나주인(羅州人)'으로 나온다. 한편 『하동정씨문성공파보(河東鄭氏文成公派譜)』(1983) 권1, 총편(總編) 9쪽(鄭蘭衍-鄭盛-鄭履)에 하동인 정리(鄭履)가 공민왕 임인년에 문과급제했다고 나온다. 금성정씨 시조 정성(鄭盛)은 하동정씨에서 분적한 것으로 알려진다. 『하동정씨문성공파보(河東鄭氏文成公派譜)』(1983) 권1에 정리의 조부는 정난연(鄭蘭衍), 증조부는 정국룡(鄭國龍)으로 나온다.

95) 삼대(三代): 하(夏)·상(商)·주(周)의 삼대.

96) 기자(箕子): 중국 상(商)나라의 왕족이자 기자조선(箕子朝鮮)의 시조로 알려져 있는 전설 상의 인물이다. 성은 자(子), 이름은 서여(胥餘) 또는 수유(須臾)이며, 기자는 작위명인 동시에 별칭이다. 상나라 말기에 왕족으로 태어나 주왕(紂王) 시기를 살았으며, 상나라가 주나라에게 멸망당하자 조선으로 망명하였다고 전해진다.

29. 한 낭관(郎官)97)이 원나라에 사행을 갔다가 궁녀에게 미혹되었기에 장난삼아 율시를 지어 주다
有一郎官奉使元朝, 爲宮人所惑, 戱贈唐律

아름다운 궁전에서 가을이 옴에 놀라고	桂殿驚秋至
명협풀98) 피어난 계단에선 차가운 이슬에 겁먹네.	蓂階怯露凄
난간에 기대니 아름다운 장막 쓸쓸하고	倚欄鴛帳冷
베개를 베니 봉황 새겨진 비녀가 나지막하네.	敧枕鳳釵低
땅이 은밀하니 몸은 이르기 어렵고	地密身難到
구름 깊으니 꿈은 희미해지려 하네.	雲深夢欲迷
서로 그리워하노라니 한 조각달이	相思一片月
만 리나 떨어진 외로운 규방을 비춰 주네.	萬里照孤閨

---

97) 낭관(郎官): 고려시대의 상서성(尙書省)과 상서육부(尙書六部)·고공사(考功司)·도관(都官) 등에 속하여 실무를 담당하던 관직. '낭중(郎中)'이라고도 불렀다.

98) 명협: '명협(蓂莢)'은 중국 요(堯)임금 때에 났다는 상서로운 풀의 이름이다. 초하루부터 보름까지 매일 한 잎씩 났다가 열엿새부터 그믐까지 매일 한 잎씩 떨어졌으므로 이것에 의하면 달력을 만들었다고 한다. 작은 달에는 마지막 한 잎이 시들기만 하고 떨어지지 않았다 하여 달력풀, 책력풀이라고도 한다.

30. 여름날 달가와 함께 영통사(靈通寺)[99]에서 자다

夏日同達可宿靈通寺[100]

더위를 피해 산 속에서 잤는데	避暑山中宿
처량한 흥이 점점 새로워지네.	凄涼興轉新
소나무로 만든 집은 맑은 물가 옆에 있고	松軒臨淨水
이끼 낀 길은 속세와 끊어졌네.	苔逕絶纖塵
바위에 앉아 있으니 그윽한 새소리 들려오고	坐石聞幽鳥
지팡이 짚으니 이 몸 부끄럽게 느껴지네.	扶筇愧此身
흰 구름은 먼 골짜기에 있으니	白雲深遠谷
신선(神仙)[101]이 있을까 의심되네.	恐有羽衣人

---

[99] 영통사(靈通寺): 현재 황해북도 개풍군 영남면 영통사 터에 있었던 고려시대의 사찰. 1027년(현종 18)에 창건하였으며, 1036년(정종 2)에 왕이 자식 넷이 있을 경우에는 한 자식의 출가를 허락한다는 법을 제정한 뒤 이 절에 계단(戒壇)을 설치하고 경률(經律)을 익히는 한편 시험을 치르는 장소로 만들었다. 대각국사 의천(義天)은 1065년에 이 절에서 출가하였고, 그의 입적 후인 1125년(인조 3)에는 비석을 이 절에 건립하였다. 문화재로는 대각국사비명(大覺國師碑銘)을 비롯하여 서삼층석탑(西三層石塔)과 동삼층석탑 등이 있다. 또 『동국여지승람』에 의하면 이 절에는 고려 문종의 화상과 홍자번(洪子藩)의 화상이 있었다고 하며, 서루(西樓)의 경치는 송도에서 제일이라는 기록이 있다. 또한 이 절을 대상으로 읊은 이규보(李奎報)·김구용(金九容)·변계량(卞季良)·석월창(釋月窓)·권근(權近)·이원(李原)·성임(成任)·이승소(李承召) 등의 시가 『동국여지승람』에 기록되어 있다.

[100] 이 시는 『신증동국여지승람』 권12, 경기(京畿) 장단도호부(長湍都護府)【불우】에도 실려 있다.

[101] 신선(神仙): 원문의 '羽衣人'은 신선(神仙)이나 도사(道士)를 가리키는 말이다.

31. 산에 살다   山居

넓은 세상에 한 미친 서생102)이   浩然天地一狂生
홀로 푸른 산에 누워 밝은 달 희롱하네.   獨臥靑山弄月明
근래에 세상사는 맛 없음을 스스로 비웃노라니 自笑邇來無世味
대나무 뿌리에 흐르는 물은 마음을 씻어 주는 소리라네. 竹根流水洗心聲

32. 산으로 들어가는 집안의 친척 스님을 보내며 送族僧入山

관복을 벗어 던지고 세상 길을 벗어났으니   脫却緇衣去世途
강물과 구름 있는 어느 곳에 띠풀 집 엮었는가. 水雲何處結茅廬
맑은 바람과 밝은 달이 모름지기 나를 배부르게 하리니 淸風明月須饒我
요순 시절의 임금과 백성 비로소 거처를 정하네. 高舜君民始卜居

---

102) 미친 서생: 작자인 척약재 김구용 본인을 가리킨다.

33. 해(海) 스님을 보내며　　　送海上人

용암(龍巖)의 옛 주인 보지 못했는데	不見龍巖舊主人
새 울고 꽃 지니 또다시 푸른 봄이네.	鳥啼花落又靑春
영남 땅 어느 곳에 평안한 선방을 잡았는가	嶺南何處接禪穩
맑은 꿈꾸다 보면 응당 서울 거리 티끌이 사라지리.	淸夢應稀紫陌塵

34. 서도(西都)103)로 부임해 가는 이 판관(李判官)104)을 보내며
送李判官之任西都

꽃 지는 시절 떠나는 그대를 보내노라니	落花時節送君歸
서울 거리의 맑은 바람 살며시 옷소매를 펄럭이네.	紫陌淸風弄袖微
아름다운 아가씨의 활짝 웃는 얼굴이 아니어도	未用嬌嬈開笑臉
낭관은 이제 장미를 저버리지 않을 걸세.105)	郎官今不負薔薇

---

103) 서도(西都): 평안남도 평양의 별칭.

104) 이 판관(李判官); 이 판관은 이전(李展)으로 추정된다.(『목은시고(牧隱詩藁)』권30,「李判官展來自安東, 言倭賊又來」참고). 이전(李展)은 1368년(공민왕 17)에 쌍매당 이첨이 장원으로 급제한 문과에 5위로 급제하였다. 『거창현선생안』에 의하면 이전은 1398년 11월부터 1400년 4월까지 거창현감으로 근무한 기록이 있다.

105) 낭관은……걸세: 평양으로 부임하는 이 판관이 앞으로 평양의 아름다운 여인들과 풍류를 즐기리란 것을 희화적(戱畫的)으로 표현한 것이다.

35. 이 판관에게 주다 　　　寄李判官

쓸쓸히 서쪽 바라보며 서울을 향해 가자니 　　　寂寥西望向長安
지는 해, 외로운 구름, 눈길 닿는 모든 것이 차갑도다. 　落日孤雲極目寒
높은 부벽루 가장 좋다 들었지만 　　　浮碧高樓聞最好
달 밝은 밤 어느 때에나 함께 난간에 기대어 볼까. 　何時月白共憑欄

36. 보주(甫州)106)의 최 총랑(崔摠郞)에게 주다 　寄甫州崔摠郞

꽃밭 사이에서 취한 꿈 완전히 깨지 않았는데 　　花間醉夢未全醒
낭관에게 문안도 못 하고 봉성(鳳城)107)을 나왔네. 　不省郞官出鳳城
양양(襄陽)108)은 정말 애간장 끊어지는 곳 　　却是襄陽腸斷處
고개 돌려 그대를 생각하다가 다시 정을 머금네. 　憶君回首更含情

---

106) 보주(甫州): 경상북도 예천(醴泉)의 옛 지명.
107) 봉성(鳳城): 경상북도 봉화(奉化)의 옛 지명.
108) 양양(襄陽): 예천(醴泉)의 또 다른 옛 지명.

37. 조 염사(趙廉使)를 보내며 　　　送趙廉使

말고삐 잡고 나가 민풍(民風)을 살피는 것이 벼슬아치의 일	攬轡觀風是宦遊
천 리에 구름과 안개 가득하니 정말로 가을일세.	雲烟千里正高秋
번거롭게 그대에게 묻노니 허 감찰(許監察)은 지금	煩君問訊許監察
어느 곳의 강산에서 홀로 누대에 기대어 있는가.	何處江山獨倚樓

38. 길 위에서 느낀 바가 있어 　　　街上有感

십자로 된 길머리에 석양이 비껴있는데	十字街頭夕照斜
떠들썩한 수레는 번화하기까지 하다네.	喧闐車騎又繁華
태평한 기상이 송악산에 있어	太平氣像松山在
옛날처럼 푸르고 영롱한 기운 아름다운 노을을 꿰뚫는다.	依舊蔥瓏插彩霞

39. 민 자복(閔子復)[109]에게 주는 시   酬閔子復

명예와 절의 마침내 부질없는 것임을 오래 전에 알았고	久知名節到頭空
집은 유서 깊은 황려현[110]의 동쪽에 있다네.	家在黃驪古縣東
어느 날에야 조각배에 달을 싣고 떠나리오	何日扁舟乘月去
강가 버드나무엔 이미 봄바람이 불어오네.	江邊楊柳已春風

---

109) 민 자복(閔子復): 고려 후기의 문신 민안인(閔安仁: 1343-1398). '자복(子復)'은 그의 자(字)이다. 본관은 여흥(驪興)이며, 고려 후기의 저명한 학자인 민지(閔漬)의 증손이다. 1374년 문과에 급제한 뒤 삼사(三司)의 좌윤(左尹)과 우윤(右尹)을 역임하였고, 조선 개국 초에는 유학 진흥과 의례의 정비 보급에 기여하였다.

110) 황려현: 경기도 여주(驪州)의 옛 이름.

40. 유 시중(柳侍中) 댁의 매화를 읊은 시111)에 차운하다
柳侍中宅梅花次韻

수많은 꽃송이들 한결같이 향기롭고	萬蘂千葩一樣香
서리와 눈을 이겨 내고 봄 술잔에 둘려 있네.	凌霜傲雪繞春觴
예쁘고 고운 것이 재상의 손112)으로 들어가려 하니	嬋姸欲入調羹手
어찌 서호처사(西湖處士)113)가 미쳤음을 아쉬워하리오.114)	豈愛西湖處士狂

---

111) 유 시중(柳侍中)……시: 아마도 당시 몇 명의 문인들이 유 시중(柳侍中)의 집에서 모여 시회(詩會)를 가졌던 것으로 보이는바, 예컨대 도은 이숭인의 「태재 상공 댁의 매화를 읊다 유 시중[泰齋相公宅梅花 柳侍中]」(『도은집』 권3)이라는 시가 있는데, 위의 척약재 시는 아마도 도은의 시에 차운한 것으로 보인다. 두 사람의 시 모두 운자(韻字)는 '상(觴)'·'광(狂)'이다. 도은의 시는 다음과 같다.

도은집 권3, 시(詩)
태재 상공 댁의 매화를 읊다 [유 시중이다.] 泰齋相公宅梅花 [柳侍中]
설 전에 영롱히 핀 한 가지 매화 향기　　臘前璀璨一枝香
암암리에 봄빛이 벌써 흘러넘치게 하네.　暗使春光已濫觴
화정의 맑은 풍도를 꽃도 알아서　　　　和靖淸風花亦識
내가 비연히 광한 것을 비웃으리라.　　　定應笑我斐然狂

'유 시중'은 시중(侍中) 벼슬을 지낸 유씨(柳氏) 성의 어떤 인물일 터인데, 이인복(李仁復)이 쓴 「시중 유탁에게 올리는 성재에 대한 시[誠齋詩上柳侍中濯]」(『동문선』 권4)라든지 목은 이색의 「유 시중(柳侍中) 탁(濯)에게 지어 준 성재명[誠齋銘爲柳侍中作濯]」(『목은집·문고』 권2)라는 시들로 볼 때, 여기 '유 시중'은 고려 후기의 문인 유탁(柳濯)을 지칭하는 것으로 판단된다. 유탁(1311-1371)은 본관은 고흥(高興), 자는 춘경(春卿). 호는 성재(誠齋)이며 고흥부원군(高興府院君) 유청신(柳淸臣)의 손자이고, 판밀직사(判密直事) 유유기(柳攸基 또는 柳有奇)의 아들이다. 좌정승·우정승을 거쳐 1365년에 도첨의시중(都僉議侍中)을 역임하였다.

112) 재상의 손: 원문의 '調羹手'는 재상이 되어 나라의 정치를 잘 담당하는 것을 말한다. 이 말은 '금정조갱수(金鼎調羹手)'에서 온 것으로, 은(殷)나라 고종(高宗)이 부열(傅說)을 재상으로 임명하면서 '국을 끓이면 너를 소금과 매실[鹽梅]로 삼아 국의 맛을 조절하겠다'라는 고사에서 유래된 것이다. 위 인용시에서는 유 시중이 재상의 위치였기에 그를 가리키는 의미로 사용되고 있다.

113) 서호처사(西湖處士): 송(宋)나라 시인 임포(林逋). 그는 절강성(浙江省) 항주(杭州) 서쪽의 고산(孤山) 근처의 호수인 서호에 은거하면서 20여 년 동안 성시(城市)에 발을 들여놓지 않았으며, 서화와 시에 능하였는데 특히 매화시가 유명하다. 장가를 들지 않아 자식이 없었으며 매화를 심고 학을 길러 짝을 삼으니, 당시 사람들이 '매처학자(梅妻鶴子)'라고 하였다.

114) 어찌……하리오: 매화시로 유명한 송나라 임포가 아니더라도 유 시중 집에 있는 매화가 너무 아름다워 많은 시인들에 의해 절창의 노래로 작시되고 있음을 말한 것이다.

41. 달가에게 주다 贈達可

복숭아꽃엔 따뜻한 햇볕, 버드나무엔 가벼운 바람 　桃花暖日柳輕風
사람은 비단을 수놓은 듯한 자연 속에 있네. 　　　人在山河錦綉中
간밤에 내린 가랑비 너무 좋고 　　　　　　　　　最好夜來微雨過
오만한 초록빛이 아름다운 붉은빛을 질투하는 것이
가련하구나. 　　　　　　　　　　　　　　　　　可憐慢綠妬妖紅

42. 권 우윤(權右尹)115)께 바치다   呈權右尹

보슬비는 부슬부슬 아직 개지 않고	小雨濛濛半未晴
봄바람 일어나니 무정도 하여라.	東風吹起也無情
곡봉(鵠峯)116)과 용수(龍岫)117)에는 꽃이 얼마나 피었는가	鵠峯龍岫花多小
남쪽 시내에 떨어진 꽃이 가득할까 걱정이로다.	却恐南溪滿落英
서울 모든 집의 술을 다 마시니	飮盡長安百萬家
성안 가득 복사꽃과 자두꽃 일순간에 피었네.	滿城桃李一時花
성 동쪽 지나 남쪽으로 가는데	城東過了城南去
당신 집에 막 이르자 해는 지려고 하네.	才到君家日欲斜

---

115) 권 우윤(權右尹): 권씨(權氏) 성의 '우윤(右尹)' 벼슬을 지낸 인물로 보인다. '우윤'은 고려시대 '삼사(三司)'에 속한 종3품의 벼슬로 '삼사'는 전곡(錢穀)의 출납과 회계를 관장하던 기구이다. 아마도 척약재가 교유했던 인물 중 권씨로서 우윤과 판서를 지낸 권계용(權季容)이 아닌가 짐작된다. 권계용(權季容)은 여말선초(麗末鮮初)의 예천군 유천면 성평리 덕달 뒤뜰[德達後坪] 출신이다. 본관은 안동으로 우정승 권한공(右政丞權漢功)의 손자, 예천군 권중달(醴泉君權仲達)의 아들, 판종정시사 권사종(判宗正寺事權嗣宗)의 동생이다. 문과에 급제하여 전법판서(典法判書)에 올라 예천군(醴泉君)에 봉(封)해졌다. 목은 이색(牧隱李穡)이 시로써 이르기를, "죽어서 충성스런 마음 빛나는 해와 같네, 곧은 뜻으로 살았으니, 두터운 구름도 엷게 느껴지네."라고 하였다. 처음에는 유천면 덕달리(德達里) 후평(後坪)에 살다가 만년(晚年)에는 지보면 대죽리 송라촌(松蘿村)에 숨어 살았는데, 그곳 이름을 고려가 그리워 염송촌 상악봉(念松村想嶽峯)이라고 하였다. 묘는 화봉산(花峰山)에 있다. [『조선환여승람(朝鮮寰輿勝覽)』(1929), 족보(族譜); 『축산승람(竺山勝覽)』(1934); 『예천군지(醴泉郡誌)』(1939·2005) 참조.]
『목은집』에 권 판서에 대한 시문이 여러 편 등장하는데 그는 목은의 처남이다. 화원군 권중달의 사위가 다섯인데, 첫째가 전분(全賁), 둘째가 유혜방(柳惠芳), 셋째가 민근(閔瑾), 넷째가 이색(李穡), 다섯째가 김윤철(金允轍)이다.

116) 곡봉(鵠峯): 일명 곡령(鵠嶺)으로 개성에 있는 송악산(松嶽山)의 별칭이다.

117) 용수(龍岫): 경기도 개성 남부에 있는 산.

43. 권 우윤 댁에서 주문공(朱文公)[118]의 시에 차운하여 금강산의 스님에게 주다
權右尹宅, 次朱文公詩韻贈金剛山僧

평생 자장(子長)[119]의 풍모를 사모하고자 하여	平生欲慕子長風
온 천지를 거두어 내 가슴에 붙였네.	卷却乾坤着我胸
승려의 무리들 풍악산(楓岳山)[120]에 가득하여	獨恨緇流滿楓岳
일만 이천 봉을 더럽히는 것 홀로 한탄한다.	汚他一萬二千峯

---

118) 주문공(朱文公): 중국 남송(南宋) 시대의 학자인 주희(朱熹). 문공(文公)은 그의 시호(諡號)이다.
119) 자장(子長): 중국 전한(前漢)의 문인 사마천(司馬遷)의 자(字).
120) 풍악산(楓岳山): 가을의 금강산(金剛山)의 별칭.

44. 유 합포(柳合浦)[121]께 올리다   上柳合浦

합포(合浦)는 지금 세류영(細柳營)[122]이 되었고	合浦今爲細柳營
우리 나라 천 리는 긴 성을 얻었네.[123]	東韓千里得長城
멀리서도 알겠도다, 달은 밝고 물결 고요한데	遙知月白滄波靜
여인의 옥피리 소리 누워서 듣고 있는 것을.	臥聽佳人玉笛聲

---

121) 유 합포(柳合浦): 합포(合浦)는 경상남도 마산(馬山)의 옛 지명이다. '유 합포'는 고려 후기에 활동한 유탁(柳濯; 1311-1371)을 지칭한다. 자는 춘경(春卿), 호는 성재(誠齋)로 고흥부원군(高興府院君) 유청신(柳淸臣)의 손자이며, 판밀직사(判密直事) 유유기(柳攸基)의 아들이다. 1344년(충혜왕 복위 5) 합포 만호(合浦萬戶)가 되었기 때문에 위 시에서 그를 '유 합포'라 부른 것이다. 유탁이 합포 만호가 된 때는 1344년으로 척약재는 불과 7살이었으므로, 이 시를 지을 당시 유탁은 합포 만호가 아니었지만, 만호 벼슬은 원나라에서 내린 벼슬이었기에 존중 차원에서 합포 만호라고 칭한 것으로 판단된다.

122) 세류영(細柳營): 군령(軍令)이 엄격한 모범적인 군영(軍營)을 일컫는 말. 중국 한(漢) 나라 주아부(周亞夫)가 장군이 되어 세류(細柳: 현재 중국의 섬서성)에 진(陣)을 쳤을 때 다른 진영보다 군율이 매우 엄했으므로 순시(巡視)했던 문제(文帝)가 크게 감동하여 붙인 이름이다.

123) 합포는……얻었네: 유탁이 합포 만호가 되어 그 지역에 견고한 군영을 설치하고 국방에 튼튼히 대비했음을 칭송한 것이다.

45. 강안전(康安殿)124)의 대장경 법회(法會)에서 음악을 듣고 느끼는 바가 있어서   康安殿藏經法席聞樂有感

성곽과 궁궐이 황량하여 매번 서글펐는데	城闕荒涼每愴情
높은 곳에 올라 회상해 보니 나의 삶이 한스럽구나.	登臨回首恨吾生
당시의 성대한 일들 지금 어디에 남았는가	當時盛事今安在
오로지 악기와 노랫소리만 있어 옛 음악을 알려 주네.	惟有絃歌是舊聲

46. 무신년(戊申年)125)에 처음 급제한 이에게   戊申年新及第

태평한 문물은 중흥의 때임을 알려 주는 것	太平文物中興時
말 매어 둔 송악산엔 한낮이 더디 가네.	駐驛松山白日遲
친시(親試)126)를 치르면 잠시 후에 급제자 명단 나오니	親試須臾金榜出
일곱 명의 급제자127) 어전(御殿) 앞 붉은 섬돌에서 빛난다네.	七枝仙桂映丹墀

---

124) 강안전(康安殿): 고려시대 궁궐인 연경궁(延慶宮) 안에 있던 정전(正殿). 초기에는 중광전(重光殿)이라 부르던 것을 1138년(인종 16)에 이 이름으로 개칭하였다.
125) 무신년(戊申年): 1368년(공민왕 17). 이때 신돈이 좌주(座主)와 문생(門生)이 결속하여 나라의 도둑이 된다 하여 친시(親試)를 치르게 했으므로 이색을 독권관으로 하여 이첨(李詹) 등 일곱 사람을 뽑았다.(『고려사』 권74, 「선거(選擧)2」 참조)
126) 친시(親試): 임금이 과거 시험장에 직접 나와 관장하고 성적을 매기는 시험.
127) 급제자: 원문의 '선계(仙桂)'는 과거 급제자를 지칭하는 말이다. 1368년(공민왕 17) 무신년(戊申年) 급제자는 이첨(李詹), 곽복(郭復), 민중리(閔中理), 정거의(鄭居義), 이전(李展), 허온(許溫), 김자빈(金子贇) 등 7인이다.

47. 임소(任所)에 부임하기 위해 행궁(行宮)128)으로 올라가며 짓다
　　赴官上行宮有作

자연에서 마음대로 노닌 지 십여 년	放懷山澤十餘年
평생 일군 사업은 한 푼어치도 못 되네.	事業平生不直錢
지금은 태평성대라 버려진 물건129)도 거둬 주니	聖代如今收棄物
흰 구름 밝은 달도 기뻐해 주네.	白雲明月亦欣然

48. 취하여 쓰다　　醉題

천 년이나 이어져 온 우리 유학(儒學) 오랫동안 쓸쓸하고	千載斯文久寂寥
한평생 행동거지는 고기 잡고 나무 베는 일 즐겼네.	一生行止樂漁樵
봄바람 이르는 곳마다 봄꽃은 바다와 같으니	春風到處花如海
미치도록 마시고 노래하면서 성대한 조정에 의지하네.	痛飮狂歌託盛朝

---

128) 행궁(行宮): 왕이 상주하던 궁궐을 떠나 멀리 거둥할 때 임시로 머무르는 별궁(別宮).
129) 버려진 물건: 쓸모없는 자기 자신을 겸손하게 표현한 말이다.

49. 안동의 옛 친구를 남겨 두고 이별하다 　　留別安東故舊

술 싣고 함께 절에 갔다가 　　　　　　　　　載酒同尋寺
꽃 보며 함께 누대에 기대었네. 　　　　　　看花共倚樓
만약에 봄바람이 나를 보려 한다면 　　　　春風如見我
봉지(鳳池)130)에 와서 물어야 할 걸세. 　　來問鳳池頭

50. 법흥사(法興寺)131)의 장로에게 주다 　　寄法興寺長老

이 세상에서 일없기로는 나와 같은 이 드물어 　　無事人間似我稀
화산(花山)132)의 낙동강 가로 홀로 돌아왔네. 　　花山洛水獨來歸
강가 옛 절의 선창(禪窓) 가에서 　　　　　　　　江頭古寺禪窓畔
장주가 꿈꾼 나비 되어 날아가네.133) 　　　　　■■134)莊周夢蝶飛

---

130) 봉지(鳳池): 궁궐 내에 있는 아름다운 연못이란 의미로 일명 '봉황지(鳳凰池)'라고도 부른다. 인용 시에서는 시인이 조정에서 근무하고 있다는 뜻으로 사용한 것이다.
131) 법흥사(法興寺): 현재 경상북도 안동시 법흥동 고성이씨 탑동 종택인 임청각(臨淸閣) 자리에 있었던 절.
132) 화산(花山): 경상북도 안동의 옛 지명.
133) 장주가……날아가네: 중국의 장자가 꿈에 나비가 되어 즐겁게 놀다가 깬 뒤에 자기가 나비의 꿈을 꾸었는지 나비가 자기의 꿈을 꾸고 있는 것인지 알기 어렵다고 한 고사.(『장자(莊子)』, 「제물론(齊物論)」.)
134) ■■: 또 다른 초간본(한국학중앙연구원 소장)에도 이 부분은 공란으로 되어 있다. 필사본(1710년 필사: 국립중앙도서관 소장)에는 '江山'으로 되어 있다. 필사본은 국립중앙도서관 위창문고에 있는 수필본인데 발문에 "1710년(숙종 36년)에 남숙도(南叔燾)가 김익해(金翼海)에게서 낙질 1권을 얻은 뒤 김시경(金始慶: 1659년~1735년) 가장본(家藏本)과 같은 판본임을 확인하여 이 두 본(本)을 비교하여 낙장(落張)과 탈락된 글자를 보사해서 완질본을 만들다."라고 되어 있는 것으로 보아 초간본을 저본으로 하였으리라 짐작된다.

51. 여강의 누대 위에서 고달사(高達寺)135)의 진(眞) 스님에게 주다
驪江樓上, 寄高達眞上人

몇 년을 비바람 속에서 괴로이 그리워했나	幾年風雨苦相思
흡사 기약이 있듯이 홀로 높은 누대 오르네.	獨上高樓似有期
날 저물자 구름은 비껴 있고 사람 보이지 않는데	日暮雲橫人不見
강에 가득한 가을물결 푸른빛으로 일렁이네.	滿江秋浪碧參差

52. 박잠지(朴潛之)136)에게 주다 寄朴潛之

금란계(金蘭契)137)를 맺고자 이미 맹세하였는데	欲結金蘭已有盟
도모하지 못하고 다시 영남으로 가게 되었네.	不圖還作嶺南行
푸른 산 흰 구름이 천 여리나 되는데	山靑雲白千餘里
그대를 그리워하는 맑은 밤에 달만 홀로 밝구나.	淸夜思君月獨明

---

135) 고달사(高達寺): 경기도 여주시 북내면에 있었던 통일신라시대의 사찰. 764년(경덕왕 23)에 창건되었으며 창건자는 미상이다. 신라 구산선문 중 봉림산파를 열었던 현욱(玄昱: 787-868)이 절을 중건하였고, 862년(경문왕 2) 훗날 진경대사(眞鏡大師)로 불린 고승 심희(審希)가 이곳에서 현욱의 제자가 되었다.

136) 박잠지(朴潛之): 박씨(朴氏) 성을 가진 인물로 '잠지(潛之)'는 그의 자(字)로 보이는데 자세한 사항은 알 수 없다.

137) 금란계(金蘭契): '금란지계(金蘭之契)'의 준말로 친한 벗끼리의 정의(情誼), 혹은 그들의 모임을 뜻한다. '금란(金蘭)'은 『주역(周易)』의 "두 사람이 마음을 같이하면 그 예리함이 쇠를 끊고, 또 마음을 같이하여 하는 말은 그 향기가 난초와 같다[二人同心, 其利斷金, 同心之言, 其臭如蘭]"에서 유래하였다.

53. 느낌이 있어   有感

푸른 시내는 도화랑(桃花浪)[138]으로 새로 불어나고   碧溪新漲桃花浪
푸른 언덕엔 버들개지 날리는 바람이 처음 일어나네.   綠岸初生柳絮風
슬프도다! 서로 그리워하지만 천 리나 떨어져 있어   怊悵相思隔千里
피리소리 들리는 속에서 차마 고개 돌리지 못하겠네.   不堪回首笛聲中

54. 옹경(翁卿)을 보내며   送翁卿

계절이 바뀌려 할 때 어머님 뵈러 가는데   風光欲動覲慈親
강남땅엔 버들 빛 새로우리라 멀리서 상상하네.   遙想江南柳色新
만약 돌아올 때쯤 삼월이   若是歸來三月暮
한 해에 두 번씩이나 봄을 만나게 되겠지.   一年應得兩逢春

---

138) 도화랑(桃花浪): 복숭아꽃이 피어나는 봄철 무렵 시냇물이 불어나서 위로 흘러넘치는 물결.

55. 사암(思菴) 유숙(柳淑)139)께 드리다   寄呈思菴 [柳淑]

공업(功業) 이루고 용감히 떠나 강가에서 늙어 가니	功成勇去老江天
선비다운 풍모는 지상의 신선일세.	儒雅風流地上仙
생각건대 아름다운 자연에서 아무 일 없는 중에도	料得烟波無事裏
청아한 꿈 경연(經筵)140)을 두르는 것 막을 수 없을 것이네.141)	未禁淸夢繞經筵

56. 천녕(川寧)142)의 별장으로 가는 총랑(摠郞)143) 숙(淑)을 전송하며 送摠郞淑之川寧別業

봄바람은 버드나무에 불어오고 강물은 흐르는데	東風吹柳漾江流
옷소매 떨치고 긴 노래 부르며 작은 배에 올라타네.	拂袖長歌駕小舟
땅은 여주와 가깝고 산수가 좋으니	地近黃驪山水好
만약 술이 있다면 함께 누대에 올라 보세.	若爲携酒共登樓

---

139) 사암(思菴) 유숙(柳淑): 1316-1368. 고려 후기의 문신. 본관은 서산(瑞山)이며, 자는 순부(純夫), 호는 사암(思菴)이다. 벼슬은 첨의평리(僉議平理), 정당문학(政堂文學)을 역임하였다. 1368년(공민왕 17) 신돈(辛旽)의 참소를 받아 신돈이 보낸 자에 의해 영광(靈光)에서 교살(絞殺)당하였다. 도은 이숭인의 좌주(座主)이기도 하다. 공민왕의 묘정에 배향되었으며, 시호는 문희(文僖)이다. 『동문선』에 7편의 글이 실려 있다.

140) 경연(經筵): 군주에게 유학의 경서나 사서를 가르치고 강론하던 일, 혹은 그 일을 행하던 자리.

141) 청아한……것이네: 유숙이 정치 일선에서 물러나서 자연 속에 있으면서도 항상 조정과 나라를 걱정한다는 의미이다.

142) 천녕(川寧): 현재 경기도 여주시 흥천면(興川面) 일대.

143) 총랑(摠郞): 고려시대 전리사(典理司)·군부사(軍簿司)·판도사(版圖司)·전법사(典法司) 등에 속한 정4품의 관직으로 고려 전기 '시랑(侍郞)'으로 일컬어지던 명칭이 바뀐 것이다.

57. 가을날의 흥취　　　　　秋興

궁궐과 남산에 가을 기운 높아　　　　　　　　　　　北闕南山秋氣高
일망무제의 거울 같은 하늘 터럭 한 점 없이 맑다.　鏡天無際絶纖毫
분주한 움직임은 모두 조회하는 신하들인데　　　　紛紛盡是朝元客
옥과 금붙이 소리 나는 비단 도포 입었다네.　　　　鳴玉鏘金着錦袍

58. 이천(利川) 안흥사(安興寺)144)에서 짓다　　題利川安興寺

해마다 매번 절 문 앞을 지날 때마다　　　　　　　年年每過寺門前
마음속으론 남창(南窓) 가에서 하룻밤 자고 싶었네.　心欲南窓一夜眠
오늘 한낮에도 스님이 계시지 않아　　　　　　　　今日日高僧不在
또다시 야윈 말 몰아 높은 봉우리를 오르네.　　　　更驅羸馬陟層巓

---

144) 안흥사(安興寺): 안흥사는 경기도 이천시 안흥동과 갈산동 경계에 있던 절이다. 지금은 절터만 남아 있다.

59. 좌정언(左正言)145)에 제수된 이존오(李存吾)146) 어사를 축하하다
賀李存吾御史除左正言

가생(賈生)147)이 길게 탄식하는 날이고	賈生長歎日
한자(韓子)148)가 곧게 말하는 때이네.	韓子直言時
상대(霜臺)149)의 나그네가	可賀霜臺客
궁궐의 뜰150) 가까이서 좌정언으로 날아오름 축하할 일이지.	飛騰近玉墀

---

145) 좌정언(左正言): 고려시대 중서문하성(中書門下省)에 속한 간관직(諫官職). 고려 초기의 '좌습유(左拾遺)'가 바뀐 것이다.

146) 이존오(李存吾): 1341-1371. 고려 후기의 문인. 본관은 경주(慶州)이고 자는 순경(順卿), 호는 석탄(石灘)이다. 1360년(공민왕 9) 문과에 급제하였고 1366년 신돈(辛旽)의 횡포를 탄핵하다가 왕의 노여움을 입어 장사감무(長沙監務)로 좌천된 뒤 공주 석탄(石灘)에서 은둔생활을 하며 울분 속에 지내다가 죽었다. 문집으로 『석탄집(石灘集)』이 전해진다.

147) 가생(賈生): 전한(前漢) 문제(文帝) 때의 문인인 가의(賈誼). 그는 어려서부터 문재(文才)가 있어 문제의 총애를 받았는데, 당시 천하를 두고 사람들은 치세(治世)라 하였지만, 그는 홀로 당시의 사세(事勢)를 두고 통곡할 만한 것 한 가지, 눈물 흘릴 만한 것 두 가지, 길이 탄식할 만한 것 여섯 가지를 지적하며 상소하였다.

148) 한자(韓子): 당나라의 문인 한유(韓愈)를 지칭한다. 자(字)는 퇴지(退之), 호는 창려(昌黎)이며 '당송팔대가(唐宋八大家)'의 한 사람이다. 문장과 학문에 뛰어났으며 이부시랑(吏部侍郞), 어사대부(御史大夫)를 역임하였다. 관직에 있으면서 직언을 서슴지 않았는데, 특히 당 덕종(唐德宗) 때 간의대부(諫議大夫) 양성(陽城)이 시사에 대해서 제대로 직간(直諫)을 올리지 못한다고 비판하면서 간관(諫官)의 도리에 대해서 자세히 논한 「쟁신론(爭臣論)」이 유명하다.

149) 상대(霜臺): 고려시대 '어사대(御史臺)'의 별칭이다. 언론 활동, 풍속 교정, 백관에 대한 규찰과 탄핵 등을 관장하였다.

150) 궁궐의 뜰: 원문의 '玉墀'는 임금이 있는 궁궐의 뜰에 대한 미칭(美稱)이다.

60. 우연히 짓다　　偶題

천 그루의 버들 빛은 푸르고	柳色千株綠
만 그루의 복사꽃은 붉네.	桃花萬樹紅
뜻밖에 술 한 잔 하노라니	偶然成小酌
봄비가 정말로 부슬부슬 내리네.	春雨正濛濛

61. 김염사(金廉使)를 보내며　　送金廉使

소의간식(宵衣旰食)[151]하며 남쪽 지방 걱정되어	宵旰憂南國
임금께서 조정에서 토의하여 가까운 신하에게 명하셨네.	都俞命近臣
이리저리 분주히 도적들 사로잡고	陸梁擒草竊
도탄에 빠진 백성들 구휼한다네.	塗炭撫愚民

---

[151] 소의간식(宵衣旰食): 날이 새기 전에 옷을 입고, 해 진 뒤에야 밥을 먹는다는 의미로 침식을 잊고 나랏일에 열중하는 것을 말한다. 즉 천자나 제후가 부지런히 정사(政事)에 힘쓰는 것이다.

62. 궁전의 춘첩자(春帖子)152) [2수]   殿春帖子 [二首]

궁궐153)에는 은하가 반짝이고	絳闕銀河曙
비단 창에는 물시계 소리가 들려오네.	紗窓玉漏聲
봄바람이 바야흐로 호쾌하게 불어오니	春風方浩蕩
목덕(木德)154)이 다시 성대하게 펼쳐지리라.	木德更敷榮

해는 원앙와(鴛鴦瓦)155)를 비추고	日照鴛鴦瓦
향기는 비췻빛 발에 엉겨 있네.	香凝翡翠簾
의관을 정제한 신하들 다투어 임금을 옹위하니156)	衣冠爭北拱
임금의 교화가 점점 동쪽으로 퍼져 가리라.	聲敎想東漸

---

152) 춘첩자(春帖子): 입춘 날 대궐 전각(殿閣) 기둥에 써 붙이던 주련(柱聯). 입춘 날이 되면 대궐 안에는 춘첩자를 붙였으며, 대신과 사대부·일반 민가·상점에도 춘련(春聯)을 붙이고 송축하는데 이를 '춘축(春祝)'이라 하였다.

153) 궁궐: 원문의 '絳闕'은 원래 신선이 산다는 '선궁(仙宮)'을 의미하지만, 여기서는 임금이 있는 궁궐을 미화한 것이다.

154) 목덕(木德): '목덕(木德)'은 만물을 자라게 하는 오행(五行)의 덕으로 옛날 중국의 복희씨(伏羲氏)는 목덕으로 왕 노릇을 했다고 한다. 여기서는 나라와 백성을 위한 왕자(王者)의 덕이 다시 성대하게 펼쳐질 것을 바라는 시인의 마음이 표현된 것이다.

155) 원앙와(鴛鴦瓦): 암키와와 수키와가 조화롭게 짝을 이룬 것.

156) 다투어……옹위하니: 뭇별이 북두성을 옹위하는 것처럼 신하가 임금을 모시는 것을 말한다. 『논어』 「위정(爲政)」에 "덕정(德政)을 펴게 되면, 북두성이 가만히 제자리를 지키고 있어도 뭇별이 옹위하는 것처럼 될 것이다.[爲政以德, 譬如北辰居其所, 而衆星共之.]"라는 말에서 나온 것이다.

63. 기유년(己酉年)157) 팔관대회(八關大會)158)　　己酉年八關大會

깃발은 바람에 펄럭이고 북은 둥둥 울리는데	旌旗獵獵鼓逢逢
호종하는 선관(仙官)159)은 녹봉이 만 종이네.	扈從仙官祿萬鍾
예악을 미처 마치기도 전에 하늘이 기뻐하여	禮樂未終天有喜
잠시 사이에 눈이 곡봉(鵠峯)160)의 소나무에 가득하네.	須臾雪滿鵠峯松

---

157) 기유년(己酉年): 1369년(공민왕 18).

158) 팔관대회(八關大會): 팔관회(八關會). 고려의 불교 행사 중 하나로, 고대의 동맹·무천·영고 등의 제천 행사가 불교 의식과 결합한 것이다. 고려의 왕들은 모두 이 행사를 중하게 여겼다. 태조 왕건도 '훈요 10조'를 남기며 팔관회를 꼭 행하라고 당부했다. 이로 인해 팔관회는 고려 말까지 계속되었다.

159) 선관(仙官): 무교(巫敎)의 사제. 고려시대 팔관회는 주로 상류층 출신의 무당인 '선관'들이 주재하였다.

160) 곡봉(鵠峯): 일명 곡령(鵠嶺)으로 개성에 있는 송악산(松嶽山)의 별칭이다.

64. 정종지(鄭宗之)161)에게 차운하여 답하다   酬鄭宗之次韻

이별 후에 그대 꿈을 몇 번이나 꾸었던가	別後夢君知幾回
어느 누가 이 마음 알아주리오.	何人識得此心哉
동이에선 처음으로 술이 익고 국화는 만발한데	甕頭酒熟黃花發
베갯머리에서 시가 이뤄지니 흰 기러기 재촉하네.	枕上詩成白雁催
성곽에선 해가 지니 노랫소리 일어나고	城郭日斜歌吹沸
온 강산은 가을빛으로 그림 같은 풍광 열리네.	山河秋色畫圖開
구름 뚫고 또 다시 용만(龍巒)162) 위로 올라가	穿雲更上龍巒上
한 번 삼봉을 바라보고 한 번 술잔 드네.163)	一望三峯一擧杯

---

161) 정종지(鄭宗之): 정도전(鄭道傳). '종지'는 그의 자(字)이다.
162) 용만(龍巒): 개성에 있는 용수산(龍首山)을 가리킨다. 목은 이색이 쓴 「누천자영(屢遷自詠)」에 '龍巒之北鵠峯前'이란 표현이 보인다.
163) 한……드네: 여기서 '삼봉'은 실재의 산을 의미하는 동시에 정도전을 지칭하는 중의적 표현이다.

65. 생원 이백지(李百支)164)를 보내며   送李百支生員

비단을 씻어 낸 듯 강남은 온통 가을인데	濯錦江南千里秋
채색옷 입고 어버이 뵈러 전주로 향하네.165)	綵衣歸覲向全州
중추절 이제 겨우 이삼 일 남았으니	中秋只隔兩三日
밝은 달을 어느 누대에서 기대어 보리오.	明月倚看何處樓

66. 난(蘭) 스님166)을 보내며   送蘭上人

미친 승려 옥난 스님과 울며 이별하고	狂僧泣別玉郞君
가벼운 마음으로 지팡이 휘저으며 구름에 누우려 하네.	振錫飄然欲臥雲
차가운 산의 밝은 달밤을 생각하니	想得山寒明月夜
선정(禪定)167)하는 마음이 다시 어지러워지네.	定中心緖更紛紜

---

164) 이백지(李百支): 이백문(李百文)의 다른 이름이다. 이백문의 자(字)는 가명(可明)이며 공민왕(恭愍王) 23년(1374년) 갑인방(甲寅榜) 을과(乙科) 2위(2위/35명)로 급제하였다. 이때 장원은 김자수(金自粹)이며 조준(趙浚), 정이오(鄭以吾), 진의귀(陳義貴) 등이 동방이다. 목은집에 가명설(可明說)이 있고 동문선에도 실려 있다. 이백지를 생원이라고 부른 것을 보면 이 시는 1374년 이전에 지은 것이다.

165) 채색옷……향하네: 춘추시대 초(楚)나라 노래자(老萊子)가 70의 나이에도 불구하고 어버이를 기쁘게 해 드리기 위하여 색동옷을 입고 재롱을 떨었던 '채의오친(綵衣娛親)'의 고사를 인용하여 이백지가 부모에게 효도하기 위해 고향으로 가고 있는 것을 말한 것이다.

166) 난(蘭) 스님: 고려 후기에 활동한 한수(韓脩)의 시에 「제옥난상인시권(題玉蘭上人詩卷)」이라는 시가 보이는바, 위 인용 시의 난 스님은 옥난(玉蘭) 스님으로 보는 것이 타당하다.

167) 선정(禪定): 지혜를 얻고 성불하기 위하여 마음을 닦는 불교의 수행법.

67. 속리사(俗離寺)168)의 선당   俗離寺禪堂169)

달마도(達摩圖)170) 옆에 한 개의 등불이 밝고	達摩圖171)畔一燈明
지게문 닫고 향 사르니 생각 더욱 맑아지네.	閉戶燒香思更淸
깊은 밤 홀로 앉아 있자니 잠도 오지 않는데	獨坐夜深無夢寐
창문 앞의 시냇물엔 솔바람 소리가 섞여 있네.	窓前流水雜松聲
[『여지승람』엔 '도(圖)'가 '암(巖)'으로 되어 있다.]	[輿地勝覽, 圖作巖]

---

168) 속리사(俗離寺): 충청북도 보은군(報恩郡) 속리산(俗離山) 서쪽에 있었던 사찰의 이름인데, '법주사(法住寺)'의 속칭이기도 하다.

169) 이 시는 『신증동국여지승람』 권16, 충청도(忠淸道) 보은현(報恩縣)편에도 실려 있다.

170) 달마도(達摩圖): 중국에서 6세기경 활동한 선종의 초대 조사 보리달마(菩提達磨)를 그린 선종화(禪宗畵).

171) 圖: 『여지승람』에는 '巖'으로 되어 있으나 한국학중앙연구원 소장 초간본, 수필본(국립중앙도서관 소장본)에는 '圖'로 되어 있어 『여지승람』에서 잘못 기록한 듯하다.

68. 과거 급제하고 남쪽으로 돌아가는 강자야(康子野)172)를 보내며
送康子野登第南歸

밝은 시절173) 책문(策文)174) 바치려 임금님 알현하고	明時獻策謁金門
의기양양하게 비단옷 입고 금의환향하였다네.	衣錦揚揚下故園
어느 곳의 누대에 올라 옥피리 불까	何處倚樓吹玉笛
무성한 매화나무 위로 황혼녘 달이 떠오르네.	梅花萬樹月黃昏

---

172) 강자야(康子野): 고려 후기의 문인 강호문(康好文). '자야'는 그의 자(字)이며 호는 매계(梅溪)이다. 시문에 능했으며 1362년(공민왕 11)에 과거에 급제하였고, 벼슬은 판전교시사(判典校寺事)에 이르렀다. 그의 동방(同榜)은 이숭인, 박의중, 설장수, 정도전 등이다. 강호문은 1362년(공민왕 11)에 급제했으므로 이즈음 지은 것으로 추정된다.

173) 밝은 시절: 현명한 임금이 다스리는 태평성세를 지칭한다.

174) 책문(策文): 왕이 제시한 책제(策題)에 답하는 글. 주로 시무(時務)를 논하는 내용이 많았다. 과거 시험의 한 과목이기도 했으며, '책문(策問)'이라고도 한다.

69. 잠지(潛之)175)에게 주다　　　贈潛之

오랫동안 훌륭한 인품176)으로 명예로운 칭송 받았는데	久服珪璋譽
이곳에서 난조(鸞鳥)와 봉황177)의 자태를 보게 되네.	玆瞻鸞鳳姿
알고 보니 늦게 만난 것 너무 안타깝구나	及知多恨晚
보고자 했지만 매번 기약이 어긋났었네.	欲見每違期
손을 맞잡으니 도리어 옛 친구 같고	握手還如舊
마음을 나누니 다시는 의심 사라지네.	同心更不疑
좋은 사귐이 어찌 말에 있으리오	善交何在說
오로지 공경만이 마땅한 바로다.	惟敬乃攸宜

---

175) 잠지(潛之): '잠지'는 어떤 인물의 자(字)로 보이는데, 위의 인용 시 이외에도 「기박잠지(寄朴潛之)」(『척약재학음집』 권상)라는 시가 보이는바, 박씨(朴氏) 성을 가진 인물로 보인다.
176) 훌륭한 인품: 원문의 '규장(珪璋)'은 예식 때 장식으로 쓰는 귀한 옥이라는 뜻으로, 훌륭한 인품을 비유적으로 이르는 말이다.
177) 난조(鸞鳥)와 봉황: 덕이 훌륭한 군자를 지칭하는 비유어로 사용한 것이다.

70. 문해어사(文海御史)에게 주다   酬文海御史

도를 배워 마음의 병 치료하지만	學道攻心病
책을 읽으니 눈은 흐릿하게 되었네.	看書致眼蒙
따뜻한 곳에 있는 것이 좋겠고	只宜藏暖處
찬바람 맞는 것은 좋지 않다네.	難可觸寒風
흙덩이처럼 앉아서[178] 나 홀로임을 불쌍히 여기고	塊坐憐吾獨
한가롭게 노니니 ■■와 같구나.	閑遊■■[179]同
손님이 찾아와도 아직도 깊이 잠들어	客來猶熟睡
아침 해가 창문에 붉게 가득 찼도다.	朝日滿窓紅

---

[178] 흙덩이처럼 앉아서: '포로괴좌(抱爐塊坐)'의 줄인 말. 방 안의 화로를 껴안고 흙덩이처럼 앉아 있다는 말로, 방 안에 우두커니 앉아서 시간을 무료하게 보낸다는 의미이다.

[179] ■■: 초간본(한국학중앙연구원 소장본)에는 '負子'로 되어 있다. 수필본(국립중앙도서관 소장본)에도 '負子'로 되어 있다. 익산 명승재본에는 '輿子'로 되어 있다.

71. 박재중(朴在中)180)을 보내며   送朴在中

십 년간 속세의 먼지 속에서	十載紅塵裏
바쁘게 임금 위해 살았지.	怱怱爲聖明
밤이 서늘하니 가을 기운 이른 것이요	夜涼秋氣至
바람이 부니 나그네 혼백 놀라겠네.	風動旅魂驚
아름다운 산은 하늘과 나란한 채 고요하고	秀岳齊181)天靜
차가운 못은 땅과 연결되어 맑도다.	寒潭到地淸
절뚝거리는 나귀 돌아갈 길 멀지만	蹇驢歸路遠
충성스럽고 효성스러운 선비라네.	忠孝一儒生

---

180) 박재중(朴在中): 고려 후기의 문신 박진록(朴晉祿). '재중(在中)'은 그의 자(字)이며 호는 '국간(菊澗)'이다. 성품이 매우 강직하였고 헌납(獻納), 대언(代言)의 관직을 역임하였다. 박진록이 자기가 기거하는 방에 편액(扁額)을 달고 '국간(菊澗)'이라 이름 하자 목은 이색이 그를 위해 「국간기(菊澗記)」(『목은집·문고』 권3)를 써서 주었다.

181) 齊: 초간본(한국학중앙연구원 소장본)과 수필본(국립중앙도서관 소장본)에는 '磨'로 되어 있다.

72. 초저녁   初夜

어젯밤 가을바람 서울로 들어와서 　　　　　　　　　昨夜秋風入玉京
여러 집의 발과 장막에 서늘한 기운 생겨났네. 　　　十182)家簾幕嫩涼生
수레와 말이 다니던 길가에서 먼지 처음으로 걷히자 　街頭車馬塵初斂
누대 위에선 생황과 노랫소리 들리고 달은 홀로 밝도다. 樓上笙歌月獨明

73. 서해염사(西海廉使)183)에게 주다   寄西海廉使

깃발은 아득히 바다 물결 비추고 　　　　　　　　　旌旆悠悠照海波
풍속을 살피러 이르는 곳마다 두루 노랫소리 들린다. 　觀風到處遍謳歌
서로 생각하며 다시 서쪽 누대에 올라 바라보니 　　　相思更倚西樓望
멀고 먼 고향 산천은 붉은 노을 너머로 있다네. 　　　迢遞關山隔彩184)霞

---

182) 十: 초간본(한국학중앙연구원 소장본)에는 '千'으로 되어 있다. 또한 수필본(국립중앙도서관 소장본)과 영천본에도 '千'으로 되어 있다.

183) 서해염사(西海廉使): 고려시대 지방관이었던 서해도안렴사(西海道按廉使)의 줄인 말. 서해도는 지금의 황해도이다.

184) 彩: 초간본(한국학중앙연구원 소장본)과 수필본(국립중앙도서관 소장본)에는 '綵'로 되어 있다.

74. 송 염사(宋廉使)185)에게 주다 　　寄宋廉使

가을바람 불어와 영호루(映湖樓)186)를 지나가니	金風吹過映湖樓
누대 위의 미인은 그윽이 수심 생기네.	樓上佳人暗結愁
낭군님께 아쉬운 이별일랑 하지 말자 알리려 하는데	爲報郞君休惜別
남쪽의 백성들도 구순(寇恂)을 빌려 머물게 하네.187)	南民亦借寇恂留

---

185) 송 염사: 송명의(宋明誼)로 추정된다. 138번 시 「송송도관안렴경상도(送宋都官按廉慶尙道)」 참조. 이색의 「송경상도안렴송도관서[명의](送慶尙道按廉宋都官序[明誼])」(『목은집·문고』 권7) 참조. 송명의(宋明誼)는 생졸년 미상. 고려 후기 문신·충신. 자(字)는 의지(宜之)이고, 호는 건제(乾濟)이다. 본관은 은진(恩津)으로 증조부가 은진송씨(恩津宋氏) 시조(始祖)인 판원사(判院事) 송대원(宋大原)이며, 조부는 송득주(宋得珠), 부친은 송춘경(宋春卿)이다. 1362년(공민왕 11) 임인방 동진사 20위로 급제하였고, 경상도안렴사(慶尙道安廉使)를 거쳐 사헌부집단(司憲府執端)에 이르렀으나, 조선 개국에 참여할 것을 반대하고 두문동(杜門洞)에 거처하다 처가인 회덕(懷德: 현 대전광역시 동구 마산동)으로 내려와 은거하였다. 정몽주(鄭夢周)·이색(李穡)과 교유가 깊었으며 두문충현(杜門忠賢) 중 한 사람이다.

186) 영호루(映湖樓): 경상북도 안동시 정하동에 있는 누대. 1361년 홍건적이 개경을 침략하자 안동으로 피신했던 공민왕이 자주 찾았던 것으로 유명하다.

187) 남쪽의……하네: 구순은 후한(後漢) 중흥의 명장으로, 하내(河內)·영천(潁川)·여남(汝南)의 태수를 연임하며 선정을 베풀었다. 조정에서 벼슬을 하고 있던 어느 해에 영천에 도적이 일어나자 광무제(光武帝)를 따라 영천에 가서 도적의 항복을 받았는데, 영천의 백성들이 구순이 베풀었던 선정을 그리면서 길을 막고 구순을 빌려 달라고 간청하자 1년 동안 머물면서 백성들을 위로하게 했다는 고사가 전한다.(『후한서(後漢書)』 권16, 「구순열전(寇恂列傳)」) 위 시에서는 송염사가 직무를 마치고 서울로 돌아가려 하자, 안동의 백성들이 아쉬워한 일화를 구순에 비기어 작시(作詩)한 것이다.

75. 일본 사신을 위한 연회에서 짓다   宴日本使有作

사신이 봄을 따라 바다를 건너오니   使節隨春渡海來
한 그루의 매화가 그대 위해 피어났네.   梅花一樹爲君開
서로 통교(通交)하는 예를 마치자 할 일이 없어   交通禮畢無餘事
노랫소리와 악기 소리 들으며 술잔 기울이네.   歌管聲中[188]倒酒杯

76. 일본 사신을 보내다   送日本使

만 리 길은 망망대해요, 해내(海內)의 땅은 넓은데   萬里滄茫海宇寬
서쪽을 살피려 빠르게 달려서 삼한에 이르렀네.   亟珎[189]西觀到三韓
돌아가서 만약 관광(觀光)[190]했던 일을 누가 묻거든   還歸若問觀光事
임금은 성스럽고 신하들은 어질며 정치는 태평성세[191]라 하게.   主聖臣賢政舞干

---

188) 管聲中: 수필본(국립중앙도서관 소장본)에는 '絃中聲'으로 되어 있으나, 초간본(한국학중앙연구원 소장본)에는 '管聲中'으로 되어 있다.

189) 珎: 초간본(한국학중앙연구원 소장본), 필사본(국립중앙도서관 소장본)에는 '珎'으로 되어 있다. '珎'은 '珍'의 이체자이다. 의미상 '趍'의 오기(誤記)인 듯하다.

190) 관광(觀光): '관국지광(觀國之光)'의 줄인 말로 '관국(觀國)'이라고도 한다. 『주역(周易)』 「관괘(觀卦)」에 '육사는 나라의 광휘를 봄이니, 왕에게 손님이 되는 것이 이롭다.[六四, 觀國之光, 利用賓于王.]'라고 한 데서 온 말로, 전하여 상국(上國)에 사신으로 가서 선진 문물을 접하여 견문을 넓힌다는 의미로 쓰인다.

191) 태평성세: 원문의 '무간(舞干)'은 '간우무(干羽舞)'를 말하는 것으로 '간우(干羽)'는 춤을 출 때 갖고 추는 방패와 새 깃이며 각각 무무(武舞)와 문무(文舞)를 의미한다. 우(禹) 임금이 삼묘씨(三苗氏: 묘족)를 정벌하러 갔다가 이기지 못하고 돌아왔는데, 순(舜) 임금이 문덕을 크게 펴고, 방패와 새 깃을 들고 두 섬돌 사이에서 춤을 추게 하자 70일 만에 묘족(苗族)들이 감복하여 항복해 왔다고 한다. 전하여 임금의 훌륭한 덕화(德化)가 멀리까지 미침을 이르는 말이다.(『서경(書經)』 「대우모(大禹謨)」)

77. 호연(浩然) 정 선생192)을 보내며   送浩然鄭先生

지리산의 산 빛은 꿈 속에서조차 푸르고	智異山光夢裏靑
향기 품은 사자(使者)는 말발굽도 가볍네.	含香使者馬蹄輕
마땅히 한밤중에도 안개 속을 뚫고 가리니	了應夜半穿雲霧
다시 높은 봉우리에 올라 일출을 보겠구나.	更上高峯看日生

---

192) 호연(浩然) 정 선생: 고려 후기의 문인 정우(鄭寓)를 지칭한다. '호연'은 그의 자(字)이다. 본관은 진주(晉州, 晉陽). 공민왕과 공양왕 때 원외랑(員外郞)·정랑(正郞)·간의대부(諫議大夫)·좌상시(左常侍)·이조판서(吏曹判書)를 역임하였다. 1366년(공민왕 15) 정우(鄭寓)의 딸이 왕의(王義)·안극인(安克仁)의 딸과 함께 공민왕의 새 왕비 후보로 선발되었다. 원외랑을 역임하던 때에 민사평(閔思平)·이색(李穡)과 시를 교류하여 뛰어난 문필을 자랑하였다. 1392년 4월 정몽주가 살해되고 조선 태조 이성계(李成桂)가 즉위하자 정몽주 세력으로 지목되어 유배되었다. 1397년(태조 6) 10월에는 전임 품관(品官)으로 기한에 맞추어 한양에 오지 못한 죄목으로 순군옥(巡軍獄)에 갇혔다가 같은 해 11월에 풀려났다.

78. 호원(浩院)193)의 연회에서 달가 어른께 바치다   浩院宴呈達可丈

문단의 아름다운 자리 고금에 없던 일	詞林綺席古無今
질서정연하게 주선하느라 밤이 정말 깊었네.	秩秩周旋夜正深
안회가 누추한 골목에 살았다194) 누가 말하는가	誰謂顔回居陋巷
왕길이 정련한 황금195)인가 도리어 생각해 보네.	却疑王吉鍊黃金

---

193) 호원(浩院): 고려시대 국가기관 중에 호원(浩院)이란 곳은 없고, 시의 내용으로 보아 임금의 명령을 글로 작성하던 '고원(誥院)'이 아닐까 싶다. 고원은 한림원(翰林院)이나 예문관(藝文館)을 이르는 말로 쓰였다. 초간본(한국학중앙연구원 소장본)과 수필본(국립중앙도서관 소장본)에는 '誥'로 되어 있는 것으로 보아 재간본(1884년 간행) 때 오각(誤刻)한 듯 하다.

194) 안회가……살았다: 공자의 제자인 안회(顔回)는 가난하여 누추한 골목[동네]에 살았다. 일찍이 공자는 안회의 '안빈낙도(安貧樂道)'의 삶을 칭찬하면서 '현명하도다, 안회여! 한 대그릇의 밥과 한 표주박의 물로 누추한 골목에 사는 것을 사람들은 그 근심을 견뎌 내지 못하지만, 안회는 그 즐거움을 변치 않으니, 현명하도다 안회여!'(『논어』, 「옹야(雍也)」)라고 말하였다.

195) 왕길이……황금: 왕길(王吉)은 서한(西漢) 때의 사람으로 어릴 때부터 학문에 정진하였고, 품행이 단정하여 주변 사람들의 칭찬을 받았던 인물이다. 왕길의 이웃집에는 큰 대추나무가 있었는데, 탐스럽게 열린 나뭇가지가 담을 타고 왕길의 마당으로 넘어왔다. 왕길의 아내가 보니 대추가 먹음직한지라 몇 알 따서 왕길에게 올렸다. 후에 왕길이 이를 알고는 아내의 행위가 부도덕한 것이고 이는 가풍을 어지럽힌 것이라 여겨 홧김에 아내를 집에서 쫓아냈다고 한다. 이 시에서는 고원(誥院)에 모인 인사들을 안회나 왕길에 비기어 그들의 고상한 풍모를 말하고 있다.

79. 들판의 절   野寺

가을 기운이 내 마음 슬프게 하고	秋氣惻我心
가을빛은 내 눈을 어지럽히네.	秋光亂我目
차가운 산엔 나뭇잎 절로 붉게 물들고	山寒葉自赤
고요한 들녘엔 벼가 처음 익어 가네.	野靜禾初熟
마당 앞의 고목은 잣나무요196)	古樹庭前柏
울타리 아래 숨어 있는 꽃은 국화라네.197)	幽花籬下菊
한가롭게 노닐며 날짜도 세지 않는데	閒遊不計日
오늘 밤은 승방(僧房)에서 자야겠구나.	今夜僧窓宿

---

196) 마당……잣나무요: '조주고불(趙州古佛)'이라는 칭호를 얻은 당(唐)나라의 유명한 선승(禪僧)인 종심(從諗)의 일화이다. 승려 하나가 조주 선사에게 '달마가 서쪽에서 온 뜻[祖師西來意]'이 무엇이냐고 묻자, '마당 앞에 있는 잣나무[庭前柏樹子]'라고 대답한 유명한 일화가 있다. 이는 결국 중생을 제도(濟度)하고자 하는 의미이다.(『오등회원(五燈會元)』, 「조주장(趙州章)」.)

197) 울타리……국화라네: 진(晉)나라 도연명(陶淵明)의 시 「음주(飮酒)」에 '채국동리하(採菊東籬下), 유연견남산(悠然見南山)'이라는 구절이 있는데, 이는 세속적인 욕망을 떨쳐 버리고 자연과 더불어 살아가는 은자의 탈속한 심경을 뜻하는 것이다.

80. 임인년(壬寅年)198) 2월에 안동부사199)를 모시고 영호루에 오르다
壬寅二月, 陪安東府使登映湖樓

높은 누각은 강가에 임해 있고	高閣臨江渚
푸른 산은 앞뒤로 에워쌌네.	靑山擁後前
누대 앞에 가득한 꽃은 물에 비치고	滿軒花照水
언덕 아래의 버들은 안개 속에 드리워 있네.	低岸柳垂煙
새들은 거센 물결 위로 날아오르고	鳥起驚波上
갈까마귀 석양 속으로 내려앉도다.	鴉投落日邊
뽕나무와 삼 농사로 바쁜 봄날 가운데	桑麻春事急
도리어 태평성세를 알 수 있구나.	還見太平年

---

198) 임인년(壬寅年): 1362년(공민왕 11).

199) 안동부사: 본서 하권 18번 시 「유양양기안동부사[안중온](留襄陽寄安東府使[安仲溫])」로 보아 안중온으로 추정된다. 안중온(安仲溫)은 고려 후기의 문인으로 본관은 순흥(順興)이다. 조부는 고려 후기 문학으로 이름을 떨친 근재(謹齋) 안축(安軸)이고, 부친은 판문하부사(判門下府事)를 지낸 안종원(安宗源)이다. 일명 안경온(安景溫)이라고도 하며 동생 안경량(安景良), 안경공(安景恭)을 포함해 3형제가 모두 등과(登科)한 것으로 유명하다. 벼슬은 안동부사(安東府使), 밀직제학(密直提學) 등을 역임하고 1384년에 죽었다.

81. 구월에 이 동년(李同年)200)을 기쁘게 보다   九月喜見201)李同年

군대와 무기는 어느 때에야 없어지려나	兵甲何時散
처량하게 또다시 일 년이 지나가네.	凄涼又一年
충성된 마음은 궁궐의 문에 걸어 두었지만	丹心懸魏闕
검은 머리털은 강가를 향하네.	青髮向江天
우러르고 사모하여 높이 북두성을 바라보는 듯	仰慕高瞻斗
정말 만나기를 바람은 목말라 샘물 마시듯.	端逢渴飮泉
등불 돋우고 나라의 난리를 말하는 중에도	挑燈說離亂
아름다운 구절은 서로 이어져 빛나네.	佳句璨相聯

---

200) 이동년: 본서 상82번 시로 보아 이동년은 이보림으로 추정된다.
201) 見: 초간본(한국학중앙연구원 소장본)과 수필본(국립중앙도서관 소장본)에는 '逢'으로 되어 있다.

82. 동년인 좨주(祭酒)202) 이보림(李寶林)203)이 경산204)으로 부임하는 것을 전송한 시에 차운하다

送同年李祭酒之任京山次韻 [寶林]

그대와 더불어 마음을 같이하면 쇠도 끊을 수 있으니	與子同心可斷金
넓고 큰 바다도 깊다 할 수 없으리.	浩然滄海未爲深
작년엔 일찍이 장강(張綱)의 부절205)을 잡더니	去年曾秉張綱節
오늘은 또다시 복천(宓賤)의 거문고206)를 탄다네.	今日還彈宓賤琴
비록 기질은 빠른 번개와 무서운 우레 같지만	疾電狂雷雖氣質
마음속은 맑은 바람과 밝은 달 같다네.	淸風明月是胸襟
경산에서 또한 이씨의 명성을 보게 될 것이니	皇207)山亦見名爲李
그 누가 붓을 들어 봉황음(鳳凰吟)208)을 지을 것인가.	援筆誰題鳳鳥吟

---

202) 좨주(祭酒): 고려시대에 국자감·성균감·성균관에 두었던 종3품의 관직명으로 주로 석전(釋奠)을 주관하였다.

203) 이보림(李寶林): ?-1385. 고려 후기의 문신. 본관은 경주(慶州)이고 문하시중을 지낸 고려 후기의 대표적 문인인 익재(益齋) 이제현(李齊賢)의 손자이다. 그는 1355년(공민왕 4) 척약재와 함께 과거에 급제한 동방(同榜)이다. 과거 급제 후 우사간(右司諫), 남원부사(南原府使), 정당문학(政堂文學) 등의 관직을 역임하였다.

204) 경산: 경상북도 성주(星州)의 옛 이름.

205) 장강(張綱)의 부절: 장강은 후한(後漢) 때의 인물로 성격이 강직하고 충언과 직언을 서슴지 않았다. 순제(順帝) 때 황제가 각 지역을 돌며 지방관들의 비리를 감찰하라는 명을 내리자 장강은 낙양의 도정(都亭)에다 수레바퀴를 파묻고 이렇게 말했다. "승냥이와 늑대가 조정을 맡고 있는데 여우 살쾡이를 어이 물으리.[豺狼當路, 安問狐狸.]" 그리고는 조정에서 권력을 농단하던 대장군 양기(梁冀)를 탄핵하였다. 즉 이 말은 권력을 두려워하지 않고 용감하게 직언을 하는 것을 일컫는 것이며 위 시의 주인공인 이보림을 장강에 빗대어 기리고 있는 것이다.

206) 복천(宓賤)의 거문고: 복천(宓賤)은 공자의 제자로 자는 자천(子賤)이다. 그는 일찍이 선보(單父)의 수령이 되어 거문고를 타면서 지방을 다스렸는데, 당(堂)에서 내려가지 않아도 정치가 잘 되었다고 한다.

207) 皇: 초간본(한국학중앙연구원 소장본), 수필본(국립중앙도서관 소장본)에는 '京'으로 되어 있다. 재간본(1884년 간행) 때 잘못 판각한 듯하다.

208) 봉황음(鳳凰吟): 봉황은 중국 요순(堯舜) 때부터 성왕(聖王)이 나올 때마다 나타난다는 성세(聖世)의 상서(祥瑞)로운 동물이므로, 봉황을 읊는 것은 태평성세와 임금을 찬양한다는 의미이다.

83. 고부(古阜)209)로 부임하는 양 동년(楊同年)210)을 전송하는 시에 차운하다
送楊同年之任古阜次韻

지난 몇 년 전쟁으로 베짜기와 농사를 멈췄으니	兵甲年來211)廢織耕
백성을 가련하게 여김이 이 시대의 인지상정이네.	可憐黔首此時情
먼 지방으로 출정을 하면 오히려 죽음도 각오하지만	遠方征戍猶堪212)死
가혹한 관리의 가렴주구에 삶이 고달프구나.	酷吏誅求却苦生
임금님 보필하는 자리 내 분수가 아님이 부끄럽고	補袞自慚非我分
고을의 수령213)으로 떠나는 그대 행차를 함께 축하하네.	專城共賀是君行
만약 고통에 시달리는 백성을 능히 소생시켜 살게 한다면	若敎殘疾能蘇活
비단 남양(南陽)214) 땅의 부모님만 높이는 게 아니리라.	不獨南陽父母名

---

209) 고부(古阜): 지금의 전라북도 정읍시 고부면을 지칭한다.
210) 양 동년(楊同年): 양이시(楊以時)로 추정된다. 양이시는 척약재 김구용과 같은 해인 1355년(공민왕 4)에 과거 급제했으며, 이때의 동방(同榜)으로는 안을기(安乙起), 우현보(禹玄寶), 이집(李集), 이보림(李寶林) 등이 있다. 양이시는 본관은 남원(南原). 증조할아버지는 양국재(楊國財), 할아버지는 양윤보(楊允保), 아버지는 경덕재생(經德齋生)인 양서령(楊瑞齡)이다. 처는 문신 탁광무(卓光茂)의 딸 광산 탁씨이며, 아들은 양수생(楊首生), 손자는 양사보(楊思輔)이다. 1353년(공민왕 2) 생원시에 장원을 하였으며, 1355년(공민왕 4) 문과시에 동진사 10위로 급제하였다. 이후 국자감 학유(國子監學諭), 추밀원 지신사(樞密院知申事), 집현전 대제학 등을 역임하였다. 당시의 석학인 목은(牧隱) 이색(李穡)이나 척약재(惕若齋) 김구용(金九容), 둔촌(遁村) 이집(李集) 등과 교유하였다. 1377년(우왕 3)에 세상을 떠났다. 양이시의 문과 급제 증표인 홍패(紅牌)와 아들 양수생(楊首生)의 홍패, 그 외 후손들의 문과 급제 교지 5매 등 총 7매가 '남원 양씨 종중 문서 일괄'이라는 명칭으로 보물 제725호로 지정되어 있다. 현재 국립전주박물관에 보관되어 있다.
211) 年來: 수필본(국립중앙도서관 소장본)은 '來年'으로 되어 있으나 초간본(한국학중앙연구원 소장본)에는 '年來'로 되어 있어 필사본이 오류로 추정된다.
212) 堪: 초간본(한국학중앙연구원 소장본)과 수필본(국립중앙도서관 소장본)에는 '甘'으로 되어 있다.
213) 고을의 수령: 원문의 '전성(專城)'은 성 하나를 다스린다는 뜻으로 지방관을 지칭한다.
214) 남양(南陽): 지금의 전라북도 남원(南原)의 별칭.

84. 개천산(開天山)215)에서 신축년(辛丑年)216)에 짓다 　　　開天山中, 辛丑年作

첩첩산중으로 도적을 피하고	避賊千山裏
수많은 바위 틈으로 몸을 숨겼네.	藏身萬石中
매번 사나운 호랑이 방어하느라 근심하지만	每愁防猛虎
다만 미친 아이를 두려워할 필요는 없다네.	不獨畏狂童
통곡을 하니 바람이 나무에 세차게 불고	痛哭風鳴樹
슬픈 노래 부르니 달이 하늘에 가득 찼네.	哀歌月滿空
형제들 소식 끊어졌으니	弟兄消息斷
일찍이 이같이 괴로운 적 없었다네.	辛苦未曾同

---

215) 개천산(開天山): 개천산은 충북 충주에 있는 산으로 일명 정토산(淨土山)이라고도 한다. 개천사는 충북 충주의 정토산(淨土山)[일명 개천산(開天山)]에 있던 절로서, 고려 역대 왕조의 실록(實錄)을 처음에는 합천(陜川)의 해인사(海印寺)에 보관하였으나 왜구(倭寇)로 인하여 선산(善山)의 득익사(得益寺)로 옮기고, 또 이 절에 옮겼다가 죽주(竹州)의 칠장사(七長寺)로 옮겼는데, 1390년(공양왕 2)에는 그 땅이 바다에 가까워서 왜구가 쉽게 이를 수 있다고 하여 다시 이 절에 옮겼다가 조선 세종 때 『고려사』를 편찬하기 위하여 서울로 옮겼다.

216) 신축년(辛丑年): 1361년(공민왕 10). 이 해에 홍건적이 침입하였는데 척약재 김구용은 이 시에서 당시의 감회를 잘 나타냈다.

85. 납일(臘日)[217]에 느낌이 있어   臘日有感

금년 납일이 되었는데	今年臘日至
푸른 산 한 구석에서 머리를 긁고 있네.	搔首碧山阿
서울에선 승냥이와 표범들이 진을 치고 있으니	京國屯豺虎
칠묘(七廟)[218]를 어찌한단 말인가.	其如七廟何

86. 개천사(開天寺)의 경(景) 장로에게 주다   贈開天景長老

우리 나라 천 리에 바람과 먼지 일어나니	海東千里起風塵
얼마나 많은 사람들 급작스럽게 길을 잃었나.	多少蒼黃失路人
오로지 개천산 아래 노인만이	唯有開天山下老
잠에서 깬 후에 태평스런 봄을 차지하고 있네.	睡餘仍占太平春

---

217) 납일(臘日): 시대마다 납일을 계산하는 날짜가 다르지만, 일반적으로 동지 뒤의 셋째 술일(戌日)을 의미한다. 가평절(嘉平節)·납평(臘平)이라고도 한다.

218) 칠묘(七廟): 원뜻은 삼소(三昭), 삼목(三穆)에 태조(太祖)의 사당을 포함한 천자의 사당을 뜻하나 여기에서는 임금과 나라의 종묘사직을 가리키는 말로 쓰이고 있다.

87. 밤비에 취하여 짓다   夜雨醉題

가을 되어 비가 내리려는 기운 더욱 을씨년스러워	秋來雨氣轉凄然
세 잔 술에 취하고 갈포(葛布)를 안고 자네.	取醉三杯擁葛眠
밤 깊도록 아직도 술은 깨지 않아	直到夜深猶未醒
파초 잎 창문 앞에 있는 줄도 알지 못하였네.	不知蕉葉近窓前

88. 중현(仲賢)[219]에게 주다   寄仲賢

비가 그치고 맑은 바람 부니 가을인가 했는데	雨絶風淸意欲秋
깊은 밤 밝은 달은 서재를 비추네.	夜深明月照書樓
발을 걷고 바르게 앉아 길게 휘파람 불었더니	捲簾危坐發長嘯
난간 너머 벌레 소리는 족히 수심을 더하는구나.	隔檻蟲聲足貢愁

---

[219] 중현(仲賢): 척약재의 바로 밑의 아우 김제안(金齊顔; ?-1368)의 자(字). 김제안은 1357년(공민왕 6) 과거에 급제한 이후 좌정언(左正言), 전교부령(典校副令) 등을 역임하였다. 신돈(辛旽)을 죽이려고 모의하다가 기밀이 누설되어 순군옥(巡軍獄)에 갇힌 뒤 귀양가던 도중에 신돈이 보낸 사람에 의해 죽임을 당하였다.

89. 즉흥적으로 시를 짓다   漫成

이 세상 크게 잘못되어 온통 먼지로 섞여 있어	太[220]眞大謬混埃塵
이익과 손해, 흥하고 망함이 순식간에 눈앞을 스쳐가네.	得喪興亡過眼頻
부유한들 어찌 주공[221]의 부유함을 말할 수 있겠으며	富何更道周公富
가난한들 안회[222]의 가난함을 논할 수 있으리오.	貧又休論顔子貧
경(敬)을 주로 하고 의(義)를 행하면 바로 군자요	主敬行義乃君子
거짓으로 꾸며서 명예를 낚는 것은 진실로 소인이라네.	餙詐釣名眞小人
달은 차고 눈은 깊어 산 속의 집 고요하기만	月滿雪深山閣靜
봄은 처음부터 단지 넓고 큰 봄이었건만.	自春元只浩然春

---

220) 太: 초간본(한국학중앙연구원 소장본)과 수필본(국립중앙도서관 소장본)에는 '大'로 되어 있다.
221) 주공: 주(周)나라 문왕(文王)의 아들이자 무왕(武王)의 동생으로 이름은 단(旦)이다. 무왕 사후 무왕의 어린 아들인 성왕(成王)을 보좌하며 주나라의 정치적 안정과 발전의 기틀을 마련하였다. 공자는 그를 후세의 중국 황제들과 대신들이 모범으로 삼아야 할 인물로 높게 평가하였다.
222) 안회: 본문의 '안자(顔子)'는 '안회(顔回)'를 말한다. 안회는 중국 춘추시대 노(魯)나라 사람으로 공자의 제자이며 자(字)는 자연(子淵)이다. 자(字)를 따서 보통 '안연(顔淵)'이라고도 부른다. 학덕이 높고 자질이 뛰어나 공자가 가장 아끼는 애제자였으나 젊은 나이에 요절하였다.

90. 여강루(驪江樓)223)에서 이 장흥(李長興)224)을 보내며   驪江樓送李長興

회주(懷州)225)까지 남쪽으로 거리가 천여 리이니	懷州南去千餘里
오늘 여강루에서 아름다운 자리 마련했네.	今日江樓綺席開
오늘로부터 다시 불려서 올 날이 응당 멀지 않으니	從此召還應未遠
모름지기 매화 한 가지 꽂고 오기를.	梅花須插一枝來

91. 향림사(香林寺)226)   香林蘭若

골짜기 입구는 길이 혼미하고 산과 나무가 어우러졌는데	谷口路迷山木合
하늘 가득한 푸르른 기운은 한 번도 걷히지 않네.	滿空蒼翠不曾晴
적막한 승방에서 종일토록 앉아 있자니	禪窓寂寞坐終日
수많은 봄 새들이 여러 소리로 울어 대네.	無數春禽各種聲

---

223) 여강루(驪江樓): 고려시대 여주 남한강변에 있었던 누대. 일명 '청심루(淸心樓)'라고 더 많이 부른다. 여주 관아의 객사(客舍) 북쪽에 위치했던 부속 건물인데, 지금은 소실(燒失)되어 사라졌다. 수많은 시인 묵객들의 사랑을 받았던 곳으로, 특히 고려시대에는 목은(牧隱)을 비롯한 포은(圃隱), 도은(陶隱), 척약재(惕若齋), 둔촌(遁村) 등 일련의 목은계(牧隱系) 사인(士人)들의 시회(詩會)가 펼쳐지던 문학공간이었기에 문학사적 의미가 크다고 할 수 있겠다.

224) 이 장흥(李長興): 당시 장흥(長興)의 수령인 이씨(李氏) 성을 가진 어떤 인물로 보인다.

225) 회주(懷州): 전라남도 장흥(長興) 지역의 옛 지명.

226) 향림사(香林寺) : 서울과 경기도에 걸쳐 있는 삼각산(三角山)에 있었던 절.

92. 가야산 법수사(法水寺)227)에서 짓다   題伽耶山法水寺

하루 종일 덤불 헤치며 말에 의지해 찾아왔더니	終日披榛信馬來
산을 꽉 채운 듯한 누각은 구름에 닿아 열려 있네.	滿山樓閣228)接雲開
오래 전부터 들어 오다 비로소 처음 와 보았는데	久聞始得身初到
한 걸음도 내딛기 어려워 머리를 아홉 번 돌리네.	一步難堪首九廻
아득하도다! 어떤 사람이기에 세상의 난리 피하여	邈矣何人逃世亂
담담하게도 마음 더럽힐 물건 하나 갖지 않았는가.	淡然無物汚靈臺
옛날 고운(孤雲) 선생229)은 이곳에서 신선이 되어 올라갔으니	孤雲昔此登仙去
불러서 함께 술 한 잔 마실 방법이 없구나.	呼起無由共一杯

---

227) 법수사(法水寺): 경상북도 성주군 수륜면 가야산(伽倻山)에 있었던 사찰. 통일신라시대 애장왕(哀莊王) 때에 창건되었다. 일명 '금당사(金塘寺)'라고도 부른다.
228) 閣: 초간본(한국학중앙연구언 소장본)과 수필본(국립중앙도서관 소장본)에는 '閤'으로 되어 있다.
229) 고운(孤雲) 선생: 신라 말기에 활동한 시인 최치원(崔致遠)을 가리킨다. '고운'은 그의 자(字)이다. 그는 말년을 가야산 해인사에서 보냈는데, 일설에 의하면 신선이 되어 하늘로 올라갔다고 한다.

93. 진관사(眞觀寺)230) 승통(僧統)231)의 「낙진대(樂眞臺)232)」 시에 차운하다
眞觀僧統樂眞臺次韻

구월 용수산233)에서 우연히 대에 오르는데	龍山九月偶登臺
수많은 산봉우리에 자줏빛과 비취색의 경치 열렸네.	萬峀千峯紫翠開
한가로운 유람 기록하고자 몇 글자 쓰려 하여	欲記閒遊題數字
비단 같은 바위 문지르고 만지며 이끼 제거하네.	摩挲錦石更剜苔

94. 난리 후에234) 임금을 호종(扈從)235)하여 서울로 돌아와 다른 이들의 시에 차운하다
亂後扈駕還京次韻

아름다운 기운은 흐릿흐릿 뒤섞여 안개가 되고	佳氣濛濛釀作煙
서울로 돌아오는 임금님 타신 수레236) 길은 천 리나 되네.	鑾輿返國路餘千
중흥의 문물은 옛 제도를 뛰어넘으니	中興文物超前古
강남 땅 유락한 중선(仲宣)237)을 비웃네.	流落江南笑仲宣

---

230) 진관사(眞觀寺): 경기도 개성 용수산 남쪽에 있었던 절.
231) 승통(僧統): 승려의 관직 중 하나로 사찰 행정의 총책임자였다. 고려시대에는 교종(敎宗)의 최고법계로 사용되기도 하였다.
232) 낙진대(樂眞臺): 진관사(眞觀寺) 근처에 있었던 큰 바위로 추정된다.
233) 용수산: 고려의 서울이었던 개성 남쪽에 있는 산. 일명 '용산(龍山)'이라고 부른다.
234) 난리 후에: 1361년(공민왕 10)에 일어난 홍건적(紅巾賊)의 제2차 침입을 말한다. 이때 홍건적의 침입으로 개경이 함락되자 공민왕은 안동으로 몽진(蒙塵)하였다가 그 이듬해인 1362년 개경을 수복하고 돌아올 수 있었다. 위 인용 시는 서울 수복 후에 지어진 것으로 보인다.
235) 호종(扈從): 임금의 거가(車駕)를 모시고 따라가는 것, 또는 그 사람.
236) 임금님……수레: 본문의 '난여(鑾輿)'는 임금이 타는 수레를 말한다.
237) 중선(仲宣): 중국 후한(後漢) 말엽에 활동했던 문인 왕찬(王粲: 177-217). '중선'은 그의 자(字)이다. 그는 문장에 뛰어나 중국 문학사에서 '건안칠자(建安七子)'로 불린다.

95. 사군(使君)238) 최백청(崔伯淸)239)에게 주다 　　寄崔使君 [伯淸]

애석하도다! 무산(巫山)의 한 조각구름이	可惜巫山一段雲
가을 달을 가리고 흐리게 뒤섞여 있네.	却遮秋月白紛紛
밤 깊도록 바람 부는데도 물러가지 않지만	夜深不迫風吹去
다만 어진 임금 때문에 그대가 사또가 되었다네.	只爲賢侯作使君

96. 즉흥적으로 시를 짓다 　　漫成

어린 시절 부지런히 옛사람을 사모하여	早歲孜孜慕古人
장차 유학(儒學)으로 임금께 충성하고 백성에겐 은혜 베풀려 하였지.240)	欲將儒術致君民
이제는 영락(零落)하여 자연 속에서	如今流落江村裏
흘러가는 세월에 늙은 내 몸을 맡길 수밖에.	一任光陰老我身

---

238) 사군(使君): 지방관에 대한 통칭이다. 일명 '사또'라고 한다.
239) 최백청(崔伯淸): 고려 후기의 문신. 목은 이색이 쓴 「오대상원사승당기(五臺上院寺僧堂記)」(『목은고 · 문고』 권6)에 '판서(判書) 최백청(崔伯淸)의 부인인 안산군부인(安山郡夫人) 김씨(金氏)가 이 말을 듣고는 기뻐한 나머지 최판서와 상의하여 금전을 희사하였다.'는 표현으로 보아 최백청은 '판서' 벼슬을 역임했음을 알 수 있다.
240) 임금께······하였지: 원문의 '치군민(致君民)'은 '치군택민(致君澤民)'의 줄인 말로 임금에게는 몸을 바쳐 충성하고 백성에게는 혜택을 베푼다는 의미이다.

97. 지정 이십육년 삼월 십칠일에 직장(直長) 김군필(金君弼)[241]과 항(恒) 스님이 우연히 함께 나를 찾아왔다. 세 명이 앉아서 시를 논하는데, 그 잘 된 부분을 만나면 그때마다 서로 읊조렸다. 기쁨과 즐거움이 지극하여 마침내 앉아 있던 평상에서 함께 땅으로 떨어졌다. 두 사람이 구해주려 했으나 구하지 못하고 서로 더불어 박장대소(拍掌大笑)하였다. 이에 붓을 가져다 시를 써서 다른 날의 웃음거리를 삼고자 한다.

至正二十六年三月十七日, 金直長君弼恒上人偶同來訪. 鼎坐論詩, 得其佳處, 輒相諷詠. 喜樂之至, 遂與所坐床俱墜于地. 二君救之不及, 相與拍手. 於是援筆題詩, 以爲他日之笑.

복사꽃 흐드러지게 피어 향기는 동산에 가득하고	桃花爛熳滿園香
보슬비는 부슬부슬 하루가 정말 길도다.	小雨濛濛日正長
선생께선 좋은 시 구절 논하다가	賴有先生論好句
높이 읊조리며 그만 평상에서 넘어지는 줄도 알지 못하였네.	高吟不覺誤翻床

---

[241] 김군필(金君弼): 이색과 충혜왕 복위 2년(1341년)에 사마시에 함께 입격한 기록이 나온다. 『목은집』에 「좌념김군필동년당득하과(坐念金君弼同年當得何科)」, 「동년김군필시차운봉답주필(同年金君弼詩次韻奉答走筆)」, 「득김군필동년시차운(得金君弼同年詩次韻)」 등의 작품이 보인다. 이색의 「육익정기(六益亭記)」에 의하면 김군필은 이색과 함께 진사시에 입격하였으나 대과에는 계속 낙방하여 상주 땅에 낙향하여 육익정을 짓고 유유자적하였음을 알 수 있다.

98. 병진년(丙辰年) 구월 구일242)에 박소윤(朴少尹)과 더불어 술 마시며
　　丙辰年九月九日與朴少尹飮酒

인생의 영욕과 부침(浮沈)에 어찌 기약이 있으리오	榮辱升沈肯有期
술잔 들고 새로 시를 짓는 것만 못하다네.	不如擧酒賦新詩
좋은 계절 되면 가는 곳마다 그대를 맞이하여 취했었는데	良辰到處邀君醉
높은 벼슬을 받은 어느 누가 나와 함께 즐기겠는가.	厚祿何人與我嬉
사방의 푸른 구름은 해를 머금어 애처롭고	千里碧雲含日慘
온 산의 누런 잎은 가을 되어 슬프구나.	萬山黃葉控秋悲
올해에는 중양절을 두 번이나 갖게 되어서	今年剩得兩重九
울타리 아래 국화꽃243)도 피어남이 절로 더디구나.	籬下寒花開自遲

---

242) 병진년(丙辰年)……구일: 병진년은 1376년(우왕 2)이며, 9월 9일은 중양절(重陽節)을 의미함. 1376년은 윤9월이 있어 중양절이 두 번 있다. 예부터 중양절엔 붉은 수유 열매를 머리에 꽂고 가족, 친구들과 함께 산에 올라[登高] 명절을 즐겼으며, 또 국화잎을 따다가 국화주를 마시고, 화전을 부쳐 먹기도 하였다.

243) 국화꽃: 원문의 '한화(寒花)'는 가을철에 피는 국화꽃을 의미함.

99. 진재 선생(眞齋先生)의 시에 차운하다　次眞齋先生詩韻

눈처럼 고운 배꽃과 연기 같은 버들　　　　　　　梨花如雪柳如煙
뜰에 가득한 봄빛에 흥이 한껏 생겨나네.　　　　滿院春光興浩然
갑자기 미친 바람이 우박을 불어오니　　　　　　忽有狂風吹雨雹
생각나는 대로 시구를 지어 올해를 기억하려네.　謾題詩句記今年

100. 독서를 위해 기름을 빌리다　　借讀書油

십오세에 과거시험장에 노닐면서244)　　　十五遊場屋
나의 생애를 책에다 부쳐 버렸네.　　　　生涯寄簡編
항상 머뭇거리면서도 말하고자 하였고　　囁嚅常欲語
외고 읽느라 잠을 자지도 못하였네.　　　誦讀不能眠
가을도 다해 가니 반딧불이 없는 밤이겠고　秋盡無螢夜
겨울이 돌아와도 눈 내리지 않는 하늘이리라.　冬回未雪天
이웃집과 거리가 조금 멀어　　　　　　　隣家稍相遠
벽을 뚫고 불빛조차 끌어오기 어렵다네.245)　鑿壁火難牽

---

244) 십오세에……노닐면서: 척약재는 만 15세 되던 1353년(공민왕 2)에 치러진 진사시(進士試)에 합격하였다. 이에 대한 사항은『한국역대인물종합정보시스템(http://people.aks.ac.kr)』,「고려사마」항목 참조.
245) 벽을……어렵다네: 중국 전한(前漢) 때에 광형(匡衡)이라는 사람이 집안이 가난하여 등불을 구할 수가 없자 벽을 뚫고 새어 나오는 이웃집의 불빛으로 책을 읽었다는 고사(故事). 여기에서 '착벽투광(鑿壁偸光)'이란 말이 나왔다.

101. 정언 이존오를 보내며 　　　　送李存吾正言

함께 봄 소풍 가자고 약속 잡을 땐 응하지 않더니	共約春遊不點頭
도리어 장대 하나 들고 푸른 강에서 낚시질 간다 하네.	一竿還釣碧江流
지금 낭사(郞舍)246)에 빈 자리가 많지만	只今郞舍多虛位
그 누가 임금을 위해 또다시 붙잡으리오.	誰爲君王更挽留

---

246) 낭사(郞舍): 낭사는 중서문하성(中書門下省)에 소속되어 간쟁과 봉박(封駁)을 담당하던 기관이다.

102. 궁사(宮詞)247)   宮詞

궁궐에 봄이 깊어 녹음은 붉게 핀 꽃과 어우러지고248)	禁院春深綠映紅
비단 장막 드리운 물시계에선 똑똑 소리가 나네.	紗窓玉漏響丁東
모란꽃249) 환하게 피었는데 날은 더디기만 하고	名花灼灼舒遲日
가는 버들 한들한들 바람에 희롱당하네.	細柳依依弄慢風

밤 깊은 궁궐에서 촛대의 불빛 흔들거리는데	夜闌金殿燭搖紅
별들은 반짝이며 아직 동쪽에 있네.	星斗闌干尚在東
(전구 결락)250)	■■■■■■■
난간에 기대 서 있으니 불어오는 목단풍(牧丹風)251)에 잠이 쏟아지네.	倚欄饒睡牧丹風

---

247) 궁사(宮詞): 중국 문학에서 하나의 시체(詩體)로서, 궁정 내부의 비사(祕事) 또는 전해 내려오는 이 야기를 칠언절구의 형식으로 읊은 것.

248) 녹음은……어우러지고: 원문의 '녹영홍(綠映紅)'은 당나라 시인 두목(杜牧)의 「강남춘(江南春)」 중 '천리앵제녹영홍(千里鶯啼綠映紅)'에서 따온 것으로 봄날의 아름다운 정경을 묘사한 것이다.

249) 모란꽃: 원문의 '명화(名花)'는 '모란'을 의미한다. 당나라 시인 이백은 「청평조(淸平調)」에서 절세 미인 양귀비를 두고 "명화경국양상환(名花傾國兩相歡): 모란과 경국지색의 미녀가 서로 기쁘게 한다"라고 읊었다.

250) (전구 결락): 『척약재학음집』에는 위 시의 제3구가 결락되어 있는데, 안동김씨대종회 홈페이지 (www.andongkimc.kr)에서는 이 시를 소개하며 결락된 제3구까지 보여 주고 있다. 참고로 홈페 이지에 소개된 시구는 다음과 같다. '누파효종경쇄직(漏罷曉鐘驚鎖直)'. 하지만 이 시구가 어떤 저 본을 근거로 한 것인지는 설명이 되어 있지 않고, 제시된 국역 또한 잘못되었다. 이 구절을 번역하 면 '새벽녘이 되자 울리는 종소리에 당직을 서는 신하 깜짝 놀란다' 정도로 하는 것이 옳겠다. 위 글의 출처는 국립중앙도서관 소장 '수필본'이다. 국립중앙도서관 위창문고에 있는 『척약재학음집』 은 필사본인데 발문에 "1710년(숙종 36년)에 남숙도(南叔燾)가 김익해(金翼海)에게서 낙질 1권을 얻은 뒤 김시경(金始慶: 1659년~1735년) 가장본(家藏本)과 같은 판본임을 확인하여 이 두 본(本) 을 비교하여 낙장(落張)과 탈락된 글자를 보사해서 완질본을 만들다."라고 되어 있는 것으로 보아 초간본을 저본으로 하였으리라 짐작되나, 누락 부분이 초간본(한국학중앙연구언 소장본)에도 결락 되어 있어 '수필본'에 쓰인 글의 출처를 모르겠다.

251) 목단풍(牧丹風): 춘분(春分)을 지나 청명(淸明)이 오기 전 시기에 부는 바람. '이십사번화신풍(二十 四番花信風)' 또는 '투화풍(妬花風)'이라고 하여 24절기(二十四節氣) 중 소한(小寒)부터 곡우(穀雨)까 지의 절기(節氣)마다 3후(三候: 初候, 中候, 末候), 즉 5일씩 바뀌어 부는 바람에 이름을 지었는데, 바람마다 그에 해당하는 꽃이 핀다.

103. 강릉으로 가는 도중에   江陵途中

푸른 물결 따라 먼 길에 나무 그늘도 듬성듬성	碧波脩路樹陰疎
수만 폭의 병풍처럼 사방이 물든 구월의 초순.	萬幅丹靑九月初
역마 타고 행장 차려 가는 것도 오히려 맛이 있으니	乘駒行裝還有味
매번 아름다운 풍경 만날 때마다 곧바로 수레 멈추네.	每蓬[252]佳處便停車

깃발은 펄럭펄럭 바다 물결에 비치고	旋斾央央照海波
자고새는 깜짝 놀라 해당화를 흔드네.[253]	鷓鴣驚簸海棠花
물가에는 흰 모래톱과 푸른 대나무가 어울려 있으니	白沙翠竹汀洲畔
송교(松喬)[254]의 제자 집인 줄 의심하였네.	疑是松喬弟子家

산과 바다를 낀 십여 개의 마을엔	依山傍海十餘州
너무도 기이한 풍광과 곳곳에 누대가 있다네.	無恨奇觀處處樓
어떻게 서너 명의 아름다운 이를 얻어서	安得玉人三四輩
봄바람 가을달에 한가로운 유람을 할까.	春風秋月賦閒遊

---

252) 蓬: 초간본(한국학중앙연구원 소장본), 수필본(국립중앙도서관 소장본), 익산본, 영천본 모두 '逢'으로 되어 있다.

253) 자고새는……흔드네: 원문의 '鷓鴣驚簸海棠花' 구절을 조선 중기의 문인 허균(許筠)은 그의 시화집(詩話集) 『성수시화(惺叟詩話)』에서 인용하면서 사실은 자고새가 아니라 큰 까치가 깍깍 우는 것이라고 말하고 있다.(허균, 『성수시화(惺叟詩話)』, "鷓鴣驚簸海棠花者, 見大鵲叫磔, 而謂行不得也, 皆此類歟!" 참조.)

254) 송교(松喬): 신선이 되어 불로장생했다는 중국의 적송자(赤松子)와 왕자교(王子喬)를 지칭하니, 이 시에서는 시인이 방문한 집의 주인을 칭송하는 의미로 쓰인 것이다.

104. 구월 십육일에 통주(通州)255)의 이 사또256)와 삼일포(三日浦)257)에서 배를 띄우고 노닐었다. 때마침 막 비가 개어 산 빛은 푸르러 울창하고 호수 빛은 잔잔하게 반짝여서 진실로 인간 세상이 아니었다. 술자리가 무르익어 사선정(四仙亭)258) 기둥 위에 시를 쓴다. [이첨]

九月旣望, 與通州李使君, 泛舟遊於三日浦. 時方雨晴, 山色蔥籠, 湖光瀲灩, 顧非人世也. 酒酣題四仙亭柱上.259) [李詹]

서른여섯 봉우리에 가을비 맑게 개니	三十六峯秋雨晴
신선이 산다는 이곳 너무도 쾌청하구나.	一區仙境十分淸
해가 져도 가볍게 배를 돌릴 필요 없으니	日斜未用輕回棹
단풍나무 숲과 소나무 심겨진 물가에서 밝은 달 기다리네.	楓岸松汀待月明

수심정은 고요하여 세상에 대한 마음 없어지고	水心亭靜世情微
구름 사이에 있는 신선을 불러야 할 듯.	彷彿雲間喚羽衣
사또의 마음이 달처럼 곱기에 힘입어	賴有使君心似月
하루 종일 난간에 기대어 편안한 마음으로 돌아가는 것 잊었네.	倚欄終日憺忘歸

---

255) 통주(通州): 강원도 통천군(通川郡)의 옛 이름.
256) 이 사또: 이첨(李詹)을 가리킴. 이첨[1345년(충목왕 1)~1405년(태종 5)]은 본관은 신평(新平). 자(字)는 중숙(中叔), 호는 쌍매당(雙梅堂)이다. 할아버지는 보문각제학 달존(達尊)이고, 아버지는 증참찬의정부사(贈參贊議政府事) 희상(熙祥)이다. 1365년(공민왕 14) 감시(監試)의 제2인으로 합격했고, 1368년 문과에 급제하였고, 조선 개국 후에는 대사헌, 예문관대제학을 역임하였다. 문장과 글씨에 뛰어나 하륜 등과 함께 『삼국사략(三國史略)』을 찬수했고, 소설 『저생전(楮生傳)』을 지었다. 『신증동국여지승람』에 많은 시를 남기고 있으며, 유저로는 『쌍매당협장문집(雙梅堂篋藏文集)』이 있다. 시호는 문안(文安)이다.
257) 삼일포(三日浦): 강원도 고성군에 있는 호수로 관동팔경 중 하나이다.
258) 사선정(四仙亭): 강원도(江原道) 고성(高城) 삼일포(三日浦) 안의 섬에 있는 정자 이름인데, 신라시대의 사선(四仙)인 영랑(永郎), 술랑(述郎), 남석랑(南石郎), 안상랑(安詳郎)이 사흘 동안 노닐었다 해서 붙여진 이름이다.
259) 이 시는 『신증동국여지승람』 권45, 강원도(江原道) 고성군(高城郡) 【산천】 삼일포(三日浦)에도 실려 있는데, 함련(頷聯)과 경련(頸聯)이 바뀌어 있다.

105. 대강정(大康亭)260)에서 차운하다   大康亭次韻261)

우정(郵亭)262)은 눈 내리는 가운데 경치 좋은데	郵亭雪中好
생각해 보니 봄빛은 푸르렀지.	想見春光碧
동쪽으론 만리의 파도가 뒤집어지고	東翻萬里波
서쪽으론 천리의 절벽이 깎아지른 듯.	西削千里壁
백사장은 평평하고 푸른 소나무 숲은 울창하며	沙平森翠松
언덕은 넓고 기암괴석 많구나.	岸闊饒奇石
내가 왔더니 손님들도 덩달아 많아지니	我來賓從多
그럼 내가 바로 정당시(鄭當時)263)인가 생각해 보네.	疑是鄭莊驛

---

260) 대강정(大康亭): 강원도 고성군에 있던 대강역(大康驛)의 정자. 대강역은 안창현(安昌縣)의 역참이었다.
261) 이 시는 『신증동국여지승람』 권45, 강원도(江原道) 고성군(高城郡) 대강역(大康驛) 항목에도 실려 있다.
262) 우정(郵亭): 역참(驛站)의 객사(客舍). 이 시에서는 대강정(大康亭)을 지칭한다.
263) 정당시(鄭當時): 한(漢)나라 때의 관료. 진(陳) 땅 사람으로 자(字)는 장(莊)이다. 손님들을 초대하여 대접하기를 즐겼다고 한다. 정당시(鄭當時)는 한(漢)나라 효경제 때에 태자사인이 되었다. 5일마다 머리를 감고 늘 역마를 장안의 제교(諸郊)에 두고 빈객을 청하기를 밤부터 아침까지 하였으나 늘 두루 미치지 못할까 염려했다고 한다.(『한서(漢書)』, 「정당시전」 참조) '몽구(蒙求)'에는 정장치 역으로 나온다. 위의 인용 시 역시 그 같은 의미로 사용한 것이다.

106. 명파정(明波亭)264)에서 차운하다   明波亭次韻

세상 시비와 영욕에 점점 머리는 비어 가고	是非榮辱轉頭空
몸은 관동지방 절경 속에 있다네.	身在關東絶景中
이르는 곳마다 역참은 맑아 속되지 않아	到處郵亭淸不俗
가는 길에 음풍농월(吟風弄月)265)해 본다네.	行行弄月又吟266)風

---

264) 명파정(明波亭): 강원도 고성군에 있던 명파역(明波驛)의 정자.
265) 음풍농월(吟風弄月): 맑은 바람을 읊고 밝은 달을 즐긴다는 뜻으로, 아름다운 자연의 경치를 시를 지어 노래하며 즐김을 이르는 말이다.
266) 吟: 초간본(한국학중앙연구원 소장본)과 수필본(국립중앙도서관 소장본)에는 '唫'으로 되어 있다. '唫'은 '吟'의 이체자이다.

107. 의주(宜州)267)의 동쪽 정자(亭子)에서 이 원수(李元帥)268)의 운자로 쓰다
宜州東亭李元帥韻269)

사상(使相)270)이 바닷가 정자에서 새로 시를 지었는데	使相新題海上亭
바다와 산의 오묘한 변화271)는 또한 정을 머금었네.	海山雲物亦含情
장성(長城)은 길게 이어지고 군대의 위용은 엄숙하니	長城邐迤軍容肅
오랑캐들 북과 나팔 소리에 간담이 녹으리라.	胡虜寒心鼓角聲

만리의 푸른 물결 이는 한 초정(草亭)272)에서	萬里滄波一草亭
겨울바람 불어오니 철관(鐵關)273)의 정이 일어나네.	朔風吹起鐵關情
백 년 동안 승냥이와 호랑이가 진을 치며 살던 곳에	百年豺虎成屯處
옛날처럼 닭 울고 개가 짖는 소리가 들려오네.	依舊鷄鳴狗吠聲

---

267) 의주(宜州): 함경남도 덕원(德源)의 옛 지명.
268) 이 원수(李元帥): 훗날 조선을 개국한 이 성계(李成桂: 1335-1408)를 지칭한다.
269) 이 시는 『신증동국여지승람』 권49, 함경도(咸鏡道) 덕원도호부(德源都護府)에도 실려 있다.
270) 사상(使相): 중국에서 재상의 호칭이 추가된 절도사나 절도사의 호칭이 추가된 은퇴한 재상을 이르던 말. 이 시에서는 이 원수(李元帥), 즉 이성계(李成桂)를 지칭한다.
271) 오묘한 변화: 원문의 '운물(雲物)'은 천기(天氣)와 물색(物色)의 변화를 말한다.
272) 초정(草亭): 풀로 지붕을 인 정자.
273) 철관(鐵關): 함경남도에 있는 험준한 고개로 북쪽은 관북(關北), 동쪽은 관동(關東)이라 했다. 천연의 요새로서 신라시대부터 중요시하여 성을 쌓았으며 고려 때에는 관문을 설치하고 철관(鐵關)이라 하였다. 일명 '철령(鐵嶺)'이라고도 부른다.

108. 평해(平海)274)에 사는 전자수(田子秀)275)에게 주다 　　寄田子秀居平海

하늘과 땅이 나를 낳았으니 어찌 기대하는 바가 없겠는가	乾坤生我豈無期
일부러 밝은 시절 기대하며 취하여 시를 짓네.	故向明時醉賦詩
티 없이 깨끗한 관동의 자연 속에서	瀟灑關東山水裏
어찌 능히 쓸데없이 명예를 낚으리오.	安能碌碌釣名爲

---

274) 평해(平海): 경상북도 울진군(蔚珍郡)의 옛 지명.
275) 전자수(田子秀): 전자수(田子壽). 전자수(田子壽)는 1353년(공민왕 2)에 이색과 함께 과거에 급제하였으며, 고려 말인 1390년에 평해로 낙향하였다. 본관은 담양(潭陽), 호는 회정(晦亭), 관직은 고려조(高麗朝) 광정대부(匡靖大夫) 첨의평리겸진현관대제학(僉議評理兼進賢館大提學) 강원도안렴사(江原道按廉使)였다. 담양전씨 시조는 충원공(忠元公) 전득시(田得時)이다. 전자수(田子壽)는 문원공(文元公) 경은(耕隱) 전조생(田祖生)의 손자로 아버지는 전순(田順)이며, 어머니는 흥양이씨(興陽李氏)로 이서원(李舒原)의 딸이다. 장성 경현사(長城景賢祠)·개성 두문서원(開城杜門書院)·의령 태암서원(宜寧泰巖書院)·울진 경문사(蔚珍景門祠)에 배향되어 있다.(『울진군지』 참조)

109. 사선정(四仙亭)에서 차운하다   四仙亭次韻

사선정이 너무 좋아	四仙亭最好
삼일포에서 일부러 머뭇거리네.	三日故遲回
빼어난 경치 응당 비할 데 없어	勝景應無比
봄바람 불자 다시 찾아왔네.	春風得再來
얼음 밟으며 돌계단을 오르고	敲氷攀石磴
눈을 쓸며 이끼 낀 바위 위에 앉네.	掃雪坐嵒苔
서른여섯 봉우리 그림과 같아	六六峯如畫
술잔을 멈추고 머리를 다시 돌리네.	停盃首更廻

단풍과 국화가 한창인 구월에	赤葉黃花九月時
사선정 위에서 취하여 시를 쓰네.	四仙亭上醉題詩
오늘 다시 와 보니 얼음이 사방으로 얼어 있어	今日重來氷四合
푸른 유리가 흰 유리로 변하였네.	碧琉璃化白琉璃

110. 화령부(和寧府)276) 희우루(喜雨樓)277) 시에 차운하다278)
和寧府喜雨樓次韻279)

구월 변방의 성엔 눈 내릴 것 같지 않아	九月邊城雪意微
누대에 올라 술잔 들고 돌아가는 구름 바라보네.	登臨擧酒看雲歸
동남쪽의 넓은 들판 향해 주렴을 걷고	東南野濶珠簾捲
서북쪽의 높은 산 향해 그림 같은 용마루가 날 듯이 솟았네.	西北山高畫棟飛
쓸쓸한 가을빛은 변방의 해를 머금고	慘淡秋光涵塞日
뿌연 바다 기운은 숲 속의 안개와 섞여 있네.	空濛海氣雜林霏
바라보니 사방에 농잠(農蠶)하는 집들 많으니	望中千里農桑富
지난 날 횡포를 일삼던 자들 어찌 뉘우침이 없으리오.	疇昔強梁幾悔非

---

276) 화령부(和寧府): 함경도 영흥군(永興郡)의 옛 이름.
277) 희우루(喜雨樓): 함경도 영흥대도호부(永興大都護府)에 있었던 누대.
278) 화녕부(和寧府)……차운하다: 이 시는 쌍매당(雙梅堂) 이첨(李詹)의 시 「제화령부희우루(題和寧府喜雨樓)」(『쌍매당협장집(雙梅堂篋藏集)』 권1)에 차운한 것으로 보인다. 두 시 모두 칠언율시로 운자(韻字)가 '귀(歸)', '비(飛)', '비(霏)', '비(非)'로 운목(韻目)은 상평성(上平聲) 5번째 '미운(微韻)'으로 같다.
279) 이 시는 『신증동국여지승람』 권48, 함경도(咸鏡道) 영흥대도호부(永興大都護府) 【고적】에도 실려 있다.

111. 취하여 삼척 객사 동쪽 상방(上房)280) 벽에 쓰다
醉題三陟客舍東上房壁 281)

깨끗한 산과 시내는 나와 함께 맑고	瀟灑山川282)共我淸
곳곳의 누대에선 관현악 소리 들리네.	樓臺到處管絃聲
만약 좋은 말에 어여쁜 여인을 태우지 않는다면	若非細馬馱紅粉
그 누가 삼한 땅을 다시 태평성세라 일컬으리오.	誰謂三韓更太平

112. 구월 십일 양주(襄州)283)에서 임기를 마치고 돌아가는 함주(咸州)284) 장 사또를 만났다. 그가 남쪽 인동(仁同)285)으로 돌아가기에 시를 지어 전송하다
九月十日, 襄州逢咸州張使君政成而還. 南歸仁同, 詩以送之

좋은 술과 국화꽃이 좋은 잔에 가득한데	綠酒黃花滿玉巵
만나자 곧 이별해야 하니 함께 수심에 가득하네.	相逢卽別共愁思
그대에게 부탁하니 곧장 남쪽 지방을 향해 간다 하더라도	憑君直向南州去
관동지방 옛날과 같다 말하지 마소.	莫道關東似舊時

---

280) 상방(上房): 관아의 우두머리가 거처하는 방.
281) 이 시는 『신증동국여지승람』 권44, 강원도(江原道) 삼척도호부(三陟都護府)【제영】에도 실려 있는데, 여기에는 '山川'이 '江山'으로 되어 있다.
282) 山川: 서거정(徐居正)의 『동인시화(東人詩話)』에는 '山川'이 '江山'으로 되어 있다. 『동인시화(東人詩話)』에는 이 시를 '관동 지방은 아름다운 경치로 천하에 으뜸이다. 또 정사(政事)가 간편하고 백성이 순박하여 관청 문서에 대한 노고(勞苦)가 없다. 예로부터 안렴사(按廉使)로 가는 사람은 가끔 풍류(風流)로 스스로를 즐겼다.'라고 하면서 맥락에서 함부림(咸傅林)의 작품과 함께 소개하고 있다.
283) 양주(襄州): 강원도 양양(襄陽)의 옛 이름.
284) 함주(咸州): 함경도 함흥(咸興)의 옛 이름.
285) 인동(仁同): 경상북도 구미 지역의 옛 지명.

113. 임자년(壬子年)286) 구월에 소주성(蘇州城)287) 아래에서 느낀 바가 있어288)
壬子九月蘇州城下有感

이슬비 계속 내려 주막의 깃발을 적시고	小雨聯緜濕酒旗
강가의 누대에선 배가 떠남이 더디구나.	夾江樓閣解船遲
동쪽에서 만 리 길 찾아와 물어 볼 사람도 없으니	東來萬里無人問
용만(龍彎)289)으로 고개 돌려 보지만 또 돌아갈 기약 저버리네.	回首龍彎又負期

114. 밤이 되어 양자강에 정박하다　　夜泊楊290)子江

달빛 가득 찬 양자강에 가을밤은 맑고	月滿長江秋夜淸
남쪽 기슭에 배를 매고 조수가 일어나길 기다린다.	繫船南岸待潮生
여관에서 잠을 깨고 어디인가 생각해 보는데	蓬窓睡覺知何處
오색구름 가득한 이곳은 황제의 서울이로다.	五色雲深是帝城

---

286) 임자년(壬子年): 1372년(공민왕 21). 척약재 김구용은 이 해 8월 성절사(聖節使) 성원규(成元揆)의 서장관(書狀官)이 되어 중국에 갔다 이듬해 7월에 돌아왔다.
287) 소주성(蘇州城): 중국 강소성(江蘇省) 남부에 위치한 도시. 역사적으로 유명한 유적지와 수많은 명소가 있다.
288) 이 시부터 131번 시 「蓋牟城寄大倉朱秀才, 曾以玉燈爲贈」까지가 척약재 1차 사행(1372-1373년)때 지은 시이다.
289) 용만(龍彎): 경기도 개성의 용수산(龍首山)을 지칭한다.
290) 楊: 초간본(한국학중앙연구원 소장본)과 수필본(국립중앙도서관 소장본)에는 '揚'으로 되어 있고, 현재도 '揚子江'으로 쓰인다.

115. 왕 승상(汪丞相)께 올리다 [2수]　　　上汪丞相 [二首]

넓고 넓은 큰 바다에서 작은 배 탔는데	鯨海茫茫駕小舟
큰 바람이 제왕의 고을로 불어오네.	長風吹起帝王州
천 년 동안 좋은 땅에 황제의 거처 웅장하고	千年地勝皇居壯
만 년 동안 높은 산에 왕의 기운 떠 있네.	萬歲山高王氣浮
인물과 수레와 책은 당나라 한나라 송나라를 이었고	人物車書唐漢宋
의관과 예악은 하나라 은나라 주나라를 계승했네.	衣冠禮樂夏殷周
재주도 없는 이가 벼슬을 얻어291) 문물을 보러 와서	不材承乏觀光到
황제 계신 궁궐을 우러러보며 다시 고개를 조아리네.	仰望天門更叩頭

만 리의 하늘이 북극성을 두르고 있으니	萬里乾坤拱北辰
나 홀로 조정에 있어도 천하를 다스릴 수 있다네.	獨居廊廟轉洪鈞
평생에 다행스럽게 풍운제회(風雲際會)292)의 때를 만나	平生幸際風雲會
아침저녁으로 빛을 보게 되니 해와 달도 새롭네.	朝夕瞻光日月新
도를 논하고 나라를 다스려 성대한 교화 베푸시고	論道經邦宣盛化
온화한 말과 겸손으로 신하들을 대하시네.	溫言屈已接陪臣
태평성세의 문물은 중흥의 산물이니	太平文物重興後
능연각(凌烟閣)293) 그림 중에 몇 번째 사람일까.294)	圖畫凌烟第幾人

---

291) 재주도……얻어: 원문의 '승핍(承乏)'은 재능이 없는 사람이 벼슬을 맡은 것을 말한다.
292) 풍운제회(風雲際會): 『주역(周易)』, 「건괘(乾卦)」의 '구름은 용을 따르고 바람은 범을 따른다.[雲從龍, 風從虎.]'라는 말에서 나온 것으로, 명군(明君)과 양신(良臣)이 서로 만나는 것을 말한다.
293) 능연각(凌烟閣): 능연각은 당나라 때 서안부(西安府) 성 안, 서내태극전(西內太極殿) 동쪽에 있던 누각이다. 이곳에 당나라의 개국공신 24명의 초상을 걸어 두었다.
294) 능연각(凌烟閣)……사람일까: 능연각에 걸린 당나라의 충신들처럼 시인 자신도 국가를 위한 충신이 되고 싶다는 소망을 표현한 구절이다.

116. 예부(禮部)295) 도 상서(陶尙書)296)께 올리다　　　上禮部陶尙書

현명한 황제께서 왕업을 일으키신 지 오년 만에	聖主龍興第五春
홀로 유학(儒學)으로 문신(文臣)이 되었다네.	獨將儒術作詞臣
예악에 침잠하여 맑은 위의(威儀)가 성대하고	從容禮樂淸儀盛
시서에 노닐어 총애 받은 사명이 새롭네.	遊戲詩書寵命新
털옷 입고 전거(氈車)297) 타고 다투어 조공을 바치고	毳服氈車爭入貢
풀로 만든 옷과 몽치머리298)를 한 모두가 빈객이라네.	卉衣椎髻摠爲賓
단지 기자의 유풍이 남아 있음으로 인하여	只緣箕子遺風在
반차(班次)가 도리어 변방의 백성들보다 높다네.	班列還陞絶域人

---

295) 예부(禮部): 중국의 중앙관제로 교육과 외교 및 의례(儀禮)에 관한 사무를 맡아보던 관서.
296) 도 상서(陶尙書): '상서(尙書)'는 중국 중앙관제의 하나로 '상서성(尙書省)'에 속한 관직이었다. 여기서는 상서 벼슬에 있는 도씨(陶氏) 성을 가진 인물로 보인다.
297) 전거(氈車): 털 담요로 덮개를 친 호인(胡人)들의 수레.
298) 몽치머리: 원문의 '추고(椎髻)'는 '추계(椎髻)' 또는 '추결(魋結)'이라고 하며 머리를 한 줌으로 묶은 망치 모양의 머리이니 오랑캐를 가리킨다.

117. 황제가 베풀어 준 연회에서 [구호(口號)299)]　　賜宴 [口號]

기쁜 기운이 찬 기운을 몰아내니	喜氣排寒氣
천자의 조정엔 덕업이 빛나네.	天朝德業光
현악에 올려진 노랫소리는 옛 음률을 머금었고	絃歌含古律
술과 안주는 맑은 향을 풍기도다.	肴酒噴淸香
황제가 베푸신 은혜 비로소 무거우니	雨露恩初重
성세(聖世)300)를 맞이한 경사는 더욱더 크다네.	風雲慶更長
길 위에서 취하여 붙들어 주니	醉扶街上路
기쁨과 즐거움이 어찌 갑자기 다할 수 있겠는가.	歡樂未渠央

---

299) 구호(口號): 시제(詩題)의 하나로 즉석에서 즉흥적으로 머리에 떠오르는 대로 읊는 시를 말한다.
300) 성세(聖世): 원문의 '풍운(風雲)'은 훌륭한 인재가 성군(聖君)을 만나 크게 쓰임을 받는 것을 지칭한다.

118. 대창(大倉)에서 병이 들어 달가 사성(司成)301)에게 주다
大倉病中寄達可司成

내 몸에 병이 많은 줄은 일찍부터 알았지만	早識身多病
여행길에 병이 생길 줄 어찌 알았겠는가.	那知客裏侵
위로해 주러 오는 이도 없이	無人來問慰
밤새도록 홀로 신음하네.	永夜獨呻吟
부모님 생각에 눈물이 눈에 가득하고	滿眼思親淚
임금님 그리워 사모의 정이 가슴을 채우네.	塡胸戀主心
삶과 죽음은 도리어 의탁할 바가 있는 것	死生還有托
만 리 이역에서 벗을 만났네.	萬里遇知音

---

301) 사성(司成): 고려 후기 성균관(成均館)에서 유학을 가르치던 관직. 정몽주가 당시 성균관 사성으로 있었다. '달가'는 정몽주의 자(字)이다.

119. 담우덕(譚友德) 수재(秀才)302)에게 주다   贈譚友德秀才

시절은 바야흐로 한겨울인데	時序三冬月
천지 사이에 한 명의 병든 자라네.	乾坤一病身
죽고 삶은 원래부터 천명이 있는 것이니	死生元有命
건강이 잠시 정도에서 어긋난 것이리.	榮衛暫乖眞
좋은 약이 없음을 홀로 한해 보기도 하지만	獨恨無良藥
착한 이웃이 가까이에 있음을 도리어 기뻐하노라.	還欣近善隣
어느 때에야 조금이라도 나아져서	何時小差愈
우리 도를 다시 서로 펼칠까.	吾道更相陳

120. 달가와 더불어 금릉(金陵)303)으로 돌아가는 향승(鄕僧)304) 오(悟) 스님을 보내다   同達可送鄕僧悟上人歸金陵

바다 건너와서 불이문(不二門)305)을 찾고	度海來尋不二門
흰 머리로 장산(蔣山)306)의 구름 위에 높이 누웠네.	白頭高臥蔣山雲
봄바람 속에서 강남땅의 나그네가 되었으니	江南爲客春風裏
차마 누대에 올라 다시 그대를 보낼 수 있겠는가.	可忍登樓更送君

---

302) 수재(秀才): 서생(書生)의 통칭.
303) 금릉(金陵): 중국 남경(南京)의 옛 이름.
304) 향승(鄕僧): 시골의 승려, 또는 고향의 승려란 뜻이니, 곧 우리나라의 승려를 중국에서 만났던 것으로 보인다.
305) 불이문(不二門): 불교용어로 불이법문(不二法門)의 준말인데, 평등하여 아무 차이가 없는 지도(至道)라는 뜻이다.
306) 장산(蔣山): 중국 남경에 있는 '종산(鍾山)'의 별칭. 한(漢)나라 말기에 장자문(蔣子文)이 이 산 아래에서 도적에게 피살되자 대제(大帝)가 그를 위하여 사당을 세우고 종산(鐘山)을 장산(蔣山)으로 불렀다고 한다.

121. 금릉의 거리에서 　　　　　金陵街上

봉계(鳳髻) 머리307), 금비녀 모두에 꽃을 꽂았는데　　　鳳髻金釵摠插花
주막집 깃발 바람에 살짝 흔들리고 버들가지는 늘어져 있네.　　　酒旗風軟柳絲斜
봄바람 부는 어느 곳인들 애간장 태우지 않으리오　　　春風何處堪腸斷
술 취해 이원제자(梨園弟子)308)의 집을 지나가네.　　　醉過梨園弟子家

---

307) 봉계(鳳髻) 머리: 예전에 여자들이 했던 머리장식, 일명 '가체(加髢)'의 하나로 길고 높게 만든 머리이다.
308) 이원제자(梨園弟子): '이원'은 원래 중국 당나라 현종 때 처음 만들어졌으며 음악에 정통한 남녀 예인(藝人)들을 뽑아 가무(歌舞)를 훈련시키던 곳이다. 후에 의미가 넓어져 '이원제자'란 악사(樂士)와 기생까지 포함하는 의미로 종종 사용되었다.

122. 계축년309) 사월에 대창(大倉)으로부터 서울[명나라 서울 남경]로 오라고 부름을 받았다. 광록시(光祿寺)310)에서 잔치가 베풀어졌고, 봉천문(奉天門)311) 아래에서 황제를 배알하고 선유(宣諭)312)를 들었다. 다시 앞의 운을 사용하여 짓다 癸丑四月, 自大倉召至京師, 賜宴光祿寺, 奉天門下面聽宣諭. 復用前韻

멀리 기자(箕子)의 나라에서	遠自313)胥餘國
상국의 문물을 관광314)하러 왔네.	來觀上國光
뼈는 광록시 술에 취하였고	骨醺光祿酒
몸은 천자의 향로에 이끌리네.	身惹御爐香
펼쳐진 위엄에 온 천지가 정돈되고	威振乾坤整
깊은 은혜에 해와 달도 변함없다네.	恩深日月長
정치와 형벌까지도 모두 덕으로서 베푸시니	政刑俱以德
북극성이 중앙에 있는 것과 같다네.315)	北極在中央

122. 또　又

은하수 너무도 선명하고 이슬은 옷을 적시는데	星河曆曆露霑衣
물시계 똑똑 떨어져도 사립문은 열리지 않네.	玉漏丁東未啓扉

---

309) 계축년: 1373년(공민왕 22). 척약재 김구용은 1372년 8월에 중국에 와서 1373년 여름까지 머물렀다.
310) 광록시(光祿寺): 중국의 부서 명칭으로 궁중의 제사나 조회 및 연회에 필요한 술과 음식의 조달을 전담하던 관서(官署)이다.
311) 봉천문(奉天門): 명태조(明太祖)가 명나라를 세우고 처음 도읍한 금릉(金陵: 현재의 남경)에 위치한 궁궐의 문. 봉천문 안쪽으로 외국의 사신들을 접견하던 '봉천전(奉天殿)'이 자리하고 있었다.
312) 선유(宣諭): 임금의 유지(諭旨)를 일반에게 널리 알림. 원문과 같이 '宣喩'라고도 쓴다.
313) 自: 한국문집총간 DB에는 '目'으로 잘못 판독했다.
314) 관광: '관국지광(觀國之光)'의 줄인 말. 앞의 76번 시 「송일본사(送日本使)」의 각주를 참조할 것.
315) 정치와……같다네: 『논어』 「위정(爲政)」에 나오는 '정치는 덕으로써 해야 하니 비유하자면 북극성은 그 자리에 있는데 여러 별들이 그것을 향해 도는 것과 같다.[子曰, 爲政以德, 譬如北辰居其所, 而衆星共之.]'라는 표현을 따온 것이다.

조서(詔書)316)가 내려와 연회에 참석하란 명을 받고　　　傳詔仍令參錦宴
길가에서 만나 함께 술에 취해 부축 받아 돌아왔네.　　會同街上醉扶歸

---

316) 조서(詔書): 임금의 선지(宣旨)를 일반에게 널리 알릴 목적으로 적은 문서.

123. 윤주(潤州) 감로사(甘露寺) 다경루(多景樓)317) 시에 차운하다
潤州甘露寺多景樓次韻

여행에 피곤해도 애오라지 다시 이 누대에 오르니	倦遊318)聊復此登樓
하늘은 푸르고 바람은 불지 않아 가을이 느껴지네.	天豁風微意欲秋
남과 북의 강산에선 구름이 절로 일고	南北江山雲自起
고금의 흥망성쇠에도 강물은 부질없이 흘러가네.	古今興廢319)水空流
생각건대 전당(錢幢)은 오래 된 물건이고	錢幢想見千年物
옥피리와 생황 소리는 만 리의 근심을 일으키네.	玉笛吹笙320)萬里愁
혜원(惠遠)과 같은 고승에 힘입어	賴有高僧如惠遠
해질녘 돌아가면서 다시 고개를 돌이키네.	夕陽歸去更回頭

---

317) 다경루(多景樓): 중국 강소성(江蘇省) 진강시(鎭江市) 북고산(北固山)의 감로사(甘露寺) 내에 있었던 누각. 빼어난 절경으로 이름났으며 당대 시인 묵객들이 자주 찾던 곳이었다. 삼국시대 동오(東吳) 감로(甘露) 원년(元年: 265년)에 세워졌다고 한다. 그 후 여러 차례 허물어짐과 건립됨이 계속되었다. 산꼭대기의 능운정(淩雲亭)을 강유위(康有爲)가 고쳐서 '강산제일정(江山第一亭)'이라 하였다고 한다. 이곳의 다경루는 감로사 풍경 중 가장 아름다운 곳이라고 한다. 척약재 김구용은 이때 정몽주와 만난 것으로 보인다. 그 뒤 정몽주는 척약재 김구용이 세상을 떠난 후 다시 이곳 가까이 와서 그를 추억하는 작품을 남겼다. 그 시는 다음과 같다. "先生豪氣盖南州, 憶昔同登多景樓, 今日重遊不君現, 蜀江何處獨魂遊."[정몽주, 「양자도망북고산도김약재(揚子渡望北固山悼金若齋)」, 『포은집』권1]. 이 시의 시제(詩題)에는 '洪武癸丑與先生同登北固山多景樓'라는 주석이 있고, 작품의 끝에는 '先生於洪武癸丑 貶雲南歿于蜀中路上'이라는 주석이 있다. 그러나 끝에 적은 홍무 계축(洪武癸丑)은 1373년인데, 척약재 김구용이 운남으로 유배가다가 죽은 해는 1384년이므로 홍무 갑자(洪武甲子: 1384년)여야 한다.

318) 遊: 『한국문집총간』에는 '游'로 되어 있다.

319) 廢: 『한국문집총간』에는 '癈'로 되어 있으나 의미 상 본서의 저본인 『고려명현집』의 '廢'가 타당하다.

320) 笙: 『고려명현집』에는 '生'으로 되어 있으나 의미 상 '笙'이 맞으므로 『한국문집총간』을 따른다. 초간본(한국문집총간, 한국학중앙연구원 소장본)에 '笙'으로 되어 있어 재간본(1884년)에서 잘못 판각한 것이다.

123. 또 又

강물은 아득히 흐르고 새는 날아돌며	江流漠漠鳥飛還
하늘은 구름과 놀에 가까워 잡고 오를 수 있을 듯하네.	天近雲霞手可攀
이 누대 값을 매길 수 없는 곳임을 비로소 믿겠으니	始信此樓無價處
바라볼수록 그림을 보는 것 같네.	望中相作畫圖看

124. 금산사321)　　金山寺

강 중앙에 우뚝 솟아 만 길이 넘으니	屹立江心萬丈餘
하늘로 솟은 건물 달나라 궁궐322) 넘어섰나 도리어 의심해 보네.	却疑天闕跨淸虛
조수가 일고 난 후에 탑 그림자 어른거리고	粼粼323)塔影潮生後
해가 지자마자 종소리는 은은하게 울리네.	隱隱鍾聲日落初
북국의 높은 누대엔 구름으로 둘러 감겨 있고	北國324)樓高雲繚繞
중원의 먼 길에는 나무가 무성하네.	中原路遠樹扶疎
작은 배 몇 번이나 문 앞을 지나갔는지	扁舟幾度門前過
승방(僧房) 앞으론 잠도 머물지 않았는데.	未得僧窓325)頃刻居

---

321) 금산사: 금산사(金山寺)는 중국 강소성 진강시 서북쪽 금산에 있는 절로서 동진(東晉) 때 처음 건립되었다. 원래의 이름은 택심사(澤心寺)이지만 당나라 때부터 통칭 금산사(金山寺)라 했다. 송나라 천희(天禧) 연간에 천자(天子)가 금산사(金山寺)에 몽유(夢遊)한 것으로 인해 금산사(龍游寺)라는 이름을 하사했고, 청나라 강희제가 남쪽 지방을 순수할 때 강천선사(江天禪寺)라는 이름을 하사했다. 왕안석(王安石)의 「유금산사(游金山寺)」가 유명하다.

322) 달나라 궁궐: 원문의 '청허(淸虛)'는 '광한청허부(廣寒淸虛府)'의 줄인 말로 옥황상제가 거처하는 달나라 궁궐을 지칭한다.

323) 粼粼: 『한국문집총간』에는 '粼粼'으로 되어 있다. 초간본(한국학중앙연구원 소장본), 수필본(국립중앙도서관 소장본)에도 '粼粼'으로 적혀 있다. 영천본에는 '潾潾'으로. 익산본에는 '粼粼'으로 되어 있다.

324) 國: 『한국문집총간』에는 '固'로 되어 있다. 초간본(한국학중앙연구원 소장본), 수필본(국립중앙도서관 소장본)에도 '固'로 되어 있다.

325) 僧窓: 『한국문집총간』에는 '窓僧'으로 되어 있다. 초간본(한국학중앙연구원 소장본)에는 '窓僧'으로, 수필본(국립중앙도서관 소장본)에는 '僧窓'으로 되어 있다.

125. 용강관(龍江關)326)에서 회포가 일어나 달가의 운327)으로 짓다　龍江關有懷用達可韻328)

침향목과 단향목, 진주와 비취가 누대를 감싸는데	沈檀珠翠擁樓臺
봄바람 부는 서울 거리에서 몇 번이나 취했던가.	紫陌春風醉幾廻
슬프도다! 잠시도 머무를 수 없으니	怊悵無因留頃刻
재촉할 필요 없는 숲 너머 산새조차 서두르는 듯.	隔林山鳥不須催

126. 고우주(高郵州)329)에서 달가의 시에 차운하다　高郵州次達可韻

남몰래 금성탕지(金城湯池)330)에 의지해 공격을 대비하니	竊據金湯備擊攻
정예 병사 백 만은 쓸데없이 용맹을 다툰 것이지.	精兵百萬謾爭雄
가련하도다! 가난한 집안의 자제331)가	可憐甕牖繩樞子
도리어 유방(劉邦)332)을 위해 처음 공을 세웠다네.	却爲劉郞始立功

---

326) 용강관(龍江關): 중국 남경시 하관구(下關區) 용강(龍江) 지역에 있었던 수로역관(水路驛館).
327) 달가의 운: 원운시는 다음과 같다. 「용강관(龍江關)」, '蘭舟早發鳳凰臺, 城闕崔巍首重回, 欲爲鍾山題一句, 龍江津吏苦相催.'『포은집』권1, 시(詩).
328) 정몽주의 원운 시는 임자년(1372년, 공민왕 21) 10월 12일경에 지은 것으로 추정된다.『포은집』권1, 「임자시월십이일발경사 숙진강부단도역(壬子十月十二日發京師, 宿鎭江府丹徒驛)」, '龍江關口解行舟, 日暮來投古潤州, 永夜不眠看月色, 旅魂鄕思共悠悠.' 참조.
329) 고우주(高郵州): 중국의 강소성(江蘇省) 양주(揚州)에 있는 지명.
330) 금성탕지(金城湯池): 쇠로 만든 성곽과 뜨거운 물로 채운 연못. 방어 시설이 철통같이 튼튼한 성을 말한다.
331) 가난한……자제: 원문의 '옹유승추(甕牖繩樞)'는 깨진 항아리로 창문을 만들고 새끼를 꼬아 문을 맨다는 뜻으로 가난하고 미천함을 말한다. 여기에서는 작시(作詩)의 장소인 고우주(高郵州)가 위치한 강소성(江蘇省) 출신인 한신(韓信)을 염두에 두고 한 말이다.
332) 유방(劉邦): 중국 한(漢)나라를 세운 한 고조(高祖).

127. 기주(沂州)333)를 지나며 시백기(施伯起) 판관(判官)334)에게 주다

過沂州贈施伯起判官

만 리나 떨어진 동쪽 나라로 돌아가는 길335)	萬里東歸國
기수(沂水)336) 가에서 수레를 멈추었네.	停車沂水邊
나그네 길 고생 많다고 나를 위로해 주니	慰予行客苦
판관의 어짊에 그대에게 감사하네.	感子判官賢
홀(笏)을 괴고 바라보니 산은 그림 같고	柱笏山如畫
거문고 타니 하루가 일 년에 해당하네.	彈琴日抵年
증점(曾點)337)처럼 목욕하고 싶어도	欲希曾點浴
온천을 물어 볼 겨를조차 없네.	無暇問溫泉
[기수의 북쪽 지역은 모두 온천이다.]	[沂水北地皆溫泉]

---

333) 기주(沂州): 현재의 중국 산동성(山東省) 동남부 기하(沂河) 서안에 있는 도시인 임기(臨沂).

334) 판관(判官): 당대(唐代)부터 청대(淸代)에 이르기까지 각 부(府)나 주(州)에 두어서 그 지방의 행정을 맡아 처리하던 벼슬.

335) 만 리나……길: 인용 시는 1372년 사행을 갔다가 이듬해인 1373년에 귀국한 척약재 김구용이 돌아오는 길에 쓴 것으로 판단된다.

336) 기수(沂水): 공자(孔子) 앞에서 여러 제자들이 각기 뜻을 말[言志]할 때, 증점(曾點)이 "늦은 봄에 봄 옷이 이미 이루어지거든 관자(冠者) 대여섯 명과 동자(童子) 예닐곱 명과 더불어 기수(沂水)에 목욕하고 무우(舞雩)에 바람 쐬며 읊조리고 돌아오고 싶다.[莫春者, 春服旣成, 冠者五六人, 童子六七人, 浴乎沂, 風乎舞雩, 詠而歸]"라고 말한 강으로 중국 산동성(山東省)에 있다.

337) 증점(曾點): 춘추시대 노(魯)나라 사람으로 공자의 제자로 자(字)는 자석(子晳)이다. 증자(曾子)의 아버지이기도 하다. 『논어』, 「선진(先進)」에서 공자가 자로(子路), 증석(曾晳), 염유(冉有), 공서화(公西華)에게 "너희들을 알아 준다고 하면 어떻게 하겠는가?" 하고 물었을 때 증점(曾點: 曾晳)은 다른 세 사람과는 달리 "저문 봄에 봄옷이 이미 이루어지면 관(冠)을 쓴 자 대여섯 명과 동자 예닐곱 명으로 기수(沂水)에서 목욕하고 무우(無雩)에서 바람 쐬고 읊으며 돌아오다."라고 하니 공자께서 탄식하며 말하기를 "나도 증점(曾點)처럼 하고자 한다."라고 했다.

128. 용담현(龍潭縣)338)에서 소지선(蘇至善)에게 보여 주다
龍潭縣示蘇至善

산들산들 강바람이 나그네 옷에 들어오고	習習江風透客衣
울타리 아래 배를 매고 사립문 두드린다.	繫船籬下款柴扉
만나서 웃으며 이야기하는 것이 마치 서로 아는 듯	相逢笑語如相識
해 기울어 꽃그늘 져도 돌아갈 생각 없다네.	日轉花陰未擬歸

129. 길 가는 도중에
途中

밤에는 날아다니는 모기로 낮에는 등에로 괴로우니	夜困飛蚊晝困蝱
사람이나 말을 물어서 피가 가득하네.	嘬人咬馬血盈盈
풀은 우거지고 샘은 말라 불꽃처럼 더우니	草深泉渴炎如火
요동에서 유월에 길 가는 고통 그 누가 알리오.	誰識遼東六月行

---

338) 용담현(龍潭縣): 현재 중국 길림시(吉林市)에 용담구(龍潭區)라는 지명이 보이는데, 위 인용시의 앞 뒤에 배치된 시들을 볼 때, '용담현'은 중국의 지명임이 분명하나, 척약재 김구용의 사행길을 보면 남경 → 양주(고우주) → 기주(산동성) → 용담현 → 길 가는 도중(요동) → 요양(지금의 선양 근처) 노선이므로 정료위의 교통로를 고려할 때 길림시가 노선에 들어가기에는 어색해 보인다. 따라서 산동과 요동 사이의 어디일 것으로 추정된다.

130. 정료위(定遼衛)339)에 함께 갔다가 의례에 따라 금릉으로 돌아가게 된 왕주강(王奏羌)을 보내며
定遼衛送伴行王奏羌儀還金陵

만 리 길 험난한 관문까지 나의 행차를 전송했는데　　萬里艱關送我行
요동에서는 도리어 서울로 가는 그를 전송해 주네.　　遼東却餞返京城
오늘과 같이 온 천하가 한집처럼 되는 날엔　　　　　　如今四海爲家日
석별의 회포가 형제와 다름없구나.　　　　　　　　　　惜別情懷是弟兄

---

339) 정료위(定遼衛): 고려 후기에 명나라가 요양(遼陽)에 설치한 지방행정기구.

131. 개모성(蓋牟城)340)에서 일찍이 옥등(玉燈)을 나에게 선사했던 대창의 주모(朱某) 선비341)에게 시를 써 주다

蓋牟城寄大倉朱秀才, 曾以玉燈爲贈

요양(遼陽)342)에서 머리 돌려 삼오(三吳)343)를 바라보니	遼陽回首望三虞344)
아득한 만 리 길 모두가 바다 모퉁이였네.	萬里茫茫各海隅
한 점의 아름다운 등불은 달처럼 밝으니	一點玉燈如月白
밤마다 서재에서 그대 없음을 생각하리다.	書窓夜夜憶吾無

(그 사이에 지은 작품이 다만 여기에 그칠 뿐이 아니지만, 어려운 화를 당하는 사이에 그 원고를 잃어버리고, 그 후 개경으로 와서 공께서 덧붙여 기록하셨다.[其間所作, 不獨止此. 艱關之際, 失其稿本, 後345)來松京, 公乃追錄之.346)])

---

340) 개모성(蓋牟城): 옛 고구려의 성으로 요하(遼河) 유역 무순(撫順) 근처에 있었던 것으로 추정된다.
341) 주모(朱某) 선비: 주씨 성을 가진 어떤 서생(書生)을 말한다. 원문의 '수재(秀才)'는 글을 읽는 선비를 지칭한다.
342) 요양(遼陽): 중국 북동부의 태자하(太子河) 유역.
343) 삼오(三吳): 한고조(漢高祖)가 오(吳)나라를 오흥(吳興)·오군(吳郡)·회계(會稽)로 삼등분한 데서 유래한 말로, 장강(長江) 하류 일대의 오나라 지역을 가리키는 말이다.
344) 虞: 초간본(『한국문집총간』, 한국학중앙연구원 소장본)에는 '吳'로, 수필본(국립중앙도서관 소장본)에도 '吳'로 되어 있으나, 본서의 저본인 재간본(『고려명현집』)과 익산본, 영천본에는 '虞'로 되어 있다.
345) 後: 『한국문집총간』에서는 판독 불능으로 표시했으나, 수필본(국립중앙도서관 소장본), 익산본, 영천본 모두 '後'로 기록하고 있다.
346) 之: 『고려명현집』에는 '之'가 결락되어 있으나 『한국문집총간』에 의거하여 '之'를 보충한다. 또 다른 초간본(한국학중앙연구원 소장본) 및 수필본(국립중앙도서관 소장본), 익산본에도 '之'가 기록되어 있다. 영천본에는 '之'가 없다.

132. 원주의 하 공(河公)347)이 임무를 마치고348) 상경하였는데, 도경(道境) 감(鑑) 스님이 사모한 나머지 시를 써서 주니 하 공이 그 시의 운자(韻字)를 나누어서 여러 벼슬아치들에게 주고 모두 시를 짓게 하였다. 나는 달가와 함께 막 강남으로부터 돌아왔는데, 하 공이 시 지을 것을 청하여 '남(南)' 자 운을 가지고 소시(小詩) 두 수를 짓는다 [박상충(朴尙衷)349) 공이 서문을 썼다.]

原州河公政成上京, 道境鑑上人, 思慕之餘, 以詩見寄, 河公分韻其詩, 爲贈搢紳諸公皆賦. 予與達可方回自江南350), 河公請賦得南字, 作小詩二首 [朴公尙衷序之.]

치악산351)에 초당(草堂)을 얽었는데	雉岳山中結草菴
수많은 적막한 봉우리들 저녁 안개에 갇혔네.	千峯寂寂鎖烟嵐
하 공이 떠난 후 노래가 두루 퍼져	河公去後謳謠遍
산에 사는 스님으로 하여금 「소남(召南)352)」을 짓게 하네.	且使山僧賦召南

---

347) 하 공(河公): 고려 후기의 문인 하륜(河崙: 1347-1416)을 지칭. 하륜은 본관은 진주(晉州), 자(字)는 대림(大臨), 호는 호정(浩亭)으로 목은 이색의 문인이다. 1365년 문과에 급제한 후 여러 벼슬을 역임하였고, 조선 개국 후에는 이방원(李芳遠)의 측근으로 활동하였다. 태종 즉위 후 좌정승(左政丞) 등을 역임하며 조선왕조의 기틀을 마련하는 데 일조하였다. 문집으로『호정집(浩亭集)』이 전해진다.

348) 임기를 마치고: 원문의 '정성(政成)'은 지방관이 본인의 임무를 완수하여 임기를 마치고 돌아가는 것을 말한다.

349) 박상충(朴尙衷): 1332-1375. 고려 후기의 문인. 본관은 반남(潘南)이고 자(字)는 성부(誠夫)이다. 1353년(공민왕 2) 이색이 장원한 과거에 아원으로 급제(동년: 박진록, 전자수, 정추 등)한 뒤 예조정랑을 역임하였다. 1375년(우왕 1)에 이인임(李仁任) 등이 주장한 친원책(親元策)에 반대하다가 정도전(鄭道傳)·정몽주(鄭夢周)·전녹생(田祿生)·이숭인(李崇仁)·염흥방(廉興邦)·김구용(金九容) 등과 더불어 귀양을 가게 되었는데 유배 도중 별세하였다.

350) 江南: 척약재 김구용이 강남(중국)에서 돌아온 해는 계축년(1373년)이다.('癸丑秋七月還國', 「선군 척약재세계행사요략(先君惕若齋世係行事要略)」, 김명리 편 참조). 이로 보아 이 시는 1373년작임을 알 수 있다.

351) 치악산: 강원도 원주시·영월군·횡성군에 걸쳐 있는 산. 고려시대부터 이미 명산으로 이름이 높았다.

352) 소남(召南):『시경(詩經)』의 편명(篇名). 소(召)는 중국 기산현(岐山縣)의 한 지명이다. 이 편에 전하는 노래는 소공(召公) 석(奭)이 다스리던 남방 제후(諸侯)의 나라에서 불리던 민요를 수록했는데, 「작소(鵲巢)」이하 14편이 수록되었다.

흰 구름 깊은 곳에 작은 암자 자리 잡으니	白雲深處小屯353)菴
도경은 푸르른 남기(嵐氣) 저편으로 세상과 떨어져 있네.	道境人寰隔翠嵐
선승(禪僧)의 한가로운 기운을 알고자 했더니	欲識禪窓閑氣味
한 바퀴의 둥근 가을 달이 시냇가 남쪽에 있네.	一輪秋月在谿南

---

353) 屯: 『한국문집총간』에는 '卍'으로 되어 있다. 또 다른 초간본(한국학중앙연구원 소장본), 수필본(국립중앙도서관 소장본)에도 '卍'으로 되어 있다.

133. 권근354) 대제(待制)355) 집의 붉은 복숭아를 수붕(壽朋)의 운을 써서 짓다
權近待制家紅桃用壽朋韻

한 그루의 예쁜 담황색 복숭아나무는	一樹緗桃嫩
언제나 변함없이 미인을 대하는 듯하네.	依然對阿嬌
비가 갠 후에 이슬에 다시 젖는 것을 싫어하며	雨餘嫌露重
햇빛 비치자 봄날의 풍요로움 얻었네.	日映356)得春饒
고운 손으로 만지면 바로 물들고	玉手挼應染
쪽진 머리에 꽂으면 불타는 듯하네.	雲鬟揷欲燒
난간에 기댄 채 충분히 보지 못했는데	倚欄看未足
중사(中使)357)가 임금께서 찾는다고 알려 오네.	中使報宣招

---

354) 권근: 권근[權近: 1352(공민왕 1)~1409(태종 9)]은 여말선초의 문신·학자이다. 본관 안동, 자(字) 가원(可遠)·사숙(思叔), 호 양촌(陽村), 시호(諡號) 문충(文忠), 초명 진(晉). 1367년(공민왕 16) 성균시(成均試)를 거쳐 이듬해 문과에 급제해 춘추관 검열이 되고, 우왕(禑王) 때 예문관응교(藝文館應敎)·좌사의대부(左司議大夫)를 거쳐 성균관 대사성·예의판서(禮儀判書) 등을 역임하였다. 1375년(우왕 1) 김구용(金九容)·박상충(朴尙衷)·정도전(鄭道傳)·정몽주(鄭夢周)와 같이 친명정책(親明政策)을 주장하여 원나라 사절의 영접을 반대하였다. 조선조 개국 후에 길창부원군(吉昌府院君)에 봉해졌으며, 예문관 대제학이 되었고, 대사성·의정부찬성사(議政府贊成事) 등을 역임하였다. 문장에 뛰어났으며, 문집으로 『양촌집(陽村集)』이 전한다.

355) 대제(待制): 고려시대 보문각(寶文閣)과 예문관(藝文館)에 속해 있던 관직으로, 고려 전기에 설치된 한림원(翰林院)이 고려 말에 예문춘추관(藝文春秋館)이 되었다가 조선조에 들어서 예문관과 춘추관으로 나뉘었다. 주로 임금의 말이나 명을 글로 옮기는 일을 담당하였다.

356) 映: 『한국문집총간』에는 '暖'으로 되어 있고, 또 다른 초간본(한국학중앙연구원 소장본), 수필본(국립중앙도서관 소장본)에도 '暖'으로 되어 있다.

357) 중사(中使): 왕의 명령을 받들고 궁궐에서 파견된 사자(使者). 대체로 환관(宦官)이 그 임무를 수행하였다.

134. 일본으로 사행을 떠나는 나 판관(羅判官)[358]을 보내며
送羅判官使日本

봄 바다에 열 폭의 돛을 순풍에 매달면	十幅春帆掛順風
순식간에 바다 동쪽 땅에 이른다네.	須臾卽[359]到海天東
용사 백만으로도 응당 감당 못할 일을	雄兵百萬應無賴
한 치 혀로 능히 이뤄 내니 세상에 으뜸가는 공적일세.	寸舌能成盖世功

---

358) 나 판관(羅判官): 고려 후기에 활동했던 문신 나흥유(羅興儒)를 지칭하는 것으로 보인다. 『목은문고』 권13의 「발나흥유하시권(跋羅興儒賀詩卷)」·「서금남우유전후(書錦南迂臾傳後)」 및 권9의 「중순당집서(中順堂集序)」 참조. 나흥유는 본관은 나주(羅州)이며 호는 중순당(中順堂)으로 공민왕 때 영전도감판관(影殿都監判官)을 역임하였다. 1375년(우왕 1)에 다시 판전객시사(判典客寺事)가 되어 일본과 화친할 것을 진언하고 통신사를 자청하여 일본에 가서 왜구의 출몰을 금지할 것을 직접 요구하였으나 일본으로부터 간첩으로 의심받아 구속되었다가 다음해 귀국하였. 위의 인용 시는 나흥유가 1375년 일본으로 떠날 무렵 작시(作詩)된 것으로 추정된다.

359) 卽: 『한국문집총간』에는 '直'으로 되어 있고, '卽'으로 하면 '즉시'의 의미가 되고, '直'으로 하면 '곧바로'의 의미가 되는데, 둘 다 타당하다고 볼 수 있지만, 본서에서는 저본인 『고려명현집』을 따른다.

135. 계림(鷄林)360) 부윤(府尹)으로 나가는 권 판서(權判書)를 전송(餞送)하다
奉送權判書361)出尹鷄林

계림의 나무 빛은 푸르게 보이고	鷄林樹色望中靑
한 점의 문성(文星)362)이 경주로 떨어지네.	一點文星降翼京
깃발 그림자는 기울어지고 봄 햇볕 따뜻한데	旌旆影斜春日暖
노랫소리는 잦아들고 상서로운 구름 일어나네.	謳歌聲隱霱雲生
천 년의 고도엔 유적도 많을 테고	千年古國多遺跡
일찍부터 십여 년을 함께 노닐어 이별의 정 애처롭네.	十載曾遊363)慘別情
멀리서 생각건대 달 뜨면 바람 부는 누대에 기대어	遙想倚風樓上月
누군가 불어 대는 옥피리 소리 들으면 청아함이 넘치리라.	聞吹玉笛有餘淸

〔『동국여지승람』에는 '경(京)'이 '정(精)'으로, '문(聞)'이 '한(閒)'으로 되어 있다.〕364)
〔輿地勝覽, 京作精, 聞作閒.〕

---

360) 계림(鷄林): 경상북도 경주의 별호(別號)이다.
361) 권 판서(權判書): 화원군(花原君) 권중달(權仲達)의 둘째 아들인 전법판서(典法判書) 권계용(權季容)을 가리킨다. 권계용(權季容)은 여말선초(麗末鮮初)의 예천군 유천면 성평리 덕달 뒤뜰[德達後坪] 출신이다. 본관은 안동으로 우정승 권한공(右政丞權漢功)의 손자, 예천군 권중달(醴泉君權仲達)의 아들, 판종정시사 권사종(判宗正寺事權嗣宗)의 동생이다. 문과에 급제하여 전법판서(典法判書)에 올라 예천군(醴泉君)에 봉(封)해졌다. 목은 이색(牧隱李穡)이 시로써 이르기를, "죽어서 충성스런 마음 빛나는 해와 같네, 곧은 뜻으로 살았으니, 두터운 구름도 얇게 느껴지네."라고 하였다. 처음에는 유천면 덕달리(德達里) 후평(後坪)에 살다가 만년(晚年)에는 지보면 대죽리 송라촌(松蘿村)에 숨어 살았는데, 그곳 이름을 고려가 그리워 염송촌 상악봉(念松村想嶽峯)이라고 하였다. 묘는 화봉산(花峰山)에 있다.[『조선환여승람(朝鮮寰輿勝覽)』(1929), 족보(族譜);『축산승람(竺山勝覽)』(1934);『예천군지(醴泉郡誌)』(1939·2005) 참조.]
362) 문성(文星): 문운(文運)을 맡은 별로 일명 '문창성(文昌星)' 혹은 '문곡성(文曲星)'이라고도 한다. 이 시에서는 계림부윤으로 가는 권 판서(權判書)의 재능을 미화한 것이다.
363) 遊:『한국문집총간』에는 '游'로 되어 있다. 또 다른 초간본(한국학중앙연구원 소장본), 수필본(국립중앙도서관 소장본)에도 '游'로 되어 있다.
364) 『한국문집총간』, 수필본(국립중앙도서관 소장본)에도 '京'·'聞'으로 되어 있다.

136. 병이 들어　　　　　病中

해마다 봄이 되면 병이 들어	年年春臥病
문은 닫혀 있고 찾아오는 손님은 드무네.	門掩客來稀
나라의 은혜를 갚으려 해도 참으로 힘이 없고	報國誠無力
부모님을 그리워하지만 아직도 돌아가지 못하고 있네.	思親尙未歸
산은 푸르고 꽃향기 은은하며	山靑花冉冉[365]
강은 푸르고 버드나무 가지는 한들거리네.	江碧柳依依
어느 날에야 황려현(黃驪縣)[366]에서	何日黃驪縣
물고기 잡고 또 고비를 캘까.	叉魚又採薇

137. 시를 지어 부치다　　　　　有寄

천 리를 떨어져 있어도 서로 생각하며 밝은 달 함께 하고	千里相思共月明
집 앞의 높은 나무에는 아름다운 이슬 맺혔도다.	傍簷高樹露華淸
고개 돌려 아득한 안개와 노을 밖을 바라보니	回頭縹緲烟霞外
갑자기 남쪽으로 날아가는 기러기 울음소리 들려오네.	忽有南飛雁一聲

---

365) 冉冉: 『한국문집총간』에는 '苒苒'으로 되어 있으나 의미 상 '冉冉'이 더 타당하다.
366) 황려현(黃驪縣): 경기도 여주(驪州)의 옛 이름.

138. 경상도 안렴사(按廉使)367)로 가는 송 도관(宋都官)368)을 보내며
送宋都官按廉慶尙道

영남은 순박하여 산천이 한결같아	嶺南淳朴一山川
어진 안렴사 얻은 백성들에게 멀리서 축하를 보내네.	遠賀斯民得此賢
봄이 무엇보다도 먼저 멀리서 돌아왔으니	春作先驅369)回絶域
비는 수레의 깃발을 따라 거친 밭 적시겠지.370)	雨隨征斾洽荒田
계림은 초목이 무성하여 구름도 나무를 감싸고	雞林蓊欝雲籠樹
합포(蛤浦)371)는 아득히 달이 하늘에 가득 찼겠지.	蛤浦滄茫月滿天
멀리 바라보노라니 아득한 그리움을 금할 수 없어	遙望未禁千里思
한 곡조 이별가를 그대 위해 지어 본다.	離歌一曲爲君編

---

367) 안렴사(按廉使): 고려시대의 지방장관으로 '안찰사(按察使)'를 개칭한 것이다.

368) 송 도관(宋都官): 고려 후기에 활동했던 문인 송명의(宋明誼)를 지칭하는 것으로 보인다. 목은 이색이 쓴 「송경상도안렴송도관서[명의](送慶尙道按廉宋都官[明誼]序)」(『목은집・문고』권7)를 보면 "그럼에도 불구하고 맨 첫머리를 장식하는 서문(序文)만은 꼭 졸렬한 나의 글을 받겠다고 하는 것이 도관의 생각인데, 도관이 나와는 안면이 없는 관계로 대신 자신의 뜻을 전달케 하였으니, 나에게 전달해 준 사람은 바로 나의 동료인 김군 백은[金君伯闇: 백은은 김구용의 자(字)]이었다."라는 표현으로 보아 목은이 말한 '송명의'와 위 인용 시의 '송도관(宋都官)'은 동일 인물임이 확실하다. '도관(都官)'은 고려시대 노비의 부적(簿籍)과 결송(決訟)을 담당하던 형부(刑部)에 소속된 관직이다. '송명의(宋明誼)'는 본관이 은진(恩津)으로 그가 충청도 회덕(懷德)에 정착하여 송씨(宋氏) 집성촌을 이루게 되었다. 조선조의 대학자 송시열(宋時烈), 송준길(宋浚吉) 등이 모두 그의 후손이다. 송명의는 1362년(공민왕 11)에 급제하였다. 은문은 홍언박과 유숙이며, 동년으로는 장원 급제자 박의중을 비롯해 김도, 김지, 강호문, 설장수, 정도전 등 33인이다. 송명의는『도선생안(道先生案)』(1970년, 국회도서관)에 의하면 홍무 원년(洪武元年: 1368년)에 경상도 안렴사로 부임했다. 이로 보아 이 시는 1368년경에 지어진 것임을 알 수 있다.

369) 驅: 『한국문집총간』에는 '謳'로 되어 있으나 의미 상『고려명현집』의 '驅'가 더욱 타당하다.

370) 비는……적시겠지: 송도관이 경상도 안렴사가 되어 선정(善政)을 베풀고 농사도 잘 될 것이라는 기대를 표현한 말이다. 원문의 '정패(征斾)'는 고위 관리가 길을 떠날 때 수레에 세우는 깃발을 말하니 곧 송도관의 행차를 지칭한다.

371) 합포(蛤浦): 경상남도 창원시 마산의 옛 지명이다. '합포(合浦)'로도 쓴다.

139. 산으로 들어가는 스님을 보내며 送僧入山

첩첩산중 푸른 산엔 흰 구름이 가득하고	靑山萬疊白雲深
가볍게 석장(錫杖)372)을 흔들며 이 마음 단련하네.	振錫飄然鍊此心
스님께서 마음 두신 곳을 알려고 했더니	欲識禪師有373)主處
달은 밝고 바람은 부드러워 줄 없는 거문고 같네.	月明風細沒絃琴

140. 강릉도(江陵道)374) 안렴사로 가는 홍 직문하(洪直門下)375)를 보내며 送洪直門下按廉江陵

관동의 훌륭한 경치를 전부터 수없이 들어 왔는데	關東勝槩謾曾聞
한 수의 시를 지어 또 그대를 떠나 보내네.	一首新詩又送君
노래와 음악소리 가득한 누대엔 가을이 한창이고	歌管樓臺秋浩蕩
노래 부르는 백성들의 풍속은 기운이 힘차네.	謳謠民俗氣氤氳
땅은 신선의 경내로 이어져 푸른 바다를 내려다보고	地連仙境臨蒼海
산은 먼 하늘까지 가리고 흰 구름과 이어졌네.	山掩胡天亘白雲
원수(元帥)께서 국경의 북쪽376)에 계신다 알려 오더라도	爲報元戎銅柱北
공연히 윤 장군을 말하지 마시게.	莫敎空說尹將軍

---

372) 석장(錫杖): 승려들이 짚고 다니는 지팡이.
373) 有: 『한국문집총간』에는 '存'으로 되어 있다. 수필본(국립중앙도서관 소장본)에도 '存'으로 되어 있다.
374) 강릉도(江陵道): 고려시대에는 대관령(大關嶺)을 기준으로 서쪽을 강릉도, 동쪽을 교주도(交州道)라 불렀는데, 우왕 때에 이르러서는 이를 합쳐 교주강릉도(交州江陵道)라 하였고, 조선조에 들어와 강원도(江原道)로 개칭하였다.
375) 홍 직문하(洪直門下): '직문하(直門下)'는 고려시대 중서문하성(中書門下省)에 소속된 관직으로 간쟁(諫諍)과 봉박(封駁)의 업무를 담당하였다.
376) 국경의 북쪽: 원문의 '동주(銅柱)'는 옛날 국경의 표지로 세웠던 기둥을 일컫는 것이니 곧 나라의 경계를 말한다.

141. 강릉도 안렴사 한 중서(韓中書)를 보내며   送江陵廉使韓中書

봄바람 부는 때 부절(符節)377) 지니고 개경을 나서니	春風持節出松都
말 앞의 강산엔 아름다운 그림이 펼쳐져 있네.	馬首江山展畫圖
곳곳의 누대는 노래하고 춤추는 곳이 되었지만	到處樓臺歌舞地
한 잔 술에 도리어 친구 없음을 생각하네.	一盃還憶故人無

142. 충주의 한 판관(韓判官)에게 주다   寄忠州韓判官

봄바람 불 때 한 필 말 타고 충주 지나는데	春風匹馬過忠州
가는 버들 한들한들 부드러움을 희롱하네.	細柳依依弄煞柔
나무 위에서 우는 꾀꼬리를 숨기지도 못하는 것 보니	想見啼鶯378)藏不得
얼마나 많은 사람들 한강 가에서 당기고 꺾었으랴.	幾人攀折漢江頭

---

377) 부절(符節): 왕이 지방관에게 내려주던 일종의 신표(信標)이다. 보통 구리나 옥, 돌을 재료로 범의 모양으로 만드는 병부(兵符)로 지방관의 상징이었다.

378) 鶯: 『한국문집총간』에는 '鸎'으로 되어 있으나 '鶯'과 같은 자이다.

143. 연창(延昌)379)의 가을 밤　　　延昌秋夜

바람 서리 불어대 우거진 숲을 깨뜨리고	浙380)瀝風霜破樹林
처마 가까이의 산 빛은 더욱더 어둡네.	近簷山色更沈沈
적적하게 홀로 앉아 있으려니 정신이 맑아 잠은 안 오고	蕭然獨坐淸無寐
쓸쓸한 등잔불 모두 돋우고 나니 밤이 점점 깊어 가네.	挑盡寒燈夜轉深

144. 임 동년(林同年)381)의 시에 차운하여 답하다　　　酬林同年次韻

죽성(竹城)382)과 탕군(湯郡)383)에서 괴롭게 서로 그리워하니	竹城湯郡苦相思
두 곳의 무료함을 다만 스스로가 안다네.	兩地無聊只自知
오늘 양이(量移)384)가 되었지만 또다시 이와 같으니385)	今日量移又如此
한 번 놀란 까치는 나무에 있어도 응당 편하지 않으리라.	了應驚鵲未安枝

---

379) 연창(延昌): 경기도 안성시 죽산면의 옛 지명.
380) 浙: '淅'의 이형자(異形字)이다. '석력(淅瀝)'은 비바람이 불어 대는 소리이다.
381) 임 동년(林同年): 고려 후기의 문인 임효선(林孝先)으로 추정된다. 위 인용 시의 시제(詩題)에서 '임 동년'이라고 지칭하였는데, 척약재가 급제한 1355년(공민왕 4)의 동방(同榜) 중에 '임씨(林氏)' 성을 가진 인물로는 '임효선'이 유일하다. 자세한 생평(生平)이 알려지지 않은 것으로 보아 과거 급제 후 얼마 동안 벼슬을 하다가 곧 사직하고 귀향했던 것으로 추정된다. 인용 시의 제1구에 '탕군(湯郡)'이란 지명이 등장하는 것으로 보아 임효선은 당시 온양에 거주했던 것으로 보인다.
382) 죽성(竹城): 죽주(竹州), 곧 경기도 안성 지역이다.
383) 탕군(湯郡): 지금의 충청남도 아산시 온양(溫陽)의 옛 지명이다.
384) 양이(量移): 귀양 보냈던 사람의 형벌을 가볍게 하여 가까운 곳으로 옮기는 것.
385) 오늘……같으니: 척약재가 1375년 북원(北元)의 사신을 받아들이는 문제로 당시 권력자였던 이인임(李仁任) 등과 갈등을 일으켜 죽주(竹州: 안성)로 유배되었다가 얼마 후 여흥(驪興: 여주)으로 이배된 사건을 지칭한다. 따라서 이 시는 여흥으로 이배된 직후에 쓴 것으로 보인다.

145. 허야당(許野堂)386)에게 주다   寄許野堂

황려에 높이 누우니 흥이 넘치도록 일어나고	高臥黃驪興有餘
강산은 한 명의 제멋대로인 미치광이를 배척하지 않네.	江山不斥一狂疎
조용히 견뎌 가며 늙음을 보낼 수 있는 곳이니	從容耐可終身老
이미 도롱이 입은 노인과 함께 짝지어 낚시질하네.	已與蓑翁伴釣魚

---

386) 허야당(許野堂): 초간본(『한국문집총간본』, 한국학중앙연구원 소장본)에는 세주(細註)로 '錦'이라 적혀 있다. 고려 후기의 문인 허금(許錦: 1340-1388)으로, '야당'은 그의 호이다. 본관은 공암(孔巖: 지금의 서울 양천구), 자(字)는 재중(在中), 호는 야당(埜堂·野堂)이다. 1357년(공민왕 6) 과거에 급제한 뒤 벼슬길에 올라 예의정랑(禮儀正郎)을 역임하였다. 윤소종(尹紹宗)·조준(趙浚)·이직(李稷) 등과 교유하였으며 성품이 조용하여 권력에 아부하지 않았다고 전해진다.

146. 추재(樞齋) 이 선생387)에게 주다 [2수]　　　寄樞齋李先生 [二首]

운치 있는 강산으로 혼백은 녹아드는데　　　　　　　　　　蕭灑江山魂欲銷
왕래하며 담소하는 사람들은 어부와 나무꾼뿐이네.　　　　往來談笑只漁樵
달이 밝으니 다시 한가로운 사람 생각나　　　　　　　　　月明更想閑機子
어느 곳 높은 누대에서 옥통소를 잡고 있을까.　　　　　　何處高樓捻玉簫

임금님 은혜가 커서 고향으로 돌아가게 해 주시니　　　　上恩弘大賜歸鄕
매일 아침이면 한 묶음의 향을 피우고 축수하네.　　　　　祝壽朝朝一瓣香
멀리서 생각건대 문서감진색(文書監進色)388)에선　　　　遙想文書監進局
흰 머리를 한 늙은 관리가 홀로 방황하고 있으리라.　　　白頭老吏獨彷徨

---

387) 추재(樞齋) 이 선생: 고려 후기의 문인 이정윤(李正尹)으로 추정된다. 양촌 권근의 시에 「전재(全齋) 이 선생(李先生: 李時敏)이 추재(樞齋) 이정윤(李正尹)이 어사미(御賜米) 받은 것을 축하하며 지은 시에 차운하다.[次韻全齋李先生賀樞齋李正尹蒙受賜米]」(『양촌집』 권2)라는 시가 보이는데, 그 시의 두주(頭註)에 "정윤은 온주(溫州) 사람인데 본조(本朝)에서 벼슬하였고, 전재와 더불어 한 마을에 살았다."라는 기록으로 보아 이정윤은 황해도 연안(延安) 사람으로 고려 말엽에서 조선 초엽에 걸쳐 벼슬했음을 알 수 있다.

388) 문서감진색(文書監進色): 고려시대 사대(事大)·교린(交隣)에 관한 외교 문서를 맡아보던 비상설(非常設) 관청. 관원으로 별감(別監)이 있었다.

147. 통암(通菴) 봉익대부(奉翊大夫)[389] 이모(李某)에게 주다

　　寄通菴李奉翊

푸른 물결로 종적을 감추었다가 취한 꿈에서 놀라 깨니	斂跡滄浪醉夢驚
시비와 명예, 이익이 털끝 하나처럼 가볍네.	是非名利一毫輕
그리운 통암 노인을 볼 수 없지만	相思不見通庵老
밝은 달은 응당 두 곳의 사람 마음 알리라.	明月應知兩地情

---

[389] 봉익대부(奉翊大夫): 고려시대 종2품 문관의 품계.

148. 자안(子安)390)이 보낸 시에 차운하여 답하다

酬子安見寄次韻391)

멀리 이별한 채 일 년을 멀어져 지냈더니	遠別年仍隔
서로 그리워했던 한이 더욱더 많아지네.	相思恨更多
어리석음을 경계해 보지만 구차할 뿐이요	砭愚聊復爾
질박한 삶을 남들은 알지 못하네.	艱拙莫知他
질펀하게 술을 마시는 것은 진실로 세상을 잊기 위함이요	痛飮眞忘世
길게 읊조리는 것은 바로 마땅히 노래를 부르기 위함이지.	長吟392)乃當歌
빈궁과 영달에 어찌 운명이 있겠는가	窮通渠有命
넘어짐을 한탄할 필요 없다네.	未用嘆蹉跎

발길을 돌리고 돌아서니 사귐의 정도 바뀌고	旋踵交情改
돌이켜 회고해 보니 지난 일들이 아득하네.	回頭往事悠
다만 강직하기만 했던 것이 도리어 부끄럽고	却慚徒骯髒
굽신거리지 못했던 것 깊이 한탄한다.	深恨未伊優
밝은 달은 피리 소리 듣기에는 안성맞춤이요	明月宜聞笛
긴 강에서 홀로 누대에 오르네.	長江獨倚樓
친구를 항상 생각하고 있지만	故人常在念
어느 날에야 우리 마을을 지나가게 될는지.	何日過吾州

---

390) 자안(子安): 이숭인(李崇仁)의 자(字).
391) 초간본(『한국문집총간본』, 한국학중앙연구원 소장본)에는 세주(細註)로 '李崇仁'이 적혀 있다.
392) 吟: 초간본(『한국문집총간본』, 한국학중앙연구원 소장본)에는 이체자인 '唫'으로 되어 있다.

149. 연탄(燕灘)393) 가에서 달가(達可)에게 주다

燕灘上寄達可

강가의 봄물은 정말로 세차게 흐르고	江頭春水正溶溶
낚시질하며 버드나무 그늘에서 한가롭게 읊조리네.	把釣閑吟柳影中
그리워하는 마음 적어 천 리 밖으로 부치고 싶은데	欲寄相思千里字
도리어 편지394)가 전해 지지 않을까 걱정스럽네.	却嫌雙鯉未能通

지난 해 가을에 한 번 만나고 헤어졌으니	去歲秋風一解携
몇 번이나 밝은 달빛 강가의 누대에 가득 찼으리오.	幾回明月滿江樓
어느 때에야 다시 만나서 한 번 웃어 볼 수 있으리오	何時一笑重相見
강가의 풀은 무성하게 자라 수심을 불러일으키네.	江草萋萋似喚愁

---

393) 연탄(燕灘): 일명 '연자탄(燕子灘)'이라고도 하는데, 경기도 여주의 여강(驪江) 중에서도 특히 '청심루(淸心樓)' 일대의 여울을 지칭한다.
394) 편지: 원문의 '쌍리(雙鯉)'는 멀리서 보내 온 두 마리의 잉어 뱃속에 편지가 들어 있었다는 고사에서 나온 말로 서신(書信)을 의미한다. 쌍어(雙魚), 혹은 이소(鯉素)라고도 한다.

150. 추상(樞相)395) 권호(權鎬)396)에게 바치다
上權樞相 [鎬]

작은 배 타고 날마다 살진 생선을 낚으며	扁舟日日釣肥鮮
기생 손 붙잡고 강가 누대에서 밤마다 취해 자네.	携妓江樓夜醉眠
미치광이 맑은 세상에 쓰임 받지 못하는 것 당연하니	狂客不宜淸世用
낚싯대 하나 들고 갈매기 짝하며 자연 속에서 늙어 가리라.	一竿終老白鷗烟

151. 규헌 선생(葵軒先生) 권주(權鑄)397)에게 주다
寄葵軒先生 [權鑄]

평생의 빈궁과 영달은 푸른 하늘에 맡기고	一生窮達付蒼穹
강촌에서 질박하게 사니 온갖 시름 사라지네.	艱拙江村萬慮空
해는 길고 초가엔 아무도 오는 이 없으니	日永茅茨人不到
다시 책을 찾아서 아이들 가르쳐야 하겠네.	更尋經籍398)敎兒童

---

395) 추상(樞相): '추상(樞相)'은 일명 '추신(樞臣)'이라고도 하며 고려시대 중추원(中樞院)에 속해 있던 관직으로, 주로 군사기밀(軍事機密)에 대한 일을 관장하였다.
396) 권호(權鎬): 고려 후기에 활동했던 문신. 본관은 안동(安東)이고 고려 후기 좌상시(左常侍)와 첨의찬성사(僉議贊成事)를 역임한 권렴(權廉)의 아들이다. 151번 시에 나오는 권주(權鑄)와는 형제지간이다.
397) 권주(權鑄): ?-1394. 고려 후기의 문신. '규헌(葵軒)'은 그의 호이다. 본관은 안동(安東), 아버지는 현복군(玄福君) 권렴(權廉)이다. 벼슬은 지신사(知申事), 밀직제학(密直提學)을 역임했으며, 글씨를 잘 써 서예가로도 이름이 높다. 특히 목은 이색은 「규헌기(葵軒記)」(『목은집·문고』 권3)를 쓸 정도로 그와 가까웠다.
398) 籍: 『한국문집총간』에는 '藉'로 되어 있으나 의미 상 '籍'이 타당하다.

152. 김선치(金先致)399) 원수께 바치다   呈金元帥 [先致]

풀이 무성한 강기슭에 말을 세워 두고	江頭立馬草萋萋
멀리서 행차를 바라보는데 해가 마침 기울어 가네.	遙望行軒日正西
다시 행인들에게 여러 번 자세히 물으니	更向路人頻細問
꽃이 지는 외진 곳에 미인과 함께 있다 하네.	落花深處美人攜

긴 강은 도도히 서쪽을 향해 흘러가고	長江衮衮向西流
술잔을 드니 송별의 아쉬움 견디기 힘드네.	擧酒難堪送別愁
백일홍 꽃 아래의 나그네에게 시를 지어 주려고	寄語紫薇花下客
비단 장막에서 세 번이나 시를 지어 보네.	三回錦帳草詞頭

---

399) 김선치(金先致): 1318-1398. 고려 후기의 무신. 본관은 상주(尙州)이고 정당문학(政堂文學)을 지낸 김득배(金得培)의 아우이다. 홍건적(紅巾賊)의 평정에 공을 세웠으며 전리판서(典理判書), 계림부윤(鷄林府尹)을 역임하였고 '낙성군(洛城君)'에 봉해졌다.

153. 박 중서(朴中書)400)에게 주다   寄朴中書

두 번이나 미원(薇垣)401)에 들어가서 근신(近臣)이 되더니   再入薇垣作近臣
봄바람 부는 어느 곳에서 아름다운 잔치 베풀었나.   春風何處設花茵
미인과 흥겨운 악기는 모두 옛날과 다름없을 것이지만   佳人錦瑟渾依舊
취한 후에 시를 지을 때 한 사람 없음을 알게 될까.   醉後題詩少一人

---

400) 박 중서(朴中書): '중서(中書)'는 고려의 중앙관제인 '중서문하성(中書門下省)'의 약칭이다. 박 중서는 박의중(朴宜中)으로 추정된다. (『둔촌잡영(遁村雜詠)』, 「기하박중서자허(寄賀朴中書子虛)」 참조.) 박의중은 본관은 밀양(密陽)이며 자(字)는 자허(子虛), 호는 정재(貞齋), 초명은 실(實), 시호는 문경(文敬)이다. 1362년(공민왕 11) 문과(文科)에 장원 급제한 뒤 전의직장(典儀直長)을 거쳐 헌납(獻納)·사예(司藝)가 되고, 우왕 때 문하사인(門下舍人)·좌사의대부(左司議大夫)·대사성·밀직제학(密直提學)을 지냈다. 1388년(우왕 14) 사신으로 명나라에 가서 철령위(鐵嶺衛) 설치의 부당함을 주장하였으며, 같은 해 창왕이 즉위한 뒤 추성보조공신(推誠補祚功臣)에 책록되고 문의군(文義君)에 훈봉되었다. 공양왕 때 한양(漢陽) 천도설이 대두되자 음양설(陰陽說)의 허황함을 지적하며 상소를 올려 반대하였고, 벼슬이 예문관제학 겸 대사성에 이르렀다. 1392년(태조 1) 『고려사』 수찬에 참여하고 검교참찬의정부사(檢校參贊議政府事)가 되었는데, 성리학(性理學)에 밝았을 뿐 아니라 문장이 우아하였다. 문집으로 『정재집(貞齋集)』이 있다.
401) 미원(薇垣): 고려시대 중서문하성(中書門下省)의 별칭. 중서문하성은 약칭 '중서성(中書省)'으로 고려시대의 최고 정무기관(政務機關)이었다.

154. 누대에서 차운하여 국헌 상국(菊軒相國)402)께 받들어 드리다   樓上次韻奉呈菊軒相國

봄바람에 나그네의 수심은 끝이 없어서	春風無限客中愁
어진 원님들 모두 떠난 후에도 한나절을 더 머무네.	散盡賢侯半日留
우리 인생이 누대 아래의 강물보다 못한 것 한스럽도다	却恨不如樓下水
넘실넘실 출렁출렁 서쪽 향해 흘러가네.	溶溶漾漾向西流

155. 유 문하(柳門下)403)께 올리다   上柳門下

봄바람 불 제 다시 관동으로 가고자 하여	春風更欲訪關東
기생 데리고 절경 속을 나귀 타고 지나간다.	携妓騎驢絶景中
하늘이 미친 서생으로 하여금 자취를 감추게 하였으니	天使狂生堪屛跡
이제는 여강에서 낚시꾼이 된 것도 괜찮다네.	驪江今作釣魚翁

---

402) 국헌 상국(菊軒相國): 고려 후기의 문신인 정휘(鄭暉: 1317-1381)를 가리키는 듯하다. 본관은 경주(慶州)이고 1342년(충혜왕 복위3) 과거에 급제하였다. 1361년 제2차 홍건적 침입이 있었을 때에는 동북면도지휘사(東北面都指揮使)가 되었고 문하평리(門下評理)를 역임하였다. '상국(相國)'은 고려시대 재상을 지칭하는 관직 용어로 '재추(宰樞)'·'상공(相公)'이라고도 하였다. 정휘 외에도 '국헌'이란 호를 가진 인물로 고려 후기 문신인 김영후(金永煦: 1292-1361)도 있지만, 김영후의 몰년과 척약재의 생년(1338-1384)을 고려하면 위의 인용 시는 1361년 이후에 작시(作詩)된 것으로 추정되니 김영후는 아닐 것으로 판단된다.

403) 유 문하(柳門下): '柳門下'는 유탁(柳濯)인 듯하다. 유탁은 1356년 문하시랑(門下侍郞)을 지냈고 그 후 1365년에 도첨의시중(都僉議侍中)을 역임했다.

156. 정당문학(政堂文學)404) 홍중선(洪仲宣)405)이 지공거(知貢擧)406)가 된 것을 축하하다

賀洪政堂知貢擧 [仲宣]

관리의 자질과 유학(儒學)이 모두 훌륭해	吏材儒術摠爲良
청화(淸華)의 요직407)을 역임하고 정당(政堂)408)에 들어갔네.	揚歷淸華入政堂
옛날 익재 선생의 말씀이 증명된 것인데	昔日益齋言可驗
과거를 주관하니 일시에 우러러보네.	一時傾望主文場

가련하구나, 유배당한 사람은 강가에 누워	可憐遷客臥江壖
좋은 소식 듣고 기뻐 잠들지 못하였네.	好語聞來喜不眠
만약 남촌 선생409)이 오늘까지 계셨더라면	若使南村今日有
응당 경하(慶賀)하는 자리에서 덩실덩실 춤추셨을 것이네.	定應賀席舞僊僊

---

404) 정당문학(政堂文學): 고려시대 중서문하성의 종2품 관직으로 국가 정무를 관장하였다.
405) 홍중선(洪仲宣): ?-1379년. 충혜왕 때 과거에 급제하여 판개성부사(判開城府事), 정당문학(政堂文學) 등을 역임하였다. 1379년 양백연(梁伯淵)의 옥사(獄事)가 일어나자 이에 연루되었다는 혐의를 받고 배소(配所)에서 죽음을 당하였다.
406) 지공거(知貢擧): 고려시대 과거 시험의 고시관(考試官). 고시관을 지공거, 부고시관을 '동지공거(同知貢擧)'라고 불렀다.
407) 청화(淸華)의 요직: '청관(淸官)'과 '화직(華職)'을 말함. 청관은 고려 홍문관(弘文館)의 벼슬아치를 말하고, 화직은 높은 지위의 벼슬아치를 말한다.
408) 정당(政堂): '정당문학'이 속해 있던 중서문하성을 지칭한다.
409) 남촌 선생: 김구용의 좌주(座主)였던 이공수(李公遂: 1308-1366)를 지칭함. '남촌'은 이공수의 자(字)이다.

157. 삼척의 심 중서(沈中書)410)가 시를 보내왔기에 차운하여 받들어 드리다
三陟沈中書以詩見寄, 次韻奉呈

일찍이 갈매기와 바닷가에서 늙어 가기로 결심했더니	早與鷗盟老海天
평생의 행동거지가 더욱더 가벼워졌네.	一生行止更飄然
부귀와 공명은 모두 헛된 일이니	功名富貴渾閑事
이를 버리고 만남을 가지니 허물 벗은 매미와 같네.	棄置曾同脫殼蟬

바라다보니 새 한 마리 먼 하늘로 사라져 가고	望中高411)鳥沒長天
한 점 봉래산(蓬萊山)412)은 저 멀리 아득히 있네.	一點蓬萊隔渺然
그대 집에 피리 만드는 대나무 많음이 가장 부럽구나	最愛君家多笛竹
만약 이웃이 되어 함께 산다면 고양이를 숨겨 놓으리라.413)	若爲鄰並瘞含蟬

---

410) 심 중서(沈中書): '중서(中書)'는 고려의 중앙관제인 '중서문하성(中書門下省)'의 약칭이다. 심중서는 심동로(沈東老)를 가리킨다. 삼척심씨의 시조이자 죽서루의 가객으로 이름 높았던 심동로는 고려 공민왕 원년(1352년)에 통천군수를 지냈다. 본래 이름은 한(漢), 호는 신재(信齋)이며 검교(檢校)로 있던 심문수의 아들이다. 심동로는 고려 말 1342년(충혜왕 3) 생진과(生進科)에 아원(亞元)으로 합격하여 그 해 가을 직한림원사, 성균관학록이 되었으며, 1351년에는 내직으로 들어가 우정언이 되었다. 강원도 통천군수를 지내면서 고려 말의 어지러운 정사를 바로잡고자 했으나 여의치 않게 되자 벼슬을 버리고 고향으로 내려갈 수 있게 해 달라고 임금에게 간청했다. 공민왕은 여러 차례 그의 마음을 되돌리고자 했으나 의지가 워낙 굳어서 어쩔 수 없이 귀향을 허락하면서 그 뜻을 높이 사서 '노인이 동쪽으로 돌아간다'는 뜻으로 동로(東老)라는 이름을 내렸다고 한다. 이로부터 심한이란 이름 대신 심동로라고 부르게 되었다. 목은(牧隱) 이색(李穡)이 학사승지가 되었을 때 왕에게 다음과 같이 아뢰었다. "심동로는 신보다 학식이 높고, 나이도 신보다 많으며, 벼슬길도 먼저 올랐으니 신의 직책을 그에게 내려주십시오." 공민왕이 이색의 청을 받아들이지 않았지만, 당대 유학의 거장인 이색이 그러한 말을 하였을 정도이면 심동로가 어떠한 인물인지 짐작하고도 남는다. 당시에 김구용이 안렴사가 되어 삼척에 왔을 때 심동로를 찾아가 그가 거처하는 집을 방문하여 심동로의 호인 '신재'라는 글씨를 직접 써서 편액으로 그의 집에 걸어 주었다. 이처럼 삼척으로 오는 많은 관원들은 반드시 심동로를 찾아가 나랏일을 함께 논하고 시를 지었던 것을 알 수 있다. 이에 대한 사항은 김영기, 「실직국의 인맥」, 『실직문화』 제4집, 삼척문화원, 1993 및 『삼척시지』, 『동해시사』, 『삼척의 충효열 인물』(삼척군, 1994) 참조.

411) 高: 『고려명현집』에는 '高'로 되어 있으나, 『한국문집총간』, 초간본(한국학중앙연구원 소장본)에 '孤'로 되어 있어 이에 따른다.

412) 봉래산(蓬萊山): 여름철 금강산(金剛山)의 별칭.

413) 고양이를……놓으리라: 원문의 '함선(含蟬)'은 고양이의 별칭인데, 고양이처럼 숨어서 몰래 대나무

158. 우연히 짓다   偶題

저물녘엔 달빛 출렁이는 푸른 강에서 낚시하고	暮釣滄江月
아침에는 구름 낀 초록빛 들판에서 밭을 매네.	朝耕綠野雲
갑자기 서울414) 생각하는 꿈에 놀란 것 보니	忽驚京輦夢
아직도 스스로 임금을 잊지 못하고 있는 것이구나.	猶自未忘君

159. 강릉의 노 염사(盧廉使)에게 주다   寄江陵盧廉使

쫓겨난 나그네는 끝없이 괴로이 그대 생각하는데	逐客無端苦憶君
수많은 산과 여러 갈래 강물은 뜬구름을 사이에 두었네.	千山萬水隔浮雲
관동은 모두 풍류로 가득 찬 땅이니	關東摠是風流地
어느 곳 누대에서 춤추는 가희(歌姬)를 보고 있겠지.	何處樓臺看舞裙

    를 가져가고 싶다는 의미로 해석된다.
414) 서울: 원문의 '경련(京輦)'은 한 나라의 정부가 있는 서울을 뜻한다.

160. 강릉의 이 부사(李府使)에게 주다   寄江陵李府使

임영(臨瀛)415) 옛 고을은 가장 풍류로운 곳이니	臨瀛古邑最風流
고삐 잡고 나간416) 그 해부터 술에 취해 누대에 넘어졌다네.	攬轡當年醉倚樓
함께 맹세했던 수염 가득한 부사에게 전하노니	寄語同盟髥府使
만약 날아갈 수 있다면 그대와 함께 노닐고 싶네.	若爲飛去共君遊417)

161. 소윤(少尹) 전간(全簡)의 여강루 시에 답하다
答全少尹驪江樓詩韻 [簡]

남쪽에서 온 단아한 벗을 만나게 돼 홀로 기쁘니	獨喜南來取友端
편안히 만족하며 웃지 않는 날이 없다네.	從容無日不開顔
문 앞에선 함께 고기를 잡으려 수문(水門)을 닫고	門前共閉叉魚水
집 근처에선 함께 고사리 캐러 산에 오르네.	屋上同登採蕨山
나는 이미 영욕의 밖으로 몸을 감추었으니	我已藏身榮辱外
그대는 응당 시비의 사이에서 꿈을 깨야 하리라.	君應斷夢418)是非間419)
무늬 좋은 바둑판에서 서로 마주하여 바둑돌 두고자 하여도	紋楸玉子空相對
여러 번 좋은 기약 어기니 한가롭지 않은 듯하네.	屢失佳期似未閑

---

415) 임영(臨瀛): 강릉의 옛 지명이다.
416) 고삐……나간: 원문의 '남비(攬轡)'는 '남비징청(攬轡澄清)'의 줄인 말로, 말의 고삐를 잡고 천하를 맑게 한다는 뜻이니, 즉 관리가 되어 사회의 비리를 바로잡아 보겠다는 출사(出仕)의 큰 포부를 이르는 말이다.
417) 遊: 『한국문집총간』에는 '游'로 되어 있다.
418) 斷夢: 『한국문집총간』에는 '夢斷'으로 되어 있다.
419) 間: 『한국문집총간』에는 '閒'으로 되어 있다.

162. 장급(張及)420) 선배에게 보여 주다　　示張及先輩

한가로움이 습관 되어 게으름피우니 병에 걸릴까 두렵고	習閑成懶病凌兢
하루 종일 띳집에 있으니 기운이 막혀 찌는 듯하네.	終日茅茨氣欝蒸
신통하게도 작은 암자 있음에 힘입어	賴有神通小蘭若
때때로 흥을 타고 스님을 찾아가네.	時時乘興訪山僧

먹을 마시며421) 산 집에 살던 장생이	張生飮墨寓山房
이제는 수놓은 비단 창자422)로 변하려고 하네.	欲變他年錦綉腸
경전과 사서(史書)는 천 번을 두루 읽는 것보다 나은 것 없는데	經史莫如千遍讀
내가 섭렵했던 것을 모두 잊어버렸으니 한스럽구나.	恨予涉獵已全忘

---

420) 장급(張及): 고려 후기의 문신. 1382년(우왕 8) 임술방(壬戌榜)의 제술과(製述科) 33인에는 포함되지 않으나, 명경과(明經科) 4위(4등/5명)로 급제하였다. 당시 장원은 유량(柳亮)이며, 동년으로 이회(李薈), 이승상(李升商), 이지강(李之剛), 정탁(鄭擢), 김명선(金明善), 조박(趙璞), 이종선(李種善) 등이 있다. 김명선은 척약재의 큰아들로 제술과 동진사 3위로 급제하였으며, 조박은 훗날 『척약재학음집』 간행에 도움을 주었다.

421) 먹을 마시며: 원문의 '음묵(飮墨)'은 옛날 중국에서 과거 응시생의 답안지에 글자가 잘못되거나 삐졌을 때, 혹은 글씨가 형편없거나 함부로 휘갈겨 썼을 때, 자리 뒤에 기립(起立)시키고 먹물 한 되를 마시게 했던 것으로 전하여 글재주가 보잘것없음을 의미한다. 『수서(隋書)』 권9, 「예의지(禮儀志)」 4 참조.

422) 수놓은……창자: 원문의 '금수장(錦綉腸)'은 '금수장(錦繡腸)', 혹은 '금수간장(錦繡肝腸)'이라고도 하며, 시문(詩文)에 뛰어난 재주가 있어 지은 글이 비단결같이 고운 것을 비유한 말이다.

163. 대부(大夫) 안종원(安宗源)423)을 축하하다 　　賀安大夫 [宗源]

세 아들이 과거에 급제했으니424) 너무나 자랑할 만하리	三子登科最可誇
어머니에게 지급된 곡식425) 더욱 영광스럽네.	母資廩給更光華
한때에 뜻을 이룬 경우는 항상 있었지만	一時得意常常有
두 대426)에 서로 전한 것은 옛날에도 많지 않았다네.	再世相傳古未多

---

423) 안종원(安宗源): 1325-1394. 고려 후기의 문인. 본관은 순흥(順興)이고 자(字)는 사청(嗣淸), 호는 쌍청당(雙淸堂)이며 아버지는 고려 후기의 저명한 문인인 근재(謹齋) 안축(安軸)이다. 고려조에서는 정당문학(政堂文學)을 역임하였고 조선조 개국 후에는 판문하부사(判門下府事)에 제수되었다.

424) 세……급제했으니: 안종원의 세 아들, 즉 안중온(安仲溫), 안경량(安景良), 안경공(安景恭)이 모두 등과(登科)한 것을 지칭한다.

425) 어머니에게……곡식: 고려시대의 제도에 3형제가 모두 등과(登科)하면 그 모친에게 종신토록 곡식을 지급하는 일이 있었다. 목은 이색의 「한문경공묘지명병서(韓文敬公墓誌銘幷序)」(『목은집·문고』 권15)에 '나라의 제도에 따르면 아들 세 명이 등과(登科)할 경우에는 그 모친에게 종신토록 늠료(廩料)를 지급하게 되어 있다.'라는 말이 보인다.

426) 두 대: 안종원과 그들의 아버지인 안축(安軸)도 1307년(충렬왕 33)에 급제하였기에 이른 말이다.

164. 자안 이숭인과 약속했는데 오지 않다   約子安不至 [李崇仁]

친구와 칠진(漆津)427) 어귀에서 만나기로 약속해	故人期我漆津頭
하루 종일 강가에서 계속해서 바라보았네.	終日沿江望未休
묻노니 고향이 어느 곳인가	爲問守鄕何處是
어둑어둑한 저녁 안개와 지는 석영이 진실로 아득하도다.	暝煙殘照信悠悠

옛 역은 황량하게 네댓 채의 집밖에 없고	古驛荒凉四五家
밤 깊도록 잠 못 이루는데 등잔의 불똥만 떨어지네.	夜深無寐落燈花
좋은 기약은 아득하기만 하니 무슨 일인가	佳期渺渺緣何事
최근 몇 년간 돈과 비단이 많아졌기 때문이네.	只爲年來貝錦多

해가 동쪽 창문을 비춰도 잠에서 깨지 않았는데	日照東窓夢未驚
갑자기 산까치의 짧은 울음소리 들려오네.	忽聞山鵲兩三聲
친구를 볼 수 있는 곳이 어딘 줄 알겠으니	故人相見知何處
곧바로 하빈(河濱)428)을 지나서 수성(壽城)429)으로 향하네.	直跨430)河濱向壽城

---

427) 칠진(漆津): 현재 경상북도 구미시(龜尾市)[과거에는 경상도 인동현(仁同縣)]에 있는 강. 『신증동국여지승람』 권27, 「경상도 인동현」조에 보면, '칠진'에 대해서 "현의 서쪽 10리에 있다. 곧 선산부(善山府) 보천탄(普泉灘)의 하류로서 성주(星州)에 이르러서 소야강(所耶江)이 된다."라고 기술되어 있다.

428) 하빈(河濱): 대구광역시 달성 지역의 옛 지명. 본래 신라의 다사지현(多斯只縣 또는 沓只縣)이었는데 757년(경덕왕 16)에 하빈현으로 고쳐 수창군(壽昌郡)의 영현(領縣)으로 하였다. 1018년(현종 9)에 경산부(京山府)로 옮겼다가 다시 환원시켰으며, 1472년(성종 3) 하빈현으로 고쳤다

429) 수성(壽城): 현재 대구광역시 수성구와 달성군 지역의 옛 지명이다.

430) 跨: 『한국문집총간』에는 '過'로 되어 있다.

165. 자안의 관물재(觀物齋)431)에서 짓다   題子安觀物齋

세상 일 어지러워 홀로 문을 닫고서	世故紛紜獨掩門
아무 일 없음이 기뻐 남쪽 집에 앉았네.	怡然無事坐南軒
하늘과 인간의 도가 갖춰지고 책은 천장에까지 쌓였는데	天人道備書連屋
요순 시절의 태평가 길게 울리고 술은 술통에 가득하구나.	高舜歌長酒滿尊
봄은 따뜻하고 가을은 서늘하니 세월은 한가롭기만	春暖秋凉閑日月
예나 지금이나 천지는 하나라네.	今來古往一乾坤
관물재의 뜻을 알려고 하면	欲知觀物齋中意
모름지기 복희씨와 주 문왕의 우주432)를 알아야 하리라.	須向羲文識混元

---

431) 관물재(觀物齋): 도은(陶隱) 이숭인(李崇仁)의 서재 이름.
432) 복희씨와……우주: 복희씨(伏羲氏)는 중국 고대 삼황(三皇)의 한 명으로 『주역』의 팔괘(八卦)를 지었고, 주 문왕은 『주역』의 괘사(卦辭)를 지은 것으로 알려져 있다. 목은 이색은 「관물재찬(觀物齋讚)」(『목은집』 권12)에서 이숭인의 서재인 '관물재'의 의미를 『주역』과 『맹자』 등을 인용하여 우주의 이치로 설명하고 있다.

166. 단암(丹嵒) 선생433)께 드리다   呈丹嵒

가시덤불 헤치고 길을 찾아 단암434)을 방문하니	披蓁覓路訪丹嵒
소나무와 대나무 그늘 속에 자리한 작은 하나의 암자.	松竹陰中一小菴
삼 일을 계속 머물러 있어도 오히려 부족하여	三日留連猶未足
꿈 속의 혼백조차 응당 푸르른 남기(嵐氣)435)에 둘러 있으리.	夢魂應繞翠煙嵐

---

433) 단암(丹嵒) 선생: '단암'을 충청북도 단양(丹陽)의 이칭으로 추정했을 때, '단암 선생'은 고려 후기에 활동했던 단양 출신의 학자 우탁(禹倬: 1263-1342)이 '백운(白雲)·단암(丹巖)'이라는 호를 사용했으므로 우탁으로 추정해 볼 수도 있으나, 우탁의 몰년이 1342년이므로 위 인용시가 작시(作詩)된 시점과는 맞지 않는다. 여기 '단암 선생'이 누구를 지칭하는지 알 수 없다.
434) 단암: 여기서의 단암은 지명으로서의 단암과 인명으로서의 단암이라는 이중적 의미를 가지고 있다.
435) 남기(嵐氣): 덥고 습한 산의 기운. 저녁나절 푸르스름하게 안개가 낀 것처럼 보이는 것을 말한다.

167. 태자산(太子山) 일녕(一寧)436)에게 드리다   寄呈太437)子山 [一寧]

취하여 상산(商山)438)에 누운 채 오랫동안 돌아가지 못하니	醉臥商山久未歸
평생의 영광과 치욕 꿈처럼 아득하네.	百年榮辱夢依依
세상에서 가장 좋은 약은 편안한 마음이니	世間良439)藥安心是
구름 속의 숲에 사는 한 스님에게 부끄럽구나.	慚愧雲林一衲衣

168. 이민도(李敏道)440)에게 주다   贈李敏道

십 년 전의 사귐을 추억해 보니	憶昔論交十載前
우리 집의 형제들과 취하여 함께 잤지.	我家兄弟醉同眠
오늘 상산의 아래에서 다시 만나	如今邂逅商山下
손 맞잡고 서로 보니 한탄이 절로 나네.	握手相看却惋然

---

436) 태자산(太子山) 일녕(一寧): '태자산'은 경북 봉화에 있는 산이고, '일녕'은 아마도 태자산에 있었던 사찰 '태자사(太子寺)'의 승려였던 것으로 보인다.

437) 太: 『한국문집총간』에는 '大'로 되어 있으나, 또 다른 초간본(한국학중앙연구원 소장본)에는 '太'로 되어 있다.

438) 상산(商山): 경상북도 상주시의 옛 명칭.

439) 良: 『한국문집총간』에는 '艮'으로 되어 있으나, 또 다른 초간본(한국학중앙연구원 소장본)에는 '良'으로 보인다. 의미 상 『고려명현집』의 '良'이 더 타당하다.

440) 이민도(李敏道): 1336-1395. 본래 중국 하간(河間) 사람으로 원(元)나라 경원로총관(慶元路摠官) 이공야(李公埜)의 아들이다. 고려의 사신 성준득(成準得)이 중국으로 사행을 갔다가 고려로 돌아가는 길에 이민도가 자원하여 함께 고려로 들어왔다. 의술과 점술에 능하여 서운부정(書雲副正)과 전의정(典醫正)을 역임하였고, 조선 개국에 참여하여 이등공신(二等功臣)이 되었으며, 그의 처향(妻鄕)이 상주(尙州)이므로 상산군(商山君)에 봉해졌다.

169. 송계(松溪)441)에서 원을 내려오며   松溪下院

수많은 바위에 눈이 쌓이고 바람은 세차게 불며	千巖積雪風吹緊
수많은 골짜기엔 구름이 쌓이고 해는 늦게 떠오르네.	萬壑層雲日出遲
애석하도다! 산에 사는 백성들 대대로 그 땅에 살면서도	可惜山民猶土着
나물국과 푸성귀 밥으로 아침의 허기를 달래네.	菜羹蔬飯慰朝飢

170. 충주에서 중현대부(中顯大夫)442) 최원유(崔元儒)443)에게 주다

忠州贈崔中顯 [元儒]

세상에서 명예나 이익은 은혜와 원수가 섞이기 마련	世塗名利雜恩讎
근래에 더욱 손가락 더럽혔으니444) 다만 스스로 허물뿐이네.	染指年來只自尤
오늘 선방에 앉아 한 통의 술로써	今日一尊禪榻畔
그대 대하며 겨우 나그네의 근심을 씻어 보네.	對君聊洗客中愁

---

441) 송계(松溪): 우리 나라에 '송계'라는 지명은 여럿 있으나 인용 시 앞뒤로 있는 다른 시의 내용을 볼 때, 여기 송계는 충청북도 월악산(月岳山)의 '송계'를 지칭하는 것으로 판단된다. 월악산의 송계는 예부터 지역의 명승지로 제천과 충주의 경계에 자리하고 있다.

442) 중현대부(中顯大夫): 고려시대의 종3품 하계(下階)의 관직명. 1298년(충렬왕 24)에 종3품 통의대부(通議大夫)의 명칭을 상·하로 나누어 종3품 하(下)를 이 이름으로 정하고, 1356년(공민왕 5) '중대부(中大夫)'로 개칭했다가, 1362년(공민왕 11) 다시 중현대부, 1369년(공민왕 18)에는 '중정대부(中正大夫)'로 개칭하였다.

443) 최원유(崔元儒): 고려 후기에 활동했던 충북 충주 출신의 문신이다. 1390년(공양왕 2) 정몽주(鄭夢周)의 추천으로 보문각 직제학(寶文閣直提學)에 올랐다. 1392년(공양왕 4) 정몽주가 선죽교에서 격살되었다는 소식을 듣고 극약을 먹고 자결한 것으로 알려져 있다. 『고려사』에는 '崔原儒'로 적혀 있다.

444) 손가락 더럽혔으니: 원문의 '염지(染指)'는 부당하게 이익을 취하거나 남의 물건을 옳지 못한 방법으로 가짐을 비유적으로 이르는 말이다.

171. 병진년(丙辰年)445) 칠월에 관례에 따라 서울로 가서 한강정(漢江亭)에서 짓다446)
丙辰七月, 隨例赴京, 題漢江亭

한강정447) 위에 서니 생각이 많아지고	漢江亭上思悠悠
강산의 경관은 또 다시 가을이네.	雲物山川又一秋
옛날에 떠났다 이제 오니 도리어 꿈만 같은데	昔去今來還似夢
정자에 올라 바라보니 강물에 떠 있는 갈매기에게조차 너무 부끄럽네.	登臨愧煞水中鷗

---

445) 병진년(丙辰年): 1376년(우왕 2).
446) 병진년(丙辰年)……짓다: 이 시는 김구용이 북원(北元)의 사신에 반대하다가 죽주(竹州)로 유배된 지 1년 후인 1376년에 지은 것이다. 이때는 김구용이 죽주에서 여흥(驪興)으로 이배된 뒤였다. 따라서 이 시 역시 이배될 무렵 지어진 것으로 보인다.
447) 한강정: 한강정(漢江亭)은 지금의 서울 한강 가에 있던 정자이다. 『조선왕조실록』에 의하면 한강정은 한양성 아래 6~7리에 있다고 되어 있다.

172. 구일 사예(司藝)448) 박의중(朴宜中)449)과 술을 마시다
九日與朴宜中司藝飮酒

인생살이에 모이고 흩어짐은 본래 기약이 없는 법	人生聚散本無期
오늘 그대를 만나 다시 시를 지을 줄이야.	此日逢君更賦詩
흰 바위와 푸른 강물 따라 마음껏 방랑하고	白石滄450)江從放浪
자줏빛 수유와 누런 국화에서 즐거움 얻는다네.	紫萸黃菊得娛嬉
세월은 덧없이 흘러가 정말로 꿈과 같은데	光陰荏苒渾如夢
신세는 자꾸 어긋나니 단지 스스로 슬퍼할 뿐.	身世蹉跎只自悲
손을 잡고 높은 곳에 올랐으니 마땅히 취해야 하리	握手登臨須酩酊
그대에게 권하노니 술잔 들기를 지체하지 마시게.	勸君且莫擧杯遲

---

448) 사예(司藝): 고려시대 성균관에서 유학의 강의를 맡아보던 벼슬 이름. '사업(司業)'이라고도 불렀다.
449) 박의중(朴宜中): 1337-1403. 고려 후기의 문인. 본관은 밀양(密陽)이고 초명은 박실(朴實)이며, 자는 자허(子虛), 호는 정재(貞齋)이다. 1362년(공민왕 11) 문과에 급제하였는데 이때 동방(同榜)으로 도은(陶隱) 이숭인(李崇仁), 삼봉(三峯) 정도전(鄭道傳), 매계(梅溪) 강호문(康好文) 등이 있다. 벼슬은 밀직제학(密直提學), 대사성 등을 역임하였고, 조준(趙浚)·정도전 등과 함께 『고려사(高麗史)』를 수찬(修撰)하기도 하였다. 문집으로 『정재일고(貞齋逸稿)』가 전해진다.
450) 滄: 『한국문집총간』에는 '蒼'으로 되어 있다.

173. 장차 영남으로 향하려 하면서 백정(柏亭)[451] 상국(相國)의 증별시에 받들어 답하다

將向嶺南, 奉答柏亭相國贈別之什

평생의 명예와 이익도 터럭 하나처럼 가벼운 것	百年名利一毫輕
호수와 산에 남겨진 여러 자취들 소박한 시골 정취에 걸맞네.	浪迹湖山稱野情
하지만 바람에 날리는 쑥처럼 정착할 곳 없으니	却似飄蓬無處着
북쪽에서 오고 남쪽으로 가며 단지 여기저기 돌아다닐 뿐.	北來南去只橫行

---

451) 백정(柏亭): 목은 이색의 「안동약원기(安東藥院記)」(『목은집·문고』권1)에 "지정(至正) 정미년(1367년, 공민왕 16) 가을 9월에 안동부(安東府)를 맡아 지킬 신하들을 임명하였다. 부사(府使)로는 현재 찬성사(贊成事)로 있는 홍백정(洪柏亭)이 의령군(宜寧君)에서 선발되었고"라는 표현이 보이는바, 여기 언급된 '홍백정(洪柏亭)'이 위 인용 시의 '백정'과 동일인물일 가능성이 크다고 판단된다. 『목은집』에는 위의 「안동약원기」 외에도 곳곳에서 '백정'이 언급되는데, 예컨대 「제박총랑시권(題朴摠郞詩卷)」(『목은집·시고』권12)에서는 "백정이 방금 한번 돌아봤으니(柏亭方一顧)"라는 표현이 보이고, 「한유항연문생급제(韓柳巷讌門生及第)」(『목은집·시고』권16)에서는 "호매한 우리 백정 지조 있으면서도 온화하여(柏亭豪邁介仍和)"라고 읊고 있다. 이로 보아 백정(柏亭)은 홍중선(洪仲宣)으로 추정된다. 홍중선의 초명이 중원(仲元)인데 『영가지(永嘉誌)』에 의하면 1367년 안동부사 홍중원의 기록이 있고, 목은 이색의 「안동약원기」에 의하면 1367년 홍백정(洪柏亭)이 안동부사가 되었다는 기록이 있어 이를 뒷받침한다. 홍중선(洪仲宣: ?-1379)의 본명은 중원(仲元)으로 충혜왕 때 과거에 급제하여 여러 벼슬을 거쳐 정당문학(政堂文學)을 역임하였다.

174. 원흥사(元興寺)[452] 주지에게 장난삼아 주다   戱寄元興住持

매죽헌 앞에는 달이 홀로 밝고	梅竹軒前月獨明
스님의 마음은 얼음처럼 맑도다.	道人心地似氷淸
세상의 온갖 일들 모두가 의지할 바 없는데	世間萬事渾無賴
단지 유마(維摩)[453]가 있으니 기쁜 마음 본받네.	只有維摩法喜情

---

452) 원흥사(元興寺): 경상도 선산(善山)에 있었던 절 이름. 『신증동국여지승람』 권29 선산도호부(善山都護府)에 "원흥사(元興寺) 옛 터가 가덕부곡(加德部曲)에 있다."라는 표현이 보인다.

453) 유마(維摩): '유마힐(維摩詰)' 혹은 '유마거사(維摩居士)'라고도 하는 부처의 재가제자(在家弟子)이다. 위 시에서는 원흥사 주지를 가리키는 말로 사용되었다.

175. 달가에게 주다　　　　寄達可

야윈 말 타고 지친 하인 이끌고 영주(永州)⁴⁵⁴⁾로 향하면서	瘦馬疲僮向永州
한 동이 술로 지난 해의 근심을 씻으려 하네.	一尊將洗隔年愁
산 넘고 물 건너 힘들게 관문에 이르고	穿山渡水艱關到
버들과 꽃을 찾아다니며⁴⁵⁵⁾ 여기저기 노니네.	問柳尋花放浪遊
무협(巫峽)⁴⁵⁶⁾에 구름 깊으니 혼이 아득해지고	巫峽雲深魂杳杳
낙천(洛川)⁴⁵⁷⁾에 고기 끊어지니 한이 많아지네.	洛川魚斷恨悠悠
돌아와 머리 들고 기다리면서	歸來矯首猶相待
달빛 가득한 강가의 누대에 홀로 오르네.	月滿長江獨倚樓

수군(壽郡)⁴⁵⁸⁾에서 일찍이 약속 어겼는데	壽郡曾違約
상산(商山)⁴⁵⁹⁾에서 또다시 기한을 어겼네.	商山又失期
먼 이별의 괴로움 알지 못했다가	未知難遠別
헛되이 그리워하는 고통을 겪게 됐네.	虛費苦相思
달을 대하곤 함께 술잔 기울였고	對月同傾酒
꽃을 보고선 함께 시를 지었지.	看花共賦詩
평생을 장쾌한 일 느긋하게 즐겼었는데	平生寬快事
이미 저버린 지 오래 되었네.	辜負已多時

---

454) 영주(永州): 경상북도 영천(永川)의 옛 이름.
455) 버들과……찾아다니며: 원문의 '문유심화(問柳尋花)'는 버들과 꽃을 찾아다니며 봄 경치를 즐기는 것을 말한다.
456) 무협(巫峽): 무협은 원래 중국의 '삼협(三峽)'의 하나로 사천성(四川省)과 호북성(湖北省)의 경계인 양자강 중류 지역을 가리키는 말이지만, 이 시에서는 안동의 무협산 일대를 지칭한다.
457) 낙천(洛川): 낙동강(洛東江)의 별칭이다.
458) 수군(壽郡): 현재 경상북도 대구시 수성구(壽城區)와 대구시 달성군(達城郡)의 옛 이름인 수창군(壽昌郡)의 약칭.
459) 상산(商山): 경상북도 상주(尙州)의 별호(別號).

단암(丹巖)460)에서 하룻밤을 차 마시기로 약속한 것은	丹巖一夜約烹茶
단지 풍간(豊干)461)이 곳곳에 많기 때문.	只爲豊干處處多
그대의 말 조금은 믿을 수 없음을 진작 알고 있었으니	早識君言差未信
말을 돌려 그대의 집으로 가는 것이 더 나을 듯하네.	不如回馬到君家

한 필의 말로 남쪽 지방 돌아다니며	匹馬遊462)南國
어찌 그대를 보지 못하리라 생각했으랴.	何圖不見君
인생을 살다보면 뜻대로 되지 않을 때가 많은 법	人生多失意
고개 돌려 첩첩산중의 구름 바라본다.	回首萬山雲

벗을 아끼기론 나만한 이가 없는데	愛友無如我
이 마음 알아주는 사람은 오직 그대뿐.	知心獨有君
봄바람 부는 동해에서	春風東海上
손잡고 붉은 구름을 함께 밟으면 좋으리.	携手踏紅雲

---

460) 단암(丹巖): '단암'은 강원도 김화(金化), 전라도 장성(長城) 등에 속한 지명이 보이지만, 시의 내용으로 보아 충청북도 단양군 적성면에 '단암서원(丹巖書院)'이 위치했던 것을 감안할 때 단양을 지칭하는 말로 '단암'이 사용된 것이 아닌가 싶다. 초간본(『한국문집총간』, 한국학중앙연구원 소장본)에는 '丹嵒'으로 되어 있다.

461) 풍간(豊干): '풍간'은 본래 당나라 때 승려의 이름으로 '봉간(封干)'이라고도 하는데, 아미타불(阿彌陀佛)의 화신이라고 전해진다. 이 시에서는 불도가 높은 고승(高僧)을 뜻하는 말로 사용되었다.

462) 遊: 『한국문집총간』에는 '游'로 되어 있다.

176. 장차 박포(朴苞)463)를 사위로 삼으려 하는 이부(吏部) 서균형(徐鈞衡)464)에게 주다

寄徐吏部將以朴苞爲壻 [鈞衡]

두 강물465)이 흐르는 앞으로 부귀한 집이 있는데	二水前頭富貴家
은 병풍과 수놓은 장막엔 꽃이 현란하게 피었네.	銀屛綉幕絢生華
부부의 예466)를 마치자 봄바람 가득하니	同牢禮畢春風滿
생각건대 집안에 상서로운 기운만 넘치겠네.	想見門闌467)喜氣多

---

463) 박포(朴苞): ?-1400. 여말선초(麗末鮮初)의 무신으로 1392년(태조 1) 조선 건국에 공을 세워 개국공신 2등에 책봉되었고, 1398년에 일어난 1차 왕자의 난 때 이방원(李芳遠)을 도운 공으로 죽성군(竹城君)에 봉해지고 지중추부사(知中樞府事)가 되었다. 하지만 그 후 이방간(李芳幹)의 편에 섰다가 1400년(정종 2) 제 2차 왕자의 난 때 이방간과 함께 붙잡혔다가 참수되었다.

464) 서균형(徐鈞衡): 1340-1391. 본관은 달성(達城)이고 자는 상경(商卿), 호는 학암(鶴巖)이다. 고려 후기의 문신으로 1360년(공민왕 9) 문과에 급제한 후 정당문학(政堂文學), 예문관 대제학(藝文館大提學), 양광도 관찰사(楊廣道觀察使) 등을 역임하였다.

465) 두 강물: 경상북도 영천(永川)의 남천(南川)과 북천(北川)을 말하니 이 두 강물이 합쳐져 금호강(琴湖江)으로 합류한다.

466) 부부의 예: 원문의 '동뢰(同牢)'는 전통 혼례에서 신랑과 신부가 서로 절을 한 뒤 술잔을 나누는 예를 말한다.

467) 闌: 초간본(『한국문집총간』, 한국학중앙연구원소장본, 국립중앙도서관소장 수필본) 모두 '欄'으로 되어 있다.

177. 청주 판관이 전주로 근성(覲省)468)을 가서 쓴 시권(詩卷)469)에 차운하다
次韻淸州判官覲省全州詩卷

가을바람 불자 태수470)는 금의환향을 하고	秋風五馬錦還家
대청 앞에서 헌수(獻壽)471)를 올리는데 채색옷472) 화려하네.	獻壽堂前綵服華
술은 동이에 가득 차 물결처럼 넘실대고	酒滿金尊波瀲灩
노래는 화려한 집에서 나오니 그 소리가 어떠리오.	歌凝畫屋響那何
기쁨과 즐거움은 정말로 완산(完山)473) 아래에까지 미치고	歡娛正洽完山下
몹시 취했다가 금강(錦江) 가에서 비로소 깨어나네.	酩酊初消錦水涯
머리 돌려보니 이별의 아픔 끊임없이 이어지는데	回首綿綿離別恨
사방에서 흰 구름만 눈에 아른거리네.	白雲無474)地眼生花
인생살이 가는 곳마다 취하면 집이 되니	人生到處醉爲家
어찌하면 문장으로 오래 된 나라를 빛내겠는가.	安用文章古475)國華

---

468) 근성(覲省): 문무 관리가 귀향하여 부모를 뵙는 것을 말한다. 일명 '근친(覲親)', '귀근(歸覲)'이라고도 한다.
469) 시권(詩卷): 두루마리에 시를 모아 놓은 일종의 시책(詩冊)이다.
470) 태수: 원문의 '오마(五馬)'는 한(漢)나라 때 태수(太守)가 타던 마차를 다섯 마리의 말이 끌었으므로, 태수가 타는 마차 또는 태수를 뜻하는 말로 쓰인다. 이 시에서는 근친 가는 청주 판관을 지칭한다.
471) 헌수(獻壽): 환갑이나 잔치 같은 때 오래 살기를 비는 뜻으로 자손들이 잔에 술을 부어서 드리는 것을 이르는 말이다.
472) 채색옷: 원문의 '채복(綵服)'은 채색옷을 말하는 것으로 일명 '채의(綵衣)'라고도 한다. 옛날 중국 춘추시대 초(楚)나라의 효자인 노래지기 나이 70세에 채색옷을 입고 어린애처럼 장난을 하여 부모를 즐겁게 했다는 데서 '노희채의(老戲彩衣)'라는 고사가 나왔다.
473) 완산(完山): 전라북도 전주시의 옛 지명.
474) 無: 『한국문집총간』에는 '伍'로 되어 있다.
475) 古: 『한국문집총간』에는 '占'으로 되어 있다. '古'로 보면 오래 된 나라를 빛내다의 의미가 되고, '占'으로 보면 나라의 영광을 내가 차지하다가 되어 둘 다 의미는 통하나 본서에서는 『고려명현집』의 '古'를 따르기로 한다.

이미 전원을 향하여 갔으니 걸익(桀溺)[476]을 찾아야 하고	已向田原尋桀溺
다시 강과 바다를 좇았으니 첨하(詹何)[477]를 찾아야 하리.	更從江海覓詹何
높은 재주는 찬란하여 밝게 빛나고	高材赫奕多光焰
큰 도량은 넓고 넓어 끝이 없도다.	大度汪洋絶涘涯
생각건대 생황 노래 임지(任地)에서 울리리니	想見笙歌游[478]宦地
술통 앞의 분 바른 여인 꽃처럼 찬란하리.	尊前粉面爛如花

---

[476] 걸익(桀溺): 중국 춘추시대(春秋時代) 초(楚)나라의 은자(隱者)이다. 공자가 초나라로 가면서 제자 자로(子路)를 시켜서 나루를 묻게 하였는데, 걸익은 공자가 무도한 세상에 숨지 않고 돌아다닌다고 비판하면서 나루터를 가르쳐 주지 않았다.

[477] 첨하(詹何): 중국 전국시대(戰國時代) 초(楚)나라 사람이다. 그는 누에고치 실 한 가닥으로 낚싯줄을 만들고 까끄라기와 같은 것으로 낚싯바늘을 만들어서 큰 물고기를 낚아 올릴 정도로 낚시에 특히 능하였다고 한다.

[478] 游: 『한국문집총간』에는 '遊'로 되어 있다.

178. 충주에서 여러분들이 수창한 시에 차운하다   次忠州諸君酬唱詩韻

모두가 백성을 다스림에 있어 제일류이며	摠是臨民第一流
고상한 풍모와 장한 절개 가을 하늘에 가득 찬 듯하네.	高風壯節氣橫秋
분수없이 떠도는 것을 스스로 싫어하여	自嫌流落仍無分
승방에서 함께 촛불 잡고 놀지479) 못한다네.	未共僧窓秉燭遊480)
〔위 시는 청주 사또께 바치는 것이다.〕	〔右呈淸州倅〕

나무는 짙은 구름과 합하여 푸른빛이 흐르려 하는데	木合雲深翠欲流
발 걷힌 금각(琴閣)481)은 여름이 가을 같네.	捲簾琴閣夏猶秋
어찌하여 첩첩산중으로 둘러싸여 있다 싫어 하리오	何須苦厭482)千山擁
역마 타고 때때로 골짜기로 나가 노니네.	乘駟時時出谷遊483)
〔위 시는 단양 군수께 바치는 것이다.〕	〔右呈丹陽守〕

일엽편주를 푸른 강물에 띄우고	一葉扁舟漾碧流
이 년간이나 고기 잡는 시간을 헛되이 저버렸네.	二年辜負鯽魚秋
그대 사는 곳이 양쪽 언덕의 좋은 경치 많은 것을 알았다면	知君兩岸多奇勝
모름지기 봄바람에 맞추어 술을 싣고 놀러 갔으리.	須辦春風載酒游
〔위 시는 최 전주(崔全州)께 바치는 것이다.〕	〔右呈崔全州〕

예부터 빼어났던 서원(西原)의 경치를 생각하자니	憶昔西原別勝流

---

479) 촛불……놀지: 원문의 '병촉(秉燭)'은 '병촉야유(秉燭夜遊)'의 준인 말로, 경치가 좋은 곳에서 즐기다가 낮에 놀던 흥이 미진하면 밤중까지 촛불을 밝히고 노는 것을 이르는 말이다.
480) 遊: 『한국문집총간』에는 '游'로 되어 있다.
481) 금각(琴閣): 고을 수령이 정사(政事)를 베푸는 곳을 말하는데 '금당(琴堂)'이라고도 한다.
482) 厭: 『한국문집총간』에는 '猒'으로 되어 있으나 '厭'과 의미상 차이가 없다.
483) 遊: 『한국문집총간』에는 '游'로 되어 있다.

온 산엔 가을인데 석양의 노랫소리 끊어졌도다.	夕陽歌斷萬山秋
지금은 적막한 강촌 속에 사노라니	如今寂寞江村裏
슬프게도 나를 불러 함께 놀자는 사람 없네.	怊悵無人喚我游
〔위 시는 황 영광(黃靈光)께 바치는 것이다.〕	〔右呈黃靈光〕

비파 한 곡조에 눈물 두 줄기	一曲琵琶雙淚流
서로 그리워하니 어찌 하루가 삼 년과 같을 뿐이겠는가.	相思奚啻日三秋
서원(西原)484)은 중원(中原)485)과 접해 있으니	西原地與中原接
단지 그대가 매일 취하여 놀기를 바랄 뿐이네.	但願郎君每醉游
〔위 시는 청주 판관께 바치는 것이다.〕	〔右呈淸州判官〕

179. 해(海) 스님을 전송하며   送海上人

그대와 내가 교분을 맺은 지 이십 년	君我論交二十秋
십 년이나 그대는 영남지역에 있었네.	十秋君在嶺南州
서로 그리워해도 도리어 방법이 없었는데	相思可是還無賴
만나자마자 또 다시 이별의 근심이 있을 줄이야.	邂逅相逢又別愁

---

484) 서원(西原): 충청북도 청주(淸州)의 옛 이름.
485) 중원(中原): 충청북도 충주(忠州)의 옛 이름.

180. 판삼사사(判三司事)486) 최영(崔瑩)487)께 올리다 　　上崔判三司事488)

빛나는 충성심은 밝은 해도 뚫고	赫赫忠誠貫日明
남과 북의 변방에서 위엄 있는 명성 떨쳤네.	南陲北鄙振威名
완악한 왜구 한 번 쓸어버린 후부터	自從一掃頑倭後
온 나라에선 태평을 축하하는 소리가 자자하네.	朝野喧騰賀太489)平

섬나라 오랑캐 도적들이 홍산(鴻山)490)으로 들어오자	島夷草竊入鴻山
아직도 기력이 정정한 노장군은 다시 말안장에 올랐네.	矍鑠將軍更據鞍
화살과 돌이 오가는 전장에서 수고하니 그 누가 감탄하지 않으랴	矢石勤勞誰不歎
치아 사이로 아직도 잘려진 칼날이 남아 있다네.	齒間猶在折鋒端

요망하고 간사스러운 기운을 한 번 칼바람으로 완전히 녹였으니	氛祲全銷一劍風
나라의 안위가 이제부터는 우리 공께 달려 있네.	安危從此屬吾公
만약 공업의 높고 낮음을 논하려 한다면	若將功業論高下

---

486) 판삼사사(判三司事): 고려시대 국가 전곡(錢穀)의 출납과 회계를 관장하던 기구인 '삼사(三司)'의 으뜸 벼슬.

487) 최영(崔瑩): 1316-1388. 고려 후기의 무신. 본관은 동주(東州). 평장사(平章事) 최유청(崔惟淸)의 5세손이다. 1361년 홍건적이 침입해 개성을 함락시키자, 이듬해 안우·이방실(李芳實) 등과 함께 이를 격퇴하여 개성을 수복하였고, 1363년에는 김용(金鏞)이 공민왕을 시해하려 했던 흥왕사(興王寺)의 변(變)을 진압하였으며, 수차례 왜구(倭寇)의 침입을 무찌르는 등 당대 최고의 무장(武將)이었다. 하지만 1388년 문하시중(門下侍中)으로 있으면서 명나라를 치고자 요동 정벌을 감행하였으나 이성계(李成桂)의 위화도 회군(威化島回軍)으로 실패하고 결국 처형을 당하였다.

488) 瑩: 『고려명현집』에는 '瑩'이 없고 『한국문집총간』에만 있다.

489) 太: 『한국문집총간』에는 '大로 되어 있다.'

490) 홍산(鴻山): 충청남도 부여지역의 옛 지명.

응당 당나라 곽자의[491]와 이광필[492] 사이에 놓아야
할 걸세.   應在唐朝郭李中

---

491) 곽자의: 곽자의(郭子儀)는 중국 당나라의 명장으로 현종(玄宗)때 삭방절도우병마사(朔方節度右兵馬使)가 되고 안사의 난(安史의 亂)을 평정하였다. 또 회흘(回紇)과 손잡고 토번(吐番)을 정벌하였다. 벼슬이 태위중서령(太尉, 中書令)에 이르고 분양군왕(汾陽郡王)에 봉해졌다.
492) 이광필: 이광필(李光弼)은 중국 당나라 숙종(肅宗) 때의 절도사(節度使)로서 안사의 난(安史의 亂)을 평정하고 임진군왕(臨津郡王)에 봉해졌다.

181. 설감 승(偰監丞)493) 부인 만사 [아들 경수(慶壽)와 미수(彌壽)494)가 급제한 지 얼마 되지 않아 세상을 떠났다]

偰監丞夫人挽詞 [子慶壽彌壽才及第未久而逝]

난리가 난 땅을 피해 동쪽 나라로 와서	避地來東國
타향살이 한 지 어언 이십 년.	僑居二十年
어려운 형편 속에서도 부인의 덕을 닦았고	艱難修婦德
애통해하며 어진 남편 잃었네.	哀痛失夫賢
자식을 가르쳐 가업을 계승하려 했더니	敎子傳家業
자식들 급제하여 맹모삼천의 노고를 위로했네.	登科慰母遷
가련타! 기쁨을 채 누리기도 전에	可憐歡未足
도리어 눈물 샘솟듯 흐르게 하는구나.	還使淚如泉
중국에 난리가 일어 어지러울 때	中原初板蕩
머나먼 하늘 끝으로 나그네 되었네.	萬里客天隅
맑은 덕으로는 진실로 양홍(梁鴻)495)의 부인과 같고	德淑眞梁婦

---

493) 설 감승(偰監丞): 공민왕 때 활동했던 설손(偰遜)을 말한다. 설손은 원래 위구르인[回鶻]으로 알려져 있는데 원나라의 과거에 급제하여 벼슬을 하다가 홍건적의 난 때 병란을 피하여 고려로 귀화하였다. '감승(監丞)'은 고려시대 경적(經籍)과 축문(祝文) 작성 등에 관한 일을 관장하던 관서(官署)인 '비서감(祕書監)'의 관직 '승(丞)'을 의미한다.

494) 경수(慶壽)와 미수(彌壽): 공민왕 때 중국 원나라에서 귀화한 설손(偰遜)의 아들들이다. 설손은 슬하에 설장수(偰長壽), 설연수(偰延壽), 설복수(偰福壽), 설경수(偰慶壽), 설미수(偰眉壽) 등 5형제를 두었는데, 이들 모두가 과거에 급제하고 벼슬을 하였으며 고려 말 문인들과도 교유가 있었다. 설미수의 한자 표기를 위 시에서는 '미수(彌壽)'라고 하였으나 이는 '미수(眉壽)'를 오기(誤記)한 것이다. 특히 막내인 설미수(1359-1415)는 조선조에서도 벼슬을 하여 능통한 중국어 실력으로 명나라 사행(使行)에서 큰 업적이 있었고, 예조판서(禮曹判書)까지 역임할 정도로 현달하였다.

495) 양홍(梁鴻): 후한의 학자 양홍은 가난하지만 학문에 뛰어나고 절의가 있었는데, 권세가들이 사위 삼으려 해도 응하지 않다가 이웃에 사는 나이 많고 못생긴 처녀 맹광과 결혼을 하였다. 양홍은 생계를 위해 남의 집 곁채에 살며 방앗간지기로 일했는데, 양홍이 일을 마치고 집에 돌아오면 맹광은 항상 밥상을 차려서 감히 남편을 올려다보지 아니하고 밥상을 눈썹 위까지 들어올려 바쳤다.

공평한 마음은 노고(魯姑)⁴⁹⁶⁾와 같네.	心公是魯姑
그러므로 마땅히 훌륭한 아들⁴⁹⁷⁾을 낳아	故宜生驥子
큰 선비들과 잘 어울리게 되었네.	端合配鴻儒
신선놀음⁴⁹⁸⁾이 가까운 줄을 어찌 생각이나 했겠는가	豈意仙遊迫
이제 소사(簫史)와 농옥(弄玉)⁴⁹⁹⁾이 함께 하겠구나.	吹簫弄玉俱

    그 후 양홍은 이러한 내조에 힘입어 훌륭한 저술을 남긴 학자로 성장하였다고 한다. '거안제미(擧案齊眉)'의 고사가 여기에서 나왔다.

496) 노고(魯姑): 한(漢)나라 유향(劉向)의 『열녀전(列女傳)』에 나오는 인물로, 제(齊)나라가 노(魯)나라를 공격했을 때, 한 의로운 고모가 산으로 도망가는데 자신의 자식을 버리고 조카를 안고 달아났다고 한다.

497) 훌륭한 아들: 원문의 '기자(驥子)'는 '기자용문(驥子龍文)'의 고사로, 중국 후위(後魏)의 배선명(裵宣明)의 두 아들인 경란(景鸞)과 경홍(景鴻)이 모두 뛰어난 재주가 있어 경란을 기자(驥子), 경홍을 용문(龍文)이라 이른 데서 유래한다.

498) 신선놀음: 사람의 죽음을 일컫는 말이다.

499) 소사(簫史)와 농옥(弄玉): 농옥은 춘추시대 진목공(秦穆公)의 딸이다. 진목공(秦穆公) 때에 소사(簫史)가 통소를 잘 불므로, 그 소리를 듣고 봉황새가 날아왔다 한다. 농옥(弄玉)이 소사를 좋아하므로 짝을 지어 주었더니 부부가 봉황을 타고 신선이 되어 날아갔다고 한다. 이 시에서는 소사와 농옥 같은 부부지간을 일컫는 말로, 즉 설 감승의 부인이 죽어 하늘에 있는 남편과 만나게 되었다는 의미이다.

182. 합포(合浦)로 원수(元帥) 김진(金鎭)500)을 보내며
送合浦金元帥 [鎭]

장수와 재상의 전통 있는 집안에서 아비의 풍모를 계승하여
　　　　　　　　　　　　　　　　　　　　　將相傳家繼父風
지방관이 되어 절월(節鉞)501)을 받아 동쪽 지방 진압했네.
　　　　　　　　　　　　　　　　　　　　　分憂受鉞鎭天東
깃발은 해를 가리고 바다는 넓고 아득한데　旌旗礙日滄溟濶
노래와 웃음소리 구름에까지 미치고 아름다운 장막
높이 솟았네.　　　　　　　　　　　　　　歌笑凌雲玉帳崇
백성들의 아픔을 어루만지고 달래 덕스러운 교화 베풀고　綏撫瘡痍施德化
날랜 준마 몰고서 완전한 공로 세웠네.　　指揮驍駿立全功
알겠도다! 바다의 도적들 응당 놀라 달아날 줄　遙知海寇應驚走
상락공(上洛公)의 자손이 또다시 군대를 통솔하게
되었으니.502)　　　　　　　　　　　　　上洛公孫又摠戎

---

500) 김진(金鎭): 정확히 어떤 인물인지 상고하기 힘드나 『고려사(高麗史)』 권113, 「열전(列傳)」 권26 〈최영(崔瑩)〉 기사문을 보면, '김진(金縝)'이란 인물을 1376년(우왕 2)에 경상도원수 겸 도체찰사(慶尙道元帥兼都體察使)에 임명하고 합포영(合浦營)을 지키게 했다는 내용이 있는데 위 인용 시의 내용과도 부합하므로 위 시의 '김진(金鎭)'은 『고려사』의 '김진(金縝)'과 동일 인물로 보인다. 위 인용 시의 내용을 볼 때, 척약재와 같은 집안 사람으로 김방경(金方慶)의 후손으로 여겨진다.
501) 절월(節鉞): 조선시대 지방관이 부임할 때 왕이 내려주던 도끼.
502) 알겠도다!……되었으니: 원문의 '상락공(上洛公)'은 척약재의 고조 김방경(金方慶)으로 그는 삼별초(三別抄)의 난을 진압하고 왜구를 토벌하는 데 큰 공을 세웠으며, 두 차례에 걸쳐 일본을 정벌하였다. 이 시에서는 김진(金鎭)이 합포로 가서 군대를 통솔하여 변방을 잘 다스릴 것이라는 의미로 말한 것이다.

183. 백정 상국(栢亭相國)503)께 받들어 답하다   奉答栢亭相國

상국의 어진 덕은 배휴(裵休)504)와 비슷하여	相公賢德似裵休
태평성대에 조정505)에서 머리가 되었네.	明日巖廊定作頭
인재를 품평하는 사명이 공의 손에 달려 있으니	題品人材方入手
선비들로 하여금 고향 산에 머물게 하지 마시길.	莫敎多士故山留

세상만사 끝내는 한번 웃고 마는 것으로 돌아갈 뿐이니	萬事終歸一笑休
누대에 기대어 말없이 홀로 머리만 긁적이노라.	倚樓無語獨搔頭
남아의 나가고 물러서는 일 모두 운명에 말미암으니	男兒進退皆由命
어찌 강산에 둘려 사는 것 괴롭게 만류하리오.	豈被江山苦挽留

이제부터 일찍 돌아가 쉬는 것을 거리끼지 않고	莫嫌從此早歸休
다만 속세에 찌든 얼굴 범의 머리506)처럼 못 된 것이 부끄럽네.	只愧塵容未虎頭
푸르른 산수 속에 꽃은 사방에 활짝 피었으니	水碧山靑花爛熳
봄바람 맞이하며 즐김이 유(留) 땅에 봉해지는 것507) 보다 낫다네.	春風行樂勝封留

---

503) 백정 상국(栢亭相國): '상국'은 고려시대 종2품 이상의 관원을 가리키던 재상의 별호로 '백정 상국'은 홍중선(洪仲宣)으로 추정된다. 자세한 내용은 앞의 173번 시 각주 참조.
504) 배휴(裵休): 당나라 때 재상으로 맹주(孟州) 제원(濟源) 출생이며, 자는 공미(公美)이다. 문장과 글씨에 능하였고 정치가로서도 선정을 베푼 것으로 유명하다.
505) 조정: 원문의 '암랑(巖廊)'은 높고 큰 낭무(廊廡)로 곧 묘당(廟堂)과 조정(朝廷)의 별칭이다.
506) 범의 머리: 원문의 '호두(虎頭)'는 '연함호두(燕頷虎頭)'의 준말로 제비 같은 턱과 범 같은 머리라는 뜻이니, 곧 변방의 장수로 나가 큰 공을 세우고 제후가 될 상(相)을 이르는 말이다.
507) 유(留)……봉해지는 것: 전한(前漢)의 공신(功臣) 장량(張良)이 유후(留侯)에 봉해진 것을 말하니, 즉 이 시에서는 높은 벼슬살이 하는 것을 지칭한다.

184. 안 밀직(安密直)508)을 축하하며   賀安密直

부친은 중추원(中樞院)509)에 들어가고 아들은 대언(代言)510)이니	父入鴻樞子代言
한 시대의 영광과 총애가 높은 가문에 속했네.	一時榮寵屬高門
근재(謹齋)511)의 공업이 끝없이 전해질 테니	謹齋功業傳無極
모름지기 운손(雲孫)과 내손(來孫)512)도 있게 될 것을 믿네.	須信雲來必有孫

---

508) 안밀직(安密直): 고려 후기의 문인 안종원(安宗源: 1325-1394)을 가리킨다. 본관은 순흥(順興), 자(字)는 사청(嗣淸), 호는 쌍청당(雙淸堂)이며 시호는 문간(文簡)이다. 밀직을 거쳐 문하찬성사(門下贊成事)를 역임하였다.

509) 중추원(中樞院): 고려시대 군사기무(軍事機務)와 왕명출납(王命出納)·숙위(宿衛)를 담당하던 중앙관부.

510) 대언(代言): 고려시대 밀직사(密直司)에 소속되어 왕명의 출납을 맡던 관직.

511) 근재(謹齋 : 안종원(安宗源)의 부친인 안축(安軸)의 호.

512) 운손(雲孫)과 내손(來孫): '운손'은 8대손, '내손'은 5대손을 말한다. 8대까지의 후손은 '자(子)-손(孫)-증손(曾孫)-현손(玄孫)-내손(來孫)-곤손(昆孫)-잉손(仍孫)-운손(雲孫)'이라 부른다.

185. 이 추상(李樞相)513)의 시에 차운하여 받들어 드리다
奉呈李樞相次韻

말이 가는 대로 맡기고 시 읊으며 문을 두드리나니	信馬哦詩欲款514)扉
취하여 읊는 시구는 진실로 더디구나.	醉吟風月故遲遲
공의 부름을 저버리고 나아가지 못한 것 매우 싫지만	深嫌未赴休公召
승방에서 다시 만날 날을 기약해 보네.	更約禪窓半日期

뜰에 가득 찬 푸른 풀들 사립문을 감싸고	滿庭靑草擁柴扉
글 지어 올리라는 분부가 늦어짐을 홀로 한탄한다.	獨恨徵書下較515)遲
몇 번이나 봄바람 맞이하며 느껴야만 했던가	幾度516)春風偏有感
서울517)의 꽃과 달이 만날 기약 저버리게 하였네.	鳳城花月負佳期

---

513) 이 추상(李樞相): '추상(樞相)'은 일명 '추신(樞臣)'이라고도 하며 고려시대 중추원(中樞院)에 속해 있던 관직으로, 주로 군사기밀(軍事機密)에 대한 일을 관장하였다. 이 시에서는 이씨(李氏) 성의 어떤 인물로 보인다.

514) 欵: 원문에는 '欵'로 되어 있으나 정자(正字)는 '款'이다. '欵'는 '款'의 이체자이다. '관비(款扉)'는 사립문을 두드린다는 뜻이다.

515) 較: 원문에는 '較'로 되어 있으나 '敎'의 오기로 보인다. '하교(下敎)'는 임금이 신하에게 내리는 명령을 말한다.

516) 度: 『한국문집총간』에는 '回'로 되어 있다.

517) 서울: 원문의 '봉성(鳳城)'은 궁궐이 있는 서울을 가리킨다.

186. 계도(季陶)518)의 시에 차운하다   次韻季陶519)

철마다 우는 벌레 나그네의 수심 일으키고	候蟲啼起客中愁
한 바탕 가을바람에 천지가 가을이라네.	一陣金風萬里秋
밝은 달 뜬 어느 곳이 좋을지 그대는 알 것이니	明月君知何處好
청심루(淸心樓)520)는 푸른 강가에 있다네.	淸心樓在碧江頭

187. 서울로 가는 중현대부(中顯大夫) 최원유(崔元儒)521)를 전송하며
送崔中顯如京

작은 소나무 배 가벼운 기러기를 쫓고	松舟一葉逐輕鴻522)
푸르고 푸른 양쪽 언덕은 두약꽃523) 핀 물가로다.	兩岸靑靑杜若洲
낚시터에서 작은 배 타고 물고기 잡는 것 멈추지 마시오	莫向漁磯停短棹
가을바람이 고향에 대한 수심을 불러일으키네.	秋風吹起故鄕愁

---

518) 계도(季陶): 고려 후기 경기도 여주지역에서 활동했던 인물로 보이나 자세한 사항은 알 수 없다.

519) 陶: 『한국문집총간』에는 '淘'로 되어 있다.

520) 청심루(淸心樓): 고려시대 여주 남한강변에 있었던 누대. 여주 관아의 객사(客舍) 북쪽에 위치했던 부속 건물인데, 지금은 소실(燒失)되어 사라졌다. 수많은 시인 묵객들의 사랑을 받았던 곳으로, 특히 고려시대에는 목은(牧隱)을 비롯한 포은(圃隱), 도은(陶隱), 척약재(惕若齋), 둔촌(遁村) 등 일련의 목은계(牧隱系) 사인(士人)들의 시회(詩會)가 펼쳐지던 문학공간이었기에 문학사적 의미가 크다고 할 수 있겠다.

521) 최원유(崔元儒): 앞의 170번 시에서 최 중현은 최원유라고 적고 있다. 최원유는 고려 후기에 활동했던 충북 충주 출신의 문신이다. 1390년(공양왕 2) 정몽주(鄭夢周)의 추천으로 보문각 직제학(寶文閣直提學)에 올랐다. 1392년(공양왕 4) 정몽주가 선죽교에서 격살되었다는 소식을 듣고 극약을 먹고 자결한 것으로 알려져 있다.

522) 鴻: 『한국문집총간』에는 '鷗'로 되어 있다.

523) 두약꽃: 생강과의 여러해살이풀. 초사(楚辭) 중 『구가(九歌)』 「상군(湘君)」에 '저 방주(芳洲)에서 두약을 캐노라.'라는 구절이 있다.

188. 이 원수께 올리다 　　　上李元帥

누대에 올라 매일 마다 깃발을 바라보고　　　登樓日日望旌旗
구름 걷힌 물가엔 더운 기운이 숨어 있네.　　雲斂524)汀洲暑氣微
고기 잡는 늙은이 부질없이 끝까지 쳐다보는데　不獨漁翁空極目
게다가 강산 또한 서로 어긋남을 절로 탄식하네.　江山亦自歎相違

189. 박 간의(朴諫議)525)에게 주다　　　寄朴諫議

버드나무 그늘과 단풍 그림자가 강에 가득 가을인데　柳陰楓影滿江秋
한 곡조의 어부가가 일엽편주에서 일어나네.　　一曲漁歌一葉舟
낚시를 마치고 돌아오니 사람 없고 적막하기만　釣罷歸來人寂寞
달이 밝으니 흰 갈매기 있는 물가로 돌아와 잔다네.　月明還宿白鷗洲526)

---

524) 斂: 초간본(『한국문집총간』, 한국학중앙연구원 소장본)에는 '瀲'으로 되어 있다.
525) 박 간의(朴諫議): '간의(諫議)'는 고려시대 최고의 중앙정치기구였던 중서문하성(中書門下省)의 낭사(郎舍)에 소속된 좌간의대부(左諫議大夫)와 우간의대부(右諫議大夫)를 가리킨다. 이들은 주로 간쟁(諫諍)과 봉박(封駁)의 업무를 담당하였다. 이 시의 박 간의(朴諫議)는 박대양(朴大陽)으로 추정되는데, 정추(鄭樞)의 문집인 『원재선생문고(圓齋先生文稿)』, 「金注書[齊顔]逼同年鄭司諫[暉]曰, 獨不聞安, 朴故事耶, 仍以詩督之. 旣而果獲小妓予, 訪故事於金, 答言朴諫議[大陽]嘗爲同年安吉翔, 具衿褥召妓, 令視寢, 安謝曰, 同年恩若父母, 予聞訖, 相與大噱, 用其韻以戲」에 '박 간의(朴諫議)'의 이름이 '박대양(朴大陽)'으로 적혀 있다. 또한 『목은문고(牧隱文藁)』, 「하죽계안씨삼자등과시서(賀竹溪安氏三子登科詩序)」에 "密城朴氏曰大陽, 曰三陽, 曰季陽"이라고 기록하고 있다. 박대양은 1344년(충혜왕 복위5) 갑신방(甲申榜)에 을과(乙科) 3위로 급제하여 전라도 안렴사와 판전교시사를 역임했다.
526) 洲: 『한국문집총간』에는 '州'로 되어 있다.

190. 서원(西原)527)의 최 주판(崔州判)528)에게 장난삼아 부치다
寄西原崔州判爲戲

여강의 강가 누대에서 하룻밤을 유숙하니	一宿驪江江上樓
가을바람 산들산들 서울에서 불어오네.	秋風嫋嫋自神州
당연히 사창(紗窓)529) 가에도 불어 가리니	了應吹過紗窓畔
아름다운 여인을 본 것처럼 두 곳530) 모두 근심이네.	似見嬌嬈531)兩地愁

---

527) 서원(西原): 충청북도 청주의 옛 지명.
528) 최 주판(崔州判): '주판(州判)'은 각 주의 판관(判官) 벼슬이다.
529) 사창(紗窓): 비단으로 된 창문. 즉 여인의 처소를 미화한 말이다.
530) 두 곳: 시인이 있는 여강과 최주판이 있는 서원 두 곳을 가리킨다.
531) 嬈: 『한국문집총간』에는 '饒'로 되어 있으나 의미 상 '嬈'가 타당하다.

191. 희안(希顏)⁵³²⁾께 절구 두 수를 바치다

呈希顏⁵³³⁾二絶

땅이 후미져서 소식 듣는 일 없고	地僻事無聞
구름 낀 가을 하늘 해는 쉬이 저무네.	秋陰日易暮
내 마음 누구와 더불어 말하리오	此心誰與言
비 내리는 깊은 밤에 홀로 앉아 있노라.	獨坐夜深雨
연창(延昌)⁵³⁴⁾과 여강(驪江)은	延昌與驪江
서로의 거리가 백 리가 채 되지 않네.	相去無百里
헤어진 지 벌써 백 일이 넘었으니	一別十旬餘
산과 숲도 얽어매는 도구가 되네.	山林亦牽事

---

532) 희안(希顏): 고려 후기 전공판서, 지신사, 밀직제학 등을 역임한 문신인 권주(權鑄: ?-1394)의 자(字).

533) 초간본(『한국문집총간』, 한국학중앙연구원 소장본)에는 '希顏' 다음에 '丈'이 더 있다. '丈'은 윗사람을 높여 부르는 말이다.

534) 연창(延昌): 경기도 안성의 별호(別號).

192. 이 단양(李丹陽)535)에게 주다　　　寄李丹陽

날마다 서로 생각하느라 근심만 커져 가	相思日日恨無窮
아득한 풍광을 한번 바라보노라.	漠漠風煙一望中
단양 땅 어진 태수에게 말을 전하니	寄語丹陽賢太536)守
온 산의 가을 흥취 누구와 함께 하리오.	萬山秋興與誰同

가을바람 만 겹 산에 불어 대고	秋風吹過萬重山
물가 바위 모퉁이에는 나뭇잎들 붉구나.	水渚嵒隈樹葉丹
태수에겐 응당 작은 일도 없을 테니	太537)守只應無一事
꽃 싣고 기생 이끌고 등반하고 있으리라.	載花携妓費躋攀

강가에서 고개 돌려보니 한이 아득해지는데	臨流回首恨悠哉
강물 한 줄기 마땅히 봉우리 위에서 흘러오는 것.	一派應從嶺上來
끝없이 감아 도는 것이 몇 굽이인 줄 알겠는데	袞袞盤洄知幾曲
무정하게 곧바로 낚시터를 지나가네.	無情直過釣魚臺

---

535) 이 단양(李丹陽): 시의 내용을 볼 때, 당시 충청도 단양군수(丹陽郡守)로 있었던 이씨(李氏) 성의 어떤 인물로 보인다.
536) 太: 『한국문집총간』에는 '大'로 되어 있다.
537) 太: 상동.

193. 원주 목사에게 주다   寄原州牧使

높이 솟은 치악산에 가을비 개어	雉嶽山高秋雨晴
누대 올라 동쪽 하늘에 구름이 일어남을 바라보네.	登樓東望看雲生
시냇가 길 옆으로 노란 꽃 붉은 잎사귀 있고	黃花赤葉溪邊路
맑고 깨끗한 선관(仙官)538)은 말에 의지해 가고 있네.	瀟灑仙官信馬行

---

538) 선관(仙官): 고려시대 한림원(翰林院)이나 보문각(寶文閣)의 관리를 미화한 말. 이규보의 『동국이상국집(東國李相國集)』 권27, 「상진강후사직한림계(上晉康侯謝直翰林啓)」에 "云云, 紅綃禁署, 素號仙官"이라는 말이 보이며, 또 같은 책 권31, 「동전사표(同前謝表)」에는 "云云, 職淸書閣, 世號仙官"이라는 표현이 보이는바 여기에서 한림원과 보문각의 관리를 '선관'이라 했음을 알 수 있다.

194. 충주의 김생사(金生寺)539)에서 강릉 등명사(燈明寺)540)의 스님을 만나 강릉염사(江陵廉使)541) 탁 정랑(卓正郎)542)에게 시를 주다
忠州金生寺, 遇江陵燈明寺僧, 因寄其廉使卓正郎

그대가 부절을 지니고 관동을 안찰(按察)한다 들고서	聞君持節按關東
아름다운 경관 속에서 서로 찾는 꿈을 꾸었네.	淸夢相尋絶景中
어찌하면 절뚝거리는 나귀 타고 흥에 겨워 갈 수 있으리	安得蹇驢乘興去
해당화 아래로 매우 붉은 빛이 둘려 있네.	海棠花下擁深紅

금 안장의 흰 말에 미녀를 태우고	金鞍白馬載蛾眉
가는 곳곳 누대에선 취하여 시를 짓네.	到處樓臺醉賦詩
세상에선 여기처럼 맘에 맞는 곳 없으니	適意人間無此地
그대에게 권하니 젊은 시절을 아낄지니라.	勸君須惜少年時

절 아래 깊은 강에선 봄물이 생기고	寺下深江春水生
수많은 버드나무들 새로 갠 날씨를 반기네.	萬株楊柳弄新晴

---

539) 김생사(金生寺): 충청북도 충주시 금가면(金加面) 유송리(遊松里)에 있었던 사찰. 신라의 명필 김생(金生)을 추모하기 위하여 창건된 절이다.

540) 등명사(燈明寺): 강원도 강릉시 강동면 괘방산(掛榜山)에 있는 삼국시대 신라의 승려 자장(慈藏)이 창건한 사찰. 처음엔 '수다사(水多寺)'라고 불렀는데, 신라 말기에 병화(兵火)로 소실된 뒤 고려 초기에 중창하여 '등명사(燈明寺)'라 이름하였다. 현재는 '등명낙가사(燈明洛伽寺)'라고 부른다.

541) 강릉염사(江陵廉使): 강릉도 안렴사(江陵道按廉使)의 줄인 말. 안렴사는 '안찰사(按察使)'라고도 하며 각 도의 지방장관이다.

542) 탁 정랑(卓正郎): '정랑(正郎)' 벼슬을 지낸 탁씨(卓氏) 성의 인물인데, 탁씨(卓氏)는 광산(光山) 단본(單本)이다. 고려 후기에 활발하게 활동한 탁씨 가운데 대표적인 인물로는 탁광무(卓光茂: 1330-1410)를 꼽을 수 있다. 탁광무는 자(字)는 겸부(謙夫), 호는 경렴정(景濂亭), 또는 졸은(拙隱)으로 문집인 『경렴정집(景濂亭集)』이 전해진다. 정몽주(鄭夢周)·이숭인(李崇仁) 등과도 교유하였는데, 특히 척약재의 외조부인 급암(及菴) 민사평(閔思平) 또한 젊은 탁광무를 격려하는 「우곡의 시에 차운하여 헌납 탁광무에게 주다[次愚谷韻贈卓獻納 光茂]」(『급암집』 권1)라는 작품을 남겼음을 고려할 때, 위 인용 시의 '탁 정랑'은 탁광무를 지칭하는 것으로 추정된다.

| 이 강물은 동해로 이어진다 말들 하는데 | 人言此水連東海 |
| 어떻게 하면 편지를 자주 보내 평안함을 알릴까. | 須遣雙魚屢報平 |

(동북풍이 5~6일 불면 강물이 불어나 이전의 흔적을 되찾는다. 사람들이 말하기를 동해 바다와 서로 통해 있기 때문에 이와 같은 일이 벌어진다고 한다. 한강에 이르기까지 모두 그렇지 않은 곳이 없다.[東北風吹五六日, 則江水漲復於舊痕. 人言與東海相通, 故如此. 至漢江無不皆然.])

195. 강릉의 이 사군(李使君)543)에게 장난삼아 주다   戱寄江陵李使君

'오고가(五袴歌)544)' 노랫소리 곳곳에서 울려 퍼지는데	五袴歌聲處處騰
삼 년 동안 인수(印綬)를 차고 강릉에서 취했다네.545)	三年佩印醉江陵
봄바람 불어오자 언덕의 길에서 아쉬운 이별하니	春風惜別丘山路
아름다운 여인의 연지와 분이 옥 같은 눈물방울에 엉기네.	紅紛546)佳人玉筯凝

범려(范蠡)는 오호에 배를 띄우고547)	范蠡舟五湖
사안(謝安)은 동편 산에 누웠다네.548)	謝安臥東山
그 마음을 모두 가슴에 품은 것이지	渠心皆有在
본래 미녀 때문은 아니었다네.	元不爲紅顔

---

543) 이 사군(李使君): '사군(使君)'은 지방관을 일컫는 일반적인 호칭이다. 우리말로는 보통 '사또'라고 불렀다. 따라서 '이 사군'은 강릉부사(江陵府使)로 있는 이씨(李氏) 성의 인물이다.
초간본(『한국문집총간』, 한국학중앙연구원 소장본)에는 이 시 다음에 196번 시로 「기최복하함경승양동년잡언(寄崔卜河咸慶承陽同年雜言)」이 실려 있으나, 본서의 저본인 『고려명현집』에는 없다. 이는 초간본에 똑같은 시가 이중으로 편집되었기 때문이다. 본서에서는 상권 6번 시로 실려 있기에 여기서는 생략했다.

544) 오고가(五袴歌): '오고'는 다섯 벌의 바지라는 뜻으로, 선정(善政)을 찬미하는 백성의 노래라는 뜻이다. 동한(東漢)의 염범(廉范)이 촉군 태수(蜀郡太守)로 부임하여, 금화(禁火)와 야간 통행금지 등 옛 법규를 개혁하며 선정을 펼치자, 백성들이 "우리 염숙도여 왜 이리 늦게 오셨는가. 불을 금하지 않으시어 백성이 편하게 되었나니, 평생에 저고리 하나도 없다가 지금은 바지가 다섯 벌이라네.[廉叔度來何暮, 不禁火, 民安作, 平生無襦今五袴.]"라는 찬가를 지어 불렀다고 한다.(『후한서(後漢書)』 권31, 「염범열전(廉范列傳)」)

545) 삼……취했다네: '인수'는 옛날 관리들이 관인(官印)을 몸에 지니기 위해 묶던 끈이다. 여기서는 이 사군(李使君)이 3년간 강릉의 사또 역할을 감당한 것을 말하고 있다.

546) 紛: 본서의 저본인 『고려명현집』에는 '紛'으로 되어 있지만, 『한국문집총간』에는 '粉'으로 되어 있고, 또 그 의미 상 '粉'이 맞기에 본서에서는 '紅粉'으로 해석한다.

547) 범려(范蠡)는……띄우고: 춘추시대 월(越)나라 범려는 월왕 구천(句踐)을 도와 오(吳)나라를 멸망시켰는데, 그 후 물러나 오호(五湖)에 배를 띄우고 은거했다고 한다.(『사기』 권129, 「화식열전(貨殖列傳)」)

548) 사안(謝安)은……누웠다네: 동진(東晉)의 사안은 뛰어난 재능을 가지고 있지만 조정의 부름에 응하지 않고 회계(會稽)의 동산(東山)에 집을 짓고 은둔 생활을 했다고 한다. 여기에서 은거를 뜻하는 고사성어 '동산고와(東山高臥)'라는 말이 유래되었다.

196. 어은 선생(漁隱先生) 동정(東亭) 염흥방(廉興邦)549) 상공(相公)께 바치다

呈漁隱先生東亭相公 [廉興邦]

강가의 오래 된 버드나무에 고깃배를 매어 두었는데	江頭老柳繫漁舟
날은 저물고 푸른 강물 끝없이 흘러가네.	日暮滄波袞袞流
고개 돌려 용문산 바라보니 안개는 자욱하고	回首龍門煙漠漠
금사(金沙) 땅550) 어느 곳에서 다시 누대에 오를까.	金沙何處更登樓

듣건대 공께서 목란배를 사고자 한다 하니	聞公欲買木蘭舟
어느 날에야 돛을 올리고 푸른 강물 거슬러 오르랴.	何日揚帆泝碧流
가을빛 좋을 때 승산(勝山)551)을 모두 유람하고	窮覽勝山秋色好
다시 밝은 달을 맞이하여 강가 누대에서 자네.	更邀明月宿江樓

---

549) 염흥방(廉興邦): ?-1388. 고려 후기의 문신으로 본관은 서원(瑞原: 경기도 파주의 옛 이름), 자(字)는 중창(仲昌), 호는 동정(東亭)이고, 어은(漁隱)은 염흥방(廉興邦)이 여강(驪江)의 하류인 천녕(川寧)에 살 때의 자호(自號)이다.(이색, 『목은문집』 권2, 「어은기」 참조) 아버지는 곡성부원군(曲城府院君) 염제신(廉悌臣)이다. 1357년(공민왕 6) 과거에 급제한 후 밀직부사(密直副使), 삼사좌사(三司左使)를 역임하였고, 여러 차례 동지공거(同知貢擧)가 되어 과거를 주관하였으며 우왕대(禑王代)에 권신으로 활동하였다.

550) 금사(金沙) 땅: 현재 경기도 여주시 금사면 일대. 여기에는 동정 염흥방이 귀양살이를 할 때 지은 침류정(枕流亭)이 있었다고 한다. 이곳을 읊은 이색의 「금사팔영(金沙八詠)」이 전한다.(『신증동국여지승람』 권7, 여주목 참조)

551) 승산(勝山): 경기도 여주에 있는 산 이름. 일명 '황학산(黃鶴山)'이라고도 한다.

197. 전 소윤(全少尹)552)에게 주다　　酬全少尹

죽계(竹溪)553)의 강물은 낙동강과 접하고	竹溪流接洛東江
청원정(淸遠亭)554) 앞에는 온갖 나무 단풍으로 물들었네.	淸遠亭前萬樹黃
생각건대 중구일(重九日)555) 국화 핀 언덕에선	遙想菊坡重九日
여러 사람들 앞다투어 만수를 기원하는 술잔 올리겠지.	諸郞爭獻萬年觴

축산(竺山)556)이 어찌 여강과 같으랴마는	竺山那得似驪江
가을 강물은 도도하게 흐르고 국화는 노란 꽃 터뜨렸네.	秋水滔滔菊綻黃
누대 위 생황 소리는 낮달과도 어울리니	樓上笙歌當午月
섬섬옥수로 아름다운 술잔557) 올리네.	纖纖玉手捧霞觴

---

552) 전 소윤(全少尹): 앞의 5번 시에 나온 '전간(全簡)'을 지칭하는 듯하다. '소윤(少尹)'은 고려시대 각 시(寺: 부서)의 부책임자를 지칭하는 관직명이다. 원래는 '소경(少卿)'이라 불렀는데, 충선왕 때에 개칭하였다.

553) 죽계(竹溪): 보통 '죽계'는 경북 영주(榮州) 순흥(順興)에 있는 시내를 지칭하지만, 이 시의 내용으로 볼 때, 본문의 '죽계'는 전 소윤이 살고 있는 예천 '청원정' 근처의 시내로 보인다.

554) 청원정(淸遠亭): 현재 경북 예천군(醴泉郡) 용궁면(龍宮面) 무이리(武夷里)에 위치한 고려시대 정자. 이 정자는 고려 후기의 문신 국파(菊坡) 전원발(全元發)이 고향으로 낙향하여 건립하고 살았던 곳이다. 이곳 암벽에 척약재의 친필로 쓰인 암각문 '淸遠亭'이라는 글씨가 남아있다.

555) 중구일(重九日): 음력 9월 9일. 일명 '중양절(重陽節)'이라고도 하며, 이 날의 세시풍속으로는 등고(登高)가 있다. '등고'란 산수유 열매를 담은 주머니를 차고 산에 올라가 가족 또는 벗들과 국화전을 나눠 먹고 국화주를 마시며 즐기는 풍습이다.

556) 축산(竺山): 경상북도 예천군 용궁면(龍宮面)의 옛 지명.

557) 아름다운 술잔: 본문의 '하상(霞觴)'은 신선들이 사용한다는 술잔으로 여기에서는 아름다운 술잔을 지칭한다.

198. 동정 상공의 「침류정 절구 네 수」에 받들어 화답하여 여덟 수를 차운하여 짓다 [동정의 시는 뒤에 부록으로 붙인다]

奉和東亭相公枕流亭四絶, 足成八首次韻 [東亭詩附後]

멀리 남쪽 지방으로 노닌지 이미 삼 년558)	遠遊559)南國已三年
깃발을 예천에서 금사(金沙)560)로 옮겼네.	移旆金沙自醴泉
이암(伊庵)561) 선생의 유풍이 남아 있음에 힘입어	賴有伊庵遺迹在
침류정(枕流亭)562) 위에서 책을 베고 자네.	枕流亭上枕書眠

부귀와 공명은 젊은 시절에 누렸고	富貴功名在妙年
옷자락 떨친 지금은 평천(平泉)563)에 누웠네.	拂衣今日臥平泉
산에 가득한 가을비를 바람이 불어 지나가고	滿山秋雨風吹去
달 밝은 남쪽 집에서 함께 이불 덮고 잔다네.	月白南軒共被眠

연못을 파고 버들을 잘라 띳집 엮었는데	鑿池裁柳搆茅亭
푸른 기운 자욱하여 개려 하지 않네.	蒼翠濛濛不肯晴
갑자기 은대(銀臺)의 아름다운 꿈은 깨어지고	忽破銀臺花月夢

---

558) 남쪽……년: 염흥방이 1375년 예천으로 유배 갔다가 3년 후 금사로 옮겨 온 것을 말한다. 1375년(우왕 1)에 북원의 사신을 맞아들이는 것을 반대하다 척약재와 염흥방은 모두 유배되었다. 척약재는 죽주로 갔다가 곧 모향(母鄕)인 여주 금사리로 옮겨왔으며, 염흥방도 예천으로 유배 갔다가 여주 금사로 옮겨서 침류정에 머물다가 곧 풀려났다.

559) 遊: 『한국문집총간』에는 '游'로 되어 있다.

560) 금사(金沙): 현재 경기도 여주시 금사면(金沙面) 일대.

561) 이암(伊庵): 고려 후기의 문신 권하(權賀)의 호이다.

562) 침류정(枕流亭): 경기도 여주 천녕현(川寧縣)에 있었던 염흥방의 정자. 목은 이색이 쓴 「침류정기(枕流亭記)」(『목은집(牧隱集)』 권2)에 의하면 이 정자는 염흥방이 천녕에 귀양 와 있을 때에 지은 것이다. 원래 이곳은 그의 모족(母族)이었던 이암(伊菴) 권하(權賀)의 소유였으나 이암의 후손이 없었으므로 그가 이 별업(別業)을 얻게 되었다고 한다. 이색의 「염제신 신도비명」에 의하면 염흥방의 모친은 권한공(權漢功)의 딸이다.

563) 평천(平泉): 경치가 좋은 곳에 세운 정자를 의미한다.

| 때때로 녹음 속에서 꾀꼬리 우는 소리만 들릴 뿐이네. | 綠陰時有一鶯聲 |

나무 그늘 넓게 드리워져 시냇가 정자에 걸터앉고	樹陰深布跨溪亭
청량한 강가의 교외엔 계속 내리던 비 개었네.	瀟灑江郊積雨晴
고요한 가을밤에 음풍농월(吟風弄月)564)하노라니	弄月吟風秋夜靜
정자의 난간 앞 흐르는 물도 절로 소리를 내지 않네.	檻前流水自無聲

꿈속의 혼백은 아직도 봉황지(鳳凰池)565)를 두르고 있는데	夢魂猶繞鳳凰池
푸른 강가에서 구전문사(求田問舍)566)만 하고 있구나.	問舍求田碧水湄
구차하게 이름을 숨길 필요도 없는 것은	不用區區藏姓字
새나 물고기, 풀과 나무들조차 이미 알고 있기 때문이지.	禽魚草木已曾知

봄풀이 무성하니 사씨(謝氏)네 연못567)이요	萋萋春草謝家池
가을 물결 넘실거리니 제갈량의 우물가568)구나.	瀲瀲秋波葛井湄
시의 맛과 신선의 풍모를 모두 얻었으니	詩味仙風俱自得
시골 생활의 진정한 정취를 그 누가 알겠는가.	野情眞趣有誰知

---

564) 음풍농월(吟風弄月): 맑은 바람을 읊고 밝은 달을 즐긴다는 뜻으로, 아름다운 자연의 경치를 시로 노래하며 즐김을 이르는 말이다.
565) 봉황지(鳳凰池): 당나라 때 궁궐 안에 중서성(中書省)을 설치하고 그곳에 '봉황지'라는 연못을 만들었기에 '중서성'의 별칭으로 불린다. 중서성은 고려시대의 최고 정무기관(政務機關)이었기에, 이 시에서는 염흥방이 요직(要職)으로 진출을 꿈꾸었음을 비유하고 있다.
566) 구전문사(求田問舍): 논밭과 집 장만에만 마음을 쓸 뿐, 원대한 포부를 지니지 못하는 것을 지칭하는 고사성어이다.
567) 사씨(謝氏)네 연못: 중국 남조(南朝)의 시인 사령운(謝靈運)의 집에 있던 연못을 가리키는데, 여기에서는 염흥방의 집에 있는 연못을 뜻하는 말로 쓰였다.
568) 제갈량의 우물가: 중국 호북성(湖北省) 양양(襄陽)의 고융중(古隆中)에 있는 제갈량의 초려(草廬)에는 제갈량이 팠다는 육각형 모양의 우물이 있다고 한다. 여기에서는 염흥방의 집에 있는 우물을 뜻하는 말로 사용되었다.

짧은 노로 작은 배 저어서 사립문 두드리고	扁舟短棹欽569)柴門
비 내리는 밤이라 강가 마을은 길 잃기 쉽구나.	雨夜還迷水上村
묻노니 금사(金沙)가 어느 곳인가	爲問金沙何處是
건너편 숲 언덕에 등불 하나 명멸(明滅)하네.	一燈明暗隔林原

궁벽한 곳이라 띳집에는 문도 만들지 않았는데	地僻茅茨不置門
긴 강의 서쪽 굽이에 외로운 마을이 하나 있네.	長江西曲一孤村
나그네의 가을 흥취가 얼마나 되는지 알겠으니	客中秋興知多少
토란과 밤은 산에 가득하고 벼는 들판에 가득하네.	芋栗滿570)山稼滿原

【부록】 침류정 절구 네 수 [동정 염흥방(廉興邦)]　　枕流亭四絶 [東亭]

시와 술로 즐긴 지 백 년이 가까우니	詩酒歡娛近百年
옛 사람들의 남은 자취 산과 강에 그대로 있네.	古人遺迹在林泉
세속에서 지난 십 년간 받은 은대(銀臺)571)의 은총이	紅塵十載銀臺寵
어찌 이암(伊菴)에서 한 번 취해 자는 것만 같겠는가.	爭似伊菴一醉眠

(이암 권하 선생은 공의 모족인데 후사가 없었다. 그래서 공이 그 별장을 얻게 되었다.[伊菴權賀先生, 公之母族無後. 故公得其別業.])

금사거사(金沙居士)572)의 침류정은	金沙居士枕流亭
버드나무 그늘 짙어서 더운 기운이 사라지네.	楊柳陰陰暑氣晴
귀를 씻으니573) 세속의 일은 들리지 않고	洗耳不聞塵世事

---

569) 欽: '欽'는 '款'의 이체자이다.
570) 滿: 『한국문집총간』에는 '漫'으로 되어 있다.
571) 은대(銀臺): 고려시대 왕명의 출납을 맡았던 추밀원(樞密院)의 별칭.
572) 금사거사(金沙居士): 동정 염흥방의 별호이다.

단지 졸졸 흐르는 작은 시냇물 소리만 있을 뿐.	潺湲只有小溪聲

보리밭은 들쑥날쑥 물은 못에 가득한데	麥隴574)高低水滿地575)
강가의 황폐한 마을은 적막하기만.	荒村寂寂傍江湄
세속에서 이리저리 어지럽게 다니던 일을	紅塵南北紛紜事
백사장의 흰 새에게나 말하여 알게 해야지.	說與沙頭白鳥知

여강은 아득히 용문산(龍門山)576)을 안고 있고	驪江渺渺控龍門
언덕 너머의 고기잡이 등불 멀리 인가가 있음을 알려 주네.	隔岸漁燈認遠村
밤까지 일하다 돌아온 농부는 말할 힘도 없이	田父夜歸無雜語
단지 벼가 성 밖 들판에 가득하길 빌 뿐이네.	但祈禾稼滿郊原

---

573) 귀를 씻으니: 원문의 '세이(洗耳)'는 고대 중국의 은자로 유명한 허유(許由)와 소보(巢父)의 고사에서 나온 말이다. 허유는 요(堯) 임금이 왕위를 물려주려 하자 자신의 귀가 더러워졌다고 하면서 귀를 씻었고, 소보는 소에게 꼴을 먹이다가 자신의 친구인 허유가 귀를 씻는 것을 보고 그 물은 소에게도 먹일 수 없다고 하면서 소를 끌고 상류로 옮겨 갔다고 한다. 여기에서 '허유세이(許由洗耳)', '소보천우(巢父遷牛)'의 고사가 나왔다.

574) 隴: 『한국문집총간』에는 '壟'으로 되어 있으나 의미 상 차이는 없다.

575) 地: 저본 『고려명현집』에는 '地'로 되어 있으나 문맥 상 '池'의 오자이므로 '池'의 뜻으로 풀이하였다. 초간본(『한국문집총간』, 한국학중앙연구원 소장본)에는 '池'로 되어 있다.

576) 용문산(龍門山): 경기도 양평군 용문면과 옥천면에 걸쳐 있는 산. 태백산맥에서 갈라진 광주산맥에 속한 산이다. '미지산(彌智山)'이라는 이름으로 불렸으나, 조선 태조가 등극하면서 용문산으로 바꿔 부르게 되었다 한다.

199. 무급(無及)577)의 두루마리에 짓다   題無及卷子

무급은 참으로 미치지 못한다는 뜻인데	無及眞無及
그대는 남은 힘이 많구나.	多君力有餘
멀리까지 가서 조사(祖師)의 맥을 찾고	遠游尋祖脉
가는 곳마다 진여(眞如)578)를 만나네.	隨處會眞如
마당의 잣나무에는 맑은 그늘 두르고	庭栢579)淸陰轉
창문 밖 소나무에는 푸른 그림자 멀어지네.	窓松翠影疎
돌아와 다만 한 번 웃으니	歸來只一笑
구름 속의 달빛이 띳집까지 가득 찼네.	雲月滿茅蘆580)
('眞無及'은 '爲精進[정진하라]'으로도 되어 있다.)	〔眞無及, 一作爲精進.〕

---

577) 무급(無及): 척약재와 교유가 있었던 승려의 이름으로 추정된다.
578) 진여(眞如): '참되고 항상 그러하다'는 의미로 항상 있으면서 변하지 않는 우주 만물의 근본 진리를 가리킨다. 대승불교의 이상적 개념이다.
579) 栢: '柏'의 속자(俗字)이다.
580) 蘆: 본서의 저본인 『고려명현집』에는 '蘆'로 되어 있으나 이 시는 상평성 6번째 '어(魚)' 운목(韻目)을 사용하고 있다. '廬'는 어(魚) 운목에 속하지만, '蘆'는 '우(虞)' 운목에 속하므로 본서에서는 『한국문집총간』의 '廬'가 타당하다고 판단하여 번역은 이를 따른다.

200. 강릉의 이 사군(李使君)이 임무를 다 마치고 집으로 돌아왔으므로 우선 시를 지어 보내다
江陵李使君政成還家, 先以詩爲寄

인수(印綬) 풀고 돌아오니581) 꿈만 같고	解印歸來似夢中
삼 년간 덕으로 다스린 정치는 관동에 가득하네.	三年德政滿關東
온 산은 형형색색 물들고 국화는 만발한데	千山紫翠黃花發
좋은 날 함께 하며 웃지 못함이 한스럽네.	恨未良辰一笑同

201. 원통사(圓通寺)582)에서 짓다   題圓通蘭若

조그마한 산 위의 절	山頂招提小
구름이 보이는 선창(禪窓) 안에서 하룻밤 잠을 자네.	雲窓一夜眠
밝은 달밤에 종소리 풍경소리 모두 끊어지고	月明鍾磬絶
몸과 세상이 모두 다 막막해지네.	身世兩茫然

---

581) 인수(印綬)……돌아오니: 관리들이 차고 다니는 인수를 풀었다는 것은 작시(作詩)의 대상이 되는 이사군이 강릉에서 관직의 소임을 다 마치고 자연인으로 돌아왔음을 의미한다.

582) 원통사(圓通寺): 『신증동국여지승람』에 의하면 '원통사'라는 절은 전국에 모두 7군데가 보이는데, 그 각각을 살펴보면 경기도 통진현(通津縣), 경기도 양주목(楊州牧), 경기도 영평현(永平縣), 황해도 해주목(海州牧), 강원도 회양도호부(淮陽都護府), 평안도 안주목(安州牧), 평안도 귀성도호부(龜城都護府) 소재이다. 이 중 위 시의 '원통사'가 어느 곳인지는 고증하기 힘들다.

역주 척약재학음집 권하(卷下)

1. 흥법사(興法寺)¹⁾에서 자면서 염사(廉使)²⁾ 하륜(河崙)에게 주다
宿興法寺寄河廉使 [崙]

깊숙한 곳 자리 잡은 아름다운 누각에서 음악은 연주되고	畵閣沈沈奏管絃
한잔 술 서로 권하며 대화를 이어가네.	一杯相屬話纏緜
돌아와 보니 승방(僧房)은 고요하기만 하고	歸來衙閴僧窓下
홀로 쓸쓸한 등잔불 대하노라니 하룻밤이 일 년과 같네.	獨對寒燈夜似年

2. 김군필(金君弼)³⁾ 선생에게 주다   酬金君弼先生

작은 배도 나의 분수로 여기고 안개 가득한 강에서 낚시질하며	扁舟已分釣煙江
날마다 쌍쌍이 나는 백로와 서로 좇는다네.	日日相隨白鷺雙
갑자기 벗이 시 한 수 보내오니	忽有故人詩一首
낭랑한 목소리로 읽고서 때때로 다시 봉창에 기대 보네.	朗吟時復倚蓬窓

---

1) 흥법사(興法寺): 강원도 원주에 있었던 절. 통일신라 시기에 창건된 것으로 추정되며 고려 태조 왕건의 명으로 924년경에 크게 중창된 바 있다. 『세종실록지리지(世宗實錄地理志)』, 「원주목(原州牧)」조의 '흥법사(興法寺)'에 "주(州) 서쪽 30리에 있다."라는 말로 보아 조선 초엽까지만 해도 절이 있었던 것으로 판단된다.
2) 염사(廉使): 고려시대 지방 장관이었던 '안렴사(按廉使)'의 줄인 말. '안찰사(按察使)'라고도 하였다.
3) 김군필(金君弼): 고려 후기의 문인. 자세한 생평(生平)은 알 수 없으나 목은이 1341년(충혜왕 복위2)에 사마시(司馬試)에 합격하여 진사(進士)가 되었을 때 함께 입격했던 동방(同榜)이다. 이는 목은이 쓴 시「김군필(金君弼) 동년은 어느 과(科)에 급제할까 하고 앉아서 생각하다[坐念金君弼同年, 當得何科]」(『목은집』 권23)라는 시를 통해서도 김군필이 목은의 동방이라는 것을 알 수 있다. 이 시의 내용을 보면 김군필은 늘그막까지 과거의 본과(本科)인 문과(文科)에 급제하지 못하고 계속해서 미련을 버리지 못한 채 응시했음을 알 수 있다. 위의 척약재가 쓴 인용 시를 보면 척약재는 그를 '김군필 선생'으로 호칭하고 있는데, 이는 아마도 자기의 선배뻘이지만 아무 관직이 없었던 김군필에 대한 예우 차원이었을 것으로 짐작된다.

3. 판사 채련(蔡漣)4)에게 주다
寄蔡判事 [漣]

띳집의 가시 울타리는 푸른 강에 가깝고	茅屋荊籬近碧江
모래톱엔 나그네 기러기 쌍쌍이 내려앉네.	沙頭旅雁落雙雙
불러서 그리움 담은 편지5)를 부치고 싶지만	呼來欲寄相思字
도리어 달빛만 창문에 가득하여 온 세상 비추고 있네.	還有分輝月滿牎6)

---

4) 채련(蔡漣): 고려 후기의 문인. 자세한 생평(生平)은 알 수 없으나 목은 이색의 시에 채련을 추억하면서 쓴 시 「대사성 채련을 생각하며[憶蔡大司成漣]」(『목은집』 권11)의 내용으로 보아 채련은 아마도 목은과는 깊은 교유관계를 맺고 있었으며 벼슬은 대사성을 역임했던 인물로 판단된다.

5) 그리움……편지: 본문의 '상사자(相思字)'는 서로를 그리워하는 글자, 즉 편지를 의미한다. 『한서(漢書)』, 「소무전(蘇武傳)」에 "천자(天子)가 상림원(上林苑)에서 활을 쏘다가 기러기를 잡았는데, 그 발에 비단에 쓴 편지가 달려 있어서 보니 소무(蘇武)가 어떤 연못[澤中]에 있다."는 말이 적혀 있었다. 이후로 편지를 '안서(雁書)'라고 하였다. 이 시에서는 시인이 기러기를 보고 고향의 가족들에게 편지를 부치고 싶은 마음이 생겼음을 말하고 있다.

6) 牎: 『한국문집총간』에는 '窓'으로 적혀 있다.

4. 김도(金濤)⁷⁾·안중온(安仲溫)⁸⁾ 두 대언(代言)⁹⁾에게 주다

寄金安兩代言 [海¹⁰⁾·仲溫]

두 사람이 옷소매 나란히 하고 은대(銀臺)¹¹⁾를 걸으니	兩君連袂步銀臺
만 리 청운의 꿈이 다리 아래에서 펼쳐지네.	萬里靑雲脚底開
우습구나, 미친 서생은 때를 만나지 못하여	堪笑狂生時不遇
아름다운 자연 속에서 홀로 술잔을 든다.	江山風月獨含杯

---

7) 김도(金濤): ?-1379. 고려 후기의 문인. 자(字)는 장원(長源)으로 연안부(延安府) 출신이다. 고려에서 과거에 급제한 후 원나라의 제과(制科)에도 급제하였다. 우왕이 즉위한 후 문하사인(門下舍人)으로서 환관의 정치 참여를 금지하는 내용의 글을 도당(都堂)에 올리기도 하였다. 김도는 1376년(우왕 2)에 좌부대언(左副代言)에 임명되었는데, 위 시에서 척약재는 김도를 가리켜 '대언'이라 했으니 위 인용 시가 작시(作詩)된 시기는 우왕 2년 무렵이었을 것으로 추정된다. 관직은 지신사(知申事), 밀직제학(密直提學) 등을 역임하였다.

8) 안중온(安仲溫): 고려 후기의 문인. 본관은 순흥(順興). 조부는 고려 후기 문학으로 이름을 떨친 근재(謹齋) 안축(安軸)이고, 부친은 판문하부사(判門下府事)를 지낸 안종원(安宗源)이다. 일명 안경온(安景溫)이라고도 하며 동생인 안경량(安景良), 안경공(安景恭)을 포함하여 3형제가 모두 등과(登科)한 것으로 유명하다. 벼슬은 안동부사(安東府使), 밀직제학(密直提學) 등을 역임하였다.

9) 대언(代言): 고려시대 밀직사(密直司)에 소속된 관직의 하나. 밀직사는 중추원이 바뀐 조직으로 중추원의 승지(承旨)가 대언으로 개칭(改稱)되었다.

10) 海: 『고려명현집』에는 '海'로 되어 있으나 이 시는 김도(金濤)에게 준 것이므로 본서에서는 『한국문집총간』의 '濤'를 따른다.

11) 은대(銀臺): 고려시대 중추원(中樞院)의 별칭. 일명 '추밀원(樞密院)'이라고도 한다. 주로 왕명 출납의 일을 맡아 보았다.

5. 상공(相公) 겸곡(謙谷) 이인(李靭)12)께 바치다   上謙谷李相公 [靭]

이름 숨기고 살리라 이미 백구(白鷗)와 맹세했는데	已與鷗盟隱姓名
안렴사가 지나가며 미친 서생의 안부를 묻네.	按廉行過問狂生
동년(同年)의 옛 친구들 얼마나 되는가	同年舊13)故知多少
현명한 당신이 가장 정이 많음에 깊이 감사하네.	深感明公最有情

6. 양헌부원군(陽軒府院君)14)께 바치다   上陽軒府院君

흰 갈매기 좇아 장강(長江)을 내려가고 싶어도	欲下長江趁白鷗
돈 없어 목란배를 사지 못했네.	無錢未買木蘭舟
어느 때에야 다시 양헌 노인을 뵙고	何時更謁陽軒老
옛날 연경(燕京)에서 노닐던 일 실컷 들으리오.	飽聽燕都昔日遊

---

12) 이인(李靭): ?-1381. 고려 후기의 문신. 척약재와는 과거 동방(同榜)으로 공민왕(恭愍王) 때 신돈(辛旽)의 문객으로 잠입하여 흉모를 자세히 기록하였다가 알림으로써 신돈의 무리를 처벌하는 데 공을 세웠으며, 정당문학(政堂文學), 지문하부사상의(知門下府事商議) 등을 역임하였다. 시호는 익효(翼孝)이다.

13) 舊: 『한국문집총간』에는 '久'로 되어 있다.

14) 양헌부원군(陽軒府院君): 정확히 누구인지 확실치는 않으나 목은 이색의 시에 「양헌시(陽軒詩). 귀성군(龜城君) 김 공(金公)을 위하여 짓다[陽軒詩. 爲龜城君金公作]」(『목은집』 권1)라는 작품이 보이는데, 여기에서 언급된 '귀성군(龜城君) 김 공(金公)'이 아마도 '양헌부원군'이 아닌가 싶다. 목은은 「양헌기(陽軒記)」(『목은집』 권2)라는 글도 썼는데, 이 글을 보면 귀성군 김 공이 천녕현(川寧縣)에 은거하고 있었고, 목은이 둔촌 염흥방과 더불어 이곳을 왕래하였던 것으로 보인다. 위 척약재의 인용 시에도 '양헌 노인(陽軒老)'이라고 지칭했으니 여기서 언급한 '양헌 노인'은 목은이 언급한 귀성군 김 공과 동일인물로 판단된다. 또한 둔촌 이집의 시에도 「궂은비가 온 후 양헌을 방문하다 [苦雨後訪陽軒]」, 「양헌에게 주다 [贈陽軒]」 등의 작품이 있는데, 이 작품들 또한 목은이나 척약재가 언급한 '양헌'과 동일인물로 추정된다.

7. 장봉(長峯)[15]이 거위를 보내주어 시를 써서 사례하다
長峯惠鵝, 詩以謝

멀리 큰 봉우리[16]의 빛을 바라보니	遙望長峯色
강기슭엔 하나의 푸르름이 가득하네.	江頭一抹靑
보내준 거위[17]는 지금 잘 있지만	換鵝今好在
아직도 황정경(黃庭經)[18]을 쓰지 못하였네.	猶未寫黃庭

---

15) 장봉(長峯): 스님의 법명으로 보이는데 누구인지는 확실하지 않다.
16) 큰 봉우리: 원문의 '장봉(長峯)'은 사람이자 동시에 우뚝 솟은 산봉우리를 지칭하는 중의적(重意的) 표현이다.
17) 보내준 거위: 원문의 '환아(換鵝)'는 중국 동진(東晉)의 문인 왕희지(王羲之)가 거위를 좋아했는데, 마침 그의 글씨를 탐내는 산음(山陰) 땅의 도사가 왕희지에게 글씨를 요구하자 그에게 『황정경(黃庭經)』 한 벌을 써 주고 거위를 얻어 왔다는 고사에서 나온 말이다. 이 시에서는 장봉은 이미 거위를 보내왔지만 시인은 아직까지 시를 써 주지 못하고 있다는 의미로 사용되었다.
18) 황정경(黃庭經): 중국 위·진(魏晉) 시대의 도가(道家) 사상가들이 양생(養生)과 수련의 원리를 가르치고 기술하는 데 사용했던 도교 서적.

8. 큰 눈이 왔는데 정정(靜亭) 권호(權鎬)19)와 함께 동정(東亭) 염흥방(廉興邦)20) 상공을 찾아뵙다

大雪. 同靜亭謁東亭相公 [權鎬·廉興邦]

친구의 집은 푸르른 강 서쪽에 있는데	故人家在碧江西
눈이 온 산을 눌러 나무들이 기울어졌네.	雪壓千山樹樹低
노쇠한 말이 오래 된 길을 찾지 못한다면	老馬若非知舊道
침류정21) 가에서 길을 잃게 되리라.	枕流亭畔定應迷

---

19) 권호(權鎬): 고려 후기의 문인. 본관은 안동이다. 고려 후기 성리학의 도입과 정착에 큰 공이 있는 국재(菊齋) 권보(權溥)가 증조부이며 조부는 길창부원군(吉昌府院君) 권준(權準), 부친은 찬성사를 역임한 권렴(權廉)이고, 권렴의 아들이 용(鏞)·호(鎬)·도(鑄)이다. 딸 중에 한 명이 고려 제27대 왕인 충숙왕(忠肅王)의 비(妃)로 책봉되었으니 그가 곧 수비 권씨(壽妃權氏)이다. 따라서 권호는 당대 최고의 명문가 출신이라 할 수 있다. 자세한 생평(生平)은 알 수 없으나, 권호는 전법판서를 지냈고 『고려사』에 의하면 1380년(우왕 6)에 개성윤을 지낸 사실을 알 수 있다. 위 시의 내용으로 보아 척약재와 친밀한 교유를 가진 것으로 보인다.

20) 염흥방(廉興邦): ?-1388. 고려 후기의 문신으로 본관은 서원(瑞原: 경기도 파주의 옛 이름), 자(字)는 중창(仲昌), 호는 동정(東亭)이고, 아버지는 곡성부원군(曲城府院君) 염제신(廉悌臣)이다. 1357년(공민왕 6) 과거에 급제한 후 밀직부사(密直副使), 삼사좌사(三司左使)를 역임하였고, 여러 차례 동지공거(同知貢擧)가 되어 과거를 주관하였으며 우왕대(禑王代)에 권신으로 활동하였다.

21) 침류정: 목은 이색이 쓴 「침류정기(枕流亭記)」(『목은집』 권2)를 보면 '침류정'은 동정(東亭) 염흥방(廉興邦)이 귀양살이 하는 도중 천녕현(川寧縣)에 와서 강가에 정자를 짓고 '수석침류(漱石枕流)'의 고사를 취해 정자의 이름을 '침류정'이라고 지었음을 알 수 있다. 『동문선(東文選)』에 염흥방이 쓴 칠언절구(七言絶句)의 「침류정(枕流亭)」(『동문선』 권22)이라는 시도 보인다. 상권 198번 시를 참조할 것.

9. 정정(靜亭)22) 권 공께 바치다   上靜亭權公

봄바람 불어오면 술병 들고 꽃밭에 앉고	春風携酒花間坐
겨울날에는 털가죽 옷 입고 눈 속을 걷네.	冬日披氈雪裏行
가을 풍광은 보지 못했었는데	唯有秋光看未得
온 산 가득한 단풍은 정을 머금은 듯.	滿山紅葉似含情

(공께서 승산(勝山)23)의 가을 경치를 보지 못했기 때문에 한 말이다.[公恨未見勝山秋景故云])

---

22) 정정(靜亭): 권호(權鎬)이다. 앞의 8번 시와 본서 상권 150번 시의 각주 참조. 또한 양이시(楊以時)가 지은 「권 대부 호 정정의 시를 차운하다[權大夫鎬靜亭詩次韻]」에 '권 대부'의 이름은 '호(鎬)', 호(號)는 '정정(靜亭)'이라 하였다.(『동문선』 권16, 「칠언율시(七言律詩)」 참조)
23) 승산(勝山): 경기도 여주 점봉리에 있는 산인데, 일반적으로 여주를 지칭하는 단어로 쓰인다.

10. 아침 일찍이 안렴사가 술과 고기를 보내줘서 추위를 이길 수 있었는데, 겸하여 시까지 써서 주어 이에 차운하여 사례하다

喆[24)]朝廉使送酒肉禦寒, 兼有小詩[25)], 次韻爲謝

서로 만나 한번 웃으며 옛 정을 나누는데	一笑相逢話舊情[26)]
허물없이 흉금 터놓으니 깨끗하고도 맑구나.	胸中無累淡然淸
헤어지고 말 위에서 자주 고개 돌렸는데	別來馬上頻回首
우뚝한 치악산은 눈 속에 놓여 있구나.	雉岳嵯峨雪裏橫

첩첩산중은 눈과 어울리고 차가운 구름 갰는데	萬山和雪凍雲晴
꿈에서 깨어나니 승방 창문 너머로 새벽의 빛 맑도다.	夢破禪窓曙色淸
갑자기 흰 옷 입은 이가 술을 가지고 이르러서	忽有白衣携酒到
취하여 아름다운 시구 읊으니 기상이 이리저리 뻗치네.	醉吟佳句氣縱[27)]橫

---

24) 喆: 『고려명현집』에는 '喆'로 되어 있으나 '이른 아침'이라는 의미로 '詰朝'라는 단어가 쓰이므로 『한국문집총간』의 '詰'이 타당하다.

25) 小詩: '소시(小詩)'는 '절구(絶句)'를 뜻한다.

26) 話舊情: 『한국문집총간』에는 '○○晴'으로 '話舊'에 해당하는 글자가 결락되어 있고, '情'은 '晴'으로 되어 있다.

27) 縱: 『한국문집총간』에는 '從'으로 적혀 있다.

11. 말 위에서 두 수의 시를 읊어 하 염사(河廉使)28)에게 바치다
馬上吟得二首29), 奉呈河廉使

절은 고요하고 섣달 날씨는 차가운데	梵宮寥落臘天寒
세 동이 술을 다 마셔 버리고 말 따라 돌아오네.	飮破三壺信馬還
크게 취하여 시를 읊으니 양쪽 귀가 울그락 불그락	大醉哦詩雙耳熱
새로 내린 눈이 첩첩산중 감싼 것 알지 못하였네.	不知新雪擁千山
하룻밤의 들판에서의 흥취가 끝나지 않았지만	一夜平原興未闌
산사에서의 맑은 흥취 다시 기약해 보네.	更期山寺作淸歡
마당 앞 깨진 비석은 무성한 이끼에 묻혀 있어	庭前斷碣埋荒蘚
낭관(郞官)30)이 작정하고 보고자 하는 듯.	似欲郎意着意看

---

28) 하 염사: 하륜(河崙)을 가리킨다.
29) 首: 『한국문집총간』에는 '詩'로 되어 있다.
30) 낭관(郎官): 고려시대의 상서성(尙書省)과 상서육부(尙書六部)·고공사(考功司)·도관(都官) 등에 속하여 실무를 담당하던 관직. '낭중(郎中)'이라고도 불렀다.

12. 박 간의[31]가 감사하게도 감귤을 전해 주면서 또 어머니께 드리는 말씀이 있었다. 고마운 나머지 이 시를 지어 보내고 웃는다

朴諫議以傳柑見惠, 且有獻高堂之語. 感謝之餘, 寄此發[32]笑

십여 개의 서리 맞은 귤은 황금과 비슷하니	十枚霜橘似金黃
응당 임금님에게로부터 온 것이리.	應是來從玉座傍
깨뜨려서 헌수(獻壽)하는 술잔에 띄우니 향기가 코끝을 맴 돌고	破泛壽杯香擁鼻
동정호의 봄빛처럼 부모님 계신 자리에 가득하네.	洞庭春色滿高堂

---

31) 박 간의: 박대양(朴大陽)으로 보인다. 4형제인 박밀양(朴密陽), 박대양(朴大陽), 박삼양(朴三陽), 박계양(朴啓陽) 모두 급제한 것으로 유명하였다. 앞의 권상 189번 시 각주 참조.
32) 發: 『한국문집총간』에는 '談'으로 되어 있다.

13. 김 부령(金副令)33)이 중원(中原)34)에 살면서 각종 문서를 편찬하거나 저작하고 있다. 서로 생각하면서도 미처 보지 못하고 있었는데, 먼저 시를 보내오니 차운하여 받들어 답한다

　　金副令寓居中原, 修撰文書. 相憶未見, 先寄以詩, 次韻奉答

백 리 떨어진 아름다운 산천 속에서 서로 바라보며	相望百里好山川
왕래하는 풍류에 흥은 더욱 커져 가네.	來往風流興浩然
한가로움 속에 게을러진 것 스스로 부끄럽구나	自愧閑中成懶慢
강 따라 길이 있지만 이용할 수 없도다.	沿江有路未夤緣

---

33) 김 부령(金副令): '부령(副令)'은 고려시대 각 부서의 부책임자 급의 관원을 말한다. 이 시의 '김 부령'은 김방려(金方礪: 1324-1423)로 보인다. 본관은 김해(金海), 자(字)는 여용(汝用), 호는 축은(築隱)이다. 1375년 김구용(金九容), 이첨(李詹), 전녹생(田祿生), 정몽주(鄭夢周) 등과 함께 이인임(李仁任)의 친원 정책을 반대하다가 김해의 퇴은(退隱)에 유배되었다. 1388년(창왕 1) 위화도 회군 때 이성계(李成桂)를 도와 조선 개국에 공을 세웠다. 후에 김해 퇴은으로 낙향하였고, 1423년(세종 5) 세상을 떠났다. 김방려의 행적은 김해김씨(金海金氏) 족보에 수록된 「종부시사축은공행장(宗簿寺事築隱公行狀)」에 자세히 기록되어 있다. 문집으로 『축은집(築隱集)』이 전하는데, 여기에 척약재의 시가 여러 편 실려 있다. 이외에 『양촌선생문집(陽村先生文集)』 권3 「송김부령방려귀김해(送金副令方礪歸金海)」, 『삼봉집(三峯集)』 권2, 「기김부령우거충주산사(寄金副令寓居忠州山寺)」, 『삼봉집(三峯集)』 권3, 「증전교김부령시서(贈典校金副令詩序)」 등 교유 문인들의 시가 여러 편 전한다.

34) 중원(中原): 충청북도 충주(忠州)의 옛 이름.

14. 동정(東亭)35) 상공의 시에 받들어 답하여 차운하다   奉答東亭相公次韻

강을 따라 눈 맞으며 맑고 그윽한 곳 찾았더니	緣江雪月36)訪淸幽
새로 지은 시 한 수를 감사하게 받았네.	一首新詩枉被酬
강가의 나루터에 말을 세우고 서로 애석히 이별하자니	立馬江頭相惜別
용문(龍門)37) 서쪽으로 푸른 구름 떠가네.	龍門西畔碧雲浮

---

35) 동정(東亭): 염흥방(廉興邦)을 가리킨다. 상권 196번 시 각주 참조.
36) 雪: 『고려명현집』에는 '雪月'로 되어 있으나, 『한국문집총간』에는 '冒雪'로 되어 있고, 의미상 '冒雪'이 더 타당하다.
37) 용문(龍門): 지금의 경기도 양평군 용문면 일대.

15. 남쪽으로 가는 족암 상인(足菴上人)을 통해 전라도 정 염사(鄭廉使), 전주 이 목사 (李牧使)에게 주다

足菴上人南行, 寄全羅鄭廉使, 全州李牧使

듣자 하니 완산(完山)38)은 온갖 경물 새로워	聞道完山景物新
매화만이 홀로 눈 속의 봄을 차지하고 있다 하네.	梅花獨占雪中春
멀리서 알겠노라 맑은 향기 속에 세 사람이 둘러앉아	遙知鼎坐淸香裏
관동 땅에 한 사람 적다고 말하겠지.	說盡關東少一人

이미 홀(笏)과 인수(印綬)39)를 다 버리고 일찌감치 돌아왔고	已抛珪組早歸來
세 칸의 띳집은 강물을 향하여 열려 있네.	茅屋三間面水開
뜰에 가득 찬 밝은 달을 부질없이 슬프게 바라본다 한들	明月滿庭空悵望
어떤 이가 나에게 한 줄기 매화를 부쳐 주리오.40)	何人寄我一枝梅

---

38) 완산(完山): 전라북도 전주(全州)의 옛 지명.
39) 홀(笏)과 인수(印綬): 원문의 '규조(珪組)'는 관리들이 지녔던 홀과 인수[도장 끈]이니, 즉 관직을 상징하는 말이다.
40) 어떤……주리오: 예부터 매화는 봄소식[春信]을 전해 주는 꽃이므로, 이 시에서는 남녘에 사는 정 염사와 이 목사로부터 반가운 소식이 전해지길 바라는 시인의 마음을 표현한 것이다.

16. 충주 천림사(千林寺)에서 이 찰방(李察訪)⁴¹⁾과 술을 마시다 크게 취해 잤다. 깨어난 후에 이 시를 짓는다
忠州千林寺, 與李察訪飮酒大醉因睡. 覺而此作

여강에서 고기 잡던 친구⁴²⁾ 충주에 오니	驪江漁友到忠州
한 곡조의 아름다운 노랫소리 온갖 시름 없애 주네.	一曲纖歌散萬愁
누가 모인 즐거운 장소기에 남달리 맛이 있는가	誰會歡場殊有味
산에 사는 스님은 전두(纏頭)⁴³⁾를 주기에도 쉽다네.	山僧容易出纏頭
눈에 묻힌 중원(中原)⁴⁴⁾은 밤기운 맑은데	雪壓⁴⁵⁾中原夜氣淸
벗이 서로 모이니 더욱 정이 깊네.	故人相會更多情
술 취해 잠이 들어 그대 돌아간 줄도 알지 못했는데	醉眠不覺君歸去
도리어 한 곡의 비파 소리 들려오네.	還有琵琶一曲聲

---

41) 이 찰방(李察訪): '찰방'은 각 도의 역참(驛站)을 관리하던 관직.
42) 여강에서……친구: 원문의 '여강어우(驪江漁友)'는 척약재 본인의 자호(自號)이니 곧 시인 자신을 가리킨다.
43) 전두(纏頭): 광대나 기생, 악공 등이 연주를 마치면 사례의 뜻으로 주는 금품.
44) 중원(中原): 충청북도 충주(忠州)의 옛 지명.
45) 壓: 『한국문집총간』에는 '厭'으로 되어 있으나 의미 상 '壓'이 더 타당하다.

17. 미륵원(彌勒院)⁴⁶⁾으로 가는 길 위에서 서로 이별하고 숭선사(崇善寺)⁴⁷⁾에서 자면서 목백(牧伯)⁴⁸⁾ 상공께 받들어 드리다
彌勒院路上相別, 宿崇善寺, 奉寄牧伯相公

말 머리가 서로 나뉘지니 그윽한 마음 서글퍼지고	馬首相分暗愴情
고개 돌리니 월악산⁴⁹⁾ 더욱 우뚝하구나.	回頭月岳更崢嶸
그 누가 알리오 승방에서 한 번 자고 났더니	誰知一覺僧窓夢
오히려 애간장 녹이는 비파 소리 듣게 될 줄을.	猶聽琵琶腸斷聲

---

46) 미륵원(彌勒院): 경북 문경과 충북 충주 사이에 있는 계립령(鷄立嶺) 하늘재에 있었던 원(院)으로 당시 이곳을 오가는 사람들의 쉼터였다.
47) 숭선사(崇善寺): 충북 충주시 신니면(薪尼面) 문숭리(文崇里)에 있었던 절로 고려 제4대 임금 광종(光宗)이 돌아가신 어머니의 명복을 빌기 위해 세운 사찰이다.
48) 목백(牧伯): 고려시대 지방 행정단위의 하나인 '목(牧)'의 책임자.
49) 월악산: 충청북도 제천시·단양군·충주시와 경상북도 문경시에 걸쳐 있는 산으로 충주호반(忠州湖畔)과 청풍호반(淸風湖畔)에 인접해 있다.

18. 양양(襄陽)50)에 머물면서 안동부사 안중온(安仲溫)51)에게 부치다
留襄陽寄安東府使 [安仲溫]

한번 화산(花山)52)을 이별한 지 십육 년	一別花山十六年
돌아와 보니 꿈결처럼 더욱 아득해지네.	歸來魂夢更茫然
영호루(映湖樓) 아래에서 응당 길을 잃을 터이니	映湖樓下應迷路
마땅히 영악한 아이 보내어 나를 인도해 주어야 하리.	須遣嬌童導我先

호숫가의 높은 누각 날 듯이 펼쳐 있고	湖上危樓翼似飛
물가는 아름답고 따뜻하여 봄날 같네.	汀洲姸暖似春時
달 밝은 날에는 모름지기 굽은 난간에 기대리니	月明須倚闌干曲
어느 아름다운 사람이 옥피리 불어 줄까.	就53)有佳人玉笛吹

---

50) 양양(襄陽): 경상북도 예천군(醴泉郡)의 옛 지명.
51) 안중온(安仲溫): 고려 후기의 문인. 하권 4번 시 각주 참조.
52) 화산(花山): 경상북도 안동(安東)의 별칭.
53) 就: 『한국문집총간』, 수필본(국립중앙도서관 소장본)에는 '孰'으로 되어 있다.

19. 변 염사와 이 찰방이 충주에서 서로 만나 며칠간의 즐거움을 함께 하며 나에게도 참여하라고 불렀으나 일로 인하여 가지 못했다. 두 분 군자께 받들어 드리고 겸하여 좌상의 제공들께도 글을 써서 바친다

卞廉使李察訪相會忠州, 作數日之歡, 邀予參赴, 因事未果. 奉呈兩君子, 兼簡座上諸公

예성(藥城)54)의 고상한 모임에 좋은 초청 있었지만	藥城高會有嘉招
속세의 인연이 괴롭게 나를 얽매는 것 심히 부끄럽네.	深愧塵緣苦我撩
덮개를 기울이고55) 함께 노닐다가 아름다운 계절 맞이했고	傾蓋同遊當令節
술잔 들어 서로 권하며 맑은 밤을 그리워했지.	擧盃相屬想淸宵
완연한 봄바람에 금비녀 꽂은 여인은 취하고	春風爛熳金釵醉
향기로운 안개56)는 하늘에 자욱하고 촛불은 타들어 가네.	香霧空濛玉燭燒
묻노라, 어느 누가 먼저 일어나 춤을 추리오	借問何人先起舞
깊은 밤까지 울려 퍼지는 노랫소리 구름 낀 하늘 흔들리라.	夜深歌吹撼雲霄

눈이 녹은 풀 위엔 말 소리도 우렁찬데	雪消芳草馬聲驕
강가 따라 옥 재갈 물린 말과 함께 하지 못함 한스럽네.	恨未沿江並玉鑣
이르노라, 비파의 아름다운 연주 그칠지어다	爲報琵琶休嫵媚
술통 앞의 두 여인 예쁨을 시샘하노라.	尊前兩艷妬嬌嬈57)

---

54) 예성(藥城): 충청북도 충주(忠州)의 옛 이름.
55) 덮개를 기울이고: 원문의 '경개(傾蓋)'는 '경개여고(傾蓋如故)'의 줄인 말로 길 가다 처음 만난 사람과 수레를 멈추고 양산을 기울여 대화를 나눈다는 뜻이다. 즉 잠시 만났어도 마치 구면처럼 친밀하다는 의미로 이 시에서는 친구들 간의 깊은 우정과 사귐을 이르는 말이다.(『사기』 권83, 「노중련추양열전(魯仲連鄒陽列傳)」, "諺曰, '有白頭如新, 傾蓋如故.', 何則?, 知與不知也." 참조.)
56) 향기로운 안개: 원문의 '향무(香霧)'는 두보의 시 「월야(月夜)」 중 '香霧雲鬟濕, 淸輝玉臂寒.'에서 따온 것이다.
57) 嬈: 『한국문집총간』에는 '饒'로 되어 있으나 '아름답다'는 의미의 '嬌嬈'가 타당하다.

20. 미인의 족자에 쓰다   題美人簇子

지붕 위의 아침 해는 붉은 누대 비추고   屋頭初日射紅樓
비췻빛 향기로운 발 옥 갈고리에 달려 있네.   翡翠香簾上玉鉤
화장 마친 미인이 웃음 띤 얼굴로 서 있으니   粧罷美人含笑立
온갖 봄빛 일시에 부끄러워지네.   百般春色一時羞

21. 동정상공(東亭相公)을 뵈었다. 마침 법천사(法泉寺)의 스님이 작은 배에 술을 싣고 와서 밤 깊도록 질펀하게 마셨는데 동정이 한 수 시를 썼다
謁東亭相公, 會法泉僧以扁舟載酒而來, 夜深痛飮, 東亭有詩云

스님은이 안개 낀 파도를 뚫고 작은 배에 술 실어오고   短棹烟波僧載酒
나그네 눈바람 속에 절름발이 나귀 타고 와서 시를
읊조리네.   蹇驢風雪客吟詩
서로 만나 밤새도록 지극한 정을 나누고   相逢一夜情無極
앙암(仰嵓)58)에 봄이 들 제 다시 만나자 약속하네.   更約仰嵓芳草時

---

58) 앙암(仰嵓): 고려시대 경기도 광주목 천녕현(川寧縣)에 있었던 앙암포(仰嵓浦)를 말한다. 장암포(丈嵓浦)라고도 부른다.

22. 나도 동정의 시에 차운하다 　　予亦次韻

산 속에선 연명(淵明)의 술59)이 처음 익어 가고	山中初熟淵明酒
못가에선 영운(靈運)의 시60)를 한가롭게 읊조리네.	池上閑吟靈運詩
작은 배와 절름발이 나귀 모두 속되지 않으니	短棹蹇驢俱不俗
느긋하게 방초를 찾을 때는 정녕 언제이리오.	緩尋芳草定何時

23. 다음 날 법천사 스님과 함께 돌아오다가 말고삐를 놓은 채 취해 잠들었는데 말이 저 홀로 강가에 갔다. 술에서 깨어난 후 길을 잃어버려 서로 더불어 한바탕 웃고 인하여 절구 한 수를 지어 받들어 동정 상공께 드린다
明日, 與法泉僧回, 委轡醉睡, 馬自近江. 覺而迷路. 相與大噱, 因有一絶, 奉獻東亭

조각배에서 이별의 정을 이기지 못해	扁舟未禁別離情
크게 취하여 강가의 갈림길에서 헤어졌네.	盡醉分携水上程
늙은 말도 능히 주인의 뜻을 알고	老馬也能知主意
잠자는 중에도 도리어 푸른 물결 돌아가네.	睡中還繞碧波行

---

59) 연명(淵明)의 술: '연명'은 중국 남북조시대(南北朝時代) 동진(東晉)의 시인인 도잠(陶潛)의 자(字)이다. 호는 오류선생(五柳先生). 도연명은 '술과 국화의 시인'이라고 불릴 정도로 술을 사랑하였고 「음주(飮酒)」 시 20수를 남겼다.

60) 영운(靈運)의 시: '영운'은 중국 육조(六朝)시대 송(宋)나라 시인 사령운(謝靈運)으로 봉호(封號)가 '강락공(康樂公)'이라 '사강락'으로 일컬어진다. 남조(南朝) 최고의 시인 중 한 명으로 평가받을 정도로 시에 능한 것으로 알려져 있다.

24. 착산(窄山)의 두루마리에 쓰다   題窄山卷子

스님의 마음은 하늘과 합할 정도로 너그럽지만   上人心地合天寬
알약 한 알도 거둬들이는 것 용납하지 않네.   收斂難容一藥丸
착산(窄山)의 풍경이 좋냐고 물으신다면   爲問窄山風景好
진달래꽃 피고 달은 둥글다 하리라.   杜鵑花發月團團

25. 규헌(葵軒)[61]께 바치다   寄呈葵軒

봄바람이 지나가자 또다시 여름 바람 불어오니   春風已過又薰風
시간은 취하여 꾸는 꿈처럼 슬프기만 하구나.   怊悵光陰醉夢中
풀도 떨어져 버린 꽃도 모두 다 상관하지 않는데   芳草落花都不管
다만 밝은 달만이 공과 함께 하는도다.   只應明月與公同

---

[61] 규헌(葵軒): 고려 후기의 문신 권주(權鑄: ?-1394)의 호. 권주는 본관은 안동(安東)이며 지신사(知申事), 밀직제학(密直提學) 등을 역임하였다.

26. 국학박사 자구(子具)62)를 보내다   送子具國博

맑고도 화창한 아름다운 계절에 비는 개고	淸和佳節雨初晴
깨끗한 품성의 신랑63)이 옥경(玉京)64)에 나아가네.	蕭灑新郞赴玉京
성균관65)의 여러 공들이 만약 나의 안부 묻거든	芹館諸公如問我
자연 속에서 이처럼 내 삶을 즐기고 있다 말해 주게.	江山如此樂吾生

---

62) 자구(子具) : 척약재와 동시대 인물로 '자구(子具)'라는 자(字)를 쓴 사람은 위 시의 내용으로 보아 김첨(金瞻)일 가능성이 높다. 김첨(1354-1418)은 호는 연계(蓮溪), 본관은 광산(光山)이다. 자혜부윤(慈惠府尹) 김회조(金懷祖)의 아들이다. 김첨(金瞻)은 척약재의 매제(妹弟)이기도 하며, 1376년(우왕 2) 문과에 급제했으니 척약재보다 16년 연하이며 과거 급제는 21년 후배이다. 이 시의 내용으로 보아 김첨이 성균관에 국학박사로 있을 때 척약재는 여주에 유배 중으로 짐작된다. 목은 이색이 쓴 글인 「무진김씨(茂珍金氏) 세 아들의 명자(名字)에 대한 설[茂珍金氏三子名字說]」(『목은집』 권10)을 보면 "通憲金景先, 請予名其三子, 予以病未果久矣. 長子成均學官, 又來曰, 父命也, 願先生有以敎焉. 予不獲已, 迺言曰, 伯氏名爾瞻, 字爾子具."라는 기록이 있는데 광산김씨 족보에 의하면 김회조의 자(字)가 경선(景先)으로 되어 있어 동일인임이 확인된다.

63) 깨끗한……신랑: 이 시의 대상이 되는 '자구(子具)'를 미화시킨 호칭이다.

64) 옥경(玉京): 옥황상제가 산다는 선계(仙界)의 도성. 이 시에서는 성균관(成均館)이 있는 개경을 가리키는 말로 사용되었다.

65) 성균관: 원문의 '근관(芹館)'은 '근궁(芹宮)'과 같은 말로 성균관의 별칭이다.

27. 어떤 이에게 주다   寄人

꽃 떨어지고 꾀꼬리 우는 봄날이 갈 제   花落鶯[66]啼春去
누대에 기대어 끝없이 서로를 생각하노라.   倚樓無恨[67]相思
죽령(竹嶺)은 우뚝하고 푸르름이 감싸고 돌지만   竹嶺嵯峨橫翠
동으로 내달리는 맑은 꿈은 막지 못하리.   未遮淸夢東馳

---

[66] 鶯: 『한국문집총간』 소재 『척약재학음집』에는 '鶯'이 '鸎'으로 되어 있으나 본서에서는 『고려명현집』을 따라 '鶯'으로 표기한다. 鶯과 鸎의 이체자이다.

[67] 恨: 본서의 저본인 『고려명현집』에는 '恨'으로 되어 있으나 『한국문집총간』에는 '限'으로 되어 있고, 또 의미상 '限'으로 하는 것이 옳기에 번역은 이에 따른다.

28. 운곡(雲谷) 선생 박승제(朴承制)[68]에게 장난삼아 주다
寄雲谷先生 [朴承制爲戲]

고상한 책상 앞의 한 늙은 선비는	香案前頭一老儒
경술로써 당우(唐虞)[69]의 시대에 도달하려 하고 있네.	欲將經術致唐虞
변화(卞和)는 오랫동안 형산(荊山)의 옥을 가졌고[70]	卞和久有荊山玉
괴철(蒯徹)은 조용히 불을 빌리는 법이 없었네.[71]	蒯徹從容乞火無
산에 올라 강물 굽어보며 취한 채 시를 읊조리니	登山臨水醉吟詩
밝은 달과 맑은 바람은 본래 때가 있는 법.	明月淸風本有期
능력도 없으면서 세상에 쓰인 것 스스로 부끄럽구나	自愧無能堪世用
마땅히 고상하게 행동하며 그 시대에 오만하지 말았어야 할 것을.	不應高擧傲當時

---

68) 박승제(朴承制): '승제(承制)'는 '승선(承宣)'과 같은 말로 고려시대 중추원(中樞院)에 소속되어 왕명의 출납을 관장하던 관직이다. 여기에서는 박씨(朴氏) 성을 가지고 승선 벼슬에 있던 어떤 인물로 보인다.

69) 당우(唐虞): 요·순(堯·舜)을 의미함. 요임금은 도당씨(陶唐氏)이고, 순임금은 유우씨(有虞氏)이다.

70) 변화(卞和)는……가졌고: 중국 춘추시대(春秋時代) 초(楚)나라 사람 변화(卞和)가 형산(荊山)에서 박옥(璞玉)을 얻어 여왕(厲王)에게 바쳤지만 돌이라는 감정을 받고 좌족(左足)을 베이는 월형(刖刑)을 당하였다. 그 후 무왕(武王)에게도 바쳤지만 역시 돌이라는 감정을 받아 우족(右足)을 베였다. 문왕(文王)이 즉위하여 다시 감정을 했고 드디어 보옥(寶玉)이라는 감정을 받아 모든 억울함이 풀렸다는 고사이다. 여기에서 '화씨지벽(和氏之璧)'이라는 말이 나오게 되었다. 이 시에서는 시인이 박승제에게 변화처럼 참고 견디며 끈질길 것을 권면하는 말이다.

71) 괴철(蒯徹)은……없었네: 괴철은 진(秦)나라 말기의 인물로 일명 '괴통(蒯通)'이라고도 한다. 한신(韓信)도 그의 계략을 써서 제(齊)나라를 점령하여 제왕(齊王)에 봉해졌다. 한신을 달래어 한(漢)나라로부터 독립하여 한나라, 초나라에 맞서는 천하삼분계책을 올렸으나 한신이 받아들이지 않았다. 그 후 한신이 한 고조(高祖)에 의해 죽임을 당할 때 괴철의 말을 듣지 않았던 것을 후회했다고 한다. '걸화(乞火)'는 '걸화불약취수(乞火不若取燧)'의 줄인 말로 남에게 불을 구걸하기보다 스스로 부싯돌을 켜는 게 낫다는 의미이니, 시인이 박승제에게 '자립(自立)'하고 '자강(自强)'할 것을 권면하는 말이다.

29. 여강의 청심루 위에서 벼슬길에 올라 서울로 떠나는 이자안(李子安)[72]을 전송하다

驪江淸心樓上, 送李子安赴官上京

하룻밤을 꼬박 누대에서 잔 것은	一夜樓中宿
삼 년의 이별 후라 애틋한 정 때문이지.	三年別後情
강산은 절로 갖은 풍경 자아내고	江山自萬景
바람과 달은 더욱더 맑구나.	風月更雙淸

들녘의 학은 예부터 지금까지 날고 있고	野鶴飛今古
모래 위의 갈매기 영욕(榮辱)을 맡은 듯.[73]	沙鷗任辱榮
서로 만났다 또다시 헤어지려니	相逢又分手
고개 돌려 송경(松京)[74]을 바라보네.	回首望松京

---

72) 이자안(李子安): 이숭인(李崇仁). 자안(子安)은 이숭인의 자(字)이다.
73) 들녘의……맡은: 여기 등장하는 '학'과 '갈매기'는 시인과 이숭인을 비유하는 말로, 두 사람의 우정이 오래 되고 또 영욕의 세월을 함께 했음을 가리킨다.
74) 송경(松京): 고려의 수도인 개경의 별호로 이숭인이 벼슬길에 올라 서울로 떠나는 것을 두고 척약재가 한 말이다.

30. 병중에 배 염사(裵廉使)와 교주(交州)⁷⁵⁾ 송 염사(宋廉使)가 함께 누대에 올랐다는 소식을 듣고 시를 써서 주다
病中聞裵廉使與交州宋廉使⁷⁶⁾登樓, 以詩爲寄

비 그치고 구름도 걷혀 가을달 밝은데	雨絶雲收秋月明
밤 깊도록 외로운 나그네는 홀로 정을 품고 있네.	夜深孤客獨含情
큰 배는 높은 누대 아래 고요하게 매여 있는데	長船靜繫高樓下
어느 곳에서 옥피리 소리 함께 들을까.	何處同聞玉笛聲

31. 배를 타고 광주(廣州)로 내려가는 배 염사(裵廉使)를 전송하다
送裵廉使乘舟下廣州

가을 든 강변 마을에 비가 반쯤 개니	秋入江城雨半晴
누대에 가득한 바람과 달빛 너무도 맑구나.	滿樓風月不勝淸
조각배는 곧장 푸른 물결 따라 내려가고	扁舟直下滄波去
나 홀로 모래밭에 서서 채색 깃발⁷⁷⁾ 바라본다.	獨立沙汀望綵旌

---

75) 교주(交州): 고려시대에 지금의 강원도 지역을 가리키는 명칭.
76) 저본인 [고려명현집]에는 '使' 다음에 '同'이 없으나 [한국문집총간](초간본), 수필본(국립중앙도서관 소장)에는 '同'이 있다. 번역은 이에 따랐다.
77) 채색 깃발: 배 염사(裵廉使)가 타고 가는 조각배에 꽂힌 깃발이니, 곧 배 염사를 떠나보냄을 아쉬워하는 표현이다.

32. 여강(驪江)을 읊은 절구 다섯 수. 둔촌(遁村) 호연(浩然) 이집(李集)[78]에게 주다
驪江五絶. 寄遁村李浩然 [集]

저녁 무렵 흰 마름꽃 핀 물가를 천천히 산책하는데	晚來徐步白蘋洲
바람과 이슬은 싸늘하고 달그림자 흘러가네.	風露凄淸月影流
생황에 따라 노래하고 싶지만 요란 떠는 것 싫어	欲喚笙歌嫌擾擾
홀로 시구를 읊으며 고깃배에 오른다.	獨吟詩句上漁舟

아이들이 젓는 배가 푸른 강물 거슬러 오더니	稚子撑舟泝碧流
깊은 밤 빽빽한 버드나무 그늘로 옮겨와 정박하네.	夜深移泊柳陰稠
풀숲 사이 귀뚜라미는 끊임없이 울고	草間蟋蟀啼無數
찬 이슬 맞은 옷이 차가워 오래 머무를 수 없구나.	露冷衣寒未久留

달빛과 강물 소리 더운 기운 잦아들게 하고	月色江聲暑氣微
늙은 몸 이끌고 때때로 이끼 낀 물가로 다시 나아가네.	老魚時復近苔磯
낚싯줄 거두고 노를 접으니 할 일이 없어	收絲卷棹人無事
작은 배 가만히 놔두고 느릿느릿 돌아오네.	穩放輕舠緩緩歸

옷을 벗고 베개 베고 누웠다가 꿈에서 깨어나니	解衣欹枕夢初驚
때마침 강가의 새 한 마리 돌연히 시간을 알려 주네.	時有沙禽忽報更

[78) 이집(李集): 1327-1387. 고려 후기의 문인. 본관은 광주(廣州)로 초명은 원령(元齡)이고, 자(字)는 호연(浩然), 호는 둔촌(遁村)이다. 1347년(충목왕 3) 감시(監試)에, 1355년(공민왕 4) 예부시(禮部試)에 척약재와 함께 급제하였다. 과거 급제 후 벼슬길에 올라 신돈(辛旽)을 비판하였다가 생명의 위협을 받고 경상도 영천으로 도피하였다. 그 후 신돈이 제거되자 개경으로 다시 돌아와 판전교시사(判典校寺事)를 역임한 후 천녕으로 내려와 평생 작시(作詩)에 몰두하였다. 목은 이색, 포은 정몽주, 척약재 김구용, 도은 이숭인 등과 교유가 깊었다. 문집으로 『둔촌잡영(遁村雜詠)』이 전해진다.

마음은 벌써 강가의 아름다운 곳에 가 있어	意在汀洲佳處駐
언덕을 지나치고 산을 돌아가서야 배가 떠난 것 깨달았네.	岸移山轉覺舟行

울타리 아래 배를 매어 두니 이슬이 옷을 적시고	籬下維舟露濕衣
한가롭게 읊조리며 똑똑 사립문을 두드리네.	閑吟剝啄叩柴扉
주인은 말소리 듣고도 도리어 단잠에 빠졌으니	主人聞語還酣睡
오래도록 돌아가지 않는 나를 반드시 꾸짖으리라.	應是嗔予久不歸

33. 둔촌(遁村)이 여러 편의 시를 보내왔기에 차운해서 적어 드리다 [호연(浩然)79)은 천녕(川寧)80)의 도미사(道美寺)81)에 우거하고 있다]

遁村寄詩累篇, 次韻錄呈 [浩然寓居川寧道美蘭若]

황려(黃驪)82)에서 함께 살자 일찍이 약속했건만	曾約黃驪共卜居
남북으로 돌아다닌 지 벌써 십여 년.	犇馳南北十年餘
이제야 비로소 평생소원 이룰 수 있게 됐지만	如今始遂平生志
아직도 강가에 오두막 하나 세우지 못했도다.	猶自江邊未搆廬

한평생을 남가일몽(南柯一夢)의 봄꿈에 붙였고	百年春夢付南柯83)
한 줄기 불어오는 차가운 바람에 세월 감을 느끼네.	一陣新涼感歲華
바람과 달은 약속이나 한 듯이 오랫동안 벗이 되었고	風月有期長作伴
흥을 타면 하늘과 땅이 곧 집이 되었지.	乾坤乘興卽爲家
이후(李侯)는 곳간 속의 쥐를 알지 못했고84)	李侯不悟倉中鼠
두부(杜簿)는 술잔 밑의 뱀까지 의심했네.85)	杜簿猶疑盞底蛇

---

79) 호연(浩然): 둔촌(遁村) 이집(李集)의 자(字).
80) 천녕(川寧): 현재 경기도 여주의 옛 지명. 고려시대 당시에는 경기도 광주목(廣州牧)에 속해 있었다.
81) 도미사(道美寺): 고려시대 경기도 광주목 천녕에 있었던 절로 여겨진다. 둔촌 이집의 문집인 『둔촌잡영(遁村雜詠)』에 보면 도미사와 관련된 시들이 10여 수나 보이는바, 둔촌의 시작(詩作)이 이곳에서 많이 이뤄졌음을 짐작케 한다.
82) 황려(黃驪): 경기도 여주(驪州)의 옛이름.
83) 이 시는 『동문선』 권16에도 실려 있는데, '付'가 '倚'로 되어 있다.
84) 이후(李侯)는……못했고: '이후(李侯)'는 진(秦)나라 승상(丞相)이었던 '이사(李斯)'를 말한다. 그는 원래 초(楚)나라 출신으로 젊은 시절 고향의 작은 마을의 하급관리로 있었다. 어느 날 측간(廁間)에 갔다가 쥐들을 보았는데 더러운 음식을 먹던 쥐들이 부리나케 도망가는 것이었다. 그 후 다른 볼 일로 곳간에 갔더니 거기에도 쥐들이 있었는데 그곳의 쥐들은 토실토실 살이 졌고 사람을 보고도 도망가지 않으며 여유가 있었다. 이를 본 이사는 사람 역시 처한 환경에 따라 인생이 결정된다는 것을 깨닫고, 순자(荀子) 문하로 들어가 공부한 후 진나라의 통일에 공을 세웠다고 한다. 위의 인용시에서 시인은 이사가 측간의 쥐를 통해 얻은 깨달음에 문제가 있다고 비판하고 있다. 즉 실용적이고 현실적이며 부국강병을 추구하는 이사의 행적에 대한 부정적 평가인 것이다.
85) 두부(杜簿)는……의심했네: 중국 후한(後漢)의 응침(應郴)이라는 사람이 급현(汲縣)의 현령으로 있으면서 주부(主簿) 벼슬의 두선(杜宣)을 불러 술자리를 베풀었는데, 두선이 보니 술잔 속에 뱀이 있어

| 오늘부터 우리 함께 참된 은둔을 이뤄 볼까 | 從此共成眞隱遁 |
| 헛된 영예 다른 이에게 자랑하지 않고서. | 莫將虛譽向人誇 |

지팡이 짚고 술병 든 나그네	倚杖携壺客
문 두드리며 글 아는 스님을 찾네.	敲門問字僧
세속으로 들어가는 길은 없지만	世間無路入
강가에는 오를 수 있는 누대가 있다네.	江上有樓登
저녁 비는 산의 소리를 멀게 만들고	暮雨山聲遠
맑은 가을은 강물의 기운을 보태어 주네.	秋晴水氣增
십여 리나 떨어져 서로 바라보니	相望十餘里
근심과 고민이 그대로 인하여 일어나네.	愁悶爲君興

한 번 이별한 지 삼 년 되었지만 나그네는 돌아가지 못하는데	一別三秋客未歸
신선은 도리어 매년마다 만날 기약이 있다네.86)	神仙還有每年期
그대와 더불어 강변을 향하여 머물고 싶어	與君須向江邊住
문 밖의 고깃배를 버드나무 가지에 매어 두네.	門外漁舟繫柳枝

오막살이 허름한 집이라도 느긋하게 살 만하니	衡門茅屋可棲遲87)
가을 풍광 산빛이 모두 빛나네.	秋色山光共陸離
하루가 다가도록 찾아와 두드리는 이 없어	終日無人來剝啄
창문에 기대어 한가롭게 호연의 시를 이야기하네.	倚窓88)閑話89)浩然詩

서 꺼림칙했지만 어쩔 수 없이 술을 마셨고 집에 돌아와 병이 났다. 그 후 응침은 다시 술자리를 베풀면서 두선이 본 술잔 속의 뱀은 사실 벽에 걸린 활[弩] 그림자였음을 밝혀 주자 두선의 병이 즉시로 나았다고 한다. 여기에서 '배궁사영(杯弓蛇影)'이라는 고사성어가 나왔으니 위 시에서 시인은 아무것도 아닌 일에 의심을 품고 지나치게 근심하는 것을 경계하고자 한 것이다.

86) 신선은……있다네: 여기 신선은 견우(牽牛)와 직녀(織女)를 말하니, 그들은 매년 음력 7월 7일 칠석(七夕)에 오작교(烏鵲橋)에서 만난다고 한다.

87) 이 시는 「둔촌잡영부록(遁村雜詠附錄)」에 "次李浩然韻[浩然寓居川寧道美蘭]"라고 실려 있다.

더운 것을 평소에 싫어해 해가 긴 것 두려워했는데	觸熱常嫌畏日遲
가을이 되니 병든 몸도 오히려 지루해지네.	秋來病骨尚支離
잠에서 깨어 게으름 피며 남쪽 창문 아래에서	睡餘懶向南窓下
한유의 글과 두보의 시를 읽는다네.	讀破韓文與杜詩

가을 햇살 비추니 강 건너 친구90)가 생각나서	隔江秋日憶心知
아침저녁으로 끊임없이 시를 짓는다네.	朝夕無端爲賦詩
작은 배 타고 어느 때에 양쪽 언덕에 다가 갈까	短棹何時窮兩岸
취암(翠嵒)에는 그윽하고 기이하지 않은 곳이 없다오.	翠嵒無處不幽奇

바쁘게 돌아다녀서 비록 서로 멀지만	奔走雖相遠
어려움은 또한 절로 같다네.	難艱91)亦自同
중선(仲宣)은 세상이 어지러움을 슬퍼하고92)	仲宣悲世亂
완적(阮藉)은 길이 다함을 울었다네.93)	阮籍94)哭途窮
강과 바다를 나는 외로운 기러기 같고	江海孤飛雁
하늘과 땅에 돌아다니는 하나의 쑥과도 같네.	乾坤一轉篷95)
서둘러 또다시 이별을 하는데	恩恩又離別
고개 돌리니 푸른 시내에서 바람 불어오네.	回首碧溪風

---

88) 窓: 『한국문집총간』에는 '牕'으로 되어 있다.
89) 話: 『한국문집총간』에는 '話'가 '和'로 되어 있으나 의미 상 '話'가 더 적당하다.
90) 친구: 원문의 '심지(心知)'는 '지심(知心)'과 같은 말로 막역한 지기(知己)를 뜻한다.
91) 難艱: 『한국문집총간』에는 '艱難'으로 되어 있으나 의미 상 차이는 없다.
92) 중선(仲宣)은……슬퍼하고: 후한(後漢) 말엽 문인 왕찬(王粲)이 세상이 혼탁한 것을 한탄하고 슬퍼한 것. '중선'은 왕찬의 자(字)이다.
93) 완적(阮藉)은……울었다네: 중국 삼국시대 위(魏)나라의 문인이며 사상가인 완적은 '죽림칠현(竹林七賢)' 중 한 사람으로 종종 수레를 타고 가며 말이 가는 대로 맡겨 두었는데, 길이 막히면 통곡을 하고 돌아왔다고 한다.
94) 籍: 『고려명현집』에는 '籍'으로 되어 있으나 『한국문집총간』의 '藉'이 옳다.
95) 篷: 『고려명현집』에는 '篷'으로 되어 있으나 『한국문집총간』의 '蓬'이 더 타당하다.

동분서주하면서 쉬지 못하며	東走西馳未肯休
가련한 왕찬(王粲)은 누대에 올라 부(賦)를 짓네.[96]	可憐[97]王粲賦登樓
까마득히 흐르는 강물에는 사람의 한이 서려 있고	迢迢江水流人恨
산들산들 가을바람은 나그네의 수심을 일으키네.	嫋嫋秋風動客愁

술취한 중에도 자주 하늘 우러러 부르짖으며	醉中往往仰天呼
숲에서 잠자던 갈까마귀 놀라 달아나게 하네.	驚動園林起宿烏[98]
다행히도 강산이 우리들을 용납해 주니	幸有江山容我輩
어부와 나무꾼이 서로 좇는다네.	相從漁叟與樵夫

집을 지을 때는 마땅히 물가 근처에 해야 하니	結屋應須近水濱
문 앞의 이끼 낀 길에는 푸른 마름이 어우러졌네.	門前苔徑接靑蘋
목란배와 계수나무 노를 저어 함께 노니는 것 익숙하고	蘭[99]舟桂棹同遊[100]慣
순챗국과 농어회[101]를 자주자주 함께 먹는다네.	蓴菜鱸魚共食頻

---

96) 가련한……짓네: 왕찬은 중국 후한(後漢) 말엽의 문인으로 자(字)는 중선(仲宣)이며 산양(山陽) 고평[高平: 지금의 산동성 추현(鄒縣) 서남쪽 지역] 사람이다. 박식하고 문장에 뛰어나 건안칠자(建安七子) 중 한 사람으로 꼽혔다. 후한 말 천하가 크게 어지러워지자 형주(荊州)의 유표(劉表)에게 15년 동안이나 의탁해 있었는데, 이때 고향이 생각날 때면 시사(時事)를 한탄하고 고향을 그리워하면서 누대에 올라「등루부(登樓賦)」를 읊으며 시름을 달랬다고 한다.

97) 憐: 『고려명현집』에는 '憐'으로 되어 있고, 『한국문집총간』에는 '隣'으로 되어 있으나 의미 상 '憐'이 타당하다.

98) 烏: 『고려명현집』에는 '烏'로 되어 있으나 『한국문집총간』의 '鴉'가 더 타당한 듯하다.

99) 蘭: 『한국문집총간』에는 '欄'으로 되어 있으나 의미 상 차이는 없다.

100) 遊: 『한국문집총간』에는 '游'로 되어 있으나 의미 상 차이는 없다.

101) 순챗국과 농어회: 고향을 그리워하는 마음을 말한다. 본문의 '순채노어(蓴菜鱸魚)'는 순채(蓴菜)로 끓인 국과 농어(鱸魚)로 만든 회(膾)이다. 중국 진(晉)나라 장한(張翰)은 타향에서 벼슬살이하다가 어느 가을날 바람이 불자 고향땅 오중(吳中)의 순국과 농어회가 생각나서 말하기를, "인생살이에 있어 뜻에 맞게 사는 것이 귀한 법인데, 어찌 벼슬에 얽매여 수천 리 밖을 떠돌면서 명예와 관작을 누리겠는가."라고 하고는 드디어 수레를 타고 고향으로 돌아갔다는 고사가 전해진다.

34. 동년(同年) 친구 지신사(知申事)[102] 양이시(楊以時)[103]를 곡하다

哭楊知申事 [同年[104]以時]

세상 일 진실로 웃고 견딜 수 있지만	世事眞堪笑
인생은 또한 슬퍼할 만하도다.	人生亦可哀
공명은 풀과도 같고	功名如草芥
부귀는 티끌과도 같구나.	富貴若塵埃
임금님 보필할 고명한 선비 사라졌고	輔主淪高士
시대를 바로잡을 뛰어난 인재 잃었네.	匡時失俊材
바람을 맞이하며 다시 슬퍼하니	臨風更怊悵
다시 진중(陳重)과 뇌의(雷義)[105] 볼 수 없겠네.	無復見陳雷

---

102) 지신사(知申事): 추밀원 지신사(樞密院知申事)의 약칭. 밀직사(密直司)에 소속된 관원으로 주로 왕명의 출납 등에 관한 업무를 맡았다.

103) 양이시(楊以時): 생년 미상~1377년(고려 우왕 3). 고려 후기의 문신. 본관은 남원(南原)이며, 할아버지는 양윤보(楊允保), 아버지는 태학생(太學生) 양서령(楊瑞齡)이며, 처부(妻父)는 고려 말의 문신인 탁광무(卓光茂)이다. 1353년(공민왕 2) 진사시에서 장원으로 합격하였고, 1355년(공민왕 4) 문과시에 동진사 10위로 급제하였다. 이후 집현전대제학(集賢殿大提學) 등의 벼슬을 역임하였다. 시문에 능하여 시 4수가 『동문선(東文選)』에 수록되어 있으며, 명(明)나라의 오명제(吳明濟)가 편찬한 『조선시선(朝鮮詩選)』에도 그의 시가 수록되어 있다. 목은(牧隱) 이색(李穡), 둔촌(遁村) 이집(李集), 척약재(惕若齋) 김구용(金九容) 등과 교유하였다. 1377년(우왕 3)에 세상을 떠났으니 이 시는 1377년 작이라 추정이 된다.

104) 同年: 『고려명현집』에는 '友'가 빠져 있으나, 『한국문집총간』에는 '同友年'로 적혀 있다.

105) 진중(陳重)과 뇌의(雷義): 중국 역사에서 두터운 우정으로 교유한 친구의 대명사이다. 후한(後漢) 때 뇌의(雷義)와 진중(陳重)은 젊은 시절부터 우정(友情)이 매우 두터워 일찍이 태수가 진중을 효렴(孝廉)으로 천거하자 진중이 이를 뇌의에게 양보하였으나 태수에 의해 진중이 낭(郞)에 임명되었고 뇌의 또한 그 다음 해에 효렴으로 천거되었다. 이후 진중은 뇌의와 함께 상서랑(尙書郞)이 되었는데, 어느 날 뇌의가 다른 사람의 죄를 대신 받게 되어 관직에서 쫓겨나자, 진중 또한 병을 핑계로 벼슬을 그만두었다. 그 후 뇌의가 무재(茂才)에 천거되어서는 이를 진중에게 양보했으나 자사가 들어주지 않자, 뇌의는 마침내 거짓으로 미치광이가 되어 무재의 천거에 끝내 응하지 않았으므로, 당시 사람들이 말하기를 "교칠이 스스로 견고하다고 하지만, 뇌의와 진중의 사이만은 못하다.[膠漆自謂堅, 不如陳與雷.]"라고 하였다 한다. 이상에 대한 사항은 『후한서(後漢書)』 권81, 「진중뇌의열전(陳重雷義列傳)」 참조. 이 시에서는 척약재가 자신과 절친했던 동년(同年) 양이시를 잃은 슬픔을 '진중과 뇌의'에 비겨 표현한 것이다.

35. 정토사(淨土寺)106)에서 밤에 읊다   淨土蘭若夜吟

어둑어둑 꿈이 깨니 절간의 등불만 밝고	昏昏夢破佛燈明
비 갠 후의 은하수는 눈에 가득 들어오네.	滿目星河雨已晴
사람들 모르게 홀로 뜰을 거니노라니	獨步庭中人不識
오로지 풀벌레 소리만이 울타리를 둘러싸네.	繞籬唯有草蟲鳴

36. 정토사로부터 둔촌이 우거하는 집을 찾다   自淨土尋遁村寓居

안개 속의 흐릿한 나무로 한차례 비가 지나가고	煙樹濛濛一雨過
새벽이 되니 차가운 기운이 충분히 더해지네.	曉來涼氣十分加
밤이 되자 강물이 불어나 배로 건너기 어려워져	夜深江漲舟難渡
이웃 절에 찾아가 다시 차를 끓이네.	隣寺相尋更煮茶

---

106) 정토사(淨土寺): 충청북도 충주시 동량면 개천산(開天山)에 있었던 남북국시대 통일신라의 사찰. 일명 개천사(開天寺)라고도 한다. 창건 연대는 미상이나 신라 말기에서 고려 초기에 창건된 사찰로 추정된다.

37. 일암(日庵)의 두루마리에 쓰다.　　題日庵卷子

아침 해가 동쪽 바다 위로 떠올라	初日出東溟
하늘 가득히 햇빛 찬란하네.	滿天光昱昱
잠깐 사이에 안개와 이슬 걷히더니	須臾霧露銷
내 작은 띳집을 비춰주네.	照我一茅屋
서로 대하는 것 홀로 기뻐하는 것은	相對獨欣然
본래의 진면목이기 때문이지.	本來眞面目

38. 군대에 종군하는 사람을 전송하며　　送人從軍

깃발은 펄럭이고 불운퇴(拂雲堆)107) 평평한데	旌旗獵獵拂雲平
만 리나 떨어진 곳으로 종군하지만 한 마리 새처럼 가볍네.	萬里從軍一鳥輕
애석하도다! 곱게 화장한 두 얼굴이	可惜嬋娟雙粉面
술잔 들고 눈물 흘리면서 화답하며 그대를 전송하네.	擧杯和淚送君行

---

107) 불운퇴(拂雲堆): 원래 '불운퇴'는 중국 당나라와 돌궐의 접경지대로 왕소군의 사당이 있는 곳인데, 이 시에서는 고려의 변방 지역을 '불운퇴'에 빗대어 사용한 것이다.

39. 둔촌에게　　　　　寄遁村[108]

뜰 앞 벽오동(碧梧桐)에 가을 이슬 맺히고	庭前碧梧秋露棲
풀밭엔 시끄럽게 울어대는 귀뚜라미 소리.	草底喞喞寒蛩啼
슬프도다! 어찌하여 아녀자를 따라 하는가	怊悵何須效兒女
요즈음 함께 말할 사람 없기 때문이지.	只爲年來無與語
문 잠그고 푸르른 등불 아래 베개를 베니	閉門欹枕一燈靑
깊은 밤 추적추적 온 산에 비가 오네.	夜半瀟瀟萬山雨

40. 우 재상(禹宰相)[109]께 올리다　　上禹宰相

쓸쓸한 산과 시내에 가을바람 불고	山川瀟瑟秋風起
고개 돌려 보니 푸른 구름이 아득히 펼쳐 있네.	回首靑雲千萬里
얽매일 것 없이 바람처럼 자유로운 한 미친 서생은	飄然[110]無賴一狂生
사 년간이나 여강의 강가에 누워 있었네.	四年高臥驪江水
죽고 살고 영화와 치욕은 누구를 위한 것인지	死生榮辱是誰爲
나도 모르게 때때로 하늘을 보며 웃는다네.	不覺時時仰天笑
물고기와 촌 술로도 긴 노래 부를 수 있는데	江魚村酒發長謠
잠깐의 비바람은 얼마나 될까.	過眼風雨知多少

108) 이 시는 이집(李集)의 『둔촌잡영』에 부록으로 실려 있는데, 제2구의 '蛩'이 '蟲'으로 실려 있다.
109) 우 재상(禹宰相): 우현보(禹玄寶)이다. 우현보(禹玄寶)는 1333년(충숙왕 복위2)에 태어나 1400년(정종 2)에 졸하였다. 본관은 단양(丹陽), 자(字)는 원공(原功)이며, 아버지는 적성군(赤城君) 우길생(禹吉生)이다. 1355년(공민왕 4) 문과에 급제하고 대사헌, 정당문학(政堂文學), 문하찬성사(門下贊成事), 판삼사사(判三司事) 등을 역임하였고, 단양부원군(丹陽府院君)에 봉해졌다. 이색(李穡) · 이숭인(李崇仁) · 정몽주 등과 교분이 두터웠다. 시호는 충정(忠靖)이다.
110) 然: 『한국문집총간』에는 '姑'로 되어 있으나, 다른 이본(異本)에는 모두 '然'으로 적혀 있다.

41. 서울로 돌아가는 염사(廉使) 배 좌랑(裵佐郎)을 전송하며
送廉使裵佐郎歸京

따뜻한 봄날 수레를 타고 왔다가	春暖乘軺日
맑은 가을에 깃발 앞세우고 돌아가네.	秋淸返旆時
강산엔 뛰어난 경치가 많고	江山多勝槪
구름과 비엔 좋은 기약이 있네.	雲雨有佳期[111]
먼 강에는 물고기조차 적게 오고	遠水魚來少
넓은 하늘에는 기러기마저 더디게 날아가네.	長天雁度遲
슬프고 처량하게 한 잔 술로 이별하니	悲凉一尊別
쓸쓸하여 얼마나 서로 그리워하게 될까.	寂寞幾相思

---

[111] 佳期:『한국문집총간』에는 '期佳'로 되어 있으나 이 시의 운목이 '支'임을 고려할 때 '佳期'가 더욱 타당하다.

42. 거듭 전송하다　　　重送

저 멀리 강산에 하나의 기러기 울음소리	江山縹緲[112]一聲鴈
백척간두 높은 누대에 바람과 달이 차갑네.	風月淒涼百尺樓
취해서 춤을 추고 미친 듯 노래 부르며 그대를 보내노라니	醉舞狂歌送君去
지는 노을과 외로운 따오기가 사람을 수심짓게 하네.	落霞孤鶩使人愁

탁월하고 호방하기는 정 상시(鄭常侍)[113]요	卓越狂豪鄭常侍
온화하고 공손하며 단정하기는 이 사성(李司成)[114]이라네.	溫恭端正李司成
서로들 만나서 강변에 사는 나그네[115] 소식 묻는다면	相逢若問江邊客
홀로 안개 가득한 강가에서 밝은 달과 논다고 말해 주리라.	獨在煙波弄月明

---

112) 緲: 『한국문집총간』에는 '渺'로 되어 있으나 의미 상의 차이는 없다.
113) 정 상시(鄭常侍): 정몽주(鄭夢周)를 지칭한다. '상시(常侍)'는 관직명으로 정몽주는 우산기상시(右散騎常侍)를 역임하였다.
114) 이 사성(李司成): 이숭인(李崇仁)을 지칭한다. '사성(司成)'은 관직명으로 이숭인은 성균관사성(成均館司成)을 역임하였다.
115) 강변에……나그네: 척약재 본인을 가리킨다. 당시 척약재는 여흥(驪興) 유배 중으로, 여강(驪江) 근처에서 주로 노닐었기에 본인을 '강변 나그네'라고 지칭한 것이다.

43. 백옥 한림(伯玉翰林)[116]이 서울에서 고향으로 돌아간다기에 여강루에서 해후하였다. 전별할 때 얻은 시권(詩卷)을 보여 주기에 내가 이 시를 짓는다
伯玉翰林自京還鄕, 邂逅驪江樓上, 出示餞行詩卷, 予題此

가을이 깊으니 강과 산이 아름답고	秋半江山好
누대에 오르니 흥은 더욱 깊어지네.	登樓興更長
친구는 고향으로 돌아가고	故人歸古國
아름다운 절기는 중양절(重陽節)에 가깝다네.	佳節近重陽
곳곳의 골짜기엔 단풍이 처음으로 물들어 가고	萬壑楓初染
수많은 바위에는 국화가 노랗게 피려 하네.	千嵒菊欲黃
부모님껜 마땅히 축수(祝壽)의 술잔을 올려야 하니	高堂稱壽斝
물고기와 쌀 때문에 방황하지 말기를.	魚稻莫彷徨

---

[116] 백옥 한림(伯玉翰林): 김이음(金爾音)이다. 생년은 미상이며 1409(태종 9)년에 졸하였다. 고려 말과 조선 초의 문신으로 본관은 함창(咸昌), 자(字)는 백옥(伯玉), 호는 삼로(三路), 아버지는 김용(金勇)이다. 1374년(공민왕 23) 문과에 급제하여 1376년(우왕 2) 예문관검열이 되었다. 조선조 개국 후에는 1405년(태종 5) 강원도관찰사를 거쳐 호조참판에 이르렀다. 효행이 뛰어나 정문이 세워졌으며, 영주의 삼봉서원(三峯書院)에 배향되었다. 『목은집』, 「송김백옥성친[이음](送金伯玉省親[爾音]), 김시빈(金始鑌)의 『백남선생문집(白南先生文集)』, 「십대조강원도관찰사삼로선생가장(十代祖江原道觀察使三路先生家狀)」 참조.

44. 앞의 운을 사용하여 김 정언(金正言)117)에게 주다
用前韻寄金正言

쓸쓸한 슬픈 가을날 저녁에	淅瀝悲秋暮
처량히 밤이 깊음을 깨닫네.	凄涼覺夜長
정처 없는 이 세상은 넓기만 하고	飄飄人濶世
아득한 하늘의 기러기는 볕을 따르네.	杳杳雁隨陽
구름은 차갑고 온 산은 울긋불긋	雲冷千山紫
바람은 높이 불고 모든 나무는 단풍이 드네.	風高萬樹黃
어느 날에야 고향 땅에 이르러	鄉關何日到
손을 잡고 함께 돌아다니게 되리.	携手共彷徨

---

117) 김 정언(金正言): '정언(正言)'은 고려시대 중서문하성(中書門下省)에 속한 벼슬로, 간쟁(諫爭)과 봉박(封駁)의 업무를 맡았다. 일명 '습유(拾遺)'라고도 한다. 『목은시고(牧隱詩藁)』 권29 「東亭走其門生壯元金正言來招, 僕以身困不可出, 悵然吟成一首.」 즉 "동정(東亭)이 자기 문생(門生)인 장원(壯元) 김 정언(金正言)을 급히 보내 나를 초청하였는데, 내가 몸이 고단해서 나갈 수 없었으므로 서글픈 생각이 들어서 시 한 수를 지어 읊었다."라는 내용으로 보아 김 정언이 장원급제한 사실을 알 수 있다. 공민왕대와 우왕대에 장원 급제한 김씨는 김자수(金自粹)와 김한로(金漢老)이다. 김한로는 1383년에 장원 급제하였으므로 시대적으로 맞지 않는 반면, 『고려사』 열전에 김자수가 우왕 때 정언을 역임했다는 기록으로 보아 '김 정언'은 김자수로 추정된다. 김자수는 본관은 경주, 자(字)는 순중(純仲), 호는 상촌(桑村)이다. 1374년(공민왕 23) 문과에 장원 급제하여 덕녕부주부(德寧府注簿)가 되었다. 고려말엽 정세가 어지러워지자 관직을 버리고 고향인 안동에 돌아가 은거하였다.

45. 백옥(伯玉)에게 주다　　　寄伯玉

강변의 누대에서 해후했는데	邂逅江樓上
바로 이별할 줄 어찌 알았으리오.	那知卽別離
악기와 노랫소리는 긴긴 밤에 적당하고	絃歌宜永夜
시와 술은 태평성대에 어울리지.	詩酒託明時
달이 떠오르자 먼 길 떠나는 수레는 출발하고	月出征車動
등불 꺼져 가자 취해서 꾸는 꿈은 더디기만.	燈殘醉夢遲
집으로 돌아가도 친구가 있다면	歸家故人在
가을날이 얼마나 기쁘겠는가.	秋日幾娛嬉

46. 운곡 선생(雲谷先生)[118]이 눈이 내린 후에 보내온 시에 받들어 수창(酬唱)하다
奉酬雲谷先生雪後見寄之什

초가집의 문을 닫으니 일은 더욱 적어지고	草閣關門事轉微
화로의 향은 피어 올라 푸른 실처럼 흩어지네.	一爐香動散靑絲
구름 이니 북쪽 산엔 그림같은 풍경이 처음 열리고	雲生北嶽初開畫
눈이 떨어지니 남쪽 창에서 문득 시를 짓는다네.	雪落南窓忽有詩
광대한 도성에는 수많은 기와들로 채워져 있고	城闕漫汗塡萬瓦
환한 동산에는 많은 가지들이 뻗어 있네.	園林照耀發千枝
그 누가 알리오, 척약재(惕若齋) 속의 나그네[119]	誰知惕若齋中客
원안(袁安)처럼 굶주린 채 홀로 누워 있는 것을.[120]	贏得袁安獨臥時

봄바람이 눈을 희롱하자 다시 눈이 내리고	東風弄雪更霏微
바람에 날아온 옥구슬이 버들가지에 붙네.	吹送瓊瑰着柳絲
조용하고 티 없는 여인은 좋은 비파를 타고	密灑[121]嬌嬈彈寶瑟
어지러이 나다니던 호걸은 새로 지은 시를 베끼네.	亂飄豪俊寫新詩
만약 호탕하게 은빛 궁궐[122] 열지 못한다면	若非浩蕩開銀闕

---

118) 운곡 선생(雲谷先生): '운곡'은 고려 후기의 문인 승제(承制) 박모(朴某)의 호이다. '승제'는 관직명으로 '승선(承宣)'과 같은 말이다. 이에 대한 사항은 앞의 28번 시를 참조할 것.
119) 척약재(惕若齋)……나그네: '척약재'는 김구용의 호이지만, 여기에서는 시인이 거주하던 집을 지칭한다. 따라서 '척약재 속의 나그네'는 시인 본인을 의미한다.
120) 원안(袁安)처럼……누워 있는 것을: 원안(袁安)은 후한(後漢)의 현사(賢士)로 예주(豫州) 여남군(汝南郡) 출신이다. 효렴(孝廉)으로 천거되어 낭중(郎中)에 임명되었는데, 그 일화가 유명하다. 아직 벼슬을 하지 않고 있던 어느 날 낙양(洛陽)에 큰 눈이 내려서 사람들이 모두 눈을 쓸고 걸식을 하였지만 유독 원안의 집 앞에만 눈이 그대로 쌓여 있었다. 사람들이 눈을 치우고 들어가 보니 원안이 배고픔을 참아 내며 방 안에 가만히 누워 있었다. 부질없이 돌아다니며 다른 사람들에게 폐를 끼치기 싫었기 때문이다. 이에 감복한 현령(縣令)은 원안을 효렴으로 천거하였다고 한다. 여기에서 생긴 고사가 '원안와설(袁安臥雪)'이다.
121) 灑: 『한국문집총간』에는 이체자인 '洒'로 되어 있다.
122) 은빛 궁궐: 원문의 '은궐(銀闕)'은 하늘의 달을 미화시킨 표현이다.

마땅히 영롱하게 옥 가지를 깎아야 하리.　　　　　　　應是玲瓏削玉枝
어찌 반드시 농사 위해 이곳을 떠날 필요 있으리　　何必爲農從此去
미친 노래는 애오라지 다시 태평 시절에 불러야 하리.　狂歌聊復託明時

47. 홍무 십일 년[123] 겨울 시월에 오재 상공(五宰相公)[124] 임견미(林堅味)[125]가 부모를 뵙기 위해[126] 왔다. 하루는 나아가 알현하니 좌우에 손님들로 문에 가득 찼다. 어르신께서는 나이가 85세에 이르렀어도 아직도 병이 없이 강건하였다. 출입하고 움직일 때면 공은 친히 공경스럽게 부축하였고 무릇 먹고 마심에 있어서도 또한 반드시 먼저 맛을 보았다. 거의 귀하거나 현달함으로 스스로 행동하지 않았으니 대개 세상에 보기 드문 일이어서 마음속으로 공경하고 감탄하였다. 이미 물러난 뒤에도 즐겁게 사람들과 더불어 이야기하기를 능히 그만 두지 않았다. 서울로 돌아갈 즈음에 미쳐 나의 집 앞에서 수레를 멈추더니 우리 부모님께 문안을 하고 다시 꿩을 선사했다. 황송함을 감당하지 못하는 데다 감격은 지극해 삼가 보잘것없는 절구 2수를 짓고 머리를 깨끗이 씻은 후 적어서 바침으로 나의 기쁨을 표시한다

洪武十一年冬十月, 五宰相公覲省而來. 一日進謁, 左右賓客滿門. 大人年至八十有五, 尙無恙而强康. 出入起居, 公親敬扶持, 凡飮食亦必先嘗, 略不以貴顯自居, 蓋世所未有, 心竊敬嘆[127]. 旣退, 樂與人言, 不能自已. 及其回京, 枉駕弊止, 存問吾親, 再辱以雉, 不勝惶悚感激之至, 謹課小詩二首, 薰沐錄呈, 奉發一粲 [林堅味]

아흔 살의 양친께서 북당에 계시고	九十雙親在北堂
흰 눈썹을 한 사내는 채색옷 입고 인수(印綬)를 잡네.	綵衣蘇印白眉郞
산골은 햇볕 따뜻하고 생황 소리 울려 퍼지니	山村日暖笙歌咽

---

123) 홍무 십일 년: 1378년(우왕 4).
124) 오재 상공(五宰相公): 고려시대 재신(宰臣)에 해당하는 다섯의 관직. 즉 중서문하성(中書門下省)의 문하시중(門下侍中)·평장사(平章事)·참지정사(參知政事)·정당문학(政堂文學)·지문하부사(知門下府事)의 다섯 관직을 말한다. 1378년 당시 임견미가 지문하부사(知門下府事)를 지냈기에 '오재 상공'이라 지칭한 것으로 보인다.
125) 임견미(林堅味): ?-1388년(우왕 14). 고려 후기 문하평리, 정방제조, 문하시중 등을 역임한 관리. 본관은 평택(平澤), 평성부원군(平城府院君) 임언수(林彦修)의 아들이다. 1383년에는 수문하시중(守門下侍中)으로 정방제조(政房提調)를 겸임하였다. 그 이듬해에는 평원부원군(平原府院君)이 되어 문하시중에 올랐다. 그러나 그 후 이인임·지윤(池奫)·염흥방(廉興邦) 등과 함께 전횡을 일삼다가 1388년 최영·이성계에게 살해되었다.
126) 부모를 뵙기 위해: 원문의 '근성(覲省)'은 관리가 휴가를 받아 부모님을 뵙는 것을 지칭한다.
127) 嘆: 『한국문집총간』에는 '歎'으로 되어 있다.

| 해마다 말 타고 와서 축수(祝壽)의 잔을 올려야 하리. | 乘馹年年薦壽觴 |

노인을 섬기는 일 그 누가 우리 공과 같겠는가	老老何人似我公
자주 자주 몸소 왕림하셔서 띳집을 찾아주시네.	往來¹²⁸⁾頻辱訪茅宮
은혜롭게도 꿩을 선사해 주셔 깊이 감사드리니	華蟲厚賜深爲感
마땅히 술잔은 머리카락 잘라서라도 채워야 하리.129)	杯酒應須剪髮充

---

128) 來: 『한국문집총간』에는 '徠'로 되어 있으나 의미 상 차이는 없다.
129) 마땅히……하리: 원문의 '전발(剪髮)'은 '전발역서(剪髮易書)'의 고사를 용사(用事)한 것으로 보인다. 중국 원나라 때 진우(陳祐)란 인물은 학문을 좋아했으나 집이 가난하여 책을 살 수가 없었다. 이를 본 어머니 장씨가 안타까워 자신의 머리털을 깎아 책과 바꾸었고, 이에 진우는 더욱 열심히 공부하여 높은 관직에 올랐다고 한다. 즉 목적을 이루기 위해 어떤 일도 참고 견디겠다는 의미로 사용하는 고사인데, 이 시에서는 임견미가 꿩을 선사한 것에 대한 감사의 마음을 표현한 것이다.

48. 흥이 돋아 시를 써서 달가(達可)130)와 자안(子安)131)에게 주다
遣興寄達可子安

한번 황려현(黃驪縣)에 기거했더니	一臥黃驪懸132)
어느덧 수년이 흘러갔네.	居然已數年
재주가 부족하여 세상과 어긋나고	不才違世態
일이 없어 강변에서 늙어 가네.	無事老江邊
술을 실어 절집을 찾고	載酒尋僧舍
시를 읊조리며 배에서 낚시하네.	吟詩上釣船
이 그윽한 흥취를 누가 알겠는가	誰知有幽興
아름다운 자연은 돈으로 논할 수 없다네.	風月莫論錢

---

130) 달가(達可): 포은 정몽주의 자(字).
131) 자안(子安): 도은 이숭인의 자(字).
132) 懸: 『고려명현집』에는 '懸'으로 되어 있으나 '縣'의 잘못이다. 『한국문집총간』에는 '縣'으로 되어 있다.

49. 안동부사 안중온(安仲溫) 판서에게 주다
投安東府使安判書 [仲溫]

한 필의 말 타고 호숫가 마을을 거듭 노니노라니	匹馬重游湖上村
마을 사또는 바로 같은 문하(門下) 사람이네.133)	使君還是一門孫
서로 만나 나를 술통 옆에 있게 하니	相逢着我金尊畔
서쪽 산으로 해가 또다시 지는 것도 몰랐네.	不覺西山日又昏

어렸을 때 영호루(映湖樓)134)에 올랐었지	少年曾上映湖樓
달 뜨는 저녁, 꽃 피는 아침에 그 얼마나 시름겨웠던가.	月夕花朝幾結愁
오늘 다시 찾아오니 모든 것이 꿈같은데	今日重來渾似夢
도리어 영락(零落)하여 떠돌고 있으니 남들에게 부끄럽네.	却將流落向人羞

---

133) 마을……사람이네: 김구용은 1355년(공민왕 4)에 등과했는데 이때 과거를 주시(主試)한 이가 안보(安輔)이다. 그런데 안보는 근재(謹齋) 안축(安軸)의 동생이므로, 안중온에게는 종조부가 된다. 따라서 김구용은 자신의 좌주인 안보와 일족 관계에 있는 안중온을 '같은 문하(門下) 사람'이라고 부른 것이다.

134) 영호루(映湖樓): 경상북도 안동시 정하동에 있는 정자. 건립된 연도는 정확히 알 수 없으나, 전해지는 영호루 관련 시문 중에서 척약재의 고조부인 김방경이 제2차 일본정벌(1281년, 충렬왕 4) 당시 지은 「일본정벌 길에 안동을 지나며[東征日本過福州]」가 가장 오래 된 시이다. 이로 보아 그 이전에 영호루가 지어진 것이 확실하다. 영호루에는 김방경의 시문과 그의 아들인 김흔의 시 「안동 영호루에 올라[登福州映湖樓]」 등 여러 편의 시문이 걸려 있다. 또한 본 문집에도 척약재의 시 「안동객사 북쪽 누각에 올라 고조부 상락공의 시운에 차운하다[安東客舍北樓次高祖上洛公詩韻]」가 있다. 그 후 공민왕이 홍건적(紅巾賊)의 난을 피해 안동에 와 있을 당시 영호루를 자주 방문하고, 친필로 '安東雄府'를 남겼으며, 환도 후 1366년 겨울에 서연(書筵)에서 공민왕이 친히 '暎湖樓' 석 자를 써서 봉익대부(奉翊大夫) 권사복(權思復)에게 주어 현액(縣額)을 하게 하였다.

50. 자리에서 늙은 기생을 보고 느낌이 있어 쓰다
席上見老妓有感

고향 땅 십육 년 만에 다시 찾으니	重到桑鄉135)十六年
고을 사또가 오늘 성대한 잔치 베풀어주네.	使君今日設華筵
평상시엔 몸이 늙는 것도 알지 못했는데	常時不覺身將老
너의 쇠한 얼굴 보니 너무도 서글퍼지는구나.	見汝衰顏一慘然

---

135) 桑鄉: '상재지향(桑梓之鄉)'의 준말로 여러 대의 조상의 무덤이 있는 고향, 곧 대대로 살아온 고향을 가리키는 말이다.

51. 신촌(愼村)136) 상공께 받들어 수창하다 　　奉酬愼村相公

새해의 상서로운 기운 수많은 집 둘러 있는데	新年瑞氣擁千門
새벽에 일어나서 저 멀리 봉화(奉化)137) 마을 바라본다.	曉起遙瞻奉化村
강가의 버드나무와 매화엔 봄이 시작되려 하고	江柳驛138)梅春欲動
영호루 위에선 다시 술잔을 드네.	映湖樓上更携尊

집집마다 소나무와 대나무 있는데 버들은 문을 가리고	松竹家家柳掩門
강 따라 늘어선 옛 성읍은 신선의 마을이네.	沿江古邑是仙村
주위 사람들은 오래 머무른다고 말하지 마소	傍人莫道139)淹留久
달빛 가득한 높은 누대에 술이 잔에 가득하니까.	月滿高樓酒滿尊

지난 날엔 미친 듯 망녕되이 임금께 부르짖었는데	往將狂妄叫君門
물러나 황려(黃驪)140)의 수석촌(水石村)에 누웠네.	退臥黃驪水石村
오늘의 먼 여행 이르는 곳마다 좋으니	今日遠遊141)隨處好
청아한 노랫가락과 아름다운 춤에 금술잔과 짝한다네.	清歌妙舞伴金尊

이 몸 어느 곳에서 은문(恩門)142)을 뵙겠는가	此生何處見恩門

---

136) 신촌(愼村) : 고려 후기의 문신인 권사복(權思復)의 호. 권사복의 본관은 안동이다. 벼슬은 전라도안렴사를 거쳐 이조판서에 이르렀으며 복성군(福城君)에 봉해졌다.『청구풍아(青丘風雅)』에 「방안(放鴈)」이라는 시가 전해온다.
137) 봉화(奉化): 경상북도 북부에 위치한 군. 동쪽은 울진군, 서쪽은 영주시, 남쪽은 안동시・영양군, 북쪽은 강원도 영월군・삼척시・태백시와 접하여 있다.
138) 驛:『고려명현집』에는 '驛'으로 되어 있으나,『한국문집총간』에는 '野'로 되어 있고, '야매(野梅)'라고 하는 것이 타당하여 번역은 이에 따랐다.
139) 道:『고려명현집』에는 '道'로 되어 있으나,『한국문집총간』에는 '怪'로 되어 있다.
140) 황려(黃驪): 경기도 여주의 지명.
141) 遊:『한국문집총간』에는 '游'로 되어 있다.
142) 은문(恩門): 고려시대 과거 급제자의 입장에서 당시 시험을 주관했던 지공거(知貢舉)나 동지공거(同

과거시험에 함께 급제한 훌륭한 인물로 신촌(愼村)이 있네.	同牓143)高人有愼村
어르신 모시고 옛날과 지금을 논하게 되니	話舊論今陪杖屨
봄바람 부는 날마다 향기로운 술잔 기울이네.	春風日日倒芳尊

知貢擧)를 지칭한다. 고려시대에는 시관(試官)과 급제자 사이를 소위 '좌주(座主)와 문생(門生)의 관계'라고 표현하였는데, 급제자는 시관을 평생의 스승으로 여기는 것이 관례였다.

143) 牓: 『한국문집총간』에도 '牓'으로 적혀 있으나, 『영천본』과 『익산본』에는 '榜'으로 되어 있다. 뜻은 같다.

52. 보주(甫州)144)에서 안렴사(按廉使)에게 주다145)　　甫州寄廉使

성품이 크고 넓어 사람들 다투어 흠모하고	豁達人爭慕
너그럽고 인자하여 세상이 함께 아름답게 여기네.	寬仁世共嘉
부절(符節)을 나눠 받아서146) 애민(愛民)의 자취 남겼고	分符遺愛在
정절(旌節)을 가지고147) 두터운 은혜 더했다네.	杖節厚思148)加
버드나무는 봄을 머금은 솜털을 희롱하고	柳弄含春綿
매화는 겨울을 보내는 꽃을 재촉하네.	梅催送臘花
어느 때에야 밝은 달 아래에서	何時明月下
서로 마주하며 비파를 듣게 될까.	相對聽琵琶
모든 일이 뜻대로 되지 않은 후에	萬事蹉跎後
삼 년 세월을 적막 속에서 보냈네.	三年寂寞中
강마을에선 낚시꾼을 친구 삼고	江村朋釣叟
산촌에선 나무꾼과 벗하네.	山谷伴樵翁
음풍농월로 생계를 삼고	風月爲生計
시와 글씨로 한 해의 수확을 짓네.	詩書作歲功
먼 길 유람에 곡진한 은혜 입어서	遠遊149)蒙繾綣
고개 돌려 보니 느낌이 가이없네.	回首感無窮

---

144) 보주(甫州): 경상북도 예천(醴泉)의 옛 지명.
145) 보주에서……주다: 이 시에서 지칭하는 안렴사는 염흥방(廉興邦)으로 추정된다.
146) 부절(符節)을……받아서: 왕으로부터 부절(符節)을 나눠 받았다는 뜻으로, 지방 군현(郡縣)의 수령에 임명되었을 뜻하는 말이다.
147) 정절(旌節)을 가지고: 지방의 병마사(兵馬使)가 지닌 깃발과 부절을 뜻하니, 곧 지방관이 되었음을 말한다.
148) 思:『고려명현집』에는 '思'로 되어 있으나『한국문집총간』에는 '恩'으로 되어 있고, 의미 상 '恩'이 타당하여 번역은 이에 따랐다.
149) 遊:『한국문집총간』에는 '游'로 되어 있다.

53. 안동에서 삼봉에게 답하다. 보주에서 만나기로 약속했었는데 만나지 못해 이 시를 짓는다
安東答三峯. 約會甫州未果, 有此作

평원(平原)150)에서 한 번 이별한 후	一別平原後
오랫동안 함께 마음을 털어놓지 못했네.	論懷久未同
이리저리 떠돌면서 사람은 늙어 가고	飄飄人欲老
이 일 저 일 하느라 한 해도 다 가는구나.	役役歲方窮
화군(花郡)151)에는 여러 산이 옹위해 있고	花郡千山擁
구성(龜城)152)에는 하나의 길이 통해 있네.	龜城一路通
양양(襄陽)153)은 이미 지나갔으니	襄陽已過了
능히 마음속에 부끄러울 것이 없다네.154)	能不愧心中

---

150) 평원(平原): 『신증동국여지승람(新增東國輿地勝覽)』에 의하면 전국에 '평원(平原)'이라는 지명은 여러 곳이 있는데, 가령 강원도 원주, 함경도 안변(安邊), 평안도 숙천(肅川) 등에 속한 마을 이름이다. 이 시에서 가리키는 곳이 어디인지는 정확히 알 수 없으나 강원도 원주일 가능성이 가장 높아 보인다.

151) 화군(花郡): 경상북도 안동(安東)의 별칭.

152) 구성(龜城): 경상북도 영주(榮州)의 별칭.

153) 양양(襄陽): 경상북도 예천(醴泉)의 별칭. 시제(詩題)에 표기된 '보주(甫州)' 역시 예천의 별칭이다.

154) 능히……없다네: 시인이 삼봉과 예천(醴泉)에서 만나기로 약속했지만 행차가 이미 예천을 지나가 버렸기에 어찌할 수 없다는 의미이다.

54. 보주의 사또에게 주다　　　　寄甫州使君

수년을 괴롭게 사모하다가	戀慕多年苦
며칠을 함께 기뻐하고 즐거워했네.	歡娛數日同
모름지기 세상의 어지러움은 걱정할 것 없으니	不須憂世亂
어찌 길이 다했다고 곡할 필요 있으랴.	何必哭途窮
손님 중에 사마상여(司馬相如)는 있는데	有客如司馬
괴통(蒯通)이 될 사람은 없구나.155)	無人作蒯通
어둡고 우매하여 가고 멈춤을 잊었는데	昏昏忘去住
세월은 취한 술잔 속에 있도다.	歲月醉杯中

---

155) 손님……없구나: 사마상여는 전한(前漢)을 대표하는 문학가이고, 괴통은 진(秦)나라 말기의 유세객(遊說客)이다. 그는 특히 한신(韓信)의 책사로 많은 정치적 업적을 남겼다. 이 시에서는 좌중의 빈객들 중에 사마상여 같은 문인들만 있고 괴통 같은 책사가 없다는 의미이다.

55. 안동 객사의 북쪽 누대에서 고조부 상락공(上洛公)156)의 시157)에 차운하다
安東客舍北樓. 次高祖上洛公詩韻

선조께서 지은 시 글자마다 청아(淸雅)하니	先祖題詩字字淸
다시 찾은 오늘 더욱 정이 생기네.	重來此日更含情
강산은 마치 내게 더 머무르라는 기색을 보이듯	江山似有留連色
봄바람을 점유하고 있으니 기꺼이 가지 못하겠네.	仍占春風未肯行

---

156) 상락공(上洛公): 고려 후기의 명신인 상락군개국공(上洛郡開國公) 김방경(金方慶: 1212-1300)을 지칭한다. 상락공은 그의 봉호(封號)이다. 김방경은 안동김씨의 중시조로 삼별초의 난을 평정하고, 두차례에 걸쳐 일본을 정벌한 것으로 유명하다. '상락'은 낙동강 상류라는 의미로 상주, 안동 등지를 부르는 명칭이다. 김방경은 김구용에게 고조부(高祖父)가 된다.

157) 상락공의 시: 척약재의 고조부인 상락공의 원시는 『동문선』에 다음과 같이 실려 있다.
「복주(福州)」
山水無非舊眼靑, 樓臺亦是少年情. 可憐故國遺風在, 收拾絃歌慰我行.
상락공의 둘째 아들(金忻)의 차운시는 다음과 같다.
「暎湖樓」　金忻
十載前游入夢淸, 重來物色慰人情. 壁間奉繼嚴君筆, 堪咤愚兒萬戶行.

56. 장 추밀(張樞密)158)에게 주다 　　寄張樞密

남촌159) 문하의 선비들은 즐비하다 일컫는데	南村門士號侁侁
영광되게 중추원(中樞院)160)에 들어간 이는 이미 여섯 명.161)	榮入中樞已六人
다만 여강 강가의 나그네는	獨有驪江江上客
술에 취해 음풍농월하며 절로 몸을 잊고 있다네.	醉吟風月自忘身

---

158) 장 추밀: 장하(張夏)로 추정된다. 척약재의 동년 중에서 '張'씨 성은 장하(張夏)뿐이기 때문이다. 장하(張夏)는 고려 후기 한양부윤, 경상도도관찰출척사, 문하평리 등을 역임한 관리이다. 본관은 결성(結城)으로 장용문(張用文)의 아들이다. 1355년 과거에 급제하였다. 홍건적이 침입하였을 때 개경을 수복한 공으로 1363년(공민왕 12) 전의주부(典儀注簿)로서 2등공신에 올랐다. 1388년(창왕 즉위년) 경상도도관찰출척사(慶尙道都觀察黜陟使)가 되었고, 문하평리(門下評理)를 역임하였다. 1390년(공양왕 2) 윤이(尹彝)·이초(李初)의 사건에 연루되어 탄핵을 받고 먼곳으로 유배를 당하였다가 얼마 뒤에 풀려 나왔다.

159) 남촌: 남촌(南村)은 척약재의 좌주(座主)였던 문충공(文忠公) 이공수(李公遂)의 호(號)이다. 이공수(李公遂1308~1366)는 1340년(충혜왕복위 1)에 급제하였으며 1355년 지공거로 예부시를 주관하여 안을기, 김구용등 33명을 뽑았다.

160) 중추원(中樞院): 고려시대 군사기무(軍事機務)와 왕명출납(王命出納)·숙위(宿衛)를 담당하던 중앙 관부. 중서문하성(中書門下省)과 더불어 양부(兩府)라 불리었다.

161) 영광되게……명: 시제의 '장 추밀(張樞密)' 역시 중추원의 고위 관료이므로 이같이 표현한 것으로 보인다.

57. 「박명아(薄命兒)」162)에 감동하여 박 대언(朴代言)163)에게 주다
感薄命兒, 寄朴代言

옥 같은 미인 빈 규방(閨房)을 지키는데164)	美人如玉守空閨
천 리나 떨어진 송악산(松嶽山)165)은 꿈속에서도 희미하네.	千里松山夢欲迷
애간장 끊을 듯한 봄바람 뜨락으로 불어오니	腸斷春風吹院落
옛날처럼 마당 가득 풀들만 무성하네.	滿庭依舊草萋萋

---

162) 「박명아(薄命兒)」: 「박명아」는 중국의 악부(樂府)인 「첩박명(妾薄命)」을 일컫는다. 「첩박명」은 한무제의 황후인 진황후 곧 진아교(陳阿嬌)의 고사를 소재로 한 시이다. 진황후는 한문제의 노여움을 받고 장문궁(長門宮)에 유폐된 뒤 쓸쓸하게 생을 마쳤다. 중국 문학사에서 「첩박명」은 사랑을 잃은 여인이 자신의 운명을 한탄하는 노래로 많은 시인들에 의하여 창작되었다. 그 중 이백과 두심언(杜審言)의 작품이 유명하고, 고려시대에는 가정(稼亭) 이곡(李穀)의 「첩박명용태백운[이수](妾薄命用太白韻[二首])」(『가정집』 권4)가 유명하다.

163) 박 대언: 박중용(朴仲容)을 가리킨다. 본서 하권 124번 시 「하박대언중용(賀朴代言仲容)」 참조. 박중용(朴仲容)은 고려 후기의 문인으로 『고려사절요(高麗史節要)』 권33 「신우(辛禑) 4년」 기사에 박중용을 가리켜 '밀직제학(密直提學)'이라 하였고, 또 목은 이색의 시에서도 「박중용(朴仲容) 승지(承旨)가 궁중의 술을 받들고 와서 하사하였다. 그 다음 날 자문(紫門)에 가서 사은(謝恩)하니 내관 김실(金實)이 나와서 한 잔 술을 내렸다. 이에 절하고 마신 다음 물러 나왔다.」(『목은집』 권34)라는 시가 보이는바, 박중용은 고려 후기에 제학(提學)과 승지(承旨)를 지낸 인물로 목은, 척약재 등과 교유했음을 알 수 있다. 본관은 죽주(竹州: 현재의 경기도 안성 죽산)이고, 부친은 조선 태조 때 예문춘추관(藝文春秋館) 태학사(太學士)로 치사(致仕)한 박형(朴形)이다.

164) 옥……지키는데: '옥 같은 미인'은 시인 본인을 비유한 말이니, 곧 시인이 조정에서 물러나 시골에 낙향해 있는 현실을 지칭한다.

165) 송악산(松嶽山): 경기도 개성시와 개풍군에 걸쳐 있는 산으로 개성[松都]의 진산(鎭山)이다. 이 시에서는 시인이 송악산이 있는 개경과 개경의 왕을 그리워한다는 의미로 사용되었다.

58. 옹천역(甕泉驛)166)에서 자며 백옥(伯玉)의 시에 차운하여 주다
宿甕泉驛次韻寄贈

【백옥 김이음(金爾音) 시】

| 백옥(伯玉)167) 한림이 나를 전송하는 시에서 말하기를, | 伯玉翰林送予詩曰 |

정자 떠난 기녀는 정이 없는 듯	離亭仙妓似無情
양관(陽關)168) 한 곡조에 원망을 다 담지 못하네.	一曲陽關怨不成
말 머리의 봄바람에 꽃이 피려 하는데	馬首春風花欲發
나그네는 어느 곳에서 청명절(淸明節)169)을 보내는가.	客中何處過淸明

【척약재 김구용(金九容) 시】

풍류가 있는 공자(公子) 다정도 하여	風流公子最多情
말없이 손을 맞잡은 사이에 시구(詩句)를 이루었네.	握手無言句已成
이별 후엔 서로 그리워하리니 그 누가 짐작이나 하겠는가	別後相思誰料得
단지 초생달만은 분명 알고 있으리.	只應新月更分明

| 말 머리의 풍광(風光)은 나그네 마음을 괴롭히고 | 馬首風烟170)惱客情 |

---

166) 옹천역(甕泉驛): 고려시대 경상북도 안동(安東)북서쪽에 설치했던 역의 명칭이다.
167) 백옥(伯玉): 본서 하권 43번 시 「백옥한림자경환향(伯玉翰林自京還鄕)」 각주 참조.
168) 양관(陽關): 중국 악부(樂府)의 곡조명으로 「위성곡(渭城曲)」 또는 「양관삼첩(陽關三疊)」이라고 부른다. 당나라 시인 왕유(王維)의 「송원이사안서(送元二使安西)」에서 유래되었으며, 그 후 이별 노래의 대명사처럼 쓰이고 있다.
169) 청명절(淸明節): 24절기의 하나로 양력 4월 5일 전후이며, 동지(冬至) 후 100일 되는 날로 조상의 묘를 참배하고 제사를 지내는 날이기도 하다.
170) 『고려명현집』에는 이 구절 밑에 "『동국여지승람』에는 '烟'이 '浪'으로 되어 있다.[輿地勝覺, 烟作浪.]"라는 세주(細註)가 달려 있다. 그러나 『동국여지승람』이 아닌 『신증동국여지승람(新增東國輿地勝覽)』에는 '烟'으로 되어 있다. 1530년(중종 25년)에 이행(李荇) 등이 『동국여지승람』을 증보하여 『신증동국여지승람(新增東國輿地勝覽)』을 간행하였다. 위 자료로 보아 『고려명현집』의 저본인

〔『동국여지승람』에는 '烟'이 '浪'으로 되어 있다.〕 〔輿地勝覽, 烟作浪.〕
곳곳의 시내와 산은 그림을 이루었네. 溪山到處畫圖成
시를 읊조리며 느리게 느리게 가는 향기로운 꽃길 哦詩緩緩行芳草
한 그루 매화나무 불현듯 환하구나. 忽有梅花一樹明

봄바람 불 제 이별하니 아쉬운 정을 감당키 어렵고 春風離別不勝情
봄날의 경치 감상하는 것도 마음대로 되지 않네. 問柳尋花未肯成
죽령(竹嶺)171)의 높은 고개에서 고개 돌려 바라보니 竹嶺高峯回首望
누대 앞의 강물은 온통 호쾌하게 빛나는구나. 樓前江水一豪明

중간본(1884년, 김상원 서문)이 간행될 때는 『신증동국여지승람(新增東國輿地勝覽)』을 참조했을 것이므로 편찬자의 오류일 가능성이 있다.
171) 죽령(竹嶺): 경상북도 영주시 풍기읍(豊基邑)과 충청북도 단양군 대강면(大崗面)에 사이에 있는 고개.

59. 삼월 십이일에 죽령을 넘었는데 과연 청명절(淸明節)답게 화창하였다. 인하여 누대의 벽에 쓰다
三月十二日踰竹嶺, 果淸明也, 因題樓壁

산과 시내의 기후도 진실로 모두 같기 어려운데	山川風氣固難同
하물며 이 세상의 영달(榮達)과 궁핍은 말해 무엇하랴.	何況人間達與窮
갑자기 한림이 내게 준 시구가 생각나는데172)	忽憶翰林詩一句
맑고 쾌청한 청명절에 구름 뒤덮인 고개를 넘어가네.	淸明正過嶺雲中

(안동 등지에서는 꽃이 피려 하는데, 죽령에 이르니 풀과 나무에서 아직 싹도 나지 않았기에 이른 것이다.[安東等處花欲開, 到竹嶺, 草木未萌故云.])

---

172) 갑자기……생각나는데: 앞의 하권 58번 시에서 소개한 백옥(伯玉) 한림이 지은 시를 말한다.

60. 무신년(戊申年)173) 청명절에 내린 눈 [중현(仲賢)174)의 시]
戊申年淸明雪 [仲賢]

【중현 김제안(金齊顔) 시】

작년 삼월 꽃이 수북이 질 때쯤	去年三月落花堆
매양 여러 공들과 함께 술잔을 기울였지.	每與諸公把酒杯
금년 청명절엔 하늘에서 눈이 내리니	今歲淸明天雨雪
그대에게 묻노라 어느 곳에다 아름다운 잔치 자리 펼쳐 볼까.	問君何處錦筵開

【척약재 김구용(金九容) 시】

중현의 시에 차운하다.
次韻

잠에서 깨어 동쪽 산에 홀연히 구름이 쌓인 것 알았지만	夢覺東山雲忽堆
길거리에 은술잔 흩어져 있음을 어찌 알았겠는가.	那知街上散銀杯
올해의 봄빛은 끝이 없을 터이니	今年春色應無盡
살구꽃 향기 바람에 날아오지만 반도 아직 못 폈다네.	杏蘂飄香半未開

---

173) 무신년(戊申年): 1368년(공민왕 17). 김제안(金齊顔)은 이 해 10월에 신돈에 의해 피살당했다.
174) 중현(仲賢): 척약재 바로 밑의 아우 김제안(金齊顔: ?-1368)의 자(字).

61. 봄날에 비를 보며 느낌이 있어   春日對雨有感

수많은 꽃과 버들은 그 자태 흐릿한데	千花萬柳氣空濛
성의 여기저기에는 신록이 붉은 꽃잎과 어우러져 있구나.	城北城南綠映紅
비가 내린 뒤 누대 위에 올라 보는 것이 가장 좋으니	最好雨餘樓上見
내일 봄바람 불어 올까 근심스럽네.	却愁明日有東風

62. 비감(祕監)175) 박대양(朴大陽)176)의 집에 우거하며 시를 써서 부쳐 드리다

寓朴祕監本宅, 以詩寄呈 [大陽]

친구와 헤어진 지도 이미 수년이 되었으니	故人分手已多年
멀리서도 서로 그리워하지만 아득하기만.	千里相思隔杳然
오늘 그대 집에 와서 슬피 한 방향으로 바라보는데	今日君家偏悵望
이름난 꽃은 옛날처럼 저 홀로 아름답기만.	名花依舊獨嬋娟

시비와 영욕은 모두 하늘로부터 말미암는 것	是非榮辱自由天
나는 여강에서 또다시 취해 잠들리라.	我亦驪江又醉眠
정이 많은 우리 홍 아상(洪亞相)177) 덕택에	賴有多情洪亞相
동각(東閣)178)에 방해받지 않고 다시 두루 다닐 수 있다네.	不妨東閣更周旋

---

175) 비감(祕監): 고려시대 경적(經籍)과 축문(祝文) 작성 등에 관한 일을 관장하던 관서(官署)인 비서감(祕書監)의 종3품 벼슬.

176) 박대양(朴大陽): 박대양은 1344년(충혜왕 복위 5)에 하을지(河乙沚), 안길상(安吉常) 등과 함께 문과 급제하였고 전법판서(典法判書)를 역임하였다. 목은 이색이 쓴 「하죽계안씨삼자등과시서(賀竹溪安氏三子登科詩序)」(『목은집』 권8)에 보면 형제가 모두 등과(登科)한 예로 "밀성박씨(密城朴氏)에 대양(大陽)과 삼양(三陽)과 계양(季陽)이 있고"라는 표현이 보인다. 이로 보건대 박대양은 밀양박씨(密陽朴氏)로 3형제가 모두 등과하여 당대에 이름을 떨친 것으로 짐작된다.

177) 홍아상(洪亞相): '아상(亞相)'은 고려시대에 총재(冢宰) 다음의 벼슬이다. 고려에는 오재(五宰)의 재신(宰臣) 직(職)이 있었는데, 문하시중(門下侍中)은 수상(首相), 평장사(平章事)는 아상(亞相), 참지정사(參知政事)는 삼상(三相), 정당문학(政堂文學)은 사상(四相), 지문하성사(知門下省事)는 오상(五相)이었다. 아상은 재신 중 문하시중 다음의 높은 서열이다. 본문의 '홍아상'은 홍중선으로 추정된다. 홍중선(洪仲宣)은 『척약재학음집』(상권 156번 시 「하홍정당지공거[중선](賀洪政堂知貢擧[仲宣])」)에 나오는 유일한 홍씨이다. 홍중선(洪仲宣)의 본명은 중원(仲元)으로 충혜왕 때 과거에 급제하여, 여러 벼슬을 거쳐 전법판서(典法判書), 한양부윤, 정당문학, 문하찬성사상의(門下贊成事商議)를 역임하였다. 문하찬성사는 위에서 언급한 문하평장사와 동일한 벼슬로 관직명이 변경된 것이다.

178) 동각(東閣): 일명 동합(東閤)이라고도 한다. 동쪽으로 열린 쪽문이라는 뜻으로, 고관이 빈객을 예우하여 초치(招致)하는 것을 비유한 말이다. 한(漢)나라 공손홍(公孫弘)이 재상이 된 뒤에 "객관을 세우고 동쪽의 쪽문을 열어서 현인을 맞이하였다.[起客館, 開東閣以延賢人.]"라는 고사에서 유래한 것이다. 『한서(漢書)』 권58 「공손홍전(公孫弘傳)」.

63. 취한 중에 　　　　　　　　　　　　醉中

서울에서 술을 마시니 흥이 더욱 오르는데	飮酒長安興更長
어찌 괴롭고 한스러워하면서 세월 보내겠는가.	何須苦恨過年光
그대로 인하여 날마다 꽃을 보러 오게 되니	憑君日日看花到
서로 마주하며 우상(羽觴)179)을 들고 한가롭게 읊조리네.	相對閑吟挹180)羽觴

64. 총랑(摠郞)181) 송강(宋岡)에 대한 만장(挽章)182) 　　宋岡摠郞挽章

떨어지는 꽃과 흐르는 물만 봐도 슬픔을 견디기 어려운데	落花流水亦堪悲
하물며 덧없는 인생에서 일을 기약할 수 없음에랴.	何況浮生事未期
옛날에 교유했던 사람들이 많이도 불행한데	昔日交游多不幸
마음 아파하면서 오늘 또 그대 곡하는 시를 쓰네.	傷心又賦哭君詩

---

179) 우상(羽觴): 새의 깃 모양으로 된 술잔.
180) 挹: 『한국문집총간』 소재 『척약재학음집』에는 '揖'으로 되어 있으나 수필본에는 '挹'으로, 『익산본』, 『영천본』에도 '挹'으로 되어 있다.
181) 총랑(摠郞): 고려시대 전리사(典理司)·군부사(軍簿司)·판도사(版圖司)·전법사(典法司) 등에 속한 정4품의 관직으로 고려 전기 '시랑(侍郞)'으로 일컬어지던 명칭이 바뀐 것이다.
182) 만장(挽章): 일명 만사(挽詞·輓詞). 만장은 죽은 사람을 애도하여 짓는 글로 형식은 대체로 오언·칠언의 절구나 율시로 짓는 경우가 많다.

65. 판서(判書) 유지습(柳之濕)183)에 대한 만장   柳之濕判書挽章

한평생 세월이 하나의 꿈이니	百歲光陰一夢中
슬픔과 기쁨, 영화와 치욕 모두가 부질없는 것.	悲歡榮辱摠成空
두 아들 봉록이 높고 자손들 또한 성대하니	兩男祿厚兒孫盛
마침내 도리어 죽지 않은 것과도 같으리라.	畢竟還應不死同
여강에 집을 짓고 산 세월이 이십여 년	卜宅驪江二十秋
지척에서 상종하며 조각배로 노닐었네.	相從只尺棹扁舟
가을바람에 또다시 돌아가려 함에	金風又欲還歸去
함께 누대에 기댈 이 없음을 슬퍼하노라.	惆184)悵無人共倚樓

---

183) 유지습(柳之濕): 『한국문집총간』 소재 『척약재학음집』에는 '柳之隰'으로 되어 있고, 「신륵사보제사리석종기(神勒寺普濟舍利石鐘記)」에도 '柳之隰'으로 되어 있다. 『진주유씨족보』에 의하면 유지습(柳之濕)은 척약재의 고모부인 유지정(柳之淀)의 아우이다.

184) 惆: 『한국문집총간』 소재 『척약재학음집』에는 '怊'로 되어 있으나 본서에서는 『고려명현집』 소재 『척약재학음집』 표기를 따라 '惆'로 표기한다.

66. 추흥정(秋興亭)185)　　　　　秋興亭詩

　봉익대부(奉翊大夫)186) 김 공(金公)이 퇴임하여 한양(漢陽)의 용산(龍山)에 거주하면서 살고 있는 집의 동쪽 편에 정자를 세웠다. 나는 여강으로부터 돌아와서 그 정자에 올라 이리저리 조망하며 해가 기울도록 담소를 나누었는데, 공이 나에게 이름을 지어 줄 것을 청하였다. 이윽고 서울에 가서 자안[子安: 이숭인의 자(字)]의 집에서 모여 정자의 이름이 지녀야 할 뜻을 의논하였다. 내가 말하기를, "용산의 땅은 매우 기름지고 넉넉하여 모든 소산물들이 특히 풍성하고 부드럽다. 또한 고기 잡고 농사짓는 풍경을 돌아다니며 볼 수 있는 장점이 있으니, 그래서 공이 이런 것을 즐기며 이곳에 사는 것이다. 그러므로 '추흥(秋興)'이라고 현판을 다는 것이 어떤가?"라고 하니 여러 사람들이 모두 좋다고 하였다. 이에 붓을 적셔 '추흥정'이라 세 글자를 쓰고, 자안에게 기문을 써 줄 것을 청하였다. 그리고 여러 사람들과 함께 시를 지었다.

　奉翊大夫金公, 退居漢陽之龍山, 搆亭于居第之東. 予自驪江回上其亭, 徘徊瞻眺談笑移日, 公請予名之. 旣入京, 會于子安宅, 議其所以名亭之義. 予言之曰, '龍山地甚沃饒, 凡所生之物, 特爲豐脆. 又有漁稻遊187)賞之美, 故公樂此而居焉, 以秋興顔之何如?' 諸君皆曰善. 於是濡翰作三字, 仍請子安爲記, 乃與諸君同賦云.

　용산의 가을빛은 사람의 마음까지 담박하게 하고　　　　龍山秋色淡188)人心

---

185) 추흥정(秋興亭): 서울의 한강 옆 용산(龍山)에 있던 정자. 『신증동국여지승람』 권3 「한성부」에 "추흥정 옛 터가 용산강에 있다."라는 기록이 보인다.
186) 봉익대부(奉翊大夫): 고려시대 종2품 문관의 품계로 재상(宰相)의 반열에 해당한다. 이 시의 '봉익대부 김 공'은 '김휘(金暉)'이다. 『한국문집총간』(초간본)에 세주(細註)로 '暉'라고 적혀 있다. 『야은일고(冶隱逸稿)』 권6 「존모록부(尊慕錄附)」에는 "金暉: 官至奉翊大夫, 嘗退居漢陽, 搆亭龍山, 金若齋以秋興顔之, 又有詩. 癸卯, 錄辛丑扈從功."이라고 하였다. 또한 『삼봉집』 권1 오언고시(五言古詩)에 「제추흥정(題秋興亭)」과 『도은집』 권4에 「추흥정기(秋興亭記)」가 실려 있다.
187) 遊: 『한국문집총간』에는 '游'로 되어 있다.

구름은 상쾌하고 강물은 맑고 풀과 나무는 우거졌네.	雲淨江澄草樹深
온종일 높은 정자에서 누구와 짝하리오	竟日高亭誰是伴
한 쌍의 학과 한 개의 거문고라네.	一雙野鶴一張琴

고기 살지고 벼가 익는 물과 구름의 마을	魚肥稻熟水雲鄕
귀거래(歸去來)의 노랫소리 짧았다가 길어지네.	歸去來歌聲短長
애석하게도 안인(安仁)189)은 부질없이 부를 읊었지만	可惜安仁空有賦
우리 그대는 일찍이 금장(金章)190)을 찼다네.	我公曾是佩金章

일찍이 임금님께 은혜 입고 궁궐에서 수직(守直)하더니	早歲承恩直紫宸
이제 나이 일흔이 되어 강가에 누웠다네.	如今七十臥江濱
만약 소매 떨치고 공을 좇아간다면	若爲拂袖從公去
추흥정 근처에서 함께 이웃 될 수 있으련만.191)	秋興亭邊共作隣

---

188) 淡: 『한국문집총간』에는 '澹'으로 되어 있다.
189) 안인(安仁): 중국 진(晉)나라 시인 반악(潘岳)의 자(字). 문학에 매우 뛰어났고 특히 부(賦)를 잘 써서 「추흥부(秋興賦)」, 「서정부(西征賦)」, 「한거부(閑居賦)」와 같은 유명한 작품을 남겼다.
190) 금장(金章): 금으로 된 관인(官印). 금으로 된 관인과 옥으로 만든 부절(符節), 즉 '금장옥절(金章玉節)'은 관리가 되어 벼슬길에 올랐다는 상징과도 같은 것이다.
191) 만약……있으련만: 관직을 모두 버리고 봉익대부 김 공을 따라 추흥정에 가서 함께 놀고 싶은 시인의 바람을 표현한 것이다.

67. 김생사(金生寺)192)로 돌아가는 침(砧) 스님193)을 전송하다
送砧上人歸金生寺

그대는 강원에 나는 서쪽에 있어	君在江源我在西
왕왕 조각배를 타고 절194)을 방문한다.	扁舟往往訪招提
넓은 금휴포(琴休浦)195)에서 물고기 뛰노는 것 보고	琴休浦濶觀魚躍
깊은 계족산(雞足山)196)에선 새 울음 듣네.	雞足山深聽鳥啼
이곳에서 서로 만나 웃으며 이야기해 보지만	是處相逢開笑語
내년에는 어느 날에야 다시 손을 잡을 수 있겠는가.	明年何日更提攜
오교(五敎)197)를 생각할 뿐 그대에게 아무런 누가 되지 않으리니	因思五敎君198)無事
매양 최랑(崔郎)을 불러서 푸른 시내 건너리라.	每喚崔郎渡碧溪

---

192) 김생사(金生寺): 충청북도 충주시 금가면(金加面) 유송리(遊松里)에 있었던 절. 신라의 명필 김생(金生)을 추모하기 위하여 창건된 절이다.
193) 침(砧) 스님: 고려 후기에 활동했던 승려. 위의 척약재 시분만이 아니라 둔촌(遁村) 이집(李集), 양촌(陽村) 권근(權近), 도은(陶隱) 이숭인(李崇仁) 등도 침 스님을 전송하는 시를 남긴 것을 볼 때, 당시 사대부들과 교유가 깊었던 것으로 보인다.
194) 절: 원문의 '초제(招提)'는 나라에서 사액(賜額)한 절을 일컫는다.
195) 금휴포(琴休浦): 충청북도 충주의 탄금대(彈琴臺) 아래에 있는 시내.
196) 계족산(雞足山): 충청북도 충주에 있는 산. 일명 '계명산(雞鳴山)'이라고도 한다.
197) 오교(五敎): 교종(敎宗)의 다섯 종파, 즉 법상종(法相宗)·법성종(法性宗)·열반종(涅槃宗)·계율종(戒律宗)·원융종(圓融宗)을 말한다. 또는 석가세존의 다섯 가르침, 즉 소승교(小乘敎), 대승시교(大乘始敎), 대승종교(大乘終敎), 돈교(頓敎), 원교(圓敎)를 이르기도 한다.
198) 君: 『한국문집총간』에는 '軍'으로 되어 있으나 의미상 '君'이 타당하다. 『수필본』에는 '渾'으로 되어 있다.

68. 동년(同年) 이 전의(李典儀)의 시에 차운하여 동년 둔촌(遁村) 이집(李集)의 아들 지직(之直)이 급제199)한 것을 축하하는 절구(絶句)200) 두 수를 짓다
次同年李典儀201)韻, 賀同年李遁村之子之直登第, 小詩二首

빛나는 방(榜) 위에 이름도 새롭구나	黃金榜上姓名新
봄날의 이슬비처럼 이씨 집안 경사를 알려 준다.	指李家中雨露春
게다가 두 아들 으뜸으로 급제하게 했으니	更使兩郞登甲第
부인은 마땅히 대부인이 되리라.202)	夫人應得大夫人

삼베옷을 새 비단옷으로 바꾸고 나니	麻衣換得錦衣新
짜던 베를 끊었던203) 어머님 환하게 웃으시네.204)	斷織高堂一笑春

---

199) 지직(之直)이 급제: 이지직((1354-1419)이 급제한 것은 우왕(禑王) 6년(1380)이므로 이 시는 1380년에 지은 것이다.

200) 절구(絶句): 원문의 '소시(小詩)'는 일반적으로 한시의 형식 중 4구의 짧은 형식인 절구(絶句)를 지칭하는 말이다.

201) 儀: 둔촌(遁村) 이집(李集)의 문집인 『둔촌잡영』에 「차동년이전상운(次同年李典像韻)」으로 되어 있고, 『한국문집총간』(초간본)에 '像'처럼 보여서 판독문에 '상(像)'으로 되어 있다. 그러나 『수필본』(국립중앙도서관 소장본, 1710년)과 본서의 저본인 『중간본』(김상원 서문, 1884년), 『익산본』(1954년), 『영천본』(1964년) 모두 '儀'로 되어 있다. 또한 척약재의 동년 중 이전상(李典像)은 없고 동년의 이씨는 이천기(李天驥), 이집(李集), 이인(李靷), 이보림(李寶林), 이영(李穎), 이심(李深) 등이니 이들 중 전의(典儀)벼슬을 한 사람으로 추정된다. 『둔촌집』의 글은 『척약재학음집』 초간본의 글을 옮겨 놓은 것이다.

202) 부인은……되리라: 둔촌의 부인이 두 아들의 급제로 인하여 대부인(大夫人)의 호칭을 받게 될 것이라는 말이다. '대부인'은 고려시대 문무관료 및 공신의 어머니, 아내에게 주어지는 외명부(外命婦) 정4품의 칭호이다.

203) 짜던……끊었던: 맹자(孟子)의 어머니는 맹자가 공부를 중도에 그만두고 귀가하자 베틀에서 짜고 있던 베를 끊음으로써 학문을 중도에 포기하면 아무 쓸모가 없음을 가르쳤다. 여기에서는 이지직의 어머니가 맹자의 어머니만큼 열성적인 교육으로 아들을 키웠다는 것을 의미한다.

204) 환하게 웃으시네: 원문의 '일소춘(一笑春)'은 모친(母親)이 기뻐하여 웃는 모습을 가리킨다. 중국의 한나라 소제(昭帝) 때 준불의(雋不疑)가 경조윤(京兆尹)이 되어 매양 현(縣)을 순행하면서 죄수들을 조사하고 돌아올 적마다 늙은 모친이 준불의에게 "이번에는 평번(平反)을 해서 몇 사람이나 살렸느냐?"고 물었는데, 만약 준불의가 평번을 해서 죄를 감해 준 것이 많으면 그의 모친이 기뻐하여

광릉(廣陵)205)께 이 소식 알리려면 자세히 살펴야 하리니	爲報廣陵須洗眼
병과(丙科) 급제한 사람의 후손이 을과(乙科)에 합격했네.206)	丙科人後乙科人
〔둔촌은 병과로 급제했다.〕	〔遁村中丙科〕

      웃으면서 밥을 잘 먹고, 평범한 것이 없을 경우에는 노하여 밥도 먹지 않았다는 고사에서 온 말이다.
205) 광릉(廣陵): 경상북도 영천시 북안면 도유리에 있는 이집의 부친 이당(李唐)의 묘호. 이 시에서는 돌아가신 부친께 손자가 급제했다는 소식을 알리는 것을 의미한다.
206) 병과(丙科)⋯⋯합격했네: 둔촌은 과거 시험에서 병과로 급제했는데, 그 아들은 을과로 급제하였음을 말한다. 과거는 합격자들의 등수에 따라 갑과(甲科), 을과(乙科), 병과(丙科)로 나뉜다.

69. 동년 둔촌 이집의 큰아들 지직(之直)은 진사(進士) 제이등207)으로 급제하였고, 둘째 지강(之剛)은 감시(監試)208)에 응시하여 제 육등으로 입격하였으니 진실로 세상에 드문 경사이다. 오늘 둔촌이 그들을 이끌고 집으로 돌아가므로 다시 앞의 시의 운을 써서 전별(餞別)로 삼는다

同年李遁村長子之直擧進士第二名, 仲子之剛應監試第六名, 眞希世之盛事也. 今日率之歸家, 復用前韻以爲贐行

그대와의 교유는 이제 막 사귄 듯 새로우니209)	與君交契免如新
함께 과장(科場)에 노닌 지 어느덧 이십육 년이라네.	共步蟾宮廿六春
비단옷 입은 두 아들 행차를 따르니	衣錦兩郞隨杖屨210)
세상의 부러움은 그대에게 속한 것이라네.	一時歆艶屬吾人

---

207) 진사 제이등: 이지직은 1380년(우왕 6) 대과에 2등으로 급제했다. 이때 장원은 이문화(李文和: 1358-1414)이며, 2등 이지직(李之直), 3등 한상질((韓尙質)이다. 고려시대 과거제도는 조선시대 대과에 해당하는 제술과와 명경과가 있었다. 제술과를 진사과라고도 불렀기에 여기에서는 진사 제2등이라고 한 것이다. 조선시대 소과(진사과, 생원과)와는 다른 개념이다.
208) 감시(監試): 고려시대 국자감에서 진사를 뽑던 시험. 국자감시(國子監試)의 줄인 말로 일명 진사시(進士試)·남성시(南省試)·성시(省試)·남궁시(南宮試)·사마시(司馬試)·성균시(成均試)·거자과(擧子科) 등으로 불리기도 하였다. 조선시대로 가면 대과(大科) 전에 보는 시험인 소과(小科)와 비슷한 개념이다. 이지직(李之直)이 대과에 합격한 해가 1380년이고 이해에 이지강(李之剛: 1636-1427)이 감시에 입격한 것으로 보아 이 시는 1380년작임을 알 수 있다. 이지강은 1382년 대과에 합격하였다.
209) 그대와의……새로우니: 『사기(史記)』, 「추양열전(鄒陽列傳)」에 "有傾蓋如故, 白頭如新者."라는 말에서 나왔다. 곧 수레를 멈추고 덮개 아래에서 이제 처음 막 사귀었어도 마치 오래 사귄 것 같은 사람이 있는가 하면, 백발이 될 때까지 오래 사귀었어도 마치 새로 만난 것 같이 서먹한 자도 있다는 말이다.
210) 屨: 『한국문집총간』에는 '屨'로 되어 있으나 의미상 '屨'가 더 타당하다.

70. 규헌(葵軒) 어르신께 바치다   呈葵軒丈

구름 사이 흰 달이 화려한 집을 비추고	雲間皎月照華堂
작은 상에 앉아 새로 쓴 시를 낭송해 보네.	朗咏[211]新詩坐小床
깊은 밤이 되어도 너무나 쾌청하여 잠들지 못하는데	直到夜深淸不寐
주렴(珠簾) 너머 높은 나무가 시원한 미풍을 보내준다.	隔簾高樹送微涼

솔솔 부는 바람 한 줄기가 가볍게 옷에 불어 오고	輕風一陣細吹衣
나 홀로 남쪽 창가에 기대어 생각에 잠기네.	獨倚南窓有所思
자동(紫洞)의 안개와 노을은 자물쇠로 잠글 수 없으니	紫洞煙霞無鎖鑰
대지팡이 짚고 짚신 신고 온다는 기약 어기지 마시길.	芒鞋竹杖莫違期

추재(樞齋)[212]의 퉁소 소리 세상에 드물고	樞齋簫管人間少
포은(圃隱)의 노랫소리 해외에서도 찾기 힘들지.	圃隱歌[213]謠海外無
계속된 비가 잠시 그친 후 밝은 달 아름다우니	積雨乍晴明月好
징을 두드리는 노비들 불러야 하리라.	彈錚[214]須要喚奴奴

---

211) 咏: 『한국문집총간』에는 '詠'으로 되어 있으나 의미 상 차이는 없다.
212) 추재(樞齋): 고려 후기의 문인 이정윤(李正尹)으로 추정된다. 양촌 권근의 시에 「전재(全齋) 이 선생(李先生: 李時敏)이 추재(樞齋) 이정윤(李正尹)의 어사미(御賜米) 받은 것을 축하한 시에 차운하다. [次韻全齋李先生賀樞齋李正尹蒙受賜米]」(『양촌집』 권2)라는 시가 보이는데, 그 시의 두주(頭註)에 "정윤은 온주(溫州) 사람인데 본조(本朝)에서 벼슬하였고, 전재와 더불어 한 마을에 살았다."라는 기록으로 보아 이정윤은 황해도 연안(延安) 사람으로 고려 말엽에서 조선 초엽에 걸쳐 벼슬했음을 알 수 있다. 여기에서 이정윤(李正尹)은 정윤(正尹) 벼슬을 하는 이씨(李氏)를 말한다. 『영천본』, 「제현증유(諸賢贈遺)」에 '樞齋 李元弼'이라는 기록도 있어 동일인일 가능성도 있다.
213) 歌: 『한국문집총간』에는 '謌'로 되어 있다.
214) 錚: 『한국문집총간』에는 '箏'으로 되어 있으나 의미상 '錚'이 더 타당하다.

71. 천마산(天磨山)[215]   　　天磨山

산 허리 돌길에서 우뚝한 숲을 내려다보며	山腰石逕[216]俯高林
말을 채찍질하여 매달리듯 오르니 마음이 상쾌하네.	策馬夤緣却爽心
구름 골짜기가 어느 곳인지 스님에게 묻노라니	雲谷問僧何處是
흘러가는 시냇물 다하는 곳에 흰 구름 깊구나.	溪流盡處白雲深

---

215) 천마산(天磨山): 경기도 개성의 진산(鎭山)인 송악산(松岳山)의 북쪽에 위치한 산. 이곳에 있는 '박연폭포(朴淵瀑布)'가 명승으로 유명하다.
216) 逕: 『한국문집총간』에는 '徑'으로 되어 있으나 의미 상 큰 차이는 없다.

72. 유월 십오일에는 나라의 풍속에 곳곳에서 술을 마시니 이를 일컬어 '유두회(流頭會)'217)라고 한다. 그 말의 의미는 동쪽으로 흐르는 물에 머리를 감는다는 뜻이다. 박 개성(朴開城)218)이 술자리를 베풀고 노래하는 기생을 불렀으나 오지 않았다. 밀양 박중미(朴中美)219) 선생이 시를 지었으므로 나도 이에 차운하여 놀려 본다 六月十五日, 國俗處處飮酒, 謂之流頭會. 其意沐於東流水也. 朴開城設酒, 喚歌妓未及. 密陽朴中美先生有詩, 次韻以戱之

깨끗하고 시원한 숲의 정자에서 아름다운 자리 여니	蕭灑林亭綺席開
좋은 손님들 자리에 가득하고 술은 잔에 채워졌네.	佳賓滿座酒盈杯
격렬하고도 급한 현악기와 관악기 연주 곡조는 다정도 한데	繁絃急管多情調
한 떨기 쪽머리를 한 여인만 오지 않았다네.	一朶220)雲鬟獨不來

---

217) 유두회(流頭會): 우리 겨레가 예부터 즐겼던 명절로 음력 6월 15일. '유두'란 명칭은 '동류두목욕(東流頭沐浴)'의 준말로 동쪽으로 흐르는 물에 머리를 감는다는 뜻이니, 이 날에는 일가 친지들끼리 맑은 시내에 가서 머리를 감고 몸을 씻은 뒤, 가지고 간 음식을 먹으면서 시원하게 하루를 보낸다. '유두회'란 유둣날의 모임이란 의미이다.

218) 박 개성(朴開城): 개성(開城)은 개성부의 행정 책임자인 '판개성부사(判開城府使)'를 말하며 성이 박씨(朴氏)인 인물이라 '박 개성'이라 호명한 것이다.

219) 박중미(朴中美): 고려 후기의 문인. 본관은 밀양(密陽). 공민왕대(恭愍王代)에 활동했던 국간(菊磵) 박진록(朴晉祿)의 아들이다. 1361년(공민왕 10) 홍건적이 국경을 건너와 괴수 모거경(毛居敬)이 서경까지 침입하였을 때 안우·정세운·이방실·홍언박 등과 함께 적을 크게 물리쳐 난을 평정하였다. 이에 보리공신 대광보국숭록대부를 제수받았고, 밀직부원군(密直府院君)에 봉해졌다. 1362년 청주 공북루(拱北樓)에서 공민왕을 호종(扈從)하여 판상(板上)의 시에 차운할 때 참여했던 한 사람이다. 이에 대한 사항은 『신증동국여지승람(新增東國輿地勝覽)』 권15 「청주목」의 '공북루' 항목 참조.

220) 一朶: 『한국문집총간』 척약재집 초간본은 판독이 어렵다. 『영천본』, 『익산본』에는 '一朶'으로, 『수필본』(국립중앙도서관 소장본, 1710년 필사)에는 '一欠'으로 되어 있다.

73. 취한 중에 박 공(朴公)이 대나무 가지를 꺾고 여러 잡된 꽃을 캐 와서 권화곡(勸花曲)을 지었는데 그 기묘함을 다했다. 다시 짓는다
醉中朴公折竹枝采雜花, 作勸花曲, 盡其妙. 又賦

머리 위로 꽃가지 활짝 피었으니	頭上花枝爛熳開
긴 해에 구하주(九霞酒)221)로 서로 권해 보네.	日長相挹222)九霞杯
주인이 손님들을 반기고 또 아무 일도 없으니	主人好客身無事
지금부턴 종종 술을 싣고 오겠네.	從此時時載酒來

---

221) 구하주(九霞酒): 원문의 '구하배(九霞杯)'는 서왕모(西王母)가 마셨다는 술인 '구하주(九霞酒)'를 가리킨다. 일명 '구하상(九霞觴)' 혹은 '구하치(九霞卮)'라고도 하는데, 즉 좋은 술을 의미한다.

222) 挹: 『한국문집총간』에는 '揖'으로 판독했으나 원본(초간본 영인)은 판독하기 어렵고, 『영천본』, 『익산본』에는 '挹', 『수필본』에는 '揭'로 되어 있다. 의미 상 '挹'이 더 타당해 보인다.

74. 둔촌 이집에게 답하다 　　　　答李遁村223)

띳집은 쓸쓸히 푸른 산에 기대어 있고	茅屋蕭條倚碧山
가을 물결은 국화 핀 물굽이에서 아득하도다.	秋波渺渺菊花灣
나그네 신세 학질(瘧疾)에 걸려 아무 힘도 없고	客中感瘧慵無力
멀리서나마 풍류를 그리워하며 따르지 못함을 한하네.	遙憶風流恨未攀

가을바람 불어와 온 산을 물들이고	秋風吹起染千山
강물은 굽이굽이 맑고도 깨끗하네.	江水澄淸九十灣
굽은 물가와 높은 언덕은 모두 속되지 않은데	曲渚崇邱224)渾不俗
한 번도 함께 손잡고 오르지 않은 것 같네.	若無225)携手共躋攀

---

223) 이 시의 둔촌 원운시는 다음과 같다. (『遁村雜詠』, 「寄若齋」)
　　"當日同年在勝山, 追尋幾度過前灣. 如今江北無相識, 回首京華証可攀."
224) 邱:『한국문집총간』에는 '丘'로 되어 있으나 의미 상 차이는 없다.
225) 無:『한국문집총간』에는 '爲'로 되어 있고,『둔촌잡영』에는 '爲'로,『영천본』과『익산본』에는 '無'로 되어 있다. 의미 상 '無'가 더 타당하다.

75. 수정포도(水晶蒲萄)[226]를 주신 것에 사례하다
謝水晶蒲萄

선명하게 포도가 익으니	的歷蒲萄熟
영롱한 것이 푸른 수정과 같네.	玲瓏綠水晶
처음 맛볼 땐 이 세상의 맛이 아니더니	初嘗非世味
다시 씹으니 단 엿과 같아 놀랐네.	更嚼訝甘餳
옥빛 액체는 살과 뼈를 적셔 주고	瓊液淪肌骨
하늘이 내린 음료는 성정(性情)을 윤택케 하네.	天漿洽性情
내년 봄에는 옮겨 심고자 하니	明春須欲種
원컨대 긴 줄기 하나를 보내주시길.	願許一長莖

---

226) 수정포도(水晶蒲萄): 일반적으로 '청포도(靑葡萄)'를 지칭하는 말이다.

76. 규헌(葵軒)227)이 흑포도(黑葡萄)를 보내왔기에 시를 써서 감사의 마음을 전한다

葵軒送黑蒲萄, 以詩爲謝

한 그릇의 포도가 마유(馬乳) 빛인데	一籠蒲萄馬乳光
평범한 이가 하늘의 음료를 누리니 도리어 부끄럽네.	骨凡還愧享天漿
근래에 내 병이 사마상여의 소갈병(消渴病)228)과 같아서	年來病似相如渴
곧바로 뿌리를 육우당(六友堂)229)에 옮겨 심고 싶네.	直欲移根六友堂

---

227) 규헌(葵軒): 규헌은 권주(權鑄)의 호. 권주(權鑄)에 대해서는 본서 상권 151번 시 「기규헌선생[권주](寄葵軒先生[權鑄])」 참조.

228) 사마상여의 소갈병(消渴病): 사마천의 『사기(史記)』 권117 「사마상여열전(司馬相如列傳)」에 "상여구흘이선저서(相如口吃而善著書), 상유소갈질(常有消渴疾): 사마상여는 말을 더듬었으나 글을 잘 썼다. 항상 소갈병을 앓고 있었다."라는 표현이 보인다. 여기 '소갈병'은 요즈음의 '당뇨병(糖尿病)'과 같은 것이다. 아마도 척약재 역시 당시 소갈병을 앓고 있었던 것으로 보인다.

229) 육우당(六友堂): 김구용의 당호(堂號). 척약재는 1375년(우왕 1)에 북원(北元)의 사신을 받아들이는 것을 반대하다가 모향(母鄕)인 여흥(驪興)으로 유배를 당했는데, 이때 김구용은 본인을 '여강어우(驪江漁友)'라 자호(自號)하고, 자신이 살던 집의 당호(堂號)를 '육우(六友)'라 지었다. 여기서 '육우'란 '설(雪)·월(月)·풍(風)·화(花)·강(江)·산(山)'이다. 이에 대해서는 목은 이색이 지은 「육우당기(六友堂記)」(『목은집』 권3 소재)에 자세히 설명되어 있다.

77. 민망(民望) 염정수(廉廷秀)230) 대경(大卿)231)에게 드리다
寄民望大卿 [廉廷秀]

요숭(姚崇)232)의 질병이 다시 생기고	復作姚崇疾
사마상여의 소갈병 견디기 힘드네.	難堪司馬渴
그 누가 능히 수정 같은 포도를 보내줘서	誰能送水晶
내 답답한 가슴 속을 뚫어 주겠는가.	使我胸中豁

---

230) 염정수(廉廷秀): 미상-1388년(우왕 14), 본관은 서원(瑞原), 자(字)는 민망(民望), 호는 훤정(萱庭). 아버지는 곡성부원군(曲城府院君) 염제신(廉悌臣)이며, 서성군(瑞城君) 염흥방(廉興邦)의 아우이다. 1371년(공민왕 20) 문과에 급제하고, 1383년(우왕 9) 지신사(知申事)로서 한때 전주(銓注: 인사행정)를 맡았으며, 정몽주(鄭夢周)와 함께 호복(胡服: 원나라의 복식)을 폐지하고 중국의 제도를 따르자고 건의하였다. 뒤에 동지밀직(同知密直)·대제학(大提學)에 이르렀으나, 최영(崔瑩)·이성계(李成桂)에 의해 형 염흥방과 임견미(林堅味) 등이 제거될 때 함께 살해되었다. 저서에 『훤정집(萱庭集)』이 있다.

231) 대경(大卿): 일반적으로 3품 이상의 고위 관직자에게 붙이는 호칭이다.

232) 요숭(姚崇): 당 현종(玄宗)때 크게 활약했던 재상이다. 송경(宋璟)과 함께 당 현종 초기의 태평성세인 소위 '개원(開元)의 치'라 불리는 정치를 이끈 공로자로 평가받고 있다.

78. 경상도 안렴사(按廉使) 전오륜(全五倫)233) 장령(掌令)234)을 전송하며

送慶尙廉使全掌令 [五倫]

아름답게 상대(霜臺)235)의 선발에 응했고	蔚應霜臺選
단아하게 성세(盛世)의 어진이가 되었네.	端爲盛世賢
거문고를 탄 지 몇십 년이 되었나	彈琴幾十載
아직 꽃다운 나이에 고삐를 잡네.236)	按轡尙芳年
덕으로 백성의 풍속을 편안케 한 것 경하하고	德賀便民俗
시가 악기로 연주되어 불린 것 부끄럽구나.	詩慚被管絃
두 아이 모두 문자를 익혔으니	兩兒俱習字
조금도 불쌍히 여길 필요 없겠네.	萬一少垂憐

(진주의 방백으로 있을 때 나의 시를 외고 기녀에게 노래하게 했다.[倅晉州時誦我237) 詩, 令妓歌之.])

---

233) 전오륜(全五倫): 본관은 정선(旌善), 호는 채미헌(採薇軒)으로 1373년(공민왕 22) 과거에 급제하였다. 1391년(공양왕 3) 우상시(右常侍)·좌산기상시(左散騎常侍)·형조판서(刑曹判書)를 차례로 역임하였다. 1392년(공양왕 4) 고려가 망하자 고려 왕조에 대한 절개를 지키기 위해 두문동(杜門洞)에 들어간 '두문동 72인'의 한 사람으로 조선 태조에 의하여 본향 안치(本鄕安置)의 처벌을 받았다. 뒤에 풀려나서 서운산(瑞雲山, 강원도 정선 소재)에 은거하였다. 뒷날 경상남도 안의(安義)에 소재한 서산서원(西山書院)에 제향되었다. 전오륜의 유고(遺稿)와 행적 관련 자료를 모아놓은 책이 『채미헌실기(採薇軒實記)』이다.

234) 장령(掌令): 정치의 잘잘못에 대해 논박하거나 풍속을 바로잡고, 관리들의 행동을 감찰하여 죄를 적발하는 일을 담당하던 관청인 어사대(御史臺)에 속한 벼슬. 어사대는 후에 '사헌대(司憲臺)', '사헌부(司憲府)' 등으로 이름이 바뀌게 된다.

235) 상대(霜臺): 어사대(御史臺)의 별칭으로 시정(時政)을 논하고 풍속을 교정하며, 백관을 규찰하고 탄핵하는 일을 맡아보던 관청이다.

236) 고삐를 잡네: 원문의 '안비(按轡)'는 '남비(攬轡)'와 같은 말이며, '남비'는 '남비징청(攬轡澄淸)'으로 말고삐를 잡고 천하를 맑게 만든다는 뜻이니, 곧 천하의 정치를 바로 잡을 웅지(雄志)를 품고 출사(出仕)하는 것을 지칭한다.

237) 我: 『한국문집총간』 초간본 원본에는 '拙'로 적혀 있다.

79. 왜구를 치러 떠나는 도원수(都元帥) 이 상공(李相公)을 받들어 보내다 [지금의 태상왕(太上王)이다.238)]

奉送都元帥李相公出征倭寇 [今太上王]

우리 나라 정예부대는 삭방(朔方)239)이라 일컬으니	東國精兵號朔方
상공의 공업(功業)은 곽분양(郭汾陽)240)과도 같다네.	相公功業似汾陽
승전고 울리고 돌아올 때가 가까웠음을 분명히 알겠으니	端知奏凱歸應迫
눈썹 펄럭이고 얼굴빛은 정녕 굳세리라.	眉宇揚揚色正黃

절월(節鉞) 받고 동으로 정벌 떠나니 병마도 씩씩하고	受鉞東征兵馬雄
곤야(昆邪)241)는 마땅히 솥 안의 물고기와 같다네.	昆邪應與鼎魚同
쓸모없는 서생은 몸에 병이 많아	却嫌措大身多病
장막에서 함께 도모하지 못하니 혐오스럽네.	未得參謀帷幄中

---

238) 지금의 태상왕(太上王)이다: 원문의 '이 상공(李相公)'은 이성계(李成桂)를 지칭하는 것이다. 『척약재학음집』의 초판본은 아들 명리(明理)가 진양목사(晉陽牧使)로 있을 때 간행을 한 것인데, 당시 이성계는 왕위에서 물러나 '태상왕'의 자리에 있었기에 문집의 편찬자가 "지금의 태상왕이다."라는 주(註)를 부기한 것이다.

239) 삭방(朔方): 삭방군(朔方軍)의 준말. 삭방군은 당나라 때 돌궐(突厥)의 침입을 대비하기 위해 북쪽 지방에 설치한 군대이다. 이 시에서는 우리 나라 군대가 용맹하다는 것을 강조하기 위해 쓴 말이다.

240) 곽분양(郭汾陽): 곽자의(郭子儀: 697-781). 당나라 때의 저명한 무장. '안사(安史)의 난'을 진압한 것으로 잘 알려져 있다. '분양'은 그가 '분양왕(汾陽王)'에 봉해졌기 때문에 일컫는 호칭이다.

241) 곤야(昆邪): 흉노(匈奴)의 왕인 곤야왕(昆邪王). 이 시에서는 왜구를 비유하는 의미로 사용되었다.

80. 도원수의 막사로 종군하는 정 판서(鄭判書)와 유 판서(柳判書)에게 시를 지어 주다

鄭判書柳判書從都元帥幕, 詩以爲贈

조그만 왜놈들 낙동강(洛東江)에 진을 치고 있으니	蕞爾倭屯洛水傍
다만 등자나무 숲을 태워 버리면 그뿐.	只緣燒盡橙林檣
끓는 못의 고기와 자라는 어찌 그리 갑자기 죽었나	沸池魚鼈何遽242)死
함정에 빠진 승냥이와 이리는 정녕 죽음뿐.	落穽豺狼定見亡
군막(軍幕)의 손님들은 모두 한 이부(韓吏部)243)와 같고	幕客皆如韓吏部
장군은 정말 곽분양(郭汾陽)의 풍모일세.	元戎正是郭汾陽
군막244)에서의 담소는 부끄럽게도 나의 분수가 아니고	青油談笑慚非分
도적을 무찌르고 공업 이루어 묘당(廟堂)245)에 들어가소서.	破賊功成入廟堂

---

242) 遽: 『한국문집총간』 초간본 원본과 『수필본』(국립중앙도서관 소장)에는 '逃'의 이체자로 되어 있다.

243) 한 이부(韓吏部): 당(唐)나라 문인 한유(韓愈: 768-824)를 말한다. '이부'는 하유가 이부상서(吏部尙書)를 지냈기 때문에 부르는 표현이다.

244) 군막: 원문의 '청유(青油)'는 '청유막(青油幕)'의 준말로 장군의 막부(幕府)를 말한다. 장군의 막료나 종사관을 '청유사(青油士)'라고 부른다.

245) 묘당(廟堂): 고려시대 국사를 의논하는 최고 정무기관인 '도평의사사(都評議使司)'의 별칭. 일명 도당(都堂) 또는 황각(黃閣)이라고도 한다.

81. 추상(樞相)[246] 윤호(尹虎)[247]가 한산군(韓山君)[248]과 청성군(淸城君)[249] 두 선생이 잔치 자리에서 쓴 시를 나에게 보여 주고, 본인도 그 시에 화운(和韻)[250]하려고 하여 나 또한 화운하여 짓는다
尹樞相以韓山君淸城君兩先生宴集詩示予, 欲和其韻, 予亦賦焉[251]

비가 개니 매미가 시끄럽게 울고	雨晴蟬噪後
구름 맑더니 기러기가 비로소 찾아오네.	雲淨雁來初
어진 재상은 문자도 힘차고	賢相雄文字
선왕(先王)[252]께선 그림 또한 오묘하구나.	先王妙畫圖

(현릉(공민왕)이 그린 '추산도'에 윤공이 글씨를 썼는데 손님이 오면 꺼내 보여 주었다.[玄陵所畫秋山圖, 尹公所書, 客至出見.])

술잔과 소반이 곳마다 있으니	杯槃隨所有
가슴 속의 회포가 자연스레 펼쳐지네.	懷抱自然舒
서쪽 이웃 어르신을 가장 사랑하나니	最愛西隣丈
평생을 시와 술로 즐기셨다네.	平生詩酒娛

---

246) 추상(樞相): 고려시대 중추원(中樞院)과 추밀원(樞密院)의 상신(相臣). 군정(軍政)과 기밀(機密)에 관한 일을 맡고 임금과 중서성(中書省: 민정을 총관하는 재상의 관부)의 사이에서 일을 아뢰고 명을 하달하는 일을 주 임무로 하였다.

247) 윤호(尹虎): 고려 후기의 문신. 본관은 파평(坡平), 자(字)는 중문(仲文)으로 우왕 때에 문하평리(門下評理)를 지냈으며, 1390년(공양왕 2) 위화도 회군과 공양왕 옹립의 공으로 회군공신에 책록되었고, 1392년 찬성사가 되었다. 조선 개국 후에는 개국공신 2등이 되어 파평군(坡平君)에 봉해졌고 판삼사사(判三司事)에 올랐다. 시호는 정후(靖厚)이다.

248) 한산군(韓山君): 목은 이색. 한산군은 목은의 봉호(封號)이다.

249) 청성군(淸城君): 고려 후기의 문인 한수(韓脩: 1333-1384)의 봉호. 본관은 청주(淸州), 자(字)는 맹운(孟雲), 호는 유항(柳巷)으로 문장으로 유명하였고 글씨 또한 뛰어나 명필로 이름을 날렸다. 밀직제학(密直提學), 판후덕부사(判厚德府事)를 역임하였고 목은 이색과는 교유가 깊었다. 문집으로 『유항시집(柳巷詩集)』이 전한다.

250) 화운(和韻): 다른 사람이 쓴 시의 운자(韻字)에 차운(次韻)하여 시를 짓는 것을 말한다.

251) 虎: 『고려명현집』에는 '虎'가 없으나 『한국문집총간』에는 '虎'라고 세주(細註)로 되어 있다.

252) 선왕(先王): 고려의 제31대 왕인 공민왕(恭愍王: 1330-1374)을 말한다. 원문의 '현릉(玄陵)'은 공민왕의 능호(陵號)이다.

82. 창산군(昌山君)253) 만사(挽詞)　　　昌山君挽詞

창녕(昌寧)254) 땅은 산수가 좋으니	昌寧山水好
수려한 정기(精氣)를 품어 어진 이들을 배출했다네.	孕秀生其賢
사마시(司馬試)255)에 장원256)으로 합격했고	中魁司馬試
더불어 예위(禮闈)257)의 자리에 뽑혔네.	與選禮闈筵
벼슬은 진실로 높았고	爵祿眞自貴
문장 또한 전해지기에 충분했네.	文章亦可傳
어찌하여 갑자기 세상을 버렸는가	如何忽棄世
슬피 가을 하늘 우러러본다.	悽愴仰秋天

---

253) 창산군(昌山君): 고려 후기의 문인 성사달(成士達: ?-1380). 본관은 창녕(昌寧), 자(字)는 겸선(兼善), 호는 역암(易菴)으로 문장과 글씨에 뛰어났다. 창산군(昌山君)은 그의 봉호(封號)이다.

254) 창녕(昌寧): 현재 경상남도 중북부에 위치한 지역으로 낙동강을 따라 형성된 영남 내륙 평야 지역 중 하나다. 농경지가 많고 땅이 비옥하여 일찍부터 사람들이 정착하였고 역사적으로 유명한 인물을 많이 배출하였다. 성사달의 졸년이 1380년이므로 이 시는 1380년에 지은 것이다.

255) 사마시(司馬試): 고려시대 국자감(國子監)에서 진사를 뽑던 시험. 최종고시인 예부시(禮部試)의 예비시험 성격을 가졌다. 국자감시(國子監試)'라고도 한다.

256) 장원: 성사달은 충혜왕 복위2년(1341년 辛巳) 진사시(進士試) 1등 장원(壯元)으로 입격하였다.

257) 예위(禮闈): 고려시대 과거의 최종 시험으로 조선시대의 대과(大科)와 연결된다. 예부(禮部)에서 주관했기 때문에 '예부시(禮部試)'·'예위(禮闈)'라고 부른다. 이 시에서는 성사달이 과거시험의 예과(豫科)에 이어 본과(本科)에도 급제했음을 말하고 있는 것이다.

83. 손 추밀(孫樞密)258) 만사 　　　孫樞密挽詞

노인들 점점 세상을 뜨니	耆舊漸淪喪
후생들은 어찌하리오.	後生當奈何
예전에 가르침을 받았으니	昔年蒙敎誨
오늘 탄식이 배가 되네.	今日倍咨嗟
계찰(季札)처럼 칼을 걸고자 했지만259)	欲掛延陵劍
부질없이 상엿소리260)만 듣는구나.	空聞薤露歌
훌륭한 이의 영혼은 어디로 가시는가	英魂何處去
외로운 무덤 너머로 안개와 노을만 가득하구나.	孤塚隔煙霞

---

258) 손 추밀(孫樞密): 손 추밀이 누구인지는 확실치 않으나 손홍량으로 추정해 본다. 손홍량은 익재 이제현, 목은 이색과도 교유가 있었으며, 희수를 맞아 공민왕에게 안석과 지팡이를 하사받았고,『고려사』,『고려사절요』에 그의 부음을 기록하고 있을 정도로 당대 정계에서 비중이 있는 인물이었음을 고려해 볼 때, 인용 시의 내용과도 들어맞는다고 볼 수 있다. 손홍량(孫洪亮: 1287-1379)은 본관은 일직(一直)으로, 본래의 성은 순씨(筍氏)였으나 현종(顯宗)의 이름과 같아서 그것을 피해 5대조 손응(孫凝) 때 손씨(孫氏)로 고쳤다. 벼슬은 첨의평리(僉議評理), 판삼사사(判三司事)를 역임하였다. 시호는 정평(靖平)이다.

259) 계찰(季札)처럼……했지만: 원문의 '연릉(延陵)'은 중국 춘추시대 오(吳)나라 계찰(季札)의 봉호이다. 계찰은 사신의 자격으로 진(晉)나라를 방문하는 길에 서(徐)나라에 들렀다. 서나라 왕은 계찰이 차고 있는 보검을 보고 갖고 싶으나 감히 말을 꺼내지 못하였다. 계찰은 왕의 마음을 알아차리고 임무를 다 마친 후 돌아가는 길에 칼을 왕에게 선물하고자 마음먹었다. 하지만 귀국 길에 서나라에 들렀을 때는 왕이 이미 세상을 떠난 후였다. 이에 계찰은 차고 있던 보검을 풀어 왕의 무덤가에 있는 나무에 걸어 놓고 떠났다고 한다. 여기에서 마음속으로 허락한 일은 반드시 지키는 것을 비유하는 '계찰괘검(季札掛劍)'의 고사성어가 나왔다.

260) 상엿소리: 원문의 '해로가(薤露歌)'는 상여 나갈 때 부르는 일종의 만가(挽歌)이다.

84. 승(勝) 스님의 영암(嬴庵)에서 짓다   題勝上人嬴庵

제멋대로 일어나도 뜻은 도리어 뛰어나고	妄起志還勝
마음이 평화로우니 도가 절로 가득하네.	心平道自嬴
한 칸 되는 띳집은 비록 작지만	一間茅屋小
수많은 골짜기에서 솔바람 소리 들려오네.	萬壑松風聲
묻건대 누구와 더불어 머무는가	借問誰與住
둥글고도 밝은 가을달이라네.	團團秋月明

85. 행각(行脚)[261]을 떠나는 승(勝) 스님을 전송하며   送勝上人游方

우리 나라 동쪽 땅 두루 다녀보니 곳곳이 산이고	游遍東韓處處山
정처 없는 뜬구름은 한 번도 한가롭지 못하네.	浮雲無定不曾閒[262]
또다시 압록강 서쪽을 향해 떠나가니	更從鴨綠江西去
만 리의 세상이 걸음걸이 사이에 있네.	萬里乾坤步武間

---

261) 행각(行脚): 어떤 특별한 목적을 가지고 살던 곳을 떠나 이리저리 다니는 것.
262) 閒: 『한국문집총간』에는 '閑'으로 되어 있다.

86. 박 판서께 말을 빌려 달라고 청하다   呈朴判書乞馬

연료와 양식263) 떨어져 근심스레 여관 창문에 기대어 있는데	桂玉窮愁倚旅窓
어젯밤 작은 배가 동강에 정박했네.	扁舟昨夜泊東江
이미 관단마(款段馬)264)를 구하여 양식 자루를 옮겼지만	已求款段輸糧袋
노둔한 말로 술항아리까지 싣지는 못했다네.	未得駑駘載酒缸

---

263) 연료와 양식: 원문의 '계옥(桂玉)'은 땔나무가 계수나무보다 더 귀하고, 쌀은 옥보다 귀하다는 뜻으로, 연료와 양식이 귀함을 이르는 말이다. 사자성어 '계옥지간(桂玉之艱)'과 동일한 의미이다.

264) 관단마(款段馬): 걸음이 느린 둔한 말.

87. 정중히 한산군(韓山君)[265]의 높은 운을 밟아 개선하는 도원수(都元帥)의 행차에 절하고 드리다
敬步韓山高韻, 拜呈都元帥凱旋之次

도적의 칼끝을 꺾음이 우레와도 같으니	賊鋒摧刾與雷同
적군을 조절하고 제압함 공에게서 나오지 않음이 없네.	節制無非自我公
자욱하게 낀 상서로운 안개는 독 안개를 녹이고	瑞霧蔥蔥銷毒霧
차가운 서릿바람은 위엄에 찬바람을 돕네.	霜風冽冽助威風
섬나라 오랑캐 간담이 녹을 정도로 군대의 위용 성대하여	島夷墜膽軍容盛
이웃나라 낙심하고 병사들 사기는 용맹하네.	隣境寒心士氣雄
온 나라 관리들 모두 다투어 공손하게 축하하는 것은	滿國衣冠爭拜賀
우리 나라 만세토록 태평하게 만든 공로 때문이지.	三韓萬世太[266]平功

---

265) 한산군: 한산군은 목은을 가리킨다. 목은 이색의 원운시는 다음과 같다. (『목은시고』 권26, 「聞李商議, 邊四宰與諸元帥凱旋, 病不能郊迓, 吟成一首」)
　　掃賊眞將拉朽同, 三韓喜氣屬諸公. 忠懸白日天無靄, 威振靑丘海不風.
　　出牧華筵歌武烈, 凌煙高閣畫英雄. 病餘不得參郊迓, 坐詠新詩頌偉功.
　　이에 대해 양촌 권근도 차운시를 남겼는데, 다음과 같다. (『양촌집』 권3, 「次韻李相國 我太祖, 引月凱還, 賀詩二首, 其一爲公之子二郎而作, 我恭靖王, 二郎亦名將也. 引月之役, 二郎從相國, 倉卒之際, 不離公側, 摧陷之功爲多云」)
　　三千心與德皆同, 師律如今盡在公. 許國忠誠明貴日, 摧鋒勇烈凜生風.
　　彤弓赫赫恩榮重, 白羽巍巍氣勢雄. 一自凱旋宗社定, 須知馬上有奇功.

266) 太: 『한국문집총간』에는 '犬'로 되어 있다.

88. 수보(壽父)267) 선생 정원의 네 사물을 읊다　壽父先生園中四咏

이 공(李公)의 맑은 덕은 우리 나라의 으뜸이고	李公淸德冠東方
소나무 대나무 매화 난초가 모두 한 집에 있네.	松竹梅蘭共一堂
여리고 약한 푸른 수염268)은 이슬을 머금은 듯하고	嫩弱蒼髥猶帶露
성근 차가운 옥269)은 다시 서리를 업신여기네.	蕭疎270)寒玉更凌霜
한가로이 읊조리는 가운데 얼음 속에 예쁘게 핀 것271) 매우 사랑하고	閑吟酷愛開氷艶
고요하게 앉아서 뿜어져 나오는 나라의 향기272)를 때때로 맡네.	靜坐時聞噴國香
홀로 비파를 잡아 보지만 그 누가 찾아와 들으리오	獨把琵琶誰會聽
깊은 밤 오로지 방황하는 달만 있을 뿐.	夜深唯有月彷徨

---

267) 수보(壽父): 고려 말의 문신인 이거인(李居仁: ?-1402)의 자(字). 본관은 청주(淸州). 호는 난파(蘭坡). 우왕 초에 밀직부사를 지내고, 문하평리(門下評理)를 거쳐 조선조 개국 후에는 판삼사사(判三司事)로 치사하였다. 시호는 공절(恭節)이다. 목은을 비롯해 포은, 양촌 등 당대의 많은 사대부들과 교유하였다.
268) 푸른 수염: 원문의 '창수(蒼髥)'는 소나무를 비유한 말이다.
269) 차가운 옥: 원문의 '한옥(寒玉)'은 대나무를 비유한 말이다.
270) 疎: 『한국문집총간』에는 '騷'로 되어 있으나 의미 상 '疎'가 더 타당하다.
271) 얼음……것: 원문의 '빙염(氷艶)'은 매화를 비유한 말이다.
272) 나라의 향기: 원문의 '국향(國香)'은 난초를 비유한 말이다.

89. 이 정당(李政堂)273)께 올려서 애오라지 축하하는 마음을 전하고 겸하여 스스로도 자부하다
上李政堂, 聊申賀臆, 兼以自負274)

풍속을 살피러 우계(羽溪)275)를 지나갔던 옛 일 생각해 보니	憶昔觀風過羽溪
당신의 조부님을 뵈었는데 그 모습 검은 말과 같았네.	獲參令祖貌如驪
오늘날 그 손자 화성(華省)276)에 올랐으니	于今孫子登華省
그 음덕 해서(海西) 땅에 있음을 알겠도다.	知是陰功在海西

(원나라 조정의 사신이 금강산에서 향을 피워 올리다가 당신의 조부를 보고 몸을 굽혀 예를 표했다. 주위 사람들이 괴이하게 여겨 물으니 사신이 말하기를 "이 사람은 기상과 외모가 기이하고 훌륭하니 훗날 마땅히 가문을 빛낼 자손이 있을 것이다."라고 했는데 오늘 더욱 증명이 된 것이다.[元朝使臣降香277)金剛山, 見令祖, 屈己爲禮. 左右怪問, 使臣曰, 此老象貌奇偉, 後當有光顯門閭子孫, 今日爲益驗矣.])

새롭게 간의(諫議)를 제수 받으니278) 기쁨이 무궁하여	新除諫議喜無窮
6년간의 한가로움이 꿈만 같네279).	六載投閒似夢中

---

273) 이 정당(李政堂): 이 정당은 겸곡 이인(李靭)을 가리키는 듯하다. 『목은시고(牧隱詩藁)』 권28의 시 중에 "이 정당의 이름은 인이다.[(李政堂[靭)]"라는 표현이 있다. 이인(李靭 ?~1381)은 고려 공민왕(恭愍王) 때의 문신으로 정당문학(政堂文學) 등을 역임했다.
274) 負: 『고려명현집』에는 '負'가 없으나 『한국문집총간』 초간본에는 '負'가 있으니, 의미 상 '負'를 추가하였다.
275) 우계(羽溪): 강릉 남쪽 60리에 있는 현(縣)으로 현재의 강원도 명주군 옥계면 옥계리의 옛 이름이다.
276) 화성(華省): 중요하고 높은 관직(官職)을 말한다.
277) 降香: '降香'은 이색의 「양헌기(陽軒記)」에서 황제의 장수를 빌기 위해서라고 했다. 『고려사』에 보면 원나라가 매양 금강산에 강향(降香)하여 민폐가 크므로 이를 중단해 달라고 표문(表文)을 보냈다는 기록이 있다.
278) 새롭게……받으니: 척약재는 1381년 좌사의대부(左司議大夫)에 제수되었다. 따라서 이 시는 1381년에 지은 것임을 알 수 있다.
279) 6년간의……같네: 척약재가 여흥에 6년간 유배간 일을 말한다.

승선(承宣)280)이 동방(同榜)에서 나옴을 자랑하지 말지니라 　莫以承宣誇一榜
정당문학(政堂文學)281)이 이미 세 명이라네. 　　　　　　政堂文學已三公

(경자년(1360년)에 과거 급제한 사람들 중 승선이 여덟, 아홉 명 나와서 사림에 자랑들을 하였는데, 나의 동방 중엔 정당문학을 지낸 이가 이미 세 사람282)이나 되며 이후로도 계속해서 나올 것이다.[庚子榜承宣八九人, 以誇於士林, 同吾榜283)以政堂已三人, 從此累累然出矣.])

---

280) 승선(承宣): 고려시대 중추원(中樞院)에 소속되어 왕명의 출납을 관장하던 관직. 조선시대의 승지(承旨)와 같다.
281) 정당문학(政堂文學): 고려시대 중서문하성(中書門下省)에 소속된 종2품 관직으로 중요한 국정을 논의하는 일을 맡았다.
282) 세 사람: 척약재의 동년 중에 정당문학을 지낸 사람은 한방신, 우현보, 이인이다.
283) 同吾榜: 『한국문집총간』 초간본에는 '吾同榜'으로 되어 있다.

90. 무열 장로(無說長老)284)와 자야 선생(子埜先生)285)에게 주다
寄無說長老子埜先生

괴로이 담양군을 생각하노라니286)	苦憶潭陽郡
가을 하늘에 한 마리 기러기 우네.	秋天一雁嘶
도가 높은 승려287)는 대나무 심긴 시냇가에 의지해 있고	高僧依竹澗
처사(處士)288)는 매화 핀 시내에 숨어 있네.	野客隱梅溪
달빛 비치니 맑은 향기 진동하고	月照淸香動
바람 부니 푸른 그림자 깔리네.	風來翠影低
서로 십 보도 안 되는 곳에 있으니	相從無十步
띳집이 절과 가깝다네.289)	茅屋近招提

('청(淸)'은 '암(暗)'으로도 쓰고, '취(翠)'는 '소(疎)'로도 쓴다.[淸一作暗, 翠一作疎.])

---

284) 무열 장로(無說長老): 고려 후기에 활동했던 승려. 많은 문인들과 교유했는데 특히 목은 이색과는 막역했던 것으로 보인다. 『목은집』에는 「정월하한 득남내서 인억제공(正月下澣, 得南來書, 因憶諸公.)」(『목은집』 권7) 「인억무열(因憶無說)」(『목은집』 권14), 「대서봉답무열장로(代書奉答無說長老)」(『목은집』 권27) 등 이색이 무열 장로에게 주거나 그에 대해 쓴 시가 3수나 전한다.

285) 자야 선생(子埜先生): 고려 후기의 문신 강호문(康好文). '자야(子埜)'는 그의 자(字)이며 호는 매계(梅溪)이다. 1362년(공민왕 11)에 과거에 합격하였고, 이때 동방으로는 박의중(朴宜中), 이숭인(李崇仁), 허시(許時), 정도전(鄭道傳), 설장수(偰長壽), 한리(韓理) 등이 있다. 벼슬은 판전교시사(判典校寺事)를 역임하였다. 동방이었던 이숭인, 정도전과 돈독하게 지냈고, 이색, 정몽주(鄭夢周)와도 친교를 맺었다. 특히 권근(權近)은 그의 문집 「남행록(南行錄)」에서 "자야(子埜) 강 선생이 역마를 달려 찾아보고 작별한 뒤에 시 두 수를 부쳐 왔다[子埜康先生馳駒見訪, 別後寄詩二首]"라고 하여, 둘 사이 친분이 남달랐음을 보여 주고 있다. 정몽주의 『포은집(圃隱集)』에도 강호문의 「포은 상국의 복직을 축하하다[賀圃隱相國復職]」라는 시가 소개되어 있다. 권근의 『양촌집(陽村集)』, 「남행록(南行錄)」에서도 '강(康) 선생이 또 장구(長句) 4운(韻)을 부쳐 왔는데 그 운을 차한다[康先生又寄長句四韵, 次其韻]'라고 하여 강호문이 많은 시를 지었음을 전하고 있다.

286) 괴로이……생각하노라니: 아마도 당시 무열 장로와 강호문이 전라도 담양에 기거하고 있었던 것으로 보인다. 따라서 담양군을 생각한다는 것은 무열 장로와 강호문을 그리워한다는 의미로 해석할 수 있다.

287) 도가……승려: 무열 장로를 지칭한다.

288) 처사(處士): 자야선생 강호문을 지칭한다.

289) 띳집이……가깝다네: 띳집은 강호문이 사는 집이고, 절은 무열 장로가 있는 절을 말한다.

91. 충주로 부임해 가는 시승(寺丞)290) 정당(鄭當)291)을 전송하다
　　送鄭當寺丞之任忠州292)

봄바람이 바야흐로 준마를 씻어 주는데	春風方駘盪
부절을 지니고 충주로 부임하네.	持節赴忠州
향기로운 풀은 동문 길에 나 있고	芳草東門路
수양버들은 옛 나루터 입구에 늘어졌네.	垂楊古渡頭
거문고 연주하러293) 그림 같은 누각을 열고	琴開畫閣
홀을 들고 높은 누대 오른다.	拄294)笏上高樓
응당 여강을 지날 터이니	應過驪江去
강변에 낚싯배나 매어 두시게.	江邊繫釣舟

---

290) 시승(寺丞): '시(寺)'란 각종 관청을 의미하고 '승(丞)'은 그 관청에 소속된 관직이다. 품계는 정5품에서 정9품에 이르기까지 다양하며 해당 관청의 업무에 따라 품계가 달라진다.

291) 정당(鄭當): 여말선초의 관리. 자세한 인적 사항은 알려지지 않았으나, 『조선왕조실록』 1392년(태조 1) 9월 11일조와 『평산부선생안(平山府先生案)』(국립중앙도서관 古2517-294)에 황해도관찰사를 역임한 기록이 있다.

292) 이 시는 『동문선』 권10에도 실려 있다.

293) 거문고 연주하러: 원문의 '탄금(彈琴)'은 공자의 제자 자천(子賤)이 선보(單父) 아래에서 수령(守令)이 되어 한가롭게 거문고를 타면서도 백성을 잘 다스렸다는 고사에서 온 말로 선정(善政)을 펼치는 것을 말한다.

294) 拄: 『한국문집총간』에는 '柱'로 되어 있으나 의미 상 '拄'가 더 타당하다.

92. 박 장령(朴掌令)295)의 집에서 취하여 주필(走筆)296)로 쓰다
朴掌令家醉中走筆

해 지고 구름 개자 달빛이 뜰에 가득하여	日落雲歸月滿庭
한 단지 술통 두고 서로 마주한 것은 친구 사이 정이라네.	一尊297)相對故人情
가까이 핀 서향화(瑞香花)298) 향기 안개처럼 자욱하고	瑞香花近香如霧
얼굴 스치는 맑은 바람 잔잔히도 계속 불어 대네.	拂面淸風陣陣輕

---

295) 박 장령(朴掌令): '장령(掌令)'은 고려시대 사헌부에 속한 관직으로, 주로 정치의 잘잘못에 대해 논박하거나 풍속을 바로잡고 관리들의 행동을 감찰하여 죄를 적발하는 일을 담당한다. 따라서 '박 장령'은 박씨 성을 가진 장령임을 알 수 있다.

296) 주필(走筆): 일명 '창운주필(唱韻走筆)'이라고도 하며 운자를 부르게 하고 빠르게 시를 짓는다는 뜻이다. 시인들 사이에 일종의 유희, 혹은 시 짓는 재주를 겨룰 때 많이 사용되었다.

297) 尊: 『한국문집총간』에는 '樽'으로 되어 있으나 의미 상 차이는 없다.

298) 서향화(瑞香花): 팥꽃나무과의 식물로 향기가 매우 진하다. 고려 중·후기에 중국으로부터 들여온 것으로 알려져 있다.

93. 청주의 이 좌윤(李左尹)299)이 관직에 부임하기 위해 서울로 왔기에, 정 부추(鄭副樞)300)를 모시고 그의 형인 판각(判閣)301)의 집에서 맞이하여 두 공부(杜工部)302)의 시운으로 차운하다

清州李左尹赴官上京, 陪鄭副樞迎于其兄判閣家, 次杜工部詩韻

그대 집 정원은 너무나 맑은데	君家庭院不勝淸
화창한 봄날 경치에 참새 소리마저 더디기만 하네.	淑景遲遲鳥雀聲
문 밖의 푸른 버들 땅에 드리워져 춤을 추고	門外綠楊垂地舞
담장 머리 붉은 나무 주렴 너머로 환하구나.	墻頭紅樹透簾明
친구와 멀리 이별할 제 느낌이 많았더니	故人遠別曾多感
오늘 서로 만나 기쁘게 나아오네.	今日相逢喜彙征
봄빛이 장차 가려 하는 것 애석하여	可惜春光將欲去
가는 곳마다 술병 들고 인생을 즐긴다네.	携壺到處樂平生

술을 마시고 미친 흥겨움 발산하니	飮酒發狂興
어찌 신세의 슬픔을 알겠는가.	那知身世悲
세속에서 보낸 지난 십 년이 꿈만 같고	塵埃十年夢

---

299) 이 좌윤(李左尹): '좌윤(左尹)'은 고려시대에 삼사(三司)에 딸린 종3품 벼슬이고, '삼사'는 국가 전곡(錢穀)의 출납과 회계를 관장하던 기구이다. 따라서 '이 좌윤'은 이씨 성을 가진 삼사의 좌윤임을 알 수 있다.

300) 정 부추(鄭副樞): '부추(副樞)'란 '추밀원부사(樞密院副使)'의 약칭이다. '정 부추(鄭副樞)'는『둔촌잡영』의「여포은경지 휴주영이좌윤해임부경 차제공시운(與圃隱敬之, 携酒迎李左尹解任赴京, 次諸公詩韻)」으로 보아 포은 정몽주인 듯하다.
둔촌의 시는 다음과 같다.
"畫堂風景有餘淸, 尊酒相逢笑語聲. 旣已把杯看日落, 直須秉燭到天明. 鍾情共喜君西笑, 寄信誰憑雁北征. 爲報尋春年少客, 衰遲莫訝一書生."

301) 판각(判閣): 판각문사(判閣門事)의 줄인 말로 고려시대 조회와 의례를 맡아보던 '각문(閣門)'의 으뜸 벼슬.

302) 두 공부(杜工部): 당나라의 시인 두보(杜甫: 712-770). '두 공부'란 그가 '공부원외랑(工部員外郞)'이라는 관직을 지냈기에 두보에 대한 별칭으로 자주 사용된다.

꽃과 버들 지는 봄날이라네.	花柳暮春歲303)
나는 노는 것을 좋아하는 것에 익숙해 있으니	我喜遨遊慣304)
그대 술 취하는 것을 사양치 말게.	君休酩酊辭
따뜻한 바람이 취한 얼굴에 불어와	和風吹醉面
초당시(草堂詩)305)에 자세히 화답하노라.	細和草堂詩

94. 꽃을 탄식하다　　　歎花

오만한 푸른빛과 요염한 붉은빛이 몇만 겹인가	慢綠妖紅幾萬重
날이 따뜻하니 수많은 집에 봄기운 자욱하네.	千家日暖氣濛濛
시샘과 미움이 어찌 다만 인간 세상에만 있으리오	猜嫌豈獨人間事
어젯밤 봄바람이 하늘에 가득했다오.	昨夜東風一半空

---

303) 歲: 본서의 저본인 『고려명현집』 소재 『척약재집』에는 '歲'로 되어 있고, 『한국문집총간』 수록 『척약재집』에는 '時'로 되어 있다. 하지만 이 시의 운자는 상평성(上平聲) 제4번째 '支'운이므로 '時'가 맞다고 판단되어 번역은 이를 따른다.

304) 慣: 『한국문집총간』에는 '貫'으로 되어 있으나 의미 상 '慣'이 더 타당하다.

305) 초당시(草堂詩): '초당(草堂)'은 중국 당나라 시인 두보가 성도에 세웠던 집인데 그의 시에는 이곳과 관련된 작품이 많고, 또 「초당(草堂)」이라는 장편시도 있다.

95. 규헌(葵軒)께 바치다   呈葵軒

추재와 포은 두 어진 인재가	樞齋圃隱兩賢材
매번 공의 집에서 한 잔 술 마시고자 하였지.	每欲公家飮一杯
노복(奴僕)을 부르니 무슨 날인지 알겠도다	喚取奴奴知甚日
해당화는 이미 가지에 가득하리라.	海棠應已滿枝開

봄이 왔건만 슬프게도 여러 일에 시달려서	惆悵春來各事牽
한 차례도 좋은 자리 함께 하지 못했네.	未能一度共華筵
가장 무정한 것은 바로 봄바람이니	東風最是無情物
바람 불어 많은 꽃을 떨어뜨리고도 불쌍한 줄 모른다네.	吹落群花不解憐

붉은 꽃잎들 이리저리 땅바닥에 많이도 떨어졌는데	紅艷紛紛着地多
맑고 화창한 시절이 왔으니 가련하구나.	可憐時節到淸和
해당화 홀로 남은 봄빛을 차지해 있으니	海棠獨占餘春色
아름다운 여인의 한 곡조 노랫소리 듣고 싶어라.	欲聽佳人一曲歌

96. 강릉 염사(廉使)이신 숙부306)께서 돌벼루와 문어를 보내주신 것에 대해 감사하다
寄佳陵307)廉使叔謝石硯文魚

천 리 밖에서 향기로운 편지 도착했는데	千里芳緘至
푸른 바다 끝에서 온 것이지.	來從碧海涯
열어 보기도 전에 먼저 죄송스러운데	未開先有愧
거듭 읽으니 어찌 감회가 없으랴.	重讀豈無懷
푸른 벼루는 광채가 번쩍이고	靑石光還潤
문어는 맛이 더욱더 좋네.	文魚味更佳
그 날의 일들을 추억해 보니	因思當日事
가는 곳마다 금비녀 찬 미인들에게 둘려 있었지.	隨處擁金釵

예부터 음악이 울려 퍼지던 땅인데	自古絃歌地
지금은 전쟁터가 되었네.	于今劍戰308)間
강산은 마땅히 한이 있을 터이고	江山應有恨
사람들 능히 한가롭지 못하리.	人物不能閑
봉화는 대궐에까지 전해지고	烽火傳金闕
군대의 위용은 철관(鐵關)309) 땅을 진동시키네.	軍容振鐵關
도적놈들 모두 사로잡고	遙知擒草竊
웃으며 임금님 뵙게 될 것을 멀리서도 알겠네.	西笑覲天顔

---

306) 숙부: 안동김씨 족보에 의하면 척약재의 숙부는 '김면(金冕)' 한 사람뿐이다. 김면(金冕)은 안동김씨 도평의공파의 파조이다.
307) 佳陵: 본서의 저본인 『고려명현집』 소재 『척약재집』에는 '佳陵'으로 되어 있으나 『한국문집총간』본에는 '江陵'으로 되어 있고, 또 의미 상 '강릉'으로 하는 것이 옳기에 '강릉'으로 번역했다.
308) 戰: 『고려명현집』에는 '戰'으로 되어 있으나, 『한국문집총간』 초간본에도 '戟'으로 되어 있고, 앞의 시어인 '劍'과 어울리는 단어로 '검극(劍戟)'이 더 적당하기에 본서에서는 '戟'으로 번역했다.
309) 철관(鐵關): 강원도 고산군(高山郡)과 회양군(淮陽郡) 사이에 있는 고개. 일명 '철령(鐵嶺)'이라고도 한다.

97. 사월 십일에 관청에서 숙직을 하며   四月十日入直省廬

금압(金鴨) 향로310)엔 향로의 향311)이 사그라들고	金鴨銷殘鸞鳳香
달이 지자 꽃 그림자 동쪽 행랑(行廊)채로 올라온다.	月移花影上東廊
어찌 알았으리오 방랑하던 강호의 나그네가	那知放浪江湖客
오늘 다시 비단 장막 속의 사나이가 될 줄을.	今日重爲錦帳郞

누각에서의 밤은 깊고 깊은데 좋은 꿈에 놀라서 깨어 보니	閣夜沈沈好夢驚
오경(五更)312)의 북소리 멀리서 들려오네.	五更鍾鼓遠聞聲
다시 찾아왔지만 변변치 못해 좋은 생각나지 않으니	重來碌碌無才思
장양부(長楊賦)313) 짓지 못함이 부끄럽구나.	慙愧長楊314)賦未成

---

310) 금압(金鴨) 향로: 오리처럼 주조하여 만든 금속 향로(香爐)이다.
311) 향로: 원문의 '난봉향(鸞鳳香)'은 '난봉비천로(鸞鳳飛天爐)'의 향을 의미한다. '난봉비천로(鸞鳳飛天爐)'는 향로의 명칭이다. 이 시에서는 좋은 향로를 의미한다.
312) 오경(五更): 새벽 3시에서 5시 사이. 이 시에서 '오경의 북소리'란 새벽을 알리는 북소리를 의미한다.
313) 장양부(長楊賦): 한(漢)나라의 문인 양웅(揚雄)이 지은 부(賦). 특히 풍자성과 사회성이 풍부한 작품을 짓는 것으로 유명하다.
314) 楊: 『한국문집총간』에는 '揚'으로 되어 있으나 '楊'이 더 타당하다.

98. 같은 관사의 여러분께 드리다   寄呈同舍諸公

오 년간 떠돌면서 자연 속에 묻혀 지내다가	五年飄泊臥江濱
다시 이원(梨垣)315)에서 모시는 신하가 되었네.	重作梨垣侍從臣
저녁 숙직과 아침 조회가 아직도 익숙지 않아	夕直朝衙猶未慣
갑자기 만나면 서로 피하는 것이 관계없는 사람처럼 행동하네.	忽逢相避似閒316)人
외람되이 문하성(門下省)317)에 있으면서 조사(曹司)318) 들을 관리하고	叨居左掖管曹319)司
매번 읊조리고 싶으면 한 잔 술을 든다네.	每欲高吟一擧巵
슬프게도 동료들과의 인연이 얕아서	怊悵同僚緣分淺
붉은 작약꽃 섬돌에 가득 찬 때를 알지 못하였네.320)	未看紅藥滿階時

---

315) 이원(梨垣): 고려시대 '문하성(門下省)'의 이칭.
316) 閒: 『한국문집총간』 초간본에는 '閑'으로 적혀 있다.
317) 문하성(門下省): 원문의 '좌액(左掖)'은 궁궐 왼쪽에 있는 기관이란 말로 문하성을 지칭한다.
318) 조사(曹司): 하급 관리 또는 관직에 오른 지 얼마 되지 않은 신임 관료를 지칭하는 말.
319) 曹: 『한국문집총간』 초간본에는 '曺'로 되어 있다.
320) 붉은……못하였네: 작약이 섬돌에 가득 찬 시절을 모르고 지날 정도로 정신없이 보냈다는 의미인 듯하다.

99. 여주 승산(勝山)321)에서 느낌이 있어 驪江勝山有感322)

맑고 깨끗한 푸른 산에 들불이 일어나	蕭灑靑山野火侵
소나무 삼나무 모두 사라지니 마음이 아프네.	松杉銷盡更傷心
작년에 철쭉꽃 피었던 자리엔	昔年躑躅花開處
잡목만이 울창한 숲으로 바뀌었구나.	翁鬱飜323)成雜樹林

100. 신효사(神孝寺)324)에서 모여 정삼봉(鄭三峯)에게 잔치를 베풀다 會神孝寺宴鄭三峯

친구와 서로 만났지만 나는 여전히 어리석고 거친데	故人相見尙狂疏
옛날 남쪽으로 갔던 일 생각하니 꿈인 듯싶네.	憶昔南遷醉夢如
오늘 절의 누대에서 활짝 웃고 있자니	今日寺樓開口笑
아득해 보이던 벼슬길325)에 비가 처음 갠 듯하네.	雲衢萬里雨晴初

---

321) 승산(勝山): 『신증동국여지승람』 권7 「여주목(驪州牧)」에 "주 남쪽 5리에 있다."고 되어 있다.

322) 이 시는 『신증동국여지승람』 권7, 「여주목(驪州牧)」에도 실려 있다.

323) 飜: 『한국문집총간』 초간본에는 '翻'으로 되어 있다. 뜻은 같다.

324) 신효사(神孝寺): 신효사(神孝寺)는 경기도 개풍군 중서면 효성리 묵사동 광덕산에 있던 절로 일명 '묵사(墨寺)'라고 했다. 921년(태조 4)에 창건되었으나, 고려 충렬왕은 1282년부터 1308년까지 26년 동안 이 절을 18차례 방문한 것으로 『고려사』에 기록되어 있다.

325) 아득해……벼슬길: 원문의 '운구(雲衢)'는 '환로(宦路)', 즉 벼슬길을 말한다.

101. 술에 취한 후에 자안(子安)326)이 나에게 일어나서 벽에 구점(口占)327) 스물 여덟 자를 쓰라고 하였다. 다 쓰고 난 뒤 그 운자를 사용하여 그 뒤에 시를 쓴다

醉後子安令我起書壁間, 口占二十八字. 旣畢用其韻因書其後

푸른빛 하늘에 가득하고 가랑비 내리는데	滿空蒼翠雨霏微
구름 사이 홀로 돌아가는 학을 기쁘게 바라본다.	喜見雲間獨鶴歸
누대 올라 하루 종일 소일함을 괴이히 여기지 마소	莫怪登樓消水328)日
차 달이는 소리에 기심(機心)329)을 잊고 앉아 있다.	煮茶聲裏坐忘磯330)

102. 현성사(賢聖寺)331)에서 모여 더위를 피하다　　會賢聖寺避暑

골짜기 가득한 소나무 그늘에 더위도 시원해지고	滿壑松陰暑氣淸
바위를 스치는 가는 바람에도 흰 구름은 생겨난다.	半巖風細白雲生
온종일 맑은 연못에 술잔을 띄워 보고	流杯永日池塘淨
승방에 머물러 잠을 자며 달 밝기를 기다리네.	留宿僧窓待月明

---

326) 자안(子安): 도은(陶隱) 이숭인(李崇仁)의 자(字).
327) 구점(口占): 즉석에서 나오는 대로 입으로 읊조리는 시를 말한다. 여기에서는 '구점 스물여덟 자'라고 했으니 칠언절구를 즉흥적으로 읊조렸음을 알 수 있다.
328) 水:『한국문집총간』초간본,『수필본』(국립중앙도서관 소장본)에는 '永'으로 되어 있다.
329) 기심(機心): 나의 이익을 위해 기회를 엿보는 은밀한 속셈이나 욕심.
330) 磯:『한국문집총간』초간본,『수필본』(국립중앙도서관 소장본)에는 '機'로 되어 있다. 의미 상 '機心'이라고 하는 것이 맞기에 본서에서는『한국문집총간』의 '機'를 따라 번역했다.
331) 현성사(賢聖寺): 고려시대 개경(開京)의 탄현문(炭峴門) 안에 있었던 절. 921년(태조 4)에 창건되었는데 본래는 현성사(現聖寺)라고 하던 것을 고려 의종(毅宗)의 이름이 '현(晛)'이어서 한자가 비슷하다는 이유로 '현(賢)'으로 고쳤다고 한다.

103. 목은(牧隱) 선생이 자하동(紫霞洞)332)에서 노니실 때 참여하지 못했다. 이에 우러러 그 운에 차운333)하여 수창(酬唱)한다
牧隱先生遊334)紫霞洞未赴, 仰賡高韻

땀을 훔치며 번잡한 생각들 억지로 가라앉혀 보는데	揮汗煩懷強自寬
꿈 속의 혼백은 마을의 차가운 누대를 길이 싸고도네.	夢魂長繞郡樓寒
밝은 달은 어부의 친구가 되기에 부족지 않은데	不妨明月爲漁335)友
맑은 시절에 간관(諫官)336)이 된 것이 스스로 부끄럽도다.	自愧淸時作諫官
규룡(虯龍)의 껍질과 용의 수염처럼 보이는 건 푸른 회나무고	虯甲龍髯蒼檜樹
구슬을 뿜듯 옥을 부수듯 하는 것은 푸른 시내 여울이라네.	噴珠碎玉碧溪湍
산행의 즐거움을 함께하지 못함도 한스러운데	恨予未共山行樂
하루 종일 먼지 속에서 말안장만 뒤쫓아가네.	終日塵中逐馬鞍

---

332) 자하동(紫霞洞): 고려 개경 송악산 자락의 고을. 고려 후기 재상 채홍철(蔡洪哲)이 이곳에 중화당(中和堂)을 짓고 국가의 원로들을 초청하여 기영회(耆英會)를 연 것으로 유명하다.

333) 차운: 목은의 원운시는 다음과 같다.
"四面崔嵬數畝寬, 長松影薄水聲寒. 便知異境非他境, 已見炎官避冷官.
近歲洞門逢急雨, 當年石角弄飛湍. 斯文聚散皆天賦, 半醉歸來月照鞍." 『목은시고(牧隱詩藁)』 권30]
포은의 차운시는 다음과 같다.
"牧隱先生禮數寬, 臨溪觴詠幅巾寒. 留連正好携佳客, 供給何嫌欠太官.
百丈蒼髯遮畏景, 一雙翠羽起驚湍. 門前咫尺淸涼地, 始得陪公一卸鞍."
"函丈曾窺學海寬, 只今吾道豈盟寒. 再遊昔日安和路, 又喚先朝教授官.
書院荒涼多茂草, 閟宮岑寂瀉哀湍. 人間俯仰成陳迹, 且向山前醉據鞍."
"悶悶中懷何以寬, 携壺走踏碧溪寒. 論心且莫論時事, 得句眞同得美官.
紫洞蒼茫生暮靄, 銀河瀲灩絶風湍. 鵲橋此日佳期迫, 天上神仙拂玉鞍." 『포은집(圃隱集)』 권2]

334) 遊: 『한국문집총간』에는 '游'로 되어 있으나 의미상 차이는 없다.

335) 漁: 『한국문집총간』에는 '魚'라고 되어 있으나 의미상 '漁'가 맞다.

336) 간관(諫官): 고려시대 낭사(郎舍)에 속한 관리. 낭사는 중서문하성(中書門下省)에 소속되어 간쟁과 봉박(封駁)을 담당하던 기관이다.

104. 강 자야(康子埜)의 서로 축하하는 시편에 받들어 차운하여 답하다
奉酬康子埜相賀之什次韻

자야 선생이 금남(錦南)337)에 계시니	子埜先生在錦南
봉해져 있던 주옥같은 글들이 운람지(雲藍紙)338)에 쏟아지네.	一緘珠玉瀉雲藍
은근히 멀리서 축하드리는 이원(梨垣)339)의 나그네는	殷勤遠賀梨垣客
날마다 두세 번씩 열어 보며 크게 읊조리네.	披閱高吟日再三
서로가 생각하며 남쪽 하늘 끝까지 바라보니	相思極目望天南
아득한 가을 구름은 또다시 짙은 쪽빛.	杳杳秋雲更蔚藍
자연을 향하면서 큰 그릇 숨기지 마시길	莫向江湖藏大器
군왕은 간언에 따라 세 번을 등용해야 하리라.	君王從諫要登三

---

337) 금남(錦南): 금강(錦江)의 남쪽, 즉 호남(湖南)지역을 지칭한다.
338) 운람지(雲藍紙): 중국 당나라 때 단성식(段成式)이 강주자사(江州刺史)로 있을 때 만든 양질의 종이. 흔히 최고 품질의 종이를 일컫는 대명사처럼 쓰인다.
339) 이원(梨垣): 문하부(門下府)를 일컫는다.

105. 강릉 장 염사(張廉使)340)를 전송하며 　　　送江陵張廉使

옛날 관동 땅에서 술을 싣고 노닐던 것 생각하니	憶昔關東載酒遊341)
풍류 없는 누대는 한 곳도 없었다네.	樓臺無處不風流
호수와 산들은 흡사 항아리 속의 별천지342)와도 같고	湖山宛在壺中異
이내 신세 세상 바깥을 좇아 떠 있는 것 같았네.	身世仍從物外浮
아름다운 사람은 붉은 단풍 우거진 길에서 좋은 말 타고	細馬佳人紅樹路
흰 갈매기 모여 있는 백사장에 깃발 내걸고 일산(日傘) 펼쳤지.	擁旋張蓋白鷗洲
시를 지어 장 공자(張公子)에게 받들어 보내노니	裁詩奉送張公子
넓은 바다에 뜬 한 마리 가을 수리와도 같구나.	萬里滄波一鶚秋

---

340) 장 염사(張廉使): 장씨(張氏) 성을 가진 강릉도안렴사(江陵道按廉使)로 구체적으로 누구인지는 알 수 없다.
341) 遊: 『한국문집총간』에는 '游'로 되어 있으나 의미 상 차이는 없다.
342) 항아리……별천지: 원문의 '호중이(壺中異)'는 '호중천(壺中天)'의 별세계를 의미한다. '호중천'은 일명 '일호지천(一壺之天)'으로 속세와는 다른 별세계나 신천지를 비유하는 말이다.

106. 양광도(楊廣道)343) 염사 안 간의(安諫議)344)를 전송하다
送楊廣廉使安諫議

봉황지(鳳凰池)345) 가에서 노닐던 나그네가	鳳凰池上客
임금님 명을 받드는 조정의 반열에 올랐네.	承命輟鵷班346)
덕을 바라는 백성들의 마음 간절하기만 한데	望德民心切
풍속을 듣는 관리들의 마음은 차갑기만 하네.	聞風吏膽寒
농잠(農蠶)을 하느라 모두가 풍족해야 하건만	農桑千里足
도적놈들로 한쪽만 편안하구나.	盜賊一邊安
강가의 높은 누대가 멋지니	江畔高樓好
생황 노랫소리에 취해 난간에 기대 보리라.	笙歌醉凭欄

한 해의 가을빛이 장안 거리에 가득한데	一年秋色滿京城
맑고 깨끗한 신선의 풍모를 한 관리 네 필 말 타고 가네.	瀟347)灑仙官四牡行
의정부(議政府)에서 강직하며 기개 있다고 칭찬받은 것 몇 번이던가	廟選幾蒙稱勁節

---

343) 양광도(楊廣道): 고려시대의 지방 행정구역. 지금의 경기도 양주(楊州)와 광주(廣州)에서 비롯된 말이다.

344) 안 간의(安諫議): 고려 후기 정당문학(政堂文學)을 역임한 안원숭(安元崇)으로 추정된다. 척약재와 동시대에 활동한 양촌(陽村) 권근(權近)의 시에도 「양광도안렴사(楊廣道按廉使) 안간의(安諫議)를 보내면서 십팔운으로 짓다[送楊廣道按廉安諫議十八韻]」(『양촌집』권3)라는 시가 있는데, 그 시의 내용을 보면 '안 간의'는 안원숭을 지칭하는 것이 분명하고, 따라서 위의 척약재 시에서 언급한 '안 간의' 역시 작시(作詩)의 시기와 정황 등이 유사한 점을 고려할 때 안원숭으로 추정이 된다. 안원숭은 고려 후기에 원나라로부터 성리학을 도입한 문성공(文成公) 안향(安珦)의 증손이며, 순흥 안씨(順興安氏) 명문 출신으로 안향으로부터 계보를 살펴보면, 안향→안우기(安于器)→안목(安牧)→안원숭(安元崇)이다.

345) 봉황지(鳳凰池): 당나라 때 중서성(中書省) 안에 있던 연못으로 이후 중서성을 지칭하는 말로 쓰인다.

346) 班: 『한국문집총간』에는 '鸞'으로 되어 있으나 의미 상 '班'이 더 타당할 듯하다.

347) 瀟: 『한국문집총간』초간본에는 '蕭'로 되어 있다.

폐사(陛辭)348)를 드리면 홀로 이름 물어보는 영광을 얻는다네.	陛辭偏得問高名
전별연 자리에 참석한다는 약속 어겼으니 병이 많은 것 원망스러워	餞筵失約嫌多349)病
집에 머물며 시를 지어 작은 정성 표하네.	寓舍題詩表寸誠
지역의 민요를 자세히 채집해 보면 정치의 교화를 알 수 있으리니	細採風謠觀政化
모름지기 흐린 물은 몰아내고 맑은 물 일으키리라.	也須激濁又揚淸

푸른 세 봉우리 구름 낀 하늘로 솟아 있고	碧峯三朶聳雲霄
이별의 노래350) 끝났건만 취기는 그대로라네.	歌闋驪駒醉未銷
슬프도다! 가을인데 산방(山房)에 병으로 누워 있으니	怊悵山房秋臥病
술병 들고 동쪽 교외의 전별연에 참석하지 못하도다.	不能携酒餞東郊

---

348) 폐사(陛辭): 외직으로 부임하는 관리가 임금을 알현하고 인사드릴 때 하는 말.
349) 嫌多: 『한국문집총간』 초간본, 『수필본』(국립중앙도서관 소장본)에는 '多嫌'으로 되어 있다.
350) 이별의 노래: 원문의 '여구(驪駒)'는 '이구곡(驪駒曲)', 또는 '이구가(驪駒歌)'의 줄인 말로 이별할 때 부르는 송별의 노래이다. 『한서(漢書)』, 「왕식전(王式傳)」에 "이구(驪駒)는 일시(逸詩)의 편명인데 그 가사에 '이구가 길에 있으니, 마부가 멍에를 정돈하네.[驪駒在路, 僕夫整駕.]'라고 하였다."는 기사가 보인다.

107. 절간에서 자다 　　　　　釋房寓宿

샘 줄기는 구름 이는 곳에서 한 번 맑게 쏟아지고　　　泉脉351)雲根一注淸
연결된 대통을 따라 흘러가 작은 통에 가득 차네.　　　連筒流下小槽盈
깊은 밤까지 세속의 일로 잠 못 드는데　　　　　　　夜深不夢紅塵事
창문 앞에서 오랫동안 빗소리를 내도다.　　　　　　　長向牕352)前作雨聲

---

351) 脉: '脈'의 이체자(異體字)이다.
352) 牕: 『한국문집총간』 초간본에는 '窓'으로 되어 있다. 뜻은 같다.

108. 시월 갑자일(甲子日)에 관청353)에서 숙직하다   入直省廬 [十月甲子]

향등(香燈)354) 비치는 곳에 홀로 앉아 있노라니	獨坐香燈照
그윽하고 고요한 숙소엔 밤이 길기도 하다.	沈沈閣夜長
상서(尙書)355)에서는 의리를 찾아내고	尙書尋義理
통감(通鑑)356)을 통해서는 흥망성쇠를 살피네.	通鑑閱興亡
술을 마시면 정신이 혼미해 게을러지고	飮酒昏成懶
시를 지으면 너무나 즐거워 미칠 듯하네.	題詩喜欲狂
물시계 소리는 재촉하듯이 새벽을 알려 주니	漏聲催曉報
지는 달은 더욱더 처량해지네.	落月更凄涼

---

353) 관청: 원문의 '성려(省廬)'는 시인이 근무하던 관청을 의미한다.
354) 향등(香燈): 원래 '향등'은 불전(佛前)이나 신상(神像) 앞에 놓고 밤낮으로 켜 두는 등불을 의미하지만, 이 시에서는 등불을 미화시킨 표현으로 쓰이고 있다.
355) 상서(尙書): 상서(尙書)는 서경(書經)을 가리킨다. 이 책은 삼경(三經)의 하나로 중국 요순시대(堯舜時代)로부터 주(周)나라에 이르기까지 정치사(政治史)와 정교(政敎)를 기록한 경전(經典)이다.
356) 통감(通鑑): 통감(通鑑)은 '자치통감(資治通鑑)'을 가리킨다. 이 책은 중국 주(周)나라 위열왕(威烈王)으로부터 후주(後周)의 세종(世宗)에 이르기까지 113왕 1,362년 동안의 역대 군신의 사적을 편년체(編年體)로 엮었다. 송(宋)의 사마광(司馬光)이 1065년 영종(英宗)의 명으로 엮은 것으로 1084년에 완성하였다.

109. 임금의 수레가 감로사(甘露寺)357)에 납시어 사냥을 구경하시고 총 이틀을 유숙하였다. 사관이 호종하느라 숙직할 사람이 없자 나를 불러들여 숙직케 하였다. 시월 이십칠일에 입직하여 대궐 내의 여러 사람들의 시에 차운하다
駕幸甘露寺觀獵, 凡兩宿. 史官扈從, 而無直者, 邀予直宿. 十月二十七日入直, 次禁內諸君詩韻

술에 취한 후 등불 아래에서 옛 일을 추억해보니	醉餘懷舊一燈前
운대(芸臺)358)에서 잠시 벼슬한 것이 이십육 년 전이네.	暫仕芸臺廿六年
오늘 성랑(省郞)359)으로 다시 입직하자니	今日省郞還入直
옥당(玉堂)의 신선360)이 되지 못함이 도리어 한스럽구나.	却嫌未作玉堂仙

여강의 강가로 어느 때에야 돌아갈 것인가	驪江江上幾時歸
강에는 살진 고기가 있고 산에는 고비가 있다네.	水有肥魚山有薇
장양부(長楊賦)361)를 짓고 싶었으나 도리어 붓을 던졌으니	欲賦長楊還閣筆
다만 밝은 달만은 응당 도롱이를 비춰 주리라.	只應明月照簑衣

---

357) 감로사(甘露寺): 경기도 개풍군(開豊郡)에 있었던 절로 고려 문종 때 이자연(李子淵)이 원나라에 사신으로 갔다가 윤주(潤州)에 있는 감로사의 빼어난 경치에 감탄하여 귀국 후 이 절을 창건하였고, 그 후 이규보(李奎報)·김부식(金富軾)·이색(李穡)·권근(權近)을 비롯한 수많은 시인 묵객들의 제영(題詠)의 장소였다.

358) 운대(芸臺): 비서감(祕書監)의 별칭(別稱)이다. 운(芸)은 향초(香草)인데 그 풀을 불에 살라서 장서(藏書)하는 곳에 피우면 책에 좀이 먹지 않는다고 한다. 고려시대 비서감은 경적(經籍)과 축문(祝文) 등의 작성에 관한 일을 관장하던 관서(官署)이다.

359) 성랑(省郞): 고려시대 중서문하성(中書門下省)에 소속된 관원으로 일명 '낭사(郞舍)'라고 불린다. 주로 봉박(封駁)을 담당하던 간관직(諫官職)이었다.

360) 옥당(玉堂)의 신선: '옥당'은 고려시대에는 '한림원(翰林院)', '예문관(藝文館)', 조선시대에는 '홍문관(弘文館)'을 말하는바 주로 경서(經書)·사적(史籍)의 관리와 문한(文翰)의 처리 및 임금의 명에 의해 글을 짓는 사명(詞命)을 담당하는 학술직이었다. 이 시의 '옥당의 신선'이란 학자들이 선망하던 관직인 예문관의 관리를 지칭한다.

361) 장양부(長楊賦): 한(漢)나라의 문인 양웅(揚雄)이 지은 문학 작품. 한나라의 성제(成帝)가 일찍이 웅(熊)·비(羆)·호(虎)·표(豹) 등 수많은 짐승을 장양궁(長楊宮)의 사웅관(射熊館)에 넣어 두고 사방에 그물을 쳐서 호인(胡人)들로 하여금 그 짐승들을 손으로 때려잡게 하며 유희를 즐겼는데, 양웅은 임금을 시종하며 그 광경을 보고 임금을 풍간(諷諫)하기 위해 이 작품을 짓게 되었다.

110. 이십팔일에 입직하면서 김 헌납(金獻納)362)의 시에 차운하다
　　二十八日入直次金獻納363)韻

충성은 불처럼 가슴 속에 쌓이고	忠誠如火貯胸襟
요순 같은 우리 임금님 소망은 더욱 깊어지네.	堯舜吾君望益深
요사이 임금님 수레가 거듭 입직하는 곳에 이르니	車駕近來仍入直
장양부의 시어(詩語)로 한번 높이 읊으리라.	長楊364)賦語一高吟

---

362) 김 헌납(金獻納): '헌납(獻納)'은 고려 후기 도첨의사사(都僉議使司) 혹은 문하부(門下府)에 속한 벼슬. 이 시에서는 헌납을 지낸 김씨 성의 어떤 인물을 지칭하는 것으로 보인다.
363) 金獻納: 『고려명현집』에는 이 글자 뒤에 '詩'자가 없으나, 『한국문집총간』에는 '詩'자가 있다. 번역은 이에 따른다.
364) 楊: 『한국문집총간』에는 '揚'으로 되어 있으나 의미 상 『고려명현집』의 '楊'이 맞다.

111. 느끼는 바가 있어 다시 율시(律詩)로 짓다　又題唐律有感

또다시 미원(薇垣)365)의 관리가 되었으니	復作薇垣吏
근래에 말을 좀처럼 하지 않고 있네.	年來只默366)言
떠돌이 생활을 하다 보니 스스로의 성품 알게 되었고	飄飄知自性
재주가 없어 매번 다른 이들의 의견을 좇네.	碌碌任他論
서책이 어찌 없겠는가마는	書冊幾無有
시편은 반도 남지 않았네.	詩篇半不存
등잔불 꺼져 가도 아직도 잠들지 못하고	燈殘猶未寐
하사하신 술만이 좋은 술통에 가득하구나.	宣醞滿金尊

---

365) 미원(薇垣): 고려시대 중서성(中書省)의 별칭.
366) 默: 『고려명현집』, 『한국문집총간』 모두 '嘿'으로 되어 있다. 이는 '默'의 이체자이다.

112. 당나라 시구를 모아서367) 최 간의(崔諫議)368)께 드리다
集唐人詩句呈崔諫議

임금의 의장(儀仗)은 밤에도 엄하여 우모(羽旄)369)를 세우고370)	天仗宵嚴建羽旄
황금과 벽옥(碧玉)으로 꾸민 고릉(觚稜)371)은 높은 산을 비추네.372)	觚稜金碧照山高
사륜각(絲綸閣)373) 아래에는 문서가 고요하고374)	絲綸閣下文書靜
연못가에는 지금까지 봉황의 깃털 남아 있네.375)	池上于今有鳳毛

---

367) 당나라……모아서: 이것은 당나라 시인들의 시 가운데 여러 개의 좋은 구절을 따와서 모아 한 편의 시로 완성하는 것을 말한다. 이와 같이 작시하는 시를 '집구시(集句詩)'라고 한다.

368) 최 간의(崔諫議): 『둔촌잡영(遁村雜詠)』에 「기최간의(寄崔諫議)」와 「정인장최간의(呈隣丈崔諫議)」 두 작품이 있는 것으로 보아 척약재와 둔촌 등 당시 문인들과 교유가 깊었던 인물이었을 것으로 짐작되나 구체적으로 누구인지 자세한 내용은 알 수 없다.

369) 우모(羽旄): 새의 깃털로 꾸며서 수레의 깃발에 꽂는 장식품.

370) 임금의……세우고: 이 구절은 중당(中唐)의 문인 한유(韓愈)의 시 「봉화고부노사형조장원일조회(奉和庫部盧四兄曹長元日朝廻)」의 "天仗宵嚴建羽旄, 春雲送色曉雞號"에서 따온 것이다.

371) 고릉(觚稜): 궁궐의 가장 높은 곳. 전각(殿閣) 지붕의 기와등[瓦脊]을 말한다.

372) 황금과……비추네: 이 구절은 만당(晚唐)의 시인 두목(杜牧)의 시 「두추랑시(杜秋娘詩)」의 "觚稜拂斗極, 回省常遲遲"에서 따온 것이다.

373) 사륜각(絲綸閣): 조정(朝廷)의 조령(詔令)을 작성하던 전각(殿閣).

374) 사륜각(絲綸閣)……고요하고: 이 구절은 중당(中唐)의 시인 백거이(白居易)의 시 「직중서성(直中書省)」의 "絲綸閣下文章靜, 鐘鼓樓中刻漏長"에서 따온 것이다.

375) 연못가에는……있네: 이 구절은 성당(盛唐)의 시인 두보(杜甫)의 시 「봉화가지사인조조대명궁(奉和賈至舍人早朝大明宮)」의 "欲知世掌絲綸美, 池上于今有鳳毛"에서 따온 것이다.

113. 자리에서 취하여 짓다   席上醉題

평생을 강호에서 늙으리라 자신했는데	平生自許老江邊
오늘 춤추는 자리에서 취할 줄 어찌 알았겠는가.	今日那知醉舞筵
여러 낭관(郞官)들에게 반드시 취해야 한다 알렸더니	爲報諸郞須酩酊
세 줄이나 되는 고운 여인들 다시 생긋 웃네.	三行粉面更嫣然

114. 낭사(郎舍)³⁷⁶)들의 봉사(封事)³⁷⁷)를 윤허한다는 명을 받고 기쁘고 축하하는 마음을 이기지 못해 입직(入直)하여 쓰다 [2수]
郎舍等封事, 得兪允之命, 不勝喜賀, 入直有題 [二首]

전날 비단주머니³⁷⁸)에 봉장(封章)³⁷⁹)을 올렸는데	皁囊前日上封章
물 흐르듯 간언을 따라 주시니 덕이 더욱 빛나네.	從諫如流德更光
조정의 신하가 한 마디 말이 없어도	自是朝臣無一語
군왕께서 반드시 비황마(飛黃馬)³⁸⁰)를 아끼는 것은 아니라네.	君王未必愛飛黃

요사이 간언(諫言) 맡은 신하가 된 것 부끄럽게 여기지 말게	莫怔³⁸¹)年來作諫臣
한 마디 말로도 능히 임금을 감동시킬 수 있다네.	片言能得感楓宸
밝아진 해와 달³⁸²)을 사람들이 모두 우러러볼 것이니	增明日月人皆仰
임금님 수명이 마땅히 일만 년을 넘으리라.	聖壽宜過一萬春

---

376) 낭사(郎舍): 고려시대 중서문하성에 소속된 관리. 주로 간쟁(諫爭), 봉박(封駁)의 임무를 담당한다.
377) 봉사(封事): 국왕에게 밀봉(密封)하여 상주(上奏)하는 의견서를 말한다. 봉주(封奏), 봉장(封章), 봉소(封疏)라고도 부른다.
378) 비단주머니: 원문의 '급낭(皁囊)'은 한나라 때 비밀 상소를 올리면서 넣었던 비단으로 된 검정 주머니를 말한다.
379) 봉장(封章): 임금에게 글을 올리는 일이나 그 글.
380) 비황마(飛黃馬): 옛날 중국의 준마(駿馬)의 명칭.
381) 怔: 『고려명현집』에는 '怔'로 되어 있으나 『한국문집총간』 초간본, 『수필본』(국립중앙도서관 소장본)에는 '愧'로 되어 있다. '怔'는 '怪'의 이체자이다.
382) 밝아진……달: 신하들의 간언(諫言)을 받아들여 지혜롭게 된 임금을 지칭한다.

115. 재상 성원규(成元揆)383) 만장(挽章)　　成宰相挽章 [元揆384)]

조정의 안팎에서 홀로 수고하고 성당(省堂)385)에 들어갔으니	中外賢勞入省堂
남아의 사업으로 후대에 전할 만하였네.	男兒事業可傳芳
풍류와 담소를 사람들 모두 좋게 여겼는데	風流談笑人皆美
한스러운 것은 집안에 계승할 아들이 없는 것일세.	遺恨家無幹蠱郞

강남 땅 가실 적에 서장관이 되어 따랐고386)	書狀江南作從官
봉천문(奉天門)387) 아래에서 천자를 뵈었지.	奉天門下覲天顔
육로와 해로를 왕래한 것 몇천 리였나	往來水陸幾千里
매번 술잔 앞에서 무용담을 이야기했지.	每向尊前說險艱

병중에도 편지로써 초청해 주셨건만	病中折簡有嘉招
나 또한 감기로 쓸쓸하게 누워 있었네.	我亦傷風臥寂寥
갑자기 부음이 들려와 부질없이 눈물만 흘리니	忽聽訃音空灑淚
이 생의 어느 곳에서 높으신 자취 볼 수 있겠나.	此生何處見高標

---

383) 성원규(成元揆): ?-1382. 본관은 창녕(昌寧). 고려 후기에 동지밀직사사(同知密直司事), 문하평리(門下評理) 등을 역임한 문신. 시호는 간헌(簡憲)이다. 성원규의 졸년으로 보아 이 시는 1382년 작이다.

384) 『고려명현집』에는 '揆'가 빠져 있으나 『한국문집총간』에는 '元揆'라고 되어 있어 '揆'자를 보강하여 넣었다.

385) 성당(省堂): '성(省)'은 '중서성(中書省)', '문하성(門下省)', '상서성(尙書省)'의 삼성(三省)을 말하고, '당(堂)'은 '옥당(玉堂)', 즉 '한림원(翰林院)'이나 '예문관(藝文館)'을 의미한다.

386) 강남……따랐고: 1372년(공민왕 21) 성원규는 성절사(聖節使)로 명나라에 사행을 갔는데, 이때 척약재는 사행의 서장관(書狀官)으로 참여하였다.

387) 봉천문(奉天門): 명태조(明太祖)가 명나라를 세우고 처음 도읍한 금릉(金陵: 현재의 남경)에 위치한 궁궐의 문. 봉천문 안쪽으로 외국의 사신들을 접견하던 '봉천전(奉天殿)'이 자리하고 있었다.

116. 영주(永州)388)의 이 사군(李使君)389)을 전송하다   送永州李使君

두 강의 풍류가 넘치는 곳 바로 영주 땅   二水風流是永州
구레나룻 풍성한 사내 부절을 지닌 채 고상한 유람
노래하네.   髯郞持節賦淸遊390)
옛날 젊은 시절 일찍이 애간장 녹였더니   少年昔日曾腸斷
어찌하면 그대를 좇아 함께 누대에 오를까.   安得從君共倚樓

117. 금성(金城)391)의 현령(縣令)을 전송하다   送金城縣令

옛적에 부절을 가지고 금성을 지났었는데   昔年持節過金城
산에 둘린 작은 마을은 경치가 맑기도 하구나.   小邑依山景物淸
오늘 그대를 보내자니 또다시 느낌이 있으니   今日送君還有感
백성들의 송사를 들을 때에는 현명함이 필요하다네.   臨民聽訟392)要須明

---

388) 영주(永州): 경상북도 영천(永川)의 옛 이름.
389) 이 사군(李使君): 『영천본』에는 '이용(李容)'이라고 적혀 있다. 영천(永川)에 '조양각(朝陽閣)'이라는 누각이 있는데 '명원루(明遠樓)'라고도 한다. 1934년에 작성된 『영양지(永陽誌)』에 따르면 고려 말 부사 이용(李容)이 1368년(공민왕 17)에 창건했다고 한다. 『영천본』에서는 이를 근거로 '이용(李容)'으로 기록한 듯하다. 『포은선생문집(圃隱先生文集)』 권2 시문(詩文) 「중구일. 제익양수이용명원루(重九日. 題益陽守李容明遠樓 [時新造此樓])」로 보아 영주 '이 사군(李使君)'은 '이용(李容)'으로 보는 것이 맞을 듯하다. 익양(益陽)은 영천(永川)의 옛 이름이다. 이용(李容)은 오천군(烏川君) 정사도(鄭士道)의 묘지명(『목은집』)에 의하면 정사도의 사위로서 1379년에 전법 총랑(典法摠郎)이었음을 알 수 있다.
390) 遊: 『한국문집총간』에는 '游'로 되어 있으나 의미 상 차이는 없다.
391) 금성(金城): 고려시대 강원도 김화(金化) 지역의 옛 지명.
392) 訟: 『한국문집총간』에는 '頌'으로 되어 있으나 의미 상 '訟'이 타당하다.

118. 백정(栢庭)393) 스님을 전송하다   送栢394)庭上人

지팡이 하나 들고 가볍게 떠나는데	一錫飄然去
봄 산은 그 몇 겹이던가.	春山幾萬重
소나무 심긴 시냇가에는 밝은 달 비추고	松溪明月照
띳집은 흰 구름으로 감싸져 있네.	茅屋白雲封
눈 감으면 몸은 집착할 필요 없고	合眼身無着
마음을 거두면 속세 밖의 모든 것 포용이 되네.	收心物外容
깨닫게 되면 바야흐로 도를 체득하게 되니	覺來方悟道
청정(淸淨)함이 바로 진종(眞宗)395)이라네.	淸淨是眞宗

('물외(物外)'의 '외(外)'자는 '불(不)'자인 듯하다.[物外之外字, 似作不字.]'396))

---

393) 백정(栢庭): 고려 후기에 활동했던 승려로 보통 '백정 선사(栢庭禪師)'로 불린다. 목은 이색의 시에 「백정 선사(栢庭禪師)의 행권(行卷)에 제하다.」(『목은집』 권18)가 있고, 삼봉 정도전의 시에도 「백정 선사에게 주다.[寄贈栢庭禪]」(『삼봉집』 권2)가 보이며, 양촌 권근도 「백정 선사(栢庭禪師)에게 주다.[贈栢庭禪師]」(『양촌집』 권3), 포은 정몽주도 「백정의 시권에 쓰다.[題栢庭詩卷]」(『포은집』 권2), 춘정 변계량도 「봄날 백정(栢庭)에게 주다.[春日寄栢庭]」(『춘정집』 권1) 등의 시를 남긴 것으로 보아 당시 여러 사대부들과 친밀한 교유가 있었으며, 시를 매우 잘 쓰는 시승(詩僧)이었음을 알 수 있다.
394) 栢: '栢'은 '柏'의 이형자(異形字)이나 고유명사이므로 원본대로 적었다.
395) 진종(眞宗): 불교에서 말하는 가르침.
396) 物……字: 『한국문집총간』 초간본에는 이 세주(細註)가 없다.

119. ■³⁹⁷⁾스님이 부모님께 근친(覲親)가는 것을 전송하다
送■上人歸覲

스님께서 흰 구름 피어난 고향으로 돌아가는데	上人歸覲白雲鄕
늙으신 부모님은 북당(北堂)에 계신다네.	鶴髮之親在北堂
생각건대 아침 저녁으로 자신을 수양해야 하지만	料得朝昏修己事
또한 '동온하청(冬溫夏淸)'³⁹⁸⁾으로써 황향(黃香)³⁹⁹⁾을 배워야 하리라.	又將溫淸學黃香

---

397) ■: 문집의 원문에서 결락된 글자임.
398) '동온하청(冬溫夏淸)': 『사자소학(四字小學)』에 나오는 말로 자식이 부모님께 겨울에는 따뜻하게, 여름에는 시원하게 해 드려야 한다는 의미이다.
399) 황향(黃香): 후한(後漢) 때의 효자. 그는 아홉 살에 어머니를 여의고 난 후 아버지를 섬기는데 지극히 효성스러워서 여름에는 베갯머리에서 부채를 부치고 겨울에는 자기의 몸으로써 이불을 따뜻하게 해 드렸다고 한다.

120. 합포(合浦)400)의 번진(藩鎭)으로 나아가는 이 추상(李樞相)401)을 전송하다
送李樞相出鎭合浦

재상에 오른 지 겨우 달포가 지났는데	入相才踰月
깃발을 꽂고 돌아다니며 바닷가를 진압하네.	麾幢鎭海邊
궁핍한 백성들은 바야흐로 조심조심하지만	窮民方注意
현명한 임금은 편안히 주무신다네.	明主要安眠
좀도둑놈이 누구인지 아니	草竊知誰子
사로잡아 주기를 우리 어진 이 추상께 바라노라.	生擒望我賢
공명을 이룰 수 있는 오늘이니	功名今日事
죽을힘을 다해 다시 힘써 주시길.	戮力更加鞭

---

400) 합포(合浦): 지금의 경남 마산(馬山)에 있던 포구의 이름.
401) 이 추상(李樞相): 『원재선생문고(圓齋先生文稿)』에 「이추상만사[인립](李樞相挽詞[仁立])」라는 만사로 보아 '이 추상'은 이인립(李仁立)으로 추정된다. 『고려사절요』에 따르면 1374년(우왕 1)에 "밀직부사 이인립을 서경부원수로 삼았다.[密直副使李仁立, 爲西京副元帥.]"라는 기록이 있다. 이인립은 이조년의 손자로 이인복(李仁復)과 이인임(李仁任)이 그의 형이다. 이인립의 아들 이제(李濟)는 태조(이성계)의 셋째 딸 경순공주와 혼인하였다.

121. 한유문(韓有文)402)을 전송하다 　送韓有文

진사 중에 한유문이란 이름을 들었는데	進士聞名韓有文
펄펄 나는 듯한 재주와 기예 층층구름도 뚫을 기세.	飄飄才氣薄層雲
삼천 명의 수많은 제자들 벗이 되길 사모하고	三千弟子思爲友
구십 명의 문생들 중에 홀로 무리에서 빼어나네.	九十門生獨出群
비가 그친 장도(壯途)엔 가을이 내리려 하고	雨絶長程秋欲至
안개 비낀 첩첩 봉우리엔 저녁 해 어둑어둑.	煙橫疊嶂日初曛
멀리서도 알겠도다 금의환향(錦衣還鄉)하는 고향땅	遙知衣錦還鄉邑
부모님 집 앞에서 모두가 기뻐하고 있으리라.	具慶堂前擧有欣

---

402) 한유문(韓有文): 고려 말엽에서 조선 초엽에 활동했던 문신. 양촌(陽村) 권근(權近) 문하에서 수학하였으며, 전주부윤(全州府尹)을 거쳐 중추원 부사(中樞院副使) 등을 역임하였다. 한유문(韓有紋)으로도 쓰인다. 권근의 『양촌집』 권3과 이숭인의 『도은집』 권3에 각각 「송진사한유문귀근서원(送進士韓有文歸覲西原)」과 「송문생한유문지서원근친(送門生韓有文之西原覲親)」이 실려 있는데, 척약재 시 역시 동일한 시적 배경에서 작시된 것으로 보이는바, 위 인용 시는 한유문이 고향인 청주(淸州)로 근친가는 것을 전송한 것으로 판단된다.

122. 고도(古道) 스님의 두루마리   古道卷子

옛 도가 어떠한 도인지 알고	古道知何道
우리 스님 홀로 스스로 가네.	吾師獨自行
몸이 고상하니 산도 빼어나고	身高山秀峻
마음 맑으니 물도 맑도다.	心靜水澄淸
온갖 골짜기에 가을 구름 가득하고	萬壑秋雲滿
수많은 벼랑에는 새벽달 밝네.	千崖曉月明
가사(袈裟)가 분명히 반이나 젖었을 텐데	袈裟應半濕
단정히 앉아 샘물 소리를 듣네.	端坐聽泉聲

123. 찬성사(贊成事)403) 황상(黃裳)404) 만장   黃二相挽章 [裳]

부귀로는 우리나라에서 가장 빼어났고	貴富超東國
호화롭기로는 한 시대의 으뜸이었네.	豪華冠一時
매를 풀어 사냥하니 마음이 활달해졌고	放鷹心更豁
사냥개 끌고 다니며 뜻이 무궁하였네.405)	牽犬意無涯
몇 차례나 여러 신하들의 사랑을 받았던가	幾被諸公愛
임금의 알아줌을 많이 입었다네.	多爲聖主知
술에 취한 중에 세상을 버렸으니	醉中仍棄世
어느 곳에서 금 술잔 잡고 있겠지.	何處把金卮

---

403) 찬성사(贊成事): 본문의 '이상(二相)'은 고려 후기의 관직인 찬성사의 이칭(異稱)이다. 고려 전기의 '평장사(平章事)'가 바뀐 것으로 문하시중(門下侍中) 다음 가는 높은 벼슬이었다.

404) 황상(黃裳): 1328-1382. 고려 후기에 활동한 무인. 본관은 창원, 시호가 공정(恭靖)으로 공민왕 때 문하시랑을 지낸 황석기(黃石奇)의 아들이다. 무예에 뛰어나 병술로 많은 공을 세웠는데, 특히 홍건적의 침입을 막아 내고 왜구를 수차례 물리쳤다. 황상이 1382년(우왕 8)에 별세했으니 이 시 역시 이 무렵 작시되었음을 알 수 있다.

405) 매를……무궁하였네: 황상은 홍건적과 왜구의 침입 등 잦은 병란에도 불구하고 평소 사냥개와 매를 풀어 사냥을 즐겼는데 왕의 꾸지람을 들을 정도였다. 인용 시에서는 황상이 지니고 있던 자유분방하고 호탕한 성격을 말하고 있는 것이다.

124. 박중용(朴仲容)406)이 대언(代言)이 된 것을 축하하다
賀朴代言仲容

오 대(代)가 용후(龍喉)407)를 지낸 일은 옛날에도 드문 일	五世龍喉古亦稀
한 가문의 남은 경사가 더욱 빛나네.	一門餘慶更光輝
사람들이여! 평범한 일로 보지 말거라	傍人莫作尋常看
또다시 얼굴 크고 살진 아이가 있다네.408)	還有猪兒面大肥
[살진 아이는 대언의 아들이다.]	[猪兒代言子]

---

406) 박중용(朴仲容): 앞의 하권 57번 시 「감박명아, 기박대언(感薄命兒, 寄朴代言)」 참조.
407) 용후(龍喉): 고려시대 밀직사(密直司)에 속한 지신사(知申事)와 승선(承宣). 이들은 주로 왕명의 출납을 담당하였다.
408) 또다시……있다네: 문집의 원주(原註)에 '살진 아이는 대언의 아들이다.[猪兒代言子]'라는 설명이 보이는바, 박중용의 아들이 있기에 또 다시 6대까지도 대언의 벼슬을 지낼 수 있음을 말하고 있는 것이다.

125. 충주의 이 사군(李使君)409)에게 주다 　　寄忠州李使君

예읍(蘂邑)410)은 풍류의 고장	蘂邑風流地
사또는 시흥(詩興)이 많네.	使君詩興多
정치가 맑으니 백성들은 기쁘게 따르고	政淸民悅附
은혜가 흡족하니 민간에선 노래를 부르네.	恩411)洽俗謳412)歌
먼 산의 구름은 처음으로 걷히고	山迥雲初靜
맑은 강물엔 물결이 절로 이네.	江澄水自波
김생사(金生寺)는 가을에 더욱 좋으니	金生秋更好
술병 들고서 날마다 읊조리네.	携酒日吟哦

병이 많으니 몸에 힘이 없고	多病身無力
집을 떠나니 일이 끝나지 않네.	離家事不完
가을바람 닳아빠진 모자에 불고	秋風吹破帽
지는 해 먼지 쌓인 안장을 비추네.	落日照塵鞍
참으로 일생을 흥에 취해 보냈으니	一世眞狂興
여러 해 동안 시위소찬(尸位素餐)413)만 하고 있구나.	經年只素湌414)
여강(驪江)엔 띳집이 남아 있으니	驪江茅宇在
끝내는 낚싯대 잡고 싶구나.	終欲把漁竿

---

409) 이 사군(李使君): '사군(使君)'은 지방관을 통칭하는 표현으로 일명 '사또'와 같은 말이다.
410) 예읍(蘂邑): 충청북도 충주의 별칭.
411) 恩: 『한국문집총간』 초간본에는 '思'로 되어 있다.
412) 謳: 『한국문집총간』에는 '嘔'로 되어 있으나 의미 상 차이는 없다.
413) 시위소찬(尸位素餐): 벼슬아치가 하는 일 없이 자리만 차지하고 국록을 받아먹는 것.
414) 湌: 『고려명현집』에는 '湌'으로 적혀 있으나, 『영천본』과 『익산본』에는 '湌'으로, 『한국문집총간』에는 '餐'으로 되어 있다. '湌'과 '湌'은 '餐'의 이체자이다.

126. 조준(趙浚)415) 판서(判書)에게 주다   寄趙判書 [浚]

부절 지니고 위엄과 풍채를 영남에 떨치니	持節威風振嶺南
무기 든 여러 장수들 어찌 부끄럽지 않겠는가.416)	擁兵諸將豈無慙
왜구를 쓸어버리고 출정의 말고삐 돌이켰으니417)	掃除倭寇回征轡
관직을 제수하라는 임금의 명령 한나라 경엄(耿弇)418) 과도 같구나.	恩命應同漢耿弇

---

415) 조준(趙浚): 1346-1405. 고려 말 조선 초의 문신. 호는 우재(吁齋) 또는 송당(松堂). 이성계를 도와 조선조 개국에 공헌을 하여 개국공신으로 봉해졌고 좌정승, 영의정부사 등을 역임하였다.

416) 부절……않겠는가: 이는 1382년 조준이 임금의 명을 받고 경상도에 내려가 왜구 토벌에 소극적이었던 도순문사(都巡問使)를 징벌했던 사건을 말하는 것으로 보인다.

417) 왜구를……돌이켰으니: 이는 1383년 조준이 도검찰사(都檢察使)로 강원도 동해안으로 쳐들어온 왜구를 물리친 것을 말한다.

418) 경엄(耿弇): 중국 후한(後漢) 때 장수로 광무제(光武帝)가 제위에 오른 후 중용되어 장군에 임명되었고 여러 전공을 세운 후 훗날 '호치후(好畤侯)'에 봉해졌다.

127. 경상도 안렴사(按廉使)[419]로 떠나는 여 총랑(呂摠郎)[420]을 전송하다
送呂摠郎出按慶尙道

옛날에 부절을 나누던 곳으로	昔日分符地
가을바람 불 제 고삐 잡고 떠나네.	秋風攬轡行
누대는 응당 경관이 변해 가고	樓臺應動色
산과 강은 또한 정을 품고 있다네.	山水亦含情
가는 곳마다 미친 도적들로 수심에 차고	到處愁狂賊
여러 마을의 백성들은 곤궁하기만.	諸州困庶氓
그대에게 맡기면 위엄과 덕정을 펼칠 터이니	憑君布威德
더욱더 맑고 청렴함이 요구된다네.	要使更澄淸

---

419) 안렴사(按廉使): 고려시대의 지방장관. '안찰사(按察使)'라고 불리기도 한다.

420) 여 총랑(呂摠郎): 고려 말엽에서 조선 초엽까지 활동했던 문인들 중 총랑(摠郎)을 지낸 여씨(呂氏)로 두 사람이 보이는데, 한 명은 여극인(呂克諲)이요, 다른 한 명은 여칭(呂稱: 1351-1423)이다. 『고려사(高麗史)』 「세가(世家)」 1383년(우왕 9) 3월조에 '경상도안렴여극인(慶尙道按廉呂克諲)'이 기록돼 있고, 목은 이색이 쓴 「경상도안렴사로 나가는 여 총랑(呂摠郎)의 시권에 제(題)하다.[題呂摠郎出按慶尙道詩卷]」(『목은집』 권33)의 세주(細註)에 "名稱" 즉 "여 총랑의 이름은 칭(稱)이다."라고 하여 '여칭'이 알려져 있다. 목은의 시를 고려할 때 척약재가 쓴 「송여총랑출안경상도(送呂摠郎出按慶尙道)」의 '여 총랑'은 '여칭'을 가리키는 것으로 보인다. 『씨족원류』(764~767쪽)에 따르면 여칭(呂稱)은 함양여씨(咸陽呂氏), 여극인(呂克諲)은 성주여씨(星州呂氏)로 서로 다른 인물이다. 여칭은 고려 후기에 과거 급제한 뒤 전리총랑(典理摠郎) 등을 역임하였고, 조선 개국 후에는 강원도관찰사, 형조판서, 지의정부사(知議政府事)를 역임하였다. 시호는 정평(靖平)이다. 『조선왕조실록』 1423년(세종 5) 3월 28일조 「전 좌군도총제(前左軍都摠制) 여칭(呂稱)의 졸기(卒記)」에 그의 생애가 비교적 상세하게 정리돼 있으며, 아들은 여계(呂稽)와 여뇌(呂賚)이다.

128. 문화군(文化君)421) 부인 만장   文化君夫人挽章

죽을 때까지 백주(柏舟)의 절개422)를 맹세하고	柏舟方死誓
귀한 쪽머리를 잘랐다네.	手自423)翦雲鬢
계율 지키며 인간세상 멀리했고	持戒忘424)人世
향을 피우며 절간을 우러러보았네.	焚香仰佛關
한평생이 오로지 적막하였고	百年唯寂寞
사십팔 년의 세월이 다만 얌전하고 정숙하기만 했네.	四紀獨幽閒425)
훌륭한 사위는 방교(房喬)와 두여회(杜如晦)426)가	

---

421) 문화군(文化君): 시제의 문화군이 누구인지는 확실치는 않으나 충렬왕 때의 저명한 문신 유경(柳璥: 1211-1289)의 증손자로 문화군(文化君)에 봉군되었던 유진(柳鎭)일 것으로 추정해 본다. 유경은 문명이 있어 이승휴(李承休), 김구(金坵), 홍자번(洪子藩), 이장용(李藏用) 등 당대의 여러 문사들과 교유가 있었고, 특히 1276년(충렬왕 2)에는 찬성사(贊成事)로 있으면서 무고를 당해 위기에 빠진 김방경(金方慶)을 구해 주기도 하였다. 이 일을 계기로 유경의 후손과 척약재 사이에 교유가 있었을 것으로 추정되며, 위의 시를 작시하게 된 것도 같은 맥락일 것으로 생각된다. 이상은 하정승, 「척약재 김구용 시에 나타난 죽음의 형상화와 미적 특질」, 『포은학연구』 21집, 포은학회, 2018, 58쪽 참조.
유진(柳鎭)은 이보림(李寶林)의 장인이다. 척약재의 「문화군부인 만장(文化君夫人挽章)」은 동년 친구인 이보림의 장모의 만사이다. 이보림은 척약재와 문과 동년으로서 이제현의 손자이며 또한 이제현의 아들 이창로(李彰路)는 척약재의 매부이다. 그러므로 이보림의 숙모(백모)가 척약재의 손위 누이이다. 이보림에게 보낸 시가 『척약재집』에 있는데, 「송동년이좨주지임경산차운[보림](送同年李祭酒之任京山次韻[寶林])이다. 이보림은 우사간, 판안동부사, 밀직부사, 정당문학 등을 역임하고 1385년 7월에 죽었다. 군호는 계림군(鷄林君), 시호는 문숙공(文肅公)이다.
422) 백주(柏舟)의 절개: 일명 '백주지조(柏舟之操)'라고 한다. 남편에 대한 절개를 지키려 개가를 하지 않고 수절하는 것을 의미한다. 『시경(詩經)』 「용풍(鄘風)」〈백주(柏舟)〉 참조.
423) 自: 『고려명현집』에는 '自'로 되어 있으나 『한국문집총간』에는 '白'으로 되어 있어 '귀하다'는 의미의 '手白'이 타당하다.
424) 忘: 『고려명현집』에는 '忘'으로 되어 있으나 『한국문집총간』에는 '悥'로 되어 있으며 의미 상 '悥'가 좀 더 타당하다.
425) 閒: 『한국문집총간』에는 '閑'으로 되어 있으나 의미 상 차이는 없다.
426) 방교(房喬)와 두여회(杜如晦): 두 사람 모두 당나라 초기를 대표하는 명 재상들이다. 방교는 일반적으로 '방현령(房玄齡)'으로 많이 불린다. 방교의 지모와 두여회의 결단력을 칭송하여 세칭 '방모두단(房謀杜斷)'이라는 말이 나올 정도로 뛰어난 정치가들이었다.

되기를 바랐고	佳壻希房杜
어진 자손들은 공자와 안자를 배웠다네.	賢孫業孔顔
꿈에서 깨어나면 조금 고통스럽겠지만	夢驚差可痛
멀리 갔으니 이미 잡기 어렵네.	歸遠已難攀
스산한 가을바람 불어 대는 새벽	蕭427)瑟秋風曉
명정만이 푸른 산을 향해 가네.	銘旌向碧山

---

427) 蕭: 『고려명현집』에는 '蕭'로 되어 있으나 『한국문집총간』 초간본에는 '灑'로 되어 있다.

129. 행안사(幸安寺)에서 노닐다   遊幸安寺

산에 빽빽한 소나무와 잣나무에 가랑비 내리고   滿山松栢雨濛濛
한나절 한가롭게 보낸 것이 짧은 꿈처럼 느껴지네.   半日偸閑小夢中
스님들 앞다투어 손 잡아 주니 감사할 뿐   多謝居僧爭挽手
분향을 마치고 걸상에 앉아 함께 담소하네.   焚香一榻笑談同

130. 월계(月溪)의 둑을 지나다   過月溪坂

시내 모양이 달처럼 굽어   溪形如月曲
아마도 '월계'라는 이름이 생긴 것이리.   恐得月溪名
작은 길은 산허리를 따라 뻗어 있는데   細路沿山腹
가면 갈수록 마음이 시원해지네.   行行可爽情

131. 생원 이질(李晊)[428]을 전송하다　　送李晊生員

[전주(全州) 태생의 이질(李晊)이 성균관(成均館)에 들어가 생원이 되었는데, 독서와 학문이 무리보다 훨씬 뛰어나 내가 매우 훌륭하게 여겼다. 어느 날 작별을 고하면서 한 마디 말을 해 줄 것을 청하는데 내가 무슨 말을 하겠는가. 일단 율시 한 수를 지어 권면하고자 한다. 全生李晊, 入成均爲生員, 讀書講義[429], 趨出等夷, 予甚佳之. 一日告辭, 請言以行, 予何言哉. 姑賦唐律以勖之云.]

성균관[430]에 가을바람이 불어오니	芹館秋風動
푸른 옷을 입은 유생[431] 한 명 놀라서 잠을 깨네.	靑衿客夢驚
멀리까지 유세를 가는 것은 소계자(蘇季子)[432]와도 같고	遠遊[433]蘇季[434]子

---

428) 이질(李晊): 전주 태생이라는 문집의 세주(細註)로 보아 전주이씨로 여겨지나 자세한 것은 알 수 없다. 다만 『태종실록』 10년 기사에 "제용감(濟用監) 이질(李晊)을 파직시킨다."는 내용이 보이고, 또 『세종실록』 3년 기사에서는 "성천(成川) 도호부사(都護府使) 이질(李晊)의 사장(辭狀)을 이조(吏曹)로 이첩(移牒)하였다."는 기사가 보이므로 이질은 고려 말에 이어 조선 초엽까지 벼슬을 했던 것으로 판단된다. 『전주이씨 문헌공파(文憲公派) 현조열전(顯祖列傳)』에 의하면 이질은 1374년생으로 되어 있다. 그러나 척약재의 졸년이 1384년임을 감안할 때 생년이 맞지 않는다. 또 1390년 성균시에 합격했다는 기록도 맞지 않다. 따라서 위의 척약재 시에서 언급된 이질이라는 인물이 누구인지는 미상으로 놓아둔다. 참고로 문헌공파 현조열전에 기록에 의하면 다음과 같다. 이질(李晊: 1374(공민왕 23)-1433(세종 15). 자(字)는 성리(聖理), 초명은 질(垤), 호는 임천(林川), 시호는 경헌(景獻)이다. 아버지는 문희공(文僖公) 이조판서 이이(李頤)이고 어머니는 예문관제학 안동(安東) 김원경(金元景)의 딸이다. 양촌(陽村) 권근(權近)의 문인으로 1390년(공양왕 2) 성균시(成均試)에 합격, 1419년(세종 1) 성천도호부사(成川都護府使), 1427년(세종 9) 가선대부 한성부윤(嘉善大夫 漢城府尹)을 지냈다.

429) 義: 『한국문집총간』 DB에서는 '藏'으로 판독했으나 원본에서는 판독할 수 없고, 『수필본』(국립중앙도서관 소장본)에도 '義'로 되어 있고, 그 외 모든 판본에 '義'로 되어 있어 『한국문집총간』의 오판독으로 짐작된다.

430) 성균관: 원문의 '근관(芹館)'은 '근궁(芹宮)'을 가리키는 말로 성균관의 이칭이다.

431) 유생: 원문의 '청금(靑衿)'은 푸른 도포를 입은 사람이니, 즉 유생(儒生)을 가리키는 말이다.

432) 소계자(蘇季子): 전국시대(戰國時代)의 유세객(遊說客)인 소진(蘇秦). 계자는 그의 자(字)이다. 중국 전국시대 때의 책사로 종횡가(縱橫家)의 한 사람이며, 진(秦)나라를 제외한 나머지 여섯 개의 나라가 연합하여 진나라와 맞서야 한다는 소위 '합종책(合縱策)'을 주장하였다.

부지런히 공부하는 것은 영 선생(甯先生)435)과도 같다네.	勤學甯先生
육경436) 공부는 진일보하기 어렵지만	六籍功難進
삼여(三餘)437)의 일은 정밀할 수 있다네.	三餘業可精
집에 가면 맑은 밤이 길 것이니	歸家淸夜永438)
마땅히 등잔걸이를 가까이 해야 하리라.	宜近短燈檠

---

433) 遊: 『한국문집총간』에는 '游'로 되어 있으나 의미 상 차이는 없다.

434) 季: 『한국문집총간』 판독문은 '李'로 되어 있으나 의미상 季가 옳다.

435) 영 선생(甯先生): 중국 전국시대 조(趙)나라 사람 영월(甯越). 고달픈 농사에서 벗어날 방법을 묻는 그에게 친구가 30년만 공부하면 될 것이라고 하자, 그 후로 학문에 부지런히 매진하여 15년 만에 주 위공(周威公)의 스승이 되었다고 한다.

436) 육경: 유가(儒家)의 기본 경전인 여섯 가지 책. 곧 『시경(詩經)』, 『서경(書經)』, 『역경(易經)』, 『예기(禮記)』, 『악기(樂記)』, 『춘추(春秋)』.

437) 삼여(三餘): 학문을 닦기에 좋은 세 가지 때. 곧 계절로는 겨울이요, 하루로는 밤이며, 날씨로는 비오는 날을 가리킨다. '독서삼여(讀書三餘)' 또는 '삼여독서(三餘讀書)'라는 말이 있는데, 곧 "當以三餘, 冬者歲之餘, 夜者日之餘, 陰雨者時之餘"라는 말에서 나왔다.(『삼국지(三國志)』, 「위서(魏書) 왕숙전(王肅傳)」.

438) 永: 『한국문집총간』 판독문은 '求'로 되어 있으나 오판독이다. 기타 모든 판본에는 '永'으로 되어 있다.

132. 유 염사(柳廉使)439)를 전송하다 　　送柳廉使

변방의 관산(關山)과 하천에 기러기 울고	千里關河雁一聲
청량한 가을바람에 비단옷 입은 염사(廉使)가 가네.	秋風瀟灑綉衣行
예성(蘂城)440)과 여읍(驪邑)441)엔 베풀었던 은정(恩情)이 남아 있으니	蘂城驪邑多遺愛
죽마를 탄 아이들도 환영하는 것 보게 되리라.	應見兒童竹馬迎

133. 야운헌(野雲軒)442) 　　野雲軒

바위에 부딪치고 허공에 뜬 채로 지금까지 지내오면서	觸石浮空亘古今
주위의 모든 것에 절로 무심하였지.	東西南北自無心
푸른 하늘은 바람 불어 쓸어내린 듯	靑天如掃風吹去
밝은 달 아래 높은 집에서 홀로 거문고 타네.	月白高軒獨鼓琴

---

439) 유 염사(柳廉使): 척약재와 교류가 있었던 '柳'씨 성의 인물로 안렴사를 지낸 사람은 유량(柳亮)과 유극서(柳克恕)이다. 유량(柳亮)은 1355년(공민왕 4)생으로 1388년(우왕 14) 전라도안렴사(全羅道按廉使)가 되었고, 유극서(柳克恕)는 1383년(우왕 9)년에 양광도안렴사(楊廣道按廉使)가 된 기록으로 보아, 척약재의 몰년을 고려하면 유극서일 가능성이 높다.

440) 예성(蘂城): 충청북도 충주의 옛 이름.

441) 여읍(驪邑): 경기도 여주(驪州)를 지칭.

442) 야운헌(野雲軒): '야운(野雲)'은 고려 후기에 활동한 승려 야운 화상(野雲和尙)을 말하는 것으로 보인다. 야운 화상은 이름이 각우(覺牛)이며, 고려 후기의 저명한 승려인 나옹 화상(懶翁和尙)의 제자로 알려져 있다. 본문의 '야운헌'은 야운 화상이 거처한 집을 가리킨다. 『포은집』 「제우사야운헌시권(題牛師野雲軒詩卷)」 참조.

134. 영(英) 스님[443]을 전송하다　　送英上人

만 리의 하늘과 땅은 큰데	萬里乾坤大
바람처럼 자유로운 한 명의 스님이라네.	飄然一个僧
염화시중(拈花示衆)[444]의 은미한 뜻이 있고	拈花微旨在
조주지백(趙州指柏)[445]의 비유가 일어나네.	指柏遁辭興
석장(錫杖)은 빼어난 연나라 산도 떨칠 정도이고	錫振燕山秀
잔은 맑은 초나라 강물에 뜰 수 있도다.[446]	杯浮楚水澄
참선의 행위를 그치지 않고 있으니	尋參行不已
어느 곳에서든 크고 능함을 깨우치리라.	何處見弘能

---

443) 영(英) 스님: 고려 후기의 승려로 추정되나 자세한 사항은 살필 수 없다. 이규보가 지은 시에서도 "이상국(李相國) 인식(仁植)과 박학사(朴學士) 인저(仁柢)가 함께 방문하였으니 바로 칠월 이십오일이다. 이때 집 정원에 봉상화(鳳翔花)가 만발하였으므로 운(韻)을 불러 영 상인(英上人)으로 하여금 일필휘지하여 짓게 하므로, 내 또한 즉석에서 써서 화답하다.(『동국이상국집』 권7)'라고 언급이 되어 있지만, 척약재와는 시간적 차이가 크므로 이규보가 언급한 인물과는 다른 사람으로 보인다.

444) 염화시중(拈花示衆): 석가모니(釋迦牟尼)가 어느 날 영산회상(靈山會上)에서 꽃을 들어 대중에게 보이자 그의 제자 마하가섭(摩訶迦葉)만이 그 뜻을 알고 미소를 지었다는 고사에서 온 말로 '염화미소(拈華微笑)', '이심전심(以心傳心)'과 같은 의미로 사용된다. 말하지 않아도 마음으로 그 뜻을 이해한다는 의미이다.

445) 조주지백(趙州指柏): 당나라의 고승인 조주선사(趙州禪師)에게 한 승려가 "달마조사(達磨祖師)가 서쪽에서 온 까닭이 무엇이냐"고 묻자 "뜰 앞의 잣나무다.[庭前栢樹子]"라고 답했다는 고사. 이후로 선종(禪宗)의 화두(話頭)로 유명해진 말이다.

446) 석장(錫杖)은……있도다: 진리 탐구의 참선을 쉬지 않는 영(英) 스님의 뛰어남은 중국에서도 통할 수 있다는 점을 강조한 말이다.

135. 설악산(雪嶽山) 운(雲) 스님[447]을 전송하다
送雪嶽雲上人

마음속에 조금도 한 점 티끌도 없어	方寸渾無一點塵
눈앞의 모든 법이 절로 천진(天眞)할 뿐.	眼前諸法自天眞
어찌 반드시 만 리 길을 수고롭게 찾아가야만 하리오	何須萬里勞參訪
달마가 서쪽에서 와 우리들을 속인 것이지.	達磨西來誑我人

---

447) 운(雲) 스님: 고려 후기의 승려로 추정되나 자세한 사항은 살필 수 없다. 다만 척약재와 동시대 인물인 도은 이숭인의 시에도 「운 상인의 설악시권에 쓰다[題雲上人雪岳詩卷]」(『도은집』 권3)라는 시가 있는 것으로 보아 척약재나 도은 등 당대 사대부들과 교유가 활발했으며 특히 시에 매우 뛰어났던 인물로 추정이 된다.

136. 승제(承制)448) 구구(具鷗)의 모친 대부인(大夫人) 만장

具承制母大夫人挽章 [鷗449)]

장강(莊姜)450)의 현숙함도 이보다 지나치지 않고	莊姜賢不沒
노래자(老萊子)의 부인451)의 덕도 이보다 더할 수 없다네.	萊婦德無加
가문의 혈통은 왕실에까지 이어지고	族系連王室
가문은 나라의 영화를 차지했네.	家門占452)國華
다섯 아들은 모두 뛰어난 준걸들이고	五男俱俊彥
여러 딸들은 모두가 유순하고 선하다네.	諸女摠柔嘉
죽음의 애도453)가 처음부터 끝까지 만족스러운데	終始哀榮足
오늘 아침 푸른 노을 속으로 장사지내네.	今朝葬碧霞

---

448) 승제(承制): 고려시대 중추원(中樞院)에 속하여 왕명의 출납을 관장했던 벼슬로 일명 승선(承宣)이라고도 한다.
449) 鷗: 『고려명현집』에는 없으나 『한국문집총간』에 '鷗'라고 적혀 있어 보충하여 넣었다.
450) 장강(莊姜): 중국 춘추시대 위(衛)나라 장공(莊公)의 아내 강씨(姜氏). 아름답고 덕이 있었다고 전해진다.
451) 노래자(老萊子)의 부인: 노래자의 부인은 혼란한 세상에서 남편이 벼슬하지 않고 은사(隱士)로 살기를 권했다고 한다.
452) 占: 『한국문집총간』 DB에서는 '古'로 판독했으나 원본에도 '占'으로 되어 있어 오판독이다.
453) 죽음의 애도: 원문의 '애영(哀榮)'은 '생영사애(生榮死哀)'의 줄인 말로, 살아 있을 때에는 모든 사람이 그의 생존을 영광으로 여기고, 죽은 뒤에는 모든 사람이 자기 부모의 상(喪)처럼 슬퍼했다는 말이다.

137. 한양에서 지어 재상 우현보(禹玄寶)454)에게 바치다
漢陽有作, 呈禹宰相 [玄寶]

오늘 한양 땅이 서울이 되었는데455)	漢陽今日作京城
강물이 둘려 있고 산이 에워싸서 경치와 기상이 맑도다.	水繞山圍景氣淸
수레는 여기저기 많고 사람도 거리에 가득하니	冠蓋紛紜人撲地
백성들 이제부터 태평성대를 보게 되리.	蒼生從此看昇平
듣자 하니 군왕께서 정성(鄭聲)456)을 내버렸다 하니	聞說君王放鄭聲
한양 땅 산수가 어찌 무정할 수 있으리.	漢陽山水豈無情
누가 능히 다시 경륜(經綸) 높은 대책을 바치리오	誰能更獻經論457)策
요순 시절의 임금과 백성이 이 행차에 있네.	堯舜君民在此行

---

454) 우현보(禹玄寶): 1333-1400. 고려 후기의 문인으로 본관은 단양. 1355년(공민왕 4) 척약재와 함께 문과에 급제한 후 정당문학(政堂文學), 문하찬성사(門下贊成事), 판삼사사(判三司事) 등 여러 벼슬을 역임하였고 목은 이색, 포은 정몽주 등과 교유하였다.

455) 오늘……되었는데: 1382년(우왕 8) 9월에 개경에서 한양으로 수도를 잠시 옮겼다가 이듬해 2월 다시 환도(還都)하였는데, 이 시는 그때의 상황을 말하는 것이다. 따라서 위 인용 시는 1382년 작임을 알 수 있다.

456) 정성(鄭聲): 중국 정(鄭)나라의 가요가 음탕한 데서 온 말로, 음란한 소리와 음악의 가락을 비유적으로 이르는 말. 『논어(論語)』, 「위령공(衛靈公)」에 "放鄭聲, 遠佞人. 鄭聲淫, 佞人殆."라는 구절이 보인다.

457) 論: 『고려명현집』에는 '論'으로 되어 있으나 『한국문집총간』 초간본, 『수필본』(국립중앙도서관 소장본)에는 모두 '綸'으로 되어 있다. 의미상 '綸'이 더 타당하다.

138. 소재(疎齋) 최표(崔彪)[458] 선생이 성균관에 머무르며 시를 보내왔기에 차운하여 답하다

疎齋先生留成均寄詩, 次韻答之 [崔虎[459]]

소재(疎齋) 선생은 나와 동년(同年)[460]인데	疎齋夫子是同年
성균관에 머물며 온당하고 원만하단 말을 들었네.	留在成均得穩便
나를 돌아보니 명리(名利)를 추구하는 길에서 급하게 살았구나	料我悤悤名利路
홀로 야윈 말을 타고 더욱 채찍을 가하네.	獨騎瘦馬更加鞭
왕의 기(氣)가 새로운 도읍지[461]에 서려 있어	王氣浮新邑
군왕은 한 번 노니시네.	君王爲一遊
의관은 상서로운 안개에 젖고	衣冠滋瑞霧

---

458) 소재(疎齋) 최표(崔彪): 고려 후기의 문신으로 본관은 탐진(耽津: 전남 강진의 옛 이름)이며 정확한 생몰년은 미상이다. 벼슬은 참지정사(參知政事) 등을 역임하였으며 목은 이색, 도은 이숭인 등과도 교유가 깊었다. 『목은집』 권21 이색의 시 "病不出數日矣, 邀上黨韓公, 登西峯賞花, 旣至, 又邀禮安君禹公同坐. 旣而禹携我輩至其第設酌, 默稿一聯曰, 花開將爛熳, 我老豈蕭條, 獻酬談笑, 未暇成篇, 適有賓客携酒過陋巷, 家僮走報, 辭出馳歸又飮, 大醉頹然達旦, 足成一首. 賓客者, 版圖判書鄭達可, 判閣李士渭, 前左尹金九容, 諫議李崇仁, 司成崔彪及門生判事崔崇謙, 大護軍廉廷秀也."에서 "내 집에 찾아온 빈객은 판도판서(版圖判書) 정달가(鄭達可), 판합(判閣) 이사위(李士渭), 전(前) 좌윤(左尹) 김구용(金九容), 간의(諫議) 이숭인(李崇仁), 사성(司成) 최표(崔彪) 및 문생(門生)인 판사(判事) 최숭겸(崔崇謙), 대호군(大護軍) 염정수(廉廷秀)였다."라고 하였다. 『탐진최씨족보』(1800, 국립중앙도서관)에 따르면 아버지는 보성조내파(寶城兆內派) 중시조(中始祖)인 영암군(靈巖君) 최총(崔聰)이며, 아들은 최구령(崔龜靈)이다.

459) 虎: 『고려명현집』에는 '虎'로 되어 있으나 『한국문집총간』 초간본, 『수필본』(국립중앙도서관 소장본)에는 '彪'로 되어 있어 저본인 『고려명현집』의 오기이다.

460) 동년(同年): 척약재의 문과 급제인 을미방(1355년, 공민왕 4)에는 최표가 없다. 아마도 1353년(공민왕 2) 송천봉(宋天奉)이 주관한 감시(監試: 생원 진사를 뽑는 사마시)에서 진사(進士)로 같이 입격한 것으로 추정된다.

461) 새로운 도읍지: 1382년 9월 한양으로 잠시 서울을 옮겼기 때문에 이 시의 '새로운 도읍지'란 곧 한양을 지칭한다.

깃발은 높은 가을 하늘에 비치네.	旋旆照高秋
백 리에 걸쳐 사람들은 이어져 있고	百里連人踵
세 봉우리는 말 머리 앞에 높이 솟아 있네.	三峯聳馬頭
지세의 영험함 조금 징험할 수 있으니	地靈差可驗
노래하는 여인들 청루(靑樓)462)로 돌아가네.	聲色返靑樓

139. 삼봉(三峯) 정도전(鄭道傳)에게 주다   寄鄭三峯 [道傳]

주인이 술이 익었다 여러 번 알리고	主人屢報酒初熟
게다가 창 앞에 푸른 대나무가 있다 함에랴.	窓前況有靑靑竹
하루 종일 적적하고 쓸쓸하게 사람 구경 할 수 없고	寂寥終日無俗人
한강 가에는 그윽한 골짜기만 있도다.	漢江江畔一幽谷
밖으로 나와 고개 돌려 그대 오기를 바라보면서	出門回首望君來
한 필의 말을 타고 길게 읊조리며 빨리 오라 요구하였지.	匹馬長吟來要速
그대와 서로 마주하여 술잔 들고 앉아서	與君相對坐含杯
성긴 나무에 걸린 밝은 달 함께 바라보노라.	共看明月掛疎463)木

---

462) 청루(靑樓): 기녀(妓女)가 있는 기생집을 말한다.
463) 疎: 『한국문집총간』 초간본에는 이체자 '疎'로 되어 있다. 뜻은 같다.

140. 개성윤(開城尹) 김모(金某) 댁에서 내상(內相)464) 하모(河某)의 시에 차운하다
金開城宅次河內相詩韻

남경(南京)465)으로부터 어가를 호종하여 용산(龍山)466)에 우거하는데	南京扈駕寓龍山
하루 종일 말 달려도 또한 굳센 얼굴이라네.	朝夕驅馳亦強顔
주인이 술을 준비해 둔 덕택에	賴有主人能辨酒
때때로 대 숲 사이에서 취하여 넘어지네.	時時醉倒竹林間467)

141. 눈 속의 매화 　　　　雪梅

정원 안 눈 속의 봄을 홀로 차지했는데	獨占園中雪裏春
가냘픈 옥 같은 뼈대는 잔 티끌조차 용납지 않네.	輕盈玉骨絶纖塵
만약 북에서 온 손님으로 하여금 와서 보게 했다면	若敎北客來相見
명비(明妃)468)와 더불어 진위를 가늠치 못하리라.	且與明妃未辨眞

---

464) 내상(內相): 고려시대 한림학사(翰林學士)의 별칭. 혹은 중서문하성(中書門下省)과 추밀원(樞密院)에서 5~6명 정도의 신하를 뽑아 궐내에 있으며 수시로 임금과 국사를 의논하던 신하를 지칭하는 말로도 쓰인다.
465) 남경(南京): 고려시대 한양(漢陽)의 별칭.
466) 용산(龍山): 고려의 서울이었던 개성 남쪽에 있는 산. 일명 '용수산(龍首山)'이라고 부른다.
467) 間: 『한국문집총간』 초간본에는 '聞'으로 되어 있으나 『수필본』(국립중앙도서관 소장본)에도 '間'으로 되어 있다.
468) 명비(明妃): 한(漢)나라 원제(元帝) 때의 궁녀 왕소군(王昭君)의 이칭(異稱). 절세가인(絶世佳人)으로 흉노(匈奴)와의 화친을 위해 호한야선우(呼韓邪單于)와 결혼한 것으로 알려져 있다.

142. '영암(嬴庵)' 두 큰 글자를 두루마리에 써서 받들어 지어 올리다   奉題上書嬴庵二大字卷子

봉새와 난새가 날아오르는 듯 붓놀림 새롭고	鳳翥鸞翔筆意新
기묘함 천진(天眞)스러움에서 나온 것을 확실히 알겠네.	端知奇妙出天眞
필세(筆勢)469)가 굳건해도470) 도리어 비웃음 당할 수 있으니	臨池入木還堪笑
힘을 다하고 애를 태워야 비로소 신묘해질 수 있다네.	竭力焦471)心始有神

143. 강자야(康子野)472) 선생에게 주다   寄康子野先生

써 주신 글 다시 보면서 간절히 그대를 그리워하는데	再覩佳章苦憶君
어느 때에야 서로 만나 은근한 정 나누랴.	何時相見說殷勤473)
해마다 고향 땅에는 지천으로 꽃이 피는데	年年故里花如海
강남땅으로 고개 돌려보니 구름 사이로 해가 지네.474)	回首江南日暮雲

---

469) 필세(筆勢): 원문의 '임지(臨池)'는 습자(習字)의 필세를 의미한다.
470) 굳건해도: 원문의 '입목(入木)'은 '입목삼분(入木三分)'의 줄인 말로, 필력이나 문장이 힘찬 것을 비유하는 말이다.
471) 焦: 『한국문집총간』에는 '樵'로 되어 있으나 의미 상 '焦'가 타당하다.
472) 강자야(康子野): 고려 후기의 문인 강호문(康好文). '자야'는 그의 자(字)이며 호는 매계(梅溪)이다. 시문에 능했으며 1362년(공민왕 11)에 과거에 급제하였고, 벼슬은 판전교시사(判典校寺事)에 이르렀다.
473) 殷勤: 『고려명현집』에는 '殷勤'이라고 되어 있으나 본서에서는 『한국문집총간』에 '慇懃'으로 되어 있어 번역은 이에 따른다.
474) 구름……지네: 원문의 '일모운(日暮雲)'은 벗을 그리워하는 마음을 의미한다. 두보(杜甫)의 「춘일억이백(春日憶李白)」 시에 "위수 북쪽 봄 하늘엔 우뚝 선 나무, 강 동쪽 저무는 해엔 구름.[渭北春天樹, 江東日暮雲.]"에서 유래하였다. 이 시에서는 강호문을 그리워하는 척약재의 마음을 표현한 것이다.

144. 판서(判書) 정우(鄭宇)[475]에게 주다 　　寄鄭判書 [宇]

다시 온 세속엔 신하들로 가득하고	重來塵土滿朝衣
강가의 띳집으로 오랫동안 돌아가지 못했네.	江上茅茨久[476]未歸
조정에는 무수히 신진인사들이 많고	廊廟累累新進夥
관복 입은 사람들로 소란해도 친구는 드무네.	衣冠擾擾故人稀
평생에 약속을 한 그대는 남쪽에 있고	百年有約君南在
기러기 북쪽으로 날아가도 천 리 밖에서 소식은 없네.	千里無書鴈北飛
슬프구나 서로 만날 날이 언제일는지	悒悵相逢知[477]何日
송도(松都)[478]의 이월은 참으로 향기롭구나.	松都二月正芳菲

꽃 같은 얼굴과 이별한 지 이미 사 년이나 되었고	一別華顏已四春
술자리마다 새로운 사람 아님이 없네.	酒杯無處不新人
동분서주하면서 어지러운 가운데	東馳西走紛紛裏
때마다 구름을 보면서 자진(子眞)[479]을 그리워하네.	時復看雲憶子眞

물은 동쪽 못에 가득하고 꽃은 산에 가득	水滿東池花滿山

---

475) 정우(鄭宇): 고려 후기에 활동한 문인 중 '정우(鄭宇)'는 찾을 수 없지만, '정우(鄭寓)'는 보이므로 위 시의 '정우(鄭宇)'는 아마도 '정우(鄭寓)'를 가리키는 듯하다. '정우(鄭寓)'는 자(字)가 호연(浩然), 본관이 진주(晉州)로 "이색, 이숭인, 정몽주, 김구용 등과 깊은 교유를 나누었다."라는 전녹생(田祿生)의 기록(陶隱李公亦作詩送之, 又與鄭圃隱, 金若齋諸賢相遊善. 『壄隱逸稿』 권6 「尊慕錄附」)으로 보아 위 시의 내용과도 합치된다고 여겨진다.

476) 久: 『한국문집총간』에는 '夕'으로 되어 있으나 의미 상 '久'가 타당하다.

477) 知: 『한국문집총간』에는 '是'로 되어 있으나 '知'가 더 타당하다.

478) 송도(松都): 고려의 수도인 개경(開京)의 별칭.

479) 자진(子眞): 중국 한(漢)나라 때의 은사(隱士)인 정박(鄭樸)의 자(字). 그는 섬서성(陝西省) 예천현(醴泉縣)의 곡구(谷口)에 살면서 대장군 왕봉(王鳳)이 예우를 갖춰 초빙하였으나 뜻을 굽히지 않고 은거하여 절개가 청고(淸高)한 것으로 이름이 났다. 이 시에서는 시인이 세속의 바쁜 업무를 내려놓고 정박처럼 은거하고 싶다는 바람을 표현한 것이다.

하나의 정사(精舍)가 대나무와 소나무 사이에 있네.	一區精舍竹松間480)
아름다운 여인과 훌륭한 말 모두 대적할 이 없으니	妖姬481)駿馬俱無敵
모름지기 선생께서 너무나 한가함을 얻었다 믿을 수 있겠네.	須信先生剩得閑

145. 첨서(簽書)482) 유원(柳源)483)께 바치다   呈柳簽書 [源]

푸르고 붉은 수많은 꽃들 정말로 향기로운데	千紅萬綠正芬芳
꽃 기운 짙어만 가고 낮은 점점 길어지네.	花氣濛濛日漸長
흥에 겨워 아득한 갈 길을 잃어버리고	乘興渺然迷去路
갓 뒤집어쓰고 패옥 떨어뜨리는 이는 세상에 어두운 미치광이라네.	倒冠落佩一疎狂

꽃은 많이 피지 않았고 버들은 우거지지 않았어도	花未繁開柳未深
봄바람은 응당 처음으로 술 끊은 것 괴이하게 여기리.	春風應怪酒初禁
술통에는 좋은 술이 아직 남아 있을 터이니	尊中美醑知猶在
문 열고 한 잔 마시는 것은 해롭지 않을 것일세.	不害開門一淺斟

---

480) 間: 『한국문집총간』에는 '間'의 이체자 '閒'으로 되어 있다.
481) 妖姬: 『한국문집총간』에는 '犮嬺'로 되어 있으나 '妖姬'가 더 타당하다.
482) 첨서(簽書): 벼슬 명칭으로 추밀원(樞密院)의 첨서추밀원사(簽書樞密院事)의 약칭이다.
483) 유원(柳源): 1341-1392. 고려 후기의 문신으로 본관은 진주(晉州). 1360년(공민왕 9) 20세의 나이로 과거에 급제하였고, 1390년(공양왕 2) 판개성부사로서 지공거(知貢擧)가 되어 이종학(李種學)과 더불어 과거를 관장하여 김여지(金汝知) 등 33인을 뽑기도 하였다. 척약재와 유원은 내외종간이다. 유원의 아버지는 유지정(柳之淀), 어머니는 척약재의 고모(김승택의 따님)이다. 본서 하권 65번 시 『유지습판서만장(柳之濕判書挽章)』의 유지습은 유지정의 형제이다.

146. 강릉염사 서구사(徐九思)484)를 전송하다485)　　送江陵徐廉使 [九思]

동쪽 교외로 술 싣고 나오니 가을이 지려 하는데	載酒東效郊欲暮秋
국화꽃 떨기 가에서 그대의 유람을 전송하네.	菊花叢畔送君遊486)
한 번 우는 기러기 푸른 하늘 바깥으로 지나가고	一聲鴈度靑天外
천 리 길의 사람은 푸른 바다 모퉁이로 돌아가겠지.	千里人歸碧海陬
흰 머리의 자애로운 어머니 응당 베를 끊으려487) 하실 테고	鶴髮慈親應斷織
비단옷 입은 사자(使者)488)는 곧장 수레를 멈추겠지.	綉衣使者正停輈
멀리서도 알겠노라, 여러 고을에서 다투어 달려와	遙知州牧爭奔走
헌수(獻壽)489)하는 집안에는 기쁜 기운으로 가득 차 있음을.	獻壽堂前喜氣浮

---

484) 서구사(徐九思): 서구사가 어떤 인물인지 정확하게 고증할 수는 없으나 목은 이색의 시 중에 「강릉도 염사 서구사 좌랑의 시권에 쓰다. 그의 모친이 강릉부에 있다.[題江陵廉使徐九思佐郞詩卷, 母在江陵府]」라는 시(『목은집』 권34)가 있고, 또 이숭인의 시에도 「강릉으로 어버이를 뵈러 가는 서구사를 전송하며[送徐九思之江陵省親]」(『도은집』 권2)가 있는 것으로 보아 서구사는 목은 이색 주변의 인물들과 매우 돈독한 교유를 나눈 인물로 보인다. 위의 척약재의 시도 이와 같은 맥락에서 작시된 것으로 판단된다.
485) 이 시는 『동문선』 권16에도 실려 있다.
486) 遊: 『한국문집총간』에는 '游'로 되어 있으나 의미 상 차이는 없다.
487) 베를 끊으려: 원문의 '단직(斷織)'은 '맹모단직(孟母斷織)' 또는 '맹모단기(孟母斷機)'의 줄인 말로 자식에 대한 현모(賢母)의 철저하고 지혜로운 교육을 의미한다.
488) 비단옷……사자(使者): 강릉염사(江陵廉使)인 서구사(徐九思)를 지칭한다.
489) 헌수(獻壽): 환갑과 같은 잔치가 있을 때 오래 살기를 비는 뜻으로 자손이나 손님들이 잔에 술을 부어서 주인공에게 드리는 것을 이른다. 이로 보아 위의 인용 시는 서구사 모친의 환갑잔치가 벌어져 서구사가 고향으로 가는 것을 전송한 시임을 알 수 있다.

147. 우사(右使)[490] 임성미(林成味)[491] 만장　　林右使挽章 [成味]

부귀와 영화는 한 시대를 흔들었고	富貴榮華振一時
형제간의 우애는 시경의 시에 들어맞았네.[492]	鶺[493]原相友合周詩
가장 가여운 일은 뜻하지 않게 신선 되어 가서	最憐[494]不意登仙去
구십의 어버이가 눈물 흘리는 것이라네.	九十雙親老淚垂

예전에 부절을 나눠 갖고 고향을 다스릴 때	昔日分符理故鄕
정치는 깨끗하고도 무사하여 농사와 잠업이 풍성했다네.	政淸無事富農桑
지금까지 어찌 유독 사랑을 받는 것일까	只今豈獨多遺愛
늙은이를 공경하는 은혜 깊어 감히 잊지 못하는 게지.	老老恩深未敢忘

---

490) 우사(右使): 고려 후기 삼사(三司)에 속한 관직. '삼사'는 고려시대 국가 전곡(錢穀)의 출납과 회계를 관장하던 기구이다.

491) 임성미(林成味): ?-1383. 고려 후기에 활동했던 무신. 본관은 평택(平澤)으로 이성계 등과 함께 여러 차례 왜구를 무찌른 공이 있다. 시호는 충간(忠簡)이다. 우왕 때 권신이었던 임견미(林堅味)가 그의 동생이다.

492) 시에……맞았네:『시경(詩經)』에 나오는 '척령재원(鶺鴒在原)'을 말한다. '척령재원'은 형제가 급한 일이나 어려운 일을 당하여 서로 돕는 것의 비유로 쓰인다.『시경』,「소아(小雅)」,「녹명지십(鹿鳴之什)」의 〈상체(常棣)〉 시(詩) 2장은 다음과 같다.
　　할미새 들에 있고　　　　鶺令在原
　　형제가 위급하고 어렵도다.　兄弟急難
　　매번 좋은 친구 있어도　　每有良朋
　　하물며 긴 탄식만 한다.　　況也永歎

493) 鶺:『한국문집총간』소재『척약재학음집』에는 '鶺'이 '令'으로 되어 있고, 본 역서의 저본인『고려명현집』소재『척약재학음집』에는 '鶺'으로 되어 있어 서로 차이가 있다. 하지만 의미 상 '鶺'으로 보는 것이 더욱 타당하기에 본서에서는『고려명현집』을 따른다.

494) 憐:『한국문집총간』소재『척약재학음집』에는 '怜'으로 되어 있고,『고려명현집』소재『척약재학음집』에는 '憐'으로 되어 있다. '怜'은 '憐'의 이체자이다. 의미 상 차이는 없지만 본서에서는 저본인『고려명현집』을 따른다.

148. 좌주 문충공(文忠公) 남촌 선생(南村先生) 이공수(李公遂)495) 부인 김씨 만장
座主李文忠夫人金氏挽章 [南村先生李公遂]

옛날 선생께서 두 기둥을 꿈꾼 후로496)	昔日497)先生夢兩楹
마음 상하신 것이 십팔 년이나 되었네.498)	傷心一十八年更
적막한 거문고와 책은 먼지만 부질없이 가득하고	琴書寂寞塵空滿
황량한 정자에는 달만 홀로 밝구나.	亭榭荒凉月獨明
가장 큰 한은 집안에 대를 이을 자손이 없는 것이니	最恨堂前無嗣續
집안에서 공경대부 나왔다고 자랑할 수 있겠는가.	堪誇門下出公卿
부인께서 오늘 환패(環佩)를 남겼으니499)	夫人此日遺環佩
남촌(南村)500)으로 머리 돌리매 눈물이 쏟아지네.	回首南村涕淚傾501)

---

495) 이공수(李公遂): 1308-1366. 고려 후기의 문인. 자(字)는 형재(衡齋), 호는 남촌(南村), 시호는 문충(文忠), 본관은 익산으로 1363년 원나라에서 공민왕을 폐위하고 덕흥군(德興君)을 왕으로 세우자 원에 진정표(陳情表)를 가지고 가서 공민왕의 복위를 위해 노력하였으며 1365년 익산부원군에 봉해졌다. 신돈이 집권한 후에는 낙향하여 은거하였다. 척약재는 1353년(공민왕 2)에 송천봉(宋天奉)이 주시(主試)한 진사시에 합격했고, 2년 후인 1355년에는 이공수와 안보(安輔)가 주시한 과거에 급제하였으므로 이공수는 척약재에게 좌주(座主)가 된다.

496) 두……후로: 자신의 죽음을 미리 예감하는 것을 말한다. 공자가 죽기 7일 전에 두 기둥 사이에 앉아 제사(祭祀)를 받는 꿈을 꾸었는데, 그 후 과연 7일 동안 병들어 누웠다가 죽었다는 고사에서 나온 말이다. 『예기(禮記)』, 「단궁(檀弓)」. "予疇昔之夜, 夢坐奠於兩楹之間, 夫明王不興而天下其孰能宗予, 予殆將死也. 蓋寢疾七日而沒." 참조.

497) 日: 『고려명현집』에는 '日'로 보이나, 『한국문집총간』 초간본에는 '自'로 되어 있다.

498) 마음……되었네: 남편인 이공수가 1366년에 죽고 18년 후인 1384년에 그 부인이 죽은 것을 말한다. 따라서 위 인용 시는 1384년에 작시된 것임을 알 수 있다.

499) 환패(環佩)를……남겼으니: '환패'는 지체 높은 집안의 여자들이 차던 노리개의 일종이니, 여기서 환패를 남겼다는 것은 즉 부인의 죽음을 의미한다.

500) 남촌(南村): 이공수의 호가 '남촌(南村)'이므로 이 시의 '南村'은 '남쪽 마을'이라는 뜻과 더불어 이공수를 지칭하는 중의적 표현이다.

501) 傾: 『고려명현집』에는 '淚' 다음에 한 글자가 결락되어 있으나 『한국문집총간』 초간본과 『수필본』 (국립중앙도서관 소장본)에는 '淚' 다음에 '傾'이 적혀 있다.

149. 가을날 저녁 비가 개다   秋日晚晴

한 가닥 긴 피리 소리가 초가을을 희롱하자	一聲長笛弄新凉
누대 위의 아름다운 사람 애간장 끊어지는 듯.	樓上佳人欲斷腸
고개 돌려 서울 거리 바라보니 갠 하늘빛이 밝은데	回首天街明霽色
푸르른 회화나무와 높은 버드나무에 저녁햇빛 비친다.	綠槐高柳正斜陽

150. 숭선사(崇善寺)⁵⁰²⁾에서 김생사(金生寺)로 돌아가는 총(聰) 스님을 전송하다

崇善寺送聰上人歸金生寺

절이 흰 갈매기 노는 물가와 가까이 있으니	禪宮近在白鷗洲
봄바람 불 제 술을 싣고 놀았던 것이 그 몇 번이던가.	幾度春風載酒遊
누대에서 술 취해 자는 것도 진실로 나쁘지 않은데	醉睡樓中良不惡
달 밝은 밤에 기녀(妓女)가 고깃배를 부르네.	月明官妓喚漁舟

---

502) 숭선사(崇善寺): 충청북도 충주시 신니면(新尼面) 문숭리(文崇里)에 있었던 고려시대의 절. 지금은 터만 남아 있다.

151. 절재 선생(節齋先生)503)에게 주다 　　寄節齋先生

가을바람은 정말로 장쾌한데	秋風正浩蕩
고개 돌려 남쪽 고을 바라본다.	回首望南州
당신의 집은 어느 곳에 있는가	君家是何處
나는 가고 싶지만 달리 방법이 없네.	我往更無由
사위504)는 범방(范滂)처럼 말고삐를 굳게 잡고505)	玉潤攬范轡
장인506)은 유루((庾樓))507)에 오르네.	氷淸登庾樓
서로 만나 한바탕 크게 웃으니	相逢開一笑
여러 악기 소리들이 숲을 울리네.	絲竹振林邱508)

---

503) 절재 선생(節齋先生): 이 시에서 말하는 '절재 선생'이 정확히 누구인지는 확실치 않다. 다만 원(元)나라 때 저명한 학자 반영(潘榮)이란 인물이 있는데, 그의 자(字)는 백성(伯誠)이며 무원(婺源) 사람이다. 흔히 양절(陽節) 반씨(潘氏), 혹은 '절재 선생(節齋先生)'으로 일컬어졌다. 역사에 박학하여 『통감총론(通鑑總論)』을 저술하였다. 인용 시에서의 '절재 선생'은 내용상 고려의 인물로 보이는데, 아마도 그가 원나라 반영을 흠모하여 본인의 호를 '절재'로 이름한 것 같다.

504) 사위: 원문의 '옥윤(玉潤)'은 사위를 의미한다. '빙청옥윤(氷淸玉潤)'의 줄인 말로 얼음처럼 깨끗한 장인과 구슬처럼 빛나는 사위를 말하니, 곧 장인과 사위의 인물됨이 다 같이 뛰어남을 이르는 말이다. 중국 진(晉)나라 때 인물 위개(衛玠)에게는 장인 악광(樂廣)이 있었는데, 사람들이 이들을 가리켜 '부옹빙청, 여서옥윤(婦翁氷淸, 女壻玉潤)'이라고 한 데서 유래되었다.

505) 범방처럼……잡고: 정치에 참여하여 경세제민(經世濟民) 하고자 하는 의지를 말한다. 후한(後漢) 때 지사(志士) 범방(范滂)은 청조사(淸詔使)로 기주(冀州)에 내려갈 적에 수레에 올라 말고삐를 굳게 잡고 개연히 천하를 맑게 하고자 했다는 고사에서 유래한다.

506) 장인: 원문의 '빙청(氷淸)'은 장인을 의미한다. 『진서(晉書)』「위개전(衛玠傳)」에 "위개의 장인 악광(樂廣)이 명망이 있었는데 사람들이 '장인은 얼음처럼 맑고 사위는 옥처럼 윤이 난다.' 했다."라고 한 데서 유래한 말이다.

507) 유루(庾樓): '유루(庾樓)'는 '유공루(庾公樓)'라고도 한다. 중국 진(晉)나라 때 유량(庾亮)은 무창(武昌) 땅을 다스리면서 관료인 은호(殷浩)·왕호지(王胡之)와 같이 남루(南樓)에 올라가 달을 구경하고 서로 시를 읊곤 하였다. 이후 문인(文人)들이 모여서 서로 음영(吟咏)하는 것을 의미하는 말로 사용되었다. 『세설신어(世說新語)』권5「용지(容止)」참조.

508) 邱: 『한국문집총간』에는 '丘'로 되어 있으나 의미 상 차이는 없다.

152. 인하여 강릉의 해은 선생(海隱先生)509)에게 주다
因寄江陵海隱先生

서 군(徐君)이 뜻을 얻어 금의환향하니	徐君得意錦還鄕
초목과 산천도 빛을 내네.	草木山川更有光
훤당(萱堂)510)께 앞 다투어 축수(祝壽)의 잔 올릴 것을 생각하니	想見萱堂爭獻壽
늙은 남자 먼저 일어나 당당하게 춤을 추리라.	老仙先起舞陽陽
좋은 말에 미녀 태우고 바닷가 노닐며	細馬紅粧傍海邊
꿈 같은 풍류 즐긴 지 십삼 년이 되었네.	風流如夢十三年
이제와 서자(徐子)가 남긴 발자취를 쫓으면서	于今徐子追遺迹511)
관동(關東)으로 고개 돌리니 한 번 서글퍼지네.	回首關東一慘然
요사이 왜구의 침략을 자주 받아서	倭寇年來屢見侵
바닷가 백성들은 날마다 신음한다네.	海隅黔首日呻吟
호수와 산의 바람과 달은 그대로 옛날과 같지만	湖山風月猶依舊
어느 때에야 풍년의 즐거움을 한 번 찾을 수 있으랴.	豊樂何時一去尋

---

509) 해은 선생(海隱先生): 시의 내용으로 보아 앞의 하권 146번 시(「송강릉서염사[구사](送江陵徐廉使[九思])」에 나오는 강릉도안렴사 서구사(徐九思)의 부친으로 보인다.
510) 훤당(萱堂): 남의 어머니를 높여 부르는 말. 흔히 '자당(慈堂)'이라고도 한다.
511) 迹: 『한국문집총간』 초간본에는 '跡'으로 되어 있다. 뜻은 같다.

153. 동년(同年) 함모(咸某)512)에게 주고 겸하여 동년(同年) 최모(崔某)513)에게 써서 보내다
寄咸同年兼簡崔同年

강산에서 울며 이별한 지 벌써 십이 년	泣別江山十二秋
꿈속의 넋은 아직도 구름 속 누대를 서성이고 있네.	夢魂猶繞倚雲樓
서 군(徐君)이 가던 날 은근히 부탁했지	徐君去日殷勤囑
푸른 물결에 띄울 한 척 낚싯배 빌려 놓으라고.	須借滄波一釣舟

---

512) 동년(同年) 함모(咸某): 1355년(공민왕 4)에 척약재와 과거 동방(同榜)한 이들 중에 함씨(咸氏) 성을 가진 인물은 함승경(咸承慶) 밖에 없다. 『한국문집총간』에는 세주로 '承慶 卜河'라고 되어 있고 『수필본』(국립중앙도서관 소장본)에는 세주로 '咸承慶. 崔卜河'라고 적혀 있다. 함승경은 본관은 강릉, 자(字)는 선여(善餘)로 1355년(공민왕 4)에 과거에 급제하여 벼슬은 보문각제학(寶文閣提學)·검교(檢校)·중추원학사(中樞院學士) 조선조에서 집현전대제학(集賢殿大提學)을 역임하였다. 그의 아들이 함부림(咸傅霖)으로 자(字)는 윤물(潤物), 호는 난계(蘭溪), 시호는 정평(定平)이다.

513) 동년 최모: 『고려명현집』에는 세주(細註)가 없으나 『한국문집총간』에는 세주로 '承慶 卜河'라고 되어 있고 『수필본』(국립중앙도서관 소장본)에는 세주로 '咸承慶. 崔卜河'라고 적혀 있다. 이로 보아 최동년은 최복하(崔卜河)가 확실하다. 최복하(崔卜河)는 본관이 강릉(江陵)으로 1355년(공민왕 4)에 과거에 급제하여 고려 말 한성판윤을 거쳐 보문각 직제학과 대사간을 지내다가 1388년 이성계의 위화도 회군(威化島回軍)이 일어나자 관직에서 물러나 울진의 무령현(武靈峴)에 은거하였다.

154. 방(方) 비서감(祕書監)514)께 장난삼아 바치다   戲呈方祕書515)

아름다운 여인을 불러 내 술을 많이 권하니	喚出佳人勸酒多
푸른 구름, 가을 햇빛에 흥이 어찌 끝이 있으랴.	碧雲秋日興無何
풍류 시인 이백을 도리어 우습게 여기더니	風流李白還堪笑
취하여 장막 너머에서 단지 노래만 듣는구나.	醉裏徒聞隔障歌
이슬이 가을하늘을 씻어 달빛도 밝으니	露洗秋空月色多
우리 무리들 한바탕 노는 것이 어떠한가.	欲將吾輩翫如何
가늘게 흘러내리는 술 조금 마시고	淺斟纖弱涓涓酒
유장(悠長)한 느린 노래 한가롭게 듣는다.	閑聽■長緩緩歌

---

514) 비서감(祕書監): 고려시대 경적(經籍)과 축문(祝文) 작성 등에 관한 일을 관장하던 관서(官署).

515) 方祕書: '방 비서'는 방순(方恂)이다. 방순은 척약재의 아들 김명리와 동서지간이다. 김명리의 장인은 제정(霽亭) 이달충(李達衷)인데, 방순의 후취 배위(後娶配位)가 이달충의 딸이다. 방순(方恂)은 일명 방순(方旬), 초명은 방득주(方得珠), 호는 만송당(晩松堂), 시호(諡號)는 문의(文毅)로 방언휘(方彦暉)의 아들이다. 1362년(공민왕 31) 삼봉(三峰) 정도전(鄭道傳)과 함께 문과에 등과하였다. 부인은 조선 개국공신 파평인 윤호(尹虎)의 장녀와 경주인(慶州人) 문정공(文靖公) 이달충(李達衷)의 차녀이고, 딸은 숙녕택주(淑寧宅主)로 사위는 조선의 개국공신으로 영의정에 오른 의령인(宜寧人) 남재(南在)의 장남 남경문(南景文)이며, 외손자는 태종의 사위 의산군(宜山君) 남휘(南暉)이다.

155. 부모님을 위해 생선과 고기를 구하는 시를 지어 한 수는 해주목사(海州牧使)께 드리고 한 수는 당후(堂後)516) 이회(李薈)517)께 드리다

爲親乞魚肉詩, 一呈海州牧, 一呈李堂後 [薈]

울어도 죽순은 나오지 않고518)	泣竹笋不出
얼음을 두드려도 물고기 뛰지 않네.519)	叩氷魚不躍
나의 효성이 정성스럽지 못함을 탄식하며	嗟予孝未誠
영각(鈴閣)520)을 주목하여 바라보네.	注目望鈴閣

비록 노래자(老萊子)의 옷을 입었으나521)	雖着老萊衣

---

516) 당후(堂後): 고려시대 중추원(中樞院) 당후관(堂後官)의 별칭. 중추원 당후관은 보통 '주서(注書)'라고 불렸으며 왕명의 출납이나 사초(史草)의 기록, 실록편찬 등에 참여하였다.

517) 이회(李薈): 본관은 태안(泰安), 자(字)는 송곡(松谷)·삼탄(三灘)으로 소윤 이경(李卿)의 아들이다. 1382년(우왕 8) 문과에 급제하였다. 그의 업적은 우리 나라 지도 발달사에서 빼놓을 수 없을 만큼 중요한 「팔도도」의 제작에 있다. 「팔도도」는 1402년 제작되어 조선시대 최고(最高)의 지도로 평가되고 있으나 현존하지는 않는다. 다만, 그가 김사형, 이무 등과 함께 만든 세계지도인 「혼일강리역대국도지도(混一疆理歷代國都之圖)」의 조선팔도 부분에서 「팔도도」를 추정할 수 있다. 한반도의 윤곽이 비교적 정확한 세밀도이며, 독특한 산맥 표현방법과 조선 전기 지도 제작의 일면을 엿볼 수 있다는 점에서 주목되는 지도이다.

518) 울어도……않고: 중국 삼국시대 오(吳)나라의 맹종(孟宗)은 병든 노모가 겨울에 죽순(竹筍)을 먹고 싶어 하자 대숲에 가서 찾아봤지만 구할 수 없었다. 이에 맹종이 슬피 우니 죽순이 돋아나고 이를 어머니께 드릴 수 있었다고 한다. 여기에서 '맹종읍죽(孟宗泣竹)'이라는 고사가 나왔다. 이 시에서는 시인이 부모님께 좋은 음식을 봉양하고 싶은데 맹종처럼 울어도 얻을 수 없다는 것을 말하고 있다.

519) 얼음을……않네: 중국 삼국시대 진(晉)나라 왕상(王祥)은 계모를 위해 겨울철에 살아 있는 물고기를 잡으러 강에 가서 얼음을 깨고 잉어를 잡아 어머니를 봉양했다고 한다. 여기에서 '부빙득리(剖冰得鯉)'라는 고사가 나왔다.

520) 영각(鈴閣): 지방 장관이나 장수가 집무하는 관소(館所). 여기서는 해주목사와 당후(堂後)의 거처를 말한다.

521) 비록……입었으나: 중국 춘추시대 초(楚)나라의 은자(隱者)인 노래자(老萊子)가 일흔의 나이에도 부모님을 기쁘게 해 드리기 위하여 색동옷을 입고 재롱을 떨었다는 고사를 말한다. 이 시에서는 시인이 노래자처럼 부모님께 효도할 마음은 품었으나 봉양할 음식이 없음을 말하고 있는 것이다.

능히 맛있는 음식을 갖추진 못하였네.	未能具甘旨
만약 생선과 고기를 받는 은혜를 입는다면	若蒙惠肉魚
어찌 큰 즐거움과 기쁨이 아니겠는가.	胡不大歡喜

156. 임효선(林孝先)522) 선생에게 주다　寄林先生 [孝先]

늙으신 어버이께서 고향 마을에서 오셨는데	老親來自故鄕閭
밥상 위엔 고기나 생선이 하나도 없네.	案上渾無肉與魚
듣자 하니 호수엔 맛있는 것들이 많이 있다 하니	聞說湖潭多勝味
그대는 실컷 먹고 남은 것을 나누어 주시길.	君應厭飫幸分餘

---

522) 임효선(林孝先): 고려 후기의 문인. 척약재와 함께 1355년(공민왕 4)에 과거에 급제하였다. 1375년 북원(北元)의 사신을 반대하는 일로 조정의 여러 신하들이 당시 권신이었던 이인임(李仁任)을 탄핵했는데, 이 일로 인하여 이첨(李詹), 전백영(全伯英), 방순(方恂), 민중행(閔中行), 박상진(朴尙眞), 정몽주(鄭夢周), 김구용(金九容), 이숭인(李崇仁), 염정수(廉廷秀), 염흥방(廉興邦), 박형(朴形), 정사도(鄭思道), 이성림(李成林), 윤호(尹虎), 최을의(崔乙義), 조문신(趙文信) 등과 함께 귀양에 처해진 것으로 알려져 있다.

157. 취하여 자리에 있는 여러분께 드리다　　　醉呈座上諸公

인생사 행하고 그침은 천명이 아닌 게 없으니	人生行止莫非天
벼슬길 나가고 물러남에 정말 여유가 있게 되네.	出處丁寧綽綽然
오늘 좋은 자리 기쁨이 그지없는데	今日錦筵歡意足
주인이 흠뻑 취하여 가장 먼저 잠드네.	主人霑醉最先眠

158. 규정(糾正)523) 전오륜(全五倫)524)이 진양(晉陽)525)으로 부임하는 것을 전송하다
送全糾正赴任晉陽

비단옷 입고 총마(驄馬)526)를 타고 남쪽 고을로 부임하는데	綉衣驄馬赴南州
단풍과 노란 꽃들을 보니 정말로 구월의 가을이구나.	赤葉黃花九月秋
촉석루(矗石樓)527) 앞 봄물이 불어날 때면	矗石樓前春水濶
또한 기녀를 데리고 목란주(木蘭舟)528)에 올라야 하리라.	也應携妓上蘭529)舟

---

523) 규정(糾正): 고려시대 사헌부에 속하였던 관직. 대관(臺官)의 일원으로서 백관(百官)의 규찰(糾察)과 제사(祭祀)·조회(朝會) 및 전곡(錢穀)의 출납 등을 감찰하는 임무를 수행하였다.

524) 전오륜(全五倫): 본서 하권 78번 시의 주석 참조.

525) 진양(晉陽): 지금의 경상남도 진주시에 속해 있던 군명(郡名).

526) 총마(驄馬): 푸른 빛이 도는 백마(白馬)로 주로 대간(臺諫)의 관직에 있는 사람이 타고 다녔다.

527) 촉석루(矗石樓): 경상남도 진주시(晉州市)에 있는 누대. 고려 후기에 진주 남강(南江) 가에 건립되어 오랜 세월 동안 진주를 대표하는 명승지로 수많은 시인, 묵객들의 사랑을 받아왔다.

528) 목란주(木蘭舟): 난목(蘭木)으로 만든 예쁘고 작은 배.

529) 蘭: 『한국문집총간』에는 '欄'으로 되어 있으나 '목란주(木蘭舟)'의 의미이므로 『고려명현집』의 '蘭'을 따른다.

159. 강릉으로 돌아가는 서구사(徐九思)530)를 전송하다   送徐九思還江陵

이별이 애석하여 괜스레 다시 한 잔 술 마시나니   惜別無端復一杯
가련한 저 모습 어느 때에야 돌아오랴.   可憐531)丰532)度幾時回
서로를 그리워해 꿈속에서라도 그대 사는 곳 찾아가면   相533)思夢裏尋君處
밝은 달 뜨고 맑은 바람 부는 경포대(鏡浦臺)534)이리라.   明月淸風鏡浦臺

---

530) 서구사(徐九思): 본서 하권 146번 시 『송강릉서염사[구사](送江陵徐廉使[九思]) 각주 참조.
531) 憐: 『한국문집총간』에는 '怜'으로 되어 있다. '怜'은 '憐'의 이체자이다.
532) 丰: 『한국문집총간』에는 '丰'이 '手'로 되어 있다.
533) 相: 『한국문집총간』에는 '想'으로 되어 있으나 '서로'라는 의미이므로 『고려명현집』의 '相'을 따른다.
534) 경포대(鏡浦臺): 강원도 강릉시 경포호수(鏡浦湖水) 가에 자리한 누대. 고려 후기에 건립되었고 '관동팔경(關東八景)'의 하나로 오랜 세월 동안 명승지로 사랑을 받아 온 명소이다.

160. 안동의 원님으로 가는 동년(同年) 만리(萬里)를 전송하다
送萬里同年倅安東

안동의 자연은 풍광이 좋아	永嘉山水好風煙
호숫가 누대에서 아름다운 자리 펼쳐지겠지.	湖上樓臺賦錦筵
오늘 그대를 떠나보내는 마음 가이 없는데	今日送君情不極
국화와 단풍은 가을하늘로 저무는구나.	黃花赤葉暮秋天

문장과 도덕으로는 정 동년(鄭同年)535)이 으뜸이니	文章道德鄭同年
멀리서 우리 백성들 어진 수령 얻은 것 축하하네.	遙爲吾民賀得賢
이로움 일으키고 해로움은 제거함에 그대는 탁월한데	利害興除君有術
말없이 술잔 드니 단지 막막해질 뿐.	擧杯無語只茫然

조상들 무덤이 고향 땅에 있으니	列536)祖墳塋在故鄕

---

535) 정 동년(鄭同年): 1355년(공민왕 4)에 척약재와 과거 동방(同榜)한 이들 중에 정씨(鄭氏)로는 정무(鄭䥘), 정습인(鄭習仁) 두 사람이 있다. 그런데 위 인용 시에서 정 동년을 가리켜 "문장과 도덕이 으뜸이다."라고 했으니 당대에 큰 활약을 떨쳤던 정습인이 아닐까 추측해 본다.
정습인(鄭習仁)의 본관은 초계(草溪), 자(字)는 현숙(顯叔)으로 증조부는 국자박사(國子博士) 정승방(鄭丞邦), 조부는 국자진사(國子進士) 정방주(鄭邦柱), 아버지는 국자진사 정공연(鄭公衍)이다. 1355년(공민왕 4) 문과에 급제하여 성균학관(成均學官)에 보임되었고, 이어 지영주(知榮州)가 되어 일을 보려 할 때 주리(州吏)가 고사(故事)를 들어 소재도(消灾圖)에 분향하기를 청하므로 "인신(人臣)의 법이 아니면 행하지 않는다."고 하여 이를 철거하였다. 또한, 영주에 무신(無信)이라는 탑이 있었는데, 이를 허물고 그 벽돌로 빈관(賓館)을 수리하여 신돈(辛旽)의 노여움을 사서 계림옥(鷄林獄)에 갇혔다. 신돈이 정습인을 죽이려고 하였으나, 조정 신하들의 도움으로 죽임을 면하고 평민이 되어 영주에 가서 그 탑을 다시 쌓게 하였다. 신돈이 죽은 뒤에 기용되어 다시 지영주가 되고 또 지밀성(知密城)이 되었는데, 이르는 곳마다 지방의 세력가를 누르고 음사(淫祀)를 금하였다. 우왕 때 전교령(典校令)으로 일본 사신에 대한 답례사(答禮使)에 임명되었는데, 일본 사신이 불교를 배척하는 자라 하여 바꾸기를 청하므로 결국 가지 못하였다. 그 뒤 어버이의 상을 당하자 여막(廬幕)을 짓고 3년상을 행하는 등 한결같이 주자의 『가례(家禮)』에 따랐다. 공양왕이 즉위하여 우산기상시(右散騎常侍)에 제수되었으나 곧 윤구택(尹龜澤)의 고신(告身)에 이름을 쓰지 않았다고 하여 외지로 유배되었다.

가을바람에 고개 돌리자 또다시 슬프고 처량해지네.	秋風回首更悲凉
가련하도다! 첩첩산중은 적막하기만 한데	可憐537)寂寞千山裏
오로지 스님 홀로 여전히 향불 맡고 있구나.538)	唯有孤僧尚典香

---

536) 列: 『고려명현집』에는 '列'로 되어 있으나 『한국문집총간』에는 '烈'로 되어 있다. 의미 상 '烈'이 더 타당하다.

537) 憐: 『한국문집총간』 판독문에는 '隣'으로 되어 있으나 원본은 판독하기 어렵다.

538) 향불……있구나: 원문의 '전향(典香)'은 절에서 향을 피우는 일을 담당하는 것을 말한다.

161. 삼봉(三峯)539)으로 돌아가는 정종지(鄭宗之)540)와 함께 보현원(普賢院)541)에 이르러 시를 차운542)하고 떠나보내다
鄭宗之歸三峯, 同至普賢院次韻送別

그대를 전송하느라 곧바로 보현원(普賢院) 문에 이르러	送君直到普賢門
가을바람에 이별의 소매 붙잡고 차마 헤어지지 못하네.	別袂秋風不忍分
삼각산(三角山)543)은 깊어 천만 겹이니	三角山深千萬疊
흰 구름 가득한 어느 곳에서 푸른 구름 바라보리라.544)	白雲何處望靑雲

---

539) 삼봉(三峯): 여말선초(麗末鮮初)의 정치가이자 문인인 정도전(鄭道傳: 1342-1398)의 호이면서 동시에 지명이기도 하다. 여기에서는 제목에서 "삼봉으로 돌아간다"고 했으니 지명일 텐데, 삼봉의 위치를 두고 아직까지도 의견이 분분하다. 가장 유력한 설은 한양의 '삼각산(三角山)'을 의미한다고 보는 의견과 단양의 '도담삼봉(島潭三峯)'으로 보는 의견이 있다. 이 시에서는 '보현원'과 '삼각산'을 언급하는 것으로 보아 여기 '삼봉'은 한양의 삼각산을 지칭하는 것으로 판단된다.

540) 정종지(鄭宗之): 정도전을 지칭. '종지(宗之)'는 그의 자(字)이다.

541) 보현원(普賢院): 고려 시대에 개성부(開城府) 남쪽 장단현(長湍縣)에 있었던 원(院). '원(院)'은 교통의 요지에 세웠던 역참(驛站)에 딸린 여관이다.

542) 차운: 삼봉 정도전의 시는 다음과 같다. 『삼봉집(三峯集)』 권2 칠언절구(七言絶句). 「還三峯, 若齋[金九容]送至普賢院.[是夏公還三峯舊居]」 "聯鞍共詠出都門, 朝市山林一路分, 佗日相思何處是, 松山秋月華山雲."

543) 삼각산(三角山): 서울 북부 지역에서 경기도에 걸쳐 있는 산. 일명 '북한산(北漢山)'으로 더 알려져 있다.

544) 흰……바라보리라: 여기서 '흰 구름[白雲]'은 자연, 혹은 자연에서 한거(閑居)하는 삶을 말하고, '푸른 구름[靑雲]'은 '관계(官界)', 혹은 높은 벼슬을 지칭하니, 곧 삼봉으로 돌아간 정도전이 자연 속에서 한거하면서도 서울의 조정을 잊지 못할 것이라는 사실을 말하고 있다.

162. 여흥(驪興)의 수령(守令)545) 유모(柳某)가 파임(罷任)되어 영남으로 돌아가는 것을 전송하다
送驪興柳明府罷任歸嶺南

봄바람에 수령이 탄 수레546) 남쪽 고을로 향하니	春風五馬向南州
이별하고 떠나보내려니 가득한 시름을 어찌 견디랴.	送別那堪一段愁
집 근처 강산은 너무나 적막하니	第上江山殊寂寞
달 밝은 밤에 누구와 함께 높은 누대 오르리오.	月明誰與上高樓

---

545) 수령(守令) : 원문의 '명부(明府)'는 지방의 수령을 일컫는 호칭이다. '명부군(明府君)'이라고도 한다.
546) 수령이……수레: 원문의 '오마(五馬)'는 고을 수령이 탄 수레를 가리킨다. 한(漢)나라 때 태수(太守)가 타는 마차를 다섯 마리의 말이 끌었는데, 이후부터 태수가 타는 마차 또는 태수를 뜻하는 의미로 쓰였다.

163. 박 비감(朴祕監)547) 댁에서 꽃을 감상하고 장난삼아 관물재(觀物齋)548)에 드리다

朴祕監宅賞花, 戲呈觀物齋

해가 긴 정원엔 사람도 없이 적막하기만 한데	日長庭院寂無人
수많은 가지의 그윽한 꽃만이 홀로 봄을 펼치네.	萬朶幽花獨展春
두려운 것은 한 줄기 광풍이 불어와	却恐狂風吹一陣
예쁘고 붉은 꽃들 어지러이 흙먼지에 버려지는 것이네.	嫣紅狼藉549)委沙塵

547) 박 비감(朴祕監): 앞의 하권 62번 시『寓朴祕監本宅, 以詩寄呈.[大陽]』에 등장하는 박대양(朴大陽)을 지칭하는 것으로 보인다. 박대양은 1344년(충혜왕 복위5)에 하을지(河乙沚), 안길상(安吉常) 등과 함께 문과 급제하였고 전법판서(典法判書)를 역임하였다. 목은 이색이 쓴 「하죽계안씨삼자등과시서(賀竹溪安氏三子登科詩序)」(『목은집』권8)에 보면 형제가 모두 등과(登科)한 예로 "밀성박씨(密城朴氏)에 대양(大陽)과 삼양(三陽)과 계양(季陽)이 있고"라는 표현이 보인다. 이로 보건대 박대양은 밀양박씨(密陽朴氏)로 3형제가 모두 등과하여 당대에 이름을 떨친 것으로 짐작된다.

548) 관물재(觀物齋): '관물재'는 도은(陶隱) 이숭인(李崇仁)의 서재 이름으로 이 시에서는 이숭인을 지칭하는 말로 사용되었다. 목은(牧隱) 이색(李穡)이 지은 「관물재찬(觀物齋贊)」(『목은집』권12)과 원재(圓齋) 정추(鄭樞)가 지은 「관물재잠(觀物齋箴)」(『원재고』권하)이 유명하다.

549) 藉:『한국문집총간』에는 '籍'으로 되어 있으나 의미 상 '藉'가 더 타당하다.

164. 해은 선생(海隱先生)550)으로부터 꿈에 종이를 전해 받았는데 잠깐 사이에 종이가 변하여 하얀 여덟 벌의 비단 치마가 되는 일이 생겼다. 마음속으로 생각하기를 '내가 두 벌을 갖고 여섯 벌은 세 명의 아들들에게 나눠 주면 좋겠다.'고 하였다. 꿈에서 깨어난 후에 돌이켜 생각해 보니 한편으로는 기쁘고 한편으로는 괴이하였다. 여섯 수의 절구(絕句)를 지어 해은 선생께 바친다

海隱先生夢遺華牋, 須臾而紙變爲白絹裙八事. 心以爲予畜二裙, 六裙分與三男足矣. 覺而翻思, 且喜且怪551). 足成絕句六首, 寄呈海隱先生

꿈속에서 종이를 전해 받아 너무나 기뻤는데	夢遺華牋實可忻552)
잠깐 사이에 하얀 비단 치마로 변하였네.	俄然變化白絹裙
무함(巫咸)553)이 하늘에서 내려오지 않는 한 알 사람 없으니	巫咸不降無人識
좋은 일이든 나쁜 일이든 해은(海隱)과 서로 나눠야 하리라.	凶吉須敎海隱分

아침이 되어 꿈 이야기 하자 모두 기뻐하는 것 보니	朝來說夢摠歡554)欣
길한 조짐 응당 이 여덟 치마로부터 나오리라.	吉兆應從此八裙
슬하의 세 아들은 믿고 따를 어머니가 안 계시니	膝下三男無母仰
만약 진실로 치마를 갖게 된다면 각각 공평하게 나눠야 하리.	若爲眞得各平分

| 꿈속에서 서로 보니 더욱 기쁜데 | 夢中相見更欣欣 |
| 어찌 종이가 변하여 치마가 되었을까. | 胡乃華牋化作裙 |

---

550) 해은 선생(海隱先生): 하권 152번 시 『因寄江陵海隱先生』 참조.
551) 怪: 『한국문집총간』에는 '怪'로 되어 있다. '怪'는 '怪'의 이체자이므로 뜻은 같다.
552) 忻: 『고려명현집』에는 '忻'으로 되어 있으나, 『한국문집총간』에도 '欣'으로 되어 있고 다음에 나오는 모든 운이 '欣'으로 되어 있는 것으로 보아 오각(誤刻)인 듯하다.
553) 무함(巫咸): 중국의 전설 상의 신무(神巫).
554) 歡: 『한국문집총간』에는 '懽'으로 되어 있다. 뜻은 같다.

이로써 선생과의 인연이 깊음을 알겠으니	知是先生緣分厚
교초(鮫綃)555) 백 자를 나눠야 되겠구나.	鮫綃百尺定應分

책을 공부하다가 낮잠을 잤는데 양흔(羊欣)556)이 되었고	工書晝寢是羊欣
자경(子敬)557)은 또다시 몇 폭의 치마에 글씨를 쓰네.	子敬還書數幅裙
평생토록 붓을 잡아 왔지만 '진자(晉字)558)'를 대하자니	把筆平生臨晉字
도리어 입목삼분(入木三分)559)하지 못할까 걱정되네.	却愁入木未三分

괴롭게도 동쪽 나라의 백성이 되어 기쁘지가 않은데	困作東民未悅欣
춤추는 아이는 황색 치마를 능하게 펼치네.	舞兒能展欝金裙
옛날에 풍속을 살피던560) 즐거움 생각하면서	因思昔日觀風樂
홀로 쓸쓸한 등불 마주하며 깊은 밤까지 앉아 있네.	獨對寒燈坐夜分

봄바람에 또다시 싱그럽고 무성한 나무들 바라보며	春風又見木欣欣
꽃 피는 시절 나풀거리며 춤추는 치마에 비겨 보네.	擬向花時嚬舞裙
다시 선생께서 백 세가 되시는 걸 보고 싶으니	更視先生登百歲
높은 연세로 장수하시는 행운을 나누고 싶네.	高年遐壽幸能分

---

555) 교초(鮫綃): 중국의 신화에 나오는 교인(鮫人)이 짠 비단이니 즉 얇고 가벼운 좋은 비단을 의미한다. 교인은 남해(南海)의 물 속에서 물고기처럼 살면서 쉬지 않고 비단을 짰다는 인어(人魚)이다.

556) 양흔(羊欣): 중국 남조(南朝) 송(宋)나라의 서예가. 황로학(黃老學)에 심취하였고 특히 예서(隸書)에 능하였다.

557) 자경(子敬): 중국 동진(東晉)의 서예가 왕헌지(王獻之)의 자이다. 왕헌지는 왕희지(王羲之)의 일곱 번째 아들로서 특히 행서(行書)와 초서(草書)에 뛰어났으며, 부친과 더불어 '이왕(二王)'으로 불렸다.

558) 진자(晉字): 동진(東晉)의 서예가 왕희지의 글씨체.

559) 입목삼분(入木三分): 동진(東晉)의 서예가 왕희지의 고사에서 나온 말로 필력이나 문장이 힘찬 것을 비유하는 말이다. 어느 날 동진(東晉)의 황제가 북쪽 교외에서 제사를 드렸는데 왕희지에게 목판에 축사를 쓰도록 하고 목공에게 그 글자를 새기도록 하였다. 목공이 새기면서 보니 왕희지의 필력이 어찌나 힘이 넘쳤는지 먹물의 흔적이 목판 속에 세 푼이나 스며들어 있었다고 한다.

560) 풍속을 살피던: 원문의 '관풍(觀風)'은 지방의 수령이 되어 백성들의 풍속과 인정세태(人情世態)를 살피는 것을 말한다.

165. 매화 그림　　　　　　　　畫梅

곱고 예쁜 것이 옥 같은 선녀의 자태인데	嬋娟綽約玉仙姿
봄바람 유난하게 불어와도 피하지 않네.	不避東風特地吹
그윽한 향기는 코를 감싸는 듯하고	似有暗香來擁鼻
하나의 흔적은 초승달과 서로 어울리도다.	一痕新月更相宜

166. 자야(子埜) 강호문(康好文) 선생에게 주다　　寄子埜先生 康561)好文

친구가 멀리 있구나 하늘 한 쪽 끝이로다	故人遠在兮天一涯
높은 곳에 올라 머리를 드니 기러기 남쪽으로 돌아가네.	登高矯首兮鴈南歸
서로 그리워하는 마음 부치고자 해도 쫓을 수 없고	欲寄相思兮不可追
가을 하늘은 아득하구나 푸른 구름은 날아가네.	秋空渺渺兮碧雲飛
군대에 가는 것을 즐거워하지만 귀밑머리 희어졌네	從軍爲樂兮鬢如絲
팔뚝에 건 활과 허리춤에 찬 화살이여 뜻은 시들지 않았다네.	臂弓腰箭兮志不衰
한가롭게 옥피리 부는데 가을 달 빛나니	閒562)吹玉笛兮秋月輝
앞다투어 고운 노래 부르면서 미녀를 거두는데	爭唱纖歌兮斂娥眉
남아가 뜻을 얻음은 각각 때가 있는 법.	男兒得意兮各有時

---

561) 康:『한국문집총간』에는 '姜'으로 되어 있으나 '康'의 잘못이다.
562) 閒:『한국문집총간』에는 '閑'으로 되어 있다.

167. 장차 운남(雲南)563)으로 가려고 양자강(揚子江)을 거슬러 오르면서 느낀 회포를 급사중(給事中)564)과 두 명의 진무(鎭撫)565) 등 세 사람의 관인(官人)들께 적어서 드리다566)

將赴雲南567), 泝江568)而上, 寓懷錄呈給事中兩鎭撫三位官人

은혜를 입어 서쪽 끝으로 유배된 것은	遇赦流西極
바로 황제의 너그러움을 입었기 때문이지.	便蒙聖主寬
구류를 한 것은 작은 허물569)을 징계함이요	拘留懲小■
압송에는 높은 관리를 임명했다네.	押送命高官
곳곳에서 자주 술을 보내오고	處處頻歸酒
때마다 반드시 안부를 물어 주네.	時時必問安
요즈음 은혜가 골수에 사무치니	邇來恩到骨
오로지 심중엔 붉은 마음570)만 있을 뿐이지.	唯有寸心丹

대리성(大理城)571)은 어디에 있는지	大理城何在

---

563) 운남(雲南): 중국 서남쪽 귀퉁이에 있는 지역으로서 중심 도시는 쿤밍(昆明)이며, 미얀마와 라오스, 베트남의 국경과 맞닿아 있다. 이곳은 진시황과 한(漢) 무제(武帝) 때부터 일부 지역이 중국에 편입되기 시작했고, 삼국시대 촉한의 제갈량이 이곳을 정벌하기도 했다.
564) 급사중(給事中): 중국의 관직명으로 황제의 조령(詔令)을 관장하는 일을 맡았다.
565) 진무(鎭撫): 중국의 관직명으로 상황에 따라 다양한 임무가 주어졌지만 대체로 어떤 일을 수행하기 위해 파견된 무관(武官)을 지칭하는 경우가 많다.
566) 이 시(詩)부터 하권 197번 시 「망귀주성(望歸州城)」까지 30편이 척약재가 1384년 중국 대리로 유배가다 병사(病死)할 때까지의 시편이다.
567) 赴雲南: 『한국문집총간』 소재 『척약재학음집』에는 '赴雲南'으로 되어 있으나 수필(手筆)로 윗면에 '流雲南'이라고 썼다.
568) 泝江: 현재의 저장성(浙江省)에 있는 난징(南京), 항저우(杭州) 부근을 흐르는 양자강(揚子江)을 말한다.
569) 작은 허물: 원문은 글자가 결락되어 있으나 앞뒤 문맥상 본서에서는 '허물'로 번역하였다.
570) 붉은 마음: 원문의 '心丹'은 '丹心'의 도치로 결코 변치 않는 마음을 가리킨다.
571) 대리성(大理城): 현재 중국의 운남성(雲南省) 중서부의 대리시(大理市) 일대로 옛 대리국(大理國)이

우리 나라 땅은 점점 멀어지네.	三韓地漸遙
강과 산들은 사람의 얼굴을 수척하게 하고	江山人面瘦
바람과 달은 나그네의 혼을 녹이네.	風月客魂銷
술을 얻어 근심과 고민을 물리치고	得酒排愁悶
시를 지어 적적하고 쓸쓸함을 이겨 내네.	裁詩遣寂寥
황제의 은혜로 얼마나 유배되는 것일까	聖恩流幾日
고개 돌려 구름 낀 하늘을 바라보네.	回首望雲霄

이미 형법에 저촉됨이 무거운데	已觸刑章重
어찌 질병에 얽히는 것을 싫어하리오.	那嫌疾病纏
유리(流離)되는 것도 도리어 운명이 있는 것이거늘	流離還有命
간난신고(艱難辛苦)가 어찌 하늘의 뜻이 아니겠는가.	辛苦豈非天
옥을 잡고 돌아다닌 것572)이 수천 리이고	執玉數千里
제후가 되어 천자를 조회한 지573) 십칠 년이라네.574)	朝正十七年
인(仁)이 뒤집어지는 것을 깊이 탄식하나니	深嗟仁覆裏
틈이 홀연히 변두리에서 생겨나도다.	■釁忽生邊

신의 죄는 마땅히 죽어야 하는데	臣罪當誅戮
천왕(天王)께서 어질고 밝은 지혜를 더해 주셨네.	天王益聖明
우레와 천둥의 위력은 이미 사라지고	雷霆威已霽

있던 곳이다. 척약재가 남경(南京)에서 유배를 당한 곳이기도 하다.
572) 옥을……것: 원문의 '집옥(執玉)'은 원래 『서경(書經)』「순전(舜典)」에 있는 수오례(修五禮) 주(註)에 '길(吉)·흉(凶)·빈(賓)·군(軍)·가(嘉)의 예를 닦는데, 5등의 제후(諸侯)는 옥을 잡는다[執玉].'라고 한 말에서 유래한 것으로 신하 또는 제후가 되어 주유(周遊)하는 것을 말한다.
573) 제후가……지: 원문의 '조정(朝正)'은 제후들이 천자에게 조회하여 정교(政敎)를 받는 것을 말한다.
574) 천자로서……년이라네: 명(明) 태조 주원장(朱元璋)이 나라를 개국한 것이 1368년이고, 척약재가 명나라에서 유배를 당하고 이 시를 쓴 것이 1384년이므로 도합 17년이 된다.

우로(雨露)의 은택575)은 이름 짓기조차 어렵네.	雨露澤難名
꿈은 서여국(胥餘國)576)을 돌고 있지만	夢繞胥余577)國
몸은 대리성(大理城)으로 유배되었네.	身流大理城
바야흐로 중화(中華)와 동이(東夷)가 하나로 섞였으니	華夷方混一
어느 곳인들 편안하게 살지 못하겠는가.	何地不安生

만 리 길 가는 돛대 위엔 까마귀 밤낮으로 날고	萬里檣烏日夜飛
뱃사공은 오히려 순풍이 잦아들기 바라네.	舟人猶欲順風微
부모님 생각에 눈물을 떨구지만 어느 때에야 뵐 수 있으랴	思親淚落何時見
임금님 그리는 마음 깊지만 돌아갈 날을 헤아릴 수 없네.	戀主情深未擬歸
높은 곳에 자리한 누각은 빼어난 경치를 알게 해 주고	樓閣岧嶤知勝景
아스라한 산과 시내들 사이로 지는 햇빛을 한탄한다.	山川悠遠恨斜暉
나그네의 수심 사라지게 하고 병을 없애 줄 수 있다면	客中愁破能無病
술집에서 한 번 옷을 전당(典當)잡혀 보리라.	賣酒家邊一典衣

---

575) 우로(雨露)의 은택: 초목이 비와 이슬을 맞고 자라는 것처럼 임금의 큰 은혜를 말한다.

576) 서여국(胥餘國): 기자(箕子)의 나라, 즉 우리 나라를 지칭한다. '서여(胥餘)'는 기자의 본래 이름이며, '기자'는 그가 기(箕) 땅에 봉해졌고 작위가 자(子)이기 때문에 부르는 명칭이다.

577) 余: 본서의 저본인 『고려명현집』에는 '餘'가 '余'로 되어 있으나 『한국문집총간』에는 '餘'로 되어 있고, 또 의미 상 '餘'로 쓰는 것이 맞기에 번역은 이를 따른다.

168. 채석(采石)578)　　　　采石

채석강579) 초입(初入)에서 술집을 물어 보는데　　采石江頭問酒家
끝없는 누대는 정말로 번화하다네.　　　　　　　樓臺無限正繁華
풍류 시인 이백(李白)580)은 지금 어디에 있는가　風流李白今安在
봉창(蓬窓)581)에서 잠을 깨니 달빛만 가득하구나.　夢覺蓬窓月滿波

169. 관음굴(觀音崛)　　　　觀音崛

작은 감실(龕室)582) 푸른 바위 사이에 높이 걸려 있어　小龕高掛翠嵓間
물고기, 새들과 자연 속에서 한가로움을 함께 하네.　魚鳥煙霞共一閒583)
부럽도다! 늙은 스님 세상을 피한 채　　　　　　堪羨老僧能避世
아침저녁으로 창에 기대어 좔좔 흐르는 물소리 듣고
있구나.　　　　　　　　　　　　　　　　　　　倚牕朝暮聽潺湲

---

578) 채석(采石): 중국 안휘성(安徽省) 당도현(當塗縣)에 있는 산. 사람들이 이곳에서 많은 돌을 채취하였기에 '채석(采石)'이라는 이름이 붙었다고 한다. 우저산(牛渚山)이라고도 한다. 여기에는 진(鎭)도 있었고 또 이 산 아래 흐르는 강 가운데 돌출한 곳은 채석기(采石磯)라고 하는데 이곳은 송(宋)의 우윤문(虞允文)이 금(金)의 군대를 대파한 곳이기도 하다. 이 채석기에는 여러 고적이 있는데 그 중에 태백루[太白樓: 일명 적선루(謫仙樓)], 태백사(太白祠), 청련사(青蓮祠) 등은 이백(李白)을 기념하기 위해서 세운 것이다.

579) 채석강: 채석강은 당나라 때 시인 이백(李白)이 물 속에 비친 달을 잡으려고 뛰어들어 빠져 죽었다고 전해지는 강이다. 이런 내용을 담은 기록으로는 오대(五代) 왕정보(王定保)의 「당척언(唐摭言)」에 있는 "李白着宮錦袍, 遊采石江中……"과 송(宋) 홍매(洪邁)의 「용재수필(容齋隨筆)」에 "世俗多言李太白在當塗采石……"라는 것이 있다.

580) 이백(李白): 701-762. 성당(盛唐)의 시인. 자는 태백(太白), 호는 청련거사(清蓮居士). '시선(詩仙)'이라 불리며 두보(杜甫)와 함께 중국 당(唐)나라 최고의 시인으로 추앙받는다.

581) 봉창(蓬窓): 쑥대로 엮어 만든 허름한 집. 여기서는 시인이 머문 객관(客館)을 의미한다.

582) 감실(龕室): 불교나 유교에서 불상이나 신주 등을 봉안하기 위하여 만든 작은 공간.

583) 閒: 『한국문집총간』에는 '閑'으로 되어 있다.

170. 황주(黃州)584)　　　　　　　黃州

제안성(齊安城)585) 바깥으로 버들가지 드리워 있어　　齊安城外柳絲垂
정 많던 두자미(杜紫薇)586)를 생각나게 하네.587)　　因憶多情杜紫薇
휘파람 불던 뜻과 노래하던 회포는 지금 적막해졌고　　嘯志歌懷今寂寞
그 옛날 구름과 강물의 자태만이 홀로 어렴풋하네.　　雲容水態獨依俙

---

584) 황주(黃州): 현재 중국의 호북성(湖北省) 신주현(新洲縣) 일대.
585) 제안성(齊安城): 현재 중국의 호북성(湖北省) 황강시(黃岡市) 제안구(齊安郡) 일대로 수(隋)나라 때에는 이름을 영안군(永安郡)으로 했다가 후에 제안군(齊安郡)으로 바꾸었다.
586) 두자미(杜紫薇): 만당(晚唐)의 시인 두목(杜牧: 803-852). 두목은 중서성(中書省)의 사인(舍人) 벼슬을 지냈는데, 중서성의 또 다른 명칭이 '자미성(紫薇省)'이었기에 그를 '두자미'라고 불렀다.
587) 정……하네: 두목이 황주자사(黃州刺史)를 지냈기에 척약재가 황주를 방문하여 지은 위의 시에서 두목을 언급한 것이다.

171. 무창(武昌)588)　　　　　　　武昌589)

황학루(黃鶴樓)590) 앞에는 파도가 용솟음치고	黃鶴樓前水湧波
강가를 따라 펼쳐진 주렴(珠簾)친 집들 그 몇 천 집인가.	沿江簾幕幾千家
돈 걷어 술을 사서 회포를 푸는데	釀錢沽酒開懷抱
푸른 대별산(大別山)591)에 해는 이미 기울었네.	大592)別山靑日已斜

---

588) 무창(武昌): 현재 중국 호북성(湖北省) 무한(武漢)의 구역(區域) 이름.
589) 이 시(詩)는 『동문선』 권22에도 실려 있다.
590) 황학루(黃鶴樓): 중국 호북성(湖北省) 무한(武漢) 장강(長江) 가의 사산[蛇山: 일명 황학산(黃鶴山)]에 있는 누각. 원래 삼국시대에 오나라 왕 손권(孫權)이 촉나라 유비(劉備)와의 전쟁을 대비해서 세운 망루로 알려져 있다. 황학루는 중국 역대 내로라하는 시인들이 그 천하절경을 노래했다. 역대 명사로는 최호(崔顥), 이백(李白), 백거이(白居易), 가도(賈島), 육유(陸遊), 양신(楊慎), 장거정(張居正) 등이 문예를 뽐냈으며, 그 중 8세기의 유명한 시인 최호의 시 등이 걸려 있다.
591) 대별산(大別山): 중국의 중부지역에 있는 산으로 서쪽으로 호북성(湖北省)에서 동쪽의 하남성(河南省) 및 안휘성(安徽省)에 이른다.
592) 大: 『고려명현집』에는 '入'과 비슷하나, '大'의 인쇄 불량으로 보인다. 『한국문집총간』에는 '大'로 되어 있다.

172. 악양루(岳陽樓)593)　　　　　　　岳陽樓

배 안에서 멀리 악양루를 바라보아도　　　　　　舟中遙望岳陽樓
직접 올라가 내려다보며 즐기지는 못하였네.　　　未得登臨作勝遊
어느 날에야 고국 땅으로 돌아가면서 다시 이곳을 지나　何日東歸重過此
난간에 기대어 동정호(洞庭湖)594)의 가을을 읊으며
감상하리오.　　　　　　　　　　　　　　　　　倚欄吟賞洞庭秋

---

593) 악양루(岳陽樓): 중국 호남성(湖南省) 동정호반(洞庭湖畔)에 자리한 누대. 중국에서 가장 유명한 누각 중 하나로 동정호를 조망할 수 있어서 많은 이들이 찾는 명소가 되었다.
594) 동정호(洞庭湖): 중국 호남성 북부에 있는 큰 호수. 주변 풍광이 좋아 예로부터 수많은 시인 묵객들의 제영(題詠)의 대상이었다.

173. 느낌이 있어   感懷

열 폭이나 되는 구름같이 솟은 돛은 한결같이 바람을 따르고	十幅雲帆一信風
강산은 모두 그림 속에 들어 있네.	江山都是畫圖中
그 누가 알리오, 만 리 길 서쪽으로 가는 나그네의	誰知萬里西征客
마음은 푸른 물결과 더불어 밤낮으로 동쪽에 가 있음을.	心與滄波日夜東
죽고 사는 것은 운명으로 말미암는 법이니 하늘을 어찌 하리오	死生由命奈何天
동쪽으로 고개 돌리며 한번 망연자실(茫然自失)해 볼 뿐.	回首扶桑一惘然
좋은 말 오천 필은 어느 날에야 도착하려나595)	良馬五千何日到
도화관(桃花關)596) 바깥은 풀만 무성하구나.	桃花關外草芊■597)

---

595) 좋은……도착하려나: 허균(許筠)이 쓴 『성수시화(惺叟詩話)』에서는 이 시를 소개하며 "그 자문(咨文)에 '말 50필'이라 할 것을 '5천 필'이라 잘못 적었기 때문이다. 이때 이 광평(李廣平: 이인임)이 국정(國政)을 맡고 있었는데 평소에 공의 무리들과 사이가 나빠 끝내 말을 바치지 않았으므로 황제가 공을 대리(大理)에 유배시켰다.[其咨文馬五十疋, 誤塡以五千疋. 時李廣平當國, 素不喜公輩, 迄不進馬, 帝流公大理.]"라고 설명하고 있다. 여기에서 "50필을 5,000필로 잘못 적었다."고 한 것은 허균이 잘못 알고 적은 듯하다. 외교 문서의 작성에서 외교 총책임자가 이런 실수를 한다는 것은 이해할 수 없으며, 『고려사』에 의하면 척약재 사행(使行) 이전에 여러 번 말 5,000필을 바치라는 명나라의 요구가 있었고, 또 이를 해결하기 위해 정몽주가 명나라에 파견된 적도 있었다.

596) 도화관(桃花關): 중국 강소성(江蘇省) 소주(蘇州) 창문(閶門)의 도화오(桃花塢)를 지칭하는 것으로 보임.

597) 芊: 『고려명현집』에는 한 글자가 결락되어 있으나 『한국문집총간』에 '芊芊'으로 되어 있다.

174. 죽은 이를 애도하다   悼亡

일백 사람이 찾아와 이웃을 맺었지만	一百人來爲結鄰
나그네 길이라 한 해의 봄은 초췌하기만 하네.	客中憔悴一年春
지금 병으로 죽은 이가 벌써 대여섯이니	如今病歿已五六
곧바로 운남에 도착한다 해도 몇이나 남아 있을까.	直到雲南餘幾人

175. 초생달 [오월 초삼일(初三日)에 짓다]   新月 [五月初三日作]

내 집은 송악산(松嶽山)598) 아래에 있는데	家在松山下
내가 탄 배는 강가로 나아가네.	舟行江水濱
황혼녘에 뜬 한 조각 달은	黃昏一片月
두 곳의 사람들을 나누어 비춰 주네.599)	分照兩鄕人

---

598) 송악산(松嶽山): 경기도 개성에 있는 산으로 예로부터 소나무가 많아 '송악산(松嶽山)'이라 하였다.
599) 두……주네: 시인은 운남으로 가는 유배 도중 초생달을 바라보며 고향의 가족들 생각에 잠겨 있는데, 가족들도 머나먼 고국에서 초생달을 보면서 자신을 그리워할 것이라는 의미로 쓴 것이다.

176. 석수(石首)의 현윤(縣尹)에게 주다   贈石首縣尹

애주(艾酒) 한 잔 권하는 사람 없으니	艾酒無人勸一杯
나그네의 시름과 번민 어느 때에나 없어질까.	客中愁悶幾時開
오늘 아침 처음으로 강가의 언덕에 올라	今朝始得登江岸
맑은 물결 함께 하고 싶지만 재주 없음이 부끄럽네.	欲共淸流愧不才

177. 단오   端午

높이 있는 누대에서 꿈을 깨니 해가 동쪽에서 떠오르는데	桅樓驚夢日生東
그 누가 세상 한쪽 구석에 있는 곤궁한 사람 생각이나 하랴.	誰念天涯一困窮
망망한 강과 바다에 떠 있는 나무장승과도 같고	江海茫茫同泛梗
아득한 천지의 바람에 날리는 쑥대와도 같네.	乾坤杳杳若飄蓬
명승지에 올라보니 시심(詩心)은 괴롭기만 하고	登臨勝地詩情苦
좋은 날들 저버린 채 술잔만 비웠네.	辜負良辰酒盞空
묻노니 멱라수(汨羅水)가 어느 곳에 있는가	爲問汨羅何處是
용주(龍舟)만이 거친 파도 속에서 출렁거리네.	龍舟上下浪波中

---

600) 석수(石首): 현재의 중국 호북성(湖北省) 형주시(荊州市)에 속한 현급시(縣級市).
601) 애주(艾酒): 쑥으로 빚은 술.
602) 辜: 『한국문집총간』에는 '事'로 되어 있으나 『수필본』(국립중앙도서관 소장본)에는 '辜'로 되어 있다.
603) 멱라수(汨羅水): 중국 호남성(湖南省) 상음현(湘陰縣)의 북쪽에 있는 강. 전국시대(戰國時代) 초(楚)나라의 정치가이자 문학가인 굴원(屈原: BC.약 343-290)이 빠져 죽은 곳으로 유명하다.
604) 용주(龍舟): 용머리를 뱃머리에 새겨 놓은 배.

178. 형주(荊州)　　　　　　　荊州

행차가 강릉(江陵)605)에 이르러 중선(仲宣)606)을 떠올리자니	行到江陵憶仲宣
등루부(登樓賦)607)의 말이 지금까지 전해지네.	登樓賦語至今傳
세상 끝에서 떠돌아다니는 신세임을 그 누가 알리오	天涯流落知誰甚
운남을 향해 고개 돌리는 자가 가장 가련하다네.	回首雲南最可憐

한(漢)나라 소열(昭烈) 황제608)는 관우609) 장비610)에게 의지했는데	漢家昭烈倚關張
그같이 했어도 천명이 주어지지 않았으니 느꺼워 탄식만 길어진다.	無命其如感嘆611)長
흐르는 물과 뜬구름은 천 년 전의 모습이니	流水浮雲千古態
지금까지 무안왕(武安王)을 시름겹게 만드네.	至今愁殺武安王

---

605) 강릉(江陵): 강릉은 중국 호북성 강릉현(江陵縣)을 가리킨다.
606) 중선(仲宣): 중국 후한(後漢) 말엽에 활동했던 문인 왕찬(王粲: 177-217). '중선'은 그의 자(字)이다. 그는 문장에 뛰어나 중국 문학사에서 '건안칠자(建安七子)'로 불린다.
607) 등루부(登樓賦): 왕찬이 일찍이 동탁(董卓)의 난리를 피하여 형주(荊州)의 유표(劉表)에게 가서 의지하고 있을 적에 강릉(江陵)의 성루에 올라 고향을 생각하고 그리워하면서 지은 작품.
608) 소열(昭烈) 황제: 중국 삼국시대 촉한(蜀漢)의 시조인 유비(劉備)의 시호(諡號). 그의 자(字)는 현덕(玄德)이다. 그는 관우, 장비와 도원결의(桃園結義)하였으며 제갈량(諸葛亮)을 양양(襄陽)에서 만나 그의 천하삼분(天下三分)의 계책을 써서 파촉(巴蜀)을 평정한 후 성도(成都)에서 제위(帝位)에 올라 국호를 한(漢)이라 하였다. 세상에서는 그를 유선주(劉先主)라 일컫는다.
609) 관우(關羽): 중국 삼국시대 촉한(蜀漢)의 명장으로 자는 운장(雲長)이다. 촉한(蜀漢)의 시조인 유비(劉備), 촉한의 장수 장비(張飛)와 도원결의(桃園結義)를 맺고 유비를 도와 촉한의 건국에 큰 공을 세웠다. 뒷날 형주(荊州)를 지키다가 여몽(呂蒙)에게 피살되었다. 민간에 신앙이 두터워 곳곳에 관제묘(關帝廟) 또는 관왕묘(關王廟)가 있다.
610) 장비(張飛): 중국 삼국시대 촉한(蜀漢)의 명장으로 유비의 의형제이다. 자(字)는 익덕(翼德)이다. 오호장군(五虎將軍)의 한 사람으로 유비를 도와 촉한의 발전에 이바지하였다.
611) 嘆: 『한국문집총간』, 『수필본』, 『영천본』, 『익산본』에는 '歎'으로 되어 있다.

(관우를 추증(追贈)하여 하사한 시호(諡號)가 '무안왕'이다. '형주'는 살았을 때 그가 지키던 곳이다. [追諡關羽曰武安王, 生時守禦處.])612)

겉과 속이 맑고 온화한 아름다운 대장부를	表裏淸和美丈夫
동정호(洞庭湖)613)에서 서로 만나 이야기 나누었네.	相逢說盡洞庭湖
형주에서 아쉽게 이별하자니 심정이 좋지 않은데	荊州惜別情懷惡
다른 날 파릉(巴陵)614)에서 내가 없음을 기억하리라.	他日巴陵憶我無

---

612) 『수필본』(국립중앙도서관 소장본)에는 '生時守荊州, 爲呂蒙所襲殺'라는 세주(細註)가 있다.
613) 동정호(洞庭湖): 중국 호남성(湖南省) 북동부에 있는 호수. 절경으로 유명하여 수많은 시인 묵객들의 작품에 등장한다.
614) 파릉(巴陵): 중국 호남성(湖南省) 악양현(岳陽縣) 서남쪽에 있는 산으로 동정호를 굽어보는 명승지이다.

179. 배를 끌다　　　　　　　　曳船

배를 끌고 북을 치며 강 사이를 거슬러 올라	曳船撾鼓泝江間
멀리 서천(西川)615)을 바라보니 만 겹 산이네.	遙望西川幾萬山
하늘에서는 파랑새616)의 내려옴이 어찌 그리 늦는 것인가	天上何遲靑鳥降
백사장 갈매기의 한가로움에 너무 부끄럽구나.617)	沙頭偏愧白鷗閑
계절이 바뀌고 시간이 흘러서618) 한 해가 반이나 흘러가고	星移物換年將半
가죽옷이 해지고 주머니가 비워도 나그네는 돌아가지 못하네.	裘弊囊空客未還
어찌하면 기이하고 빼어난 곳을 모두 다 살펴보고	安得盡看奇勝處
가을바람에 한 번 웃으며 용관(龍關)619)으로 내려갈 수 있을까.	秋風一笑下龍關

---

615) 서천(西川): 촉한(蜀漢)이 자리잡은 사천성(四川省) 일대를 지칭하는 별칭이다.
616) 파랑새: 원문의 '청조(靑鳥)'는 편지나 사자(使者), 좋은 소식 등을 비유하여 이르는 말이다. 여기에서는 고려 조정의 외교적 노력으로 명나라 황제로부터 유배가 풀렸다는 소식을 시인이 간절히 바라고 있음을 의미한다.
617) 백사장……부끄럽구나: 원문의 '백구(白鷗)'는 자연에서의 은거를 상징한다. 따라서 백구를 보고 부끄럽다는 말은 시인 자신이 진작 관직을 버리고 은거하지 못한 것에 대한 후회이자 자탄(自嘆)이라고 할 수 있다.
618) 계절이……흘러서: 원문의 '성이(星移)'와 '물환(物換)'은 계절이 변화하고 세월이 흐름을 비유하는 말이다.
619) 용관(龍關): 중국 남경(南京) 하관구(下關區) 용강(龍江) 지역에 있었던 수로역관(水路驛館)이다.

180. 강물[620] [이 한 수의 시는 『열조시집(列朝詩集)』에 실려 있다. 그런데 '直欲' 2자는 '萬里'로 되어 있고, '魂夢' 2자는 '驚夢'으로 되어 있으며, '襟懷才展' 4자는 '旅愁獨上'으로 되어 있다. 또한 사적(事蹟)이 있다.]

江水 [此一首載於列朝詩集, 而直欲二字作萬里, 魂夢二字作驚夢, 襟懷才展四字作旅愁獨上, 且有事蹟]

강물은 동쪽으로 흘러 돌아오지 않고	江水東流不復回
높이 솟은 돛은 곧장 서쪽 관문으로 향하려 하네.	雲帆直欲向西關
양쪽 언덕의 줄과 부들에 산들바람 불어 대고	菰蒲兩岸微風起
긴 둑의 버드나무엔 보슬비 내리네.	楊柳長堤細雨來
꿈속의 혼백은 기자(箕子)의 나라[621]에서 멀리 떨어져 해매이고	魂夢[622]遠迷箕子國
마음속 회포는 초왕의 누대[623]에서 겨우 펼치네.	襟懷才展楚王臺
길을 갈수록 무산(巫山)[624]이 근처라는 말 들리니	行行見說巫山近
원숭이 울음소리 한 번만 들어도 더욱 슬픔을 느끼게 되네.	一聽猿聲轉覺哀

---

620) 강물: 이 시는 주이준(朱彝尊)이 편찬한 『명시종(明詩綜)』과 명청(明淸) 대에 간행한 『조선시선(朝鮮詩選)』, 『열조시집(列朝詩集)』, 『명시선(明詩選)』 등에도 실려 있다. (이종묵, 「17-18세기 중국에 전해진 조선의 한시」, 『한국문화』 45집, 규장각 한국문화연구원, 2009 참조.)
621) 기자(箕子)의 나라: 원문의 '기자국(箕子國)'은 우리나라를 의미한다.
622) 魂夢: 『고려명현집』에는 '魂夢'으로 되어 있으나 『한국문집총간』에는 '夢魂'으로 되어 있다. 의미상 큰 차이는 없다.
623) 초왕의 누대: 원문의 '초왕대(楚王臺)'는 전국시대 초회왕(楚懷王)이 꿈속에서 무산(巫山)의 여신과 만나 정을 나눴던 장소이다. 시인이 지금 지나는 곳이 아마도 그 근처였던 것으로 추정된다.
624) 무산(巫山): 중국 사천성(四川省) 기주부(夔州府) 무산현(巫山縣) 동쪽에 있다.

181. 이중정(李仲正)에게 주다 　　　贈李仲正

영예와 치욕이 취한 꿈 사이에서 오르내리니	榮辱昇沈醉夢間
누가 기꺼이 옷깃을 떨치고 속세에서 나오려 하겠는가.	拂衣誰肯出塵寰
농어와 순채는 고향의 맛이 으뜸이고625)	鱸魚蓴菜鄕中味
밝은 달과 맑은 바람은 속세를 벗어나 한가롭네.	明月淸風物外閒626)
이 세상은 뜬구름과 같아 정착할 곳이 없고	世與浮雲無着處
이내 몸은 피곤한 새처럼 산으로 돌아가고 싶네.	身如倦鳥欲還山
황려강(黃驪江) 가에는 작은 배가 있지만	黃驪江上扁舟在
어느 날에야 낚싯줄 드리우고 얼굴 한번 펴 보겠는가.	何日垂綸一展顔

이미 사람을 탓하지 않았는데 어찌 하늘을 원망하리오	已不尤人肯怨天
예부터 천명을 아는 이가 바로 인자(仁者)와 현인(賢人)이라네.	古來知命是仁賢
반초(班超)는 옥문관(玉門關) 밖에서 칼을 들었고627)	班超杖劍玉關外
소무(蘇武)는 북해(北海) 가에서 양을 쳤다네.628)	蘇武看羊北海邊
좋은 술과 안주는 모름지기 빚을 내야 하지만	美酒嘉肴629)須有債

---

625) 농어와……으뜸이고: 진(晉)나라 때 장한(張翰)은 낙양(洛陽)에 들어가 벼슬을 하다가 가을바람이 불자 자기 고향인 오중(吳中)의 순채국과 농어회를 잊지 못하고 벼슬을 그만두고 고향으로 돌아갔다는 고사가 있는데, 여기에서 나온 말이 '순갱노회(蓴羹鱸膾)'이며 곧 타향에서 고향을 간절히 그리워하는 마음을 이른다.
626) 閒: 『한국문집총간』에는 '閑'으로 되어 있다.
627) 반초(班超)는……들었고: 반초(班超)는 후한(後漢)시대의 무장으로 흉노(匈奴)를 정벌하여 한나라의 서역 지배를 확립한 공로가 있다. 옥문관(玉門關)은 만리장성(萬里長城)의 서쪽 끝 관문으로 실크로드의 중요한 통로 역할을 했던 곳이다.
628) 소무(蘇武)는……쳤다네: 소무는 한(漢)나라 두릉(杜陵)사람으로 한무제(漢武帝) 때 중랑장(中郞將)으로서 절월(節鉞)을 갖고 흉노(匈奴)에게 사신으로 갔는데 항복하라는 선우(單于)의 협박과 유혹에 굴하지 않다가 북해(北海: 바이칼호) 주변에서 19년간이나 양을 치며 살았고, 그 후 천신만고 끝에 고국으로 돌아올 수 있었다. 여기에서 '소무목양(蘇武牧羊)'이라는 말이 나오게 되었다.
629) 肴: 『한국문집총간』에는 '餚'로 되어 있다. '餚'는 '肴'의 이체자이므로 뜻은 같다.

맑은 바람 밝은 달은 돈을 따지지 않네.	淸風朗630)月莫論錢
멀리 떠나서 비록 평생의 뜻을 이룬다 해도	遠遊雖遂平生志
저 너머 봉래산 아득한 것이 너무나 한스럽네.	恨殺蓬萊隔杳然

182. 반가계역(潘家磎驛) 두 수　　潘家磎驛 [二首]

숲 속의 작은 역은 긴 시내를 내려다보고	林間小驛厭長川
험한 여울에서 배를 젓는 것이 하늘을 오르는 듯하네.	灘險撑舟似上天
순풍을 만나 배를 한번 돌이키려고 했더니	欲得順流回一棹
잠깐 사이에 곧바로 바다의 입구로 내려가네.	須臾直下海門前

나그네 여정의 어려움 이미 반 년이니	客路艱關已半年
늙으신 어버이 아름다운 채색 옷 기대하기 어렵네.631)	老親難待彩衣鮮
곳곳의 강과 산은 비록 승경이라고들 말들 하지만	江山到處雖云勝
사람과 달은 어느 때에야 함께 둥글어지리오.	人月何時得共圓
나는 하늘의 학을 타지 못함이 한스러운데	恨我未乘天上鶴
그 누가 땅에서 걷는 신선과 즐거이 짝할 줄 알겠는가.	知誰好伴地行仙
오천 필의 준마가 온다는 소식 아직도 없으니	五千駿馬無消息
모름지기 왕량(王良)632)을 보내어 빨리 채찍을 잡도록 해야 하리.	須遣王良早着鞭

---

630) 朗: 『한국문집총간』에는 '明'으로 되어 있다.
631) 늙으신……어렵네: 초(楚)나라의 노래자(老萊子)는 부모를 위해 색동옷을 입고 춤을 췄다는 고사로 이 시에서는 시인의 부모님이 아들의 중국 유배로 자식의 효도를 더 이상 받을 수 없게 되었음을 말한다.
632) 왕량(王良): 중국 춘추시대에 말을 잘 몰기로 이름난 사람이다.

183. 매미　　　　　　　　　蟬

오월의 강마을에서 가을 쓰르라미633)의 울음을 듣고	江村五月聽寒蟬
배 안에서 깜짝 놀라 일어났다 다시 하루 종일 자네.	驚起舟中盡日眠
본래 타향에서는 느끼는 바가 많은 법이니	自是異鄕多感慨
본래의 제철 동물이 아닌 것이 사람을 슬프게 하네.	元非節物使悽然

---

633) 가을 쓰르라미: 원문의 '한선(寒蟬)'은 가을철 날씨가 추워졌을 때의 매미를 일컫는 말이다.

184. 빠르게 가는 돛단배[634]　　　帆急

돛단배 빨리 가니 산이 휙휙 지나가고	帆急山如走
배가 가니 언덕은 저절로 움직이네.	舟行岸自移
타향 땅이라 자주 풍속을 물어 보게 되고	異鄕頻問俗
아름다운 곳이라 힘들게라도 시를 쓰게 되네.	佳處强題詩
오나라 초나라가 천 년을 이어온 땅이요	吳楚千年地
강과 호수는 오월이 한창이네.	江湖五月時
나의 소유물 하나도 없다고 불평하지 말자	莫嫌無一物
바람과 달이 서로 따르고 있으니.	風月也相隨

저물녘 맑은 강의 입구에서 잠을 자려	暮宿淸江口
울타리 가에 작은 배 매어 놓네.	籬邊繫小船
창문 너머 학의 울음소리 들려오고	隔牕聞鶴唳
베개를 베고 갈매기와 짝하여 자네.	攲枕伴鷗眠
짙은 안개를 품은 산에는 이내 비가 내리고	霧重山仍雨
바람이 그치자 물결은 안개가 되네.	風恬浪作烟
새벽에 띳집 잇는 곳을 바라보니	曉看茅屋處
순박한 하나의 산천(山川)이라네.	淳朴一山川

산은 점점 주위에 둘려 있고 물은 점점 맑아지는데	山漸周圍水漸淸
강물을 거슬러 배가 빨라지니 물보라가 일어나네.	泝流船疾浪花生
무성하고 키 큰 대숲엔 사람도 보이지 않고	茂林脩竹無人處
때때로 그윽한 곳에 숨은 새 울음소리만 한두 마디 들리네.	時聽幽禽一兩聲

---

634) 이 시의 첫 수가 『민족문화대백과사전』에 실려 있다. 척약재 단소가 있는 경기도 포천 금수정 앞에 이 시비(詩碑)가 세워져 있다.

185. 밤　　　　　　　　　夜

달빛 가득한 양자강은 물만 절로 흐르는데　　月滿長江水自流
뱃사공 깊은 잠에 빠지고 밤만 아득하여라.　　舟人睡熟夜悠悠
차고 맑은 날씨는 가을날 같은데　　　　　　　凄淸恰似秋天日
언덕에 가득한 풀벌레 소리만이 나그네의 수심
위로해주네.　　　　　　　　　　　　　　　　繞岸蟲聲弔客愁

186. 십이벽(十二壁)　　　　　十二壁

겹겹이 쌓인 절벽 강 언덕을 가로질러 있고　　疊壁橫江岸
가파른 바위는 얼굴을 쳐들고 바라보고 있네.　巉嵓仰面看
눈 같은 물보라 일어나고 거센 물결 세차며　　雪翻犇駿浪
급한 물결은 놀란 여울로 달려가네.　　　　　電激走驚灘
얽힌 바위는 지탱하기가 너무 힘들고　　　　　絡石撐尤急
절벽을 따라가느라 끄는 것도 너무 힘들다네. 緣崖曳更難
조금만 가려 해도 배는 절로 물러나고　　　　寸移舟自却
석양에 나그네의 마음만 낙심이 되네.　　　　斜日客心寒

187. 협주(峽州)635)　　　　　　　峽州

배가 이릉(夷陵)636)에 행차하여 노를 잠시 멈췄는데　　舟次夷陵櫓暫停
민가는 늘어서 있고 나무는 푸르네.　　　　　　　　　人家撲地樹靑靑
강물은 두 길로 갈라져 밝은 거울 닦은 듯하고　　　　江分二道磨明鏡
산은 천 리나 감싸고 있고 병풍 같은 그림은 펼쳐져
있네.　　　　　　　　　　　　　　　　　　　　　山擁千里展畫屛
아름다운 풍광 끝이 없고 길은 점점 멀어지는데　　　景物無窮行漸遠
세월은 변하려 하고 ■■■하네.　　　　　　　　　　年華欲變■■■637)
동쪽 끝 지방에서 서쪽 끝까지 오면서　　　　　　　自從東極遊西極
장정(長亭)과 단정(短亭)638)이 얼마였던가.　　　　多少長亭與短亭

188. 들풀　　　　　　　　　　　　野草

곱고 고운 들풀은 절로 꽃을 피우고　　　　　　　纖纖野草自開花
돛대 그림자는 용처럼 물 위에 비껴 있네.　　　　檣影如龍水面斜
해 지면 매번 안개 낀 물가에서 잠을 자지만　　　日暮每依煙渚宿
대나무 숲 깊은 곳에는 민가가 있다네.　　　　　竹林深處有人家

---

635) 협주(峽州): 지금의 중국 호북성(湖北省) 의창현(宜昌縣) 일대를 가리키는 지명.
636) 이릉(夷陵): 지금의 중국 호북성(湖北省) 의창현(宜昌縣)으로 삼국시대 촉한(蜀漢)과 동오(東吳)가 국운을 걸고 싸운 '이릉대전(夷陵大戰)'으로 유명한 곳이기도 하다.
637) ■■■: 이 부분은 『한국문집총간』에도 결락이 되어 있고, 『수필본』(국립중앙도서관 소장본)에도 공란으로 처리되어 있다.
638) 장정(長亭)과 단정(短亭): '정(亭)'이란 일종의 역참(驛站)과 비슷한 개념으로 여행자들이 쉴 수 있는 작은 공간인데, 오 리(五里)마다 있는 것이 단정(短亭)이고, 십 리마다 장정(長亭)을 설치하였다.

189. 기분을 풀다   遣興

곳곳에서 멥쌀을 나누고	處處分粳米
가고 가면서 그림 같은 배를 바꿔 타네.	行行遞畫船
임금님 은혜는 하늘과도 같아 너무나 크고	聖恩天更大
신하의 감격은 바다와도 같아 끝이 없도다.	臣感海無邊
험한 골짜기에 강물은 세차게 흐르고	谷險江流急
흐린 하늘에 비 올 기운 가득하네.	天陰雨氣連
길고 긴 날 조금의 일도 없으니	日長無一事
봉창(蓬窓)639) 아래에서 헛되이 잠만 잘 수밖에.	蓬底但虛眠

초(楚) 땅을 지나는 것이 다 끝나 가자	楚地行將盡
오(吳) 땅의 하늘이 아득히 바라보이네.	吳天望正遙
누대는 가는 곳마다 좋고	樓臺隨處好
풍경은 사람을 뒤숭숭하게 만드네.	風景使人撩
이미 부평초같이 떠도는 신세임을 알고 나니	已認浮萍轉
길고 긴 날들 지내기가 견디기 어렵네.	難堪永日消
강물은 끊임없이 흘러와	江流來袞袞640)
어느 곳에서 나그네의 혼을 부르는 것인가.	何處客魂招

---

639) 봉창(蓬窓): 쑥대로 얽은 허술한 집.
640) 袞袞: 『영천본』에는 '滾滾'으로 되어 있는데 의미상 '滾滾'이 더 타당하다.

190. 하백(河伯)641)　　　　　河伯

번개 치고 우레 울어 비가 들이치니	電激雷驚雨打來
뱃사공은 감히 배를 저어가지 못하네.	蒿師不敢刺船開
물가 모래섬은 다 잠기고 강물은 불었으니	汀洲沒盡江流漲
앞 여울에 물보라 쌓일까 두렵구나.	却恐前灘雪浪堆
초(楚) 땅은 항상 어두컴컴하고 운몽(雲夢)642)같은 곳 많은데	楚地常陰多夢雲
누대의 머리에서 술을 찾노라니 어지러이 비가 내리네.	樓頭問酒雨紛紛
바위를 두른 오래된 고목(古木)에 산안개 내려앉고	回巖老木山煙重
풀만 무성한 긴 둑엔 물 기운이 어둡네.	茂草長堤水氣昏

---

641) 하백(河伯): 고대 중국의 신화에서 황하(黃河)를 다스린다는 신의 이름.
642) 운몽(雲夢): 중국 초(楚)나라 칠택(七澤)의 하나로 사방 구백 리나 된다는 커다란 못이다. 이 시의 운자(韻字)는 상평성(上平聲) 12번째 '문운(文韻)'이며, 운자(韻字)로 사용된 시어는 '운(雲)', '분(紛)', '혼(昏)'으로, 제1구에 수구입운(首句入韻)한 것이다. 따라서 압운(押韻)을 위하여 '운몽(雲夢)'을 '몽운(夢雲)'이라 도치하여 사용한 것이다.

191. 협곡(峽谷)에 들어가다   入峽

양쪽 절벽 높디높고 강물은 세차게 흐르는데	兩壁崔嵬水急流
배는 가다가 굽이치고 생각은 많아지네.	舟行宛轉思悠悠
구름은 갇혀있고 나무는 빽빽하여 벼랑마다 어두컴컴하고	雲籠樹密千崖暗
바위는 깎아질러 있고 하늘 깊으니 모든 골짜기가 그윽하네.	嵓曲天深萬壑幽
골짜기 벗어나 길은 험난한데 어여쁜 새소리 들려오고	出谷間關聞好鳥
강물은 가도 가도 끝이 없는데 가볍게 나는 갈매기 사랑스럽네.	隨波浩蕩愛輕鷗
가련하구나! 계자(季子)643)는 어느 날에야 돌아갈 수 있으랴	可憐季子歸何日
아직도 파산(巴山)644)을 향해 먼 길 가고 있구나.645)	猶向巴山更遠遊

가파르고 높은 산은 끝이 없고	崔屼山無盡
소용돌이치는 강물은 다함이 없네.	沄淪水不窮
어지러운 성가퀴 높은 벼랑을 두르고 있고	高崖圍紛堞
높은 담은 절벽을 감싸고 있네.	絶壁繚崇墉
나무는 천 년토록 우거져 있고	樹木千年茂
구름과 노을 오랜 세월 갇혀 있구나.	雲霞萬古封
동떨어진 지역이라 사람은 적막하지만	地幽人寂寞
종종 갑자기 만나기도 한다네.	往往忽相逢

---

643) 계자(季子): 중국의 전국시대(戰國時代) 유세가(遊說家)인 소진(蘇秦)의 자(字)이다. 소진은 중국 전국시대 낙양 사람으로 귀곡자에게 종횡설을 배워서 진(秦) 혜왕(惠王)을 설득했으나 그를 기용하지 않아서 거지가 되어 돌아왔다. 후에 다시 제(齊)·초(楚)·연(燕)·조(趙)·한(韓)·위(魏)를 유세하며 합종책(合從策)으로 진(秦)에 항거하고 여섯 나라의 재상이 되었으며, 종약(從約)의 우두머리가 되었다. 뒤에 제나라 사람에게 암살당했다.
644) 파산(巴山): 중국의 호북성 의도시(宜都市) 동쪽, 장강 연안에 있는 산.
645) 가련하구나!……있구나: 이 구절은 시인이 자신을 전국시대의 소진에 비겨 고향을 떠나 이리저리 떠도는 처량한 신세를 표현한 것이다.

192. 황릉묘(黃陵廟)646)　　　　　　黃陵廟

강가의 황릉묘(黃陵廟)에서	江畔黃陵廟
배를 멈추고 한 잔의 술을 올리네.	停舟奠一杯
오늘 떠난다는 사실은 확실히 알겠지만	定知今日去
또다시 어느 때 돌아올 수 있겠는가.	聊復幾時廻
두 손 들어 절하는데 정성을 다하고	拜手誠應盡
고개를 숙이니 눈물이 떨어지려 하네.	低頭淚欲垂
산이 높으니 구름이 둘려 있고	岳高雲繚繞
물결이 세차니 물보라가 요란스럽네.	波急雪喧豗
민가(民家)는 높은 나무에 의지해 있고	民舍依喬木
신성한 창문은 푸른 홰나무에 숨겨 있네.	神牕隱綠槐
매번 경치가 맑고 빼어난 곳을 만날 때마다	每逢淸絶處
올라가서 굽어보며 돌아갈 수 있기를 애써 생각하네.	登眺苦思歸

---

646) 황릉묘(黃陵廟): 중국 호북성(湖北省) 의창시(宜昌市) 서쪽의 황우산(黃牛山) 기슭에 있는 사당으로 일명 '황우묘(黃牛廟)'라고도 한다. 제갈량이 유비의 명을 받들어 군사를 이끌고 서천(西川)으로 들어갈 때, 이곳을 지나다가 양자강 절벽에 우(禹)임금이 소를 끌고 가는 그림이 희미하게 드러나 있는 것을 보고 이곳에 묘당을 지었다고 전해진다.

193. 큰 협곡(峽谷)의 여울　　　　大峽灘

여울이 험하니 배가 오르기 어렵고	灘險舟難上
산봉우리 높으니 길은 더욱 좁아지네.	峯高路更微
머물던 구름은 비를 머금어 흘러가고	宿雲含雨去
더딘 해는 산을 돌아 옮겨가네.	遲日轉山移
세 잔의 술에도 몹시 취하고	酩酊三杯酒
한 수의 시에도 슬퍼지네.	悲凉一首詩
뱃전을 두드리며 길게 읊조리니	打舷吟嘯永
강가의 새가 홀연히 놀라서 날아가네.	江鳥忽驚飛

194. 기분을 풀다　　　　　遣興

세상일은 모두 운명으로 말미암는 것이니	世事皆由命
생각을 뒤집어 보면 모두 허무한 것.	翻思摠是虛
변방 늙은이는 진실로 말을 잃었으며647)	塞翁眞失馬
장자(莊子)가 어찌 물고기를 알았으리오.648)	莊叟豈知魚
수많은 산을 넘어야 할 신발에 밀랍 칠하지 못하고	未蠟千山屐
만 리 길 행차할 수레에 덮개조차 만들기 어렵네.	難巾萬里車
성인께서도 도리어 재앙을 만나셨으니	聖人還有厄
진(陳), 채(蔡)에서의 재앙을 없애지 못하셨네.649)	陳蔡不能除

---

647) 변방……잃었으며: '새옹지마(塞翁之馬)'의 고사에서 주인공인 변방의 늙은이는 말을 한 마리 잃어버렸지만 곧 다시 두 마리의 말을 얻었으니 인생은 앞으로 어떻게 될지 아무도 알 수 없다는 의미이다.

648) 장자(莊子)가……알았으리오: 이 이야기는 장자(莊子)와 혜자(惠子)의 고사이다. 어느 날 장자는 혜자와 함께 호수(濠水)의 다리를 거닐다가 유유히 헤엄치는 물고기를 보고 "이것이 물고기의 즐거움이다."라고 말한다. 이에 혜자가 "그대는 물고기가 아니거늘 어찌 물고기의 즐거움을 아는가?"라고 하자 장자는 다시 "그대는 내가 아닌데 어떻게 내가 물고기의 즐거움을 알지 못한다는 것을 아는가?"라고 반론한다. 이에 혜자가 "본디 나는 그대가 아니니 그대를 모르네. 그대도 본래 물고기가 아니니 그대가 물고기의 즐거움을 알지 못하는 것이 분명하네."라고 했다. 이에 장자는 다시 "이야기의 근본으로 되돌아가 보세. 방금 그대가 내게 '그대가 어찌 물고기의 즐거움을 아는가?'라고 물은 것은 내가 물고기의 즐거움을 아는 것을 이미 그대가 알았기 때문이네. 나는 호수의 다리 위에서 그 즐거움을 아는 것이지."라고 답했다. 이 고사는 '지어지락(知魚之樂)' 또는 '호량지변(濠梁之辯)'이라 불리는데, 결국 융통성 있는 유연한 사고방식, 또는 나와 만물이 하나 되는 경지가 되었을 때 자기의 마음을 미루어 남의 마음까지 알 수 있다는 의미를 일컫는 말이다.

649) 진(陳)……못하셨네: 공자 나이 63세 때 진(陳)나라와 채(蔡)나라 사이에서 벌어진 일로, 당시 오(吳)나라가 진나라를 침공했고 초(楚)나라는 진나라를 돕고 있었는데 공자 일행은 전쟁의 와중에 산중에서 양식이 끊겨 일행 모두가 사경(死境)에 빠지는 곤란을 겪게 되었다. 이 사건을 가리켜 소위 '진채절량(陳蔡絶糧)'이라고 부른다. 이 시에서는 시인이 중국에서 당하고 있는 고난을 공자의 고사에 비겨 표현한 것으로, 성인조차도 인생의 곤액(困厄)을 피하지 못했으니 본인도 어찌할 수 없다는 심정을 내비친 것이라 해석된다.

195. 마협(馬峽)   馬峽

강물에 둘린 외로운 마을이 십여 집인데	挾水孤村十數家
평생의 생계는 단지 바위 벼랑뿐이라네.	百年生計只巖崖
대나무 울타리와 띳집에 지는 해는 더디고	竹籬茅屋斜遲日
짖는 개와 우는 닭은 붉은 노을 너머에 있네.	狗吠鷄鳴隔彩霞
땅이 기름지지 못해 콩과 조가 나지 않지만	地薄也應無菽粟
강물이 깊어 물고기와 새우를 배부르게 먹을 수 있네.	江深亦得飽魚鰕
험한 여울물 삼협(三峽)650)을 뚫고 지난다고 싫어하지 말라	莫嫌灘險穿三峽
파촉(巴蜀)651)의 기이한 경관이 갈수록 더해진다네.	巴蜀奇觀漸漸加

---

650) 삼협(三峽): 중국 사천성(四川省)과 호북성(湖北省)의 경계인 양자강 중류에 있는 협곡(峽谷)으로 구당협(瞿塘峽)·무협(巫峽)·서릉협(西陵峽)이다.
651) 파촉(巴蜀): 중국 사천(四川) 지역의 별칭이다. 파(巴)는 지금의 사천성 중경(重慶) 지방이고, 촉(蜀)은 지금의 사천성 성도(成都) 지방이다.

196. 골짜기를 지나다 峽行

양 쪽 가의 암석들 문처럼 우뚝하고	兩邊巖石砐[652]如門
새기고 깎은 것이 도끼 자국인가 의심하였네.	刻削猶疑斧鑿痕
나무 빛깔은 풍성한 채 항상 비를 머금고	樹色淋灕常着雨
원숭이 소리 아득하여 구름에 묻히려 하네.	猿聲縹緲欲埋雲
만고의 흥망성쇠 소식이 없고	興亡萬古無消息
오랜 세월 강하고 쇠약함 몇 번이나 토하고 삼켰던가.	強弱千秋幾吐吞
고요한 산촌에는 조그만 일도 없으니	寂寞山村無一事
거민들 절로 태평시대의 백성이 되었다네.	居人自作太平民

---

[652] 砐: 초간본은 전하지 않아 대조할 수 없으나 초간본을 필사한 『수필본』(국립중앙도서관 소장본)에는 '屹'로 되어 있다. 뜻으로 보아도 '屹'의 오각(誤刻)인 듯하다.

197. 귀주성(歸州城)653)을 바라보다   望歸州城

아득히 외로운 성은 강가를 누르고 있고	杳杳孤城壓水湄
그림 같은 층층 산봉우리의 성가퀴는 빛나네.	層巒一畫女墻輝
수심 속에서 우연찮게 새로운 시구를 얻었는데	愁中偶得新詩句
나그네 객지에서 탁주 한 잔 받기도 어렵구나.	客裏難逢濁酒杯
골짜기의 새는 알고 있다는 듯 바야흐로 다시 울기 시작하고	谷鳥有知方更響
뱃사공은 떠나려고 괴로이 재촉을 하네.	舟人欲遞654)苦相催
가고 오는 것과 없어지고 자라는 것 모두가 헛된 일 아니라면	往來消長非虛事
행차가 귀주(歸州)에 이르렀으니 인내하면 돌아갈 날 있으리라.	行到歸州耐可歸

---

653) 귀주성(歸州城): 지금의 중국 호북성(湖北省) 의창시(宜昌市) 자귀현(秭歸縣) 일대이다.
654) 遞: 초간본을 필사한 『수필본』(국립중앙도서관 소장본)에는 '遞'로 되어 있다. '遞'는 '遞'의 이체자이다.

198. 화당춘(畫堂春)655) [다른 이를 대신하여]   畫堂春 [代시]

푸른 버들 우거진 제방에 살구꽃 향기롭고   綠楊堤畔杏花香
말머리의 깃발이 모두 다 ■하네.   馬頭旋旆盡■656)
거리를 가득 매운 울긋불긋한 무리들 더욱 바쁜 채   闐街朱翠更奔忙
다투어 제멋대로인 사내를 바라보네.   爭覩檀郞657)

봄날 밤이 괴롭고 짧음을 한하면서   却恨春宵苦短
비단 이불에 원앙 금침(衾枕)을 겨우 펼치네.   錦衾才展鴛鴦
아리따운 아가씨들 모두 한나라 궁궐의 화장한
궁녀와 같아   嬌饒摠是漢宮粧
속으로 애간장 태우네.   ■暗斷腸

---

655) 화당춘(畫堂春): 사패(詞牌)의 명칭으로 쌍조(雙調)에 전후단(前後段) 각 사구(四句)에 글자 수는 총 47자이다. 전단의 글자 수는 7·6·7·4, 후단은 6·6·7·4이다.
656) 馬頭旋旆盡■: 『수필본』(국립중앙도서관 소장본)에는 '馬頭旋旆盎盎'으로 되어 있다.
657) 爭覩檀郞: 『수필본』(국립중앙도서관 소장본)에는 '爭賭檀郞'으로 되어 있다.

199. 복산자(卜算子)[658] [앞과 같다]　　　卜算子 [同前]

지게문에 기대어 바라보니 저녁의 햇빛은	倚戶望斜陽
정말로 외로운 마을의 나무에 걸려 있네.	正在孤村樹
눈물 흐르는 두 눈은 침침하고 새는 멀리 날아가는데	淚眼昏昏鳥遠飛
서울이 어디쯤일지 알겠네.	京國知何處
한 번의 이별 천 년 같으니	一別似千秋
이 한을 누구에게 말할까.	此恨憑誰語
멀리 바라보니 산은 첩첩산중인데	極目千山又萬山
어느 곳이 낭군께서 돌아오는 길인가.	底是郎歸路

---

658) 복산자(卜算子): 사패(詞牌)의 명칭. 복산자는 '초천요(楚天遙)'라고도 하는데, 쌍조에 전·후단 각 4구로 제3구만 7언이고, 나머지 구는 모두 5언으로 구성된다.

200. 장상사(長相思)[659] [앞과 같다]   長相思 [同前]

송산(松山)[660]은 푸르고	松山靑
승산(勝山)[661]이 푸르네.	勝山靑
두 곳에서 서로 바라보니 몇 정(程)[662]이나	
떨어졌는지 알겠나니	兩地相望知幾程
송별의 정을 견디기 어렵도다.	難堪送別情
나 홀로 서울로 돌아가려 해도	獨歸京
돌아가지 못하네.	未歸京
이별한 후라 마음이 상하여 꿈을 이루지 못하는데	別後傷心夢不成
창문에 가득한 차가운 달만이 밝네.	滿窓寒月明

---

659) 장상사(長相思): 사패(詞牌)의 명칭. 쌍조에 전·후단 각 4구에 모두 36자이다.
660) 송산(松山): 송도(松都), 당시 수도인 개성을 말한다. 송도에는 송악산(松嶽山)이 있다.
661) 승산(勝山): 척약재가 유배된 여흥(驪興)을 말한다. 여주에는 승산(勝山)이 있다.
662) 정(程): 거리의 단위. '일식정(一息程)'은 한 번 쉬어 갈 정도의 거리라는 뜻으로 30리, '일일정(一日程)'은 하룻길에 갈 수 있는 거리라는 뜻으로 90리를 말한다.

201. 무산일단운(巫山一段雲)663) 서해로 안렴(按廉)하러 떠나는 이직문하(李直門下)664)를 전송하다
巫山一段雲 送李直門下出按西海

작약 꽃 피어난 섬돌에서 시구를 읊조리고	藥砌吟詩句
미원(薇垣)665)에서 술잔을 기울이네.	薇垣倒酒盃
한 해 동안 무사했으니 회포를 풀기 좋지만	一年無事好開懷
송별에는 한을 헤아리기 어렵네.	送別恨難裁

고삐를 잡았으니666) 시대를 바로잡을 경륜이요	攬轡匡時略
수레바퀴 묻었으니667) 세상을 구제할 재목이라네.	埋輪濟世材
풍류가 넘치는 악곡(樂曲)668)의 바다에서 배회하지 말라	風流鹽海莫徘徊
강철같은 마음 꺾일까 두렵네.	恐有鐵腸摧

---

663) 무산일단운(巫山一段雲): 사패(詞牌)의 명칭. 쌍조 44자 전·후단 각 4구로 이뤄졌으며, 글자 수는 전·후단 모두 5·5·7·5이다.
664) 이직문하(李直門下): '직문하'는 고려시대 중서문하성(中書門下省)에 속한 관직의 하나로 간쟁(諫諍)과 봉박(封駁)을 맡은 낭사(郞舍)에 속하는 간관(諫官)이었다. 본시에서는 이씨(李氏) 성을 가진 직문하 벼슬의 어느 인물로 보인다.
665) 미원(薇垣): 중서성(中書省)의 별칭이다.
666) 고삐를 잡았으니: 원문의 "남비(攬轡)"는 '남비징청(攬轡澄清)'의 줄인 말로 말의 고삐를 잡고 천하를 맑게 한다는 뜻으로, 관리가 되어 사회의 비리를 바로잡아 보겠다는 큰 뜻을 이르는 말이다.
667) 수레바퀴 묻었으니: 원문의 "매륜(埋輪)"은 권신(權臣)의 위세를 두려워하지 않고 충직(忠直)하게 간언(諫言)하는 것을 말한다. 동한(東漢) 순제(順帝) 때 대장군 양기(梁冀)가 국권을 전횡하고 있었는데, 장강(張綱)이 순안어사(巡按御史)에 임명되자 지방관을 탄핵하는 것보다 먼저 중앙의 요로(要路)에 있는 간신배들을 처단해야 한다면서 수레바퀴를 땅에 파묻고 마침내 양기를 탄핵했다고 한다. (『후한서(後漢書)』, 「장강전(張綱傳)」.)
668) 악곡(樂曲): 원문의 "염(鹽)"은 악곡의 하나이다.

202. 자고천(鷓鴣天)[669] [설 염사(薛廉使)를 보내다]

鷓鴣天 [送薛[670]廉使]

부절(符節) 지닌 낭관(郞官)은 봉성(鳳城)을 나오고	持節郞官出鳳城
성 안에 가득한 꽃과 버들엔 오랜 비[671]가 개네.	滿城花柳■[672]雨晴
명성은 이미 봄빛을 따라 두루 퍼져 있고	先聲已逐春光遍
곳곳에서 백성들 태평성대 노래하네.	到處歌謠詠太平
산은 사방으로 둘려 있고	山繚繞
강물은 맑기도 하다.	水澄淸
여강루(驪江樓) 위는 가장 정감이 어린 곳	驪江樓上最多情
깊은 밤 난간 밖에는 인적이 고요하고	夜深人靜闌干外
작은 조각배에 밝은 달빛만이 가득하다.	一葉扁舟載月明

---

669) 자고천(鷓鴣天): 사패(詞牌)의 명칭. 쌍조로 전단 사구(四句) 7·7·7·7자, 후단 오구(五句) 3·3·7·7·7자, 도합 55자로 구성된다.

670) 薛: 『고려명현집』 판독문에는 '節'로 되어 있으나 본서의 저본인 『고려명현집』의 원본, 『영천본』, 『익산본』 모두 '薛'로 되어 있다. 초간본을 유추해 볼 수 있는 『수필본』(국립중앙도서관 소장본)에는 '薛'로 되어 있어 성씨로는 '薛'이 유력하여 이에 따랐다.

671) 오랜 비: 원문의 '우(雨)'자 앞에 글자가 결락된 것으로 보인다. 이 구절은 '자고천'의 사패에 따라 마땅히 7자가 되어야 함에도 지금 6자로 되어 있는데 마지막 '청(晴)'은 압운 글자이므로 의미 상 '우(雨)' 앞에 글자가 결락된 것으로 보고 일단 '오랜 비'라고 번역하였음을 밝혀 둔다.

672) ■: 『척약재학음집』에는 글자가 없으나 이 구(句)가 7자(字)가 되어야 하므로 집어넣었다.

203. 소년행(少年行)673) [여강(驪江)]　　　少年行 [驪江]

황려(黃驪)674) 옛 고을은 가장 풍류가 넘치는 곳	黃驪古縣最風流
강가에는 높은 누대가 있네.	江上有高樓
푸르른 산과 물	水綠山靑
버드나무 그늘 깊은 곳에	柳陰深處
종일토록 난주(蘭舟)675)가 매여 있네.	終日繫蘭舟
아름다운 노래 한 곡조에 가던 구름도 멈추고	纖歌一曲行雲遏
향기로운 풀에는 한(恨)이 많이 서려 있네.	芳草恨悠悠
열 두 개의 난간에	十二闌干
아름다운 여인들 세 줄로 있고	三行粉面
밝은 달빛 물가 모래톱에 가득하네.	明月滿汀洲

---

673) 소년행(少年行): 소년행(少年行)은 아마 소년유(少年游)의 잘못인 듯하다. 이 사패(詞牌)의 이름은 '소년유(少年游)'이고, 달리 부르는 이름은 소난간(小闌干) 또는 옥사매지(玉蠟梅枝)이다.

674) 황려(黃驪): 경기도 여주(驪州)의 옛 지명.

675) 난주(蘭舟): '목란주(木蘭舟)'의 준말로, 목란(木蘭) 나무로 만든 배이다. 보통 작은 거룻배의 미칭(美稱)으로 많이 쓰인다.

204. 조중조(朝中措)676) [앞과 같다]   朝中措 [同前]

인간만사 부질없으니	人間萬事到頭空
한평생이 마치 봄꿈과 같네.	春夢百年中
할 일 없이 강가에 한번 누우니	一臥江壖無賴
밝은 달과 맑은 바람만 서로 따르네.	相從明月淸風
산에서 나물 캐고 강가에서 낚시하니	採山釣水
맛있는 음식이 상에 가득하고	鮮美滿案
탁주와 청주677)는 술잔에 가득.	賢聖盈鍾
하루 종일 홀로 마시고 또 홀로 시 읊으며	獨酌獨吟終日
평생토록 기꺼이 시골 늙은이 되련다.	平生甘作村翁

---

676) 조중조(朝中措): 조종조(朝中措)는 부용곡(芙蓉曲)·매월원(梅月圓)·조홍매(照紅梅)·취외향(醉偎香)이라고도 한다. 쌍조(雙調)이고 전단(前段)은 4구(句), 후단(後段)은 5구(句)로 모두 48자(字)이다. 전단(前段)의 1·2·4구(句)와 후단(後段) 3·5구(句)에 평성운(平聲韻)으로 압운한다.

677) 탁주와 청주: 이백(李白)은 「월하독작(月下獨酌)」에서 청주(淸酒)를 성인(聖人)에, 탁주(濁酒)를 현인(賢人)에 비유했다.

205. 손 영감(孫令監)[678] [지팡이에 대한 명(銘)]

孫令公 [杖銘]

지팡이[679] 기이(奇異)하도다!	維杖之奇
우리 임금께서 주신 것이지.	吾君之賜
지팡이 아름답도다!	維杖之美
우리 재상들의 상서로운 물건이라네.	吾相之瑞
임금은 공(公)들을 기둥으로 여기고	上以柱公
공(公)은 나라를 기둥으로 여기지.	公以柱國
오호라! 이 지팡이	於乎斯杖
그 거동에 어긋남이 없도다.[680]	其儀不忒

---

678) 손 영감(孫令監): 원문의 '영공(令公)'은 '영감(令監)'과 같은 말로 정삼품과 종이품의 관리를 높여 부르던 말이다. 여기서는 지팡이를 의인화하여 높여 부른 것이다.

679) 지팡이: 원문의 '유장(維杖)'에서 '유(維)'는 사구(四句)를 맞추기 위해 들어간 일종의 어기사(語氣辭)이다.

680) 그……없도다: 『시경(詩經)』「조풍(曹風)」〈시구(鳲鳩)〉에 "그 거동에 어긋남이 없으니, 천하를 바로잡으시리라.[其儀不忒, 正是四國.]"는 말이 보이는데, 이 구절을 인용한 것이다.

역주 척약재학음집 외집

1. 척약재설(惕若齋說)　　　　백문보(白文寶)[1]

惕若齋說[2]

성균직강(成均直講) 김백은(金伯誾)[3] 군(君)이 『주역(周易)』「건괘(乾卦)」'구삼효(九三爻)'에서 '척약(惕若)' 두 글자를 취하여 그 집에 편액(扁額)을 달고 나에게 설(說)을 써 줄 것을 부탁하였다. 내가 어떻게 하면 족히 『주역』의 은미한 뜻을 나타내면서 김 군이 집에 이름을 붙인 의미와도 합치시킬 수 있을 것인가. 무릇 거처하는 집에는 혹은 놀고 휴식하는 의미를 붙이기도 하고, 혹은 좋아하고 즐기는 의미를 붙이기도 하며, 심지어는 좋아하는 물색(物色)의 명칭을 붙이는 것이 모두 이와 같은 것인데, 김 군은 홀로 '척약'으로 경계를 삼았으니 어찌 할 말이 없겠는가.

成均直講, 金君伯誾, 取易乾九三爻, 惕若二字, 扁其齋而屬予說. 予何足發易之微意, 合乎君之所以名齋者也. 凡居齋或以游息, 或以嗜樂, 以至乎物色之尚皆是也, 君獨以惕若爲戒者, 豈無謂歟?

나는 일찍이 세상을 살아오면서 다른 이의 근심을 보면 나의 근심인 것처럼 여겼고, 다른 이의 두려움을 들으면 곧 나의 두려움처럼 여겨서 근심과 두려움으로 경계를 삼으니 마음이 편안하지 못했다. 이 같은 생각이 조금만 생기게 되면 나의 기운은 곧 마음에 만족하지 못하고 마치 굶주린 것처럼 된다. 나는 들어

---

1) 백문보(白文寶): 1303-1374. 고려 후기의 문인으로 본관은 직산(稷山). 자는 화보(和父), '담암'은 그의 호이다. 불교의 폐단을 상소하고 유교식 제도를 확충할 것을 주장하였다. 문장에 뛰어났으며 벼슬은 정당문학(政堂文學)에 이르렀고, 문집으로 『담암일집(淡庵逸集)』이 전한다.
2) 惕若齋說: 이 글은 『동문선』 권96에도 실려 있다.
3) 김백은(金伯誾): 척약재 김구용을 말함. '백은'은 그의 자(字)이다. 김구용은 '경지(敬之)'와 '백은'이라는 두 개의 자(字)가 있었다.

서 이것을 잊어버리려고 그 마음을 평안히 하고 그 기운을 자연스럽게 했더니 그러한 뒤에야 나의 기운은 호연해져서 이 같은 굶주림이 없어지게 되었다. 이것이 바로 맹자(孟子)가 "기운을 길러서 해함이 없게 되는 것은 마음을 움직이지 않게 하는 것이다."라고 한 까닭이다. 이제 그대의 '두려워하다[惕若]'라는 의미를 살펴보면 또한 이미 그 마음을 움직이지 않게 된 것이다. 대저 사람의 마음이 치우쳐 있으면 항상 그 바른 것을 얻지 못하게 되고, 그 두려워하는 바에 따라 오만하거나 게으르거나 치우치게 된다. 나는 그대의 마음에 이 같은 것이 없다는 것을 안다. 내가 어찌 마음에 동요하겠는가?

予嘗居乎世也, 見人之憂如已4)憂, 聞人之懼如已5)懼, 憂懼之誠, 心焉未安. 此念纔發, 吾之氣便慊然餒矣. 吾欲擧而忘此, 平其心易其氣, 然後吾之氣浩然無是餒矣. 孟子之所以養而無害者不動心也. 今觀君之6)惕若之意, 又不旣動其心焉. 夫人心之偏, 常不得其正, 之其所畏敬傲惰而辟焉. 吾知夫君之心無是也, 吾何動焉?

그대는 이미 관직이 성균관 직강인데, 학생들은 반드시 도학이 있는 학자에게 나아가서 자신을 바로잡는다. 도학이 있기를 바라는 자는 반드시 학업을 닦고 반드시 덕을 진취시켜야 한다. 수양이 지극하지 못하면 반드시 두려워하게[惕若]되고, 진취한 바가 지극하지 못하면 반드시 두려워하게 된다[惕若]. 종일토록 부지런히 힘쓰다가 저녁에 이르게 되고, 저녁에 두려워하다 위태롭게 여기는 데까지 이르게 되니, 이것은 마음에 두려움이 있어 그 바름을 얻지 못한다는 것과는 다른 것이다. 옛날을 생각해 보면 예전에 나의 마음을 움직이던 것들도 도리

---

4) 已: 백문보의 문집인 『담암일집(淡庵逸集)』에는 '已'다음에 '之'가 더 있다
5) 已: 『담암일집(淡庵逸集)』에는 '已'다음에 '之'가 더 있다.
6) 君之: 『담암일집(淡庵逸集)』에는 '君之'가 없다.

어 동요되지 않게 될 것이다.

 대저 '척(惕)'이라고 하는 것은 마음을 따르고 쉬움을 따르는 것이니, 대개 마음은 평소 떳떳함에 대하여 소홀해지기 쉽다. 평소에 거할 때 반드시 마음을 쉽게 가지는 것을 경계하고 삼가며 공경하고 두려워해야 할 것이다. 경계하고 삼가며 공경하고 두려워하는 것은 어떻게 하는 것인가? 마치 학문을 닦지 못하고 덕을 향상시키지 못함을 두려워하는 듯하여, 닦기를 반드시 널리 하며 진취하기를 반드시 높은 데에 이르게 해야 한다. 높으면 크게 될 수 있으며, 넓으면 오래 갈 수 있다. 처음에는 두려워하는 듯하지만, 지극하면 오래 가고 크게 되는 경지에 이르게 된다는 것을 알게 되고, 끝에는 아무런 허물이 없게 되어 마침내 처하는 바가 태연해진다는 것을 알게 될 것이다. 이것을 가지고 천하와 국가를 다스린다면 어려움이 없을 것이다.

君旣官直講國學, 而諸生必就正於有道. 欲有道者, 業必修德必進, 修之未至必惕若, 進之未至必惕若. 終日乾乾以至夕, 夕惕若以至厲, 此與恐懼乎心而不得其正者異矣. 思之向者, 動吾心者反不動矣. 夫惕者從心從易, 蓋心嘗忽於常. 居常而心必易戒謹敬畏之事也, 戒謹敬畏者如何? 猶恐業之不修, 德之不進, 以至乎修之必廣, 進之必崇. 崇則可大, 廣則可久. 始焉惕若, 知至而至于久大, 終焉無咎, 知終而處之泰然, 以此措之天下國家則無難矣.

 건괘(乾卦)의 구삼효(九三爻)는 거듭 강함을 삼으면 어진 덕이 이미 두드러지게 되어 사람들이 그에게로 돌아가게 된다. 이 같은 상황에 처하면 편안하지 못하게 되니, 나아가고 물러나며 움직이고 쉼에 있어서 반드시 그 도에 맞게 해야 한다. 날마다 두려워하고 위태로워하며, '남을 위하여 도모하는 데 충성스럽지 못했는가, 다른 사람과 사귀면서 미쁘지 못했는가'를 스스로 말하게 되는 것은 충성과 믿음이 덕을 진취시켰기 때문이다. 충성과 믿음이 마음에 주가 되어 한

가지 생각이라도 성실하지 않음이 없게 되어야 학업을 닦을 수 있다. 이와 같이 처음에 두려워하는 마음이 없이 시작하면 끝도 있을 수 없게 되니, 시작과 끝이 있는 것은 오직 군자만이 할 수 있는 일이다. 나는 척약재(惕若齋)에 대하여 이렇게 설(說)을 지었으니, 그대는 진실로 힘쓰기를 바란다. 담암(淡菴) 직산(稷山)7) 백문보(白文寶) 쓰다.

以乾之九三爲重剛, 賢德已著而人歸之. 此處之未安, 進退動息, 必以其道. 日以惕厲曰, 爲人謀而不忠乎, 與人交而不信乎, 忠信所以進德也, 忠信主於心, 而無一念之不實, 所以居業也. 此未始不爲惕若者有終也, 有始有終, 其惟君子乎. 予於惕若齋■■■8)此, 君其勉旃. 淡菴稷山白文寶 記.

---

7) 담암(淡菴) 직산(稷山): '담암'은 백문보의 호이고, '직산'은 그의 본관이다. 직산은 지금의 충남 천안(天安) 지역의 옛 지명이다.
8) ■■■: 이 부분이 『고려명현집』 원본에는 공란으로 되어 있으나 『담암일집(淡庵逸集)』에 '爲說如'로 되어 있어 이에 따라 해석했다.

2. 척약재찬(惕若齋贊)9)　　　　연산(燕山) 한복(韓復)10)

惕若齋贊

여러 사람의 눈이 보는 바이고	十目所視
여러 사람의 손이 가리키는 바이네.11)	十手所指
전전긍긍(戰戰兢兢)하면서 스스로를 자제하고	戰兢自持
신중하게 마치기를 처음처럼 하네.	愼終如始
상제(上帝)를 대하듯 하고	對越上帝
엄숙하게 할 뿐이네.	肅焉嚴只
성현(聖賢)이 되는 공은	爲聖爲賢之功
여기에서 그칠 뿐이라네.	止乎此而已矣

---

9) 척약재찬(惕若齋贊): 이 글은 『동문선(東文選)』 권51에도 실려 있다.
10) 연산(燕山) 한복(韓復): 고려 후기 대제학을 역임한 귀화한 원나라 사람으로 초명은 한배주(韓拜住)이다. 이성계(李成桂), 이인복(李仁復)·이색(李穡) 등과 교유하였다. '연산(燕山)'은 충청북도 청주의 옛 지명이다.
11) 여러……바이네: 원문의 '십목소시(十目所視), 십수소지(十手所指)'는 『대학(大學)』의 '증자왈(曾子曰), 십목소시(十目所視), 십수소지(十手所指), 기엄호(其嚴乎)!'에서 따온 말로 '신독(愼獨)'의 중요성을 강조한 말이다.

3. 척약재잠(惕若齋箴)   　　제정(霽亭) 이달충(李達衷)[12]

惕若齋箴[13]

불경(不敬)하게 행동하지 말고	母不敬
스스로 속이지 말지니라.	母自欺
썩은 동아줄을 부리듯 하고	馭朽索
마른 나뭇가지 잡고 올라가듯 하라.	攀枯枝
나아갈 때는 물러날 것을 알아야 하고	進知退
편안할 때는 위태로울 때를 생각하라.	安思危
위태로움을 당해도 허물이 없으리니	厲无咎
늘 이것을 생각하라.	念在玆

---

[12] 제정(霽亭) 이달충(李達衷) : 1309-1384. 고려 후기의 문인으로 본관은 경주(慶州). 자는 중권(仲權)이고 '제정'은 그의 호이다. 1326년(충숙왕 13)에 문과에 급제한 후 호부상서(戶部尙書), 밀직제학(密直提學) 등을 역임하였고 문집으로 『제정집(霽亭集)』이 전해진다. 이달충은 척약재와 사돈지간으로, 척약재의 아들 김명리의 배위가 이달충의 딸이다.

[13] 惕若齋箴: 이 글은 『동문선(東文選)』 권49와 이달충의 문집인 『제정집(霽亭集)』 권2에 실려 있다.

4. 척약재명(惕若齋銘)[14]　　　　　한산(韓山) 이색(李穡)

惕若齋銘

상제(上帝)께서 임하신 듯	上帝之臨
엄한 스승이 야단치듯	嚴[15]師之劫
지닌 바가 밝도다.	所存[16]惟明
호랑이 꼬리를 밟듯이	虎尾之蹈
봄철의 살얼음을 건너듯이	春氷之涉
살피는 바가 정밀하다네.	所察惟精
현명하지 않으면 어둡게 되고	匪明惟昏
정밀하지 않으면 이에 잡되게 되니	匪精斯雜
교만하고 인색함이 싹트게 되네.	驕吝之萌
거드름 피우며 스스로 방종하면	侈然自放
위태함이 높고 높게 되니	殆哉岌岌
이에 요행히 죽음만 면하고 살 뿐이라네.[17]	乃罔之生
생각건대 우리 경지(敬之) 씨는	惟敬之甫
이것에 유념하여 두려워하면서	念玆以惕
거처하는 집의 이름을 지은 것이리.	爲居室名
주공(周公)의 효사(爻辭)와 공자의 단사(彖辭)[18]를	周爻孔象

---

14) 척약재명(惕若齋銘): 이 글은 이색의 문집인 『목은집(牧隱集)』에도 실려 있는데, 제목에 '김경지를 위하여 짓다[爲金敬之作]'라는 말이 부기되어 있다. '경지(敬之)'는 김구용의 자(字)이다. 『동문선(東文選)』 권49에도 실려 있다.

15) 嚴: 동문선에는 '嚴'이 '灑'으로 되어 있다.

16) 存: 『목은집(牧隱集)』과 『동문선』에는 '在'로 되어 있다.

17) 이에……뿐이라네: 『논어(論語)』 「옹야(雍也)」에 "사람이 살아가는 이치가 곧아야지, 그렇지 않고 살아가는 것은 요행히 죽음만 면하고서 사는 것일 뿐이다.[人之生也直, 罔之生也, 幸而免.]"라는 말이 보인다.

18) 주공(周公)의……단사(彖辭): 『주역(周易)』 「건괘(乾卦)」 〈구삼(九三)〉의 "군자가 종일토록 열심히 최선을 다하고 저녁까지 두려워하는 마음으로 조심하면, 비록 위태로운 지경을 당하더라도 허물이 없

움직이거나 쉴 때에 항상 지닌 채	動持息夾
물이 가득한 쟁반을 떠받치듯 하네.19)	盤水之盈
무릇 학자가 근심할 바는	凡學20)之患
중도에 혹 넘어져 그만두는 것이니	中而或踣
마땅히 그 완성하는 데까지 나갈지어다.	當致厥成
친구끼리 서로 인(仁)을 돕고	友以輔仁
충심(忠心)으로 서로 고해 주기를 급하게 해야 하므로21)	忠告是急
감히 이와 같이 명을 짓는다.	敢鞫斯銘

('소존지존(所存之存)'에서 '존(存)'은 원 문집(『목은집』)에는 '재(在)'로 되어 있다. '범학(凡學)'에서 '범(凡)'은 원 문집(『목은집』)에는 '황(況)'으로 되어 있다.[所存之存, 本集作在. 凡學之凡, 本集作況.])

게 될 것이다.[君子終日乾乾, 夕惕若, 厲無咎.]"라는 말과 이에 대해 해설한 건괘 문언(文言)의 내용을 말한다. 효사(爻辭)는 주공(周公)이 지었고, 문언(文言)과 단사(彖辭)는 공자가 지었다고 알려져 있다.

19) 물이……하네: 모든 행동거지에 조심하고 두려워하는 마음을 가진다는 의미이다.

20) 學: 『목은집(牧隱集)』에는 '況'으로 『동문선』에는 '皃'으로 되어 있다.

21) 친구끼리……하므로: 앞 구절은 벗을 통해서 자신의 인격을 수양한다는 뜻이다. 『논어(論語)』, 「안연(顏淵)」에 "군자는 학문으로써 벗을 모으고, 벗으로써 인을 돕는다.[君子, 以文會友, 以友輔仁.]"라는 증자(曾子)의 말에서 나온 것이다. 뒷 구절은 "친구 사이에서는 진심으로 말해 주고 잘 인도해 주어야 한다.[忠告而善道之]"라는 『논어』, 「안연」편의 공자의 말에서 따온 것이다.

5. 척약재명(惕若齋銘) 　　　　　삼봉(三峯) 정도전(鄭道傳)

미묘한 이 마음	此心之微
출입함에 정해진 방향이 없네.	出入無鄉
오직 '경(敬)'만이 이곳에 있지만	惟敬斯存
그 누가 그 방도를 알리오.	孰知其方
쥐면 크게 오그라들고	操之大蹙
졸면 어둡기만 하다네.	瞌睡昏昏
한 가지 생각도 혹시라도 방심하면	一念或放
실타래처럼 뒤엉켜 버린다네.	惟絲之棼
일을 할 때엔 반드시	必有事焉
종일토록 부지런하고 부지런할지니라.	終日乾乾

6. 척약재명(惕若齋銘)[22] 　　　　오천(烏川) 정몽주(鄭夢周)

오직 하늘의 운행은	惟天之行
하루에 구만 리 길이라네.	日九萬程
잠시라도 끊김이 생겨나면	須臾有間
사물은 바로 살 수가 없다네.	物便不生
무릇 흘러가는 것이 이와 같으니[23]	逝者如斯
끝없이 이어져 그침이 없네.	袞袞無已
한 가지 생각이라도 흠이 있으면	一念作病
혈맥이 중간에 통하지 않게 되네.	血脉中否
군자는 이를 두려워하여	君子畏之
종일토록 힘쓰고 저녁에까지 두려워한다네.	夕惕乾乾
공력(功力)을 쌓음이 지극하니	積力之極
멀리 하늘에 계신 분을 대할 수 있으리라.[24]	對越在天

---

[22] 척약재명(惕若齋銘): 이 글은 『포은집』 권3과 『동문선(東文選)』 권49에도 실려 있다.

[23] 무릇……같으니: 『논어(論語)』, 「자한(子罕)」에 "공자께서 시냇가에 계시다가 말씀하시기를 흘러가는 것이 이와 같구나 밤낮으로 그침이 없도다![子在川上曰, 逝者如斯夫, 不舍晝夜.]"라는 구절이 있다. 이는 일반적으로 천지의 조화 혹은 도체(道體)의 본연이 잠시도 쉬지 않고 운행함을 말하는 것으로 해석된다.

[24] 멀리……있으리라: 상제를 우러러 마주 대하는 것처럼 정성을 다한다는 뜻이다. 『시경(詩經)』, 「주송(周頌)·청묘(淸廟)」에 "하늘에 계신 분을 대하고 사당을 분주히 오가네.[對越在天, 駿奔走在廟]"라는 말이 있다.

7. 강릉도(江陵道) 안렴사(按廉使) 김 선생을 전송하는 시[25] 목은(牧隱) 이색(李穡)
送江陵道按廉使金先生詩

하늘과 땅이 생긴 이후로 맑고 깨끗한 기운과 흐리고 더러운 기운이 서로 그 사이에서 소멸되기도 하고 자라나기도 하기에 비록 호걸(豪傑)스러운 선비라 하더라도 홀로 우뚝 서서 변화하지 않는 자는 매우 드물다. 이 같은 까닭에 다행히도 맑고 깨끗한 기운과 함께 태평성세를 만나게 되면 살아서는 성현이 되고, 죽어서는 천지의 신령(神靈)이 되어 그 명성이 시대에 부합하여 넘치는 은택이 끝이 없게 된다. 하지만 불행히도 흐리고 더러운 기운과 더불어 쇠퇴한 시대의 끝에 이르게 되면, 행동하는 것마다 화(禍)가 따르고 얻는 것이 잃는 것보다 못하여 허망하게 살다가 허망하게 죽게 되니 또한 너무나 슬픈 일이 아니겠는가! 내가 이 같은 생각을 한 지 오래 되었지만 나와 생각을 같이 하는 자는 단지 몇 사람에 불과할 따름이었다. 영가(永嘉)[26]의 김씨 형제들이 또한 그 중의 하나인데, 형은 자가 경지(敬之)이고 동생은 자가 중현(仲賢)이다. 총명하고 뛰어난 재주가 있는 것은 두 사람이 한가지였으나 동생은 역적 신돈(辛旽)[27]이 발호(跋扈)하던 날을 당하여 능히 그 영민하고 예리한 기질을 억누르지 못하고 때때로 그 기질을 사용하여 분연(奮然)히 맨손으로 맹수를 치고 빈 활[28]로써 날카로운 칼날을 제어하려 하다가 마침내 화(禍)에 걸려들어 그 몸을 잃게 되었다. 경지의 경우에는 편안하고 조용하게 처신하면서 외물(外物)과 갈등을 빚지 않은 채 깊이 수사(洙泗)[29]의 뜻을 음미하면서 그 강령(綱領)과 조목(條目)이 모두 『대학

---

[25] 강릉도(江陵道)……시: 이 글의 원 출처인 목은 이색의 문집에는 제목이 「강릉도 안렴사인 김 선생을 전송하는 시의 서문(送江陵道按廉金先生詩序)」(『목은집』 권7)로 되어 있다. 『동문선(東文選)』 권86에도 실려 있다.

[26] 영가(永嘉): 경상북도 안동(安東)의 옛 이름.

[27] 신돈(辛旽): ?-1371. 고려 후기 공민왕 때의 승려로 공민왕의 신임을 받아 개혁정책을 펼쳤으나 권문세족들의 반대와 집권 말기의 실정(失政)으로 처형을 당하였다.

[28] 빈 활: 원문의 '공환(空弮)'은 화살이 매겨지지 않은 활을 말한다. 이 글의 원 출처인 이색의 『목은집』에는 '공권(空拳: 빈 주먹)'으로 되어 있는데, '빈 활'이나 '빈 주먹' 모두 의미 상 차이는 없다.

(大學)』한 권의 책에 들어 있다고 여기고 아침저녁으로 반복하여 꼼꼼하게 체득(體得)하였다. 일의 변화에 응하는 것이 한결같이 여기에서 나오니 그러므로 소위 '스스로 만족하다[自慊]'는 것에 대해서도 이미 여한이 없게 되었다. 그러므로 나에게 있는 기를 배양(培養)하여 저 더러운 기운에 녹아 없어지지 않게 됨을 알 수 있는 것이다.

오늘날 정치를 개혁함에 미쳐 조정이 엄숙하면서도 화평하게 되자 나라 안의 모든 사물에 생기가 활발하게 일어났다.[원 문집(『목은집』)에는 '국(國)'자 밑에 '중(中)'자가 없다.] 이 때에 경지가 묘당(廟堂)의 선발에 가장 먼저 응하여 강릉도(江陵道) 안렴사(按廉使)를 맡아 한 도(道)의 명령을 오로지하게 되었으니 선비에겐 매우 큰 영광이다. 강릉도의 백성들은 순후(醇厚)하고 업무가 간소하며 기이하고 그윽하고 빼어난 경관은 또한 천하에서 제일이라, 안렴을 하는 자들이 얻기를 원하고 되기를 즐거워하는 곳이다. 경지는 보기를 평소와 같이 하면서 근심을 얼굴에 나타내지 않고 기쁨도 안색에 드러내지 않으니 이는 아마도 소위 '우뚝 서서 변함이 없는 자'가 아니겠는가. 조정의 사대부로서 그의 행차를 노래하고 읊조리는 자들이 반드시 모두 다 경지가 지닌 것이 이와 같다는 것을 알지는 못한다. 그래서 내가 알고 있는 것들을 서술하고 거듭 말하게 된 것이다. [원 문집(『목은집』)에는 '안렴사(按廉使)' 세 자가 없고, '갑(甲)'자 위에 '우(又)'자가 없으며 '시야(是也)' 위의 '야(也)'자는 '여(如)'자로 되어 있다.]

임금께서 바야흐로 학교를 일으키고 교화를 앞세우며 법과 형벌은 뒤로 하고 계시지만 유학(儒學)의 효과가 드러나지 않은 지가 오래 되었다. 세상에서는 오히려 우활(迂闊)하다고 여기며 꾸짖고 헐뜯기를 그치지 않는다. 선생은 이미 『대학』에 밝은 것으로 일컬어졌고 성균관(成均館)[30]의 교관(教官)[31]을 거쳐 안

---

29) 수사(洙泗): 중국 춘추시대 노(魯)나라의 '수수(洙水)'와 '사수(泗水)'로 공자가 제자들을 가르쳤던 곳이니 곧 공자의 가르침을 의미한다. '수사학(洙泗學)'이란 공자의 학문, 곧 유학(儒學)을 말한다.
30) 성균관(成均館): 고려의 서울인 개경에 설치했던 최고 교육기관. 조선조 개국 후 1398년 한양으로 이전하였다.
31) 교관(教官): 성균관에서 학생들을 가르쳤던 관리로 품계는 정2품의 '지사(知事)'에서 종9품의 '학유

렴사가 된 것도 또한 선생으로부터 비롯되었으니 더욱 힘써야 될 것이다. 나는 장차 눈을 씻고 『대학』의 실효가 나타나기를 기다리겠다.

　청룡(靑龍) 신해년(辛亥年)32) 중추(中秋) 전 오일(五日)에,
　문충보절찬화공신(文忠保節贊化功臣) 숭록대부(崇祿大夫) 정당문학(政堂文學) 집현전태학사(集賢殿太學士) 지춘추관사겸성균대사성(知春秋館事兼成均大司成) 제점사천감사(提點司天監事) 한산(韓山) 목은(牧隱) 이색(李穡)은 서(序)하다. [원 문집(『목은집』)에는 '학(學)'자 아래에 '교(校)'자가 없다.]

送江陵道按廉使金先生詩

　有天地來, 淸明濁亂之氣, 相爲消長於其間, 雖豪傑之士, 卓然不爲所變者甚鮮. 是以幸而與淸明之氣相遭乎太平之世, 則生爲聖賢, 沒爲明神, 聲孚于時, 流澤之罔極也. 不幸而與濁亂之氣相薄乎衰否之季, 則動而禍隨之, 得不並失, 徒生徒死, 不亦可哀之甚哉. 予之念此蓋久, 志予同者數人而止耳, 永嘉金氏兄弟亦其一也, 伯氏字敬之, 叔氏字仲賢甫, 聰明有畯33)才, 二公如一, 而叔氏當逆旽跋扈之日, 不能抑其英銳之氣, 時而用之, 奮然欲以赤手擊猛獸34), 空脊35)御利刃, 卒罹36)其禍而隕其身. 敬之則恬靜自居, 不悟於物, 深有味於洙泗之旨, 以爲綱目盡在大學書, 朝夕反復, 體之周密, 酬應事變, 一於是而發之, 故其所謂自慊者已無遺恨, 其所以培養在吾之氣, 而不爲彼氣之所鑠焉者, 蓋可知已. 及今更化, 朝著肅穆, 物於國中者振振有生意, 而敬之首膺,[本集, 國字下無中字.] 廟選,

---

　　(學諭)'에 이르기까지 다양하였다.
32) 청룡(靑龍) 신해년(辛亥年): 1371년(공민왕 20).
33) 畯: 『목은집』에는 '俊'으로 되어 있다.
34) 獸: 한국고전번역원의 『목은집』DB에서는 '戰'으로 되어 있으나 오판독이다.
35) 脊: 『목은집』, 『동문선』에는 '拳'으로 되어 있다.
36) 罹: 『동문선』에는 '羅'로 되어 있다.

按部江陵按廉使, 專制一道之命, 士之所甚榮, 而江陵道民醇事簡, 奇幽瓂[37]偉之觀, 又甲天下, 爲按廉者之所願得而樂爲者. 敬之自視如平時, 憂不介乎容, 喜不形乎色, 殆所謂卓然不變者歟. 朝之大夫士歌詠其行者, 未必皆知敬之之所存也是也, 故序其所以知者. 而重有以告焉.[本集, 無按廉使三字, 甲字上無又字, 是也上也字作如字.] 上方興學校, 先敎化而後刑名, 然儒之效不白久, 世猶以迂濶詆訕之不止也. 先生旣以明大學稱, 由成均敎官爲按廉者, 又自先生始, 其尙勉之哉. 予將刮目以竢夫大學之有實效.[38]

青龍辛亥中秋前五日,[39]

文忠保節贊化功臣崇祿大夫政堂文學集賢殿太學士知春秋館事兼成均大司成提點司天監事韓山牧隱李穡序.[本集, 學字下無校字.]

---

37) 瓂: 고전번역원 간행 『한국문집총간』 『척약재학음집』 DB에는 '瑰'로 되어 있으나 오판독이다. 『척약재집』 원본, 『목은집』, 『동문선』 모두 '瓂'로 되어 있다.
38) 『목은집』에는 이하 문장이 없다.
39) 『동문선』에는 이하 문장이 없다.

8. 강릉도(江陵道) 안렴사(按廉使) 김 선생을 전송하는 시40)　　담암(淡庵) 백문보(白文寶)
送江陵道按廉使金先生詩

나는 유학(儒學)을 쫓는 무리로	吾從儒者流
늙도록 이룸이 없네.	老矣無所成
세상에선 모두가 ■■로 달려가지만	世皆趨■■41)
등불을 대하듯 밝기만 하다.	■42)觸燈火明
나의 도가 족한 줄 그 누가 알리오	誰知吾道足
기(氣)와 겸하여 성정(性情)까지 논하네.	兼氣論性情
그대는 기가 있으니	■■43)君有氣
온화한 성품 성(誠)으로부터 시작됨이 귀하다네.	溫溫貴自誠
몸을 수양했으니 백성들 다스리기 쉽고	身修民易治
진실로 온 천하의 ■를 얻었다네.	眞得斗南■44)
강릉도는 웅진(雄鎭)45)이니	江陵是雄鎭
신라 때부터 이경(異京)으로 일컬어졌네.	羅代稱異46)京
옛 사람들 ■땅 노닐었으니	古人遊■地
산은 높고 물은 더욱 맑다네.	山高水益淸

---

40) 강릉도(江陵道)……시: 백문보 이하 여기에 등장하는 시들은 『고려명현집』이나 『한국문집총간』 모두 결락(缺落)이 매우 심하여 그 정확한 의미를 파악하기 어려우나, 그 중에는 상대적으로 대체적인 내용을 파악할 수 있는 시들도 수록되어 있기에 본서에서는 일단 모든 시를 싣고 가능한 범위 안에서 번역을 시행하였음을 밝혀 둔다. 문집에서 결락된 글자는 '■'로 표시하였다.
41) ■■: 『영천본』에는 '異端'이라고 적혀 있다. 출처는 알 수 없다.
42) ■: 『영천본』에는 '蛾'라고 적혀 있다. 출처는 알 수 없다.
43) ■■: 『영천본』에는 '君有'라고 적혀 있다. 출처는 알 수 없다.
44) ■: 『영천본』에는 '評'이라고 적혀 있다. 출처는 알 수 없다.
45) 웅진(雄鎭): 요충지에 있는 크고 강한 번진(藩鎭).
46) 이경(異京): 원 문집에는 대죽(竹)머리 밑에 '다를 이(異)'자가 있는 형태인데, 사전에 이런 글자가 보이지 않아 일단 풀초(艹) 밑에 '다를 이(異)'자가 있는 '이(異)'자로 처리한다. 『영천본』에는 '冀京'으로 되어 있다.

이역의 지경이라 나아가기 좋으니	異境恊趣尙
가을바람에 고삐 잡고 행차한다네.	秋風按轡行
덕을 쌓았음에 묵용(默容)47)함이 마땅하고	德蘊宜默容
시대가 태평하니 여러 인재가 모여듦48)을 볼 수 있네.	時泰看彙征
목은 선생 말씀을 경계로 삼을 만하니	牧隱言可警
중현(仲賢)49)은 능히 ▣▣할 수 있다네.	仲賢能▣▣

담암 백문보	淡庵 白文寶

---

47) 묵용(默容): 난세(亂世)에 함부로 말을 하지 않음으로써 자신의 몸을 보전하는 것을 말한다. 『중용(中庸)』의 "나라에 도가 있을 때에는 자기의 말로 족히 흥기시킬 수 있으며, 나라에 도가 없을 때에는 침묵으로써 족히 자신을 용납해야 할 것이니, 『시경』에 이른바 '이미 밝고 지혜로워 그 몸을 보전했다.'라는 말이 바로 이것을 말하는 것이라 하겠다.[國有道, 其言足以興, 國無道, 其默足以容, 詩曰, 旣明且哲, 以保其身, 其此之謂與]"라는 말에서 비롯된 것이다.

48) 여러……모여듦: 원문의 '휘정(彙征)'은 천하의 어진 인재가 모여드는 것을 말한다. 『주역(周易)』, 「태괘(泰卦)」〈초구(初九)〉에서 "띠풀의 뿌리를 뽑듯 동지들이 모여드니 길하다.[拔茅茹, 以其彙征, 吉.]"라고 하였다.

49) 중현(仲賢): 척약재의 동생 김제안(金齊顔)을 말한다. '중현'은 그의 자(字)이다.

9. 강릉도(江陵道) 안렴사(按廉使) 김 선생을 전송하는 시　경산(京山) 京山50)
送江陵道按廉使金先生詩

임금님 명령 듣고 어전(御殿) 앞 돌계단 내려와	自聞君命下丹墀
민심(民心)이 비단옷 입은 안렴사51)에게 쏠렸음을 문득 깨닫네.	便覺民心注綉衣
진실되고 수수하여 능히 직무를 담당할 만하며	悃愊無華能稱職
천하를 다스리려는 뜻52)이 있는데 시운(時運)까지 겹쳤네.	澄清有志果遭時
소나무 정자는 맑게 개고	松亭霽景■■■53)
금강산54)의 구름 빛 아른아른 푸른 산에 비치네.	楓岳雲光暎翠微
정해진 임소(任所)로 차가운 가을날 떠난다고	定向秋涼動高■55)
애석해 말라 새로 지은 시를 부칠 테니까.	■■56)莫惜寄新詩

　　경산(京山)　　　　　　　　　　　　　　　京山57)

---

50) 경산(京山): 고려시대의 문집에서 이름 앞에 '경산(京山)'이라는 호칭을 사용하는 사람은 초은(樵隱) 이인복(李仁復)과 도은(陶隱) 이숭인(李崇仁)이 대표적이다. '경산'은 경상북도 성주(星州)의 옛 이름인데, 이인복과 이숭인 모두 본관이 성주이기 때문에 '경산'이라는 호칭을 즐겨 사용하였다. 이 시는 척약재와의 교유관계를 고려해 보았을 때, 이숭인의 작품일 가능성이 높다.
51) 비단옷……안렴사: 원문의 '수의(綉衣)'는 왕명을 받고 지방에 나가 정사를 살피는 지방관을 의미한다.
52) 천하를……뜻: 원문의 '징청(澄清)'은 '남비징청(攬轡澄清)'의 준말로 관리가 되어 천하를 경륜하고자 하는 의지를 가리키는 말이다.
53) ■■■: 『영천본』에는 '連空闊'이라고 되어 있으나 출처는 알 수 없다.
54) 금강산 : 원문의 '풍악(楓岳)'은 가을 금강산(金剛山)의 별칭이다.
55) ■: 『영천본』에는 '興'이라고 되어 있으나 출처는 알 수 없다.
56) ■■: 『영천본』에는 '因風'이라고 되어 있으나 출처는 알 수 없다.
57) 京山: 『영천본』에는 '京山李仁復'이라고 되어 있으나 출처는 알 수 없다.

10. 강릉도(江陵道) 안렴사(按廉使) 김 선생을 전송하는 시   야은(野隱) 전녹생(田祿生)58)
送江陵道按廉使金先生詩

찬 이슬 내리는 가을 기운 높기만 하고	白露秋氣高
바람 소리에 나뭇잎은 나무에서 떨어지네.	風聲葉辭木
그대를 만나 말고삐를 나란히 하니	值子按轡行
산과 시내도 그 때문에 엄숙해하는 듯.	山川爲之肅
얼음과 눈과도 같은 그대의 늠름한 자태	凜然氷雪姿
보는 자들 머리를 먼저 숙였다네.	觀者首先縮
■■하게 도리어 스스로 기뻐하며	■■59)却自怡
명승지를 찾아선 시축(詩軸)을 가득 채웠다네.	勝處詩盈軸
지금 떠났다가 내년 봄 돌아오면	行入新春歸
우리들 마땅히 괄목상대해져 있으리라.	吾儕當刮目

야은(野隱) 전녹생(田祿生)   野隱 田祿生60)

---

58) 야은(野隱) 전녹생(田祿生): 1318-1375. 본관은 담양(潭陽), 자(字)는 맹경(孟耕), '야은'은 그의 호이다. 벼슬은 좌상시(左常侍), 정당문학(政堂文學), 문하평리(門下評理)를 역임하였고, 문집으로 『야은일고(埜隱逸稿)』가 전한다.
59) ■■: 『영천본』에는 '高懷'라고 적혀 있으나 출처는 알 수 없다.
60) 田祿生: 문집에는 '生'자가 빠져 있으나 '야은(野隱)'이라는 호가 명시되어 있고, '田祿'이라는 글자가 보이므로 이 시는 분명히 야은 전녹생의 작품이다.

11. 강릉도(江陵道) 안렴사(按廉使) 김 선생을 전송하는 시 　　　난재(嬾齋)[61]
　　送江陵道按廉使金先生詩

가을 강물은 맑고 가을 햇빛은 따뜻한데	秋江澄澈秋日烈
강변에서 그대 전송하고 또 이별하네.	送君江干與君別
가슴에 수놓은 옷을 입은 이가 가니	■■■襟著綉衣
승냥이와 이리들이 멀리 도망가고 여우도 자취를 감췄다네.	豺狼遠遁狐蹤滅
여염(閭閻)집에도 ■을 숨기고 ■을 도모하며	閭閻隱■■■諏
번거롭고 성가신 것들을 없애 주니 백성들 크게 기뻐하네.	盪滌煩苛民大悅
남자들은 부지런히 심고 거두고 여인들은 양잠(養蠶)을 하니	男勤稼穡■桑■
길거리엔 노래가 울려 퍼지고 어부들도 노를 두드리네.[62]	■■行歌漁鼓[63]楫
단지 마음을 비우고 한결같이 변화시키기만 해야지	只在虛靈一轉移
■■하면 위태롭다네.	■■■■■脆餲
그대 격물치지(格物致知)[64]하여 순전한 공이 있으니	因君格致有純功
자신을 닦고 남을 다스릴 수 있다네.[65]	修己■■■■■
■한 바람에 버들개지는 날리고	■風蕩蕩柳花飛
고삐 잡고 돌아가는 수레 그 광채 빛나리.	攬轡回車光皎潔

---

61) 난재(嬾齋): 미상.
62) 길거리엔……두드리네: 원문의 '행가(行歌)'는 길거리에 노래가 울려 퍼지는 '강구연월(康衢煙月)', '고복격양(鼓腹擊壤)'의 태평성대요, '고즙(鼓楫)'은 어부가(漁父歌)가 울려 퍼지는 태평성세를 의미한다.
63) 鼓: 『익산본』에는 '稼'로 되어 있다.
64) 격물치지(格物致知): 중국 송(宋)나라의 학자 주자(朱子)가 『대학장구(大學章句)』에서 사물의 이치를 궁극에까지 이르러 나의 지식을 극진하게 이를 수 있다고 제시한 학술용어.
65) 자신을……있다네: 원문은 결락되어 있으나 '수기(修己)'라는 단어를 통해서 유학(儒學)의 기본 실천법인 '수기치인(修己治人)'의 의미로 유추하여 번역하였다.

■■는 다시금 새로워지고 ■■■■與更新
대궐 문 두드리고 ■■를 대비하겠지. 扣闕備對■■■
전체 결락(缺落) ■■■■■■■
임금께선 ■■를 말씀하시리. 君王說■■■■

난재(嬾齋) 嬾齋

12. 강릉도(江陵道) 안렴사(按廉使) 김 선생을 전송하는 시　　■齋66)
　　送江陵道按廉使金先生詩

해동(海東)에 나라가 있은 이래 은(殷)의 기자(箕子)67)가 으뜸이 되어	海東有國宗殷箕
문풍은 예부터 화려하게 빛났지.	文風亘古光■■68)
당대(當代)의 선비들이 나오고	■■■69)出當代儒
백기(伯起)70)가 다시 태어나 관서(關西)71) 땅으로 왔다네.	再生伯起來關西
수의(繡衣) 입고 부절(符節) 지니고72) 가므로	綉73)■■■■■節
강릉도엔 서릿발 같은 늠름한 기상이 가득하겠지.	江陵道中霜凜烈
소의 허리엔 ■가 가득하고	牛腰滿■■■■74)
■■는 응하여 느끼고 노래는 이야기를 전해 주네.	■■應感歌傳說75)
시대여, 시대여! 정말로 티끌 속에 있구나!	時兮時兮正風塵
그 사람.	■■■■■其人76)

---

66) ■齋: 미상.
67) 기자(箕子): 중국의 은(殷)·주(周) 교체기에 조선으로 건너와 단군조선을 물리치고 기자조선을 건국하였으며, 주나라 무왕(武王)에 의해 조선왕에 봉해졌다는 인물.
68) ■■: 『영천본』에는 '璧奎'라고 적혀 있으나 출처는 알 수 없다.
69) ■■■: 『영천본』에는 '先生拔'로 적혀 있으나 출처는 알 수 없다.
70) 백기(伯起): 중국 동한(東漢)의 정치가 양진(揚震)의 자(字)이다. 그는 형주 자사(荊州刺史)로서 청렴하기로 이름이 높아 남들이 가져오는 뇌물을 물리쳤다고 한다. 이 시에서는 지방관으로 부임하는 척약재를 백기에 비겨 높이고 있는 것이다.
71) 관서(關西): 보통 관서지방은 평안도(平安道) 지역을 일컫는 말이지만, 이 시에서는 척약재가 강릉도로 부임하는 것이므로 강원의 서쪽, 즉 영서(嶺西) 지역을 지칭하는 말로 쓰인 것으로 보인다.
72) 수의(繡衣)……지니고: 원문은 결락되어 '수(綉)', '절(節)'밖에 없지만, 이는 '수의'와 '부절'을 말하는 것으로 보인다. '수의'와 '부절'은 지방으로 부임하는 지방관을 상징하는 단어들이므로 이 시에서는 척약재를 지칭하는 말이다.
73) ■■■■■: 『영천본』에는 '衣驄馬一按'이라고 적혀 있으나 출처는 알 수 없다.
74) ■■■■: 『영천본』에는 '載無訟決'이라고 적혀 있으나 출처는 알 수 없다.
75) ■■: 『영천본』에는 '梅霖'이라고 적혀 있으나 출처는 알 수 없다.
76) ■■■■■: 『영천본』에는 '華夷迅掃■'이라고 적혀 있으나 출처는 알 수 없다.

목은이 쓴 서문의 덕목(德目)은 이미 자세히 진술되었으니	牧隱序德已具陳
아아, 나의 ■■한 글을 슬퍼하노라.	嗟我慷■■■文[77]

■재(■齋)　필(弼)	■齋[78]　弼

천신선생(薦紳先生)[79]들이 지은 송별의 시가 여기에 그치지 않지만 그 나머지는 잃어버렸다. 이하 결락.

　　　　　■■薦紳先生, 送行詩非止於■, ■■失其　■■■■

---

77) ■■■:『영천본』에는 '筆何爲文'이라고 적혀 있으나 출처는 알 수 없다.
78) 『영천본』에는 '樞齋李元弼'이라고 적혀 있다. '추재' 끝에 '弼'자가 있은 것으로 보아 '이원필(李元弼)'이 맞을 듯하다. 이원필에 대해서는 자세한 자료가 전하지 않는다.
79) 천신선생(薦紳先生): 높은 관직에 있는 사람을 지칭하는 말.

역주 척약재학음집 부록

1. 『척약재학음집』에 수록되어 있지 않은 척약재 한시

① 『동문선(東文選)』

전원의 별장
野莊

문 걸어 잠근 채 용렬한 무리들과 만나지 않고서	閉門終不接庸流
단지 푸른 산만 내 집에 들어옴을 허여하노라.	只許靑山入我樓
즐거울 땐 시를 읊조리고 귀찮으면 잠을 자니	樂便吟哦慵便睡
다시는 세속의 일들 생각하지 않네.	更無餘事到心頭

② 『신증동국여지승람(新增東國輿地勝覽)』

구름 속을 지나 어지러운 고개 뚫고	攀雲穿亂嶺
파도를 건너 긴 시내 지난다.	截浪過長川
보리 익으니 꿩이 처음으로 울고	麥秀雉初雛
뽕잎이 드무니 누에는 자고 있구나.	桑稀蠶已眠
오래된 다리에는 쓸 만한 판목(板木)이 없고	古橋無復板
야윈 말은 채찍을 마다하지 않네.	羸馬不辭鞭
가고 가니 해는 서쪽으로 떨어지고	去去日西落
앞 마을에선 흰 연기 피어오르네.	前村生白煙

③ 『축은집(築隱集)』 (축은(築隱) 김방려(金方勵) 문집)

늦봄에 축은에게 주다
晩春贈築隱

늦봄 꽃과 버들에 벌들의 노래 소리 시끄럽고	暮春花柳敎蜂歌
먼저 떨어지고 나중에 떨어진 붉은 꽃잎들 저마다 다르구나.	先落後紅色色他
빗물 머금고 있는 남은 모습은 적막도 한데	濕雨殘容多寂寞
날리는 바람에 시든 꽃잎은 어디로 향하는가.	飛風老態向如何
성긴 그림자 저녁 햇빛 가득한 주렴에 드문드문 비치고	疎影依簾斜日滿
은은한 향기 솥으로 스며들어 가는 연기와 조화롭네.	微香入鼎細煙和
요사이 봄날도 다 끝나려 하니 어느 곳으로 가야 하나	近來春事歸何處
두견새 울음소리 푸른 산봉우리로 울려 퍼지네.	杜宇啼聲碧峀過

축은에게 주다
贈築隱

답답한 마음 풀려면 무슨 방도가 있을까	鬱鬱開懷何妙方
띠풀집에서 서쪽으로 지는 햇빛 마주 대하네.	茅廬相對洛西陽
시냇가엔 구름이 빽빽하게 천 겹이나 쌓여 있고	川雲密密千重疊
들풀은 푸릇푸릇 십 리나 이어졌네.	野草靑靑十里長
더위 피하려던 노인은 어쩔 수 없어	避暑老人要不得
문안으로 비치는 햇빛에 절로 반짝반짝.	入門白日自容光
머무는 곳엔 녹나무 없고 울타리엔 국화도 없는데	停無楠樹籬無菊
얼굴빛 초당의 두보와 비교하면 그 어떠한가.	顔色何如杜草堂

축은에게 주다
贈筑隱

오월엔 보리밭 추수하느라 갑절로 바쁜데	五月倍忙收麥田
비바람 알맞으니 어느 해와 비교하리요.	風風雨雨比何年
아침나절의 근심 걱정 집안 가득 스며있지만	崇朝憂患家滲漏
한낮의 햇빛은 들판의 안개를 거둬들였네.	亭午光輝野歛烟
꿈속에서도 고향에서 술 마실 일 길게 생각하고	夢裏長思鄕飮酒
한가로운 가운데도 서울 가는 배를 앉아서 세어보네.	閒中坐數洛行船
짧은 지팡이에 잠시 의지하여 문 앞 길을 나서자니	短筇乍倚門前路
마음속 생각은 비갠 후의 하늘처럼 맑기만 하구나.	意緒淸明霽後天

이색을 대신하여 축은에게 주다
代李穡贈筑隱

내 몸의 병 백방으로 노력해도 치료하기 어려우니	難醫身病百端兼
오른쪽 겨드랑이 몽우리 진 것 너무나 불편하네.	右脇包根大不恬
풍토병은 아닌듯하나 커져만 가고	土疾若非成長得
별하증(鱉瘕症)¹⁾과 비슷한데 너무나 싫네.	鱉症似是自我嫌
내 몸은 말라비틀어진 붉은 고목의 모습이요	形體相影丹枯木
머리카락 빠져서 이슬 맞은 갈대와 같네.	頭髮蕭條白露蒹
강남땅에서 여행하는 저 부자(父子)가	旅食江南渠父子
약을 보내 나를 도와주니 도리어 부끄러움 커지네.	藥餌扶吾愧還添

---

1) 별하증(鱉瘕症): 자라 모양의 적취(積聚: 덩어리)가 뱃속에 생겨 항상 배가 더부룩하고 아픈 병증.

이행을 대신하여 축은에게 주다
代李行贈築隱

부잣집에서 내온 소반 백옥같은 소리를 내니	盤出高門白玉聲
아침저녁마다 양생(養生)2)하는 마음이 든다네.	朝朝暮暮養生情
늙은 말은 항상 풀 먹을 것 생각하고	老馬恒思心上草
굶주리고 괴로워서 서울을 생각하네.	飢態困下意中城
파피리[葱笛]에 노래 부르며 복숭아꽃 들판엔 송아지 놀고	葱笛放歌桃野犢
버드나무엔 황금빛 자랑하는 꾀꼬리 우네.	黃金誇富柳梭鶯
부질없는 시상(詩想)으로 작은 규(圭)3)와 겨루며	空空詩腹小圭賽
앉으나 누우나 끊임없이 날마다 다툰다네.	坐臥無端日力爭

---

2) 양생(養生): 먹을 것을 가리고 몸과 마음을 다스려 건강한 몸으로 오래 살기를 꾀하는 방법. 섭생(攝生).
3) 작은 규(圭): 원문의 '소규(小圭)'는 벼슬아치가 지니는 작은 홀인데, 여기에서는 조그만 벼슬을 의미하는 것으로 보인다.

2. 척약재 김구용 상소(惕若齋金九容上疏) 김구용(金九容)
[『정재선생일고(貞齋先生逸稿)』 소재]

　삼가 아룁니다. 신은 지극히 어리석고 비루하여 재주와 학식이 쓸어버린 듯 전혀 없으며, 병으로 전리(田里)에 엎드려 있으니 일반 사람 축에 낄 수도 없습니다. 그런데 뜻밖에 과분한 은혜로 소명(召命)을 받아 도로를 왕래하니, 보는 사람들이 기롱하고 비웃는 일이 많습니다. 신을 위한 계책으로는, 역량과 분수를 헤아려서 구학(邱壑)을 달게 여기고, 두문불출한 채 어버이를 섬기며, 닭을 기르고 기장을 심으면서 유유자적 생을 즐기면서 세상을 잊고 뜻대로 자유롭게 사는 것이 편하다는 것을 어찌 모르겠습니까. 그러나 총애와 영광을 탐하고 그리워하여 이미 떠났다가 다시 돌아왔으니 비단 남들이 비웃을 뿐만 아니라 신 또한 제 자신을 비웃습니다. 그러나 오직 성군에 대한 일념은 본성에 근본한 것이라 없애려고 해도 그럴 수가 없어, 도성에서 머뭇거리며 차마 갑자기 돌아가지 못하는 것은 또한 무슨 마음이겠습니까. 천은이 망극하여 보답할 길이 없으니, 진실로 터럭만큼이라도 성상(聖上)께 보탬이 될 수 있다면 정수리부터 갈아서 발꿈치에 이른다 해도4) 또한 장차 사양하지 않을 것입니다.

　시사(時事)가 이미 어찌 할 수 없는 지경에까지 이른 것을 목도하고서, 마음 아파하고 괴로워하며 사사로이 혼자서 눈물을 흘렸습니다. 이러한데도 말을 하지 않는다면 신에게 실로 죄가 있는 것입니다. 아! 전하의 나라가 너무나 위태롭습니다. 강에 비바람이 가득하고 물이 새는 배에서 짐이 강물에 빠지는데 조수(助手) 뱃사공이 누가 그 임무를 감당하겠습니까.5) 그것을 생각하면 두려워 벌

---

4) 정수리부터……이른다 해도: 자신의 몸을 죽여서 희생하는 것을 뜻한다. 맹자가 "양자(楊子)는 자신만 위하면 그만이었으니 자신의 터럭 하나를 뽑아서 천하를 이롭게 할 수 있더라도 그런 일을 하지 않으며, 묵자(墨子)는 겸애(兼愛)하니 자신의 정수리로부터 갈아서 발꿈치까지 이르더라도[摩頂放踵] 그렇게 하는 것이 천하에 이로우면 그런 일을 하였다." 하였다. (『맹자(孟子)』, 「진심(盡心) 상(上)」.)

벌 떨리고 그것을 보고 있으면 너무나 슬퍼지는데, 말을 하지 않으려니 마음이 답답하고 말을 하려고 하니 말이 길어집니다.

문하시중(門下侍中) 정몽주(鄭夢周)·예문관 제학(藝文館提學) 박의중(朴宜中)·한림(翰林) 이색(李穡)은 정충(精忠)과 절의(節義), 도덕(道德)과 사업(事業)에 있어 전대(前代)에서 찾더라도 그런 사람이 또 몇이나 되겠습니까. 비록 그들이 천 년 전에 살았다 하더라도 또한 존경하고 애모하며 정신으로 그들을 만나고 꿈속에서라도 찾을 만한 사람들이며, 나약한 자를 세울 수 있고 완고한 이를 흥기시킬 수 있으며 탐욕스러운 이를 청렴하게 할 수 있어 족히 백세(百世)의 스승으로 삼을 만합니다. 그러니 비록 그들을 일러 일월(日月)보다 더 밝다고 해도 그들의 밝음을 말하기에 부족하고, 태산보다 더 높다고 해도 그 높음을 말하기에 부족하니, 이는 지나친 말이 아닐 것입니다. 전야(田野)에 물러나 있어도 맑고 아름다운 명성을 그 한 몸에 지니고 있어, 사림(士林)이 북두(北斗)처럼 우러르며 천하가 그 생사(生死)를 물으니, 이렇게 살고 이렇게 죽는다면 그 누가 감히 그들을 업신여길 것이며, 그 누가 감히 그들을 모욕할 수 있겠습니까. 전하께서 그들을 높이고 공경하여 정성으로 초치(招致)하고 예(禮)로써 맞이하여 강권한 뒤에 이른다면, 이들이 어찌 관작(官爵)을 탐하고 사모하는 자들이겠으며, 또한 어찌 국사(國事)를 무너뜨리기를 기뻐하는 자들이겠습니까.

생각건대, 지금 말할 만한 것이 하나가 아니지만, 천관(天官)의 진퇴(進退)와 인재의 거조(擧措)는 실로 치도(治道)의 대체(大體)와 관계된 것입니다. 그러므로 그 사의(私意)를 행하는 것을 보고 한마디 말로 그를 배척한 것은 실로 세신하가 임금을 사랑하고 나라에 충성하는 마음이 있어 스스로 그만둘 수 없었던 까닭입니다. 하시만(河時萬)·변정기(卞貞基)·마인국(馬仁國)이 어떤 사람들입

---

5) 강에……감당하겠습니까: 매우 훌륭한 인물이 아니면 위기에 처한 나라를 구할 수 없다는 뜻이다. 주희(朱熹)가 친구 여조겸(呂祖謙)에게 답한 편지에서 "우리와 백만 생령의 목숨은 모두 물이 새는 이 배 위에 있다. 조수(助手) 사공이라도 불러와서 그가 크게 취해 일을 그르치지 않게만 한다면 그런대로 위기를 모면할 수 있을 것이다.[吾輩與百萬生靈性命盡在此漏船上. 若喚得副手稍工, 不至沈醉, 緩急猶可恃也.]"라고 하였다. (『회암집(晦庵集)』 권34, 「답여백공(答呂伯恭)」.)

니까. 그들을 비판하고 배척하며, 업신여기고 욕되게 하여 이치를 어그러뜨리고 본성을 거스른 것이 이와 같은 데 이르렀으니, 신은 그 마음이 있는 곳을 알지 못하겠습니다. 심지어 전(前) 박사 김득영(金得榮)은 단번에 사악한 사람[邪人]들에게 돌아서서, 그 권세가 요행을 바랄 수 있는 문에 있게 되면 기꺼이 문객(門客)이 되어 자제들과 수없이 결탁하면서 오로지 자기 하고 싶은 대로 하였습니다. 그러면서 변명하며 말하기를 "귀양을 보내고자 하는 논의는 다름이 아니라 전례(前例)를 따르고자 했기 때문이다."라고 하니, 한 글자 한 구절이 억누르기도 하고, 또 부추기기도 하여, 몰래 전관(銓官)6)에게 아부하면서 드러내놓고 대신(大臣)을 배척하니, 신은 그것을 가슴 아프게 여깁니다.

게다가 시만의 무리는 자기의 마음을 스스로 속이고 또 임금까지 속였으니, 대신을 모욕하고 조정을 편치 않게 한 것은 또한 작은 일이 아닙니다. 소인의 악은 자기의 마음을 속이는 것보다 심한 것이 없고, 신하의 죄는 자기 임금을 속이는 것보다 큰 것이 없으며, 오늘의 화(禍)는 자기 붕당(朋黨)을 비호하는 것보다 심한 것이 없습니다. 전하께서는 어찌하여 그것을 통렬하게 끊어 호오(好惡)의 바름을 명시하지 않으시고, 굳이 전(前) 문하시중 정몽주, 예문관 제학 박의중, 한림 이색의 충간(忠諫)하는 상소를 기다렸다가 다만 마인국만 파직하시고 또 하시만에게는 죄를 주지 않으십니까? 이 때문에 몇 사람이 전하의 도량의 깊고 얕음을 엿보고 또 그를 위해 사설(辭說)을 장황하게 늘어놓으며, 은연중에 대신을 비난하고 배척하는 뜻을 지니고 있으니 신은 진실로 그것이 걱정됩니다. 아, 전하의 나라가 위태롭습니다!

천하의 명유(名儒)들이 다른 사람에게 비난받고 업신여김을 당하여 공격당하고 배척받는 것이 이와 같은 데에 이르렀는데도, 조정의 대신들은 그것을 별일이 아닌 듯 보고만 있으니 다른 것은 또한 다시 말해 무엇 하겠습니까. 신은, 뜻과 식견을 가진 선비가 두려워서 깊은 산속으로 들어가 나오려 하지 않고, 나

---

6) 전관(銓官): 이조(吏曹)의 인사 담당관.

온 자들도 또한 떠나기만을 간절히 기다릴까봐 걱정스럽습니다. 이 세 명의 신하는 천하의 명유요, 사림의 영수입니다. 하물며 명주(明主)가 다스리는 천재일시(千載一時)의 기회를 만난 때에 세 신하가 물러나고자 하는 것은 인지상정(人之常情)일 것입니다. 참으로 음양이 서로 다투어 비바람이 불고 날이 어두운데 모두 물러나 돌아갈 것만을 생각하고 국가를 염려하지 않는다면 성은(聖恩)은 어찌할 것이며, 종묘사직은 어찌할 것입니까. 자기 학문의 모든 것을 다 쏟지 않을 수가 없는데, 문을 닫아걸고 강학(講學)하면서 세상에 대한 생각을 떨쳐버리며 마치 그대로 삶을 마치려는 듯이 하고, 선왕(先王)에게 여러 번 간곡한 부르심을 받기까지 하였는데도 감히 한 번도 나가지 않는 것이 어찌 군부(君父)를 잊고 태만함을 즐기려는 것이겠습니까.

 부자(夫子)께서 칠조개(漆彫開)에게 벼슬을 하게 하자 그가 말하기를 "저는 아직 벼슬을 감당할 자신이 없습니다."라고 하였으니,[7] 세 신하는 대개 전수받은 바가 있는 것입니다. 지난번에 맨 처음 새로운 명을 받았을 때 권애(眷愛)하시는 뜻에 매우 슬퍼하였고 나라에 대척(大慽)[8]이 있을 때에는 감히 오지 않을 수 없었으며 청환(淸宦)[9]에 제수됨에 미쳐서는 누차 사양하였으나 허락을 얻지 못하였습니다. 출사(出謝)[10]한 후에 곧 입대(入對)를 청하는 자가 또한 어찌 사우(師友)의 사사로운 의심을 받아들이고자 하겠으며, 평소의 굳은 맹세를 펴고자 하겠습니까. 전하께서 잘못을 깨달아 후회하시고, 깊이 스스로를 허물하고

---

7) 부자(夫子)께서……하였으니: 칠조개(漆雕開)는 공자(孔子)의 제자이다. 공자가 그에게 벼슬을 권했을 때, "저는 아직 벼슬을 감당할 자신이 없습니다.〔吾斯之未能信〕"라고 대답하자, 공자가 기뻐하였다. (『논어(論語)』, 「공야장(公冶長)」.)
8) 대척(大慽): 임금의 상(喪)을 뜻하는데, 여기서는 공민왕(恭愍王)의 죽음을 가리킨다.
9) 청환(淸宦): '청요직(淸要職)'이라고도 한다. 주로 삼사(三司), 즉 사헌부·사간원·홍문관의 관리를 말한다. 대체로 이 자리는 국왕을 지근거리에서 보좌하는 시종신(侍從臣)에 해당하거나, 혹은 정승·판서와 같은 재상으로 진출하기 위해 거쳐야 할 자리였으므로, 청요직은 모든 관리들의 선망의 대상이었다.
10) 출사(出謝): 벼슬에 임용되거나 임금의 은혜를 입은 사람이 조정에 들어가 사은숙배(謝恩肅拜)하는 일을 말한다.

책망하시며 승지를 보내어 은근히 애써 만류하기까지 하셨으니 선비를 대우하는 예(禮)가 지난 백대(百代)의 어느 임금보다도 뛰어나신 것입니다. 그러므로 교화의 바람이 사방에서 일어나11) 인심을 감동시켰는데, 이 신하들을 비방하고 무고하는 말이 뒤따라 나왔습니다. 그러나 전하께서는 햇빛이 다시 빛나기를 기다리시면서 상례(常例)로써 처리하지 않으셨는데, 이 신하들의 자처함은 그 예에 맞지 않았으니 도리어 전하의 수치가 된 것입니다. 한번 성문을 나왔으나 물러남에서 그치고 다시 돌아왔을 뿐입니다. 만약 다시 특별한 임금의 사랑을 탐하여 떠나려다가 떠나지 않고 이미 걸어두었던 관을 다시 쓰거나,12) 이미 그만둔 직책을 가지고서 이미 나왔던 문으로 들어가 편안히 도로에서 벽제(辟除)를 행한다면, 사람들이 또 그것을 뭐라고 하겠습니까. 염치와 예절은 세도(世道)와 관계된 것이니, 이 신하들이 비록 스스로 몸을 가볍게 여기고자 하더라도 조정은 어찌할 수 있겠습니까?

옛사람의 말에 "장군에게 읍하는 객이 있다면 그것이 오히려 장군을 중하게 해주는 것이 아니겠는가."13)라고 하였으니, 전하께서 선비를 대우함은 지위가 낮을수록 더욱 성대해야 하고, 이 신하들의 자처함은 높을수록 더욱 아름답게 되는 것입니다. 그러나 세간의 큰 주목을 받지 않았기 때문에 그것을 창견(創見)으로 여기고 기이하게 생각하게 되었습니다. 또 사류(士流)를 좋아하지 않는 자들이 있어 뒤따라서 그에 화답하여 비난하는 의론과 조롱이 세상에 넘치고 귀에

---

11) 교화의……일어나: 송나라 소식(蘇軾)의 「하가행태학표(賀駕幸太學表)」에 "예가 하루 행해지자 교화의 바람이 사방에서 일어났다.[禮行一日, 風動四方.]"라고 하였다.
12) 이미……쓰거나: 그만두었던 벼슬을 다시 하는 것을 뜻한다. '괘관(掛冠)'은 동한(東漢)의 봉맹(逢萌)이 왕망(王莽)의 정사에 환멸을 느껴 인륜이 끊어졌다고 탄식하면서 관을 벗어서 동쪽 도성 문에다 걸어 놓고 곧장 시골로 돌아갔던 일에서 유래한 말이다. (『후한서(後漢書)』 권83, 「일민열전(逸民列傳) 봉맹(逢萌)」.)
13) 장군에게……아니겠는가: 현사(賢士)를 예우하는 것을 뜻하는 말이다. 한(漢)나라의 대장군(大將軍) 위청(衛靑)이 막부(幕府)를 열었을 때, 급암(汲黯)이 읍만 하고 절을 하지 않자, 어떤 사람이 그 이유를 물으니 "대장군에게 읍하는 객이 있다면 그것이 오히려 대장군을 중하게 해 주는 것이 되지 않겠는가.[夫以大將軍有揖客, 反不重耶.]"라고 하였는데, 위청이 그 말을 듣고는 더욱 그를 어질게 여겼다. (『사기(史記)』, 「급암열전(汲黯列傳)」.)

가득하게 되었습니다. 그것이 전하의 예에 맞는 판단력[禮意]으로 하여금 선비들을 처음[權輿]14)처럼 대우해주지 않게 하여서 사림들의 간절한 기대가 쓸쓸한 지경에 이르렀으니, 신은 그것에 대해 몹시 탄식합니다.

세 신하가 임천(林泉)으로 돌아가서 편안히 수양하며 자적(自適)하고, 시골의 뛰어난 선비들과 강학하기를 즐기면서15) 공명(功名)을 뜬구름과 같은 것으로 여기고 나의 생을 마칠 때까지 소요(逍遙)하려는 것 또한 천계(天界)를 저버리지 않는 일일 것입니다. 전하께서는 이미 이 노신(老臣)들을 산림의 뒤편으로 잃으셨고 또한 천리 밖에서 선비를 오게 하지도 않으시니, 신은 국가의 일이 장차 어찌 될지 두렵습니다. 전하께서는 어찌하여 특별히 소명을 내리시어 곡진한 성의(誠意)로 기어코 그들을 오게 한 연후에 그만두려 하지 않으십니까. 신이 퇴청한 여가에 그들의 동정을 살펴보니, 전후 진퇴의 절차와 곡절을 대강 말하면서 심지어 눈물까지 흘리며 "성상의 사랑이 이와 같은데도 끝내 물러나 돌아왔으니, 몸을 깨끗이 하려다 도리어 천륜(天倫)을 어지럽힘은 스스로 그렇게 하려고 계획한 것이 아니다. 이리저리 배회하다가 다시 남는다면 붕당의 화가 장차 나에게 미치게 될까 두렵다."라고 하였으니, 그 마음이 있는 곳을 이미 잘 알 수 있었습니다.

아, 성현의 학문과 제왕의 정치는 참으로 전하께서 오늘날 익혀야 할 급선무이니 신이 한 말씀 올릴 겨를도 없습니다만, 그래도 감히 이 일을 말씀드리는 데 급급한 것은 세 신하가 조석으로 강구(講求)한 것이 바로 공부를 진전시키고 치도(治道)를 밝힐 수 있기 때문입니다. 그러므로 한때의 비방을 감수하면서 상

---

14) 처음[權輿]: 사물의 시초를 뜻한다. 저울을 만들 때는 저울대[權]를 먼저 만들고 수레를 만들 때는 수레의 판자[輿]부터 먼저 만드는 것에서 유래한 말이다.

15) 시골의……즐기면서: 송나라 주희(朱熹)가 조정에 나갈 것을 권유하는 진량(陳亮)에게 보낸 답장에서 "쓸모없는 사내가 산에서 나물 뿌리를 씹어 먹으면서 남들과 서로 간섭하는 일 없이 몇 권의 남은 서책을 마저 끝내고 시골의 뛰어난 선비들과 강학하도록 내버려 두는 것도 한 가지 방법입니다.[留取閑漢在山裏咬菜根, 與人無相干涉, 了却幾卷殘書, 與村秀才子尋行數墨, 亦是一事.]"라고 하였다. (『회암집(晦庵集)』 권28, 「답진동보서(答陳同父書)」.)

중(喪中)인데도 욕됨을 무릅쓰고 그렇게 한 것이니, 바라옵건대 전하께서는 품계에 알맞은 벼슬을 내려주시고 가벼이 체직을 허락하지 마시며, 마땅히 해야 할 일을 자문하시어 반드시 청종(聽從)하기를 힘쓰소서.

  신이 전후로 올린 의례(儀禮) 두 책의 의주(儀註)16)가 매우 상세하며, 그 중 조정의 부제(祔祭)17)와 군신의 상복(喪服) 등 세 가지 일은 절대 빠트릴 수 없는 것인데도 끝내 시행되지 못하였으니 식자(識者)들이 그것을 안타깝게 여깁니다. 바라건대 전하께서는 다시 대신들과 논의하여 과감하게 그것을 시행하시고, 큰 일에 조금의 유감도 없게 하소서. 제가 생각하기에 세 가지 일은 실로 큰 절목(節目)인데, 전하께서 오히려 이것을 시행하지 않으신다면 성현의 학문과 제왕의 정치에 대해 비록 날마다 설명을 드려도 수용하는 입장에서 도움 되는 것이 없을까 두렵습니다. 이것이 신이 마음속에서 느껴서 위로 진달(進達)하는 까닭입니다. 엎드려 바라건대 전하께서는 살펴주소서.

貞齋先生逸稿卷之二　附錄

惕若齋金九容上疏

  伏以臣至愚極陋, 才學掃如, 病伏田里, 恒人不齒. 不意誤恩承召, 來往道路, 觀者譏笑多矣. 爲臣之計, 豈不知量力揆分, 甘心邱壑, 杜門事親, 養雞種黍, 優游此生, 忘世肆志之爲便. 而貪戀寵榮, 已去復來, 不但人笑之, 臣亦自笑之. 惟是聖君一念, 根於秉彝, 銷鑠不得, 遲回輦下, 不忍遽歸者, 亦何心哉. 天恩罔極, 圖報無路, 苟有一毫裨益吾君, 則摩頂放踵, 亦且不辭.

  目見時事, 已至於不可爲之地, 痛心疢懷, 私自出涕. 此而不言, 臣實有罪. 嗚

---

16) 의주(儀註): 나라의 전례(典禮)의 절차를 주해(註解)하여 적은 책. 여기서는 의례에 관한 주석을 말하는 듯함.
17) 부제(祔祭): 삼년상(三年喪)을 마치고 그 신주(神主)를 조상의 신주 곁으로 모시면서 지내는 제사.

呼! 殿下之國, 危哉危哉. 滿江風雨, 漏船載溺, 而副手梢工, 誰勝其任. 思之慓慓, 見之慘慘, 不言則心塞, 欲言則言長也.

門下侍中鄭夢周, 藝文提學朴宜中, 翰林李穡, 精忠節義, 道德事業, 求之前代, 復有幾人. 雖在千載之上, 亦可尊而敬之, 愛而慕之, 精神會之, 夢寐求之, 懦可立, 頑可起, 貪可廉, 足以爲百世之師. 而雖謂之昭乎日月不足以爲明, 萃乎泰山不足以爲高, 不爲過語矣. 退在田野, 清名懿聲, 藏佩一身, 士林仰如北斗, 天下問其死生, 如此而生, 如此而死, 其誰敢侮之, 其誰敢辱之. 殿下尊之敬之, 致之以誠, 仰之以禮, 强而後至, 則此豈貪戀官爵, 亦豈喜敗國事者哉.

以爲當今可言者非一, 而惟是天官進退人材擧措, 實關治道之大. 故見其行私, 一言斥之, 實三臣愛君忠國之心, 所以不能自已者也. 河時萬, 卞貞基, 馬仁國, 何人也. 譏之斥之, 侮之辱之, 悖理咈性, 至於如此, 臣未知其心之所在也. 至於前博士金得榮, 一回邪人也, 權勢在倖門, 則甘爲門客, 多結子弟, 而惟所欲之. 辭曰, "無他謫議, 未免因循者." 一字一句, 無非抑揚, 陰附銓官, 顯斥大臣, 臣切痛之.

且時萬之輩, 爲自欺其心, 又欺其君, 則侵侮大臣, 使不安於朝者, 亦非細事也. 小人之惡, 莫甚於欺其心, 臣子之罪, 莫大於欺其君, 今日之禍, 莫甚於護其黨. 殿下何不痛絶之, 明示好惡之正, 而必待於前門下侍中鄭夢周, 藝文提學朴宜中, 翰林李穡忠諫之疏, 而只罷馬仁國, 又不加罪於河時萬乎? 是故, 數人暗窺殿下之淺深, 又爲之張皇辭說, 隱然有譏斥大臣之志, 臣實憖之, 嗚呼! 殿下之國危哉.

天下之名儒, 被人譏侮攻斥, 至於如此, 而朝廷大臣, 視之尋常, 則其他亦復何說. 臣恐有志識之士, 恐入山林之深而不肯來矣, 來者亦望望去之矣. 此三臣, 天下之名儒, 士林之領袖也. 況明主之千載一時, 三臣之退, 人心所在也. 正陰陽交爭, 風雨方晦之日, 而皆思退歸, 不念國家, 則奈聖恩何, 奈社稷宗廟何. 不敢不盡其學問淺深, 而杜門講學, 消遣世念, 若將終身, 至被先朝累召之勤, 而不敢一出者, 豈是忘君父樂違慢哉.

夫子使漆雕開仕, 曰, "吾斯之未能信." 三臣蓋有所受也. 頃者首被新命, 眷意甚慨, 國有大慼, 不敢不來, 及拜淸宦, 累辭不獲. 則出謝之後, 卽請入對者, 亦豈欲納師友之私疑, 歘平生之堅誓者哉. 殿下悔悟, 深自咎責, 至遣承旨, 勉留慇懃, 待士之禮, 迥出百王. 所以風動四方, 感激人心, 而謗誣此臣之言, 從而出矣. 然殿下待時日復光, 不以常規, 而此臣之自處, 不稱其禮, 則反爲殿下之羞矣. 一出城門, 則終於退歸而已. 若復貪慕殊眷, 欲去不去, 着已掛之冠, 帶已致之職, 入已出之門, 偃然行號唱於道路, 則人復謂之何哉. 廉恥禮節, 關係世道, 此臣雖欲自輕, 奈朝廷何.

古人之言曰, "將軍有揖客, 顧不重歟?" 殿下之待士, 愈卑愈盛, 此臣之自處, 愈高愈懿. 世間無大耳目, 故以爲創見而異之, 又有不樂士流者, 從而和之, 譏議嘲罵, 溢世盈耳. 使殿下之禮意, 不勝權輿, 而士林之顒望, 至於落漠, 臣切歎之.

三臣歸臥林泉, 怡養自適, 樂與村秀才尋行數墨, 等功名於浮雲, 終吾生而徜徉, 亦不負天界矣. 惟是殿下旣失此老於山林之後, 又不致士千里之外, 則臣恐國家之事, 稅駕無所也. 殿下何不特下召旨, 曲盡誠意, 期於必致而後已乎. 臣於公退之暇, 見其動靜, 則前後進退, 節次曲折, 大槩言之, 至於流涕曰, "聖眷如許而終乃退歸, 潔身亂倫, 非爲自使計也. 低回復留, 恐爲朋黨之禍將及己也." 已曉其心之所在矣.

嗚呼! 聖賢之學, 帝王之治, 固殿下今日急務, 而臣不暇進其一言, 而乃敢汲汲於此者, 三臣之朝夕講求, 乃可以進學功明治道. 故甘受一時之謗, 冒瀆哀疚之中, 而冀殿下授以相當之職, 勿輕許遞, 詢以當爲之事, 而必務聽從焉.

臣之前後所進儀禮二冊儀註甚詳, 其中朝祔祭及群臣喪服等三事, 最不可闕者, 竟不見施, 識者恨之. 欲望殿下更議大臣, 斷然行之, 第無少憾於大事焉. 竊謂三事, 實是大節目, 而殿下猶此不行, 則聖賢之學, 帝王之治, 雖日進其說, 而恐無補於受用之地. 此臣所以感於中而達於上也. 伏願殿下加察焉.

3. 척약재집 발문(惕若齋集跋文) 이달충(李達衷)
『제정집(霽亭集)』 소재

　내가 계축년(1373년, 공민왕22) 가을에 산속으로부터 나와 보니, 친구 김경지(金敬之) 군이 즐거워하며 내가 머무는 객사로 찾아왔다. 그리고 말하기를,
　"내가 관동(關東)의 안렴사로 나갈 때, 교유하던 이들이 은총이 되고 영광스럽게도 송서(送序)와 송시(送詩) 몇 편을 주었습니다. 오직 그대와는 제비와 기러기처럼 길이 서로 어긋나서 그대에게는 전별의 말 한마디도 얻지 못하였으니, 마음에 섭섭함이 매우 많습니다. 청컨대 이 시권(詩卷)의 뒤에 발문을 써 주십시오."라고 하였다. 그러더니 소매 속에서 시권 한 축을 꺼내어 보여 주었는데, 모두 한 시대의 거장(巨匠)들이 쓴 것이었다.
　우리 경지가 지닌 재주와 덕의 훌륭함, 그리고 여러 공들이 높이고 격려하는 뜻에는 이미 덧보탤 바가 없으니, 누가 다시 그 사이에 말을 더하겠는가. 그렇지만 일찍이 듣건대 "바다를 본 사람에게는 웬만한 물은 물 되기가 어렵고, 성인의 문하에서 공부한 자에게는 어지간한 말은 말 되기가 어렵다."라고 하였다.
　경지는 공훈이 있고 선을 쌓은 가문에서 성장하였고, 도덕과 문장의 숲 속에서 충분히 노닐었다. 관동 지방에 사명을 받들고 가서 회우(淮右) 일대[18]를 관광하게 되었으니, 심회(心懷)는 더욱 탁 트이고 기상은 더욱 호탕하고 웅대해질 것이다. 우리 친구들은 눈을 비비면서 그대를 기다릴 것이니 이는 헛말이 아니다.
　내 어찌 감히 말발굽이 지나간 곳에 고인 작은 물을 가지고 드넓은 바다를 이야기 하겠으며, 개미집 두둑을 가지고 저 높은 산을 말하겠으며, 거친 밥을 가지

---
18) 회우(淮右) 일대: 회는 강원도 회양군(淮陽郡)을 가리키는 듯하니, 여기에서는 곧 회양군의 동편에 있는 금강산 일대를 지칭하는 것으로 보인다.

고 좋은 음식을 말하겠으며, 갈대 피리를 가지고 화려한 비파를 말하겠는가. 만약 그렇게 한다면 백치 아니면 미치광이로 여겨 반드시 혀를 쯧쯧 차게 될 것이다. 내가 장차 글을 쓰려다가 번번이 다시 그만두었던 이유도 바로 이 때문이다. 하지만 경지가 두어 차례 계속해서 청탁을 하기에 이와 같이 발문을 써서 조금이나마 책임을 면하고자 한다.

霽亭集 卷三 / 跋

題金按廉詩卷後跋[19]

余[20]於癸丑秋, 來自山中, 友人金君敬之, 肯訪旅寓. 謂曰, "吾之按部關東也, 交遊[21]贈行序若詩以寵榮之. 惟子相燕鴈, 未獲一言之贐, 頗有慊乎心者, 請跋卷後." 袖出一軸以示, 皆一時鉅筆也. 吾敬之之才之德之美, 與夫諸公褒崇勉礪[22]之義, 則已無餘蘊矣, 疇復措[23]辭於其間哉？抑嘗聞之, "觀於海者, 難爲水, 游於聖人之門者, 難爲言." 敬之生長功勳善慶之門, 優游道德文章之藪. 奉使關東, 觀光淮右, 胸襟益軒豁, 氣象增豪雄.[24] 吾儕之括[25]目以竢, 蓋不誣矣. 吾何敢蹄涔乎汪洋, 蟻垤乎崔崒, 蔬糲乎瓊漿, 蘆笳乎錦瑟？匪癡卽狂, 必爲咄咄. 余[26]所以將下筆輒復止焉者此也. 敬之之請至再, 聊以塞責跋.

---

19) 『동문선』에는 '跋'이 없다.
20) 余: 『동문선』에는 '予'로 되어 있다.
21) 遊: 『동문선』에는 '游'로 되어 있다.
22) 礪: 『동문선』에는 '勵'로 되어 있다.
23) 措: 『동문선』에는 '錯'로 되어 있다.
24) 豪雄: 『동문선』에는 '雄豪'로 되어 있다.
25) 括: 『동문선』에는 '刮'로 되어 있다.
26) 余: 『동문선』에는 '予'로 되어 있다.

4. 척약재집 발문(惕若齋集跋文) 이유장(李惟樟)
[『고산선생문집(孤山先生文集)』 소재]

　세도(世道)가 쇠퇴하거나 융성하는 기운과 사문(斯文-유학)이 흥하고 망하는 기틀은 반드시
　점진적인 것이지 갑작스럽게 이뤄지는 것이 아니다. 나무의 꽃과 잎이 장차 봄여름에 활짝 피기 위해서는 반드시 추운 겨울철에 먼저 싹이 돋아서 그 조짐을 보이는 것과 같은 것이다.
　우리나라의 문명화된 정치는 참으로 삼대(三代) 이후로는 견줄 바가 드물지만, 그 근원은 대개 고려 말엽에 시작된 것이다. 어찌하여 그러한가? 고려조 오백년 사이에 어질고 밝은 임금과 호걸스러운 신하가 또한 많지 않은 것은 아니었으나, 성현(聖賢)의 의리를 밝히는 학문에 이르러서는 대개 아주 미미한 수준이었다. 그러다 나라가 망할 무렵이 되어서야 목은(牧隱) 이색(李穡) 선생이 대사성(大司成)이 되고, 포은(圃隱) 정몽주(鄭夢周) 선생과 척약재(惕若齋) 김구용(金九容) 선생, 도은(陶隱) 이숭인(李崇仁), 반남(潘南) 박상충(朴尙衷) 등 여러 어진 이들이 모두 본관(本官)의 직분을 가지고 학관(學官)을 겸하여 후학들을 정진(精進)하도록 권면하였다. 이에 온 나라의 유학자들이 오래된 옛 풍습을 씻어내고 덕성(德性)을 갈고 닦으니 정자(程子)와 주자(朱子)의 성리학이 세상에 크게 밝혀지게 됨으로써 우리나라 삼백년 유학의 교화(敎化)가 이뤄지게 되었다.
　지금까지 가정에서 바른 학문을 익히고 사람들이 큰 도(道)를 알며, 그 길을 잃지 않게 된 것은 그 누구의 힘 때문인가? 사우(師友)의 연원(淵源)을 살펴보니 한 때의 여러 선생들은 모두 사당의 제사를 받고 있으나, 유독 김선생만이 거기에서 빠져 있어서 나는 일찍이 그윽히 개탄한 적이 있다. 하지만 오히려 선생이 살았던 곳과 그 후예(後裔)가 누구인지를 알 수 없었다. 마침 같은 마을의 김의현(金義賢)씨가 눈물을 흘리며, "아, 우리 선조입니다. 또 선대의 옛집이 회곡

(檜谷)27)에 있는데, 우리 집안이 여러 차례 난리를 겪었고, 저 또한 일찍이 고아가 되어 배우지를 못해 선조의 사적에 대하여 전혀 알지 못합니다. 당신이 들어서 알고 있는 바를 기록하여 저에게 주시면 다행이겠습니다."라고 하면서 공책(空冊) 한 부를 나에게 보냈다. 아! 내가 태어난 것이 대략 선생보다 삼백여 년 뒤이고, 또 나는 매우 소견(所見)이 좁으니 전현(前賢)의 덕업(德業)에 대해 어찌 감히 아는 바가 있어서 능히 그 만분의 일이라도 밝혀낼 수 있겠는가? 다만 보잘 것 없는 문자를 가지고 여러 현인들의 문집 가운데 나오는 것들을 기록하고, 또 다른 책에서 선생을 위하여 말한 것들을 조금 취하여 그에게 돌려보냈다. 비록 매우 엉성하고 간략하기는 하지만, 또한 우리 동방에서 유학이 발원한 유래 및 선생이 나라를 위하여 사행하시다 갑작스레 돌아가시게 된 절의(節義), 그리고 시학(詩學)을 전수받으신 묘함을 볼 수 있고, 선생의 평생 사적의 대략을 파악할 수 있을 것이다. 읽는 사람들이 그것이 못난 나의 손에서 나왔다고 하여 소홀히 여기지 않는다면 또한 다행일 따름이다.

　금상(今上) 21년 갑술년(1694년) 춘삼월 신유일(辛酉日)에 후학 선성(宣城)28) 이유장(李惟樟)은 쓰다.

---

27) 회곡(檜谷): 『영가지(永嘉誌)』에 "안동부 서쪽 25리에 회곡촌(檜谷村)이 있다."라고 되어 있다. 지금의 안동시 풍산읍에 위치해 있다.
28) 선성(宣城): 경상북도 안동시 예안면(禮安面)의 옛 이름.

孤山先生文集卷之六 / 跋

惕若齋遺稿跋

　世道汚隆之運, 斯文興喪之機, 必有漸而不驟. 若樹木花葉, 將敷榮於春夏, 則必先萌蘖於嚴冬之日, 以爲之兆朕. 我朝文明之治, 實三代以後鮮有其比, 而其源蓋始於王氏之季. 何者? 勝國五百年間, 賢明之主, 豪傑之佐, 亦不爲不多, 而至於聖賢義理之學, 蓋蔑蔑也. 及其垂亡之際, 牧隱李先生爲大司成, 而圃隱鄭先生, 惕若齋金先生, 陶隱李公, 潘南朴公諸賢, 俱以本官, 兼學官, 勉進後學. 於是一國章甫之流, 濯磨舊習, 薰陶德性, 程朱性理之學, 大明於世, 以陶成我朝三百年儒雅之化. 至于今, 家習正學, 人知大方, 不失其蹊逕者, 伊誰之力歟? 攷論師友淵源所由, 一時諸先生, 皆有廟食之禮, 而獨金先生闕焉, 惟樟嘗竊慨然. 而猶未知先生所居之坊, 及其後裔之爲誰某也. 同縣金君義賢氏泫然曰, "噫! 我祖也. 仍先代舊宅檜谷之居也, 吾家累經喪敗, 吾亦早孤無學, 其於先祖事蹟, 全未有知. 幸子以其所聞知, 錄之以貽我." 因以一部空冊遺之. 嗚呼! 惟樟之生後先生, 蓋三百有餘年, 而又孤陋之甚, 其於前賢德業, 安敢有所知識而能發揮其萬一哉. 特取寂寥文字, 出於諸賢文集中者以記之, 又取他書中爲先生言者若干語以歸之. 雖甚草草, 而亦可見吾東方斯文發源之由, 及先生爲國急病之節, 與詩學傳受之妙, 其於先生一生事蹟, 庶得其梗槩, 覽者不以其出於不肖者而忽之則亦幸矣. 上之二十一年甲戌春三月辛酉, 後學宣城李惟樟識.

5. 김구용 열전(列傳)

[『고려사(高麗史)』 소재]

『고려사(高麗史)』 권104, 「열전(列傳)」 17, 김방경(金方慶) 부록

김구용(金九容)의 자는 경지(敬之)이며, 초명은 제민(齊閔)이다. 공민왕(恭愍王) 때 16세의 나이로 진사시(進士試)에 급제하였다. 왕이 모란시[牧丹詩]를 지을 것을 명하였는데, 김구용이 수석을 차지하자, 왕이 훌륭하게 여겨 산원직(散員職)29)을 하사하였다. 문과(文科)에 급제한 후에는 덕녕부주부(德寧府注簿)30)를 제수 받았고, 여러 차례 다른 벼슬을 거쳐서 민부의랑 겸 성균직강(民部議郞 兼 成均直講)31)이 되었다. 후학들을 권면하여 정진(精進)케 하고 가르치기를 게을리 하지 않았는데, 비록 휴가로 집에 있을 때에도 여러 학생들 중에 질문하는 자가 계속 이어졌다. 우왕 원년(1374)에 삼사좌윤(三司左尹)32)에 제수되었는데, 당시에 북원(北元)이 사자를 보내와 말하기를, "백안첩목아왕(伯顏帖木兒王, 바얀테무르왕)이 우리를 배반하고 명나라에 귀의하였으므로, 너희들이 왕을 시해한 죄를 용서하겠다."라고 하였다. 이인임(李仁任)과 지윤(池奫)이 그들을 맞이하려 하자 김구용은 이숭인(李崇仁)·정도전(鄭道傳)·권근(權近) 등과 더불어

---

29) 산원직(散員職): 고려시대 무관직의 하나로 별장(別將) 아래이며 품계는 정8품이다.
30) 덕녕부주부(德寧府注簿): '덕녕부'는 고려시대 설치된 관청으로, 충혜왕(忠惠王)의 비(妃)인 '덕녕공주(德寧公主)'의 공상(供上)을 맡아보았다. '주부'는 고려시대 중앙 관청에 소속된 문관의 관직으로, 품계는 소속된 관부에 따라 정6품으로부터 종8품까지이다.
31) 민부의랑 겸 성균직강(民部議郞 兼 成均直講): '민부의랑'은 '민부'에 소속된 의랑을 말한다. '민부'는 고려후기 상서호부(尙書戶部)가 개편된 것으로, 호구(戶口)·공부(貢賦)·전량(錢粮) 등에 관한 업무를 관장하던 부서이다. '의랑'은 '시랑(侍郎)'이 개칭된 것으로 육부나 육조에 소속된 정사품 관원이다. '성균직강'은 성균관에 소속된 관원으로 품계는 정오품이었다.
32) 삼사좌윤(三司左尹): '삼사'는 고려시대 전곡(錢穀)의 출납과 회계를 관장하던 기구이다. '좌윤'은 삼사에 소속된 종삼품 벼슬이다.

도당(都堂)에 상서(上書)하여 말하기를, "만약 이들 사신을 맞아들이게 되면 온 나라의 신하와 백성들이 모두 나라를 어지럽히는 죄에 빠질 것이니, 언젠가 무슨 면목으로 지하에 있는 현릉(玄陵: 공민왕)을 뵐 수 있으리요?"라고 하였다. 경복흥(慶復興)과 이인임이 그 글을 물리치고 받지 않으니 간관(諫官) 이첨(李詹)과 전백영(全伯英) 등이 소를 올려 이인임의 죄를 논하고 그를 주살할 것을 청하였다. 이인임은 간관을 장형(杖刑)에 처한 후 유배하였으며, 또 김구용과 이숭인 등이 자신을 음해하려고 모의했다 하여 아울러 그들을 유배하였다. 김구용은 죽주(竹州)로 유배되었다가 얼마 지나지 않아 여흥(驪興)으로 옮겨졌는데, 강호(江湖)에 자유로이 자취를 남기며 날마다 시와 술로 스스로 즐기면서 거처하는 곳의 편액(扁額)을 '육우당(六友堂)'이라고 하였다.

　우왕 7년(1381)에 우왕이 불러서 좌사의대부(左司議大夫)33)로 삼으니, 이에 상서하여 말하기를, "지금 왜구가 침략하여 소란스럽고, 사방에 적이 들어와 전쟁이 그치지 않고 있기에 백성들은 자기의 생업을 잃고 기근으로 떠돌아다니니 세금과 군사를 징발할 곳이 없습니다. 하물며 변고가 여러 차례 일어나고 있으니, 진실로 마땅히 두려워하고 근신하고 반성하면서 천심(天心)에 답해야 할 것입니다. 그런데도 전하께서는 거처를 두시는 것에 절제가 없으며, 술에 취해 거리에서 말을 달리니, 만약 혹 한번 넘어지기라도 한다면 크게 다치실까 걱정됩니다. 전하께서는 비록 스스로를 가볍게 여기시고 계시지만, 종묘사직(宗廟社稷)은 어떻게 되겠습니까? 엎드려 바라옵건대 선대의 임금들께서 나라를 어렵게 이루신 공업(功業)을 생각하시고, 황제께서 꾸짖고 훈계하시는 마음을 살피셔서 날마다 대신들을 접견하여 정치의 도(道)에 대해 강론하시고, 출입하실 때의 차림은 옛 제도를 따르시옵소서."라고 하였으나 듣지 않았다. 이듬해 성균대사성(成均大司成)34)으로 옮겼다가 얼마 후 판전교시사(判典校寺事)35)가 되었다.

---

33) 좌사의대부(左司議大夫): 고려시대 중서문하성(中書門下省)에 속한 정4품 관직으로 주로 간쟁(諫諍)과 봉박(封駁) 등의 일을 맡아 보았다.
34) 성균대사성(成均大司成): 성균관(成均館)의 최고 책임을 맡은 벼슬로 품계는 정3품이다.

예전에 의주천호(義州千戶) 조계룡(曺桂龍)이 요동(遼東)에 이르렀을 때, 도지휘(都指揮) 매의(梅義) 등이 의심하며 말하기를, "우리는 그대의 나라 일에 매번 진심을 다하여 가는데 그대의 나라는 어찌 감사해하지 않는가?"라고 하였다. 이에 우왕 10년(1384)에 김구용을 행례사(行禮使)[36]로 삼아 서한과 백금(白金) 100냥, 가는 모시와 삼베 각 50필을 선물로 가지고 가게 하였다. 요동에 이르니 총병(摠兵) 반경(潘敬)과 섭왕(葉旺)이 매의 등과 더불어 말하기를, "신하된 자는 의리상 사적인 교류가 없어야 하는 것인데 어찌 이것을 받을 수 있겠는가"라 하고 마침내 붙잡아 경사(京師-서울)로 보내니, 황제가 대리위(大理衛)로 유배시킬 것을 명하였다. 유배 도중 노주(瀘州) 영녕현(永寧縣)에 이르러 병으로 죽으니 나이 47세였다. 후에 우왕은 조계룡이 매의의 말을 잘못 전하였다 여기고 그 죄를 다스려 유배에 처하였다. 김구용은 글을 잘 지었는데, 『척약재집(惕若齋集)』이 있어 세상에 전해지고 있다. 아들은 김명선(金明善)·김명리(金明理)·김명윤(金明允)이다.

　九容, 字敬之, 初名齊閔. 恭愍朝, 年十六, 中進士. 王命賦牧丹詩, 九容居首, 王奇之, 賜職散員. 登第, 授德寧府注簿, 累遷民部議郎兼成均直講. 勉進後學, 訓誨不倦, 雖休沐在家, 諸生質問者相踵.

　辛禑元年, 拜三司左尹. 時北元遣使來曰, "伯顔帖木兒王, 背我歸明, 故赦爾國弑王之罪." 李仁任·池奫, 欲迎之, 九容與李崇仁·鄭道傳·權近等, 上書都堂曰, "若迎此使, 一國臣民, 皆陷亂賊之罪, 他日何面目, 見玄陵於地下乎?" 慶復興·仁任, 却其書不受, 諫官李詹·全伯英等, 疏論仁任罪請誅之. 仁任杖流諫官, 又以九容·崇仁等謀害己, 並流之. 九容竄竹州, 尋移驪興, 放跡江湖, 日以詩酒

---

35) 판전교시사(判典校寺事): 고려 후기 유교경전을 비롯한 여러 문적(文籍)을 관장하고, 종묘(宗廟) 및 초제(醮祭)의 축문(祝文)을 작성하던 관서인 '전교시(典校寺)'의 수장으로 품계는 정3품이다.
36) 행례사(行禮使): 우리나라에서 중국에 감사의 예(禮)를 표하기 위해 파견된 사신.

自娛, 扁其所居曰六友堂.

　七年, 禑召爲左司議大夫, 乃上書曰, "今倭寇侵擾, 四方受敵, 干戈未息, 民失其業, 飢饉流移, 貢賦·軍旅, 調發無地. 況變故屢興, 誠宜恐懼修省, 以答天心. 殿下興居無節, 乘醉馳馬閭巷閒, 若或一蹶, 恐致毀傷. 殿下縱自輕, 奈宗廟社稷何? 伏望, 念祖宗艱難之業, 察皇天譴告之心, 日接大臣, 講論治道, 出入威儀, 率由舊章." 不聽. 明年, 遷成均大司成, 尋判典校寺事.

　初, 義州千戶曹桂龍至遼東, 都指揮梅義等紿曰, "我於爾國事, 每盡心行之, 爾國何不致謝耶?" 十年, 以九容爲行禮使, 奉書兼賷白金百兩·細苧·麻布各五十匹以行. 至遼東, 摠兵潘敬·葉旺與義等曰, "人臣義無私交, 何得乃爾?" 遂執歸京師, 帝命流大理衛. 行至瀘州永寧縣, 病卒, 年四十七. 後禑追治桂龍誤傳義言, 流之. 九容善詞章, 有惕若齋集, 行於世. 子明善·明理·明允.

6. 육우당기(六友堂記)　이색(李穡)
[『목은집(牧隱集)』 소재]

　영가(永嘉) 김경지(金敬之) 씨가 자기 집의 이름을 '사우(四友)'라고 하였으니, 이는 대개 강절(康節) 선생37)의 눈과 달과 바람과 꽃을 취한 것이었다. 그가 나에게 그 의미를 해설하여 줄 것을 요청하였는데, 나는 소강절의 그같은 뜻을 본받고 싶지 않을 뿐만 아니라 시간을 낼 수도 없었기에, 그의 요구에 응답하지 못한 것이 오래되었다.

　그런데 그가 여흥(驪興)에 있으면서 나에게 글을 보내오기를, "지금 우리 모친의 집에 있어 보니, 강과 산의 경치가 너무나 좋습니다. 아침저녁으로 나를 위로해 주는 것이 비단 눈과 달과 바람과 꽃만은 아니라는 생각이 들기에, 강과 산을 더하여 '육우(六友)'라고 하였으니, 선생께서 이에 대해 가르침을 주셨으면 합니다." 하기에, 내가 다음과 같이 말하였다. "나는 쇠약하고 병든 지가 오래되었습니다. 그렇기 때문에 천시(天時)가 위에서 끝없이 변화해도 나는 멍청하게 바라다보고 있을 따름이요, 지리(地理)가 밑에서 조용히 순응해도 나는 아무 생각 없이 대하고 있을 따름입니다. 소강절의 학문은 상수(象數)에 깊은 조예가 있습니다. 지금 그대가 비록 강과 산을 맨 윗자리에 올려놓고 소강절과는 같지 않다는 것을 보여 주려 하고 있지만, 『주역(周易)』의 육룡(六龍)과 육허(六虛)가 소강절의 학문이 나온 바가 되니, '육우(六友)'라는 것도 이 또한 소강절에게로 귀속되는 것이라고 해야 할 것입니다. 비록 그렇지만, 내가 소강절의 뜻을 배우고 싶지 않다고 이미 말했기에 이와 같은 설명은 그만두어야 할 텐데, 그렇다고 하더라도 어찌 할 말이 없겠습니까."

　산은 우리 어진 자들이 좋아하는 바이니 산을 보면 우리의 인(仁)을 보존할

---

37) 강절(康節) 선생: 중국 북송(北宋)의 저명한 학자인 소옹(邵雍)을 말한다. '강절'은 그의 시호이다.

수 있을 것이요, 물은 우리 지혜로운 자들이 좋아하는 바이니 강을 보면 우리의 지(智)를 보존할 수 있을 것이다. 그리고 눈은 겨울에 온기(溫氣)를 덮어서 감싸 주니 우리 기운이 중화(中和)를 잃지 않도록 보존할 수 있을 것이요, 달은 밤에 밝음을 내어 비춰 주니 우리 몸의 안전을 보존할 수 있을 것이다. 또 바람은 팔방(八方)으로부터 각각 때에 맞게 불어 주니 우리가 함부로 행동하지 않게 되고, 꽃은 사시(四時)에 따라 각각 같은 종류끼리 모여서 피니 이를 통해 우리가 질서를 잃지 않게 될 것이다. 그런데 더군다나 경지(敬之)씨는 가슴속이 쇄락(灑落)하여 한 점의 티끌도 없는데다가, 거처하는 곳의 산과 물 또한 맑고 푸르니 밝은 거울이요 비단 병풍이라고 할 수 있다. 이에 무엇을 더 말하겠는가.

눈은 외로운 배에서 도롱이를 쓰고 있을 때 더욱 아름답고, 달은 높은 누대 위에서 술을 따를 때 더욱 좋으며, 바람은 낚싯줄을 드리우고 있을 때 그 맑음을 더욱 두드러지게 될 것이요, 꽃은 책상머리에서 바라볼 때 그 그윽함이 더욱더 그윽하게 될 것인데, 여기에 사시(四時)의 승경(勝景)이 각각 그 극치를 다하면서 강과 산 사이에서 여기저기 있게 될 것이다. 경지 씨가 어버이를 옆에서 모시는 여가에, 강에 배를 띄우거나 산에 올라가 다니며 떨어지는 꽃잎을 세어 본다거나 맑은 바람을 맞으며 서 있어 본다거나, 눈길을 밟고 승려를 찾아가든가 달을 마주하고서 객을 부른다면 사시의 즐거움이 또한 그 극치를 돋우어 주리니, 경지 씨야말로 한 세상의 독보적인 존재가 될 것이다.

그리고 벗이란 뜻을 같이하는 사람이다. 옛날로 거슬러 올라가서 벗을 찾아본다면, 옛사람 중에 뜻을 같이하는 사람이 한두 명이 아닐 것이다. 지금 세상에서 벗을 찾아본다 하더라도, 우리와 같은 사람들이 또한 어찌 적다고 하겠는가. 그러나 경지 씨가 벗을 취하는 점이 이와 같으니, 경지 씨야말로 한 세상의 독보적인 존재일 것이다. 비록 그렇지만, 천지는 우리의 부모요 만물은 우리의 벗이니, 어디를 간들 벗을 구하지 못하겠는가. 또 더군다나 대축(大畜)의 산과 습감(習坎)의 물로 말하면, 우리로 하여금 강습(講習)하게 해 주고 많이 알게 해 주니,

진실로 우리의 유익한 벗이라고 해야 하지 않겠는가. 이에 육우당기를 쓰는 바이다.

牧隱文藁卷之三 / 記

六友堂記

　　永嘉金敬之氏名其堂曰四友, 蓋取康節先生雪月風花也. 請予說其義, 予不願學也, 且無暇, 未之應久矣. 其在驪興也, 以書來曰, "今之在吾母家也, 江山之勝. 慰吾於朝夕, 非獨雪月風花而已, 故益之以[38]江山曰六友. 先生其有以敎之." 予曰, "吾之衰病也久, 天時變于上, 吾懜[39]然而已, 地理隤于下, 吾冥然而已. 康節之學, 深於數者也. 今雖以江山冠之, 示不康節同, 然易之六龍六虛, 爲康節之學之所從出, 則是亦歸於康節而已. 雖然, 旣曰不願學, 則舍是豈無言乎." 曰, 山吾仁者所樂也, 見山則存吾仁, 水吾智者所樂也, 見江則存吾智. 雪之壓冬溫, 保吾氣之中也, 月之生夜明, 保吾體之寧也. 風有八方, 各以時至, 則吾之無妄作也, 花有四時, 各以類聚, 則吾之無失序也. 又況敬之氏胸中洒落, 無一點塵滓, 又其所居, 山明水綠, 謂之明鏡錦屏, ■無忝也哉. 雪也在孤舟蓑笠爲益佳, 月也在高樓樽酒爲益佳, 風在釣絲, 則其淸也益淸, 花在書榻, 則其幽也益幽, 四時之勝, 各極其極, 以經緯乎江山之間. 敬之氏侍側餘隙, 舟乎江屬乎山, 數落花立淸風, 踏雪尋僧, 對月招客, 四時之樂, 亦極其極矣, 敬之氏其獨步一世者哉. 友同志也, 尙友乎古, 則古之人不可以[40]一二計. 求友乎今, 則如吾儕者亦豈少哉. 然敬之氏所取如此, 敬之氏其獨步一世者哉. 雖然, 天地, 父母也, 物吾與也, 何往而非友哉. 又況大畜之山, 習坎之水, 講習多識, 眞吾益友也哉. 於是作六友堂記.

---

38) 『동국여지승람』에는 '之' 다음에 '以'가 없다.
39) 懜: 『동문선』과 『동국여지승람』에는 '懵'로 되어 있으나 뜻은 같다.
40) 『동국여지승람』에는 '不可' 다음에 '以'가 없다.

7. 육우당부(六友堂賦) 정추(鄭樞)
[『원재집(圓齋集)』 소재]

저 여강의 지역을 바라보니, 새로운 집이 있어 우뚝하게 서있구나. 아, 탁월한 높은 사람이여, 여기에 아름다운 손님들을 모았구나. 그 벗함은 저 여섯인데, 평범한 사람이 친할 만한 것이 아니구나. 고상한 사람이 평소에 그것들과 함께 하였고, 가슴속 회포는 속세를 끊었다네. 아, 아름답도다. 저 도도하게 흐르는 강물이여, 흐름이 향하는 바가 있어 쉬지 않는 도다. 저 높고 아래는 두터움이여, 높으나 위태롭지 아니하여 편안한 집이로구나. 저 향기로운 꽃봉우리의 찬란함이여, 속에 아름다움을 품었다가 때가 되면 피는구나. 저 달의 고움이여, 아! 편벽됨이 없이 골고루 멀리 비치는구나. 손이(巽二)[41]가 맑은 바람[42]을 거듭 명하고, 등륙(滕六)[43]은 곧 재빨리 나쁜 것을 가려서 숨겨 주도다. 서쪽, 동쪽으로부터 남쪽, 북쪽이 모두 그 어진 덕을 자랑하고 빛을 내도다. 손님과 주인의 서로 대접함이여, 어찌 웃음소리조차 저리 호탕할까. 주고받는 이야기는 우레와 같고, 혹 종일토록 하여 저녁이 끝나 가는구나. 만약 그 거처를 따져보자면 태극(太極)을 집으로 하였고, 그 족속을 헤아려 보면 천지 사방[六幕]에 두루 미쳤다네. 천지가 이미 개벽될 때부터 형상이 드러나 법도대로 하였다네. 그러나 세속의 사람들은 무지몽매(無知蒙昧)하여 늘 함께 하면서도 알지 못하였구나.

아, 나의 혼미함이여, 저 화육(化育)된 만물과 더불어 무엇을 선택하리요. 아름답구나, 상락공(上洛公)[44]의 원손(元孫)이여, 일찍이 주역을 연구하였도다.

---

41) 손이(巽二): 바람을 관장하는 신의 이름.
42) 맑은 바람: 원문의 '목약(穆若)'은 『시경』, 「증민(烝民)」편의 구절을 따온 것으로, "윤길보(尹吉甫)가 송시(誦詩)를 지으니, 그 화순(和順)함이 청풍과 같도다.[吉甫作誦, 穆如淸風]"라고 하였다. 여기서 '목약'은 '청풍(淸風)'을 지칭하는 말로 사용되었다.
43) 등륙(滕六): 눈을 내리게 하는 신의 이름.
44) 상락공(上洛公): 김구용의 고조(高祖)인 김방경(金方慶)을 지칭함.

훌륭한 벗을 알아서 굳게 맺음이여, 마음속 진심을 다하여 얻었도다. 이에 육일노인(六一老人)45)이 있어서 그 행함이 빨라 자취조차 없구나. 이미 천하를 두루 보고는 고향에 들려서 이틀 밤을 묵었구나. 드디어 당에 올라 손님에게 읍하고, 주인에게 나아가 말하기를, "어질도다, 그대가 육을 벗함이여. 진실로 고요하게 세속에서 벗어났구나. 그러나 그 득실(得失)에 어찌 말이 없을 수 있겠는가. 바야흐로 그 기둥에 의지하니 물결은 밝고, 발을 걷으니 산은 푸르구나. 봄동산에 흩어져 있는 것은 붉고 푸르른 꽃과 나무요, 가을 하늘에 걸려 있는 것은 희고 깨끗한 달이로다. 바야흐로 무더울 때는 맑은 물결이 부딪치고, 겨울엔 따뜻함을 누르고 흰 눈이 뿌려지는구나. 이때에 혹 술을 대하며 쟁(箏)을 타기도 하고, 혹 난간에 기대어 피리소리를 듣는도다. 정신은 기쁘고 뜻은 들어맞으니 이 즐거움이 어찌 다하리요. 물에 가까이 함을 즐기노라면 옷은 젖고, 자주 험준한 산을 타자면 나막신은 꺾어진다네. 색을 사랑함이 심하면 천성을 해칠 수 있고, 밝음을 구경하는 것이 심하면 눈을 상하게 되네. 시원한 것과 닿는 것을 좋아하면 병이 나게 되고, 항상 추위를 접하게 되면 동상(凍傷)에 걸린다.

  내 일찍이 공자의 말씀을 들으니, '친구도 너무 자주 충고를 하면 이에 소원해진다.'46) 하셨네. 『주역』「함괘(咸卦)」에서 말한 자주 왕래함[憧憧]이여,47) 성인이 아름답게 여기는 바가 아니라네. 여러 속인(俗人)들이 정을 나누며 서로 좋아함이여, 한 치[一寸]의 마음조차 험하여 헤아릴 수 없구나. 처음 사귈 때에는 아교[膠漆]처럼 붙었다가, 갑자기 노하여 서로 미워하네. 이에 그 원인을 따져보니, 사물(事物)과 내가 적이 되었기 때문이네. 비록 여섯 가지의 벗이 맑다

---

45) 육일노인(六一老人): 송나라의 문인 구양수(歐陽脩)의 별호이다. '육일거사(六一居士)', '육일옹(六一翁)'이라고도 부른다.
46) 친구도……소원해진다: 『논어(論語)』, 「이인(里人)」 편에, "임금을 섬길 때 너무 자주 간언을 하면 이에 욕을 당하고, 벗에게 너무 자주 충고를 하면 이에 멀어진다.[事君數斯辱矣, 朋友數斯疏矣]" 라는 말이 보인다.
47) 자주 왕래함[憧憧]: 『주역』, 「함괘(咸卦)」, 구사(九四)에서, "왕래하기를 자주 하면 벗들만이 네 생각을 따르리라.[憧憧往來, 朋從爾思]"라고 하였으니, 곧 왕래가 끊이지 않는 것으로, 사사로운 마음을 가지고 자주 왕래하는 것을 이른다.

고 하지만, 적이 될 수 있음은 마찬가지라네. 덕을 한결같이 닦은 대인(大人)이 있음이여, 천지를 초월하여 독립했구나. 그 등에서 그치니 그 몸을 볼 수 없는데,48) 하물며 와서 흔드는 것을 어찌 볼 수 있으랴. 어찌 그대의 여섯 벗을 버리고, 대인을 쫓아서 배우지 않는 것인가."

  주인이 이에 들판을 돌아보고, 빙그레 웃고 소리를 높여서 말하기를, "그대의 하는 말은, 내가 들은 것과 다르네. 저 사방의 사물(事物)들이 각기 종류대로 모였다가 무리로 나뉘어지는 것은 다 법칙이 있는 것일세. 대체로 대인의 학문은 반드시 크고도 고요한 것인데, 저 벗들의 좋거나 좋지 아니함은 내 자신으로부터 손해도 되고 이익도 되는 것이네. 그 물(物)이 없는 곳으로 물러나 숨는 것보다, 차라리 세상으로 나와서 손님과 더불어 즐김이 더 나을 것일세." 하였다. 이어 노래하기를, "달이 비침이여, 산 언덕이로다. 바람이 천천히 불어 옴이여, 강이 절로 물결치는구나. 꽃은 말을 이해하니 더욱 가상하고, 눈이 녹은 물[雪水]로는 차를 끓일 수 있다네." 이에 서로 더불어 크게 웃으니, 마침내 누가 주인이고 누가 손님인지 알 수 없었다.

圓齋先生文稿卷之下 / 賦

六友堂賦

  瞻彼驪江之域, 有新堂兮翼翼. 繄卓犖之高人兮, 於爲會其嘉客. 其所友者伊六兮, 匪庸流之可親. 高人與之有素兮, 胸襟以之絶塵. 噫嘻美哉, 彼洋洋而流惡兮, 行有尙而不息. 彼峨峨之厚下兮, 高不危而安宅. 彼芬葩之灼灼兮, 於含章以時發. 彼望舒之娟娟兮, 粤無私之遐燭. 巽二申命兮穆若, 滕六便嬛兮掩曀. 自西東

---

48) 그 등에서 그치니 그 몸을 볼 수 없는데: 『주역』, 「간괘(艮卦)」에서 "그 등에 그치면 그 몸을 얻지 못하며, 그 뜰에 가면서도 그 사람을 보지 못하니 허물이 없으리라.[艮其背, 不獲其身, 行其庭, 不見其人, 无咎]"라고 하였다. 정자(程子)는 '그 몸을 얻지 못한다'는 것은 곧 마음에 욕심이 일어나지 않아 자신의 사욕(私慾)을 잊어버린다는 것으로 해석하였다.

兮南北, 悉夸耀其令德. 宛主賓之相接, 何笑聲之啞啞. 交談鋒其若雷, 式49)崇日 而竟夕. 若乃原其居則家于大極, 稽其族則遍于六幕. 自混沌之旣闢, 形象著兮 維式. 羌世俗之憯若, 常與共而不誠.50) 于嗟儂之湣兮, 與夫育而奚擇. 猗上洛之 元孫, 早研思於大易. 知良朋以固結, 蓋由中之有得. 爰有六一老人, 迅其行之無 迹. 旣周覽乎八區, 過里閭而信宿. 遂登堂而揖客, 進主人而告之曰, "賢哉, 子之 友于六也. 信莫然而出俗, 然其得失豈無說乎. 方其倚柱兮分明, 鉤簾兮岑碧. 散春 園其紅綠, 掛秋空兮皎潔. 方暑溽而淸激, 壓冬溫兮洒白. 於斯時也, 或對酒兮 彈51)箏, 或憑欄兮聞笛. 神怡志適, 此樂何極. 至若樂近乎瀾則濡裳, 數乘乎巇則 折屐. 色愛之酷也伐性, 明翫之尤也傷覰. 好觸乎爽也生疾, 恒犯乎寒也患瘵. 予 嘗聞諸夫子, '朋友數斯疏矣.' 其在咸而憧憧, 匪聖人之所美. 悉俗情之相好, 方 寸險其莫測. 始其交也若漆, 忽焉怒兮反目. 乃乘除其因由兮, 緣物我之成敵. 雖 六者之淸兮, 迨爲敵則一也. 有一德之大人兮, 超兩儀而獨立. 艮其背不見其身 兮, 矧來撓之可矚. 盍捐子之友六, 從大人以學焉." 主人乃廻望隰原, 苑爾笑而 颶言, "吾子之云, 異乎我聞. 夫方之與物, 類聚群分, 莫不有則. 夫豈大人之學, 必也廓乎虛寂, 吁彼朋之若否, 其自我而損益, 與其退藏於無物, 寧出而與客樂 兮." 乃歌曰, "月出照兮山之阿. 風徐來兮江自波. 花之解語者益佳, 雪水可以煎 茶." 於是相與嗢噱, 竟莫知其孰主孰客.

---

49) 式: 『동문선』에는 '或'으로 되어 있다.
50) 誠: 『동문선』에는 '識'으로 되어 있다.
51) 彈: 『한국문집총간』 소재 『원재집』 DB에서는 '彊'으로 잘못 판독되어 있다.

8. 여흥군부인민씨묘지명(驪興郡夫人閔氏墓誌銘) 이색(李穡)
『목은집(牧隱集)』 소재]

　　나의 벗 김구용(金九容)씨가 금년 윤5월 갑진일(甲辰日)에 그의 어머니 여흥군부인 민씨(閔氏)를 조모 김씨(金氏)의 무덤 곁에 장사하였는데, 거리가 단지 서쪽 방향으로 십 몇 보밖에 되지 않았다. 그리고 그의 아들 참군사(叅軍事) 명선(明善)을 급히 보내 나에게 명(銘)을 구하였는데, 나는 의리상 사양하지 못하였다. 그 행장(行狀)을 살펴보니, 수성병의협찬공신(輸誠秉義協贊功臣) 중대광(重大匡) 도첨의찬성사 진현관대제학 지춘추관사(都僉議贊成事進賢館大提學知春秋館事)로 시호(諡號)가 문온(文溫)인 급암(及菴) 선생 휘(諱) 사평(思平)이 부인의 부친이요, 광정대부(匡靖大夫) 밀직사사(密直司使)로 시호가 문순(文順)인 휘 적(迪)이 부인의 조부요, 첨의찬성사(僉議贊成事)로 시호가 충순(忠順)인 휘 종유(宗儒)가 부인의 증조부요, 도첨의정승(都僉議政丞)으로 시호가 정렬(貞烈)인 죽헌(竹軒) 김공(金公) 휘 윤(倫)이 부인의 외조부이다. 내외의 문벌(門閥)이 성대하였으므로 온 나라 사람들이 앙모(仰慕)하였는데, 부인은 그 사이에서 자라면서 견문(見聞)을 익혀 나갔다. 어떤 일을 행할 때마다 한결같이 모친이 행한 것을 근본으로 삼고, 부모를 매우 효성스럽게 섬기면서 아침저녁으로 문안 올리기를 병이 들었을 때에도 폐하지 않았으므로 종족들이 모두 칭찬하였다.

　　신축년(1361, 공민왕10) 겨울에 홍건적을 피하여 남쪽으로 옮길 때에 모친을 모시고 길을 떠났는데 마치 집안에 거처할 때처럼 모친을 편안하게 해 드렸으며, 그 후 10여 년간 여흥(驪興)에 살 때에도 섬기기를 더욱 부지런히 하였다. 모친이 세상을 떠나자 부인의 아들과 사위가 매번 서울로 돌아가기를 청하였지만, 부인은 눈물을 흘리며 울면서 말하기를, "나의 어머니가 여기에 묻혀 계신데, 내가 떠나면 무덤을 돌보지 못하게 될 것이다. 내가 어찌 차마 그렇게 할 수 있겠는가, 내가 어찌 차마 그렇게 할 수 있겠는가."라고 하였다. 5월 계사일

(癸巳日)에 병으로 세상을 떠나니, 그때 나이가 56세였다.

구용 씨가 또 나에게 말하기를 "나의 부친은 맑은 덕을 지니고 계셨으면서도 사람들이 아는 것을 두려워하여 드러나지 않게 자신을 닦는 것을 좋아하셨다. 지금 어머니마저 돌아가셨으니, 아, 어찌하면 좋단 말인가." 하기에, 내가 말하기를 "어질구나, 구용 씨의 모친이여. 문온공(文溫公: 급암 민사평)이 비록 아들이 없었지만, 이같은 따님을 두어 구용 씨를 낳게 되었다. 훌륭한 외손(外孫)이 그 사적을 역사에 전할 수 있게 되었으니, 어질다고 말하지 않을 수 있겠는가." 하였다.

부인은 아들 셋을 두었다. 장남 구용(九容)은 전(前) 중정대부(中正大夫) 삼사좌윤 진현관직제학 지제교 충춘추관편수관(三司左尹進賢館直提學知製敎充春秋館編修官)이고, 차남 제안(齊顏)은 중의대부(中議大夫) 중서병부낭중 겸 첨서하남강북등처 행 추밀원사(中書兵部郞中兼僉書河南江北等處行樞密院事)와 봉선대부(奉善大夫) 전교부령 지제교 겸 춘추관편수관(典校副令知製敎兼春秋館編修官)을 역임하였고, 다음 구덕(九德)은 전(前) 좌우위 보승 산원(左右衛保勝散員)이다. 딸은 아홉인데, 각각 밀직 부사(密直副使) 김사안(金士安), 전 개성윤(開城尹) 이창로(李彰路), 전 종부령(宗簿令) 최유경(崔有慶), 전 낭장(郎將) 허호(許顥), 전 부령(副令) 허의(許誼), 겸박사(兼博士) 이존사(李存斯), 문하주서(門下注書) 김첨(金瞻)에게 출가하였고, 그 밑은 아직 출가하지 않았다. 명(銘)은 다음과 같다.

만물이 그 근본으로 돌아가니	物歸其根
그 삶은 무궁하구나.	其生不窮
여흥군부인 민씨를	驪興閔氏
그 가운데 장사지냈네.	葬于其中
끝없이 흘러가는 강물이여	江之沄沄

어찌 끝날 때가 있겠는가.	曷其有終
강물과 함께 영원 영원히	與之俱長
영가의 그 풍모 전해지리라.	永嘉之風

牧隱文藁卷之十九 / 墓誌銘

驪興郡夫人閔氏墓誌銘

吾友金九容氏, 以今年閏五月甲辰, 葬其母驪興郡夫人閔氏于祖母金氏之塋, 直其西十數步. 旣而走其子參軍事明善求銘予, 義不辭. 按其狀, 輸誠秉義協贊功臣, 重大匡, 都僉議贊成事, 進賢館大提學, 知春秋館事, 諡文溫及菴先生諱思平, 其考也, 匡靖大夫密直司使, 諡文順諱迪, 其大父也, 僉議贊成事, 諡忠順諱宗儒, 其曾大父也, 都僉議政丞, 諡貞烈竹軒金公諱倫, 其外祖也. 內外赫然, 一國所慕, 而夫人生於其間, 習熟見聞. 凡所當爲, 壹是皆以母則爲本, 事父母甚孝, 朝昏定省, 不以疾病廢, 宗族稱之. 辛丑冬, 避賊南遷, 奉母以行, 母安焉如在室中, 其後居驪興十有餘年, 事之益勤. 母旣歿矣, 夫人之子塏每請還京, 夫人涕泣曰, '吾母葬於斯, 吾去矣, 拜掃闕矣, 吾何忍焉, 吾何忍焉.' 五月癸巳, 以病歿, 年五十六. 九容氏又曰, '吾父淸德, 畏人之知, 喜於晦養, 母今亡焉, 嗚呼奈何.' 穡曰, '賢哉金母也, 文溫公雖無子, 有是女以生九容氏, 宅相成遷史傳, 可不謂賢哉.' 男三人, 長九容, 前中正大夫, 三司左尹, 進賢館直提學, 知製敎。充春秋館編修官, 次齊顔, 中議大夫, 中書兵部郎中兼僉書河南江北等處, 行樞密院事, 奉善大夫, 典校副令, 知製敎兼春秋館編修官, 次九德, 前左右衛保勝散員. 女九人, 適密直副使金士安, 前開城尹李彰路, 前宗簿令崔有慶, 前郞將許顥, 前副令許誼, 兼博士李存斯, 門下注書金瞻, 次未適. 其銘曰, '物歸其根, 其生不窮. 驪興閔氏, 葬于其中. 江之沄沄, 曷其有終. 與之俱長, 永嘉之風.'

용어 색인

(ㄱ)

가도(賈島) 429
가례(家禮) 416
가야산(伽倻山) 161
가의(賈誼) 135
가정(稼亭) 53, 317
가평절(嘉平節) 157
간헌(簡憲) 376
감로사(甘露寺) 187, 370
감시(監試) 331
감실(龕室) 427
감회(感懷) 35
강구연월(康衢煙月) 481
강남춘(江南春) 168
강릉(江陵) 409, 434
강릉도(江陵道) 202, 473, 477
강서시파(江西詩派) 97
강안전(康安殿) 128
강자야(康子野) 142, 401
강천선사(江天禪寺) 189
강호문(康好文) 142, 201, 226, 352, 401
강희제 189
개모성(蓋牟城) 194
개원(開元)의 치 339
개천사(開天寺) 295
개천산(開天山) 156, 295
거안제미(擧案齊眉) 239
거자과(擧子科) 331
거창현선생안 119
건안칠자(建安七子) 162, 293

건제(乾濟) 147
걸익(桀溺) 233
격물치지(格物致知) 481
견우(牽牛) 291
결성(結城) 316
겸곡 350
경개여고(傾蓋如故) 279
경련(京輦) 216
경렴정집(景濂亭集) 250
경복흥(慶復興) 38, 506
경산(京山) 479
경순공주 380
경엄(耿弇) 386
경지(敬之) 35, 41, 42, 43, 64, 463, 469, 505
경포대(鏡浦臺) 101, 415
경헌(景獻) 391
계림(鷄林) 199
계수계족(啓手啓足) 68
계율종(戒律宗) 328
계자(季子) 446
계족산(雞足山) 328
계족지언(啓足之言) 68
계찰(季札) 345
고달사(高達寺) 131
고려명현집(高麗名賢集) 46
고려사(高麗史) 156, 224, 240, 350, 361, 431, 505
고려사절요 380
고문운동(古文運動) 61

고복격양(鼓腹擊壤)	481	관물재잠(觀物齋箴)	420
고부(古阜)	155	관물재찬(觀物齋讚)	221
고산선생문집(孤山先生文集)	502	관물재찬(觀物齋贊)	420
고우주(高郵州)	190	관북(關北)	173
고운(孤雲)	161	관서(關西)	483
고즙(鼓楫)	481	관우(關羽)	434
고형(苦夐)	42, 43, 50	괄목상대(刮目相對)	104
곡령(鵠嶺)	138	광덕산	361
곡봉(鵠峯)	125, 138	광록시(光祿寺)	185
곡성부원군(曲城府院君)	253, 339	광릉(廣陵)	330
곡주(谷州)	95	광주(廣州)	287
곤륜산(崑崙山)	77	괘관(掛冠)	495
곤야왕(昆邪王)	341	괘방산(掛榜山)	250
공민왕(恭愍王)	38, 44, 133, 147, 149, 308, 343, 383, 406, 473, 494, 505, 506	괴철(蒯徹)	285
		괴통(蒯通)	285, 314
		교묘(巧妙)	42
공북루(拱北樓)	334	교유시(交遊詩)	48
공손홍(公孫弘)	323	교주(交州)	287
공암(孔巖)	74	교주도(交州道)	202
공양왕(恭讓王)	53, 149	교초(鮫綃)	422
공자(孔子)	191, 449, 494	구가집주두시(九家集注杜詩)	111
공절(恭節)	349	구미	177
공정(恭靖)	383	구성(龜城)	313
공환(空眷)	473	구양수(歐陽脩)	513
곽복(郭復)	128	구점(口占)	362
곽분양(郭汾陽)	341	구제궁(九梯宮)	113
곽영석(郭永錫)	103	구천(句踐)	252
곽자의(郭子儀)	237, 341	구하주(九霞酒)	335
관국지광(觀國之光)	148, 185	구호(口號)	181
관단마(款段馬)	347	국간(菊磵)	83
관동(關東)	173	국간기(菊澗記)	145
관동팔경(關東八景)	415	국자감시(國子監試)	331
관물재(觀物齋)	97, 420	국재(菊齋)	61

굴원(屈原)	433	금릉(金陵)	183, 185, 193, 376
궁사(宮詞)	168	금사(金沙)	255
권계용(權季容)	125, 199	금사거사(金沙居士)	257
권근(權近)	34, 38, 44, 48, 117, 197, 202, 206, 328, 348, 352, 366, 370, 381, 391, 505	금사팔영(金沙八詠)	253
		금산사(金山寺)	189
		금성탕지(金城湯池)	190
		금수간장(錦繡肝腸)	218
권렴(權廉)	210, 268	금수산(錦繡山)	113
권보(權溥)	61, 268	금수장(錦繡腸)	218
권사복(權思復)	308, 310	금호강(琴湖江)	231
권사종	125	금휴포(琴休浦)	328
권주(權鑄)	48, 210, 247, 282, 338	급암(及菴)	36, 41, 61, 71, 74, 95, 250, 516, 517
권준(權準)	268		
권중달(權仲達)	199	급암(汲黯)	96
권여(權輿)	496	급암시집(及菴詩集)	48, 55
권하(權賀)	255	급암열전(汲黯列傳)	495
권한공(權漢功)	199, 255	기려(綺麗)	43
권호(權鎬)	210, 268, 269	기린굴(麒麟窟)	113
귀곡자	446	기수(沂水)	191
귀성군(龜城君)	266	기자(箕子)	115, 426, 437, 483
귀주성(歸州城)	452	기자용문(驥子龍文)	239
규헌(葵軒)	210, 282, 338, 357	기자조선(箕子朝鮮)	115
규헌기(葵軒記)	210	기주(沂州)	191
근관(芹館)	283	길재(吉再)	53
근궁(芹宮)	283	길창부원군(吉昌府院君)	197
근성(覲省)	232	김경지(金敬之)	41, 58, 72, 500, 509
근재(謹齋)	152, 219	김구(金坵)	388
금각(琴閣)	234	김구용(金九容)	35, 38, 42, 43, 45, 50, 117, 187, 195, 197, 288, 294, 338, 402, 413, 463, 469, 502, 505, 506, 507, 512, 516
금강산(金剛山)	126, 479, 500		
금교역	105		
금당(琴堂)	234		
금당사(金塘寺)	161		
금대(金臺)	104		
금란지계(金蘭之契)	131		

김군필(金君弼)	164, 263	김윤철(金允轍)	125
김극기(金克己)	42	김이음(金爾音)	300, 318
김도(金濤)	206, 265	김익해(金翼海)	45, 130, 168
김득배(金得培)	211	김자빈(金子贇)	128
김륜(金倫)	55, 71	김자수(金自粹)	140, 301
김면(金冕)	92, 358	김제안(金齊顏)	103, 158, 321, 478
김명리(金明理)	45, 46, 64, 79, 411, 507	김중서(金仲舒)	45
		김지	201
김명선(金明善)	67, 218, 507	김진(金縝)	240
김명윤(金明允)	507	김첨(金瞻)	283, 517
김묘(金昴)	35, 36	김한로(金漢老)	301
김방경(金方慶)	35, 55, 64, 240, 308, 315, 388, 505, 512	김한보(金漢寶)	100
		김회조(金懷祖)	283
김방려(金方勵)	488	김휘(金暉)	326
김방려(金方礪)	273	김흔(金忻)	55, 308
김백은(金伯誾)	463		
김병식(金秉湜)	45, 76		
김부식(金富軾)	42, 370	**(ㄴ)**	
김사안(金士安)	517		
김상원(金相元)	45, 46, 79	나부산(羅浮山)	100
김생(金生)	250, 328	나옹 화상(懶翁和尙)	90, 393
김생사(金生寺)	107, 250, 328, 385, 407	나옹화상어록(懶翁和尙語錄)	90
김선(金愃)	35	나흥유(羅興儒)	198
김선치(金先致)	211	낙성군(洛城君)	211
김승택(金承澤)	35	낙진대(樂眞臺)	162
김시경(金始慶)	46, 130, 168	낙천(洛川)	229
김시빈(金始鑌)	300	난(蘭) 스님	49, 140
김양묵(金良黙)	45	난계(蘭溪)	410
김여지(金汝知)	403	난여(鑾輿)	162
김영후(金永煦)	213	난주(蘭舟)	458
김용(金勇)	300	난파(蘭坡)	349
김용(金鏞)	236	남가일몽(南柯一夢)	290
김원경(金元景)	391	남경(南京)	49, 400, 424, 425
		남경문(南景文)	411

남곡(南谷)	85		**(ㄷ)**
남곡기(南谷記)	85	다경루(多景樓)	187
남궁시(南宮試)	331	단금지교(斷金之交)	76
남비(攬轡)	217	단비구법(斷臂求法)	102
남비징청(攬轡澄淸) 93, 217, 340, 456, 479		단성식(段成式)	364
남석랑(南石郎)	170	단암(丹巖)	230
남성시(南省試)	331	단암(丹嵓) 선생	222
남숙도(南叔燾)	45, 130, 168	단양부원군(丹陽府院君)	297
남양(南陽)	155	단정(短亭)	443
남양시집(南陽詩集) 48		단하분불(丹霞焚佛)	102
남용익(南龍翼)	43, 50	단하소목불(丹霞燒木佛)	102
남원(南原)	155	단하소불(丹霞燒佛)	102
남재(南在)	411	달가(達可)	109, 182, 183, 307
남천(南川)	231	달마(達磨)	102
남촌(南村)	316, 406	달마도(達摩圖)	141
남촌 선생	214	달마조사(達磨祖師) 394	
남휘(南暉)	411	담암(淡菴)	463, 466
납일(臘日)	157	담암일집(淡庵逸集) 463, 464	
납평(臘平)	157	담양	352
낭사(郞舍)	167	담우덕(譚友德)	183
노고(魯姑)	239	당송팔대가(唐宋八大家) 135	
노래자(老萊子)	140, 232, 396, 439	당시풍(唐詩風)	43, 44, 48
노주(濾州)	39, 49, 59, 67, 507	당척언(唐摭言)	427
노희채의(老戲彩衣)232		대강역(大康驛)	171
녹야당(綠野堂)	113	대강정(大康亭)	171
논어(論語)	68, 74, 137, 150, 185,	대리(大理)	54
397, 469, 470, 472, 494, 513		대리성(大理城)	424
농염(濃艶)	42	대리위(大理衛)	39, 49, 67, 507
농옥(弄玉)	239	대별산(大別山)	429
뇌의(雷義)	95, 294	대학(大學)	467
능연각(凌烟閣)	179	대학장구(大學章句) 481	
		덕녕부주부(德寧府注簿) 505	
		덕원(德源)	173

용어 색인 523

도미사(道美寺)	290	두선(杜宣)	291
도붕시(悼朋詩)	50	두여회(杜如晦)	388
도연명(陶淵明)	83, 151	두자미(杜紫薇)	428
도원결의(桃園結義)	434	둔촌(遁村)	160, 244, 288, 290, 295, 297, 328, 329, 331, 336
도은(陶隱)	36, 53, 74, 97, 160, 221, 244, 328, 362, 398, 420, 479, 502		
도은집(陶隱集)	54, 326, 381, 395	둔촌잡영(遁村雜詠)	48, 212, 288, 329, 373
도잠(陶潛)	281	득익사(得益寺)	156
도화관(桃花關)	431	등거남비(登車攬轡)	93
도화오(桃花塢)	35, 431	등루부(登樓賦)	293, 434
동각(東閣)	323	등륙(騰六)	512
동국여지승람	45, 117, 318	등명낙가사(燈明洛伽寺)	250
동국이상국집(東國李相國集)	249, 394	등명사(燈明寺)	250
동뢰(同牢)	231		
동명왕(東明王)	113	**(ㅁ)**	
동문선(東文選)	56, 85, 110, 315, 353, 404, 467, 468, 469, 472, 475, 476, 487	마인국(馬仁國)	492
		마하가섭(摩訶迦葉)	394
동방 이학(理學)의 시조	53	만가(挽歌)	345
동산고와(東山高臥)	252	만권당(萬卷堂)	61
동악(東嶽)	100	만사(挽詞)	324
동암(東菴)	61	만송당(晩松堂)	411
동온하청(冬溫夏淸)	379	만시(挽詩)	48, 50
동인시화(東人詩話)	177	만장(挽章)	324
동정(東亭)	253, 274	매계(梅溪)	352, 401
동정호(洞庭湖)	430, 435	매륜(埋輪)	456
동주(銅柱)	202	매월원(梅月圓)	459
두공부(杜工部)	355	매의(梅義)	507
두목(杜牧)	168, 373, 428	매호유고(梅湖遺稿)	48
두문동(杜門洞)	147, 340	맹모단기(孟母斷機)	404
두보(杜甫)	279, 355, 356, 373, 401, 427	맹모단직(孟母斷織)	404
		맹자(孟子)	221, 329
		멱라수(汨羅水)	433

명경과(明經科)	218	무왕(武王)	159, 285
명리(明理)	36	무창(武昌)	429
명부(明府)	419	무함(巫咸)	421
명비(明妃)	400	무협(巫峽)	229
명선(明善)	36	묵용(黙容)	478
명시선(明詩選)	437	문간(文簡)	85
명시종(明詩綜)	437	문선(文選)	60
명윤(明允)	36	문숙공(文肅公)	388
명주(溟洲)	93	문온공(文溫公)	517
명(明) 태조	425	문왕(文王)	159
명파역(明波驛)	172	문충(文忠)	197
명파정(明波亭)	172	문해어사(文海御史)	144
모거경(毛居敬)	334	문화군(文化君)	388
목란주(木蘭舟)	414	문희(文僖)	133
목약(穆若)	512	미륵원(彌勒院)	277
목은(牧隱)	37, 41, 42, 43, 50, 53, 83, 85, 125, 160, 195, 199, 201, 215, 219, 244, 263, 317, 343, 348, 349, 363, 378, 384, 387, 397, 398, 404, 420, 502, 509	미원(薇垣)	212, 372, 456
		미지산(彌智山)	258
		민근(閔瑾)	125
		민망(民望)	339
		민사평(閔思平)	36, 48, 55, 64, 95, 149, 250, 517
		민안인(閔安仁)	122
목은계(牧隱系) 사인(士人) 244		민적(閔頔)	55
목은집(牧隱集)	283, 300, 323, 338, 352, 378, 387, 398, 404, 420, 469, 470, 473, 475, 476, 516	민제	103
		민중리(閔中理)	128
		민중행(閔中行)	413
		민지(閔漬)	122
묘당(廟堂)	342	밀직부원군(密直府院君) 334	
무급(無及)	259		
무령현(武靈峴)	410		
무산(巫山)	437	**(ㅂ)**	
무산일단운(巫山一段雲) 456		박대양(朴大陽)	245, 272, 323, 420
무열 장로(無說長老) 352		박명아(薄命兒)	317

용어 색인 525

박상진(朴尙眞)	413	백비화(白賁華)	48
박상충(朴尙衷)	37, 44, 48, 195, 197, 502	백정(柏亭)	227
		백정(栢庭)	378
박실(朴實)	226	백주지조(柏舟之操)	388
박의중(朴宜中)	37, 44, 48, 201, 212, 226, 352, 492, 493	범려(范蠡)	252
		범방(范滂)	408
박중미(朴中美)	334	법상종(法相宗)	328
박중용(朴仲容)	317	법성종(法性宗)	328
박지원	76	법수사(法水寺)	161
박진록(朴晉祿)	83, 145, 195, 334	법천사	281
박포(朴苞)	231	법흥사(法興寺)	130
박형(朴形)	413	변계량(卞季良)	117, 378
반경(潘敬)	507	변정기(卞貞基)	492
반남(潘南)	502	변화(卞和)	285
반악(潘岳)	327	병촉야유(秉燭夜遊)	234
반영(潘榮)	408	보문각(寶文閣)	249
반초(班超)	438	보우(普愚)	90
방교(房喬)	388	보주(甫州)	120, 312, 313
방모두단(房謀杜斷)	388	보천탄(普泉灘)	220
방순(方恂)	411, 413	보현원(普賢院)	418
방언휘(方彦暉)	411	복불제(宓不齊)	96
방장산(方丈山)	100	복산자(卜算子)	454
배궁사영(杯弓蛇影)	291	복성군(福城君)	310
배도(裴度)	113	복천(宓賤)	154
배선명(裵宣明)	239	복희씨(伏羲氏)	221
배휴(裵休)	241	봉래(蓬萊)	100
백거이(白居易)	113, 373, 429	봉래산(蓬萊山)	100, 215
백구(白鷗)	436	봉맹(逢萌)	495
백기(伯起)	483	봉성(鳳城)	120, 243
백남선생문집(白南先生文集) 300		봉장(封章)	375
백락천시집(白樂天詩集) 76		봉지(鳳池)	130
백문보(白文寶)	44, 46, 47, 463, 464, 477	봉창(蓬窓)	444
		봉천문(奉天門)	185, 376

봉천전(奉天殿)	185, 376		산수시(山水詩)	37, 49
봉화(奉化)	120, 310		삼각산(三角山)	160, 418
봉황음(鳳凰吟)	154		삼국사략(三國史略)	170
봉황지(鳳凰池)	130, 256, 366		삼별초(三別抄)의 난	64
부벽루(浮碧樓)	113		삼봉(三峯)	36, 62, 74, 313, 399, 418
부용곡(芙蓉曲)	459		삼봉서원(三峯書院)	300
부절(符節)	203		삼봉집(三峯集)	62, 326, 378, 418
북천(北川)	231		삼신산(三神山)	100
불운퇴(拂雲堆)	296		삼여(三餘)	392
비황마(飛黃馬)	375		삼오(三吳)	194
빙청옥윤(氷淸玉潤)	408		삼일포(三日浦)	93, 170
			삼족조(三足鳥)	92
(ㅅ)			삼탄(三灘)	412
			삼협(三峽)	229, 450
사강락	281		상대(霜臺)	135, 340
사기(史記)	279, 331, 338, 495		상락공(上洛公)	240, 315, 512
사령운(謝靈運)	256, 281		상산(商山)	223, 229
사륜각(絲綸閣)	373		상촌(桑村)	301
사마광(司馬光)	369		새옹지마(塞翁之馬)	449
사마상여	314, 338		생영사애(生榮死哀)	396
사마시(司馬試)	331, 344		서거정(徐居正)	177
사마천(司馬遷)	126		서경(書經)	148, 392, 425
사무사(思無邪)	74		서구사(徐九思)	404, 409, 415
사선정(四仙亭)	170		서균형(徐鈞衡)	231
사안(謝安)	252		서도(西都)	119
사암(思菴)	133		서산서원(西山書院)	340
사은숙배(謝恩肅拜)	494		서성군(瑞城君)	339
사자소학(四字小學)	379		서액(西掖)	108
사천(四川)	49		서여국(胥餘國)	426
사천성(四川省)	59, 67		서운산(瑞雲山)	340
사행시(使行詩)	48, 49		서원(西原)	235
사회시(社會詩)	48		서장관(書狀官)	66, 376
삭방군(朔方軍)	341			

서천(西川)	67, 436	성재집(性齋集)	74
서향화(瑞香花)	354	성절사(聖節使)	376
서호처사(西湖處士)	123	성절일(聖節日)	66
석수(石首)	433	성주(星州)	154
석월창(釋月窓)	117	성주여씨(星州呂氏)	387
석탄(石灘)	135	성준득(成準得)	223
석탄집(石灘集)	106, 135	세류영(細柳營)	127
선보(單父)	353	세설신어(世說新語)	408
선산(善山)	156	세조(世祖)	104
선성(宣城)	503	세종실록	391
선우(單于)	438	소경(少卿)	87
선죽교	244	소계자(蘇季子)	391
설경수(偰慶壽)	238	소년유(少年游)	458
설미수(偰眉壽)	238	소년행(少年行)	458
설복수(偰福壽)	238	소림사(少林寺)	102
설손(偰遜)	238	소명태자(昭明太子)	60
설악산(雪嶽山)	395	소무(蘇武)	264, 438
설연수(偰延壽)	238	소무목양(蘇武牧羊)	438
설장수(偰長壽)	201, 238, 352	소보(巢父)	258
섭왕(葉旺)	507	소보천우(巢父遷牛)	258
성균관(成均館)	44, 474	소사(簫史)	239
성균시(成均試)	331	소식(蘇軾)	97, 495
성랑(省郞)	370	소악부(小樂府)	61
성려(省廬)	369	소야강(所耶江)	220
성사달(成士達)	344	소열(昭烈)	434
성석린	103	소옹(邵雍)	509
성수시화(惺叟詩話)	169, 431	소윤	87
성시(省試)	331	소의간식(宵衣旰食)	136
성왕(成王)	159	소재(踈齋)	398
성원규(成元揆)	178, 376	소주성(蘇州城)	178
성임(成任)	117	소진(蘇秦)	391, 446
성재(性齋)	74	속리사(俗離寺)	141
성재(誠齋)	123, 127	속리산(俗離山)	141

손권(孫權)	429	순흥(順興)	87
손응(孫凝)	345	술랑(述郎)	170
손이(異二)	512	숭선사(崇善寺)	277, 407
손홍량(孫洪亮)	345	승산(勝山)	253, 269, 361, 455
송경(松京)	112, 286	승(勝) 스님	346
송계(松溪)	224	승정원일기(承政院日記)	108
송당(松堂)	386	시경(詩經)	61, 74, 80, 195, 388, 392, 405, 460, 472, 478, 512
송대원(宋大原)	147		
송도(松都)	112, 402, 455		
송득주(宋得珠)	147	시승(詩僧)	378
송명의(宋明誼)	147, 201	시위소찬(尸位素餐)	385
송산(松山)	455	시전통석(詩傳通釋)	68
송시열(宋時烈)	201	신독(愼獨)	467
송악산(松岳山)	333	신돈(辛旽)	103, 128, 133, 158, 288, 406, 416, 473
송악산(松嶽山)	138, 317, 432, 455		
송원이사안서(送元二使安西)	318	신륵사	90
송준길(宋浚吉)	201	신재(信齋)	215
송천봉(宋天奉)	65, 398	신증동국여지승람(新增東國輿地勝覽)	100, 107, 112, 117, 141, 170, 171, 173, 176, 177, 220, 228, 260, 318, 326, 334, 361, 487
송춘경(宋春卿)	147		
수기치인(修己治人)	481		
수다사(水多寺)	250		
수보(壽父)	349		
수사(洙泗)	474		
수사학(洙泗學)	474	신촌(愼村)	310
수성(壽城)	220	신효사(神孝寺)	361
수정포도(水晶蒲萄)	337	심동로(沈東老)	215
수철동(水鐵洞)	71	심문수	215
숙녕택주(淑寧宅主)	411	심약(沈約)	113
순갱노회(蓴羹鱸膾)	438	심희(審希)	131
순군옥(巡軍獄)	149, 158	십목소시(十目所視)	467
순(舜) 임금	148, 285	십수소지(十手所指)	467
순자(荀子)	290	십이공도(十二公徒)	95
순채노어(蓴菜鱸魚)	293	쌍리(雙鯉)	209

쌍매당(雙梅堂)	119, 170, 176	안향	366
쌍매당협장문집(雙梅堂篋藏文集) 170		안회(顏回)	150, 159
쌍매당협장집(雙梅堂篋藏集) 176		안흥사(安興寺)	134
쌍청당(雙淸堂)	219	앙암(仰嵒)	280
		앙암포(仰嵒浦)	280
		애민시(愛民詩)	48

(ㅇ)

아건(雅健)	42	애주(艾酒)	433
아려	43	야당(埜堂)	74, 205
악기(樂記)	392	야운헌(野雲軒)	393
악양루(岳陽樓)	430	야운 화상(野雲和尙)	393
안경공(安景恭)	152, 219, 265	야은(冶隱)	53
안경량(安景良)	152, 219, 265	야은(野隱)	480
안경온(安景溫)	152, 265	야은일고(埜隱逸稿)	326, 480
안길상(安吉常)	323	약은정(藥隱亭)	45
안동(安東)	278, 313	양관(陽關)	318
안목(安牧)	366	양관삼첩(陽關三疊)	318
안보(安輔)	36, 308, 406	양광도(楊廣道)	366
안빈낙도(安貧樂道) 150		양귀비	168
안상랑(安詳郞)	170	양기(梁冀)	456
안서(雁書)	264	양백연(梁伯淵)	214
안성	247	양서령(楊瑞齡)	294
안연(顏淵)	159	양신(楊愼)	429
안우	236, 334	양양(襄陽)	120, 177, 278, 313
안우기(安于器)	366	양웅(揚雄)	359, 370
안원숭(安元崇)	366	양윤보(楊允保)	294
안인(安仁)	327	양이(量移)	204
안자(顏子)	159	양이시(楊以時)	49, 50, 155, 269, 294
안정복(安鼎福)	74	양자강(揚子江)	424, 442
안종원(安宗源)	152, 219, 242, 265	양주(襄州)	177
안중온(安仲溫)	152, 219, 265, 308	양진(揚震)	483
안축(安軸)	152, 219, 242, 265, 308	양촌(陽村)	197, 206, 328, 349, 366, 381, 391
		양촌집(陽村集)	197, 332, 352, 366, 381

양헌기(陽軒記)	350
양헌부원군(陽軒府院君)	266
양홍(梁鴻)	238
양흔(羊欣)	422
어부가(漁父歌)	481
어사대(御史臺)	107, 135
어은(漁隱)	253
언명보(彦明父)	71
여강(驪江)	288, 299
여강루(驪江樓)	160
여강어우(驪江漁友)	59
여계(呂稽)	387
여구(驪駒)	367
여극인(呂克諲)	387
여뇌(呂賚)	387
여말삼은(麗末三隱)	53, 54
여왕(厲王)	285
여읍(驪邑)	393
여조겸(呂祖謙)	492
여주(驪州)	200, 290, 361, 393, 458
여칭(呂稱)	387
여흥(驪興)	37, 38, 49, 59, 204, 225, 299, 338, 350, 455, 506, 509, 516
여흥군(驪興郡)	66
역경(易經)	392
역암(易菴)	344
연릉(延陵)	345
연암	76
연자탄(燕子灘)	209
연창(延昌)	204, 247
연탄(燕灘)	209
연함호두(燕頷虎頭)	241
열녀전(列女傳)	239
열반종(涅槃宗)	328
열조시집(列朝詩集)	437
염범(廉范)	252
염정수(廉廷秀)	339, 413
염제신(廉悌臣)	253, 268, 339
염지(染指)	224
염화미소(拈華微笑)	394
염화시중(拈花示衆)	394
염흥방(廉興邦)	48, 195, 253, 255, 256, 268, 274, 305, 312, 339, 413
영가(永嘉)	473, 509
영가지(永嘉誌)	503
영랑(永郎)	170
영명사(永明寺)	113
영 선생(寗先生)	392
영(英) 스님	49, 394
영안군(永安郡)	428
영암(嬴庵)	346
영양지(永陽誌)	377
영월(寗越)	392
영주(榮州)	313
영주(永州)	229, 377
영주(瀛洲)	100
영주산(瀛洲山)	100
영천(永川)	229, 231
영통사(靈通寺)	117
영호루(映湖樓)	147, 308
영흥군(永興郡)	176
영흥대도호부(永興大都護府)	176
예기(禮記)	392, 406
예덕선생전(穢德先生傳)	76

예문관(藝文館)	370, 376	왕유(王維)	318
예부시(禮部試)	344	왕자교(王子喬)	169
예산농은(猊山農隱)	71	왕정보(王定保)	427
예성(蘂城)	279, 393	왕주강(王奏羌)	193
예안면(禮安面)	503	왕찬(王粲)	162, 292, 434
예위(禮闈)	344	왕헌지(王獻之)	422
예읍(蘂邑)	385	왕호지(王胡之)	408
예천(醴泉)	120, 312, 313	왕희지(王羲之)	267, 422
예천군(醴泉郡)	278	요(堯)임금	116, 285
오고가(五袴歌)	252	요숭(姚崇)	339
오교(五敎)	328	요양(遼陽)	194
오류선생(五柳先生)	281	용강관(龍江關)	190
오명제(吳明濟)	294	용관(龍關)	436
오부(烏府)	107	용궁면(龍宮面)	254
오악(五嶽)	100	용담현(龍潭縣)	192
오작교(烏鵲橋)	291	용만(龍灣)	139, 178
오호장군(五虎將軍)	434	용문(龍門)	274
옥경(玉京)	283	용문산(龍門山)	258
옥문관(玉門關)	438	용산(龍山)	162, 400
온양(溫陽)	204	용수(龍岫)	125
온자(醞藉)	42	용수산(龍首山)	139, 162, 400
옹유승추(甕牖繩樞)	190	용주(龍舟)	433
옹천역(甕泉驛)	318	용후(龍喉)	384
완려(婉麗)	42	우(禹)임금	148, 447
완산(完山)	232, 275	우계(羽溪)	350
완적(阮藉)	292	우곡(愚谷)	36, 61, 71, 72
완함(阮咸)	96	우국시(憂國詩)	48
왕길(王吉)	150	우길생(禹吉生)	297
왕량(王良)	439	우모(羽旄)	373
왕망(王莽)	495	우상(羽觴)	324
왕봉(王鳳)	402	우왕(禑王)	53, 416, 506, 507
왕소군(王昭君)	400	우윤문(虞允文)	427
왕안석(王安石)	189	우저산(牛渚山)	427

우집(虞集)	61	유량(庾亮)	408
우탁(禹倬)	222	유량(柳亮)	218, 393
우현보(禹玄寶)	297, 397	유루(庾樓)	408
운(雲) 스님	49, 395	유마거사(維摩居士)	228
운곡 선생(雲谷先生)	303	유마힐(維摩詰)	228
운구(雲衢)	361	유방(劉邦)	190
운남(雲南)	35, 39, 49, 59, 67, 424	유배문학(流配文學)	49
운남성(雲南省)	424	유배시(流配詩)	37, 40, 48, 49
운남 유배시(流配詩)	46	유비(劉備)	429, 434, 447
운대(芸臺)	370	유숙(柳淑)	133, 201
운람지(雲藍紙)	364	유우석(劉禹錫)	113
운몽(雲夢)	445	유원(柳源)	403
웅섬(雄贍)	42	유유기(柳攸基)	123, 127
원명선(元明善)	61	유지습(柳之濕)	325, 403
원안(袁安)	303	유지정(柳之淀)	325, 403
원안와설(袁安臥雪)	303	유진(柳鎭)	388
원융종(圓融宗)	328	유청신(柳淸臣)	123, 127
원재(圓齋)	420	유탁(柳濯)	123, 127, 213
원재선생문고(圓齋先生文稿)	245, 380	유표(劉表)	293, 434
원재집(圓齋集)	512	유항(柳巷)	343
원통사(圓通寺)	260	유항시집(柳巷詩集)	48, 343
원흥사(元興寺)	228	유혜방(柳惠芳)	125
월계(月溪)	390	유후(留侯)	241
월악산(月岳山)	107, 224, 227	육경	392
월야(月夜)	279	육우(六友)	59, 64
월하독작(月下獨酌)	459	육우당(六友堂)	37, 38, 66, 338, 506
위성곡(渭城曲)	318	육유(陸遊)	429
위청(衛靑)	495	육의(六義)	61
위화도 회군(威化島回軍)	53, 236, 410	육일거사(六一居士)	513
유경(柳璥)	388	육일노인(六一老人)	513
유공루(庾公樓)	408	육일옹(六一翁)	513
유극서(柳克恕)	393	윤구택(尹龜澤)	416
유두회(流頭會)	334	윤이(尹彛)·이초(李初)의 사건	316

윤혁(尹奕)	95	이상(二相)	383
윤호(尹虎)	343, 411, 413	이색(李穡)	37, 42, 44, 46, 47, 48, 50, 53, 58, 71, 79, 83, 85, 125, 147, 149, 164, 195, 199, 201, 215, 219, 288, 294, 297, 343, 348, 350, 352, 370, 378, 387, 397, 398, 402, 404, 420, 467, 469, 492, 493, 502, 509
은대(銀臺)	257, 265		
은호(殷浩)	408		
음묵(飮墨)	218		
음주(飮酒)	151		
음풍농월(吟風弄月)	256		
응침(應郴)	290		
의주(宜州)	173		
이거인(李居仁)	349		
이경(李卿)	412		
이곡(李穀)	53, 317	이성계(李成桂)	149, 173, 236, 339, 341, 467
이공수(李公遂)	36, 214, 316, 406		
이공야(李公埜)	223	이성림(李成林)	413
이광필(李光弼)	237	이순경(李順卿)	58
이구가(驪駒歌)	367	이숭인(李崇仁)	36, 37, 38, 42, 44, 47, 48, 50, 67, 74, 97, 103, 195, 208, 221, 226, 288, 297, 299, 328, 352, 362, 381, 398, 402, 404, 413, 420, 479, 502, 505, 506
이구곡(驪駒曲)	367		
이규보(李奎報)	42, 44, 117, 249, 370, 394		
이달충(李達衷)	44, 47, 411, 468		
이당(李唐)	330		
이릉(夷陵)	443		
이릉대전(夷陵大戰)	443		
이무방(李茂芳)	85	이승상(李升商)	218
이문화(李文和)	331	이승소(李承召)	117
이민도(李敏道)	223	이승휴(李承休)	388
이방간	231	이심(李深)	329
이방실(李芳實)	236, 334	이심전심(以心傳心)	394
이방원(李芳遠)	195, 231	이암(伊庵)	255
이백(李白)	168, 427, 429, 459	이영(李穎)	329
이백문(李百文)	140	이왕(二王)	422
이보림(李寶林)	153, 154, 329, 388	이용(李容)	377
이사(李斯)	290	이원(李原)	117

이원(梨垣)	360, 364
이원제자(梨園弟子)	184
이원필(李元弼)	484
이유장(李惟樟)	502
이이(李頤)	391
이익(李瀷)	74
이인(李靭)	266, 329, 350
이인로(李仁老)	42
이인립(李仁立)	380
이인복(李仁復)	103, 123, 380, 467, 479
이인임(李仁任)	37, 38, 195, 305, 380, 413, 505, 506
이자안(李子安)	286
이장용(李藏用)	388
이전(李展)	119, 128
이정윤(李正尹)	206, 332
이제(李濟)	380
이제현(李齊賢)	36, 42, 53, 61, 71, 154
이조년	380
이조대사(二祖大師)	102
이존사(李存斯)	517
이존오(李存吾)	48, 106, 135, 167
이종선(李種善)	218
이종학(李種學)	48, 403
이지강(李之剛)	218
이지직(李之直)	331
이직(李稷)	48
이진(李瑱)	61
이질(李晊)	391
이집(李集)	44, 48, 49, 288, 290, 294, 297, 328, 329, 331, 336
이창로(李彰路)	517
이천기(李天驥)	329
이첨(李詹)	38, 119, 128, 170, 176, 413, 506
이회(李薈)	218, 412
익재(益齋)	36, 53, 61, 71, 72, 154
익재집(益齋集)	61
인동(仁同)	177
인동현(仁同縣)	220
인재유고(麟齋遺稿)	48
일암(日庵)	296
일휘출수(一麾出守)	96
임견미(林堅味)	305, 339, 405
임기(臨沂)	191
임성미(林成味)	405
임언수(林彦修)	305
임영(臨瀛)	217
임청각(臨淸閣)	130
임포(林逋)	97, 123
임효선(林孝先)	204, 413
입목삼분(入木三分)	422

(ㅈ)

자경(子敬)	422
자고천(鷓鴣天)	457
자구(子具)	283
자로(子路)	233
자복(子復)	122
자안(子安)	208, 307, 362
자야 선생(子埜先生)	352
자연시(自然詩)	48
자장(慈藏)	250
자진(子貞)	402

자천(子賤)	96, 154, 353	전오륜(全五倫)	340, 414
자치통감(資治通鑑)	369	전자수(田子壽)	174, 195
자하동(紫霞洞)	363	절월(節鉞)	104
작소(鵲巢)	195	절재 선생(節齋先生)	408
잠지(潛之)	131	절차탁마(切磋琢磨)	67
장강(張綱)	154, 456	정거의(鄭居義)	128
장강(莊姜)	396	정공연(鄭公衍)	416
장거정(張居正)	429	정당(鄭當)	353
장급(張及)	218	정당시(鄭當時)	98, 171
장량(張良)	241	정도전(鄭道傳)	36, 37, 38, 43, 44, 46, 47, 58, 62, 67, 74, 139, 195, 197, 201, 226, 352, 378, 399, 418, 471, 505
장봉(長峯)	267		
장비(張飛)	434		
장상사(長相思)	455		
장양부(長楊賦)	359, 370		
장양호(張養浩)	61	정료위(定遼衛)	193
장용문(張用文)	316	정리(鄭履)	115
장자(莊子)	130, 449	정몽주(鄭夢周)	36, 37, 42, 44, 47, 48, 49, 50, 53, 67, 74, 79, 109, 147, 182, 187, 190, 195, 197, 224, 244, 288, 297, 299, 339, 352, 355, 378, 397, 402, 413, 472, 492, 493, 502
장정(長亭)	443		
장하(張夏)	316		
장한(張翰)	293, 438		
장흥(長興)	160		
재중(在中)	145		
저생전(楮生傳)	170		
저헌(樗軒)	95		
적선루(謫仙樓)	427	정무(鄭袤)	416
적송자(赤松子)	169	정문일침(頂門一針)	55
전간(全簡)	87, 254	정박(鄭樸)	402
전녹생(田祿生)	44, 47, 103, 195, 402, 480	정방주(鄭邦柱)	416
		정사도(鄭思道)	413
전발역서(剪髮易書)	306	정성(鄭聲)	397
전백영(全伯英)	38, 413	정세운	334
전분(全賁)	125	정습명(鄭襲明)	53
전아(典雅)	42, 43	정습인(鄭習仁)	416

정승방(鄭丞邦)	416	조맹부(趙孟頫)	61
정심(精深)	41, 71	조문신(趙文信)	413
정우(鄭宇)	402	조박(趙璞)	45, 68, 79, 218
정우(鄭寓)	149, 402	조사(曹司)	360
정이오(鄭以吾)	140	조사웅(趙師雄)	100
정자(程子)	502, 514	조선시선(朝鮮詩選)	294, 437
정자후(鄭子厚)	36, 71	조선왕조실록	353
정재(貞齋)	212, 226, 491	조선환여승람(朝鮮寰輿勝覽)	125, 199
정재선생일고(貞齋先生逸稿)	491	조성목	45
정재일고(貞齋逸稿)	226	조운흘	103
정재집(貞齋集)	212	조주고불(趙州古佛)	151
정정(靜亭)	269	조주선사(趙州禪師)	394
정종지(鄭宗之)	418	조주지백(趙州指柏)	394
정지상(鄭知常)	42, 44	조준(趙浚)	140, 226, 386
정추(鄭樞)	195, 245, 420, 512	조중조(朝中措)	459
정탁(鄭擢)	218	조천석(朝天石)	113
정토사(淨土寺)	295	조홍매(照紅梅)	459
정토산(淨土山)	156	족암 상인(足菴上人)	275
정평(定平)	410	졸고천백(拙藁千百)	72
정평(靖平)	345, 387	졸옹(拙翁)	71
정포(鄭誧)	44	종심(從諗)	151
정환요(鄭煥堯)	45, 46, 76, 77	종횡설	446
정휘(鄭暉)	213	주공(周公)	470
정힐(精纈)	42	주역(周易)	76, 179, 221, 463, 469, 478, 509, 513, 514
제갈량(諸葛亮)	256, 424, 434, 447		
제과(制科)	265		
제민(齊閔)	35, 505	주원장(朱元璋)	39, 49
제술과(製述科)	218	주이준(朱彝尊)	437
제안성(齊安城)	428	주자(朱子)	416, 481, 502
제2차 왕자의 난	231	주진지계(朱陳之契)	76
제정(霽亭)	411, 500	주희(朱熹)	126, 492, 496
제정집(霽亭集)	468, 500	죽계(竹溪)	87, 254
조계룡(曹桂龍)	507	죽령(竹嶺)	319

죽림칠현(竹林七賢)	292
죽산면	204
죽성(竹城)	204
죽주(竹州)	37, 38, 59, 66, 156, 204, 225, 317, 384, 506
죽헌(竹軒)	71
준불의(雋不疑)	329
중서성(中書省)	108
중선(仲宣)	162, 434
중양절(重陽節)	165, 254
중용(中庸)	478
중원(中原)	235, 273, 276
중현(仲賢)	103, 321, 478
증시(贈詩)	48
증자(曾子)	470
증점(曾點)	191
지어지락(知魚之樂)	449
지윤(池奫)	38, 305, 505
직녀(織女)	291
진관사(眞觀寺)	162
진량(陳亮)	496
진목공(秦穆公)	239
진사시(進士試)	331
진서(晉書)	408
진양(晉陽)	68, 414
진여(眞如)	259
진의귀(陳義貴)	140
진자(晉字)	422
진재 선생(眞齋先生)	166
진종(眞宗)	378
진주(晉州)	68
진주유씨족보	325
진중(陳重)	95, 294
진채절량(陳蔡絶糧)	449
진화(陳澕)	42, 44, 48
집구시(集句詩)	373

(ㅊ)

차운시(次韻詩)	48
착산(窄山)	282
창녕(昌寧)	344
창려(昌黎)	135
창산군(昌山君)	344
창왕(昌王)	53
창운주필(唱韻走筆)	354
창화시(唱和詩)	48
채련(蔡漣)	264
채미헌(採薇軒)	340
채미헌실기(採薇軒實記)	340
채석(采石)	427
채석강	427
채의(綵衣)	232
채의오친(綵衣娛親)	140
척령재원(鶺鴒在原)	405
척약재(惕若齋)	35, 37, 38, 40, 42, 43, 49, 50, 53, 64, 74, 76, 79, 160, 187, 204, 244, 255, 265, 299, 303, 317, 338, 350, 366, 376, 384, 387, 406, 425, 431, 455, 463, 478, 502
척약재명(惕若齋銘)	47
척약재설(惕若齋說)	47

척약재잠(惕若齋箴)	47	청주(淸酒)	459
척약재집(惕若齋集)	358, 507	청평조(淸平調)	168
척약재찬(惕若齋贊)	47	청환(淸宦)	494
척약재학음집(惕若齋學吟集)	40, 43, 45, 46, 48, 76, 79, 168, 218, 323, 325, 405, 457, 476	초당(草堂)	356
		초은(樵隱)	479
		초제(招提)	328
		초회왕(楚懷王)	437
천녕(川寧)	133, 288, 290	촉석루(矗石樓)	414
천녕현(川寧縣)	280	총마(驄馬)	414
천림사(千林寺)	276	총석정(叢石亭)	93
천마산(天磨山)	333	총(聰) 스님	407
천신선생(薦紳先生)	484	최백청(崔伯淸)	163
천태산(天台山)	100	최복하(崔卜河)	48, 89, 410
철관(鐵關)	173, 358	최영(崔瑩)	236, 339
철동삼암(鐵洞三菴)	71	최원유(崔元儒)	224, 244
철령(鐵嶺)	173	최유경(崔有慶)	517
첨하(詹何)	233	최유청(崔惟淸)	236
첩박명(妾薄命)	317	최을의(崔乙義)	413
청구풍아(靑丘風雅)	310	최치원(崔致遠)	44, 161
청려(淸麗)	42	최표(崔彪)	398
청련거사(淸蓮居士)	427	최해(崔瀣)	71
청련사(靑蓮祠)	427	최호(崔顥)	429
청명절(淸明節)	318	추상(樞相)	343
청섬(淸贍)	42, 43	추재(樞齋)	206, 332
청성군(淸城君)	343	추흥정(秋興亭)	326
청소(淸邵)	42	축산(竺山)	254
청신	43	축은(築隱)	273
청신아려(淸新雅麗)	41, 42, 44, 61, 77	축은집(築隱集)	273, 488
청심루(淸心樓)	160, 209, 244	춘일억이백(春日憶李白)	401
청원정(淸遠亭)	87, 254	춘정	378
청자계 시품	43	춘정집	378
청조(靑鳥)	436	춘첩자(春帖子)	137
청주(淸州)	235	춘추(春秋)	392

충간(忠簡)	405
충선왕(忠宣王)	61
충신연주지사(忠臣戀主之詞)	49
충정(忠靖)	297
충주(忠州)	156, 235, 279
취외향(醉偎香)	459
치군택민(致君澤民)	163
치악산	195, 270
친시(親試)	128
칠장사(七長寺)	156
칠조개(漆雕開)	494
칠진(漆津)	220
칠택(七澤)	445
침(砧) 스님	49, 328
침류정(枕流亭)	255, 268
침류정기(枕流亭記)	255, 268
칭기즈칸(鐵木眞)	104

(ㅋ)

쿠빌라이 칸	104

(ㅌ)

탁광무(卓光茂)	250, 294
탁주(濁酒)	459
탄금(彈琴)	353
탕군(湯郡)	204
태백(泰伯)	68
태백루(太白樓)	427
태백사(太白祠)	427

태산(泰山)	100
태자산(太子山)	223
태종실록	391
택심사(澤心寺)	189
통주(通州)	170
통천군(通川郡)	170

(ㅍ)

파릉(巴陵)	435
파산(巴山)	446
파촉(巴蜀)	450
팔관회(八關會)	138
팔도도	412
평담(平淡)	41, 71
평담정심(平淡精深)	41, 42, 44, 74, 77, 79
평산부선생안(平山府先生案)	353
평원(平原)	313
평원부원군(平原府院君)	305
평해(平海)	174
폐사(陛辭)	367
포로괴좌(抱爐塊坐)	144
포은(圃隱)	36, 49, 50, 53, 74, 76, 160, 244, 349, 355, 378, 397, 502
포은집(圃隱集)	53, 190, 352, 378, 393, 472
풍간(豐干)	230
풍악(楓岳)	479
풍악산(楓岳山)	126
풍운제회(風雲際會)	179

(ㅎ)

하륜(河崙)	36, 43, 44, 46, 48, 53, 56, 67, 74, 170, 195, 263
하백(河伯)	445
하빈(河濱)	220
하시만(河時萬)	492
하을지(河乙沚)	323
한강정(漢江亭)	225
한고조(漢高祖)	190, 194, 285
한관(韓琯)	107, 108
한국문집총간(韓國文集叢刊)	46
한리(韓理)	352
한림원(翰林院)	249, 370, 376
한무제(漢武帝)	438
한(漢) 무제(武帝)	424
한방신(韓方信)	109
한복(韓復)	47, 467
한산군(韓山君)	343, 348
한상질(韓尙質)	331
한서(漢書)	323, 367
한선(寒蟬)	440
한수(韓脩)	48, 343
한신(韓信)	190, 285, 314
한유(韓愈)	135, 342, 373
한유문(韓有文)	381
함선(含蟬)	215
함승경(咸承慶)	49, 89, 410
함양여씨(咸陽呂氏)	387
함주(咸州)	177
함흥(咸興)	177
합종책(合縱策)	391
합천(陜川)	156
합포(合浦)	127, 380
합포(蛤浦)	201
해(海) 스님	119
해로가(薤露歌)	345
해은 선생(海隱先生)	409, 421
해인사(海印寺)	156
행각(行脚)	346
행례사(行禮使)	38, 67, 507
행안사(幸安寺)	390
향등(香燈)	369
향림사(香林寺)	160
허균(許筠)	43, 169, 431
허금(許錦)	74, 103, 205
허시(許時)	352
허온(許溫)	128
허유(許由)	258
허유세이(許由洗耳)	258
허의(許誼)	517
허전(許傳)	45, 46, 74
허호(許顥)	517
현릉(玄陵)	343, 506
현성사(賢聖寺)	362
현욱(玄昱)	131
협주(峽州)	443
형남(荊南)	108
형산(荊山)	285
형재시집(亨齋詩集)	48
형주(荊州)	108
혜가(慧可)	102
혜근(惠勤)	90
혜자(惠子)	449
혜전 스님	49
호곡시화(壺谷詩話)	50

호량지변(濠梁之辯)	449	황상(黃裳)	383
호방(豪放)	42	황석기(黃石奇)	383
호연(浩然)	149, 288, 290	황우묘(黃牛廟)	447
호정(浩亭)	36, 56, 74, 195	황우산(黃牛山)	447
호정집(浩亭集)	56, 195	황정견(黃庭堅)	97
호치후(好畤侯)	386	황정경(黃庭經)	267
혼일강리역대국도지도(混一疆理歷代國都之圖)	412	황주(黃州)	428
		황학루(黃鶴樓)	429
홍간(洪侃)	42, 44	황학산(黃鶴山)	253, 429
홍건적(紅巾賊)	110, 147, 156, 162, 211, 308, 334, 383	황향(黃香)	379
		회곡(檜谷)	503
홍만종	43	회덕(懷德)	201
홍무제(洪武帝)	65	회암집(晦庵集)	492, 496
홍문관(弘文館)	370	회양군(淮陽郡)	500
홍산(鴻山)	236	회주(懷州)	160
홍언박	201, 334	후한서(後漢書)	294, 495
홍의원(洪義元)	36	훤당(萱堂)	409
홍자번(洪子藩)	117, 388	훤정(萱庭)	339
홍중선(洪仲宣)	214, 227, 241, 323	휘정(彙征)	478
화군(花郡)	313	흉노(匈奴)	438
화당춘(畫堂春)	453	흑포도(黑葡萄)	338
화령부(和寧府)	176	흡곡(歙谷)	93
화산(花山)	130, 278	흥법사(興法寺)	263
화성(華省)	350	흥왕사(興王寺)의 변(變)	236
화씨지벽(和氏之璧)	285	흥천면(興川面)	133
화정노인(和靖老人)	97	희우루(喜雨樓)	176
황금대	104		
황려(黃驪)	290, 310, 458		
황려강	98		
황려현(黃驪縣)	122, 200		
황로학(黃老學)	422		
황릉묘(黃陵廟)	447		
황산곡(黃山谷)	97		

한시제목 색인

(ㄱ)

街上有感 121
駕幸甘露寺觀獵, 凡兩宿. 史官扈從, 而無直者, 邀予直宿. 十月二十七日入直, 次禁內諸君詩韻 370
感薄命兒, 寄朴代言 317
感懷 431
江陵途中 169
江陵李使君政成還家, 先以詩爲寄 260
江水 437
康安殿藏經法席聞樂有感 128
蓋牟城寄大倉朱秀才, 曾以玉燈爲贈 194
開天山中, 辛丑年作 156
遣興 444
遣興 449
遣興寄達可子安 307
敬步韓山高韻, 拜呈都元帥凱旋之次 348
癸丑四月, 自大倉召至京師, 賜宴光祿寺, 奉天門下面聽宣喩. 復用前韻 185
古道卷子 382
高郵州次達可韻 190
哭楊知申事 [同年以時] 294
過沂州贈施伯起判官 191
過月溪坂 390
過忠州韓判官不在. 留一絶爲戲 108
觀物齋梅花, 得裏字 97
觀音崛 427
僑居病中 84
具承制母大夫人挽章 [鷗] 396

九月旣望, 與通州李使君, 泛舟遊於三日浦. 時方雨晴, 山色蔥籠, 湖光瀲灔, 顧非人世也. 酒酣題四仙亭柱上. [李詹] 170
九月十日, 襄州逢咸州張使君政成而還. 南歸仁同, 詩以送之 177
九月喜見李同年 153
九日與朴宜中司藝飮酒 226
宮詞 168
權近待制家紅桃用壽朋韻 197
權右尹宅, 次朱文公詩韻贈金剛山僧 126
葵軒送黑蒲萄, 以詩爲謝 338
金副令寓居中原, 修撰文書. 相憶未見, 先寄以詩, 次韻奉答 273
寄佳陵廉使叔謝石硯文魚 358
寄江陵盧廉使 216
寄江陵李府使 217
寄康子野先生 401
寄葵軒先生 [權鑄] 210
寄金安兩代言 [海·仲溫] 265
寄達可 229
寄達可翰林從軍韓政堂幕 109
寄遁村 297
寄李丹陽 248
寄李存吾 106
寄李判官 120
寄林先生 [孝先] 413
寄無說長老子垩先生 352
寄民望大卿 [廉廷秀] 339
寄朴諫議 245
寄朴潛之 131

寄朴中書	212
寄伯玉	302
寄法興寺長老	130
寄甫州使君	314
寄甫州崔摠郎	120
寄徐吏部將以朴苞爲瑁 [鈞衡]	231
寄西原崔州判爲戲	246
寄西海廉使	146
寄宋廉使	147
寄雲谷先生[朴承制爲戲]	285
寄原州牧使	249
己酉年八關大會	138
寄人	284
寄子垫先生 康好文	423
寄張樞密	316
寄田子秀居平海	174
寄節齋先生	408
寄呈葵軒	282
寄呈同舍諸公	360
寄呈思菴[柳淑]	133
寄鄭三峯[道傳]	399
寄呈太子山[一寧]	223
寄鄭判書 [宇]	402
寄趙判書[浚]	386
寄仲賢	158
寄蔡判事[漣]	264
寄崔卜河咸承慶兩同年 [雜言]	89
寄崔使君[伯淸]	163
寄樞齋李先生 [二首]	206
寄忠州李使君	385
寄忠州韓判官	203
寄通菴李奉翊	207
寄咸同年兼簡崔同年	410

己亥年紅賊 [二首]	110
寄許野堂	205
金剛院使出家, 朝士詩之, 予作十韻	86
金開城宅次河內相詩韻	400
金郊驛重送	105
金陵街上	184
金山寺	189

(ㄷ)

端午	433
答李遁村	336
答全少尹驪江樓詩韻 [簡]	217
大康亭次韻	171
大雪. 同靜亭謁東亭相公 [權鎬·廉興邦]	268
大倉病中寄達可司成	182
悼亡	432
途中	192
同年李遁村長子之直擧進士第二名, 仲子之剛應監試第六名, 眞希世之盛事也. 今日率之歸家, 復用前韻以爲贐行	331
同達可送鄕僧悟上人歸金陵	183
遁村寄詩累篇, 次韻錄呈	290
亂後扈駕還京次韻	162
臘日有感	157

(ㄹ)

郞舍等封事, 得兪允之命, 不勝喜賀, 入直有題 [二首]	375
驪江樓上, 寄高達眞上人	131
驪江樓送李長興	160

驪江勝山有感 361
驪江五絶. 寄遁村李浩然[集] 288
驪江淸心樓上, 送李子安赴官上京 286
龍江關有懷用達可韻 190
龍潭縣示蘇至善 192
樓上次韻奉呈菊軒相國 213
留別安東故舊 130
柳侍中宅梅花次韻 123
留襄陽寄安東府使[安仲溫] 278
柳之濕判書挽章 325
六月十五日, 國俗處處飮酒, 謂之流頭會. 其意
沐於東流水也. 朴開城設酒, 喚歌妓未及. 密陽
朴中美先生有詩, 次韻以戲之 334
林右使挽章 [成味] 405

(ㅁ)

馬上吟得二首, 奉呈河廉使 271
馬峽 450
漫成 159
漫成 163
望歸州城 452
明日, 與法泉僧回, 委轡醉睡, 馬自近江. 覺而
迷路. 相與大噱, 因有一絶, 奉獻東亭 281
明波亭次韻 172
暮秋夜期達可不至 105
牧隱先生遊紫霞洞未赴, 仰賡高韻 363
巫山一段雲 送李直門下出按西海 456
戊申年淸明雪 [仲賢] 321
武昌 429
文化君夫人挽章 388
彌勒院路上相別, 宿崇善寺, 奉寄牧伯相公 277

(ㅂ)

朴諫議以傳柑見惠, 且有獻高堂之語. 感謝之餘,
寄此發笑 272
朴祕監宅賞花, 戲呈觀物齋 420
朴掌令家醉中走筆 354
朴判書菊磵 83
潘家磧驛 [二首] 439
伯玉翰林自京還鄕, 邂逅驪江樓上, 出示餞行詩
卷, 予題此 300
帆急 441
卞廉使李察訪相會忠州, 作數日之歡, 邀予參赴,
因事未果. 奉呈兩君子, 兼簡座上諸公 279
病中 200
病中聞裵廉使與交州宋廉使登樓, 以詩爲寄 287
丙辰年九月九日與朴少尹飮酒 165
丙辰七月, 隨例赴京, 題漢江亭 225
甫州寄廉使 312
卜算子 454
奉答東亭相公次韻 274
奉答栢亭相國 241
奉送權判書出尹鷄林 199
奉送都元帥李相公出征倭寇 341
奉酬康子埜相賀之什次韻 364
奉酬愼村相公 310
奉酬雲谷先生雪後見寄之什 303
奉呈李樞相次韻 243
奉題上書贏庵二大字卷子 401
奉和東亭相公枕流亭四絶, 足成八首次韻 255
赴官上行宮有作 129

(ㅅ)

四仙亭次韻 175

한시제목 색인 545

謝水晶蒲萄	337	送江陵道按廉使金先生詩 [■齋]	483
賜宴 [口號]	181	送江陵道按廉使金先生詩 [京山]	479
四月十日入直省廬	359	送江陵道按廉使金先生詩 [淡菴 白文寶]	477
山居	118	送江陵道按廉使金先生詩 [嬾齋]	481
三月十二日踰竹嶺, 果淸明也, 因題樓壁	320	送江陵道按廉使金先生詩 [牧隱 李穡]	473
三陟沈中書以詩見寄, 次韻奉呈	215	送江陵道按廉使金先生詩 [野隱 田祿生]	480
上謙谷李相公 [靷]	266	送江陵道按廉使金先生詩	475
上權樞相 [鎬]	210	送江陵廉使叔	92
上禮部陶尙書	180	送江陵廉使韓中書	203
上柳門下	213	送江陵徐廉使 [九思]	404
上柳合浦	127	送江陵張廉使	365
上李元帥	245	送康子野登第南歸	142
上李政堂, 聊申賀臆, 兼以自負	350	宋岡摠郞挽章	324
上陽軒府院君	266	送慶尙廉使全掌令 [五倫]	340
上汪丞相 [二首]	179	松京曉望	112
上禹宰相	297	松溪下院	224
上靜亭權公	269	送郭九疇檢校	103
上崔判三司事	236	送金廉使	136
西掖夜直	108	送金城縣令	377
釋房寓宿	368	送金漢寶生員歸江陵	100
席上見老妓有感	309	送同年李祭酒之任京山次韻 [寶林]	154
席上醉題	374	送羅判官使日本	198
蟬	440	送蘭上人	140
先君惕若齋世係行事要略 [金明理]	69	送呂摠郞出按慶尙道	387
偰監丞夫人挽詞	238	送驪興柳明府罷任歸嶺南	419
雪梅	400	送廉使裵佐郞歸京	298
成宰相挽章 [元揆]	376	送柳廉使	393
少年行 [驪江]	458	送李百支生員	140
疎齋先生留成均寄詩, 次韻答之 [崔彪]	398	送李存吾正言	167
俗離寺禪堂	141	送李晊生員	391
孫令公 [杖銘]	460	送李樞相出鎭合浦	380
孫樞密挽詞	345	送李判官之任西都	119
送■上人歸覲	379	送萬里同年倅安東	416

送朴在中	145	送浩然鄭先生	149
送裵廉使乘舟下廣州	287	送洪直門下按廉江陵	202
送栢庭上人	378	酬金君弼先生	263
送別	112	酬林同年次韻	204
送徐九思還江陵	415	酬文海御史	144
送雪嶽雲上人	395	酬閔子復	122
送宋都官按廉慶尙道	201	壽父先生園中四咏	349
送勝上人游方	346	酬子安見寄次韻	208
送僧入山	202	酬全少尹	254
送楊廣廉使安諫議	366	酬鄭宗之次韻	139
送楊同年之任古阜次韻	155	宿甕泉驛次韻寄贈	318
送永明長老 [惠全]	113	宿興法寺寄河廉使[崙]	263
送英上人	394	崇善寺送聰上人歸金生寺	407
送永州李使君	377	示張及先輩	218
送蓊卿	132	新月	432
送尹都官之任谷州	95	辛丑年紅賊 [二首]	111
送人從軍	296	十二壁	442
送日本使	148		
送子具國博	283		
送全糾正赴任晉陽	414	**(ㅇ)**	
送鄭當寺丞之任忠州	353		
送鄭廉使	115	岳陽樓	430
送趙廉使	121	安東客舍北樓. 次高祖上洛公詩韻	315
送族僧入山	118	安東答三峯. 約會甫州未果, 有此作	313
送竹溪全少尹[簡]	87	謁東亭相公, 會法泉僧以扁舟載酒而來, 夜深痛飮, 東亭有詩云	280
送摠郞淑之川寧別業	133		
送崔中顯如京	244	夜	442
送砧上人歸金生寺	328	夜泊楊子江	178
送韓糾正赴任忠州 [韓琚]	107	野寺	151
送韓有文	381	夜雨醉題	158
送合浦金元帥[鎭]	240	野雲軒	393
送海上人	119	夜坐	114
送海上人	235	野草	443
		約子安不至 [李崇仁]	220

한시제목 색인　547

予亦次韻	281
宴日本使有作	148
延昌秋夜	204
燕灘上寄達可	209
曳船	436
用前韻寄金正言	301
寓朴祕監本宅, 以詩寄呈 [大陽]	323
偶題	136
偶題	216
又題唐律有感	372
原州河公政成上京, 道境鑑上人, 思慕之餘, 以詩見寄, 河公分韻其詩, 爲贈搢紳諸公皆賦. 予與達可方回自江南, 河公請賦得南字, 作小詩二首 [朴公尙衷序之.]	195
爲親乞魚肉詩, 一呈海州牧, 一呈李堂後 [薈]	412
有感	132
有寄	200
有一郞官奉使元朝, 爲宮人所惑, 戱贈唐律	116
遊幸安寺	390
潤州甘露寺多景樓次韻	187
尹樞相以韓山君淸城君兩先生宴集詩示予, 欲和其韻, 予亦賦焉	343
宜州東亭李元帥韻	173
二十八日入直次金獻納韻	371
因寄江陵海隱先生	409
壬寅二月, 陪安東府使登映湖樓	152
壬子九月蘇州城下有感	178
入直省廬 [十月甲子]	369
入峽	446

(ㅈ)

鷓鴣天 [送節廉使]	457
自淨土尋遁村寓居	295
長峯惠鵝, 詩以謝	267
將赴雲南, 泝江而上, 寓懷錄呈給事中兩鎭撫三位官人	424
長相思	455
將向嶺南, 奉答柏亭相國贈別之什	227
殿春帖子 [二首]	137
呈權右尹	125
呈葵軒	357
呈葵軒丈	332
呈金元帥 [先致]	211
呈丹嵓	222
定遼衛送伴行王奏羌儀還金陵	193
呈柳簽書 [源]	403
呈朴判書乞馬	347
丁巳八月庚午, 自蘆灘放舟, 順流而下, 泊于神勒寺. 有無及頭陀者, 煮茗之餘出示伽佗二軸, 乃江南禪子相贈之作也. 無及, 懶翁尙和高弟, 弟子早蒙印可, 遂遠遊吳楚閩越之間, 遍禮諸名師, 尋探蘊奧, 斂而東歸. 去年夏, 懶翁示寂于此, 無及與其徒燒之, 拾舍利頭骨安于北岡, 造石鍾壓之, 因以居焉. 無及可謂不背其道而無負其師者矣. 予甚嘉之, 題詩卷末, 以塞其請云爾.	90
呈漁隱先生東亭相公 [廉興邦]	253
鄭宗之歸三峯, 同至普賢院次韻送別	418
淨土蘭若夜吟	295
鄭判書柳判書從都元帥幕, 詩以爲贈	342
呈希顔二絶	247
題伽耶山法水寺	161
題利川安興寺	134
題無及卷子	259
題美人簇子	280

題勝上人贏庵	346
題圓通蘭若	260
題日庵卷子	296
題子安觀物齋	221
題窣山卷子	282
題惕若齋詩吟後 [李穡]	73
朝中措 [同前]	459
足菴上人南行, 寄全羅鄭廉使, 全州李牧使	275
座主李文忠夫人金氏挽章 [南村先生李公遂]	406
重送	299
重午日, 劉近仁見寄, 同南谷先生次韻答之	85
贈開天景長老	157
贈達可	124
贈譚友德秀才	183
贈李敏道	223
贈李仲正	438
贈石首縣尹	433
贈僧	102
贈潛之	143
至正二十六年三月十七日, 金直長君弼恒上人偶同來訪. 鼎坐論詩, 得其佳處, 輒相諷詠. 喜樂之至, 遂與所坐床俱墜于地. 二君救之不及, 相與拍手. 於是援筆題詩, 以爲他日之笑.	164
眞觀僧統樂眞臺次韻	162
集唐人詩句呈崔諫議	373

(ㅊ)

借讀書油	166
次同年李典儀韻, 賀同年李遁村之子之直登第, 小詩二首	329
次韻季陶	244
次韻淸州判官觀省全州詩卷	232
次眞齋先生詩韻	166
次忠州諸君酬唱詩韻	234
昌山君挽詞	344
采石	427
惕若齋銘	469
惕若齋銘	471
惕若齋銘	472
惕若齋說	463
惕若齋詩集序 [金相元]	80
惕若齋箴	468
惕若齋集跋 [許傳]	75
惕若齋集序 [鄭煥堯]	77
惕若齋贊	467
惕若齋學吟集序 [鄭道傳]	62
惕若齋學吟集序 [河崙]	56
天磨山	333
喆朝廉使送酒肉禦寒, 兼有小詩, 次韻爲謝	270
淸州李左尹赴官上京, 陪鄭副樞迎于其兄判閣家, 次杜工部詩韻	355
初夜	146
秋日晚晴	407
秋興	134
秋興亭詩	326
春日對雨有感	322
忠州金生寺, 遇江陵燈明寺僧, 因寄其廉使卓正郞	250
忠州贈崔中顯[元儒]	224
忠州千林寺, 與李察訪飮酒大醉因睡. 覺而此作	276
醉呈座上諸公	414
醉題	129
醉題三陟客舍東上房壁	177

醉中	324
醉中朴公折竹枝采雜花, 作勸花曲, 盡其妙. 又賦	335
醉後子安令我起書壁間, 口占二十八字. 旣畢用其韻因書其後	362
枕流亭四絶 [東亭]	257

(ㅌ)

歎花	356
投安東府使安判書[仲溫]	308

(ㅍ)

圃隱相公求硯, 歌以贈之	98

(ㅎ)

賀李存吾御史除左正言	135
賀朴代言仲容	384
河伯	445
賀安大夫[宗源]	219
賀安密直	242
夏日同達可宿靈通寺	117
賀洪政堂知貢擧 [仲宣]	214
漢陽有作, 呈禹宰相 [玄寶]	397
海隱先生夢遺華牋, 須臾而紙變爲白絹裙八事. 心以爲予畜二裙, 六裙分與三男足矣. 覺而翻思, 且喜且怩. 足成絶句六首, 寄呈海隱先生	421
香林蘭若	160
峽州	443
峽灘	448
峽行	451
荊州	434
浩院宴呈達可丈	150
洪武十一年冬十月, 五宰相公觀省而來. 一日進謁, 左右賓客滿門. 大人年至八十有五, 尙無恙而强康. 出入起居, 公親敬扶持, 凡飮食亦必先嘗, 略不以貴顯自居, 蓋世所未有, 心竊敬嘆. 旣退, 樂與人言, 不能自已. 及其回京, 枉駕弊止, 存問吾親, 再辱以雉, 不勝惶悚感激之至, 謹課小詩二首, 薰沐錄呈, 奉發一粲 [林堅味]	305
和寧府喜雨樓次韻	176
畫堂春	453
畫梅	423
黃陵廟	447
黃二相挽章 [裳]	383
黃州	428
會神孝寺宴鄭三峯	361
會賢聖寺避暑	362
戲寄江陵李使君	252
戲寄元興住持	228
戲呈方祕書	411

【저자 소개】

김구용 金九容

　　김구용(金九容: 1338~1384). 본관은 안동(安東)이고 초명(初名)은 제민(齊閔), 자(字)는 경지(敬之), 호(號)는 척약재(惕若齋)이다. 고려후기에 정치가이자 무장으로 이름을 떨쳤던 김방경(金方慶)의 현손(玄孫)이다. 외조부는 당대 문명을 떨쳤던 급암(及菴) 민사평(閔思平)인데, 척약재는 외가인 급암 민사평의 집에서 성장하였고 급암에게 직접 시와 학문을 배웠으며, 급암과 절친하였던 익재(益齋) 이제현(李齊賢), 우곡(愚谷) 정자후(鄭子厚) 등과 같은 당대 최고의 문인에게도 지도를 받았다. 또 급암의 집을 방문하던 포은(圃隱) 정몽주(鄭夢周), 도은(陶隱) 이숭인(李崇仁), 삼봉(三峯) 정도전(鄭道傳), 호정(浩亭) 하륜(河崙) 등 젊은 문사들과 자연스럽게 교유하면서 그들과 더불어 강론하며 우의를 돈독히 하였다.

　　1355년(공민왕4) 2월에 이공수(李公遂)가 지공거(知貢擧)가 되고 안보(安輔)가 동지공거(同知貢擧)가 되어 시행한 과거에 급제하여 덕녕부(德寧府) 주부(主簿)에 제수(除授)되고 이후 여러 관직을 거쳐 1371년에 강릉도(江陵道) 안렴사(按廉使)가 되었다. 또 그 이듬해인 1372년 8월 성절일(聖節日)에 서장관(書狀官)으로 중국에 사행(使行)을 가서 다음 해 7월에 귀국하였다. 1375년(우왕1)에는 삼사우윤(三司右尹)에 제수되었으나 칠월에 언사(言事)로 죽주(竹州)에 유배되었고, 얼마 후 모향(母鄕)인 여흥으로 옮겨 한거(閒居)하면서 강(江), 산(山), 설(雪), 월(月), 풍(風), 화(花)의 흥(興)을 즐기며 여강가에 '육우당(六友堂)'을 짓고 기거하였다. 1381년 해배(解配)되어 그 이듬해 성균대사성(成均大司成)이 되었고, 1384년 왕명을 받아 고려 조정의 행례사(行禮使)로 요동에 갔다가 외교적 문제로 명(明) 태조(太祖)의 명령에 따라 수도인 남경(南京)에 압송되었고, 다시 운남성(雲南省) 대리위(大理衛)로 유배 가던 도중 사천성(四川省) 남쪽 노주(瀘州) 영녕현(永寧縣) 강문참(江門站)에서 47세의 나이로 병사(病死)하였다. 문집으로 『척약재학음집(惕若齋學吟集)』이 전해진다.

【역자 약력】

하정승 河政承

　　1969년 전라북도 정읍 출생. 성균관대학교와 동대학원에서 한국한문학 전공으로 공부하였고, 『고려후기 한시의 품격 연구』로 문학박사 학위를 받았다. 학위 취득 이후 줄곧 한국 한시의 미적 특질과 미의식, 한시 비평, 고려조 작가들에 관심을 가지고 공부해 오고 있다. 한림대학교 교수를 거쳐 현재 국립안동대학교 한자문화콘텐츠학과 교수로 재직 중이다.
　　그간에 쓴 책으로는 『고려조 한시의 품격 연구』, 『한국 한시의 분석과 해석』, 『고려후기 한시의 미적 특질』, 『포은 정몽주 한시 연구』, 역서로는 『국역 형재시집』, 『국역 소우문집』, 논문으로는 「고려후기 한시에 나타난 사대부 문인들의 현실 참여의식과 내적 갈등」, 「고려후기 사詞문학의 전개 양상과 미적 특질」 등 여러 편이 있다.

역주 척약재학음집

2024년 4월 01일 초판 1쇄 인쇄
2024년 4월 17일 초판 1쇄 발행

저　자 | 김구용
역　자 | 하정승
감　수 | 안동김씨역사연구회
편찬총괄 | 안동김씨문온공파대종회
발행인 | 김영환
발행처 | 충렬공김방경기념사업회

10401 경기도 고양시 일산동구 호수로 640 청원레이크빌 1202호
전화 : 031-905-3153 팩스 : 031-906-3811
E-mail : solnae@empas.com
등록 : 제 2024-000063호

ISBN 979-11-968536-4-8　93810
값 50,000원

편집·제작 | 도서출판 다운샘 02-449-9172
　　　　　 05661 서울특별시 송파구 중대로27길 1(오금동)

※ 이 책은 저작권법에 따라 보호받는 저작물이므로 무단 전재 및 복제를 금하며 이 책 내용의 전부 또는 일부를 이용하려면 반드시 편찬총괄과 충렬공김방경기념사업회의 서면동의를 받아야 합니다.
※ 파본은 구입처에 문의해 주시기 바랍니다.